LAÉRCIO VASCONCELOS

MATEMÁTICA PARA VENCER

Matemática para Vencer

Copyright© Editora Ciência Moderna Ltda., 2018

Todos os direitos para a língua portuguesa reservados pela EDITORA CIÊNCIA MODERNA LTDA.

De acordo com a Lei 9.610, de 19/2/1998, nenhuma parte deste livro poderá ser reproduzida, transmitida e gravada, por qualquer meio eletrônico, mecânico, por fotocópia e outros, sem a prévia autorização, por escrito, da Editora.

Editor: Paulo André P. Marques
Produção Editorial: Dilene Sandes Pessanha
Capa: Rafael Conde

Várias **Marcas Registradas** aparecem no decorrer deste livro. Mais do que simplesmente listar esses nomes e informar quem possui seus direitos de exploração, ou ainda imprimir os logotipos das mesmas, o editor declara estar utilizando tais nomes apenas para fins editoriais, em benefício exclusivo do dono da Marca Registrada, sem intenção de infringir as regras de sua utilização. Qualquer semelhança em nomes próprios e acontecimentos será mera coincidência.

FICHA CATALOGRÁFICA

VASCONCELOS FILHO, Laércio Correia de.

Matemática para Vencer

Rio de Janeiro: Editora Ciência Moderna Ltda., 2018.

1. Matemática
I — Título

ISBN: 978-85-399-1007-6

CDD 510

Editora Ciência Moderna Ltda.
R. Alice Figueiredo, 46 – Riachuelo
Rio de Janeiro, RJ – Brasil   CEP: 20.950-150
Tel: (21) 2201-6662/ Fax: (21) 2201-6896
E-MAIL: LCM@LCM.COM.BR
WWW.LCM.COM.BR

06/18

Para Simone Vasconcelos

ÍNDICE

Capítulo 1: HORA DE ESTUDAR

Para que serve este livro.. 1
Porque Colégio Militar e Colégio Naval?.. 2
Matérias e alunos.. 2
Os exercícios deste livro... 2
    1) Exemplos 3
    2) Exercícios 3
    3) Questões resolvidas e propostas 3
Você está bem ou mal em matemática? 3
Problema 1... 3
Jogo dos números.. 4
Problema 2... 4
As questões fáceis são importantes... 4
Problema 3 – o "problema das filhas".. 5
Lidando com as questões difíceis.. 5
Matemática é uma "escada"... 6
Números famosos... 6
Números famosos: 2, 3, 5 e 7.. 6
Solução através de testes.. 7
Linguagem matemática – alguns símbolos.. 9
Exercícios.. 10
Questões resolvidas.. 10
Questões propostas... 16
Respostas dos exercícios.. 18
Respostas das questões propostas... 18

Capítulo 2: CALCULE RÁPIDO

Contas com os dedos?... 19
    Some rápido... 20
    Subtraindo... 21
Multiplicando... 22
Divisão exata... 24
Fatore rápido... 26
Números primos... 28
Quadrados perfeitos.. 29
Números famosos: 4, 6, 8, 9... 30
Volte aqui.. 30
Exercícios propostos... 31
Respostas do exercícios propostos... 32

Capítulo 3: NÚMEROS

Nomes são importantes... 33
    Nomes errados... 33
Número e numeral... 34
    Algarismos... 34
Conjunto... 35
Conjunto dos números naturais... 35
    Sucessor e antecessor.. 36
    Números consecutivos.. 36
Valor absoluto e valor relativo.. 36

VIII   MATEMÁTICA PARA VENCER

Exercícios.. 36
Classes e ordens.. 37
   O ponto e a vírgula... 38
Escrevendo por extenso... 38
Numerais romanos.. 39
10: um número muito famoso... 40
Exercícios... 41
Questões resolvidas.. 44
Questões propostas... 54
Respostas dos exercícios.. 60
Respostas das questões propostas.. 62
Prova simulada.. 63
Solução da prova simulada.. 68
   Gabarito... 68
   Soluções... 68

Capítulo 4: AS 4 OPERAÇÕES

Adição, subtração, multiplicação e divisão.. 71
Os nomes dos termos das operações... 71
   Termos da adição... 71
   Termos da subtração.. 71
   Termos da multiplicação... 72
   Termos da divisão.. 72
Operações com números naturais.. 73
   Propriedade de fechamento.. 74
   Propriedade comutativa.. 74
   Propriedade do elemento neutro... 74
   Propriedade associativa.. 74
   Propriedade distributiva.. 75
Exercícios... 76
Expressões com as quatro operações.. 76
   Expressões com parênteses.. 77
   Colchetes e chaves.. 78
Exercícios... 79
Problemas envolvendo os termos das operações 80
   Propriedades dos termos da adição... 80
   Propriedades dos termos da subtração.. 81
   Propriedades dos termos da multiplicação... 81
   Propriedades dos termos da divisão.. 82
Exercícios... 83
Vai 1, pede emprestado... 83
Como multiplicar... 83
Como dividir.. 86
Exercícios... 90
Prova real... 90
   Prova real da adição.. 90
   Prova real da subtração.. 90
   Prova real da multiplicação... 91
   Prova real da divisão.. 91
   Use se sobrar tempo.. 91
Exercícios... 91
O resto da divisão... 91
   Resto da divisão por 2.. 91
   Resto da divisão por 3.. 92
   Resto da divisão por 5.. 92
   Resto da divisão por 9.. 92
   Resto da divisão por 10.. 92
   Resto da divisão de uma expressão por um número natural..................... 92
A prova dos 9.. 92
Exercícios... 94

SUMÁRIO

0: um número famoso...... 94
1: outro número famoso...... 95
Quadrados e cubos...... 95
Exercícios...... 96
Questões resolvidas...... 101
Questões propostas...... 114
Respostas dos exercícios...... 122
Respostas das questões propostas...... 125
Prova simulada...... 126
Solução da prova simulada...... 131
Gabarito...... 131
Soluções...... 131

Capítulo 5: MÚLTIPLOS E DIVISORES

Múltiplo e divisor...... 135
Números primos...... 135
Números compostos...... 135
Nem primo, nem composto...... 135
Como descobrir se um número é primo...... 135
Divisibilidade...... 136
Divisibilidade por 2...... 136
Divisibilidade por 3...... 136
Divisibilidade por 4...... 136
Divisibilidade por 5...... 137
Divisibilidade por 6...... 137
Divisibilidade por 7...... 137
Divisibilidade por 8...... 137
Divisibilidade por 9...... 138
Divisibilidade por 10...... 138
Divisibilidade por 11...... 138
Divisibilidade por AxB...... 138
Exercícios...... 139
Paridade...... 139
Propriedades da paridade...... 140
Exercícios...... 140
Múltiplos e divisores...... 141
Divisor próprio...... 141
Descobrindo se um número é primo...... 142
Sem usar a raiz quadrada...... 143
Exercícios...... 143
Crivo de Erastóstenes...... 144
Exercícios...... 144
Fatoração...... 145
Algoritmo para fatoração...... 145
Número de divisores...... 146
Exercícios...... 148
MMC...... 149
MMC de três ou mais números...... 151
MMC por fatoração...... 151
Exercícios...... 152
MDC...... 152
MDC entre três ou mais números...... 153
MMC por fatoração...... 153
MDC pelo método das divisões sucessivas...... 154
Números primos entre si...... 154
Algumas propriedades do MDC e MMC...... 155
1) MDC x MMC = A x B...... 155
2) MDC e MMC entre múltiplos e divisores...... 155
3) Relação entre o MDC e os números...... 155
4) Relação entre o MMC e os números...... 156

Exercícios.....................157
Problemas envolvendo ciclos.....................158
Exercícios.....................160
Números famosos: 11, 13, 17 e 19.....................160
Números famosos: 12, 14, 15, 16 e 18.....................161
Jogo.....................161
    Respostas do jogo.....................162
Exercícios.....................162
Problemas resolvidos.....................164
Problemas propostos.....................189
Tabela de números primos até 1000.....................202
Respostas dos exercícios.....................202
Respostas dos problemas propostos.....................206
Prova simulada.....................208
Solução da prova simulada.....................212
    Gabarito.....................212
    Soluções.....................212

Capítulo 6: FRAÇÕES

Fração é uma divisão.....................215
    Os termos da fração.....................216
    Lendo frações por extenso.....................216
    Simplificação de frações.....................217
Exercícios.....................217
Nomenclatura.....................218
    Frações equivalentes.....................218
    Classe de equivalência de uma fração.....................219
    Fração irredutível.....................219
    Fração própria e fração imprópria.....................219
    Número misto.....................219
    Fração aparente.....................220
    Fração decimal.....................220
    Fração ordinária.....................220
Exercícios.....................220
Operações com frações.....................221
    Simplificação de frações.....................221
    Redução ao mesmo denominador.....................221
    Comparação de frações.....................222
Exercícios.....................223
    Adição e subtração de frações.....................224
    Adição e subtração de uma fração e um número natural.....................224
Exercícios.....................224
    Multiplicação de frações.....................225
    Fração de fração.....................226
    Multiplicação de uma fração e um número natural.....................227
Exercícios.....................227
    Inverso ou recíproco.....................229
    Divisão de frações.....................229
    Porcentagem.....................230
    Frações decimais.....................231
Exercícios.....................231
Propriedades das operações com frações.....................233
    Fechamento.....................233
    Elemento neutro.....................234
    Comutativa.....................234
    Associativa.....................234
    Distributiva.....................234
Expressões com frações.....................234
Potência de uma fração.....................235
Exercícios.....................235

SUMÁRIO

Tipos clássicos de problemas com frações.. **237**
    Calcule 2/5 de tanto.. 237
    Usou 2/5 do total, então sobraram.. 237
    Usou 2/5 do total, mais 1/3 do total.. 237
    Usou 2/5 do total, mais 1/3 do restante.. 237
    Se 3/7 do total vale tanto, calcule o total... 238
    Se 15% do total vale tanto, calcule o total.. 238
    Se gastei 10% sobraram.. 238
    O valor foi aumentado de 20%.. 238
    Desconto de 10%.. 239
    Aumentou 10% e depois mais 20%.. 239
    Tenho 3/5 do que você tem.. 240
    Se um copo tem 3/8 da jarra.. 240
    Ao multiplicar por 5/3 aumentou 10 unidades.. 240
    Ao multiplicar por 2/5 reduziu 30 unidades.. 240
Exercícios... **240**
O problema das torneiras.. **243**
Questões resolvidas... **244**
Questões propostas.. **265**
Respostas dos exercícios... **274**
Respostas das questões propostas... **277**
Prova simulada... **278**
Solução da prova simulada... **282**
    Gabarito.. 282
    Soluções... 282

Capítulo 7: NÚMEROS DECIMAIS

Fração decimal... **285**
Número decimal.. **285**
Exercícios... **286**
Frações ordinárias e números decimais... **286**
Exercícios... **288**
Operações com números decimais... **288**
    Expressões com números decimais... 289
Exercícios... **290**
Dízimas periódicas.. **291**
    Período e anteperíodo... 292
    Dízima periódica simples e dizima periódica composta..................................... 292
Exercícios... **292**
Fração geratriz... **293**
    Fração geratriz de uma dízima periódica simples.. 293
    Fração geratriz de uma dízima periódica composta... 293
    Outro método.. 294
    Identificando a dízima sem efetuar a divisão... 295
Divisão com aproximação.. **296**
Exercícios... **296**
Exercícios... **298**
Um número famoso: 0,999.. **299**
Números famosos: potências de 2.. **300**
Questões resolvidas... **300**
Questões propostas.. **310**
Respostas dos exercícios... **314**
Respostas das questões propostas... **315**
Prova simulada... **316**
Solução da prova simulada... **320**
    Gabarito.. 320
    Soluções... 320

Capítulo 8: POTÊNCIAS

Abreviando multiplicações..323
Exercícios...324
0 e 1...325
    $1n=1$..325
    $0n=0$...325
    $n1=n$..325
    $n0=1$..325
    00 = não pode..326
Exercícios...326
Fatoração..326
Exercícios...326
Quadrados e cubos..326
Exercícios...328
Multiplicação de potências...328
    Multiplicando potências de mesma base...............................328
    Multiplicando potências de mesmo expoente........................329
Exercícios...330
Divisão de potências...330
    Dividindo potências de mesma base.......................................330
    Dividindo potências de mesmo expoente...............................331
Exercícios...331
Aplicando distributividade...331
Exercícios...332
Potência de um produto e de uma fração....................................332
Exercícios...333
Potência de uma potência..333
    Um erro comum..334
Comparando potências...334
Exercícios...335
Potências de 10...335
Potência de um número decimal..335
Exercícios...336
Potências e divisibilidade..336
Exercícios...338
Números famosos: Potências de 3 e de 5....................................338
Questões resolvidas..339
Questões propostas...343
Respostas dos exercícios...346
Respostas das questões propostas..346
Prova simulada..347
Solução da prova simulada..350
    Gabarito...350
    Soluções..350

Capítulo 9: PORCENTAGEM

Porcentagem é uma fração...353
Exercícios...355
Aumentos em porcentagem..356
Exercícios...357
Lucro, multa e juros...357
    Lucro..357
    Multa..357
    Juros..358
Exercícios...358
Reduções em porcentagem..359
    Calculando a redução..359
    Uma só fórmula..360
Exercícios...360

SUMÁRIO

Usando a multiplicação.. 360
Exercícios... 362
Porcentagens combinadas.. 363
    Porcentagens aditivas e multiplicativas.. 363
Exercícios... 365
Impostos... 366
Questões resolvidas... 367
Questões propostas... 376
Respostas dos exercícios.. 378
Respostas das questões propostas.. 379
Prova simulada... 379
Solução da prova simulada... 383
    Gabarito... 383
    Soluções.. 383

Capítulo 10: CONJUNTOS

Teoria dos conjuntos.. 385
    O conjunto dos números naturais.. 385
    O conjunto dos números racionais positivos... 385
    Exemplos de conjuntos.. 385
    Pertinência... 386
Exercícios... 386
    Representação por enumeração... 387
    Representação por diagrama.. 387
    Representação por propriedade.. 388
    Conjunto vazio.. 388
    Conjunto unitário.. 388
    Conjuntos equivalentes.. 388
Exercícios... 389
Subconjunto... 389
    Pertence ou está contido? 390
    Conjunto universo.. 391
Exercícios... 391
Operações com conjuntos.. 392
    União de conjuntos.. 392
    Interseção de conjuntos.. 393
    Diferença de conjuntos.. 394
    Complementar.. 395
Exercícios... 396
Diagrama de Venn.. 396
Número de elementos 398
Número de subconjuntos.. 400
Conjunto das partes.. 401
Exercícios... 402
Exercícios... 402
Questões resolvidas... 404
Questões propostas... 417
Respostas dos exercícios.. 421
Respostas das questões propostas.. 422
Prova simulada... 423
Solução da prova simulada... 427
    Gabarito... 427
    Soluções.. 427

Capítulo 11: SISTEMAS DE MEDIDAS

Medidas de massa... 432
    A unidade padrão de massa... 432

XIV — MATEMÁTICA PARA VENCER

Os submúltiplos do grama.. 434
A tonelada... 434
Reunindo todas as medidas de massa... 434
Exercícios.. 435
Medidas de tempo... 435
Somando medidas de tempo... 436
Dividindo tempo no formato HH:MM:SS por um número inteiro........ 438
Exercícios.. 438
Medidas de capacidade.. 438
Exercícios.. 440
Sistema monetário.. 440
Exercícios.. 441
Exercícios.. 441
Questões resolvidas.. 443
Questões propostas... 454
Respostas dos exercícios.. 460
Respostas das questões propostas... 460
Prova simulada.. 462
Solução da prova simulada.. 466
Gabarito... 466
Soluções.. 466

Capítulo 12: MEDIDAS GEOMÉTRICAS

Elementos de geometria plana...469
Ponto, reta, plano.. 469
Ângulos.. 470
Posições relativas de retas.. 472
Polígono... 472
Alguns elementos dos polígonos... 474
Triângulos... 474
Quadriláteros.. 475
Círculo e circunferência... 475
Perímetro.. 476
Exercícios..477
Área.. 477
Exercícios..482
Elementos de geometria espacial..483
Sólidos geométricos... 483
Exercícios..486
Medidas de comprimento...486
Exercícios..487
Medidas de área..487
Exercícios..488
Medidas de volume..488
Exercícios..490
Questões resolvidas..490
Questões propostas...529
Respostas dos exercícios...543
Respostas das questões propostas...543
Prova simulada..545
Solução da prova simulada..550
Gabarito... 550
Soluções.. 550

Capítulo 13: NOÇÕES SOBRE EQUAÇÕES

Equações de primeiro grau..553
Exercícios..554

SUMÁRIO

Método de resolução... 554
Exercícios.. 558
Sistemas de equações do primeiro grau.. 558
Exercícios.. 561
Questões resolvidas... 561
Respostas dos exercícios... 562

Capítulo 14: PROVAS

PROVA 1... 564
Solução da PROVA 1.. 568
    Gabarito... 568
    Soluções.. 568
PROVA 2... 571
Solução da PROVA 2.. 576
    Gabarito... 576
    Soluções.. 576
PROVA 3... 580
Solução da PROVA 3.. 585
    Gabarito... 585
    Soluções.. 585
PROVA 4... 589
Solução da PROVA 4.. 594
    Gabarito... 594
    Soluções.. 594
PROVA 5... 599
Solução da PROVA 5.. 605
    Gabarito... 605
    Soluções.. 605
PROVA DO CMRJ/2010.. 610
Gabarito da PROVA DO CMRJ/2010... 622

Capítulo 1

Hora de estudar

Para que serve este livro

A matemática nos ensinos fundamental e médio pode ser dividida em quatro áreas: aritmética, álgebra, geometria e análise. Este livro trata sobre aritmética, que é a matéria ensinada no início do ensino fundamental, até o 6º ano, aproximadamente. Possui ainda uma introdução à geometria e à teoria dos conjuntos, também exigidas até o 6º ano. É um livro que exige muito do aluno e irá deixá-lo em condições de ser um vencedor em matemática.

A teoria é apresentada de forma objetiva e com muitos exemplos. A seguir é apresentada uma grande quantidade de exercícios com as respectivas respostas, e uma grande quantidade de questões de provas e concursos, grande parte com a solução completa, outra parte com as respostas. Usamos as questões de concursos porque a maioria delas são difíceis, sendo excelentes para melhorar o conhecimento da matéria. Comparamos os exercícios e questões de provas existentes neste livro com o treinamento de um atleta: velocidade e força. Os exercícios darão a velocidade, as questões de provas darão a força.

O aluno que está no 5º ou 6º ano, sentirá como se estivesse fazendo uma preparação para o concurso do Colégio Militar. É uma boa meta a ser estabelecida, pois este é atualmente um dos concursos mais exigentes. Quem se prepara para a prova do Colégio Militar, estará automaticamente apto para realizar provas para outros colégios de primeira linha.

Colégio Militar do Rio de Janeiro

Colégio Militar de Fortaleza

Já os concursos feitos no final do 9º ano (Colégio Naval, Escola Preparatória de Cadetes do Ar, Ensino Médio do Colégio Militar e vários outros), também exigem aritmética, além de álgebra, geometria e análise. Este livro cobre PARCIALMENTE o programa de aritmética para esses concursos. Apesar de não cobrir parcialmente, seu conteúdo é pré-requisito para entender a álgebra, a geometria e a análise, e mesmo para resolver algumas questões de aritmética, como mostraremos ao longo do livro.

Este livro também pode ser usado como livro texto em turmas de 5º ou 6º ano, já que nessas séries a maioria das escolas ensina aritmética. O livro também serve como reforço escolar para alunos do 7º, 8º ou 9º ano, já que a falta de base em aritmética é o principal motivo para as dificuldades que os alunos dessas séries enfrentam ao estudarem a álgebra e a geometria.

Muitas escolas particulares promovem concursos de bolsas de estudos. O sucesso em uma prova de matemática, no 5º ou 6º, ano, na qual normalmente a aritmética predomina, poderá resultar em grande economia nas mensalidades futuras.

Não podemos deixar de citar os diversos concursos para carreiras públicas. Esses concursos não são centrados em aritmética, mas esta matéria é a base para o bom desenvolvimento de todas as outras partes da matemática. Recomendamos para esses estudantes, o aprendizado completo deste livro, para depois passarem para um livro de matemática focado em concursos da área desejada.

Porque Colégio Militar e Colégio Naval?

Em muitas escolas o ensino é bastante fraco. Passar de ano não significa conhecer a matéria. Por isso o estudante brasileiro precisa se matar de tanto estudar quando vai prestar o concurso para a universidade, precisa realizar cursos onde estudará mais que estudou em todos os anos anteriores. Tanto o Brasil é fraco em ensino que tem ficado entre os últimos lugares nos exames internacionais de ensino. Além da época do vestibular, no final do ensino médio, existem duas outras épocas em que muitos estudantes aumentam sua quantidade de estudos: no final do 5º ano (para realizar provas como a do Colégio Militar e similares) e no final do 9º ano (para realizar provas como a do Colégio Naval e similares). São inúmeras outras escolas que se enquadram nessas duas categorias. Escolhemos o CM (Colégio Militar) e o CN (Colégio Naval) por serem consideradas as mais difíceis. Quem se prepara para essas duas provas, automaticamente estará preparado para qualquer outra prova. E passar de ano ao longo das séries do ensino fundamental será um verdadeiro passeio.

Não podemos deixar de citar as provas da OBM – Olimpíada Brasileira de Matemática. Esta olimpíada tem se tornado referência no estudo da matemática em todo o Brasil. Essas provas são anuais e apresentam questões fáceis, médias e difíceis. Diversas provas de concursos, como as do CM e CN, têm aplicado nas suas provas, questões já propostas nas provas da OBM.

Matérias e alunos

Não existe matéria difícil. Existe matéria que não foi aprendida. Todas as matérias, até a matemática, ficam fáceis depois que são ensinadas de forma didática.

Não existem alunos burros. Existem alunos com características que impedem ou dificultam o seu aprendizado: desinteresse, desatenção, preguiça, problemas familiares, etc. Resolver esses problemas fica por conta do aluno, enquanto não forem resolvidos, o seu aprendizado de matemática, e de qualquer matéria, ficará prejudicado.

Os exercícios deste livro

A maior parte deste livro é ocupada por exercícios e problemas, pois este é o caminho para dominar a matemática. Para obter sucesso, não basta resolver meia dúzia de exercícios, é preciso treinar muito mais. O seu treinamento será então dividido em três partes:

Capítulo 1 – HORA DE ESTUDAR

1) Exemplos

Quando é apresentado um conceito novo, normalmente apresentamos exemplos resolvidos de exercícios e problemas que usam este conceito. Você deve estudar atentamente todos esses exemplos.

2) Exercícios

São espalhados ao longo de todo o capítulo e numerados como E1, E2, E3, etc. São necessários para exercitar o assunto que acaba de ser ensinado. No final de cada capítulo você encontrará as respostas dos exercícios. Confira sempre se você acertou cada exercício realizado, e repita imediatamente qualquer exercício que tenha errado. Para ter sucesso neste curso, seja qual for seu objetivo, você precisa fazer todos os exercícios. Caso não consiga resolver algum exercício, avance um pouco até as questões resolvidas. Muitas vezes existirão questões resolvidas parecidas com os exercícios. Normalmente os exercícios são suficientes para o aprendizado da matéria. Já as questões de concursos são muito importante para quem vai realizar este tipo de prova.

3) Questões resolvidas e propostas

Também são exercícios, mas a maioria deles são problemas que caíram em provas do Colégio Militar, OBM e outras. Ficam sempre no final do capítulo, numerados como Q1, Q2, Q3, etc, divididas em dois blocos. Primeiro são as questões resolvidas, cada uma seguida da sua solução detalhada. Recomendamos que no estudo de cada questão, você inicialmente tente resolver sozinho, não desista. Se realmente não conseguir resolver, olhe a solução que se segue. Depois de todas as questões resolvidas, vêm as questões propostas. Tente resolvê-las e confira a resposta no final do capítulo, na seção "Respostas das questões propostas".

Você está bem ou mal em matemática?

Se você achar que está bem em matemática, provavelmente vai estudar menos. Se achar que está mal, provavelmente vai estudar mais. Afinal, frações, divisibilidade, MDC, MMC, números decimais, porcentagem e assuntos similares são ensinados nas primeiras séries do ensino fundamental. Você precisa estar ciente da dura realidade: mesmo usando matérias básicas, podem ser formulados problemas extremamente difíceis. O objetivo deste capítulo é mostrar esta realidade, para que você estude mais.

Para chegar a este objetivo (mostrar que você sabe pouca matemática para os padrões que queremos atingir), este capítulo não vai ensinar matéria. Vai apresentar problemas que usam as matérias que você já considera saber. Resolva esses problemas, ou tente resolvê-los, ou acompanhe a sua solução. Queremos que neste capítulo você seja derrotado pela matemática, para poder derrotá-la nos capítulos seguintes.

Problema 1

Um dos objetivos deste capítulo é mostrar como podem surgir problemas considerados difíceis, mesmo envolvendo matérias das primeiras séries do ensino fundamental, como no problema a seguir.

Em um dia de chuva, faltaram 2/5 dos meninos e 1/3 das meninas de uma turma. A turma tem ao todo, 37 alunos. Quantos alunos (meninos+meninas) compareceram neste dia, sabendo que a turma tem mais meninas que meninos?

Para resolver este problema, é preciso saber operar com frações, matéria ensinada lá pelo terceiro ano do ensino fundamental, e repetida no quarto e no quinto, com mais profundidade.

Então quem está pelo menos no quinto ano deveria saber resolver. Infelizmente a maioria não conseguirá resolver este problema, até mesmo se for apresentado a alunos de séries mais avançadas. Se quiser você pode parar agora e tentar resolver o problema. Se conseguir resolvê-lo, não esqueça que a matéria correspondente é ensinada para crianças de 9 a 11 anos. A dificuldade é devida a uma dura realidade: o ensino no Brasil é fraco. A matéria pode até mesma ser ensinada, mas os exercícios são muito elementares ou de aplicação direta, não levando o aluno a raciocinar.

A apresentação deste problema é necessária para que você, aluno, tome consciência de uma realidade: você não aprendeu a matéria que foi ensinada. Não se preocupe, pois ao final deste livro você terá aprendido.

Jogo dos números

Observe atentamente os números abaixo veja o que os números de cada linha têm em comum. Se parecerem apenas um monte de números misturados, então você tem pouca intimidade com os números. Se descobrir algum padrão, então você está em um bom caminho.

1) 85, 58, 558, 885 e 5.885
2) 2, 23, 29, 31, 43, 59 e 83
3) 36, 54, 72, 90 e 144
4) 1, 4, 9, 16, 25, 36
5) 14, 35, 49, 70, 84, 105
6) 19, 28, 37, 46, 55, 64, 73, 82, 91
7) 185, 715, 405, 835, 925, 105
8) 2, 64, 32, 4, 16, 8, 128
9) 120, 420, 450, 720, 840, 990
10) 33, 440, 616, 737, 528

Em algum outro local deste livro, depois de ter estudado alguns capítulos, você verá novamente esta lista de números, e notará que com sua maior prática, enxergará rapidamente a lógica por trás desses números. Isto significará que você estará olhando os números com um outro nível de conhecimento, o que permitirá que você tenha mais facilidade para chegar às soluções.

Problema 2

Já resolveu o Problema 1? Se resolveu, ótimo! Se não resolveu, não se preocupe por enquanto. Você vai ficar craque em matemática. Experimente resolver também este outro problema, que também usa matéria ensinada até o 5° ano do ensino fundamental:

Qual é o menor número inteiro que dividido por 2 deixa resto 1, dividido por 3 deixa resto 1, dividido por 4 deixa resto 1, dividido por 5 deixar resto 1, dividido por 6 deixa resto 1, dividido por 7 deixa resto 1, dividido por 8 deixa resto 1, dividido por 9 deixa resto 1, e dividido por 10 deixar resto 1?

As questões fáceis são importantes

Digamos que você precisa aprender a nadar 100 metros em dois minutos, mas ainda não sabe nadar nem 5 metros. Se todos os dias você tentar nadar 100 metros, um dia vai acabar conseguindo. Quando conseguir pela primeira vez, vai demorar muito mais que dois minutos. Este tipo de treinamento requer apenas força. Os atletas não treinam dessa forma. Antes de praticarem a força, precisam praticar a resistência. No caso da natação, fazem vários exercícios

Capítulo 1 – HORA DE ESTUDAR

físicos, como corrida, musculação, ficar longos períodos boiando, etc. Todos esses treinamentos darão ao atleta a resistência e a força necessária para atingir o seu objetivo.

Muitos alunos tendem a treinar matemática apenas tentando resolver questões difíceis. Ficam em alguns casos, meia hora, ou uma hora tentando resolver uma questão difícil. O estudo é mais proveitoso e a matéria é aprendida mais rapidamente quando é feito um esforço gradual. Ao invés de demorar 30 minutos para resolver uma questão difícil, é melhor usar esse mesmo tempo para resolver 30 questões fáceis. Depois mais 60 minutos para resolver 30 questões médias. Quando passar para as questões difíceis, não demorará 30 minutos para cada, e sim, 15, 10 ou 5 minutos. As questões difíceis parecerão menos difíceis. Este livro tem os exercícios organizados dessa forma. Faça todas as questões das listas de exercícios (numeração Es) para depois atacar as questões de concursos (numeração Qxx).

Problema 3 – o "problema das filhas"

Dois matemáticos que não se viam há muito tempo encontraram-se na rua.

- Olá, grande amigo, como vai, há quanto tempo!
- Pois é, casei e tenho três filhas.
- Quais são as idades das suas filhas?
- O produto das idades delas é 36, e a soma é o número daquela casa amarela.
- Mas amigo, somente com essas informações não é possível saber as idades...
- Tem razão, me desculpe. Então aqui vai mais uma informação: a mais velha toca piano.
- Ah, sim, agora já sei as idades!

Pergunta: quais são as idades das três filhas?

Lidando com as questões difíceis

As questões difíceis lembram aquelas que, ao serem apresentadas as crianças dos primeiros anos do ensino fundamental, são classificadas como "... a tia não ensinou essa matéria..."

A maioria das questões difíceis parecem fáceis depois de resolvidas. Mas ao serem vistas pela primeira vez, deixam o aluno sem saber por onde começar. Em uma prova, é melhor pular essas questões e deixá-las por último. Aliás, este é mais um fator complicativo: por onde começar. Em uma prova regular, feita no colégio sobre um determinado assunto, o aluno sabe que os problemas devem ser resolvidos provavelmente usando o assunto que faz parte da "matéria da prova". Em um concurso não existe essa pista: toda a matéria pode ser usada.

Para resolver as questões difíceis, você precisa:

- Saber a matéria toda
- Ter adquirido habilidade resolvendo exercícios
- Ter a sorte de já ter visto a questão antes, bem como sua solução
- Ter um estalo de genialidade na hora da prova

Os dois primeiros itens da lista acima estão ao alcance de todos, ou seja: é preciso estudar toda a matéria, e exercitá-la bastante. Não adianta fazer meia dúzia de exercícios: é preciso fazer dezenas de cada assunto, ou até centenas. Mesmo que não consiga, essa tentativa aumentará suas chances de aprovação, mesmo que não consiga resolver as questões mais difíceis.

O terceiro item da lista (resolver a questão antes) inevitavelmente será tentado por aqueles que realizam muitos exercícios. É preciso ficar "catando questões difíceis" para resolver. No caso de concursos, é praticamente uma obrigação resolver as questões de provas anteriores, pois muitas vezes essas questões são repetidas, de forma parecida ou idêntica.

O quarto item da lista é o que definirá quem serão os primeiros colocados em um concurso, por exemplo. Mas para ter o referido "estalo", é preciso saber a matéria, fazer muitos exercícios, e resolver questões de anos anteriores. Com o cérebro já bastante exercitado e uma visão da matéria acima da maioria das pessoas, e ainda contando com um pouco de sorte, questões que exijam um "estalo de genialidade" podem ser resolvidas. Somente alguns conseguem, mas todos podem tentar. Quanto mais alto é o nível de exigência que um aluno estabelece para si mesmo, maior será a sua chance de sucesso.

Matemática é uma "escada"

A matemática é como uma escada. Para subir, é preciso avançar um degrau de cada vez. Se um degrau estiver faltando, não será possível continuar subindo. Muitas matérias podem ser simplesmente esquecidas de um ano para outro. Se não você souber História do Brasil, ainda assim poderá estudar História Geral, por exemplo. Mas sem saber operar com frações, você não conseguirá entender o restante da matemática.

Quando um aluno não aprende direito, já chegará fraco no ano seguinte. Alguns trechos da matemática são repetidos nos anos seguintes, outros não. O ponto mais crítico é a passagem do $5^{\underline{o}}$ para o $6^{\underline{o}}$ ano (que antigamente era a divisão entre o curso primário e o curso ginasial, que juntos deram origem ao ensino fundamental). Portanto, para entender a matemática em um ano, é preciso ter aprendido bem a matemática de todos os anos anteriores. A vantagem é que ao saber bem a matemática dos anos anteriores, você achará fácil toda a matemática que for ensinada posteriormente.

Números famosos

Este livro vai faze algo bastante incomum: afirmar que certos números são considerados "famosos". Se você já conhecer com mais intimidade esses números, resolverá mais rápido os problemas que envolvem cálculo. Por exemplo, se encontrar o número 256, saberá que este é um número famoso. Ele é um quadrado perfeito, é igual a 16x16. Também pode ser calculado como 2x2x2x2x2x2x2x2, ou seja, pode ser dividido por 2 oito vezes. Se observar questões de provas, notará que a maioria dos números que aparecem nas questões são fatores de 2, 3 e 5, além dos seus quadrados. Aparecem também vários números primos e números que são o resultado das multiplicações desses números. Por isso vamos apresentar ao longo dos capítulos, vários números que consideramos "famosos" para efeito de ocorrência em provas.

Números famosos: 2, 3, 5 e 7

Esses números podem ser considerados famosos porque são menores que 10, e aparecem em praticamente qualquer problema de matemática. Mas esse grupo específico de números tem duas coisas em comum: são primos e menores que 10. Um número primo é aquele que não pode ser dividido por outros números, exceto o 1 e o próprio número. Por exemplo, 5 pode ser dividido por 1, o resultado é 5. 5 pode ser dividido por 5, o resultado é 1. Mas 5 não pode ser dividido por 2, nem por 3, nem por 4. Se tentarmos dividir, não poderá ser feita uma divisão exata. Dizemos que 5 é divisível apenas por 1 e por 5. Outra forma de dizer isso é que 5 é múltiplo de 1 e de 5, apenas.

O mesmo se aplica ao 2, que é divisível apenas por 1 e por 2. Aliás, 2 é o único número primo e par. Todos os demais números pares são compostos. Um número composto é um número que não é primo. Por exemplo, 10 é composto, pois pode ser dividido não apenas por 1 e 10, mas também por 2 e por 5. O 3 é um outro número primo, só pode ser dividido por 1 e por 3.

Capítulo 1 – HORA DE ESTUDAR

Note que 3 é primo e ímpar, mas nem todo número ímpar é primo. Por exemplo, o número 15 não é primo, pois é divisível por 3 e por 5, além de 1 e 15.

O 5 também é um número muito especial. É um número primo. Os seus múltiplos, ou seja, números obtidos quando multiplicamos 5 por outros números, sempre terminam com o algarismo 0 ou com o algarismo 5: 5x2=10, 5x3=15, 5x4=20, 5x5=25, etc. Observe como o final é sempre 5 ou 0. Aliás, este é o critério para saber se um número é múltiplo de 5: basta verificar se termina com 5 ou 0.

Este tipo de estudo, saber se um número pode ser dividido por outro, é uma parte importante da matemática, e um capítulo exclusivo deste livro: divisibilidade. Inúmeras questões em provas e concursos são baseadas neste assunto. Daí vêm os primeiros critérios de divisibilidade a serem ensinados:

Divisibilidade por 2: basta verificar se o número termina com 0, 2, 4, 6 ou 8 (números pares)
Divisibilidade por 5: basta verificar se o número termina com 0 ou 5.

Por exemplo, 2.346 é divisível por 2, 8.924 é divisível por 2, 1.789.228 é divisível por 2. É fácil comprovar, basta verificar que nesses três casos, o último algarismo é par. Se não fosse essa regra, só teríamos uma forma de comprovar a divisibilidade: teríamos que fazer a conta e verificar que o resto da divisão é zero, o que daria muito mais trabalho.

Da mesma forma, 1.000, 2.735, 8.500.000 e 785 são divisíveis por 5. Já os números 274, 12.398 e 1.173 não são divisíveis por 5.

Para verificar se um número é divisível por 3 também podemos usar uma regra simples. Somamos os valores de todos os seus algarismos. Se o resultado for divisível por 3, então o número original também é divisível por 3. Você já conhece vários números que são divisíveis por 3: os resultados da tabuada de multiplicação por 3: 3, 6, 9, 12, 15, 18, 21, 24, 27 e 30. Vejamos então se o número 726 é divisível por 3:

7+2+6 = 15. Como 15 é divisível por 3, então 726 é divisível por 3.

Outro exemplo: verificar se 8.511.975 é divisível por 3. Temos então:

8+5+1+1+9+7+5 = 36. É claro que 36 é divisível por 3 (3x12), mas se não lembrarmos disso, podemos repetir o processo:

3+6 =9, que é divisível por 3. Então, 36 é divisível por 3, e 8.511.975 também é.

Esta regra não pode ser usada para generalizar a divisibilidade por outros números. Por exemplo, para verificar se um número é divisível por 7, NÃO vale somar os algarismos e checar se a soma é divisível por 7. O critério não funciona assim. No momento capítulo 5 mostraremos como é a divisibilidade por 7 e por outros números.

No momento, lembre essas informações sobre esses números importantes. Os números 2, 3, 5 e 7 são os quatro menores números primos. Lembre os critérios ensinados para a divisibilidade por 2, 3 e 5.

Solução através de testes

Uma técnica matemática não muito explorara é a solução através de testes. Um exemplo típico é o problema 1, proposto logo no início deste capítulo. Não estamos falando em testar as

8

MATEMÁTICA PARA VENCER

respostas para ver qual é a correta (método incorreto matematicamente mas que é válido na realização de uma prova). Estamos falando de problemas que não podem ser calculados diretamente, mas que podem ser resolvido através da enumeração das possibilidades. Vermos dois exemplos desse tipo de problema:

Exemplo: (CM) Considerando o Sistema de Numeração Decimal, quantos números entre 101 e 999 você pode escrever de forma que o algarismo das dezenas seja par, o das centenas seja o antecessor e o das unidades seja o sucessor desse algarismo par?

Solução:
Lembramos que o antecessor é o algarismo que vem antes, e sucessor é o algarismo que vem depois. Por exemplo, o antecessor de 5 é 4, e o sucessor de 5 é 6. Não existe método para fazer uma conta e chegar ao resultado. Sendo assim, como as possibilidades são poucas (só existem 5 algarismos pares), vamos enumerá-las (escrever todas as formas possíveis) e eliminar as que não servem. Se o número está entre 101 e 999, então tem 3 algarismos. O problema diz que o algarismo das dezenas é par, então só pode ser 0, 2, 4, 6 ou 8. Os algarismos das unidades e das centenas ainda não sabemos quais são, então vamos chamá-los de "a" e "b". Então as possibilidades são:

a0b
a2b
a4b
a6b
a8b

O algarismo das centenas tem que ser o antecessor do algarismo das dezenas, e o das unidades tem que ser o sucessor. O sucessor de 0 é 1, o antecessor de 0 não existe. Então não podemos ter um número da forma a0b satisfazendo ao que o problema pede. O antecessor de 2 é 1, e o sucessor de 2 é 3, então termos o número 123. Da mesma forma teremos também os números 345, 567 e 768. Portanto são apenas quatro os números que atendem ao que o problema pede: 123, 345, 567 e 768.

Resposta: 4

Exemplo:
(CM) O número da casa da Evanice tem três algarismos. O produto deles é 90 e a soma dos dois últimos é 7. Qual é o algarismo das centenas?

Solução:
Este é outro típico problema resolvido através de testes. Escolher 3 algarismos cujo produto é 90 é um pouco trabalhoso, o número de possibilidades pode ser grande. É mais fácil enumerar as possibilidades para a segunda informação: a soma dos dois últimos é 7. Como ainda não sabemos qual é o algarismo das centenas, vamos chamá-lo de "a". Os dois últimos algarismos têm soma 7, então podem ser: 0 e 7, 1 e 6, 2 e 5 ou 3 e 4, somente 4 possibilidades. Os algarismos também podem aparecer em ordem trocada, então também podem ser 7 e 0, 6 e 1, 5 e 2 ou 4 e 3. O número pedido pode ser então um dos 8 abaixo:

a07, a70
a16, a61
a25, a52
a34, a43

Vamos agora usar a informação de que o produto dos três algarismos é 90.

Capítulo 1 – HORA DE ESTUDAR

9

a) a07 e a70 não podem ser, pois o produto ax0x7 é 0, então não pode ser 90.

b) a16 ou a61 não podem ser, pois para o produto ser 90, "a" teria que ser 15. Ocorre que "a" é um algarismo, portanto pode ser no máximo 9, não pode ser 15.

c) a25 a a52 poderiam ser, pos para o produto ser 90, "a" teria que ser 9, o que é permitido.

d) a34 e a43 não podem ser, pois para o produto ser 90, "a" teria que ser $90 \div 12 = 7,5$, o que não é permitido, já que "a" tem que ser um algarismo.

Vemos então que a única solução é a=9.

Resposta: 9

Muitos problemas só podem ser resolvidos através de testes, ou seja, enumerar todas as possibilidades, testar quais delas atendem às condições do problema e eliminar as que não funcionam. Esses problemas têm duas características comuns:

1) Não podem ser resolvidos por cálculos diretos, do tipo armar–calcular–responder.
2) O número de possibilidades a serem testadas é pequeno, quase sempre menor que 10.

Linguagem matemática – alguns símbolos

Os símbolos matemáticos mais conhecidos entre os estudantes são as quatro operações básicas da aritmética: +, – , x e ÷. Também é importante e conhecido o sinal de igualdade =, que tem várias aplicações. A mais comum é para mostrar quando duas quantidades são numericamente iguais. Por exemplo, em 3x2=6, estamos dizendo que o número calculado à esquerda do sinal (3x2) tem o mesmo valor que o número à direita, o 6. Além da igualdade, temos que também poder indicar quando dois valores são diferentes, ou mais especificamente, quando um é maior que outro. Daí vêm os símbolos:

$\neq$ (diferente) – indica quando dois valores não são iguais. Exemplo: $5 \neq 3$
$>$ (maior) – indica quando a expressão à esquerda é maior que a da direta. Exemplo: $5 > 3$
$<$ (menor) – indica quando a expressão à esquerda é menor que a da direta. Exemplo: $2 < 3$

$5 \neq 3$ lê-se "cinco é diferente de 3"
$5 > 3$ lê-se: "cinco é maior que 3"
$2 < 3$ lê-se: "dois é menor que 3"

Expressões como 3=3, $5 \neq 3$, $5 > 3$, etc, são chamadas *sentenças*. Uma sentença é uma afirmação, que pode ser verdadeira ou falsa. Por exemplo, 2x3=6 é uma *sentença verdadeira*, enquanto 5>10 é uma *sentença falsa*.

Muitos alunos confundem os sinais de maior e menor ($>$ e $<$). Aqui vai uma forma bem simples de lembrar: a abertura está sempre apontando para o maior. Portanto, se tivermos:

a>b, estamos dizendo que a é maior que b.
a<b significa "a é menor que b", pois a abertura aponta para o maior, no caso, b. Se b é o maior, a é o menor.

10   MATEMÁTICA PARA VENCER

Exercícios

Este livro ainda não ensinou nada e já está apresentando exercícios! Não se preocupe, o objetivo é apenas checar qual é o seu grau de conhecimento em matemática. Conforme você estudar os capítulos seguintes do livro, poderá voltar aqui e tentar fazer os exercícios que não conseguiu fazer.

E1) O número 36 é múltiplo do número 12? O que significa dizer que um número é múltiplo de outro?

E2) Qual é a forma correta de escrever "sete e meio": 7,5 ou 7.5?

E3) Calcule quanto vale uma dúzia e meia e mais três dezenas.

E4) Calcule 107.000 x 77 ÷ 107

E5) Calcule 152.764 + 999.999 − 152.000 - 764

E6) (CM) Tenho um saco com 39 laranjas. Quantas laranjas faltam para completar quatro dúzias?

E7) (CM) Multiplicamos um número por 5 e somamos 5 ao resultado, obtendo 555. Se tivéssemos dividido aquele número por 5 e subtraído 5 do resultado, quanto teríamos?

E8) O produto de dois números naturais é 12, a sua soma é 8. Quais são esses números?

E9) Observe que 1+10 =11, 2+9=11, 3+8=11, 4+7=11 e 5+6 =11. Então calcule:
1+2+3+4+5+6+7+8+9+10+11+12+13+14+...+97+98+99+100

E10) O produto de três números inteiros é 12, a soma é 8. Quais são esses números?

E11) Um número menor que 30 deixa resto 2 quando é dividido por 3 e por 5. Qual é este número?

E12) De uma turma de 12 alunos, meninos e meninas, faltaram a metade dos meninos e 1/3 das meninas. Qual é o número de meninos e de meninas?

E13) Verifique qual dos números abaixo é divisível por 2, 3 e 5 ao mesmo tempo.
128, 144, 225, 210, 996

Questões resolvidas

Q1) Em um dia de chuva, faltaram 2/5 dos meninos e 1/3 das meninas de uma turma. A turma tem ao todo, 37 alunos. Quantos alunos (meninos+meninas) compareceram neste dia, sabendo que a turma tem mais meninas que meninos?

Solução:
Como é dito que faltaram 2/5 dos meninos, e uma pessoa não pode ser cortada em partes, então o número de meninos é um múltiplo de 5. Pode ser 5, 10, 15, 20, 25, 30 ou 35. Da mesma forma, o número de meninas precisa ser um múltiplo de 3. Pode ser então 3, 6, 9, 12, 15, 18, 21, 24, 27, 30, 33 ou 36. Devemos usar essas informações em conjunto com o fato do número total de meninos e meninas ser 37.

Capítulo 1 – HORA DE ESTUDAR

11

Se forem 5 meninos, serão 37-5 = 32 meninas, impossível pois 32 não é múltiplo de 3.
Se forem 10 meninos, serão 37-10 = 27 meninas, é possível, pois 27 é múltiplo de 3.
Se forem 15 meninos, serão 37-15 = 22 meninas, impossível pois 22 não é múltiplo de 3.
Se forem 20 meninos, serão 37-20 = 17 meninas, impossível pois 17 não é múltiplo de 3.
Se forem 25 meninos, serão 37-25 = 12 meninas, é possível, pois 12 é múltiplo de 3.
Se forem 30 meninos, serão 37-30 = 7 meninas, impossível pois 7 não é múltiplo de 3.
Se forem 35 meninos, serão 37-35 = 2 meninas, impossível pois 2 não é múltiplo de 3.

As duas soluções possíveis são: 10 meninos e 27 meninas, ou 25 meninos e 12 meninas. Como o problema diz que a turma tem mais meninos que meninas, a única solução possível é 10 meninos e 27 meninas.

Resposta: 10 meninos e 27 meninas.

Q2) Qual é o menor número inteiro que dividido por 2 deixa resto 1, dividido por 3 deixa resto 1, dividido por 4 deixa resto 1, dividido por 5 deixar resto 1, dividido por 6 deixa resto 1, dividido por 7 deixa resto 1, dividido por 8 deixa resto 1, dividido por 9 deixa resto 1, e dividido por 10 deixar resto 1?

Solução:
Se subtrairmos 1 deste número, ele deixará resto zero quando for dividido por 2, 3, 4, 5, 6, 7, 8, 9 ou 10. Será o menor número divisível ao mesmo tempo por todos esses números. Se chamarmos o número procurado de N, então N-1 será o menor múltiplo comum entre 2, 3, 4, 5, 6, 7, 8, 9 e 10. Agora é preciso calcular o MMC entre esses valores. Se você esqueceu como fazer, não se preocupe, isto será ensinado no capítulo 5. Usaremos o método da fatoração:

2	-	3	-	4	-	5	-	6	-	7	-	8	-	9	-	10	2
1	-	3	-	2	-	5	-	3	-	7	-	4	-	9	-	5	2
1	-	3	-	1	-	5	-	3	-	7	-	2	-	9	-	5	2
1	-	3	-	1	-	5	-	3	-	7	-	1	-	9	-	5	3
1	-	1	-	1	-	5	-	1	-	7	-	1	-	3	-	5	3
1	-	1	-	1	-	5	-	1	-	7	-	1	-	1	-	5	5
1	-	1	-	1	-	1	-	1	-	7	-	1	-	1	-	1	7
1	-	1	-	1	-	1	-	1	-	1	-	1	-	1	-	1	2x2x2x3x3x5x7

O MMC vale 2x2x2x3x3x5x7 = 2.520

Então o número pedido é 2.521

Resposta: 2.521

Q3) O problema das filhas
Dois matemáticos que não se viam há muito tempo encontraram-se na rua.

- Olá, grande amigo, como vai, há quanto tempo!
- Pois é, casei e tenho três filhas.
- Quais são as idades das suas filhas?
- O produto das idades delas é 36, e a soma é o número daquela casa amarela.
- Mas amigo, somente com essas informações não é possível saber as idades...
- Tem razão, me desculpe. Então aqui vai mais uma informação: a mais velha toca piano.
- Ah, sim, agora já sei as idades!

Quais são as idades das três filhas?

12 MATEMÁTICA PARA VENCER

Solução:
São três filhas, e o produto das idades é 36. Então as idades podem ser:
1, 1 e 36; a soma seria 38
1, 2 e 18; a soma seria 21
1, 3 e 12; a soma seria 16
1, 4 e 9; a soma seria 14
1, 6 e 6; a soma seria 13
2, 2 e 9; a soma seria 13
2, 3 e 6; a soma seria 11
3, 3 e 4; a soma seria 10

Sabendo o produto das idades, o matemático saberia que a solução é uma das 8 possibilidades acima. Para saber qual é a solução, bastaria ele olhar o número da casa e usar a informação "a soma é o número daquela casa amarela". Como ele disse que esses dados são insuficientes, significa que não é possível saber a resposta somente com esta informação. Isso significa que o número da casa amarela é 13, pois este é o único número que dá margem a duas respostas: 1, 6, 6 e 2, 2, 9. Para todas as outras opções, conhecer o número da casa seria suficiente para conhecer a resposta. Tanto é que o outro matemático disse "a mais velha toca piano". Se existe uma mais velha, a resposta não pode ser 1, 6, 6, pois existiriam duas mais velhas (gêmeas). A resposta só pode ser então, 2, 2, 9.

Resposta: 2, 2 e 9

Q4) (CM) O número par 57a9b, onde a e b são algarismos, é divisível por 3 e por 5. O menor valor possível para a – b é:

(A) 0   (B) 2   (C) 3   (D) 6   (E) 9

Solução:
Para ser divisível por 5, tem que terminar com 5 ou 0, então b vale 5 ou 0. Para ser divisível por 3, então a soma dos algarismos tem que ser múltiplo de 3. Temos dois caminhos:
a) b=0: então o número é 57a90. Para ser múltiplo de 3, a tem que ser 0, 3, 6 ou 9. O menor valor de a-b é 0, obtido para a=0.
b) b=5: então o número é 57a95. Para ser múltiplo de 3, a tem que ser 1, 4 ou 7. O menor valor possível de a-b é 7-2=2 (note que o problema não considera números negativos).

Resposta: (A) 0

Q5) (CM) Estamos no mês de outubro de 2003. Daqui a 1205 meses, estaremos no mês de:

(A) Janeiro   (B) Dezembro   (C) Março   (D) Abril   (E) Novembro

Solução:
A cada 12 meses (1 ano), os meses se repetem. Daqui há 1200 meses (100 anos), o mês será o mesmo inicial, ou seja, outubro. Contamos então mais 5 meses, chegando então em março.

Resposta: (C) Março.

Q6) (CM) Paulinha tem 8 anos e Carlinhos tem 10 anos. Para que a soma de suas idades seja igual a 42 anos, deverão se passar:

(A) mais de 12 anos.   (B) mais de 18 anos.   (C) menos de 10 anos.
(D) menos de 20 anos.   (E) mais de 16 anos.

Capítulo 1 – HORA DE ESTUDAR 13

Solução:
Problemas envolvendo idades são muito comuns nos concursos. Para resolver esses problemas, é preciso lembrar dois detalhes muito importantes, e um é conseqüência do outro:
1) A diferença entre as idades de duas pessoas é sempre a mesma, não importa quantos anos passem.
2) O aumento de idade para uma pessoa é igual ao aumento de idade para outras pessoas, quando consideramos períodos iguais.

O problema pede que a soma das idades seja 42. Hoje, a soma das idades é 18 anos (8+10). A soma das idades terá que aumentar de 18 para 42, ou seja, 42-18=24 anos. A cada ano, Tanto Paulinha quanto Carlinhos ficam 1 ano mais velhos, então a soma das idades ficará 2 anos maior, a cada ano que passa. Como queremos que a soma das idades aumente 24 anos, cada um terá que ficar 12 anos mais velho, o que ocorrerá daqui há 12 anos. A única resposta que satisfaz é D. Neste livro resolveremos muitos outros problemas envolvendo idades.

Resposta: (D) menos de 20 anos.

Q7) (OBM) Juliano colou uma bandeirinha cinza em cada engrenagem, como mostra a figura abaixo:

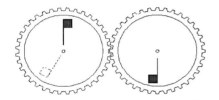

As engrenagens são iguais e quando a engrenagem da esquerda girou um pouco, a sua bandeirinha ficou na posição indicada com a bandeirinha branca pontilhada. Nesta condição, podemos afirmar que a posição da bandeirinha na engrenagem da direita é:

Solução:
Observe que ambas as engrenagens possuem 36 dentes. Isto significa que quando uma dá uma volta completa, a outra também dará. E quando a primeira realiza um giro, a outra também realizará um giro semelhante (mesmo ângulo). A única diferença é que quando uma engrenagem gira em um sentido, a outra girará no sentido contrário (horário x anti-horário). Se a primeira engrenagem realizou um giro até a bandeira ficar na posição indicada, a segunda terá que girar um mesmo ângulo, porém em sentido contrário. A posição final será a indicada pela letra (A).

Resposta: (A)

Q8 (OBM) Quatro amigos vão visitar um museu e um deles resolve entrar sem pagar. Aparece um fiscal que quer saber qual deles entrou sem pagar.

– Eu não fui, diz o Benjamim.   – Foi o Carlos, diz o Mário.
– Foi o Pedro, diz o Carlos.   – O Mário não tem razão, diz o Pedro.

Só um deles mentiu. Quem não pagou a entrada do museu?

A) Mário B) Pedro C) Benjamim D) Carlos
E) não é possível saber, pois faltam dados

Solução:
Só existem 4 possibilidades: ou foi Mário, ou foi Pedro, ou foi Benjamim, ou foi Carlos. Como são só 4 possibilidades, vamos montar uma tabela indicando o que cada um falou e verificar se é verdade ou mentira, para cada uma das quatro possibilidades.

Nome	Disse...	Se foi Mário	Se foi Pedro	Se foi Benjamin	Se foi Carlos
Mário	Foi Carlos	Mentira	Mentira	Mentira	Verdade
Pedro	Mário mente	Verdade	Verdade	Verdade	Mentira
Benjamin	Não fui eu	Verdade	Verdade	Verdade	Verdade
Carlos	Foi Pedro	Mentira	Verdade	Mentira	Mentira

Das quatro opções testadas acima, vemos que a única na qual apenas um está mentindo é aquela em que Pedro é o culpado.

Outra solução:
Como Pedro disse que Mário mente, concluímos que um dos dois, Mário ou Pedro, está mentindo (se Mário falou a verdade é Pedro que mente, se Pedro está falando a verdade Mário mente). Como o problema diz que somente um entre está mentindo, e já concluímos que Pedro ou Mário mente, então Benjamin e Carlos estão falando a verdade. Como Carlos diz que foi Pedro, e já sabemos que ele fala a verdade, concluímos que foi Pedro.

Resposta: (B)

Q9) (OBM) Escreva um número em cada círculo da fila abaixo, de modo que a soma de três números quaisquer vizinhos (consecutivos) seja 12.

No último círculo à direita deve estar escrito o número:

A) 3   B) 2   C) 1   D) 4   E) 7

Solução:
Não sabemos ainda os valores dos números, mas como a soma de três vizinhos quaisquer dá sempre 12, a soma do segundo e do terceiro tem que ser igual a 9, para que forme um total de 12 contando com o primeiro círculo. Vamos então chamar os números do segundo e do terceiro círculos de x e 9-x. Levando em conta agora o segundo, o terceiro e o quarto, vemos que para a soma ser 12, é preciso que o valor do quarto círculo seja 3. Da mesma forma, para a soma do terceiro, quarto e quinto ser 12, o quinto círculo precisa ter o número 3. Repetindo o raciocínio, concluímos que o círculo mais à direita tem que ter o valor 3.

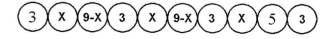

O problema não pergunta, mas o penúltimo círculo, que seria 9-X, tem o valor 5. Concluímos portanto que X vale 4.

Resposta: (A) 3

Q10) (OBM) Joãozinho brinca de formar quadrados com palitos de fósforo como na figura a seguir.

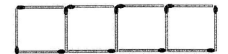

A quantidade de palitos necessária para fazer 100 quadrados é:

A) 296   B) 293   C) 297   D) 301   E) 28

Solução:
Cada quadrado necessita de dois palitos para formar o lado de cima e o lado de baixo do seu quadrado. Então para 100 quadrados, seriam necessários duzentos palitos. Falta adicionar agora os lados esquerdo e direito de cada quadrado. A princípio pensaríamos que cada quadrado precisa de 2 palitos para formar os lados esquerdo e direito, mas não é isso. Cada palito vertical está servindo para dois quadrados, exceto o primeiro e o último. A melhor coisa a fazer é testar:

Para 1 quadrado, bastam 2 palitos laterais.
Para 2 quadrados, bastam 3 palitos laterais.
Para 3 quadrados, bastam 4 palitos laterais.
Para 4 quadrados, bastam 5 palitos laterais (veja a figura).
...
Para 100 quadrados, bastam 101 palitos.

O número total de palitos será então 200+100 = 301

Resposta: (D) 301

Q11) (OBM) Num código secreto, as 10 primeiras letras do nosso alfabeto representam os algarismos de 0 a 9, sendo que a cada letra corresponde um único algarismo e vice-versa. Sabe-se que d + d = f, d . d = f, c + c = d, c + d = a e a − a = b. Podemos concluir que a + b + c + d é igual a:

A) 0   B) 2   C) 4   D) 6   E) 8

Solução: As 10 primeiras letras correspondem aos algarismos de 0 a 9, mas não necessariamente na ordem. Vamos juntar as informações dadas:

d + d = f
d . d = f
c + c = d
c + d = a
a − a = b

É fácil descobrir quem são d e f. O dígito f vale o dobro de d, e também vale dxd. Isso só é possível se tivermos **d=2** e **f=4**.

Se d (2) é igual a c+c, concluímos que **c=1**. Como c=1 e d=2 e a vale c+d, então **a=3**. Como b vale a−a, concluímos que **b=0**. O problema pede o valor de a+b+c+d, então ficamos com:

3+0+1+2 = 6

Resposta: (D) 6

Questões propostas

Q12) (CM) Em uma excursão para Macchu Picchu, se encontravam 43 pessoas, entre brasileiros e peruanos. Entre os brasileiros, 2/5 são homens e, entre os peruanos, 3/7 são mulheres. O número de mulheres da excursão, independente de sua nacionalidade é igual a

(A) 12   (B) 14   (C) 15   (D) 18   (E) 21

Q13) (CM) Determine o valor da expressão
1+ 2 + 3 + ... + 48 + 49 + 50 - 50 - 49 - 48 - ... - 3 - 2 - 1.

(A) zero   (B) 1   (C) 100   (D) 1050   (E) 5050

Q14) (CM, OBM) A soma de todos os números ímpares de dois algarismos menos a soma de todos os números pares de dois algarismos é igual

(A) à metade de cem.
(B) ao quadrado de sete.
(C) ao sêxtuplo de oito.
(D) ao dobro de um número primo.
(E) ao quíntuplo de nove.

Q15) (CM) Um mês com 30 (trinta) dias pode ter:
(A) 5 sábados e 5 domingos
(B) 5 sábados e 5 segundas-feiras
(C) 5 segundas-feiras e 5 quartas-feiras
(D) 5 sábados, 5 domingos e 5 segundas-feiras
(E) 5 sextas-feiras, 5 sábados e 5 domingos

Q16) (CM) Em um jogo de tabuleiro, cada jogador deve mover uma peça ao longo das casas até a CHEGADA. O número de casas que se deve andar é determinado pelo resultado obtido após o lançamento de um dado de 6 faces. Após alguns lances, a figura abaixo representa a configuração dos 4 jogadores: Marcel andou até a casa 5, Talita até a casa 11, Thiago até a casa 14 e Alan até a casa 17.

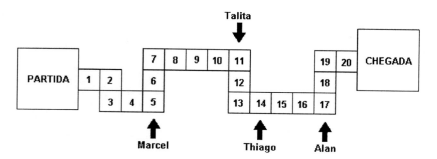

Porém, neste jogo, existe uma regra adicional: se você obtiver um número maior que o necessário para alcançar a CHEGADA, você deve voltar o número de casas equivalentes ao que exceder. Por exemplo, no caso do jogador Alan, que ganha tendo como resultado 4: se obtiver 6 no próximo lançamento, deverá voltar 2 casas, parando na casa número 19. Após 4 rodadas de lances seguidos, tem-se a seguinte seqüência de resultados para cada jogador:

Jogador	Resultados obtidos			
	1º lance	2º lance	3º lance	4º lance
Marcel	6	6	6	6
Thiago	3	5	3	2
Talita	5	6	4	3
Alan	6	3	2	2

Com tais seqüências de resultados, podemos afirmar que:

(A) Houve empate entre Talita e Marcel.
(B) Somente Alan venceu.
(C) Houve empate entre Alan e Thiago.
(D) Somente Marcel venceu.
(E) Houve empate entre Talita e Thiago.

Q17) (CM) Na figura abaixo, os números são obtidos, a partir da 2ª fileira, somando-se os dois números que se encontram imediatamente acima.

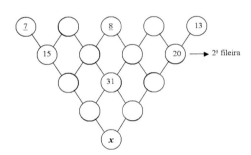

Alguns números estão apagados. A metade do número que corresponde a x é:

(A) 122   (B) 84   (C) 59   (D) 64   (E) 63

Q18) (OBM) João é mais velho que Pedro, que é mais novo que Carlos; Antônio é mais velho do que Carlos, que é mais novo do que João. Antônio não é mais novo do que João e todos os quatro meninos têm idades diferentes. O mais jovem deles é:

A) João
B) Antônio
C) Pedro
D) Carlos
E) impossível de ser identificado a partir dos dados apresentados

Q19) (OBM) Pedro e Maria formam um estranho casal. Pedro mente às quartas, quintas e sextas-feiras, dizendo a verdade no resto da semana. Maria mente aos domingos, segundas e terças-feiras, dizendo a verdade no resto da semana. Certo dia, ambos dizem: "Amanhã é dia de mentir". O dia em que foi feita essa afirmação era:

A) segunda-feira   B) terça-feira   C) sexta-feira   D) sábado   E) domingo

18 MATEMÁTICA PARA VENCER

Q20) (OBM) No quadrado mágico abaixo, a soma dos números em cada linha, coluna e diagonal é sempre a mesma. Por isso, no lugar do X devemos colocar o número:

15		35
50		
25	X	

(A) 30   (B) 20   (C) 35   (D) 45   (E) 40

Q21) (OBM) Três amigos moram na mesma rua: um médico, um engenheiro e um professor. Seus nomes são: Arnaldo (A), Bernaldo (B) e Cernaldo (C). O médico é filho único e o mais novo dos três amigos. Cernaldo é mais velho que o engenheiro e é casado com a irmã de Arnaldo. Os nomes do médico, do engenheiro e do professor, nessa ordem, são:

(A) A, B, C   (B) C, A, B   (C) B, A, C   (D) B, C, A   (E) A, C, B

Respostas dos exercícios

E1) Sim. Um número é múltiplo de outro quando o primeiro número é igual ao segundo número multiplicado por um número natural.
E2) O correto é 7,5.
E3) 48
E4) 77.000
E5) 999.999
E6) 9

E7) 17
E8) 2 e 6
E9) 101 x 50 = 50.050
E10) 1, 3 e 4
E11) 17
E12) 6 e 6
E13) 210
DN0418

Respostas das questões propostas

Q12) (E)
Q13) (A)
Q14) (E)
Q15) (A)
Q16) (E)

Q17) (D)
Q18) (C)
Q19) (B)
Q20) (B)
Q21) (C)

Capítulo 2

Calcule rápido

Contas com os dedos?

Já percebeu que as pessoas que tiram notas baixas em matemática normalmente fazem contas com os dedos? Algo do tipo, 5+8, "peraí", 5, 6, 7, 8, 9, 10, 11, 12, 13! Se você faz contas com os dedos, não vai conseguir sair do lugar. Para resolver os problemas de matemática, o que é o nosso objetivo principal, é preciso normalmente realizar cálculos. Os cálculos podem ser simples em alguns casos, mesmo nos problemas mais difíceis. Mas também são muito comuns os cálculos complexos. Para fazer cálculos é preciso usar todo o poder do cérebro humano: *memória* e *raciocínio*. Usando memória sem raciocínio você não vai conseguir ir muito longe. Também se usar raciocínio sem memória vai ter grandes dificuldades. Um exemplo bem simples:

$(6+9)x(8-5) =$

Se você faz sempre as contas com os dedos, vai demorar muito mais. Vai precisar pensar "tenho que somar 6 com 9, mas sou esperto e vou somar 9 e 6 que é mais rápido e dá o mesmo resultado, então ficar 9, 10, 11, 12, 13, 14, 15, agora esse 15 vou ter que multiplicar pelo resultado da conta 8-5, que dá 8, 7, 6, 5, 4, 3, então tenho que multiplicar aquele número anterior por 3, qual era mesmo? Ah, sim, 15 vezes 3, fica então 5 vezes 3 que é fácil, 15, então 5 e vai 1, 1 vezes 3 dá 3, mais 1, 4, então 45!". Se não errar nas contas, você vai realmente chegar no resultado correto, apesar de demorar um pouco mais.

Mas felizmente temos a memória, que ajudará o raciocínio a ser mais eficiente. É preciso que sua memória já tenha "gravadas" duas informações úteis para a solução do problema: que 6+9, o mesmo que 9+6, vale 15, e que 8-5 vale 3. Não é tão difícil ter essas contas prontas com resultados já memorizados, e a vantagem é muito grande. Com essa ajuda da memória, o problema proposto se resume a:

$15 x 3 =$

Você pode agora fazer a conta 15x3, ou saber o seu resultado memorizado, ou então lembrar que 15 é o mesmo que 5x3, então a conta ficaria:

$5 x 3 x 3 =$

Sabendo que 3 x 3 vale 9, a conta fica

$5 x 9$

20   MATEMÁTICA PARA VENCER

Finalmente sabendo que 5×9 vale 45, aí está o resultado final. Note que por esse caminho usamos apenas a memória, e pouco trabalho. Quem tem habilidade numérica para fazer adições, subtrações e multiplicações de cabeça (resultados memorizados), vai achar o restante do processo de cálculo mais fácil. Isso não é "decoreba", é usar as "posições de memória" do nosso cérebro para guardar resultados prontos que serão úteis, reduzindo o trabalho de cálculo.

Some rápido

Use uma folha de papel dobrada ou uma régua e tampe a coluna dos resultados. Faça cada cálculo de cabeça ou contando nos dedos e cronometre o tempo total para fazer o conjunto de contas.

E01) Tabela para treinamento de adição

Conta	Resultado		Conta	Resultado
9+9	18		8+5	13
6+5	11		3+4	7
7+9	16		9+7	16
2+8	10		4+3	7
8+9	17		7+8	15
4+3	7		6+6	12
9+6	15		9+8	17
7+4	11		7+7	14
8+7	15		3+9	12
5+6	11		6+7	13
9+5	14		5+4	9
7+6	13		6+9	15
8+3	11		3+3	6
9+3	12		5+8	13
7+2	9		5+9	14
4+9	13		2+3	5
3+4	7		8+2	10
7+5	12		9+4	13
5+4	9		4+7	11
2+9	11		8+8	16
3+2	5		4+2	6
5+5	10		9+2	11
8+6	14		8+4	12
3+7	10		5+7	12
2+4	6		2+7	9
6+8	14		4+8	12
4+5	9		7+3	10

Marque o tempo que você demora. O ideal é que chegue a menos de 60 segundos, o que corresponde a cerca de 1 segundo para cada cálculo. Pessoas que fazem contas com os dedos demoram vários minutos para fazer todas as contas. Para chegar a 2 minutos é preciso conseguir fazer a maior parte delas de cabeça, apesar do tempo ainda estar longo (cerca de 2 segundos cada conta). Repita o processo várias vezes até conseguir um tempo total na faixa de 60 segundos.

Capítulo 2 – CALCULE RÁPIDO   21

Menos de 1 minuto	Ótimo
De 1 a 2 minutos	Bom
De 2 a 3 minutos	Mais ou menos
De 3 a 4 minutos	Fraco
Acima de 4 minutos	Tá frito

"Tá frito" não é tão ruim assim, a menos que você precise fazer uma prova de matemática dentro de 30 minutos. Provavelmente não é esse o caso, você tem muito tempo para treinar e dominar a matemática.

O objetivo é chegar no ótimo. Qualquer aluno, mesmo começando na escala "tá frito", pode chegar ao ótimo se repetir o processo várias vezes. Você notará que a cada repetição, o seu tempo será menor. Isso é realmente necessário, pois quem demora a fazer essas contas vai encontrar imensas dificuldades para fazer cálculos mais complexos.

Atenção: A cada capítulo deste livro que você terminar de estudar, volte a este capítulo e faça novamente esse teste. Se o tempo aumentar, volte a treinar velocidade até conseguir novamente o seu menor tempo.

Subtraindo

E02) Tabela para treinamento de subtração

Conta	Resultado
19-9	10
11-6	5
16-7	9
10-2	8
17-8	9
7-4	3
15-9	6
11-7	4
15-8	7
11-5	6
14-9	5
13-7	6
11-8	3
12-9	3
9-7	2
13-4	9
7-3	4
12-7	5
9-5	4
11-2	9
5-3	2
10-5	5
14-8	6
10-3	7
6-2	4
14-6	8
9-4	5

Conta	Resultado
13-8	5
7-3	4
16-9	7
7-4	3
15-7	8
12-6	6
17-9	8
14-7	7
12-3	9
13-6	7
9-5	4
15-6	9
6-3	3
13-5	8
14-5	9
5-2	3
10-8	2
13-9	4
11-4	7
16-8	8
6-4	2
11-9	2
12-8	4
12-5	7
9-2	7
12-4	8
10-7	3

22   MATEMÁTICA PARA VENCER

Alunos com dificuldades em cálculos também fazem normalmente contas de subtração com os dedos. É preciso fazer também essas contas rapidamente. Você deve usar a sua capacidade de memória em benefício da velocidade de cálculo. Por exemplo, mesmo uma pessoa que faz contas nos dedos para calcular 6+9=15, depois de algum treinamento acabará memorizando rapidamente que 6+9 é o mesmo que 9+6, que vale 15. A partir daí, terá automaticamente memorizado também que 15-9=6 e que 15-6=9. Portanto, depois que você conseguir chegar a 1 minuto na tabela para treinamento de adição, faça os mesmos exercícios na tabela para treinamento de subtração.

Procure chegar ao tempo de 1 minuto para fazer de cabeça todas as subtrações, ou seja:

Menos de 1 minuto	Ótimo
De 1 a 2 minutos	Bom
De 2 a 3 minutos	Mais ou menos
De 3 a 4 minutos	Fraco
Acima de 4 minutos	Tá frito

Atenção: A cada capítulo deste livro que você terminar de estudar, volte a este capítulo e faça novamente esse teste. Se o tempo aumentar, volte a treinar velocidade até conseguir novamente o seu menor tempo.

Multiplicando

Nos primeiros anos do ensino fundamental estudamos a multiplicação, decorando as tabuadas, que nada mais são que tabelas com os resultados das multiplicações de todos os números de 0 a 9.

1x1 = 1	2x1 = 2	3x1 = 3	4x1 = 4	5x1 = 5
1x2 = 2	2x2 = 4	3x2 = 6	4x2 = 8	5x2 = 10
1x3 = 3	2x3 = 6	3x3 = 9	4x3 = 12	5x3 = 15
1x4 = 4	2x4 = 8	3x4 = 12	4x4 = 16	5x4 = 20
1x5 = 5	2x5 = 10	3x5 = 15	4x5 = 20	5x5 = 25
1x6 = 6	2x6 = 12	3x6 = 18	4x6 = 24	5x6 = 30
1x7 = 7	2x7 = 14	3x7 = 21	4x7 = 28	5x7 = 35
1x8 = 8	2x8 = 16	3x8 = 24	4x8 = 32	5x8 = 40
1x9 = 9	2x9 = 18	3x9 = 27	4x9 = 39	5x9 = 45
1x10 = 10	2x10 = 20	3x10 = 30	4x10 = 40	5x10 = 50
6x1 = 6	7x1 = 7	8x1 = 8	9x1 = 9	10x1 = 10
6x2 = 12	7x2 = 14	8x2 = 16	9x2 = 18	10x2 = 20
6x3 = 18	7x3 = 21	8x3 = 24	9x3 = 27	10x3 = 30
6x4 = 24	7x4 = 28	8x4 = 32	9x4 = 36	10x4 = 40
6x5 = 30	7x5 = 35	8x5 = 40	9x5 = 45	10x5 = 50
6x6 = 36	7x6 = 42	8x6 = 48	9x6 = 54	10x6 = 60
6x7 = 42	7x7 = 49	8x7 = 56	9x7 = 63	10x7 = 70
6x8 = 48	7x8 = 56	8x8 = 64	9x8 = 72	10x8 = 80
6x9 = 54	7x9 = 63	8x9 = 72	9x9 = 81	10x9 = 90
6x10 = 60	7x10 = 70	8x10 = 80	9x10 = 90	10x1 = 100
				0

São 100 resultados que você precisa memorizar, mas na verdade 51 deles você já sabe, faltam só os outros 49. Basta levar em conta que:

a) Qualquer número multiplicado por 1 é ele mesmo (Ex: 9x1 = 9).

Capítulo 2 – CALCULE RÁPIDO   23

b) Para multiplicar um número por 10, basta acrescentar um zero (ex: 6x10 = 60).

c) Para multiplicar por 2, basta somar o número a ele mesmo (ex: 7x2 = 7+7 =14). Como você já memorizou todas as somas, sabe fazer 9+9, 8+8, 7+7, etc.

Você já sabe então os 51 resultados abaixo:

1x1 = 1 1x2 = 2 1x3 = 3 1x4 = 4 1x5 = 5 1x6 = 6 1x7 = 7 1x8 = 8 1x9 = 9 1x10 = 10	2x1 = 2 2x2 = 4 2x3 = 6 2x4 = 8 2x5 = 10 2x6 = 12 2x7 = 14 2x8 = 16 2x9 = 18 2x10 = 20	3x1 = 3 3x2 = 6 3x10 = 30	4x1 = 4 4x2 = 8 4x10 = 40	5x1 = 5 5x2 = 10 5x10 = 50
6x1 = 6 6x2 = 12 6x10 = 60	7x1 = 7 7x2 = 14 7x10 = 70	8x1 = 8 8x2 = 16 8x10 = 80	9x1 = 9 9x2 = 18 9x10 = 90	10x1 = 10 10x2 = 20 10x3 = 30 10x4 = 40 10x5 = 50 10x6 = 60 10x7 = 70 10x8 = 80 10x9 = 90 10x10 = 100

Faça com a tabela acima, o mesmo teste de velocidade já apresentado para a adição e a subtração. Procure completar o teste em 50 segundos.

Faltam então somente os 49 resultados para memorizar:

		3x3 = 9 3x4 = 12 3x5 = 15 3x6 = 18 3x7 = 21 3x8 = 24 3x9 = 27	4x3 = 12 4x4 = 16 4x5 = 20 4x6 = 24 4x7 = 28 4x8 = 32 4x9 = 39	5x3 = 15 5x4 = 20 5x5 = 25 5x6 = 30 5x7 = 35 5x8 = 40 5x9 = 45
6x3 = 18 6x4 = 24 6x5 = 30 6x6 = 36 6x7 = 42 6x8 = 48 6x9 = 54	7x3 = 21 7x4 = 28 7x5 = 35 7x6 = 42 7x7 = 49 7x8 = 56 7x9 = 63	8x3 = 24 8x4 = 32 8x5 = 40 8x6 = 48 8x7 = 56 8x8 = 64 8x9 = 72	9x3 = 27 9x4 = 36 9x5 = 45 9x6 = 54 9x7 = 63 9x8 = 72 9x9 = 81	

24   MATEMÁTICA PARA VENCER

Melhor ainda: não são na verdade 49 resultados, pois a maioria deles são repetidos. Por exemplo, 3x4 é o mesmo que 4x3, já que a multiplicação é uma operação *comutativa*. Levando isso em conta, você precisa na verdade memorizar apenas mais 28 resultados:

		3x3 = 9 3x4 = 12 3x5 = 15 3x6 = 18 3x7 = 21 3x8 = 24 3x9 = 27	4x4 = 16 4x5 = 20 4x6 = 24 4x7 = 28 4x8 = 32 4x9 = 39	5x5 = 25 5x6 = 30 5x7 = 35 5x8 = 40 5x9 = 45
6x6 = 36 6x7 = 42 6x8 = 48 6x9 = 54	7x7 = 49 7x8 = 56 7x9 = 63	8x8 = 64 8x9 = 72	9x9 = 81	

São essas as multiplicações consideradas "difíceis". Você terá que memorizá-las também, e isto pode ser feito com o nosso teste de velocidade. O ideal é que você consiga completar o teste em 30 segundos. Use a tabela abaixo para marcar o tempo. Se conseguir fazer em 1 minuto está bom, pode prosseguir com o livro, mas volte aqui para treinar novamente, até conseguir fazer em 30 segundos.

E03) Tabela para treinamento de multiplicação

Conta	Resultado	Conta	Resultado
3x5	15	5x8	40
5x7	35	4x6	24
3x6	18	6x7	42
7x9	63	6x8	48
3x7	21	3x9	27
5x5	25	7x8	56
6x6	36	8x8	64
4x7	28	3x3	9
4x8	32	9x9	81
4x4	16	3x4	12
6x9	54	4x9	36
5x9	45	3x8	24
8x9	72	7x7	49
5x6	30	4x5	20

Menos de 30 segundos	Ótimo
De 30 s a 1 min	Bom
De 1 a 1:30 min	Mais ou menos
De 1:30 min a 2 min	Fraco
Acima de 2 minutos	Tá frito

Atenção: A cada capítulo deste livro que você terminar de estudar, volte a este capítulo e faça novamente esse teste. Se o tempo aumentar, volte a treinar velocidade até conseguir novamente o seu menor tempo.

Divisão exata

Somar, subtrair, multiplicar e dividir números inteiros é só o ponto de partida para dominar toda a matemática. Depois disso vêm novos conceitos, como divisibilidade, números primos,

Capítulo 2 – CALCULE RÁPIDO 25

potências, expressões, problemas, áreas e volumes, etc. Realmente tudo fica difícil para alguém que, para cada problema, precisa parar para contar nos dedos "9+6".

Depois da adição, subtração e multiplicação, a próxima operação matemática a ser aprendida é a divisão. Podemos classificar as divisões de números inteiros em dois tipos: as que deixam resto e as que não deixam resto (ou divisões exatas). Por exemplo, 8 dividido por 2 é 4, uma divisão exata. Mas 9 dividido por 2 não é uma divisão exata quando tratamos de números inteiros. O resultado é 4 e o resto é 1. Mas antes de tratar sobre as divisões com resto, suas propriedades e seus problemas, precisamos tratar as divisões exatas.

Vejamos uma divisão exata bem fácil:

30 dividido por 3 é 10. Nas séries iniciais do ensino fundamental, isto é ensinado assim "30 balas são divididas entre João, Maria e Paulo, então cada um receberá... 10 balas!". Você já tem essa noção do significado da divisão, então basta aprender a lidar melhor com os números.

Toda divisão exata é uma multiplicação feita "ao contrário". Por exemplo, sabemos que 3x10=30. Então, se dividirmos 30 por 3, encontraremos 10. Se dividirmos 30 por 10, encontraremos 3. Complete então a tabela abaixo:

Multiplicação	Divisão	Multiplicação	Divisão
4x5=20	$20 \div 5 =$	5x8=40	$40 \div 5 =$
3x5=15	$15 \div 5 =$	4x6=24	$24 \div 4 =$
5x7=35	$35 \div 5 =$	5x9=45	$45 \div 9 =$
3x9=27	$27 \div 9 =$	4x8=32	$32 \div 4 =$
6x8=48	$48 \div 6 =$	3x5=15	$15 \div 3 =$
3x6=18	$18 \div 6 =$	6x7=42	$42 \div 7 =$
7x9=63	$63 \div 7 =$	4x7=28	$28 \div 4 =$
3x3=9	$9 \div 3 =$	3x9=27	$27 \div 3 =$
6x7=42	$42 \div 6 =$	6x9=54	$54 \div 9 =$
3x7=21	$21 \div 3 =$	7x8=56	$56 \div 7 =$
5x8=40	$40 \div 8 =$	5x6=30	$30 \div 6 =$
4x9=36	$36 \div 4 =$	8x8=64	$64 \div 8 =$
3x7=21	$21 \div 7 =$	9x9=81	$81 \div 9 =$
5x5=25	$25 \div 5 =$	3x4=12	$12 \div 4 =$
6x6=36	$36 \div 6 =$	4x9=36	$36 \div 9 =$
3x8=24	$24 \div 3 =$	3x6=18	$18 \div 3 =$
4x7=28	$28 \div 7 =$	4x8=32	$32 \div 8 =$
6x9=54	$54 \div 6=$	8x9=72	$72 \div 9 =$
7x8=56	$56 \div 8 =$	5x7=35	$35 \div 7 =$
3x4=12	$12 \div 3 =$	4x4=16	$16 \div 4 =$
6x8=48	$48 \div 8 =$	3x8=24	$24 \div 8 =$
5x9=45	$45 \div 5 =$	7x7=49	$49 \div 7 =$
8x9=72	$72 \div 8 =$	4x5=20	$20 \div 4 =$
5x6=30	$30 \div 6 =$	7x9=63	$63 \div 9 =$
4x6=24	$24 \div 6 =$		

Como vemos, para saber fazer uma divisão exata é preciso conhecer muito bem a tabela de multiplicação, já que a divisão nada mais é que a operação inversa da multiplicação. Assim como ocorre nas outras operações, você também precisa memorizar os resultados para que faça cálculos com maior facilidade e velocidade. Faça então o treinamento abaixo.

26   MATEMÁTICA PARA VENCER

E04) Tabela para treinamento de divisão

Conta	Resultado
$20 \div 5$	4
$15 \div 5$	3
$35 \div 5$	7
$27 \div 9$	3
$48 \div 6$	8
$18 \div 6$	3
$63 \div 7$	9
$9 \div 3$	3
$42 \div 6$	7
$21 \div 3$	7
$48 \div 8$	6
$36 \div 4$	9
$21 \div 7$	3
$25 \div 5$	5
$36 \div 6$	6
$24 \div 3$	8
$28 \div 7$	4
$54 \div 6$	9
$56 \div 8$	7
$12 \div 3$	4
$48 \div 8$	6
$45 \div 5$	9
$72 \div 8$	9
$30 \div 6$	5
$24 \div 6$	4

Conta	Resultado
$40 \div 5$	8
$24 \div 4$	6
$45 \div 9$	5
$32 \div 4$	8
$15 \div 3$	5
$42 \div 7$	6
$28 \div 4$	7
$27 \div 3$	9
$54 \div 9$	6
$56 \div 7$	8
$30 \div 6$	5
$64 \div 8$	8
$81 \div 9$	9
$12 \div 4$	3
$36 \div 9$	4
$18 \div 3$	6
$32 \div 8$	4
$72 \div 9$	8
$35 \div 7$	5
$16 \div 4$	4
$24 \div 8$	3
$49 \div 7$	7
$20 \div 4$	5
$63 \div 9$	7

Use a tabela para avaliar seus resultados. O ideal é que fique entre 1 e 2 minutos, mas exercite bastante até chegar próximo de 1 minuto.

Menos de 1 minuto	Ótimo
De 1 a 2 minutos	Bom
De 2 a 3 minutos	Mais ou menos
De 3 a 4 minutos	Fraco
Acima de 4 minutos	Tá frito

Atenção: A cada capítulo deste livro que você terminar de estudar, volte a este capítulo e faça novamente esse teste. Se o tempo aumentar, volte a treinar velocidade até conseguir novamente o seu menor tempo.

Fatore rápido

Fatorar um número é uma operação muito importante que será estudada mais adiante neste livro. Consiste em transformar um número inteiro em uma multiplicação de números inteiros. Por exemplo, 15 pode ser fatorado como 3x5; 45 pode ser fatorado como 5x9, ou 15x3. Existem técnicas para fatoração, mas também extremamente útil que tenhamos memorizados alguns resultados, pois são números que aparecem com muita freqüência nos problemas. Quem já consegue fazer multiplicações e divisões rápidas, também vai conseguir fatorar rapidamente.

Capítulo 2 – CALCULE RÁPIDO   27

Suponha que você já tenha memorizado que 8x6=48. Se encontrar a conta $48 \div 6$, lembrará rapidamente que 8x6=48, então concluirá que $48 \div 6 = 8$. Você poderá então encontrar uma situação como esta:

48 = ___ x ___

Ou seja, 48 é o produto de dois números, quais são eles? Uma resposta correta é 6x8, mas também pode ser 2x24, 3x16 ou até mesmo 48x1. O exercício que você deve fazer é o seguinte: dado um número inteiro, encontrar dois números que multiplicados resultem no número dado. Considere isso como um jogo, mas a habilidade numérica que você vai obter irá melhorar bastante a sua velocidade e facilidade nos cálculos. Observe que para muitos desses valores, existe mais de uma forma de fatoração. Quando existe mais de uma forma, usamos asteriscos (*) para facilitar. Por exemplo, *** significa que existem três fatorações possíveis.

E05) Tabela para treinamento de fatoração rápida

Valor	Fatoração
12**	2x6, 3x4
15	3x5
16**	2x8, 4x4
18**	2x9, 3x6
20**	2x10, 4x5
21	3x7
24**	2x12, 3x8, 4x6
25	5x5
27	3x7
28**	2x14, 4x7
30***	2x15, 3x10, 5x6
32**	2x16, 4x8
35	5x7
36****	2x18, 3x12, 4x9, 6x6
40***	2x20, 4x10, 5x8

Valor	Fatoração
42***	2x21, 3x14, 6x7
45**	3x15, 5x9
48****	2x24, 3x16, 4x12, 6x8
49	7x7
50**	2x25, 5x10
54***	2x27, 3x18, 6x9
56***	2x28, 4x14, 7x8
60*****	2x30, 3x20, 4x15, 5x12, 6x10
63**	3x21, 7x9
64***	2x32, 4x16, 8x8
70***	2x35, 5x14, 7x10
72*****	2x36, 3x24, 4x18, 6x12, 8x9
80****	2x40, 4x20, 5x16, 8x10
81**	3x27, 9x9
90*****	2x45, 3x30, 5x18, 6x15, 9x10

Não vamos apresentar uma tabela de tempo para essas fatorações, mas procure resolvê-la de 1:30 min a 3 min.

Atenção: A cada capítulo deste livro que você terminar de estudar, volte a este capítulo e faça novamente esse teste. Se o tempo aumentar, volte a treinar velocidade até conseguir novamente o seu menor tempo.

Existem ainda entre os números naturais menores que 100, alguns que podem ser fatorados de forma, digamos assim, menos óbvia. Também é útil conhecer essas fatorações memorizadas, pois também aparecem freqüentemente nos problemas.

28 MATEMÁTICA PARA VENCER

E06) Tabela para treinamento de fatoração rápida

Valor	Fatoração
22	2x11
26	2x13
33	3x11
34	2x17
38	2x19
39	3x13
44**	2x22, 4x11
46	2x23
51	3x17
52**	2x26, 4x13
55	5x11
57	3x19
58	2x29
62	2x31
65	5x13
66***	2x33, 3x22, 6x11
68**	2x34, 4x17
69	3x23
74	2x37

Valor	Fatoração
75**	3x25, 5x15
76**	2x38, 4x19
77	7x11
78***	2x39, 3x26, 6x13
82	2x41
84*****	2x42, 3x28, 4x21, 6x14, 7x12
85	5x17
86	2x43
87	3x29
88***	2x44, 4x22, 8x11
91	7x13
92**	2x46, 4x23
93	3x31
94	2x47
95	5x19
96*****	2x48, 3x32, 4x24, 6x16, 8x12
98	2x49, 7x14
99	3x33, 9x11

Tente fazer o exercício acima gastando entre 2 e 3 minutos.

Atenção: A cada capítulo deste livro que você terminar de estudar, volte a este capítulo e faça novamente esse teste. Se o tempo aumentar, volte a treinar velocidade até conseguir novamente o seu menor tempo.

Números primos

Os números primos desempenham um papel importantíssimo na matemática e têm inúmeras aplicações práticas, por exemplo, na informática. Muitos problemas de matemática envolvem números primos. Serão bastante estudados neste livro, mas no momento faremos apenas uma introdução.

Os números primos é um número natural, maior que 1, que só é divisível por ele mesmo e pela unidade. Por exemplo, 17 é um número primo, pois não pode ser dividido (divisão exata, sem resto) por outros números além de 1 e 17. Em outras palavras, não existem dois números que multiplicados resultem em 17, com exceção de 1 e 17. Os números primos menores que 100 são:

E06) Números primos menores que 100

2	19	43	71
3	23	47	73
5	29	53	79
7	31	59	83
11	37	61	89
13	41	67	97
17			

Capítulo 2 – CALCULE RÁPIDO   29

Para que alguém precisa memorizar os números primos? Afinal, existem métodos para identificar se um número é primo ou não. É bom ter os primos até 100 memorizados, assim você ganhará velocidade de cálculo e muitas vezes, minutos preciosos na realização de provas.

Suponha por exemplo que em uma prova você fez os cálculos e encontrou como resultado 87/96. Digamos que entre as opções apresentadas, não existe uma igual a esta, mas outra frações. Devemos então simplificar a fração. Lembrando que 87=3x29 (fatoração rápida memorizada) e 96=3x32 (idem), temos:

$$\frac{3\times29}{3\times32} = \frac{29}{32}$$

Também podemos chegar à mesma fração por simplificações sucessivas: tentamos dividir o numerador e o denominador por 2, não é possível porque 87 é ímpar, depois tentamos dividir ambos por 3. Agora vale a pena saber que 87=3x29 e 96=3x32, a simplificação por 3 será imediata. Finalmente chegamos ao ponto de parada: sabendo que 29 é número primo, vemos que não existem mais simplificações a serem feitas.

Quadrados perfeitos

O que têm em comum os números 1, 4, 9, 16 e 25? Todos eles são resultado da multiplicação de dois números iguais, ou seja, 1=1x1, 4=2x2, 9=3x3, 16=4x4 e 25=5x5. Números que são iguais ao produto de dois números iguais são chamados *quadrados perfeitos*. Também são quadrados perfeitos os números 36, 49, 64, 81, 100, etc. Quando multiplicamos números iguais, podemos representar o resultado na forma de uma *potência*. Por exemplo:

6x6 = 6^2 = 36

Quando usamos a notação 6^2, lê-se "seis elevado ao quadrado", ou "seis elevado à segunda potência". Dizemos também que 36 é o quadrado de 6. Um quadrado perfeito portanto nada mais é que o quadrado de um número inteiro. O número 40, por exemplo, não é quadrado perfeito, pois nenhum número inteiro elevado ao quadrado dá como resultado 40. É muito importante conhecer os quadrados perfeitos até 100. Também é desejável conhecer outros quadrados perfeitos até 400 (20^2), pois também aparecem com alguma freqüência nos cálculos.

E07) Tabela de quadrados perfeitos.

Conta	Resultado
0^2	0
1^2	1
2^2	4
3^2	9
4^2	16
5^2	25
6^2	36
7^2	49
8^2	64
9^2	91
10^2	100

Conta	Resultado
11^2	121
12^2	144
13^2	169
14^2	196
15^2	225
16^2	256
17^2	289
18^2	324
19^2	361
20^2	400

Treine velocidade com esta tabela e procure ficar entre 20 e 40 segundos.

Atenção: A cada capítulo deste livro que você terminar de estudar, volte a este capítulo e faça novamente esse teste. Se o tempo aumentar, volte a treinar velocidade até conseguir novamente o seu menor tempo.

Números famosos: 4, 6, 8, 9

Já comentamos no capítulo 1 que os números 2, 3, 5 e 7 são números que chamamos neste livro de "famosos", pois possuem algumas particularidades. No caso, aqueles números citados eram os números primos menores que 10. Vamos agora apresentar mais quatro números menores que 10, mas desta vez não são primos. São chamados números compostos, ou seja, são o resultado da multiplicação de outros números menores, que não seja, 1 nem eles próprios.

Por exemplo:
$4 = 2 \times 2$
$6 = 2 \times 3$
$8 = 2 \times 4$ ou $2 \times 2 \times 2$
$9 = 3 \times 3$

O número 4 tem mais uma característica importante: é um número quadrado perfeito. Vimos que quadrado perfeito é o produto de dois números iguais. No caso, 4 é quadrado perfeito porque é o produto de 2 por 2. O número 9 também é um quadrado perfeito: é o produto de 3 por 3. Já o 8 é um tipo especial de número chamado *cubo perfeito*, ou seja, é o produto de 3 números iguais: 2x2x2. O 6 não é quadrado perfeito, nem cubo perfeito.

Quando escrevemos um número na forma de multiplicação de outros números, dizemos que está *fatorado*, ou seja, escrito como um produto de fatores. Em matemática, é mais comum fatorar números usando apenas fatores que sejam números primos. Por exemplo, 50 pode ser fatorado como 5x10 ou 2x25, mas normalmente usamos apenas fatores primos. Ficaria então:

$50 = 2.5.5$

Usando a notação de potência, ficaria:

$50 = 2.5^2$

Vamos fazer muitos exercícios de fatoração no capítulo 5, por isso é importante que conheçamos, aos poucos, os números primos e esses conceitos. Os quatro números famosos que apresentamos aqui ficam, fatorados, como:

$4 = 2^2$
$6 = 2.3$
$8 = 2^3$
$9 = 3^2$

Volte aqui

Faça os treinamentos de velocidade de cálculo deste capítulo. Anote seus tempos e procure bater sempre seus recordes. A cada capítulo deste livro que você terminar, volte aqui e repita os treinamentos de velocidade. Com o passar do tempo, se você não treinar, vai perder velocidade novamente.

Capítulo 2 – CALCULE RÁPIDO

Exercícios propostos

Você já fez vários exercícios neste capítulo, visando aumentar a velocidade de cálculo. O ganho de velocidade que você conseguiu aqui será muito útil para os capítulos seguintes. Para finalizar, vamos fazer alguns exercícios de cálculo rápido. Não precisa marcar tempo agora, mas você poderá perceber um grande ganho de velocidade.

E08) Qual dos números abaixo não é primo?

17, 29, 37, 43, 53, 67, 87, 97

E09) Qual dos números abaixo não é um quadrado perfeito?

25, 49, 68, 121, 144, 256

E10) Quando multiplicamos um quadrado perfeito por 100, o resultado é também um quadrado perfeito? Porque?

E11) Quando multiplicamos dois números que são quadrados perfeitos, o resultado é também um quadrado perfeito? Porque?

E12) É possível multiplicar dois números que não são quadrados perfeitos, e encontrar como resultado, um quadrado perfeito? Dê um exemplo.

E13) Fatore rápido:
38, 68, 85, 91

E14) Multiplique rápido:
a) 12x7   c) 13x3   e) 21x4   g) 17x4
b) 15x5   d) 18x3   f) 12x6   h) 19x4

E15) Multiplique rápido:
a) 5x9   c) 7x9   e) 6x7   g) 6x9   i) 9x9
b) 8x7   d) 4x9   f) 9x8   h) 8x6   j) 8x8

E16) Divida rápido
a) $38 \div 2$ c) $56 \div 4$ e) $72 \div 3$ g) $91 \div 7$ i) $64 \div 16$
b) $63 \div 3$ d) $68 \div 4$ f) $84 \div 7$ h) $96 \div 12$ j) $85 \div 5$

E17) Divida rápido
a) $64 \div 8$ f) $42 \div 7$
b) $81 \div 9$ g) $32 \div 8$
c) $56 \div 8$ h) $45 \div 9$
d) $63 \div 9$ i) $27 \div 3$
e) $72 \div 8$ j) $25 \div 5$

E18) O que é um quadrado perfeito?

E19) Qual é o único número que é par e primo?

E20) Calcule rápido: 19x5 – 17x5

32   MATEMÁTICA PARA VENCER

E21) Escreva os números 60, 64, 66, 68 e 70 na forma de produtos, de tal forma que nenhum dos fatores usados seja 1 ou 2.

E22) Calcule 190x3 – 90x3 – 50x3

E23) Diga um número que seja divisor ao mesmo tempo de 28, 63, 84 e 91

E24) Qual é o menor valor que devemos somar a 5 dúzias para que o resultado seja um múltiplo de 17?

E25) (CM) Qual é o algarismo das unidades do número 729 x 153 x 2317 ?

E26) (CM) Considere a soma de todos os números naturais cujos quadrados estão compreendidos entre 110 e 260. Qual é o número natural cujo quadrado é igual a essa soma?

E27) (CM) Ao se multiplicar um determinado número natural "n", de 2 algarismos, por 5, o resultado é um número ímpar, de dois algarismos. Sabendo que o algarismo das dezenas desse produto é o maior número primo possível, determine o valor de "n".

Respostas do exercícios propostos

E8) 87
E9) 68
E10) Sim. Porque AxAx100 é o mesmo que (Ax10)x(Ax10), que vale $(Ax10)^2$.
E11) Sim. Porque A^2xB^2 é o mesmo que AxBxAxB, que vale $(AxB)^2$.
E12) Sim. Por exemplo, 2 e 18 não são quadrados perfeitos, mas 2x18 é 36, que é um quadrado perfeito. Podemos apresentar uma infinidade de outros exemplos.

E13) 2x19, 4x17, 5x17, 7x13.

E14) a) 84; b) 75; c) 39; d) 54; e) 84; f) 72; g) 68; h) 76;

E15) a) 45; b) 56; c) 63; d) 36; e) 42; f) 72; g) 54; h) 48; i) 81; j) 64;

E16) a) 19; b) 21; c) 14; d) 17; e) 24; f) 12; g) 13; h) 8; i) 4; j) 17;

E17) a) 8; b) 9; c) 7; d) 7; e) 9; f) 6; g) 4; h) 5; i) 9; j) 5;

E18) É um número natural que é igual ao quadrado de outro número natural, ou seja, o resultado da multiplicação de um número natural por ele mesmo.
E19) O número 2
E20) 95-85=10
E21) 60=4x15 ou 5x12 ou 6x10; 64 = 4x16 ou 8x8; 66 = 3x22 ou 6x11; 68 = 4x17; 70 = 5x14 ou 7x10
E22) 190x3 – 90x3 – 50x3 = 570-270-150 = 150
E23) 7
E24) 8
E25) 9
E26) Os números são 11, 12, 13, 14, 15, 16, a soma é 81, quadrado de 9.
E27) O resultado da multiplicação de n por 5 só pode ser 75, porque o algarismo das dezenas é o maior número primo possível (algarismo 7), e o algarismo das dezenas tem que ser 5 (ímpar e múltiplo de 5). Então n=15.

Capítulo 3

Números

Nomes são importantes

"O sujeito falou com o colega que estava indo ao local hoje mesmo para resolver aquele negócio. Disse que já deveria ter feito isso antes, mas não conseguiu por causa de um camarada que pediu para resolver um problema, bem na hora em que ele ia fazer a parada. Tá ligado?"

Não dá para entender uma informação como esta, pois não estão sendo usados os nomes corretos. Parece até uma conversa telefônica codificada entre dois bandidos. Se fosse algo como "O Carlos falou com o Flávio...", já ajudaria, desde que todos saibam quem é Carlos e quem é Flávio. Usar os nomes corretos é importante para o correto entendimento das idéias, mas só isso não basta. Se fosse dito "O Bicudo falou com o Foguinho...", o entendimento também seria prejudicado. Se aquele que ouve não souber que Bicudo é o apelido do Carlos e que Foguinho é o apelido do Flávio, o entendimento também seria completamente prejudicado. Portanto, além de usar nomes corretos, é preciso que todos os envolvidos conheçam esses nomes.

Essa regra pode ser aplicada a qualquer área do conhecimento humano. Por exemplo, para que as informações sejam passadas corretamente de um médico para outro, é preciso que a medicina use nomes padronizados para todos os elementos envolvidos na sua especialidade.

Isso vale também para a matemática. Quando dizemos que deve ser feita uma multiplicação, todos entendem, pois essa palavra é padronizada. Todos sabem muito bem a diferença entre uma multiplicação e uma divisão, pois essas duas palavras são termos técnicos padronizados da matemática. Precisamos conhecer bem todos os nomes para permitir a correta transmissão de conhecimento entre aqueles que trabalham com matemática.

Nomes errados

Muitos dizem erradamente que 5+3 é uma operação de soma. Está errado. O nome da operação é *adição*. A *soma* é o resultado desta adição, que no caso vale 8. Muitos dirão que o importante não é saber o nome correto, e sim, saber dar o resultado correto. Entretanto, os concursos estão cheios de questões que cobram a terminologia correta. Da mesma forma, é preciso saber, na geometria, o que é uma reta, o que é uma semi-reta e o que é um segmento de reta; o que é um círculo e o que é uma circunferência, e assim por diante.

Muitos estudantes seguem terminologias erradas por preguiça de aprender as corretas ou por já terem aprendido os nomes errados. Essa postura poderá custar preciosos pontos em uma prova ou concurso. Veja por exemplo a "pegadinha" que foi colocada em um certo concurso:

MATEMÁTICA PARA VENCER

"bla, bla, bla, ... calcule as coordenadas do vetor resultante".

Depois de inúmeros cálculos, os alunos encontraram o vetor e responderam à questão. Todos erraram, pois a resposta do gabarito era: "Impossível. Vetor não tem *coordenadas*, tem *componentes*". O professor foi mau, não achou importante que o aluno soubesse fazer os cálculos, o que era a parte mais importante da matéria. Quis que todos errassem, mesmo sabendo resolver o problema, enganados pela cobrança de um nome correto. Isso pode perfeitamente acontecer em um concurso.

Não tenha preguiça: aprenda os nomes corretos da matemática. Aprender os nomes é muito mais fácil que aprender os cálculos, e você não corre o risco de perder pontos preciosos em um prova por não saber esses nomes.

Número e numeral

Este capítulo trata sobre números. Aqui está um dos nomes mais importantes da matemática, e também um dos principais exemplos de uso errado dos nomes.

O número é um objeto da matemática, uma idéia que representa uma quantidade. O numeral é uma representação concreta do número, normalmente visual. Vejamos um exemplo:

"Escreva o número 5"

Não dá para escrever o número 5, pois ele é um objeto da matemática que não existe no universo físico. Seria quase a mesma coisa que pedido "desenhe uma saudade". Por outro lado, se for pedido:

"Escreva o numeral 5"

Agora sim isso pode ser feito, e de várias formas, por exemplo:

55**5**5555**5**5555**555**55,5 ✋ **❺** 🕐V

Toda vez que vemos algum tipo de representação do que parece ser um número, na verdade não é um número, e sim, um numeral. É força do hábito, chamar erradamente os numerais de números, até em livros de matemática. Mas é preciso que você saiba os nomes corretos e procure usá-los sempre, e lembre-se deles ao realizar provas.

Ao lidar com matemática, estaremos na maior parte das vezes fazendo referência a números, de forma correta. Entretanto algumas poucas vezes, quando fazemos referência à sua forma escrita, deveríamos dizer *numeral*, mas acabamos dizendo *número*, erradamente. Não é uma falha grave, é realmente mais importante em matemática, saber resolver os problemas, realizar os cálculos e acertar as respostas.

Algarismos

Algarismos são símbolos usados para representar os numerais. No Brasil e na maioria dos países, os algarismos usados são:

0, 1, 2, 3, 4, 5, 6, 7, 8, 9

Capítulo 3 - NÚMEROS

Com esses dez algarismos podemos representar todos os numerais do sistema decimal de numeração.

Conjunto

Conjunto é uma coleção de objetos. O capítulo 10 é dedicado ao assunto, mas precisaremos usar algumas noções antes disso. Uma das formas de representar um conjunto é enumerar os objetos, separados por vírgulas, e compreendidos entre chaves { }. Isso é chamado de *enumerar* o conjunto. Por exemplo:

P = {Mercúrio, Vênus, Terra, Marte} – Conjunto dos 4 planetas mais próximos do nosso Sol
M = {polegar, indicador, médio, anular, mínimo} – Conjunto dos dedos da mão
T = {Botafogo, Flamengo, Vasco } – Conjunto de 3 times do Rio de Janeiro
A = {0, 1, 2, 3, 4, 5, 6, 7, 8, 9} – Conjunto dos algarismos do sistema decimal de numeração
Ø = { } – Conjunto vazio
V = {a, e, i, o, u} – Conjunto das vogais

Os objetos que formam um conjunto são chamados de *elementos*. Os elementos devem ser *diferentes* e *não ordenados*. Por exemplo, {a, b, c} é o mesmo que {b, c, a}, pois entre os elementos de um conjunto, não importa a ordem. Da mesma forma, {a, a, b, c} é o mesmo que {a, b, c}, pois repetições são ignoradas.

Existem *conjuntos finitos* e *conjuntos infinitos*. Os exemplos de conjuntos que apresentamos acima são finitos. Um exemplo de conjunto infinito é o conjunto dos números inteiros maiores que zero. Este conjunto é:

A = {1, 2, 3, 4, 5, 6, 7, 8, 9, 10, 11, 12, 13, ... }

Usamos reticências (...) para indicar que o conjunto continua até o infinito.

Quando um elemento faz parte de um conjunto, dizemos que ele *pertence* ao conjunto. Para dizer que um elemento x pertence a um conjunto A, usamos a notação:

$$x \in A$$

Por exemplo, se o conjunto A = {1, 3, 5, 7, 9, 11}, podemos escrever $1 \in A$, $2 \in A$, etc.

Conjunto dos números naturais

Os conjuntos têm inúmeras propriedades interessantes. O assunto é muito importante na matemática, e é bastante cobrado em provas e concursos. Deixaremos entretanto o seu estudo para o capítulo 10. Nosso interesse agora é apresentar um conjunto muito importante, que é o *conjunto dos números naturais*. Este conjunto é em geral representado pela letra N maiúscula,

N = {0, 1, 2, 3, 4, 5, 6, 7, 8, 9, 10, 11, 12, 13, 14, 15, ...}

Como vemos N é o conjunto de todos os números inteiros não negativos. É um conjunto infinito, mas existem outros infinitos números que não fazem parte de N. Por exemplo, o número 1,37 não pertence a N, pois não é um número inteiro. Um outro exemplo, -4 não pertence a N, pois é um número negativo.

Um outro conjunto derivado de N é chamado N*:

N* = {1, 2, 3, 4, 5, 6, 7, 8, 9, 10, 11, 12, 13, 14, 15, ...}

Como vemos, N* é o conjunto dos números inteiros positivos, ou seja, não está incluído o número 0.

Sucessor e antecessor

Considerando que os números naturais formam uma seqüência crescente, dizemos que o sucessor de um número é aquele número que vem logo depois. Por exemplo, o sucessor de 20 é 21. O antecessor de 20 é 19. O sucessor de 0 é 1, o antecessor de 0 não existe no conjunto dos números naturais.

Dificilmente um exercício ou questão de prova vai perguntar qual é o antecedente ou sucessor de um número, mas pode embutir o conceito dentro de um problema. Por exemplo, "O produto de um número pelo seu sucessor é 72. Qual é este número?"

Números consecutivos

Dizemos que dois ou mais números são consecutivos quando, colocados em ordem crescente, formam uma seqüência completa, do menor para o maior. O caso mais simples é quando temos um número natural e o seu sucessor. Por exemplo, 15 e 16 são dois números naturais consecutivos. Podemos ter mais de dois números, por exemplo, 20, 21, 22 e 23 são números naturais consecutivos.

Note que nesse caso, a seqüência aumenta de 1 em 1, mas isso nem sempre é assim. Por exemplo, 10, 12 e 14 não são números naturais consecutivos, mas são números pares consecutivos. Da mesma forma, 23, 25, 27 e 29 são números ímpares consecutivos. 11, 13, 17 e 19 são números primos consecutivos, e 20, 30, 40 são múltiplos de 10 consecutivos. Como vemos, quando é dito apenas que os números consecutivos, a diferença entre cada um e o seguinte tem que ser 1, mas outras variantes do conceito podem aparecer.

Valor absoluto e valor relativo

Valor absoluto é o número que um algarismo representa quando usado sozinho. Por exemplo, no numeral 328, o valor absoluto do algarismo 2 é 2. Já o valor relativo é aquele que o algarismo representa levando em conta a sua posição no numeral. Por exemplo, em 328, o valor relativo de o algarismo 2 é 20. O valor relativo de 3 é 300, o valor relativo de 8 é 8 mesmo.

Exemplo: No numeral 1467893, qual é o algarismo de maior valor relativo? A resposta é: o algarismo 1, pois tem o valor de 1000000 (1 milhão).

Exercícios

E1) Escreva o conjunto dos numerais pares de 2 algarismos, de tal forma que esses dois algarismos sejam iguais.

E2) O que está errado nas seguintes notações de conjuntos:
a) {1, 2, 3, 4 e 5}
b) {1, 2, 3, 3, 4}

E3) Dados dois conjuntos A e B, dizemos que a união de conjuntos, indicada por $A \cup B$, é o conjunto que reúne todos os elementos de A e de B, reunidos. Se A = {1, 2, 4, 6} e B = {1, 3, 5}, determine $A \cup B$.

Capítulo 3 - NÚMEROS   37

E4) Dados dois conjuntos A e B, dizemos que a interseção de conjuntos, indicada por $A \cap B$, é o conjunto que tem todos os elementos que pertencem a A e B ao mesmo tempo. Se A = {1, 2, 4, 6} e B = {1, 3, 5}, determine $A \cap B$.

E5) Entre as três formas abaixo, qual é a errada para representar o conjunto vazio?
$\emptyset$, { }, {$\emptyset$}

E6) Escreva três números pares consecutivos começando com 20

E7) Escreva o conjunto formado pelos sucessores dos números primos menores que 10.

E8) Entre os algarismos do numeral 768, qual é o de maior valor absoluto? E o de maior relativo?

E9) Qual é a soma dos valores absolutos dos algarismos do numeral 512? E a soma dos valores relativos?

E10) Dado o número 85, o valor relativo do algarismo das dezenas é quantas vezes maior que o valor absoluto do algarismo das unidades?

E11) O valor relativo de um algarismo nas unidades de milhar é sempre maior que o valor absoluto de um algarismo que está nas unidades simples?

E12) Todo número natural tem sucessor? E antecessor?

E13) Qual é a diferença entre o conjunto N e o conjunto N* ?

E14) Os números 23 e 25 podem ser consecutivos?

E15) Quantos quadrados perfeitos ímpares existem entre 0 e 200?

E16) Calcule o produto dos valores relativos dos algarismos do numeral 156

E17) Escreva uma seqüência de 6 números pares consecutivos que termine em 64

E18) (CM) Quantos elementos tem o conjunto dos meses do ano iniciados pela letra J?

E19) Verifique se o número 14400 é quadrado perfeito.

E20) (CM) Determine a quantidade de números naturais de 3 algarismos distintos, cuja soma seja igual a 3.

(A) 1   (B) 2   (C) 3   (D) 4   (E) 5

Classes e ordens

Numerais muito extensos ficam difíceis de ler, por exemplo, 32567295. Para facilitar a leitura, convenciona-se usar pontos para separar os numerais, de 3 em 3 algarismos. O numeral 32567295 pode então ser escrito na forma 32.567.295. Os grupos são separados a partir da direita. Cada grupo é chamado de classe. No nosso exemplo, o grupo 295 é chamado "classe das unidades", o grupo 567 é chamado "classe dos milhares" e o grupo 32 é chamado "classe dos milhões". As classes seguintes são bilhões, trilhões, quatrilhões, quintilhões, sextilhões, etc.

38　　MATEMÁTICA PARA VENCER

Cada classe, com seus três algarismos, é dividida em três ordens: unidades, dezenas e centenas (da direita para a esquerda).

Classe das unidades	295	5	Ordem das unidades
		9	Ordem das dezenas
		2	Ordem das centenas
Classe dos milhares	567	7	Ordem das unidades de milhar
		6	Ordem das dezenas de milhar
		5	Ordem das centenas de milhar
Classe dos milhões	32	2	Ordem das unidades de milhão
		3	Ordem das dezenas de milhão
		-	Ordem das centenas de milhão

O ponto e a vírgula

No Brasil, convenciona-se usar o ponto para separar as classes de um número, e a vírgula para separar a parte inteira da parte decimal. Por exemplo, uma nota nove e meio é representada como 9,5. Muitas pessoas entretanto usam a notação inglesa, com o ponto para separar a parte inteira da parte decimal. Por exemplo, "Unidos de Vila Isabel, nove ponto oito...". Matematicamente é errado, o correto é usar a vírgula nesses casos. Seria então 9,8 e não 9.8.

Na notação inglesa, assim como usam o ponto para separar a parte decimal, usam a vírgula para separar as classes. Por exemplo, um milhão seria escrito como 1,000,000.

Escrevendo por extenso

A escrita por extenso é uma outra forma de representar os números. Por exemplo, podemos escrever 25 ou "vinte e cinco". O assunto é bastante estudado nas primeiras séries do ensino fundamental, portanto vamos fazer uma breve revisão. Acredite, isto é necessário. Muitos estudantes não sabem se "vinte e sete mil e cinco" é 27.005, ou 207005, ou 271005.

A primeira coisa a saber é escrever por extenso as unidades, dezenas e centenas:

Valor	Extenso	Valor	Extenso	Valor	Extenso
1	Um	10	Dez	100	Cem / Cento
2	Dois	20	Vinte	200	Duzentos
3	Três	30	Trinta	300	Trezentos
4	Quatro	40	Quarenta	400	Quatrocentos
5	Cinco	50	Cinqüenta	500	Quinhentos
6	Seis	60	Sessenta	600	Seiscentos
7	Sete	70	Setenta	700	Setecentos
8	Oito	80	Oitenta	800	Oitocentos
9	nove	90	Noventa	900	Novecentos

Para escrever numerais de até 3 algarismos, indicamos as centenas, depois as dezenas, depois as unidades, levanto em conta a tabela acima. Usamos o conectivo "e" entre a centena, dezena e unidade. Por exemplo:

7 = sete
38 = trinta e oito
542 = quinhentos e quarenta e dois

Existem duas pequenas exceções:

Capítulo 3 - NÚMEROS

a) Numerais de 11 a 19 usam nomes diferentes, como onze, doze, treze..., ao invés de "dez e um", "dez e dois", etc.

b) Quando o algarismo das centenas é 1, usamos "cento", ao invés de "cem". A palavra "cem" só é usada quando não existem dezenas nem unidades (00).

Quando o numeral possui duas ou mais classes, usamos as palavras "mil", "milhão", etc. Por exemplo, o numeral 8.234.433.118 é, por extenso:

Oito bilhões, duzentos e trinta e quatro milhões, quatrocentos e trinta e três mil e cento e dezoito.

A propósito, "vinte e sete mil e cinco" é 27.005.

Numerais romanos

Os algarismos que usamos hoje em quase todo o mundo (0, 1, 2, 3, 4, 5, 6, 7, 8, e 9) são chamados "arábicos", ou "indo-arábicos". Há muitos séculos foram adotados também pelos países ocidentais. Antes disso, eram usada a representação romana. Hoje os numerais romanos não são mais usados para cálculos, porém ainda aparecem em diversas situações, como por exemplo, em relógios, numeração de leis e contratos, numeração de capítulos de livros, etc. Ainda são exigidos em provas e concursos. Em linhas gerais, o que o aluno precisa saber fazer é a conversão entre numerais romanos e arábicos. Os numerais romanos usam letras do alfabeto latim como algarismos. São elas:

Romano	Arábico
I	1
V	5
X	10
L	50
C	100
D	500
M	1000

Para formar numerais romanos, formamos as unidades, dezenas, centenas, depois unidades de milhar, dezenas de milhar, e assim por diante, da direita para a esquerda. As unidades são formadas de acordo com a tabela abaixo:

1 = I	6 = VI
2 = II	7 = VII
3 = III	8 = VIII
4 = IV	9 = IX
5 = V	

A regra para formar dezenas é a mesma:

10 = X	60 = LX
20 = XX	70 = LXX
30 = XXX	80 = LXXX
40 = XL	90 = XC
50 = L	

40 MATEMÁTICA PARA VENCER

O mesmo vale para a formação das centenas:

100 = C	600 = DC
200 = CC	700 = DCC
300 = CCC	800 = DCCC
400 = CD	900 = CM
500 = D	

A partir de 1000 é usado o símbolo M, mas como não existe símbolo para 5.000, é usado $\overline{V}$. A barra sobre o símbolo indica que está multiplicado por 1000.

1000 = M	6000 = $\overline{VI}$
2000 = MM	7000 = $\overline{VII}$
3000 = MMM	8000 = $\overline{VIII}$
4000 = $\overline{IV}$	9000 = $\overline{IX}$
5000 = $\overline{V}$	10000 = $\overline{X}$

Para formar, por exemplo, o numeral 2745 em romano, combinamos 2000 (MM), mais 700 (DCC), mais 40 (XL), mais 5 (V), ficando com MMDCCXLV. O mais comum nos concursos é a operação inversa, ou seja, converter numeral romano para arábico. Por exemplo, MCMLXXXVI é:

M =1000
CM = 900
LXXX = 80
VI =6

MCMLXXXVI = 1986.

Muitas vezes existe mais de uma forma válida para escrever um numeral romano. Por exemplo, o número 99 pode ser escrito como XCIX, mas também podemos encontrá-lo na forma IC. Da mesma forma, 1999 pode ser encontrado como MCMXCIX, ou MIM. Dependendo da época e do local, variações podem ser encontrada. Por exemplo, a maioria dos relógios com algarismos romanos usam IIII ao invés de IV para o numeral 4. Nas provas e concursos, é muito mais comum a conversão de romanos para arábicos.

10: um número muito famoso

O número 10 tem inúmeras propriedades interessantes, graças ao fato de ser a base do nosso sistema de numeração. O sistema decimal de numeração foi resultado dos esforços para contar objetos. Como a contagem mais primitiva era feita com os dedos, era natural que os sistemas de numeração agrupassem os objetos de 10 em 10, depois de 100 em 100, e assim por diante.

Observe que não só o sistema indo-arábico é decimal. Os romanos também baseiam seu sistema em grupos de 10, assim como chineses, maias, incas e outros povos antigos.

Veja algumas propriedades interessantes do número 10:

1) Para multiplicar um número por 10, basta adicionar um zero no final. Por exemplo:
35 x 10 = 350

2) Para dividir um número por 10, basta eliminar o algarismo das unidades. O algarismo eliminado será o resto da divisão. Por exemplo:

Capítulo 3 - NÚMEROS

41

$27 \div 10 = 2$, resto 7

3) Potências de 10:
Observe que 10x10 = 100. Então, 100 pode ser escrito como 10^2. Da mesma forma, 10^3 é 10x10x10, que vale 1000. Quando um número é multiplicado várias vezes por ele mesmo, dizemos que isto é uma *potência* do número. Por exemplo, 10x10x10x10x10 é 10 elevado à quinta potência, escrito como 10^5. Se fizermos o cálculo, encontraremos 100.000 (cem mil). Para saber quanto vale 10 elevado a uma potência, basta escrever o número 1, seguido de tantos zeros quanto for a potência. Por exemplo:

10^1 = 10 (dez elevado à primeira potência = dez)
10^2 = 100 (dez elevado ao quadrado = cem)
10^3 = 1000 (dez elevado ao cubo = mil)
10^4 = 10000 (dez elevado à quarta potência = dez mil)
10^5 = 100000 (10 elevado à quinta potência = cem mil)
10^6 = 1000000 (10 elevado à sexta potência = um milhão)
...
10^{28} = 10000000000000000000000000000 (10 elevado à vigésima oitava potência = 10 octilhões)

Exercícios

E21) Escreva em numerais romanos: 734

E22) Escreva em numerais romanos: 3.469

E23) Escreva em numerais romanos: 999

E24) Escreva em numerais indo-arábicos: DCCLXVIII

E25) Escreva em numerais indo-arábicos: MMDCCCLXXXVIII

E26) Escreva em numerais indo-arábicos: CDXCVII

E27) Escreva por extenso: 11.049.028

E28) Escreva por extenso: 1.001.001.050

E29) Quanto vale $10^3 \times 10^2$?

E30) Qual é a ordem ocupada pelo algarismo 2 em 23.758.783?

E31) O que está errado na frase: "Minha calculadora faz quatro operações: soma, subtração, multiplicação e divisão"?

E32) O Brasil tem uma área de 8.511.965 quilômetros quadrados. Como se escreve este numeral, por extenso?

E33) Escreva o numeral romano MCMLXXXIX usando algarismos indo-arábicos.

E34) Calcule a expressão LX:XII + DCC÷CXL – MDCCC÷CCC + XXXV

E35) Calcule o valor da a expressão resultante da soma de Quinhentos e doze dividido por XXXII, 4 e 85:17.

E36) Quantos algarismos são necessários para escrever os números naturais de 10 a 99? Quantas vezes cada um dos algarismos aparecerá?

E37) Quanto vale a soma dos valores absolutos do algarismo 8 nos numerais 328, 183, 1894 e 85.322?

E38) Quantos numerais de 3 algarismos podem ser escritos, usando apenas os algarismos 2, 5 e 7?

42   MATEMÁTICA PARA VENCER

E39) O algarismo 6 aparece duas vezes no numeral 276.861. Considerando os valores relativos desses dois algarismos, um deles é quantas vezes maior que o outro?

E40) Quantos numerais de dois algarismos não possuem o algarismo 3?

E41) Escreva os seguintes numerais usando algarismos romanos:

a) 36	f) 2.020	k) 1.949	p) 1.333	u) 3.590
b) 158	g) 895	l) 719	q) 4.000	v) 400.000
c) 239	h) 1.500	m) 667	r) 26.540	w) 1.970
d) 145	i) 750	n) 18	s) 32.768	x) 577
e) 1.976	j) 8.192	o) 83	t) 270	y) 768

Curiosidade: Os romanos não conheciam o número 0.

E42) Escreva os seguintes numerais romanos usando algarismos arábicos:

a) XXXVIII	f) MMCXXX	k) MCMLXXIV	p) MDCLXVI	u) MMMCCXC
b) CXXVIII	g) DCCCLXXV	l) DCCLXVI	q) $\overline{\text{VII}}$	v) $\overline{\text{CCC}}$
c) CCXVIX	h) MCCC	m) DCXXXIII	r) $\overline{\text{XXIX}}\text{DCCXXX}$	w) MCMX
d) CLXXVI	i) DCCLXXX	n) XVII	s) $\overline{\text{LXV}}\text{DXXXVI}$	x) CCCLXXVII
e) MCMLXXX	j) $\overline{\text{IV}}\text{XCVI}$	o) LXXXIX	t) CCXL	y) DCCLV

E43) Contando de 10 em 10, começando em 10 e indo até 1000, quantos algarismos usaremos?

E44) Um prédio tem 10 andares, do 1° ao 10°. Cada andar tem 8 apartamentos, numerados da seguinte forma: no 1° andar vão de 101 a 108; no segundo andar vão de 201 a 208, no terceiro andar vão de 301 a 308, e assim por diante. Quantos algarismos serão usados para numerar todos os apartamentos?

E45) Considerando o problema anterior, quantas vezes aparecerá cada algarismo?

E46) Determine os numerais formados por:
a) 5 centenas de milhar, 2 dezenas de milhar, 4 unidades de milhar, 5 centenas simples
b) 7 dezenas de milhar e 4 dezenas simples
c) 3 unidades de milhão, 7 dezenas simples e 2 unidades simples
d) 15 unidades de milhar e mais 312 dezenas simples
e) 311 centenas simples e mais 210 dezenas simples

E47) Um livro tem 320 páginas, sendo que as 15 primeiras estão numeradas com numerais romanos, começando de I, e as seguintes numeradas com numerais arábicos, começando de 1. Qual é o número total de algarismos arábicos usados na numeração?

E48) Quantos algarismos serão necessários para escrever todos os numerais de 4 algarismos?

E49) Qual é a diferença entre os valores relativos do algarismo 3 nos numerais 32.768 e 16.132?

E50) Coloque em ordem a seguinte seqüência de numerais, levando em conta a ordem crescente do valor relativo do algarismo 5.
512, 25.322, 1.287.145, 152, 153.000

E51) Qual é a diferença entre os valores relativos dos algarismos 2 e 7 no numeral 32.768?

Capítulo 3 - NÚMEROS
43

E52) Qual é a diferença entre os valores absolutos dos algarismos 8 e 4 no numeral 84.215? E no numeral 124.678?

E53) Em qual século ocorreu a independência do Brasil, proclamada por D. Pedro I, no ano 1822?

E54) Escreva o conjunto dos 6 primeiros números naturais que sejam múltiplos de 5, ou seja, que resultam em divisão exata (sem resto) quando forem divididos por 5.

E55) Escreva o conjunto dos números primos compreendidos entre 10 e 20.

E56) A luz viaja com velocidade de 300 milhões de metros por segundo. Quantas classes e quantas ordens são necessárias para representar este numeral no sistema decimal de numeração?

E57) Quanto vale a soma dos valores absolutos do algarismos do numeral 5.328.117?

E58) Escreva por extenso os seguintes números:
a) 234.156.786
b) 11.467.678
c) 945.776
d) 555.555
e) 9.973.022
f) 23.000.025
g) 1.001.001
h) 12.500.013

E59) Quais são os numerais ímpares de 2 algarismos, formados apenas com o uso dos algarismos 2, 5 e 8?

E60) Quais números pares de 3 algarismos podem ser escritos, usando apenas os algarismos 5, 7 e 0?

E61) Quais são os 10 primeiros numerais que usam apenas os algarismos 1, 2 e 3, porém sem repetição?

E62) Quais são os numerais de 3 algarismos nos quais os algarismos das unidades, dezenas e centenas, nesta ordem, são consecutivos?

E63) Quais são os numerais de 3 algarismos tais que o algarismo das dezenas é par, o algarismo das unidades é o sucessor do algarismo das dezenas, e o algarismo das centenas é o dobro do algarismo das unidades?

E64) Determine os três próximos números da seqüência:
1001, 1006, 1011, 1016, 1021...

E65) Determine os três próximos números da seqüência:
1, 4, 9, 16, 25, 36...

E66) No primeiro ano de um colégio existem 240 alunos, numerados de 1001 a 1240. Esses alunos são divididos em 5 turmas: 11, 12, 13, 14 e 15. Os alunos 1001, 1002, 1003, 1004 e 1005 ficam respectivamente nas turmas 11, 12, 13, 14 e 15. Em cada turma, os alunos são numerados de 5 em 5. Por exemplo, na turma 11, ficam os alunos 1001, 1006, 1011, e assim por diante. Em qual turma fica o aluno 1179?

E67) Escreva quais são os 10 algarismos indo-arábicos e os 10 algarismos romanos

E68) Se n é um número natural, qual é o seu consecutivo? Se n é ímpar, qual é o seu consecutivo? Se n é par, qual é o seu consecutivo?

E69) Entre os 100 primeiros números naturais, quantos têm o algarismo 3? Quantas vezes o algarismo 3 aparece?

E70) Verifique se é verdadeiro: Qualquer número é igual à soma dos valores relativos dos seus algarismos.

E71) Quantos algarismos são necessários para escrever os 50 primeiros números naturais a partir de 1?

E72) O que acontece com um número quando acrescentamos um zero à sua direita? E dois zeros?

E73) De quantas unidades aumentará o número 75 quando acrescentamos o algarismo 9 à sua direita?

E74) Ao escrever os números naturais de 1 a 1000, quantas vezes aparecerá o algarismo 2?

E75) Ao escrever os números naturais de 1 a 537, quantas vezes aparecerá o algarismo 4?

E76) Ao escrever os números naturais entre 200 e 800, quantas vezes aparecerá o algarismo 3?

E77) Qual número aumenta 144 unidades quando acrescentamos um zero à sua direita?

E78) Quantas números entre 1 e 1000 possuem o algarismo 6 aparecendo pelo menos uma vez?

E79) Quantos números entre 1 e 1000 não possuem o algarismo 6:

E80) Escrevendo números naturais a partir de 1, qual algarismo ocupará o 30º lugar?

E81) Escrevendo números naturais a partir de 1, qual algarismo ocupará o 100º lugar?

E82) Escrevendo números naturais a partir de 1, qual algarismo ocupará o 500º lugar?

E83) Quantos algarismos são necessários para escrever todos os números pares de 8 até 220?

Questões resolvidas

Q1) Quantos algarismos são usados para escrever todos os numerais de 200 a 500?

Solução:
Todos os numerais de 200 a 500 têm 3 algarismos. Então basta saber quantos numerais existem entre 200 e 500 (inclusive) e multiplicar o resultado por 3. Um erro muito comum aqui é calcular a diferença entre o número final e o inicial, seria 500-200=300. Entretanto quando

Capítulo 3 - NÚMEROS   45

calculamos somente a diferença, não estamos contando o primeiro número. Seria preciso adicionar 1 ao resultado, seria então 301. O número de algarismos usados seria 301x3=903.

Reposta: 903 algarismos

Q2) Quantos algarismos são usados para escrever todos os numerais de 80 até 150?

Solução:
Serão escritos numerais de 2 (80 a 99) e de 3 algarismos (100 a 150).
Numerais de 2 algarismos: 99-80+1 = 20; serão usados 20 x 20 = 40 algarismos
Numerais de 3 algarismos: 150-100+1 = 51; serão usados 51 x 3 = 153 algarismos
Ao todo serão 40 + 153 = 193 algarismos.

Resposta: 193 algarismos

Q3) Quantos algarismos são usados para escrever todos os numerais, de 900 a 1100?

Solução:
Serão escritos numerais de 3 (900 a 999) e de 4 algarismos (1000 a 1100).
Numerais de 3 algarismos: 999-900+1 = 100; serão usados 100x3 = 300 algarismos
Numerais de 4 algarismos: 1100-1000+1 = 101; serão usados 101x4 = 404 algarismos
Ao todo serão usados 300+404 = 704 algarismos

Resposta: 704 algarismos

Q4) Quantos algarismos são usados para escrever todos os numerais, de 1 a 1000?

Solução:
Numerais de 1 algarismo (1 a 9) ➜ 9 x 1 = 9 algarismos
Numerais de 2 algarismos (10 a 99) ➜ 99-10+1 = 90; usados 90x2 = 180 algarismos
Numerais de 3 algarismos (100 a 999) ➜ 999-100+1 = 900; usados 900x3 = 2700 algarismos
Numerais de 4 algarismos: (somente o 1000) ➜ 1 x 4 = 4 algarismos
Total: 9+180+2700+4 = 2893 algarismos

Resposta: 2.893 algarismos

Q5) Escrevemos sucessivamente os números naturais a partir de 1, até usarmos ao total, 1200 algarismos. Até qual número escrevemos?

Solução:
É preciso verificar até onde podemos escrever com os algarismos disponíveis:
Com 1 algarismo (1 a 9) ➜ 9 x 1 = 9 algarismos
Com 2 algarismos (10 a 99) ➜ 99-10+1 = 90; usados 90x2 = 180, até agora usamos 189
Não dá para escrever de 100 até 999, pois para isso gastaríamos mais 2700 algarismos (veja o problema anterior). É preciso saber até onde podemos chegar com os algarismos restantes.

Usamos até aqui 189 algarismos. Dos 1200 disponíveis, restam 1200-189 = 1011 algarismos, com os quais podemos escrever 1011/3 = 337 algarismos. Já tínhamos chegado até 99, agora escreveremos mais 337 numerais, então o último será 99+337 = 436.

Resposta: Até o número 436.

46   MATEMÁTICA PARA VENCER

Q6) Entre todos os algarismos do numeral 65.583, qual é o de maior valor absoluto? E o de menor valor absoluto? Qual é o de maior e o de menor valor relativo?

Solução:
O valor absoluto é aquele que o algarismo tem isoladamente. No numeral citado, o 8 tem o maior valor absoluto, e o 3 tem o menor. O valor relativo é aquele que leva em conta a classe e a ordem. O algarismo de maior valor relativo é aquele que está na maior ordem da maior classe, no caso é o 6, nas dezenas de milhar. O de menor valor relativo é o 3 das unidades.

Resposta: 8, 3, 6, 3

Q7) Qual é o valor relativo de 5 no numeral 35.250?

Solução:
Existem dois algarismos 5. O primeiro está na cada das unidades de milhar, seu valor relativo é 5.000. O segundo está na casa das dezenas simples, seu valor relativo é 50.

Resposta: 5000 e 50.

Q8) (CM) Ao comemorar seu aniversário no ano de 2010, Íris notou que sua idade coincidia com os dois últimos dígitos do ano de seu nascimento. Sabendo que ela nasceu no século XX (século XX vai de 1901 até 2000), a idade dela em 1993 era de:

(A) 38   (B) 42   (C) 48   (D) 52   (E) 55

Solução:
Se Íris nasceu no século XX, então o ano do seu nascimento é da forma 19AB, onde A representa o algarismo das dezenas e B representa o algarismo das unidades. Íris notou que em 2010, sua idade era exatamente AB, ou seja, coincidia com os dois últimos dígitos do ano do seu nascimento. Tendo nascido em 19AB e passado mais AB anos, chega-se a 2010. Temos então 1900+AB+AB=2010. Então duas vezes AB vale 110, portanto, AB vale 55. Íris nasceu então em 1955. O problema pergunta qual é a sua idade em 1993. Basta calcular 1993-1955, que resulta em 38 anos.

Resposta: Item (A) = 38 anos

IMPORTANTE:
Não basta saber resolver os problemas, é preciso também ter muita atenção. No exemplo anterior, ao encontrar 55, o aluno alegremente vê que o item (E) tem como resposta 55, e marca esta opção, errado o problema. Quase sempre o que o problema pergunta no final não é exatamente o que foi calculado, e sim, uma outra pergunta que deve ser respondida de acordo com este valor encontrado. Não coloque tudo a perder por falta de atenção !

Q9) (CM) – A expressão abaixo foi escrita em algarismos romanos:

$$CC : \{ II . [(XLIX - MCDXCVI : XXXIV)^{II} -V] - XXX \}^{II}$$

O valor da expressão é:

(A) II   (B) III   (C) VII   (D) XII   (E) XL

Capítulo 3 - NÚMEROS 47

Solução:

Como já observamos, nas provas e concursos não é pedida a simples conversão entre numerais romanos e indo-arábicos. Em geral a conversão é apenas uma parte do problema. Neste exemplo temos que inicialmente converter toda a expressão para numerais indo-arábicos, para então fazer os cálculos:

$$200 : \{\ 2 . [\ (49 - 1496 : 34)^2 -5] - 30\}^2$$

O cálculo da expressão envolve vários conhecimentos: precedência das operações, precedência de parênteses, chaves e colchetes, potências. Por isso a questão será repetida no capítulo 4. Ainda assim, adiantaremos o resultado:

$200 : \{\ 2 . [\ (49 - 1496 : 34)^2 -5] - 30\}^2$	Calculamos primeiro os parênteses mais internos, a divisão deve ser feita antes da subtração.
$= 200 : \{\ 2 . [\ (49 - 44)^2 -5] - 30\}^2$	Calculamos agora 49-44 = 5
$= 200 : \{\ 2 . [\ (5)^2 -5] - 30\}^2$	Elevando 5 ao quadrado temos 25
$= 200 : \{\ 2 . [\ 25-5] - 30\}^2$	25 menos 5 resulta em 20
$= 200 : \{\ 2 . [\ 20] - 30\}^2$	A multiplicação 2x20 deve ser feita antes
$= 200 : \{\ 40 - 30\}^2$	Agora fazemos 40-30
$= 200 : \{\ 10\}^2$	A potenciação deve ser feita antes da divisão
$= 200 : 100$	Finalmente fazemos a divisão
$= 2$	

Então a resposta certa é a letra (A) = 2 = II em romanos.

Q10) Quantos numerais com dois algarismos diferentes podem ser escritos usando apenas os algarismos 1, 3 e 7?

Solução:

Este tipo de problema faz parte de uma área da matemática chamada *Análise Combinatória*. É ensinada apenas no ensino médio, pois requer conhecimentos matemáticos mais avançados, bem como maior capacidade de abstração do aluno. Tem aplicações na engenharia, estatística, medicina e diversas outras áreas. O método geral para calcular números de possibilidades é a contagem. No ensino médio você aprenderá fórmulas que facilitam esta contagem. No ensino fundamental, problemas simples podem ser resolvidos, desde que o número de opções seja pequeno. Neste problema temos 3 algarismos para formar números de 2 algarismos. Temos então que escolher dois entre três. De quantas formas diferentes podemos fazê-lo. É preciso contar:

Usando 1, 3 e 7, temos que escolher 2 algarismos:

Opção 1: 13
Opção 2: 17
Opção 3: 31
Opção 4: 37
Opção 5: 71
Opção 6: 73

Resposta: 6 numerais

Q11) Como ficaria o problema 10 se fosse permitida a repetição de algarismos?

48   MATEMÁTICA PARA VENCER

Solução:
Nesse caso, além de 13, 17, 31, 37, 71 e 73, teríamos que incluir aqueles numerais com dígitos repetidos, que seriam 3: 11, 33 e 77, totalizando assim, 9 numerais.

Resposta: 9 numerais.

Q12) Escreva os 10 primeiros numerais naturais pares, usando penas os algarismos 1, 2, 3, 4 e 5.

Solução:
Como queremos apenas os numerais pares, devemos tomar somente aqueles que terminam com 2 ou 4, pois são os únicos algarismos pares entre os permitidos.
Comecemos com os numerais de 1 algarismo: 1, 2, 3, 4, 5. Desses ficamos apenas com 2 e 4.

Agora os de 2 algarismos. Note que é permitida a repetição. Vejamos primeiro os que têm 1 na ordem das dezenas: 11, 12, 13, 14, 15. Desses ficamos apenas com 12 e 14.
Agora de 2 algarismos com 2 nas dezenas: 21, 22, 23, 24, 25. Os pares são 22 e 24.
Agora de 2 algarismos com 3 nas dezenas: 31, 32, 33, 34, 35. Os pares são 32 e 34.
Agora de 2 algarismos com 4 nas dezenas: 41, 42, 43, 44, 45. Os pares são 42 e 44.
Agora de 2 algarismos com 5 nas dezenas: 51, 52, 53, 54, 55. Os pares são 52 e 54.

Ficamos até agora com 2, 4, 12, 14, 22, 24, 32, 34, 42, 44, 52 e 54. Até agora temos 12 numerais.

Passemos para os numerais de 3 algarismos, iniciando por aqueles que têm 1 nas centenas. Note que não podemos ter números que usem o zero, como 101, já que temos que usar apenas os algarismos 1, 2, 3, 4 e 5. Basta acrescentar 1 como centena em todos os números de 2 algarismos já encontrados até agora. Ficamos então com: 112, 114, 122, 124, 132, 134, 142, 144, 152 e 154. Como o problema pede apenas os 20 primeiros numerais nessas condições, vamos usar somente os 8 primeiros deste grupo, pois já havíamos encontrado 12 numerais.

Resposta: 2, 4, 12, 14, 22, 24, 32, 34, 42, 44, 52, 54, 112, 114, 122, 124, 132, 134, 142, 144.

Q13) Quantos numerais são formados por dois algarismos consecutivos?

Solução:
Os numerais citados têm dois algarismos, e precisam ser consecutivos. Podem ser então:
0 e 1 ➜ Com estes podemos formar o numeral 10
1 e 2 ➜ Com estes podemos formar os numerais 12 e 21
2 e 3 ➜ Com estes podemos formar os numerais 23 e 32
3 e 4 ➜ Com estes podemos formar os numerais 34 e 43
4 e 5 ➜ Com estes podemos formar os numerais 45 e 54
5 e 6 ➜ Com estes podemos formar os numerais 56 e 65
6 e 7 ➜ Com estes podemos formar os numerais 67 e 76
7 e 8 ➜ Com estes podemos formar os numerais 78 e 87
8 e 9 ➜ Com estes podemos formar os numerais 89 e 98

São ao todo 17 numerais

Resposta: 17 numerais

Capítulo 3 - NÚMEROS 49

Q14) Século é um período de 100 anos. Na nossa numeração de tempo, usamos numerais romanos para numerar os séculos. O século I da era cristã vai do ano 1 ao ano 100. O século II vai do ano 101 ao ano 200, e assim por diante.

a) A qual século pertence o ano 1980?
b) O ano 2000 pertence a qual século?

Solução:
De acordo com o que foi explicado pelos exemplos dos séculos I e II, o número do século é aquele correspondente à próxima centena. Por exemplo, de 101 a 200 é o século II, então de 501 a 600 é o século VI. Da mesma forma, de 1901 a 2000 é o século vinte (XX). Isto responde também à segunda pergunta. O ano 2000 faz parte ainda do século XX, e não do século XXI. O século XXI começa no ano 2001. Apesar disso, no mundo inteiro foi comemorado o "novo século" e o "novo milênio" na virada do ano 1999 para o ano 2000, quando na verdade deveria ter sido de 2000 para 2001.

Resposta: a) Século XX; b) Século XX

Q15) Determine os três próximos números da seqüência:
5, 10, 15, 20, ...

Solução:
É fácil ver que esta é uma seqüência de números naturais, contados de 5 em 5, a partir de 5. Esse é um tipo de problema bastante comum. Normalmente encontramos a lógica, ou a lei de formação dos números de uma seqüência, observando as diferenças entre os números consecutivos. Neste exemplo, observamos que cada número é 5 unidades maior que o seu antecessor, ou seja, a diferença entre números consecutivos é sempre 5. Portanto, para obter os próximos números, basta ir somando 5 unidades. Os três próximos números são portanto:
20+5 = 25
25+5 = 30
30+5 = 35

Resposta: 25, 30 e 35

Q16) Complete a seqüência de numerais:
1, 2, 4, 7, 11, 16, 22, 29, ...

Solução:
Este é um problema um pouco mais difícil. A lei de formação dos números não é tão simples. A regra nesse tipo de problema é sempre observar as diferenças entre os números consecutivos da seqüência. A dificuldade aqui é que esta diferença varia:

2-1 = 1
4-2 = 2
7-4 = 3
11-7 = 4
16-11 = 5
22-16 = 6
27-22 = 7

As diferenças entre os números consecutivos varia, mas podemos observar facilmente que essas diferenças formam uma seqüência de números naturais consecutivos. Isto significa que a próxima diferença será 8, depois 9, e depois 10. Então os três próximos termos serão:

50   MATEMÁTICA PARA VENCER

27+8 = 35
35+9 = 44
44+10 = 54

Resposta: 35, 44 e 54

Q17) (CM) O número 625 é o resultado da adição de cinco números ímpares consecutivos. Um desses números é:

(A) 123   (B) 133   (C) 139   (D) 143   (E) 113

Solução:
Dado um número ímpar n, os seus ímpares consecutivos são n+2, n+4, n+6 e n+8. Por exemplo, 1, 3, 5, 7 e 9 são ímpares consecutivos, começando com 1. O problema diz que a soma desses 5 números é 625. Então:

n + n+2 + n+4 + n+6 + n+8 = 625
Isso é o mesmo que dizer que n+n+n+n+n+2+4+6+8 vale 625. Mas 2+4+6+8 vale 20, então:

n+n+n+n+n +20 = 625

Concluímos então que n+n+n+n+n vale 605. O quíntuplo de n vale 605, então n tem que valor 605 dividido por 5, que dá 121. Os números são portanto 121, 123, 125, 127 e 129. A resposta certa é portanto a letra (A), um desses números é 123.

Resposta: (A) 123

Q18) (OBM) O número 200920092009...2009 tem 2008 algarismos. Qual é a menor quantidade de algarismos que devem ser apagados, de modo que a soma dos algarismos que restarem seja 2008?

Solução:
Se o número tem 2008 algarismos, são 2008/4 = 502 seqüências "2009" agrupadas. Para cada seqüência, a soma dos algarismos é 2+0+0+9 = 11. Então a soma de todos os algarismos é 502x11 = 5.522
Para que restem algarismos que somem 2008, devemos eliminar algarismos que somem
5.522 – 2008 = 3514
Para que seja eliminado o menor número possível de algarismos, vamos eliminar o máximo de algarismos "9". Dividindo 3514 por 9 encontramos 390 e resto 4. Podemos então eliminar 390 algarismos 9 e dois algarismos 2, o que totaliza 392 algarismos

Q19) (OBM) Quantos números pares de três algarismos têm dois algarismos ímpares?

(A) 20   (B) 48   (C) 100   (D) 125   (E) 225

Solução.
Se o número é par, o algarismo das unidades tem 5 possibilidades: 1, 2, 3, 4, e 5. Para que o número tenha dois algarismos ímpares, os algarismos das centenas e dezenas têm que ser ímpares, portanto cada um tem 5 possibilidades: 1, 3, 5, 7, ou 9. Portanto cada algarismos, unidades, dezenas e centenas tem 5 possibilidades. O número total de opções será 5x5x5 = 125

Resposta: (D) 25

Capítulo 3 - NÚMEROS   51

Q20) (OBM) Esmeralda e Pérola estão numa fila. Faltam 7 pessoas para serem atendidas antes de Pérola e há 6 pessoas depois de Esmeralda. Duas outras pessoas estão entre Esmeralda e Pérola. Dos números abaixo, qual pode ser o número de pessoas na fila?

(A) 9   (B) 11   (C) 13   (D) 14   (E) 15

Solução:
Temos que analisar duas possibilidades:
a) Esmeralda está antes de Pérola na fila. Então a fila seria assim:
Inicio aaaaExxPbbb fim = fila com 11 pessoas

b) Pérola antes de Esmeralda na fila. Então a fila seria assim:
Início aaaaaaaPxxEbbbbbb fim = fila com 17 pessoas

Resposta: (B) 11

Q21) (OBM) Numa seqüência, cada termo, a partir do terceiro, é a soma dos dois termos anteriores mais próximos. O segundo termo é igual a 1 e o quinto termo vale 2005. Qual é o sexto termo?

(A) 3002   (B) 3008   (C) 3010   (D) 4002   (E) 5004

Solução:
Não sabemos qual é o primeiro termo, então vamos chamá-lo de a. O segundo termo é 1. A partir do terceiro, somamos os dois termos anteriores. Então os 6 termos da seqüência serão:

$1^\circ = a$
$2^\circ = 1$
$3^\circ = a+1$
$4^\circ = a+2$
$5^\circ = 2.a+3$
$6^\circ = 3.a+5$

O 5° termo vale 2005, então 2.a+3 = 2005 ➔ a=1001
Sendo assim o sexto termo será 3.a+5 = 3003+5 = 3008

Resposta: (B) 3008

Q22) (OBM) As 10 cadeiras de uma mesa circular foram numeradas com números consecutivos de dois algarismos, entre os quais há dois que são quadrados perfeitos. Carlos sentou-se na cadeira com o maior número e Janaína, sua namorada, sentou-se na cadeira com o menor número. Qual é a soma dos números dessas duas cadeiras?

(A) 29   (B) 36   (C) 37   (D) 41   (E) 64

Solução:
Os quadrados perfeitos de dois algarismos são 16, 25, 36, 49, 64 e 81. Para cada dois deles, tomados de forma consecutiva, as diferenças são 25-16=9, 36-25=11, 49-36=13, 64-49=15 e 81-64=17. Vemos então que os únicos dois com diferença menor que 10 são 16 e 25. Como a diferença entre eles é 9, a seqüência teria que ser obrigatoriamente 16-17-18-19-20-21-22-23-24-25, são exatamente 10 números com dois quadrados perfeitos. Os números das cadeiras são portanto, 16 e 25, e a soma vale 41

52 MATEMÁTICA PARA VENCER

Resposta: (D) 41

Q23) (OBM) Natasha é supersticiosa e, ao numerar as 200 páginas de seu diário, começou do 1 mas pulou todos os números nos quais os algarismos 1 e 3 aparecem juntos, em qualquer ordem. Por exemplo, os números 31 e 137 não aparecem no diário, porém 103 aparece. Qual foi o número que Natasha escreveu na última página do seu diário?

Solução:
Com 2 algarismos, eliminou 13 e 31
Com 3 algarismos, eliminou números da forma 13x, x13, x31
Seriam 130, 131, 132, 133, 134, 135, 136, 137, 138, 139,
113, 213 (conferir se chega a 213)
Eliminados: 2+10+2 = 14 (de fato passará de 213)

Resposta: 214

Q24) (OBM) Ao somar cinco números consecutivos em sua calculadora, Esmeralda encontrou um número de 4 algarismos: 2 0 0 *. O último algarismo não está nítido, pois o visor da calculadora está arranhado, mas ela sabe que ele não é zero. Este algarismo só pode ser:

(A) 5   (B) 4   (C) 3   (D) 2   (E) 9

Solução:
Os números consecutivos seriam a, a+1, a+2, a+3, a+4, cuja soma é 5.a+10
O valor 5.a+10 é múltiplo de 5, então termina com 5 ou com 0. O número apagado só poderá ser 5. Ficamos então com:
5.a+10 = 2005
5.a=2005-10 = 1995
a=1995:5 = 399
Os números são então 399, 400, 401, 402 e 403

Resposta: 399, 400, 401, 402 e 403

Q25) (OBM) Quantas vezes aparece o algarismo 9 no resultado da operação $10^{100} - 2003$?

10^{100} é escrito como 1, seguido de 100 zeros. Vamos desmembrar este número em 2 partes: 9999..99999+1, onde o número maio é formado por 100 noves seguidos.
Se agora subtrairmos 2003 ficaremos com um número formado por 96 noves e mais os algarismos 7996. Agora somamos 1 que faltou, ficamos com 9999...9997997, ou seja, 96 noves seguidos e final 2997. Portanto o número tem 98 algarismos "9".

```
10.000.000....000    (100 zeros)
          -2003
----------------
 99......99997997
```

Resposta: 98 vezes

Q26) (OBM) Quantos números inteiros maiores do que 2003^2 e menores do que 2004^2 são múltiplos de 100?

Solução:
$2004^2 = 4.016.016$
$2003^2 = 4.012.009$

Capítulo 3 - NÚMEROS   53

Os múltiplos de 100 nesta faixa vão de 4.012.100 a 4.016.000, ou seja, de 40121 centenas a 40160 centenas. A diferença entre esses números de centenas á 160-121 = 39. Adicionamos 1 para contar a centena inicial. Então são 40 múltiplos de 100.

Resposta: 40

Q27) (OBM) Qual é a quantidade total de letras de todas as respostas incorretas desta questão?

(A) Quarenta e oito.   (B) Quarenta e nove.   (C) Cinqüenta.
(D) Cinqüenta e um.   (E) Cinqüenta e quatro.

Solução:
Inicialmente somamos a quantidade de letras de cada opção:
A:13; B:13; C:9; D:12 e E:16
Para cada opção, somamos as letras das demais questões:
A: as demais somam 50
B: as demais somam 50
C: as demais somam 54
D: as demais somam 51
E: as demais somam 47

A única que confere é a letra D

Outra solução: A soma das respostas é 63. A resposta certa é aquela que tem o valor igual a 63 subtraído do seu próprio número. A única que atende é a D (63-12=51)

Resposta: (D)

Q28) (OBM) Escrevendo todos os números inteiros de 100 a 999, quantas vezes escrevemos o algarismo 5?

(A) 250   (B) 270   (C) 271   (D) 280   (E) 292

Nas unidades e dezenas, de 100 a 200, temos 105, 115, 125, 135, 145, 150, 151, 152, 153, 154, 155, 156, 157, 158, 159, 165, 175, 185, 195 = 20 vezes
Nas centenas temos 100 vezes (500 a 599)
100 a 999: 9x20 + 100 (algarismo das centenas entre 500 e 599) = 280

Resposta: (D)

Q29) (OBM) Considere dois números naturais, cada um deles com três algarismos diferentes. O maior deles só tem algarismos pares e o menor só tem algarismos ímpares. O menor valor possível para a diferença entre eles é:

(A) 111   (B) 49   (C) 29   (D) 69   (E) 5

Solução:
Uma vez escolhendo as centenas do número ímpar, podemos escolher as dezenas e unidades para resultar no maior valor possível (Ex: 197, 397 ou 597). O número par teria como algarismo das centenas, o sucessor do algarismo das centenas do número ímpar, e os dois demais algarismos formariam o menor número possível (402, 602 ou 802). Devemos então formar, para as dezenas e unidades do número par, o menor valor possível, que seria 02, e

54

para as dezenas e unidades do número ímpar, o maior valor possível, que seria 97. Seriam formados números como 397 e 402 ou 597 e 602. A menor diferença possível portanto é 5.

Resposta: (E)

Q30) (OBM) São escritos todos os números de 1 a 999 nos quais o algarismo 1 aparece exatamente 2 vezes (tais como, 11, 121, 411, etc). A soma de todos estes números é:

(A) 6882   (B) 5994   (C) 4668   (D) 7224   (E) 3448

1 A 99: somente o número 11
100 A 999:
1X1 = 101, 121, 131, ... 191 = 101x9 + 440 = 1349 (*Observe que 2+3+4+5+6+7+8+9=44)
11X = 110, 112, 113, ...119 = 110x9 + 44 = 1034
X11 = 211, 311, ... 911 = 88+4400 = 4488
Total: 11 + 1349+1034+4488 = 6882

Resposta: (A)

Q31) (CN) Quantos algarismos são necessários para escrever os números ímpares entre 5 e 175, inclusive?

Solução:
Com 1 algarismo: 5, 7, 9
Com 2 algarismos: 10 a 99, são 45 números de 2 algarismos, total de 90 algarismos
Com 3 algarismos: 101 a 175, são 38 números de 3 algarismos, total de 114 algarismos.
Total: 3 + 90 + 114 = 207 algarismos

Resposta: 207

Questões propostas

Q32) (CM) Marque a opção verdadeira no que tange ao número 1234567.

(A) Possui 3 ordens.
(B) Possui 7 classes.
(C) O valor relativo do algarismo 2 é 200000.
(D) O valor absoluto do algarismo 5 é 500.
(E) A maior classe é a dos milhares.

Q33) (CM) Observe a seguinte frase: "O Rei Fernando CMXCIX realizou grandes festivais". Ao se transformar o numeral romano sublinhado em indo-arábico, obtém-se o número natural N. Determine o produto dos algarismos de N.

(A) 27   (B) 629   (C) 729   (D) 829   (E) 999

Q34) (CM) Um artista foi contratado para numerar as 185 páginas de um álbum, tendo sido combinado que o mesmo receberia R$ 2,00 por algarismo desenhado. Ao final de seu trabalho, este artista recebeu:

(A) R$ 894,00   (B) R$ 890,00   (C) R$ 370,00   (D) R$ 445,00   (D) R$ 447,00

Capítulo 3 - NÚMEROS

55

Q35) (CM) Marcela possui uma grande quantidade de adesivos com os algarismos 0, 1, 4, 5, 6, 7, 8 e 9. No entanto, ela só dispõe de vinte e dois adesivos com o algarismo 2 e quinze adesivos com o algarismo 3. Até que número Marcela poderá numerar as páginas do seu novo diário usando os adesivos dos algarismos que dispõe?

(A) 119   (B) 112   (C) 62   (D) 52   (E) 43

Q36) (CM) Pedro enumerou, em ordem crescente, a partir do número 1 (um), todas as 98 páginas do seu caderno. A quantidade de algarismos que ele escreveu é igual a X. A soma dos algarismos de X é igual a:

(A) 16   (B) 15   (C) 17   (D) 18   (E) 14

Q37) (CM) Um calígrafo cobra, para numerar as páginas do original de uma obra, a quantia de R$ 0,85 por cada algarismo que escreve. Para numerar uma obra, desde a página 115 até a página 1115, ele cobrará:

(A) R$ 850,85   (B) R$ 849,15   (C) R$ 2.645,20   (D) R$ 2.651,15   (E) R$ 850,00

Q38) (CM) A quantidade de algarismos existentes na seqüência dos números naturais que se inicia por 1 (um) e termina em 2005 (dois mil e cinco), inclusive, é

(A) 6904   (B) 6905   (C) 6912   (D) 6913   (E) 6914

Q39) (CM) Um pintor recebeu a quantia de R$ 62,10 (sessenta e dois reais e dez centavos) para enumerar todas as salas de aula do Colégio Militar de Brasília. Para tanto, o pintor cobrou a quantia de R$ 0,05 (cinco centavos) por algarismo pintado. Quantas salas de aula há no colégio?

(A) 351   (B) 450   (C) 456   (D) 1053   (E) 1242

Q40) (CM) Para enumerar as páginas de um trabalho de matemática, um aluno da $5^{\underline{a}}$ série, do Colégio Militar de Brasília, digitou 2004 algarismos a partir da página 1 (um). Quantas páginas possui o trabalho?

(A) 605   (B) 700   (C) 702   (D) 704   (E) 706

Q41) (CM) Transformando-se o numeral romano $\overline{\overline{VI}\,XLXXXI}$ em indo-arábico, obtém-se o número A. O produto dos algarismos de A é igual a

(A) 0   (B) 14   (C) 7440   (D) 7441   (E) 6040031

Q42) (CM) Um artista foi contratado para numerar 285 páginas de álbum de fotos históricas, a partir da página 1. Se ele recebeu R$ 1,50 para cada algarismo que desenhou, então, após ter completado o serviço, recebeu:

(A) R$ 558,50   (B) R$ 1.113,00   (C) R$ 747,00   (D) R$ 670,50   (E) R$ 1.120,50

Q43) (CM) Quantos são os números que obedecem às seguintes condições:
São formados por três algarismos;
São compostos com os números 4, 5 e 6;
Não têm repetição de algarismo na representação dos números.

(A) Três   (B) Quatro   (C) Cinco   (D) Seis   (E) Sete

Q44) (CM) Considerando o Sistema de Numeração Decimal, quantos números entre 101 e 999 você pode escrever de forma que o algarismo das dezenas seja par, o das centenas seja o antecessor e o das unidades seja o sucessor desse algarismo par?

(A) Quinze   (B) Vinte   (C) Quatro   (D) Oito   (E) Dez

Q45) (CM) O número da casa da Evanice tem três algarismos. O produto deles é 90 e a soma dos dois últimos é 7. Os algarismos das centenas desse número é

(A) 2   (B) 3   (C) 9   (D) 7   (E) 6

Q46) (CM) Beatriz pensou em um número natural formado por três algarismos. A soma dos algarismos da $1^{\underline{a}}$ e $2^{\underline{a}}$ ordem desse número é 12; o produto dos seus três algarismos é igual a 105; a metade do quíntuplo do algarismo das centenas do número pensado por Beatriz é:

(A) 7,5   (B) 12,5   (C) 15,5   (D) 17,5   (E) 22,5

Q47) (CM) Seja o numeral 222.222.222. Dividindo o valor relativo do algarismo da dezena de milhar pelo quíntuplo do valor absoluto do algarismo da dezena simples, obtemos como resultado:

(A) 1/5   (B) 1/50   (C) 2.000   (D) 200.000   (E) 2.000.000

Q48) (CM) Seja o numeral romano MCDXLVI. Considere as seguintes mudanças, após escrevê-lo na forma indo-arábica:

$1^{\underline{a}}$ - Trocar de posição, entre eles, o algarismo das centenas com o algarismo das unidades simples.
$2^{\underline{a}}$ - No novo numeral, trocar de posição, entre eles, o algarismo das unidades de milhar com o algarismo das dezenas.

Com base nessas informações, analise as afirmativas seguintes e, depois, assinale a opção correta.
I - O numeral encontrado após as mudanças foi MDCXLIV.
II - A diferença entre o número encontrado após as mudanças e o referido número antes das mudanças é MMMCLXVIII.
III - O valor relativo do algarismo das centenas do número encontrado após as mudanças, em algarismos romanos, é DC.

(A) Somente as afirmativas I e II são verdadeiras.
(B) Somente as afirmativas I e III são verdadeiras.
(C) Somente as afirmativas II e III são verdadeiras.
(D) Todas as afirmativas são verdadeiras.
(E) Todas as afirmativas são falsas.

Q49) (CM) Com os números 1, 3, 5 e 8, foi escrito o maior número possível de 4 algarismos diferentes onde o algarismo das centenas é 8. A esse número foi subtraído o menor número possível a ser escrito com estes mesmos algarismos onde o algarismo das dezenas é 1. Logo, o antecessor do resultado é:

(A) 2313   (B) 2312   (C) 7173   (D) 7174   (E) 7172

Capítulo 3 - NÚMEROS   57

Q50) (CM) Dado o número 256184309, quantas vezes o valor relativo do algarismo 8 é maior que seu valor absoluto?

(A) 10   (B) 100   (C) 1000   (D) 80000   (E) 10000

Q51) (CM) O número de resultados diferentes que podemos obter somando dois números diferentes de 1 a 50 é:

(A) 100   (B) 99   (C) 98   (D) 97   (E) 96

Q52) (CM) As cadeiras de um teatro foram devidamente numeradas a partir do número 1. No total foram pintados a quantidade de 5.889 algarismos. Determine a soma dos algarismos do número pintado na última cadeira.

(A) 20   (B) 21   (C) 29   (D) 671   (E) 1.749

Q53) (CM) Em uma turma de 4ª série, a professora de matemática pediu aos alunos que resolvessem a seguinte expressão, envolvendo o sistema romano de numeração:
[V . ($\overline{X}$: C + III) – XV : III + II] : VIII
Transformando o resultado obtido em um número do sistema decimal será encontrado:

(A) 32   (B) 46   (C) 48   (D) 64   (E) 68

Q54) (CM) Considere o conjunto N dos números naturais. Subtraindo-se, do maior número de 4 algarismos distintos entre si, o sêxtuplo do menor número de 4 algarismos ímpares distintos entre si, obtemos um número da forma, abcd no qual se observa que:

(A) c – a = d – b
(B) a x d = b + c
(C) (10 x a + b) = 2(10 x c + d)
(D) a = b ÷ (c + d)
(E) c + d = a + b

Q55) (CM) A soma de dois múltiplos consecutivos de 17 é 459. Sobre o maior desses números, podemos afirmar que:

(A) está compreendido entre 230 e 235.
(B) é menor do que 230.
(C) é divisível por 3.
(D) é maior do que 240.
(E) é um múltiplo de 14.

Q56) (CM, OBM) Um certo número Z, formado por dois algarismos, é o quadrado de um número natural. Invertendo-se a ordem dos algarismos desse número, obtém-se um número ímpar. O valor absoluto da diferença entre os dois números (isto é, entre o número obtido pela inversão de seus algarismos e o Z) é o cubo de um número natural. A soma dos algarismos de Z é igual a

(A) 7   (B) 10   (C) 13   (D) 11   (E) 9

Q57) (CM) Usando os algarismos 2, 4, 8 e 6 e sem repeti-los podemos escrever quantos numerais diferentes de quatro algarismos?

58 MATEMÁTICA PARA VENCER

(A) 12   (B) 64   (C) 32   (D) 256   (E) 24

Q58) (CM) O escritor MARCELO SILVA é muito supersticioso. Nunca utiliza números que possuam algarismos ímpares para numerar as páginas. Em um de seus livros, que possui 250 páginas, o número da última página é:

(A) 250   (B) 492   (C) 2800   (D) 3000   (E) 4000

Q59) A Maratona é a prova mais tradicional dos Jogos Olímpicos, na qual os atletas devem percorrer a distância aproximada de 42 km. Em Atenas, onde aconteceram as Olimpíadas de 2004, os organizadores da Maratona utilizaram exatamente 867 algarismos para numerar, em ordem crescente, sucessiva e a partir do número 1, todos os atletas inscritos. Com base nesses dados, pode-se afirmar que o número total de atletas inscritos na Maratona foi igual a:

(A) 189   (B) 226   (C) 325   (D) 378   (E) 678

Q60) (OBM) Joana escreve a seqüência de números naturais 1, 6, 11, ..., onde cada número, com exceção do primeiro, é igual ao anterior mais cinco. Joana pára quando encontra o primeiro número de três algarismos. Esse número é:

(A) 100   (B) 104   (C) 101   (D) 103   (E) 102

Q61) (OBM) Nicanor quer completar o Sudoku ao lado, de modo que em cada linha (fileira horizontal) e cada coluna (fileira vertical) apareçam todos os números de 1 a 6. Qual é a soma de todos os números que faltam para completar o Sudoku?

2				1	
					5
4					2
		6	4		
6			3	2	

Q62) (OBM) Quantos números inteiros positivos de três algarismos têm a soma de seus algarismos igual a 4?
Observação: lembre-se de que zeros à esquerda não devem ser contados como algarismos; por exemplo, o número 031 tem dois algarismos.

(A) 4   (B) 6   (C) 7   (D) 10   (E) 12

Q63) (OBM) Quantos números de 3 algarismos existem cuja soma dos algarismos é 25 ?

(A) 2   (B) 4   (C) 6   (D) 8   (E) 10

Q64) (OBM) A soma de todos os números positivos ímpares até 2007 menos a soma de todos os números positivos pares até 2007 é igual a:

(A) 1003   (B) 1004   (C) 2005   (D) 2006   (E) 2007

Capítulo 3 - NÚMEROS 59

Q65) (OBM) Quantos os números de dois algarismos têm a soma desses algarismos igual a um quadrado perfeito? Lembre-se que, por exemplo, 09 é um número de um algarismo.

Q66) (OBM) Os números de 1 a 99 são escritos lado a lado: 123456789101112...9899. Então aplicamos a seguinte operação: apagamos os algarismos que aparecem nas posições pares, obtendo 13579012...89. Repetindo essa operação mais 4 vezes, quantos algarismos irão sobrar?

Q67) (OBM) Perguntado, Arnaldo diz que 1 bilhão é o mesmo que um milhão de milhões. Professor Piraldo o corrigiu e disse que 1 bilhão é o mesmo que mil milhões. Qual é a diferença entre essas duas respostas?

(A) 1.000   (B) 999.000   (C) 1.000.000   (D) 999.000.000   (E) 999.000.000.000

Q68) (OBM) Devido a um defeito de impressão, um livro de 600 páginas apresenta em branco todas as páginas cujos números são múltiplos de 3 ou de 4. Quantas páginas estão impressas?

(A) 100   (B) 150   (C) 250   (D) 300   (E) 430

Q69) (OBM) Considere um número inteiro x e faça com ele as seguintes operações sucessivas: multiplique por 2, some 1, multiplique por 3 e subtraia 5. Se o resultado for 220, o valor de x é:

(A) um número primo.
(B) um número par.
(C) um número entre 40 e 50.
(D) um número múltiplo de 3.
(E) um número cuja soma dos algarismos é 9.

Q70) (OBM) O número 10 pode ser escrito de duas formas como soma de dois números primos: $10 = 5 + 5$ e $10 = 7 + 3$. De quantas maneiras podemos expressar o número 25 como uma soma de dois números primos?

(A) 4   B) 1   (C) 2   (D) 3   (E) nenhuma

Q71) (OBM) A calculadora de Juliana é bem diferente. Ela tem uma tecla D, que duplica o número escrito no visor e a tecla T, que apaga o algarismo das unidades do número escrito no visor. Assim, por exemplo, se estiver escrito 123 no visor e apertarmos D, teremos 246; depois, apertando T, teremos 24. Suponha que esteja escrito 1999. Se apertamos D depois T, em seguida D, depois T, teremos o número:

(A) 96   (B) 98   (C) 123   (D) 79   (E) 99

Q72) (OBM) Quantos números de dois algarismos são primos e têm como antecessor um quadrado perfeito?

(A) 2   (B) nenhum   (C) 1   (D) 3   (E) 6

Q73) (OBM) Um menino joga três dados e soma os números que aparecem nas faces voltadas para cima. O número dos diferentes resultados dessa adição é:

(A)12   (B) 18   (C) 216   (D) 16   (E) 15

60 MATEMÁTICA PARA VENCER

Q74) (CN) Um número é composto de três algarismos, cuja soma é 18. O algarismo das unidades é o dobro do das centenas e o das dezenas é a soma do das unidades e das centenas. Qual é o número?

Q75) (CN) Uma roda gigante tem uma engrenagem que é composta de duas catracas, que funcionam em sentidos contrários. Em um minuto, a menor dá três voltas completas enquanto a maior dá uma volta. Após dezoito minutos de funcionamento da menor, o número de voltas da maior é:

(A) 54   (B) 36   (C) 24   (D) 18   (E) 9

Respostas dos exercícios

E1) {22, 44, 66, 88}
E2) a) Não se usa "e" para separar os elementos de um conjunto
b) não se escrevem elementos repetidos
E3) {1, 2, 3, 4, 5, 6}
E4) {1}
E5) {∅}
E6) 20, 22, 24
E7) {3, 4, 6, 8}
E8) 8, 7
E9) 8, 512
E10) 16
E11) Não. Veja por exemplo o número 10.645. O valor relativo do 0 é 0, o valor absoluto do 5 é 5, que é maior que 0.
E12) Sim. Não, o 0 não tem antecessor natural.
E13) A diferença é o número 0, que pertence a N mas não pertence a N*.
E14) Sim se estivermos formando uma seqüência de números ímpares.
E15) Sete: 1, 9, 25, 49, 81, 121 e 169
E16) 100x50x6 = 30.000
E17) 54, 56, 58, 60, 62, 64
E18) 3: {Janeiro, Junho, Julho}
E19) 14400 = 144x100 = 12x12x10x10 = 12x10 x 12x10 = 120x120. Logo é quadrado perfeito
E20) Deve ser feito por testes. 3 algarismos distintos com soma 3, só podem ser 2, 1 e 0.
102, 120, 201, 210
Resposta: 4
E21) DCCXXXIV
E22) MMMCDLXIX
E23) CMXCIX
E24) 768
E25) 2.888
E26) 497
E27) Onze milhões, quarenta e nove mil e vinte e oito
E28) Um bilhão, um milhão, mil e cinquenta.
E29) 10x10x10 x 10x10 = 10^5
E30) Dezenas de milhão
E31) O nome da operação é *adição*, e não soma.
E32) Oito milhões, quinhentos e onze mil, novecentos e sessenta e cinco
E33) 1989
E34) 5 + 5 – 6 + 35 = 39
E35) 32 + 4 + 5 = 41
E36) 180. Cada algarismo aparecerá 18 vezes.

Capítulo 3 - NÚMEROS

E37) 32

E38) 27

E39) 100

E40) Vimos na questão 6 que existem 90 números de 2 algarismos entre 10 e 99. Devemos descontar daí os números com algarismo 3, que são:

13, 23, 30, 31, 32, 33, 34, 35, 36, 37, 38, 39, 43, 53, 63, 73, 83 e 93 (18 números). Temos então 90 – 18 = 72

Resposta: 72

E41)

a) XXXVI	f) MMXX	k) MCMXLIX	p) MCCCXXXIII	u) $\overline{\text{MMM}}$DXC
b) CLVIII	g) DCCCXCV	l) DCCXIX	q) $\overline{\text{IV}}$	
c) CCXXXIX	h) MD	m) DCLXVII	r) $\overline{\text{XXVI}}$DXL	v) $\overline{\text{CD}}$
d) CXLV	i) DCCL	n) XVIII	s) $\overline{\text{XXXII}}$DCCLXVIII	w) MCMLXX
e) MCMLXXVI	j) $\overline{\text{VIII}}$CXCII	o) LXXXIII	t) CCCLXX	x) DLXXVII
				y) DCCLXVIII

E42)

a) 38	f) 2.130	k) 1.974	p) 1.666	u) 3.290
b) 128	g) 875	l) 765	q) 7.000	v) 300.000
c) 249	h) 1.300	m) 633	r) 29.730	w) 1.910
d) 176	i) 780	n) 17	s) 65.536	x) 377
e) 1.980	j) 4.096	o) 89	t) 240	y) 755

E43) 291

E44) 248

E45) 0: 96 vezes; 1 a 8: 18 vezes cada; 9: 8 vezes

E46) 524.500; 70.040; 3.000.072; 18.120; 33.200

E47) 804

E48) 36000

E49) 29970

E50) 1.287.145, 152, 512, 25.322, 153.000

E51) 1300

E52) 4 e 4

E53) XIX

E54) 0, 5, 10, 15, 20, 25

E55) 11, 13, 17, 19

E56) 300.000.000: 3 classes, 9 ordens

E57) 27

E58)

a) Duzentos e trinta e quatro milhões, cento e cinqüenta e seis mil, setecentos e oitenta e seis

b) Onze milhões, quatrocentos e sessenta e sete mil, seiscentos e setenta e oito

c) Novecentos e quarenta e cinco mil, setecentos e setenta e seis

d) Quinhentos e cinquenta e cinco mil, quinhentos e cinquenta e cinco

e) Nove milhões, novecentos e setenta e três mil e vinte e dois

f) Vinte e três milhões e vinte e cinco

g) Um milhão, mil e um

h) Doze milhões, quinhentos mil e treze

E59) 25, 55 85

E60) Resp: 570, 750, 550, 770, 500, 700

E61) Resp: 1, 2, 3, 12, 13, 21, 23, 31, 32, 123

E62) Resp: 321, 432, 543, 654, 765, 876, 987

62

MATEMÁTICA PARA VENCER

E63) Resp: 201 e 623
E64) Resp: 1026, 1031, 1036.
E65) Resp: 49, 64, 81
E66) Resp: 14
E67) 0, 1, 2, 3, 4, 5, 6, 7, 8, 9, I, V, X, L, C, D, M
E68) R: n+1, n+2, n+3
E68) R: 19, 20
E70) R: Verdadeiro
E71) R: 91
E72) R: Fica 10 vezes maior; fica 100 vezes maior.
E73) R: Aumenta 684 unidades
E74) R: 300
E75) R: 204
E76) R: 220
E77) R: 16
E78) R: 271
E79) R: 1000-271 (veja o problema anterior) = 729
E80) R: 2
E81) R: 5
E82) R: 0
E83) R: 274

Respostas das questões propostas

Q32) C
Q33) Resposta: (E)
Q34) Resposta: (A)
Q35) Resposta: (E)
Q36) Resposta: (C)
Q37) Resposta: (D)
Q38) Resposta: (D)
Q39) Resposta: (B)
Sugestão: primeiro calcule quantos algarismos foram pintados, dividindo o gasto total pelo custo de cada algarismo.
Q40) Resposta: (D)
Q41) Resposta: (A)
Q42) Resposta: (E)
Q43) Resposta: (D)
Q44) Resposta: (C)
Q45) Resposta: (C)
Q46) Resposta: (A)
Q47) Resp (C)
Q48) Resp: (C)
Q49) Resp: (B)
Q50) Resp: (E)
Q51) Resp: (D)
Q52) Resp: (C)
Q53) Resp: $[5.(10000:100 +3) -15:3 +2]:8$
$= [5.(100+3) -5+2]:8 = [5.103 -5+2]:8 = [515-5+2]:8 = 512:8 = 64$
Q54) Resp: (D)
Q55) E
Q56) Resp: (E)
Z pode ser 16, 25, 36, 49, 64 ou 81

Capítulo 3 - NÚMEROS

Z invertido é ímpar, o algarismo das dezenas de Z é ímpar
Opção 1) Z=16, Z invertido é 61, a diferença é 45
Opção 2) Z=36, Z invertido é 63, a diferença é 27
Como a diferença é um cubo perfeito, só pode ser 27, então Z=36
Q57) Vejamos primeiro os que começam com 2
2468, 2486, 2648, 2684, 2864, 2846: total=6
Agora os que começam com 4 serão mais 6, os que começam com 6 são mais 6, os que começam com 8 são mais 6. O total é 24.
Resp: (E) 24

Q58) Só pode usar os algarismos 0, 2, 4, 6, 8. A contagem fica então:
2, 4, 6, 8, 20
22, 24, 26, 28, 40
42, 44, 46, 48, 60
62, 64, 66, 68, 80
82, 84, 86, 88, 200
...
Uma "dezena" terá 5 números
Uma "centena" terá 25 números
Para 250 páginas, serão 10 "centenas"
Numeração das centenas:
1 centena = 200
2 centenas = 400
3 centenas = 600
4 centenas = 800
5 centenas = 2000
10 centenas = 4000
Resp: (E) 4000

Q59) Resp: (C) 325
Q60) Resposta: (C)
Q61) Resposta: 91
Q62) Resposta: (D) 10
Q63) Resp: (C) 3
Q64) Resposta: (B) 1004
Q65) Resp: 17
Q66) Resposta: 6
Q67) Resposta: (E)
Q68) Resposta: (D) 300
Q69) Resposta: (A) – (o número é 37)
Q70) Resposta: (B)
Q71) Resposta: (D)
Q72) Resposta (A)
Q73) Resposta: (D)
Q74) R 396
Q75) Resposta: (D) 18

Prova simulada

Todos os capítulos a partir deste terão uma prova simulada, em geral relacionada com os assuntos do próprio capítulo. Nos capítulos mais avançados, eventualmente aparecerão questões que envolvam conhecimentos de vários capítulos ao mesmo tempo.

64   MATEMÁTICA PARA VENCER

Reserve uma manhã inteira, ou uma tarde inteira, para realizar a prova simulada. Não faça consulta, proceda como se estivesse realizando uma prova de verdade. Desligue o computador e avise às pessoas que você está ocupado fazendo uma prova.

Algumas questões da prova são inéditas, outras são exercícios propostos que você já estudou no livro. A maioria das questões caíram em provas do Colégio Militar, mas também adicionamos questões conceituais, questões caídas na Olimpíada Brasileira de Matemática, Colégio Naval e EPCAr.

Depois da prova você encontrará o gabarito e as resoluções das questões. Estude essas resoluções para melhorar seus conhecimentos.

O capítulo 13 tem quatro provas simuladas, que você deve deixar para resolver no final do estudo do livro. Essas últimas provas reúnem questões de todos os capítulos.

Questão 1) Valor: 0,5 (CM)
Considere os números naturais que podem ser compostos pelos algarismos XYZZYX, nessa ordem, em que X, Y e Z são algarismos distintos. Se $\underline{A}$ e $\underline{B}$ são os dois maiores números naturais divisíveis por 3 e 5 ao mesmo tempo, obtidos a partir de XYZZYX, pela substituição de X, Y e Z, então $\underline{A} + \underline{B}$ é igual a:
Obs: As letras iguais de XYZZYX representam um mesmo algarismo.

(A) 1196680   (B) 1192290   (C) 597795   (D) 594495   (E) 591195

Questão 2) Valor: 0,5 (CM)
Determine o quociente e o resto, respectivamente, da divisão entre a quantidade de ordens e a quantidade de classes do número 9876543210.

(A) 3 e 1   (B) 3 e 0   (C) 1 e 2   (D) 2 e 1   (E) 2 e 2

Questão 3) Valor: 0,5 (CM)
Somando-se o antecessor de 108540 com o sucessor de 543299, obtém-se um número cujo valor relativo do algarismo da $3^{\underline{a}}$ ordem é:

(A) 8   (B) 80   (C) 800   (D) 8000   (E) 80000

Questão 4) Valor: 0,5 (CM)
Carolina digitou um trabalho de 100 páginas, numeradas de 1 a 100, e o imprimiu. Ao folhear o trabalho, percebeu que sua impressora estava com defeito, pois estava trocando o 2 pelo 5 e o 5 pelo 2. Depois de resolver o problema, reimprimiu somente as páginas defeituosas, que eram, ao todo:

(A) 18   (B) 22   (C) 32   (D) 34   (E) 36

Questão 5) Valor: 0,5 (CM)
Santos Dumont nasceu em 20 de julho de 1873, no Sítio de Cabangu, no Distrito de João Aires, Estação Rocha Dias, encravada na região da Serra da Mantiqueira, nos arredores do Município de Palmira, rebatizada como Santos Dumont, em Minas Gerais. Identifique a alternativa em que o número 1873 foi escrito por extenso corretamente.

(A) mil e oito centos, setenta e três.
(B) mil, oitocentos e setenta e três.
(C) um, oito, sete e três.

Capítulo 3 - NÚMEROS 65

(D) um mil e oitocentos, setenta e três.
(E) dezoito, setenta e três.

Questão 6) Valor: 0,5 (CM)
Após várias tentativas sem sucesso, Santos Dumont demonstrou ser muito persistente e no dia 19 de outubro de 1901, com o dirigível nº VI, conquistou o Prêmio Deutsh. O tempo oficial foi de 29 minutos e 30 segundos. Alberto recebeu cento e vinte e nove mil francos, visto que o valor veio acrescido de juros bancários. Destinou cinqüenta mil francos aos funcionários e o restante entregou ao Chefe de Polícia de Paris, para que fosse distribuído entre os pobres da cidade.
Identifique a alternativa que represente uma característica do valor distribuído aos pobres.

(A) o valor é menor que 75.000 francos.
(B) a soma dos valores absolutos dos algarismos do número é igual a 16.
(C) o valor absoluto do algarismo da dezena de milhar é 70.000.
(D) o valor relativo do algarismo da unidade de milhar é 90.000.
(E) o valor é maior que 83.000 francos.

Questão 7) Valor: 0,5 (CM)
Na tabela abaixo, disponha em cada quadrado vazio um número de 0 a 8 de modo que a soma dos três números em cada fileira horizontal e em cada fileira vertical seja sempre igual a 9. Desse modo, a soma de todos os números que foram utilizados para completar a tabela é:

(A) 10
(B) 11
(C) 12
(D) 13
(E) 14

		5
	3	
1		**4**

Questão 8) Valor: 0,5 (OBM)
Num relógio digital, as horas são exibidas por meio de quatro algarismos. Por exemplo, ao mostrar 00:00 sabemos que é meia-noite e ao mostrar 23:59 sabemos que falta um minuto para meia-noite. Quantas vezes por dia os quatro algarismos mostrados são todos pares?

A) 60   B) 90   C) 105   D) 180   E) 240

Questão 9) Valor: 0,5 (CM)
Um artista foi contratado para numerar as 185 páginas de um álbum, tendo sido combinado que o mesmo receberia R$ 2,00 por algarismo desenhado. Ao final de seu trabalho, este artista recebeu:

(A) R$ 894,00   (B) R$ 890,00   (C) R$ 370,00   (D) R$ 445,00   (D) R$ 447,00

Questão 10) Valor: 0,5 (CM)
Transformando-se o numeral romano $\overline{\overline{VI}}XLXXXI$ em indo-arábico, obtém-se o número A. O produto dos algarismos de A é igual a

(A) 0   (B) 14   (C) 7440   (D) 7441   (E) 6040031

66 MATEMÁTICA PARA VENCER

Questão 11) Valor: 0,5 (CM)
O número da casa da Evanice tem três algarismos. O produto deles é 90 e a soma dos dois últimos é 7. Os algarismos das centenas desse número é

(A) 2   (B) 3   (C) 9   (D) 7   (E) 6

Questão 12) Valor: 0,5 (CM)
Com os números 1, 3, 5 e 8, foi escrito o maior número possível de 4 algarismos diferentes onde o algarismo das centenas é 8. A esse número foi subtraído o menor número possível a ser escrito com estes mesmos algarismos onde o algarismo das dezenas é 1. Logo, o antecessor do resultado é:

(A) 2313   (B) 2312   (C) 7173   (D) 7174   (E) 7172

Questão 13) Valor: 0,5 (CM)
Usando os algarismos 2, 4, 8 e 6 e sem repeti-los podemos escrever quantos numerais diferentes de quatro algarismos?
(A) 12   (B) 64   (C) 32   (D) 256   (E) 24

Questão 14) Valor: 0,5 (CM, OBM)
Um certo número Z, formado por dois algarismos, é o quadrado de um número natural. Invertendo-se a ordem dos algarismos desse número, obtém-se um número ímpar. O valor absoluto da diferença entre os dois números (isto é, entre o número obtido pela inversão de seus algarismos e o Z) é o cubo de um número natural. A soma dos algarismos de Z é igual a

(A) 7   (B) 10   (C) 13   (D) 11   (E) 9

Questão 15) Valor: 0,5 (CM)
Considere o conjunto N dos números naturais. Subtraindo-se, do maior número de 4 algarismos distintos entre si, o sêxtuplo do menor número de 4 algarismos ímpares distintos entre si, obtemos um número da forma, abcd no qual se observa que:

(A) c – a = d – b
(B) a x d = b + c
(C) (10 x a + b) = 2(10 x c + d)
(D) a = b ÷ (c + d)
(E) c + d = a + b

Questão 16) Valor: 0,5
Escrevendo números naturais a partir de 1, qual algarismo ocupará o 500º lugar?

(A) 3   (B) 3   (C) 0   (D) 2   (E) 1

Questão 17) Valor: 0,5
Qual é a diferença entre os valores relativos do algarismo 3 nos numerais 32.768 e 16.132?

(A) 29790   (B) 29970   (C) 0   (D) 30030   (E) 30.000 e 30

Questão 18) Valor: 0,5
Um prédio tem 10 andares, do 1º ao 10º. Cada andar tem 8 apartamentos, numerados da seguinte forma: no 1º andar vão de 101 a 108; no segundo andar vão de 201 a 208, no terceiro andar vão de 301 a 308, e assim por diante. Quantos algarismos serão usados para numerar todos os apartamentos?

Capítulo 3 - NÚMEROS

(A) 228   (B) 240   (C) 159   (D) 239   (E) 248

Questão 19) Valor: 0,5
Calcule a expressão LX:XII + DCC÷CXL – MDCCC÷CCC + XXXV

(A) 1930   (B) 148   (C) 49   (D) 39   (E) 73

Questão 20) Valor: 0,5
Quantos numerais de 3 algarismos podem ser escritos, usando apenas os algarismos 2, 5 e 7?

(A) 18   (B) 27   (C) 15   (D) 32   (E) 99

Solução da prova simulada
Gabarito

1	B	6	B	11	C	16	C
2	E	7	E	12	B	17	B
3	C	8	C	13	E	18	E
4	E	9	A	14	E	19	D
5	B	10	E	15	D	20	B

Soluções

Questão 1)
XYZZYZ (Exemplo: 132231)
Divisível por 3 e 5 ➜ X=5 (X não pode ser 0 por é o primeiro algarismo do número)
5YZZY5
Y+Z tem que deixar resto 1 na divisão por 3. Os dois maiores que atendem são 97 e 94
A=597795 e B=594495, A+B = 1192290
Resposta: (B)

Questão 2)
9.876.543.210 ➜ 4 classes e 10 ordens
10/4 = 2, resto 2.
Resposta: (E)

Questão 3)
108540 ➜ 108539
543299 ➜ 543300
108539+543300 = 651839 ➜ 800
Resposta: (C)

Questão 4)
100 páginas ➜ 1 a 100
Trocados 2 e 5
Com 2: 2, 12, 20, 21, 22, 23, 24, 25, 26, 27, 28, 29, 32, 42, 52, 62, 72, 82, 92 (19 números)
Com 5: 5, 15, 25, 35, 45, 50, 51, 52, 53, 54, 55, 56, 57, 58, 59, 65, 75, 85, 95 (19 números)
É preciso descontar os números 25 e 52, que aparecem repetidos
19+19-2 = 36
Resposta: (E)

Questão 5)
mil, oitocentos e setenta e três.
Resposta: (B)

Questão 6)
129.000 − 50.000 = 79.000
Resposta: (B)

Questão 7)

2	2	**5**
6	**3**	0
1	4	**4**

5 números de 0 a 8

Capítulo 3 - NÚMEROS

A soma tem que ser sempre 9 (1+3+5)
2+2+6+0+4 = 14
Resposta: (E)

Questão 8)
AB:CD
A= 0 ➜ AB=00, 02, 04, 06, 08 (5 possibilidades)
A= 2 ➜ AB=20, 22 (2 possibilidades)
Para AB: 7 possibilidades.
C=0 ➜ CD=00, 02, 04, 06, 08 (5 possibilidades)
C=2 ➜ CD=20, 22, 24, 26, 28 (5 possibilidades)
C=4 ➜ CD=40, 42, 44, 46, 48 (5 possibilidades)
Para CD: 15 possibilidades
Para AB e CD: 7 x 15 = 105
Resposta: (C)

Questão 9)
185 páginas, a R$ 2,00 por página
1 a 9:   9x1   = 9
10 a 99:   90x2   = 180
100 a 185:   86x3   = 258
9+180+258 = 447
447xR$ 2,00 = R$ 894,00
Resposta: (A)

Questão 10)
$\overline{VI}\ \overline{XL}$ XXXI
= 6.000.000 + 40.000 + 31 = 6.040.031
Resposta: (E)

Questão 11)
XYZ, tais que X, Y e Z são algarismos, X x Y x Z = 90 e Y + Z = 7
90 = 2.3.3.5
Possibilidades:
6, 3, 5 (não combina com soma 7)
9, 2, 5 (2+5=7) ➜ o número é 925 ou 952, o algarismo das centenas é 9.
Resposta: (C)

Questão 12)
1, 3, 5, 8
X8XX = 5831
XX1X = 3518
5831 – 3518 = 2313; antecessor = 2312
Resposta: (B)

Questão 13)
ABCD
A: 4 opções; B: 3 opções; C: 2 opções; D: 1 opção
4x3x2x1 = 24
Resposta: (E)

70 MATEMÁTICA PARA VENCER

Questão 14)
Z pode ser: 16, 25, 36, 49, 64, 81
Só pode ser 16 ou 63, pelo enunciado
61-16 = 45
63-36 = 27 (cubo perfeito)
Resposta: (E)

Questão 15)
9876 e 1357
9876 – 6x1357 = 1734 = abcd. Testando as respostas, só serve a (D)
Resposta: (D)

Questão 16)
1-9:   9
10-99:   90x2 = 180
Até aqui, 189
500-189 = 311
311/3 = 103, resto 2
99+103+1 = 203, o algarismo do meio é 0
Resposta: (C)

Questão 17)
32.768 ➜ 30.000
16.132 ➜ 30
30.000 – 30 = 29.970
Resposta: (B)

Questão 18)
$1^{\underline{o}}$: 101, 102, 103, 104, 105, 106, 107, 108 = 8x3=24
$2^{\underline{o}}$: 201, ..., 208 = 24
$3^{\underline{o}}$: 301, ..., 308 = 24
...
$9^{\underline{o}}$: 901, ..., 908 = 24
$10^{\underline{o}}$: 1001, ..., 1008 = 8x4=32
24x9 + 32 = 248
Resposta: (E)

Questão 19)
LX:XII + DCC÷CXL – MDCCC÷CCC + XXXV =
60/12 + 700/140 – 1800/300 + 35
= 5 + 5 – 6 + 35 = 39
Resposta: (D)

Questão 20)
2, 5, 7
3x3x3 = 27
Resposta: (B)

Capítulo 4

As 4 operações

Adição, subtração, multiplicação e divisão

No capítulo 2 já fizemos vários exercícios para treinar a velocidade de cálculo com essas quatro operações. Entretanto apenas saber fazer as operações não basta, apesar de ser muito importante a velocidade. Neste capítulo vamos estudar as propriedades das operações e veremos uma grande quantidade de problemas sobre o assunto.

Os nomes dos termos das operações

Já vimos que é importantes conhecer os nomes de todos os elementos de qualquer disciplina, e no nosso caso, da matemática. As operações matemáticas citadas aqui são ditas *operações binárias*, pois operam com dois números. Esses dois números são chamados *operandos*. Depois que a operação é realizada com os operandos, termos o *resultado* da operação. Convencionou-se chamar os operandos e o resultado de uma operação de *termos*.

Termos da adição

A adição tem três termos: os dois operandos e o resultado. Os dois operandos são chamados de *parcelas*. Podemos chamá-los respectivamente de *primeira parcela* e *segunda parcela*. O outro termo é o resultado da operação de adição, chamado *soma* ou *total*.

Exemplo:

```
  10   Primeira parcela
+20   Segunda parcela
  30   Soma ou total
```

Observe que as parcelas da adição têm papéis similares, ou seja, tanto faz somar 10+20 ou 20+10, o resultado será o mesmo. De um modo geral, A+B é igual a B+A. Quando uma operação tem esta propriedade (troca das posições dos operandos sem alterar o resultado), dizemos que a operação é *comutativa*.

Termos da subtração

Em uma operação de subtração, os termos têm papéis diferentes. O primeiro termo é aquele do qual será diminuído o valor dado pelo segundo termo. O primeiro termo é chamado de *minuendo*, o segundo termo é chamado de *subtraendo*. O terceiro termo é o, resultado é chamado de *resto* ou *diferença*.

Exemplo:
  40 Minuendo
 -30 Subtraendo
  10 Resto ou diferença

A subtração não é uma operação comutativa, ou seja, A-B não é a mesma coisa que B-A.

Termos da multiplicação

Os dois primeiros termos da multiplicação são chamados *fatores*. Para diferenciar, é correto chamá-los de *primeiro fator* e *segundo fator*. Esses dois fatores também podem ser chamados de *multiplicando* e *multiplicador*. O terceiro termo é o resultado, chamado *produto*.

Exemplo:
  6 Primeiro fator ou multiplicando
 x 7 Segundo fator ou multiplicador
 42 Produto

Note que, assim como ocorre na adição, a multiplicação também é uma operação comutativa, ou seja, AxB é o mesmo que BxA.

O símbolo da multiplicação é o x, mas também é comum usar o ponto. Por exemplo, podemos escrever 5x3 ou 5.3.

Termos da divisão

Podemos encontrar três tipos de divisão:
a) Divisão exata em N
Ocorre quando o primeiro número (chamado *dividendo*) é um múltiplo do segundo número (chamado *multiplicador*). A divisão é exata, ou seja, não deixa resto. O resultado da divisão é chamado *quociente*.

Ex:
$20 \div 4 = 5$
Em outras palavras, se tivermos 20 objetos e dividirmos esses objetos em 4 grupos iguais, cada grupo ficará com exatamente 5 objetos, sem sobrar objeto algum.

  20 Dividendo
 ÷ 4 Divisor
  5 Quociente

Em qualquer divisão exata, vale a fórmula:

divisor x quociente = dividendo

b) Divisão em N com resto
Na maioria das vezes, as divisões não são exatas, ou seja, sobra um resto.

Ex: $23 \div 4$

Ao tentarmos distribuir 23 objetos em 4 grupos, concluiremos que cada grupo ficará com 5 objetos, entretanto, sobrarão 3 objetos. Este número de objetos que sobram é chamado de *resto*. Então $23 \div 4$ resulta em 5, e deixa resto 3.

Capítulo 4 – AS 4 OPERAÇÕES

```
      23  Dividendo
     ÷ 4  Divisor
       5  Quociente
Sobram 3  Resto
```

OBS: A divisão exata é aquela em que o resto vale 0.

OBS: Quando a divisão não é exata, o resto é no mínimo 1, e no máximo, 1 unidade a menos que o divisor. Por exemplo, se dividirmos 23 por 4, encontraremos 5 e resto 3, mas se dividirmos 24 por 4, não é correto dizer que o resultado é 5 e resto 4, pois este quatro também pode ser dividido, ficamos então com resultado 5 e resto 0.

c) Divisão em Q
É aquela na qual, quando é deixado resto, este resto continua sendo dividido pelo divisor, ficando na forma de fração ou número decimal. Este tipo de divisão será estudado a partir do capítulo 6.

Exemplo:

$$23 \div 4 = 5{,}75 \text{ ou } 5\frac{3}{4}$$

O símbolo da divisão é o ÷, mas também podemos usar a barra (/) ou dois pontos (:). Por exemplo, podemos escrever $10 \div 2$, 10:2 ou 10/2.

Operações com números naturais

As quatro operações citadas aqui são aplicadas aos números naturais, ou seja, pertencentes ao conjunto infinito:

$$N = \{0, 1, 2, 3, 4, 5, ...\}$$

Os números a serem operados podem ser a princípio quaisquer números naturais, entretanto há algumas exceções:

A) Subtração:
Para que o resultado da subtração também seja um número natural, é preciso que o minuendo seja maior, ou então igual ao subtraendo. É válido portanto usar operações como 5-2, 100-30, 40-25, 20-20, etc. Não seria válido usar, em N, operações como 3-7. O cálculo pode ser feito, mas seu resultado é -4, que não é um número natural.

B) Divisão:
A primeira restrição é que o divisor nunca pode ser zero. Fora isso, o dividendo e o divisor podem ser quaisquer. Como estamos levando em conta que a divisão pode deixar resto, Tanto o dividendo como o divisor podem ser quaisquer. Quando a divisão não é exata, temos um resto diferente de zero.

C) Adição:
Não existe restrição alguma sobre as parcelas de uma adição. Ambas as parcelas podem ser números naturais quaisquer, e o resultado será sempre um número natural.

D) Multiplicação:
Também nesse caso, não existe restrição alguma sobre os fatores de uma multiplicação. Podem ser números naturais quaisquer, e o resultado será sempre um número natural.

Propriedade de fechamento

A adição e a multiplicação têm a propriedade de *fechamento* em N. Isto significa que quando somamos dois números naturais quaisquer, o resultado será sempre um número natural. Quando multiplicamos dois números naturais quaisquer, o resultado também será sempre um número natural.

A subtração não atende à propriedade de fechamento em N. Quando o subtraendo é maior que o minuendo (ex: 5-10), o resultado não é um número natural.

Da mesma forma, a divisão em N também não atende à propriedade de fechamento. Por exemplo, 1 dividido por 5 é igual a 0,2, que não é um número natural.

Propriedade comutativa

Esta propriedade é válida quando os termos a serem operados podem ser trocados de posição, sem alterar o resultado. Por exemplo, 5+3 é o mesmo que 3+5. Isso é válido quando somamos dois números naturais quaisquer, portanto a adição é uma operação comutativa. A multiplicação também é comutativa, lembre que, por exemplo, 6x8 é o mesmo que 8x6. Genericamente falando, temos:

A+B = B+A, para A e B números naturais quaisquer (comutatividade da adição)
AxB = BxA, para A e B números naturais quaisquer (comutatividade da multiplicação)

Dizer que a adição é comutativa é o mesmo que dizer que "a ordem das parcelas não altera a soma". Dizer que a multiplicação é comutativa é o mesmo que dizer que "a ordem dos fatores não altera o produto".

A subtração e a divisão não são operações comutativas.

Propriedade do elemento neutro

O elemento neutro de uma operação é um número que, ao ser operado com outro, dá como resultado, o valor deste outro. É preciso que a operação seja feita tanto à direita como à esquerda.

O número 0 é o elemento neutro da adição, pois para qualquer número A, temos:
A+0 =0+A =A

O número 1 é o elemento neutro da multiplicação, pois para qualquer número A, temos:
Ax1 = 1xA = A

A divisão e a subtração não têm elemento neutro. Note que A-0 =A para qualquer A, mas a noção de elemento neutro requer que a operação também seja válida quando invertemos a posição dos valores operados. Como 0-A não é a mesma coisa que A-0, a subtração não tem elemento neutro. O mesmo ocorre na divisão. $A \div 1$ = A para qualquer número natural A, mas este valor não é igual a $1 \div A$.

Propriedade associativa

Dizemos que uma operação tem propriedade associativa quando podemos alterar a ordem de uma operação combinada, sem alterar o resultado. Vejamos o caso da adição:

A+B+C

Capítulo 4 – AS 4 OPERAÇÕES

Para obedecer à regra geral para cálculo de expressões, devemos realizar as adições na ordem em que aparecem. Então é preciso calcular primeiro A+B, para depois somar este valor com C. Entretanto, o resultado será o mesmo se calcularmos primeiro B+C, para depois somar este valor com A. Por exemplo:

2+3+7 = 5+7 = 2+10

De um modo geral, temos:

A+B+C = (A+B)+C = A+(B+C)

Além da adição, a multiplicação também é associativa, pois:

AxBxC = (AxB)xC = Ax(BxC)

Por exemplo, para calcular 2x3x5, tanto faz calcular primeiro 2x3=6 e fazer 6x5=30, como calcular primeiro 3x5=15, e depois 2x15 =30.

A divisão e a subtração não possuem a propriedade associativa.

Propriedade distributiva

Dizemos que a *multiplicação é distributiva em relação à soma*. Usando uma linguagem matemática, temos:

Ax(B+C) = AxB + AxC

A multiplicação por A pode ser distribuída à esquerda pelas parcelas da adição que está entre parênteses. Um exemplo numérico:

10 x (5+3) = 10x5 + 10x3

Tanto faz calcular primeiro 5+3=8 para depois multiplicar 10x8=80, como distribuir a multiplicação, ficando 10x5=50 e 10x3=30, para depois somar 50+30=80.

Para que ocorra a distributividade, é preciso que a operação seja distributiva à esquerda e à direita. A multiplicação atende a esta condição, pois:

(B+C)xA = BxA + CxA

Pode ser vantajoso usar a propriedade distributiva para facilitar cálculos. Considere por exemplo a expressão:

(3+17)x2 -17x2

A propriedade distributiva pode ser aplicada para concluirmos rapidamente que o resultado da expressão acima é 6. Um caminho seria fazer:

(3+37)x21 -37x21 =
40x21 – 37x21 =
840 – 777 =
63

Outro caminho é usar a distributividade, ficando com

3x21 + 37x21 – 37x21

Não precisaremos calcular quando vale 37x21, pois este valor será subtraído dele próprio, resultando em zero ("corta-corta"), sobrando apenas o termo 3x21, que vale 63, bem mais fácil de calcular.

A multiplicação também é distributiva à em relação à subtração, pois:

Ax(B-C) = AxB – AxC
(B-C)xA = BxA – CxA

A divisão não é distributiva em relação à subtração nem à divisão, entretanto é distributiva à direita:

(A+B)÷C = A÷C + B÷C
(A-B)÷C = A÷C - B÷C

Exercícios

E1) Além da multiplicação, divisão e subtração, qual é a outra operação aritmética básica?

E2) Explique o que é soma e o que é adição

E3) Quais são os nomes dos termos da subtração?

E4) Qual é a diferença entre divisão exata e divisão inexata?

E5) Cite três propriedades da adição

E6) Quando dizemos que Ax(B+C) = AxB + AxC, estamos usando qual propriedade?

E7) Como A÷1 = A, é correto dizer que 1 é elemento neutro da divisão?

E8) Quais são os nomes dos termos da divisão?

E9) Entre as quatro operações básicas, quais são as únicas duas que têm propriedade de fechamento?

E10) Um número ímpar pode ser decomposto na soma de dois outros números ímpares?

Expressões com as quatro operações

Em praticamente todas as provas de matemática são cobradas expressões numéricas. Uma das primeiras expressões numéricas que uma criança aprende é:

1+1

Depois disso vêm adições com numerais de 1 a 9, depois com números maiores, com subtrações, multiplicações e divisões. Por exemplo:

Calcule: 7x8

Capítulo 4 – AS 4 OPERAÇÕES 77

Com as crianças já mais "crescidinhas", aparecem expressões um pouco mais complicadas. Por exemplo:

3x3+2x4

Uma expressão como esta pode deixar margem a dúvida. Poderíamos pensar que o cálculo é feito assim:
3x3 são 9; 9+2 são 11; 11x4 são 44

Convenciona-se na matemática que as multiplicações e divisões devem ser feitas antes das adições e subtrações. Então a seqüência para resolução da expressão do nosso exemplo é:

3x3 + 2x4 =
9 + 8 =
17

O mesmo se aplica a expressões maiores, como:

3x8 – 2x5 +4x3 – 20÷4 =
24 – 10 + 12 – 5 =
14 +12 – 5 =
26 – 5 =
21

As adições e subtrações são feitas na ordem em que aparecem. Multiplicações e divisões também devem ser feitas na ordem em que aparecem. Por exemplo:

120÷10x2

Um aluno distraído poderia pensar que o cálculo a ser feito é $120 \div 20 = 6$ (fez a multiplicação primeiro), mas não é assim. Multiplicações e divisões são feitas na ordem em que aparecem, portanto o correto é:

120÷10x2 =
 12 x 2 = 24

Fazemos primeiro a divisão, que resulta em 12. Depois multiplicamos o resultado por 2. A regra geral para resolver este tipo de expressão é:

Multiplicações e divisões são feitas primeiro, na ordem em que aparecem. Depois são feitas as adições e subtrações, também na ordem em que aparecem.

Expressões com parênteses

Digamos que na expressão

3x3+2x4

seja nossa intenção fazer primeiro a adição (3+2), para depois fazer as multiplicações. Se fizermos isso na expressão como está, erraremos o resultado. A adição só é feita antes quando é colocada entre parênteses, assim:

3x(3+2)x4

78 MATEMÁTICA PARA VENCER

Os parênteses servem para indicar que uma operação deve ser feita antes das outras. Neste exemplo, a adição deve ser feita primeiro. O cálculo da expressão ficaria assim:

3x(3+2)x4 =
3 x 5 x 4 =
15 x 4 =
60

Sempre que uma expressão tiver parênteses, o valor entre parênteses deve ser calculado antes. Vejamos um outro exemplo:

120÷(10x2)

Se a expressão não tivesse parênteses, deveríamos realizar a divisão primeiro, e a multiplicação depois. Com os parênteses, esta ordem é alterada:

120÷(10x2) =
120÷20 = 6

Colchetes e chaves

É permitido nas expressões matemáticas, ter parênteses dentro de parênteses. Por exemplo:

50 x (30 ÷ (2+4))

Nesta expressão foram usados dois níveis de parênteses. O (2+4) indica que esta adição deve ser feita antes da divisão. Os parênteses em torno da expressão (30÷(2+4)) indica que esta divisão deve ser feita antes da multiplicação por 50. O ordem de cálculo correta é a seguinte:

50 x (30 ÷ (2+4)) =
50 x (30 ÷ 6) =
50 x 5 =
250

Para evitar confusão, toda vez que for preciso usar parênteses dentro de parênteses (ou dois níveis de parênteses), convenciona-se substituir os parênteses mais externos por *colchetes*, que são os símbolos [e].

50 x [30 ÷ (2+4)]

Matematicamente, os colchetes têm a mesma função que os parênteses, mas são usados apenas para facilitar a leitura. Como os parênteses ficam mais internos que os colchetes, devemos sempre resolver primeiro as operações entre parênteses, e depois que os parênteses forem eliminados, resolver primeiro o que está entre colchetes.

Quando é necessário usar três níveis de parênteses, usamos para o nível mais externo, as chaves, que são os símbolos { e }. Devemos resolver primeiro o que está entre parênteses, depois o que está entre colchetes, e depois o que está entre chaves.

Exemplo: (CM)

25 − {3 . 17 − [10 + 6 . (8 − 4 . 2) + 2 + 3] − 4 . 4 } : 5

Capítulo 4 – AS 4 OPERAÇÕES 79

Solução:
Comecemos fazendo as multiplicações que não dependam da valores em parênteses, colchetes ou chaves: 3x17=51; 4x2=8, 4x4=16

```
25-{3.17-[10+6.(8-4.2)+2+3]-4.4}:5 =
25-{   51-[10+6.(8- 8 )+2+3]-16 }:5
```

Agora devemos resolver o 8-8 dos parênteses mais internos:

```
25-{51-[10+6.(8-8)+2+3]-16}:5 =
25-{51-[10+6.0    +2+3]-16}:5 =
```

Entre as operações que ficaram dentro dos colchetes, a que deve ser feita primeiro é 6x0. Depois podemos realizar as adições:

```
25-{51-[10+6.0+2+3]-16}:5 =
25-{51-[10+ 0 +2+3]-16}:5 =
25-{51-[15]-16}:5 =
```

O valor entre colchetes resultou em 10+0+2+3, que vale 15. Os colchetes podem agora ser eliminados. A próxima etapa é calcular o que ficou entre chaves. São duas subtrações que devem ser feitas na ordem em que aparecem:

```
25-{51-15-16}:5 =
25-{36-16}:5 =
25-{20}:5 =
25-20:5 =
```

Não temos mais parênteses, chaves ou colchetes, sobraram apenas duas operações: uma subtração e uma divisão. A divisão deve ser feita antes:

```
25-20:5 =
25-4 =
21
```

Em provas e concursos é muito comum a ocorrência de questões envolvendo expressões. Praticamente todas as provas apresentam uma ou mais dessas questões.

Exercícios

E11) Calcule a expressão 5.(4x17-8x8)

E12) Calcule (4x15-6x8+9x8)÷(19x5-17x5+76÷19)

E13) Calcule (2x3+3x4+4x5+5x6)÷(1+4x4)

E14) Calcule 1+2.{3+4.[5+6.(8+8÷4)]}

E15) Calcule 10x9-8x7+6x5-4x3

E16) Calcule 720÷6÷5÷4÷3÷2

E17) Calcule 480÷80÷2 e 480÷(80÷2)

E18) Calcule 10x3x5 e 10x(3x5)

80 MATEMÁTICA PARA VENCER

E19) Calcule 20-8-6 e 20-(8-6)

E20) Calcule (1+3x12)x(1+4x5)

E21) (36-10).(2+3)

E22) 36-10.2+3

E23) 2+2x2+2x2+2x2

E24) (2+2)x2+2x(2+2)x2

E25) Calcule 35–{6.16 – [10+5.(18–6.2)+2.3]–18:3x5} : 5

E26) Calcule [5x(20x5+3) -15:3+2] : 8

E27) Calcule 13x13-12x12-4x4-3x3

E28) Calcule {[36:4+(32:8)x(17x4-8x8)]-(4x5)}x3

E29) Calcule 1+{2.[3+4.(5+6.7)]}

E30) {[(16+4x3).(16-4x3)] : [(8+3x2):(8-3x2)]}+{[24+6:3].[24-6:3]}

Problemas envolvendo os termos das operações

As operações aritméticas possuem algumas propriedades interessantes relativas a alterações nos seus termos. Por exemplo, quando somos o mesmo valor ao minuendo e ao subtraendo de uma subtração, o resultado não se altera. Por exemplo, partindo de 50-30=20, vamos somar 5 ao minuendo e ao subtraendo. Ficamos então com 55-35, que também dá como resultado, 20. Este e as outras propriedades listadas abaixo são na verdade conseqüências das demais propriedades já citadas (associativa, comutativa, distributiva, etc.).

Propriedades dos termos da adição

1) Quando somamos um valor a um dos termos de uma adição, a soma é aumentada no mesmo valor.
Ex:
10+20=30
11+20=31 (aumentando de 1 a primeira parcela)
10+22=32 (aumentando de 2 a segunda parcela)

2) Quando subtraímos um valor de um dos termos de uma adição, a soma é diminuída do mesmo valor.
Ex:
10+20=30
8+20=28 (diminuindo 2 da primeira parcela)
10+17=27 (diminuindo 3 da segunda parcela)

3) Quando somamos um mesmo valor às duas parcelas de uma adição, a soma aumenta em duas vezes este valor.
Ex:
10+20 = 30
11+21 = 32 (aumentamos 1 na primeira e na segunda parcela)

Capítulo 4 – AS 4 OPERAÇÕES 81

4) Quando somamos e subtraímos o mesmo valor às duas parcelas de uma adição, o resultado não se altera.
Ex:
10+20=30
12+18=30 (aumentamos 2 na primeira e diminuímos 2 da segunda parcela)

5) Quando multiplicamos as duas parcelas de uma adição por um mesmo valor, a soma também é multiplicada por este valor.
Ex:
10+20=30
100+200=300 (multiplicamos as duas parcelas por 10)

Propriedades dos termos da subtração

1) Quando somamos um mesmo valor ao minuendo e ao subtraendo de uma subtração, a o resultado não se altera.
Ex:
50-20 = 30
55-25 = 30

2) Quando multiplicamos o minuendo e o subtraendo de uma subtração por um mesmo valor, o resultado também é multiplicado por este valor.
Ex:
30-20=10
300-200=100

3) Quando o minuendo aumenta e o subtraendo é mantido, o resto aumenta na mesma quantidade. Quando o minuendo diminui e o subtraendo é mantido, o resto diminui na mesma quantidade.
Ex:
13-5=8
15-5=10 (minuendo e resto aumentaram em 2)
11-6=6 (minuendo e resto diminuíram em 2).

4) Quando o subtraendo aumenta e o minuendo é mantido, o resto diminui na mesma quantidade. Quando o subtraendo diminui e o minuendo é mantido, o resto aumenta na mesma quantidade.
Ex:
26-10=16
26-12=14 (subtraendo aumenta 2, resto diminui 2)
26-8 = 18 (sobrando diminui 2, resto aumenta 2)

Propriedades dos termos da multiplicação

1) Quando multiplicamos e dividimos os termos de uma multiplicação por um mesmo valor, o resultado não se altera.
Ex:
12 x 5 = 60
6 x 10 = 60

2) Quando multiplicamos um dos fatores de uma multiplicação por um valor, o produto fica multiplicado por este valor.
Ex:
4x5 = 20

82 MATEMÁTICA PARA VENCER

12x5 = 60 (ao multiplicarmos o 4 por 3, o produto também ficou multiplicado por 3).

3) Qualquer número multiplicado por 0 é igual a 0.

Propriedades dos termos da divisão

1) Em uma divisão sem resto, quando multiplicamos o dividendo e o divisor por um mesmo valor, o quociente não se altera.
Ex:
$60 \div 5 = 12$
$120 \div 10 = 12$

2) Em uma divisão com resto, vale sempre a seguinte fórmula:

D=d.q + r
D= Dividendo
d = divisor
q = quociente
r = resto

Ex: $67 \div 12 = 5$, resto 7
$67 = 12x5 + 7$

3) O menor resto que uma divisão pode ter é 0.

4) O resto será no máximo igual a d-1, onde d é o divisor.

5) Qualquer número dividido por 1 é igual a próprio número.

6) Divisão de um produto – Para dividir um produto de números naturais por um outro número natural, basta dividir qualquer um dos números do produto pelo divisor (é preciso que seja divisão exata, sem resto), e manter a multiplicação deste resultado pelos outros números que estão sendo multiplicados.

Ex: $(10x20x30) \div 6$
Vemos que pode ser feita a divisão exata de 30 por 6, que resulta em 5. Então a expressão fica:
$10x20x5 = 1000$

É mais rápido fazer assim que multiplicar 10x20x30 para depois dividir por 6.

7) Quando multiplicamos o dividendo e o divisor por um número, o quociente será o mesmo, e o resto ficará também multiplicado por este número:

Ex:
$50 \div 6 = 8$, resto 2
Se multiplicarmos o dividendo e o divisor por 10, ficará:
$500 \div 60 = 8$, resto 20

Vemos então que o quociente é o mesmo, e o resto ficou multiplicado por 10.

Capítulo 4 – AS 4 OPERAÇÕES   83

Exercícios

E31) O que acontece com o resultado de uma adição quando multiplicamos suas parcelas por 10?

E32) O que acontece com o resultado de uma multiplicação quando multiplicamos suas duas parcelas por 5?

E33) O que acontece com o resultado de uma subtração quando multiplicamos o minuendo e o subtraendo por 6?

E34) O que acontece com o resultado de uma subtração quando somamos 1 às suas duas parcelas?

E35) Nas quatro operações aritméticas básicas, quais são os valores do segundo termo para que o resultado seja igual ao primeiro termo?

E36) Em uma divisão, o quociente é 13 e o resto é 7. Multiplicamos o dividendo e o divisor por 5. Qual será o novo quociente e o novo resto?

E37) Em uma divisão na qual o divisor é 15, qual é o maior valor possível que o resto pode ter?

E38) Em uma multiplicação, um dos fatores foi aumentado de uma unidade, e o produto, que antes era 72, passou a ser 80. Quais eram os fatores da multiplicação original?

E39) Dois números naturais, ao serem somados resultam em 8, e multiplicados resultam em 15. Quais são esses dois números?

E40) O que acontece com o resultado de uma multiplicação de números naturais quando multiplicamos a primeira parcela por 10 e dividimos a segunda parcela por 5, sabendo que a segunda parcela é um múltiplo de 5?

Vai 1, pede emprestado...

Quando as crianças do primeiro ano aprendem a somar numerais de 2 algarismos, as tias tomam o cuidado de nunca colocar números que resultem em "vai 1". Por exemplo, 32+55 pode, mas nunca 67+98. Depois que ensinam o "vai 1" aí sim podem somar sem restrições. O mesmo fazem na subtração. No início são apenas contas como 67-22, mas nunca algo como 71-45, para que não precisem usar o "pede emprestado". Curiosamente este é um conceito que as crianças aprendem bem, por isso não vamos abordar neste livro. Já a multiplicação e a divisão, para alguns alunos representam dificuldades, por isso vamos abordá-las a seguir.

Como multiplicar

Calculadoras existem para fazer contas. Mas em um caso de necessidade, uma pessoa não pode parar tudo porque não está usando calculadora. Os alunos do ensino fundamental precisam saber fazer as contas sem usar calculadora – isso vale no Brasil e no mundo inteiro. Você pode usar uma calculadora para conferir os resultados, quando estiver estudando, mas em uma prova, terá que saber fazer todas as contas sem calculadora.

Para multiplicar números inteiros, usamos o *algoritmo da multiplicação*, que será explicado a seguir. Algoritmo é qualquer procedimento (método) matemático ou lógico para realizar uma tarefa. A primeira coisa a fazer é armar a multiplicação. Vamos fazer apenas dois exemplos,

84 MATEMÁTICA PARA VENCER

depois você poderá treinar nos exercícios propostos. Começaremos com 3438x5. Armamos a multiplicação de tal forma que as unidades do multiplicando fiquem sobre as unidades do multiplicador. Assim teremos também dezenas sobre dezenas, centenas sobre centenas, etc.

```
  3438
x    5
```

Começamos pelas unidades. 5x8 = 40, então colocamos nas unidades do produto, o algarismo das unidades do valor encontrado (0). O algarismo das dezenas vai ser somado ("vão 4") na próxima etapa.

```
     4
  3438
x    5
     0
```

Agora multiplicamos o multiplicador pelo algarismo das dezenas do multiplicando. O resultado terá que ser somado com o 4 que foi transportado da etapa anterior. Temos então 3x5 + 4 = 15+4 = 19. O algarismo das dezenas do produto será então 9. O algarismo 1 será transportado para a próxima etapa (vai 1).

```
    14
  3438
x    5
    90
```

Agora vamos multiplicar as centenas e somar o resultado com o 1 que foi transportado da etapa anterior. Ficamos então com 5x4 + 1 = 20+1 = 21. Então 1 será o próximo algarismo do produto, e o 2 será transportado para a próxima etapa.

```
   214
  3438
x    5
   190
```

Agora é a vez das unidades de milhar. Multiplicamos 5 por 3 e somamos o resultado com o 2 que foi transportado da etapa anterior. Ficamos então com 5x3+2 = 15+2 = 17. O próximo algarismo do produto será então 7. O 1 teria que ser transportado para a próxima etapa, mas como não há mais dígitos para multiplicar, basta colocá-lo diretamente no produto. Ficamos então com:

```
   214
  3438
x    5
 17190
```

Dica: para multiplicar um número por 5 com mais rapidez, basta calcular a sua metade e colocar um zero no final. A metade de 3438 é 1719, com um zero no final fica 17190.

Quando o multiplicador tem dois ou mais dígitos, o processo é quase parecido. Por exemplo, para fazer 3438x45, começamos primeiro armando a multiplicação, colocando unidade sobre unidade, dezena sobre dezena, centena sobre centena, etc.

Capítulo 4 – AS 4 OPERAÇÕES

```
  3438
x 45
```

Fazemos então a multiplicação das unidades do multiplicador, exatamente como foi feito no exemplo anterior. Já vimos que o resultado é 17190, não precisamos portanto repetir a explicação dessa parte.

```
  3438
x 45
17190
```

Fazemos agora exatamente o mesmo, mas usando o próximo dígito do multiplicador, que no caso é 4. O resultado deverá ser colocado sob o produto parcial (no caso, 17190), mas deslocado para a esquerda de um dígito. Isso é necessário porque na verdade não estamos multiplicando por 4, e sim, por 40. Então temos 4x8 = 32, fica 2 no produto e "vão 3".

```
    3
  3438
x 45
17190
    2
```

Agora o 4 multiplicará as dezenas. Ficará então 4x3+3 = 15. Ficará então 5 no produto e "vai 1".

```
   13
  3438
x 45
17190
   52
```

Agora as centenas: 4x4+1 = 17. Ficará 7 e "vai 1".

```
  113
  3438
x 45
17190
  752
```

Finalmente 4x3+1 = 13.

```
  113
  3438
x 45
17190
13752
```

Devemos agora somar os produtos parciais 17190 e 13752. O resultado será:

```
   3438
 X  45
 17190
 13752
154710
```

O processo é o mesmo quando o multiplicador tem mais algarismos. Por exemplo:

```
    3438
 x  645
  17190
  13752
 20628
2217510
```

Dica: use como multiplicador o número que tiver menos algarismos. Por exemplo, se precisar multiplicar 34x1432, troque por 1432x34, que dará o mesmo resultado.

OBS: Na multiplicação armada abaixo, o valor 20628, obtido na multiplicação por 6, foi deslocado duas casas à esquerda. Porque?

```
    3438
 x  605
  17190
 20628
2079990
```

Porque na verdade foi omitida uma linha de zeros, obtida com a multiplicação do 0 das dezenas de 605 por 3438, que se fosse colocado, ficaria:

```
    3438
 x  605
  17190
  0000
 20628
2079990
```

Como dividir

O *algoritmo da divisão* também é ensinado nas primeiras séries do ensino fundamental, mas como não é tão simples quanto os da adição e subtração, vamos relembrá-lo a seguir. Veremos primeiramente como dividir números inteiros com divisor de um algarismo (2 a 9), já que a divisão por um não necessita de cálculo.

A primeira coisa a fazer é armar a divisão, usando o dispositivo abaixo:

Dividendo | Divisor

O espaço sob o dividendo será usado para cálculos, e no final ficará o resto da divisão. O espaço sob o divisor será usado para o quociente:

Capítulo 4 – AS 4 OPERAÇÕES 87

Dividendo	Divisor
Cálculos	Quociente
Resto	

Vamos fazer um exemplo bem simples: $8714 \div 5$

```
8714 | 5
     |
```

Começamos dividindo cada um dos algarismos do divisor, um de cada vez, pelo dividendo, começando pelo de maior ordem, ou seja, da esquerda para a direita. É comum colocar uma pequena marca ao lado do algarismo que está sendo dividido para facilitar a visualização. No nosso caso, vamos sublinhar o algarismo que está sendo dividido.

```
8714 | 5
     |
```

Fazemos então a divisão: 8 dividido por 5 dá resultado 1 e resto 3. O resultado é colocado no espaço reservado ao quociente. O resto é colocado sob o algarismo que foi dividido.

```
8714 | 5
3    | 1
```

Agora o próximo algarismo do divisor vai ser colocado a lado do resto, formando um novo número. No nosso caso, o 7 vai ser colocado ao lado do 3 formando 37, que será agora dividido:

```
8714 | 5
37   | 1
```

Temos 37 dividido por 5 dá 7, e deixa resto 2. O resto deve ser colocado abaixo do número que acaba de ser dividido, porém mantendo unidade sob unidade, dezena sob dezena, e assim por diante.

```
8714 | 5
37   | 17
 2   |
```

O próximo algarismo a ser processado é o 1. Colocamos o 1 ao lado do resto atual (2), ficando com 21.

```
8714 | 5
37   | 17
 21  |
```

Ficamos com 21 dividido por 5, dá como resultado 4 e resto 1.

```
8714 | 5
37   | 174
 21  |
  1  |
```

88 MATEMÁTICA PARA VENCER

Finalmente chegou a vez do 4:

```
8714 | 5
37   | 174
 21
  14
```

Dividindo 14 por 5 encontramos 2 e o resto é 4.

```
8714 | 5
37   | 1742
 21
  14
   4
```

Nosso divisão deu como resultado: quociente 1742 e resto 4.

Tome cuidado, pois em algumas situações o quociente poderá ficar com alguns algarismos zero. Por exemplo, 5675÷8.

```
5675 | 8
```

O número 5 dá quociente 0 ao ser divido por 8, então, ao invés de começarmos por 5, começaremos com 56.

```
5675 | 8
```

Dividindo 56 por 8 encontramos 7 e resto 0.

```
5675 | 8
0    | 7
```

O próximo algarismo do dividendo a ser processado é o 7. Note que começamos com 56, um número de 2 dígitos, mas daí em diante, usamos sempre um dígito de cada vez.

```
5675 | 8
07   | 7
```

Dividindo 7 por 8 encontramos 0 e resto 7. Ficamos então com:

```
5675 | 8
07   | 70
```

Podemos agora processar o 5.

```
5675 | 8
075  | 70
```

Dividindo 75 por 8 encontramos 9 e resto 3.

Capítulo 4 – AS 4 OPERAÇÕES 89

```
5675  |8
 075  |709
   3  |
```

O resultado da divisão foi: quociente 709 e resto 3.

Vamos ter um pouco mais de trabalho quando o divisor tiver dois o mais algarismos. Vejamos por exemplo como fazer a divisão $3279 \div 21$

```
3279  |21
      |
```

Começamos marcando no dividendo, da esquerda para a direita, o menor número que ultrapasse o divisor. No caso, é 32.

```
3279  |21
      |
```

Dividindo 32 por 21 encontramos 1 e resto 11. Este é uma dificuldade da divisão com divisor grande, as contas são um pouco mais difíceis de serem feitas "de cabeça". Se preferir, pode fazer cálculos intermediários em separado.

```
3279  |21
11    |1
```

Também aqui, ao escrevemos o resto, temos que usar unidade sob unidade, dezena sob dezena, etc. (no caso, 11 sob 32). O próximo algarismo é o 7:

```
3279  |21
117   |1
```

Se você conseguir fazer de cabeça $117 \div 21 = 5$ e resto 12, ótimo. A tendência é que com mais prática, consiga fazer esse tipo de cálculo. Se não estiver conseguindo, existe um artifício que pode ser usado, mas com muito cuidado. Ao invés de dividir 117 por 21, divida 11 por 2 (ou seja, despreze as unidades), o que dará 5 do mesmo jeito. Mas é preciso testar se este 5 serve. Multiplicando 5 por 21, o resultado terá que ser menor, ou então igual ao número original (117). Se não for, use 4 ao invés de 5. Subtraia isso do original, o resto encontrado terá que ser menor que 21. Se não for, use 6 ao invés de 5. No nosso caso, 5x21 dá 105. Subtraímos 105 de 117 e encontramos 12. Como 105 é menor que 117, e 12 é menor que 21, o valor 5 encontrado pelo artifício está correto.

```
3279  |21
117   |15
105-  |
 12   |
```

Continuando, passemos agora para o próximo e último dígito do dividendo, que é o 9:

```
3279  |21
117   |15
 129  |
```

Dividindo 129 por 21 encontramos 6, e o resto será 129-21x6=129-126=3

90   MATEMÁTICA PARA VENCER

```
3279 | 21
 117 | 156
 129
   3
```

Fazer divisão quando o divisor tem três dígitos usa o mesmo processo, mas o cálculo é mais trabalhoso.

Dica: Na maioria das vezes, quando aparecem em provas, divisões com divisores grandes, existirá uma forma mais simples de resolver o problema, usando por exemplo, simplificação de frações.

Exercícios

E41) Calcule 348 x 8
E42) Calcule 734 x 92
E43) Calcule 512 x 108
E44) Calcule 178x8 + 178x2
E45) Calcule 700x15 + 300x15
E46) Calcule 870÷9
E47) Calcule 967÷15
E48) Calcule 1030÷125
E49) Calcule 900÷15 + 300÷15
E50) Calcule 799 x 32 ÷ 16

Prova real

A prova real é uma forma de repetir um cálculo para ter certeza de que está correto. Por exemplo, ao fazermos o cálculo 7895+3282, digamos que cometemos um erro e ao somarmos 9+8, encontramos erradamente 19, quando o correto seria 17. Sendo assim, ao invés de 11.177, encontraríamos erradamente, 11.197. Quando repetirmos o cálculo para conferir o resultado, podemos cometer a infelicidade de errar novamente no mesmo ponto, e erraríamos novamente. O resultado errado encontrado da segunda vez será igual ao mesmo resultado errado encontrado da primeira vez. Então este método para "conferir o cálculo" não é bom.

Prova real da adição

Um bom método para conferir cálculos é a chamada *prova real*. Consiste em fazer a operação inversa e checar o resultado encontrado. Por exemplo, de 7895+3282 for realmente 11.197, então 11.197 menos 7895 será igual a 3282 (ou 11.197 menos 3282 será 7895). Calculando então:

11197 - 3282 = 7915

Vemos então que alguma coisa está errada. O resultado deveria ser 7895. Vemos então que o resultado está errado, e podemos refazê-lo com mais atenção. Testamos novamente o novo resultado encontrado usando a prova real para checar se realmente desta vez está correto.

Prova real da subtração

A prova real também pode ser usada na subtração. Por exemplo, suponha que calculamos:

754 − 128 = 626

Então, se somarmos 626 com 128 teremos que encontrar 754.

Capítulo 4 – AS 4 OPERAÇÕES

Prova real da multiplicação

Existe prova real também na multiplicação e na divisão. Digamos que ao calcularmos 3835x5 encontramos 19.170. Então, se dividirmos 19.170 por 5 termos que encontrar obrigatoriamente 3835.

Prova real da divisão

Para fazer a prova real da divisão, termos que realizar uma multiplicação e uma soma. Lembre-se que:

Dividendo = divisor x quociente + resto

Digamos que ao dividir 3279 por 21, você encontrou 156 e resto 3. Calcule então:

156x21 + 3 = 3279

Isto prova que o resultado está correto.

Use se sobrar tempo

Como fazer a prova real é em geral mais demorado que fazer a conta original, este método normalmente é desprezado pelos alunos. Entretanto, se ao realizar uma prova, sobrou bastante tempo, você pode usar este tempo para conferir os seus cálculos, e uma forma eficiente para conferir é usar a prova real.

Exercícios

Calcule e tire a prova real:
E51) 348 x 8
E52) 734 x 92
E53) 512 x 108
E54) 536-268
E55) 2732+4014
E56) 870÷9
E57) 967÷15
E58) 1030÷125
E59) 1130+6800
E60) 8486-765

O resto da divisão

Divisibilidade é um assunto importantíssimo que será estudado no capítulo 5. É um conjunto de técnicas que permitem verificar se um número é divisível por outro, sem necessidade de fazer a divisão. Também permitem descobrir o resto de uma divisão, sem efetuar a divisão (é claro, quando o resto é zero, o número é divisível). Parece uma maravilha, mas isso só pode ser feito por alguns números. Neste capítulo vamos estudar apenas alguns casos.

Resto da divisão por 2

Basta checar o algarismo das unidades. Se for par, então o resto da divisão por 2 é zero. Se for ímpar, o resto da divisão por 2 vale 1.

Resto da divisão por 3

Some os valores de todos os algarismos do número. Repita o processo até ficar com um resultado menor que 10. O resto da divisão deste número por 3, será o mesmo resto da divisão por 3 do número original. Ao somar os algarismos, podemos desprezar o 3, o 6 e o 9, pois estes já são divisíveis por 3, e não afetam o resto.

Ex: Determine o resto da divisão de 1.234.326.776 por 3.
Somamos 1+2+4+2+7+7, o que resulta em 23. Repetindo o processo, podemos desprezar o 3, então o resto da divisão será 2.

Resto da divisão por 5

Basta checar o algarismo das unidades. Se for 0 ou 5, o resto será 0. Se for 1 ou 6, o resto será 1. Se for 2 ou 7, o resto será 2. Se for 3 ou 8, o resto será 3, e se for 4 ou 9, o resto será 4.

Resto da divisão por 9

O processo é similar ao do resto da divisão por 3. Somamos todos os algarismos, podendo desprezar o 9. Repetimos o processo até chegar a um número menor que 10.

Ex: Determine o resto da divisão de 1.234.326.776 por 9.
Somamos 1+2+3+4+3+2+6+7+7+6, o que resulta em 41. Agora somamos 4+1, o resultado é 5. Este é o resto da divisão do número original por 9.

Resto da divisão por 10

O resto da divisão de qualquer número natural por 10 é o seu algarismo das unidades.

Resto da divisão de uma expressão por um número natural

Para calcular o resto da divisão de uma expressão com adição, subtração e multiplicação por um número inteiro, não precisamos resolver a expressão. Basta substituir cada número da expressão pelo seu resto da divisão por este número, e depois calcular o resto que a nova expressão deixa.

Ex: Calcule o resto da divisão de 1235 x 8927 por 9.
1235 ➔ resto da divisão por 9 é 2
8927 ➔ resto da divisão por 9 é 8
2 x 8 = 16 ➔ resto da divisão por 9 é 7

OBS: Se a expressão tem uma subtração que não pode ser feita nos números naturais, como 3-7, adicione o quociente ao minuendo antes de subtrair. Por exemplo, considerando o resto da divisão por 9 e temos que calcular 3-7, substituir 3 por 12 (que é igual a 9+3), para depois subtrair 7.

A prova dos 9

Vimos que a prova real serve para verificar se uma conta está correta, mas sua aplicação é demorada. A prova dos 9 é de aplicação mais rápida e fácil, mas em compensação não nos dá certeza de que a conta está certa. Ela serve na verdade para detectar se a conta está errada, ou seja, se resultar em falha, significa que a conta original está errada, mas se resultar em acerto, não nos dá certeza de que a conta original está certa. Por exemplo, suponha a seguinte conta errada:

7895+3282 = 11.197

Capítulo 4 – AS 4 OPERAÇÕES   93

Trocamos cada número pelo resto da sua divisão por 9, conforme já mostramos:

7895 ➔ 7+8+5 = 20 ➔ 2+0 = 2

3282 ➔ 3+2+8+2 = 15 ➔ 1+5 = 6

Como estamos somando esses números, faremos a soma dos restos de divisão por 9 encontrados:

2 + 6 = 8

Se o valor fosse 9, o resto da divisão seria 0, se encontramos um valor maior que 9, repetiríamos o processo até encontrar um número menor que 9. Agora faremos a mesma coisa com o resultado encontrado:

11197 ➔ 1+1+1+7 = 10 ➔ 1+0 = 1

O resto da divisão agora deu 1, que é diferente de 2. Concluímos então que a conta está errada.

Se os valores fossem iguais, poderíamos confiar que provavelmente (com certeza de 90%) que a conta está certa, mas ainda assim existe a possibilidade (10%) da conta estar errada, mesmo com a prova dos 9 tendo sucesso.

A prova dos 9 na subtração similar. Se no final chegarmos a uma subtração na qual o minuendo seja menor que o subtraendo, basta somar 9 ao minuendo.

Exemplo:
42.391 – 10.408 = 31.973

42.391 ➔ 4+2+3+1 = 10 ➔ 1+0 = 1 ➔ Resto 1
10.408 ➔ 1+4+8 = 4 ➔ Resto 4
31.973 ➔ 3+1+7+3 = 14 ➔ 1+4 = 5 ➔ Resto 5

1 – 4 ➔ 10 – 4 = 6 ➔ Resto 6 (somamos 9 ao 1, ficando com 10)
Operando as parcelas encontramos resto 6, mas o resultado dá resto 5, então a conta está com certeza ERRADA !!!

Usemos agora a prova dos 9 para conferir a multiplicação:

37.225 x 41.328 = 1.538.432.800

É uma divisão nada agradável para fazer, no caso de uma prova real. Usando a prova dos 9, temos:

37.225 ➔ 3+7+2+2+5 = 19 ➔ Resto 1
41.328 ➔ 4+1+3+2+8 = 18 ➔ 1+8 = 9 ➔ Resto 0

A conta original é uma multiplicação, então multipliquemos os restos:

1x0 = 0

1.538.432.800 ➔ 1+5+3+8+4+2+8 = 31 ➔ 3+1 = 4 ➔ Resto 4

Concluímos então que a conta está errada !!!

Na divisão, a aplicação consiste em checar se a igualdade abaixo é verdadeira quando trocamos cada termo pelo seu resto de divisão por 9:

Dividendo = divisor . quociente + resto

Por exemplo, considere a divisão

$27.922 \div 95 = 293$, resto 87

Teremos então:

27.922 ➜ Resto 4
95 ➜ Resto 5
293 ➜ Resto 5
87 ➜ Resto 6

Calculando os restos de divisor.quociente + resto, ficamos com:

$5 \times 5 + 6 = 31$ ➜ Resto 4

Que é o mesmo resto do dividendo, então o teste deu certo. Isso significa que não foi encontrado erro, o resultado tem boa chance de estar certo.

Exercícios

E61) Determine o resto da divisão de 1873 por 2, 3, 4 e 5
E62) Determine o resto da divisão de 7523 por 7, 8, 9 e 11
E63) Determine o resto da divisão de 1130 por 3, 4, 9 e 11
E64) Verifique se o número 768 é divisível por 3, 8 e 9
E65) Verifique se 4140 é divisível por 36
E66) Verifique se 1764 é divisível por 24
E67) Determine o resto da divisão de 145x627x331 por 9
E68) Determine o resto da divisão de 1345x3628+2781x1182 por 5. E da mesma expressão, trocando o sinal + por – ?
E69) Determine o resto da divisão por 7 de 2872x3545
E70) Determine o resto da divisão por 10 de 17892x2713-1728x2371

0: um número famoso

Zero é um número que tem um comportamento peculiar, diferente dos demais números. Vejamos alguns fatos importantes sobre o número 0:

1) 0 é o elemento neutro da adição. Qualquer número somado com zero, dá como resultado, o próprio número.

2) Quando multiplicamos qualquer número por 0, o resultado é 0.

3) 0 pode ser dividido por qualquer número, e o resultado é sempre zero. $0 \div 2$ vale 0. $0 \div 5$ vale 0. $0 \div 1000$ vale 0. Isso é o mesmo que dizer que 0 é múltiplo de qualquer número. 0 só não pode ser dividido por 0.

Capítulo 4 – AS 4 OPERAÇÕES

4) 0 é o menor número natural

5) 0 não é um número positivo, nem negativo.

6) Não existe divisão por 0. Por exemplo, $5 \div 0$ é uma expressão impossível, pois a divisão não é definida para denominador 0. Também não é definido $0 \div 0$.

7) 0 é múltiplo de todos os números inteiros.

1: outro número famoso

O número 1 também tem algumas propriedades interessantes:

1) 1 é o elemento neutro da multiplicação, ou seja, qualquer número multiplicado por 1 tem como resultado, o próprio número.

2) 1 não é número primo, nem composto.

3) 1 pode ser multiplicado por 1 infinitas vezes, e o resultado será sempre 1.

4) 1 é o menor número natural positivo

5) Quando dividimos qualquer número por ele mesmo (exceto 0), o resultado será 1.

Quadrados e cubos

Já mostramos no capítulo 2, uma tabela com alguns números chamados *quadrados perfeitos*. São obtidos elevando ao quadrado números inteiros, lembrando que elevar um número ao quadrado é a mesma coisa que multiplicar o número por ele mesmo.

Tabela de quadrados perfeitos.

Conta	Resultado	Conta	Resultado
0^2	0	11^2	121
1^2	1	12^2	144
2^2	4	13^2	169
3^2	9	14^2	196
4^2	16	15^2	225
5^2	25	16^2	256
6^2	36	17^2	289
7^2	49	18^2	324
8^2	64	19^2	361
9^2	81	20^2	400
10^2	100		

Vejamos agora o que é elevar um número ao cubo, uma operação também fácil. Elevar ao cubo é o mesmo que multiplicar o número por ele mesmo, e novamente por ele mesmo.

$A^3 = A \times A \times A$

É útil conhecer memorizados, os cubos de alguns números inteiros:

Conta	Resultado
0^3	0
1^3	1
2^3	8
3^3	27
4^3	64
5^3	125
6^3	216
7^3	343
8^3	512
9^3	729
10^3	1000

Exercícios

E71) Para dobrar o valor de uma soma, basta dobrar uma das suas parcelas ou todas as suas parcelas?

E72) Para dobrar o valor de um produto, basta dobrar todos os seus fatores ou um dos seus fatores?

E73) É correto dizer que quando multiplicamos o dividendo de uma divisão por 10, o quociente também ficará multiplicado por 10?

E74) Se aumentamos 5 unidades do multiplicando em uma multiplicação na qual o multiplicador é 15, o que acontecerá com o produto?

E75) Se um número é o dobro do outro, a soma deles é quantas vezes maior que o menor desses números?

E76) Se um número é 10 vezes outro, a soma deles é quantas vezes maior que o menor deles?

E77) Se um número é 5 vezes outro, a diferença entre eles é quantas vezes maior que segundo número?

E78) É correto dizer que se o quociente de uma divisão é zero, então o dividendo é zero?

E79) Entre as operações indicadas abaixo, quais delas não podem ser realizadas?
0+0, 0-0, 0x0, 0:0, 1+0, 1-0, 1x0, 1:0

E80) Qual propriedade estamos usando quando trocamos 115+38+35 por 115+35+38?

E81) Qual propriedade estamos usando quando trocamos 77+60+40 por 77+100?

E82) Numa adição se 4 parcelas, se somamos 10 à primeira e à segunda parcelas, e subtraímos 8 da terceira e da quarta parcelas, o que acontecerá com a soma?

E83) Quais propriedade estamos usando quando trocamos 25x17x4 por 25x4x17, depois por 100x17?

E84) Resolva as seguintes expressões:

Capítulo 4 – AS 4 OPERAÇÕES

97

a)	9-3+7-6-5+11-7+17-9	R: 14	n)	14x7-6x8+6x9-4x11	R: 60
b)	45-12-17+13-11+23-18+38	R: 61	o)	8x11-6x7+3x7-6x6	R: 20
c)	72-24+31-12+17-5+22-31	R: 70	p)	3x7x(11-6)-6x9÷(7x8-5x10)	R: 96
d)	13+21+18-17-12-11+20-12	R: 20	q)	(91÷7)-85÷17x(16-14)	R: 3
e)	77+143-72+315-144+196	R: 515	r)	(3x27-4x19)x(5x4-65÷13)	R: 75
f)	2 x 3 x 4 x 5 x 6	R: 720	s)	75/15+76/19+78/13	R: 15
g)	540 ÷ 2 ÷ 6 ÷ 5	R: 9	t)	12+5x7x2-20-10x2-2-3x13	R: 1
h)	12 x 5 ÷ 3 x 8 ÷ 2 x 3 ÷ 5	R: 48	u)	(2x3+5x6+7x8+9x10):11+2	R: 20
i)	120 ÷ 3 x 7 ÷ 5 ÷ 14 x 5	R: 20	v)	(13x7-15x6)x(95:5–85:5)	R: 2
j)	72 ÷ 3 x 2 ÷ 6 x 5 ÷ 8	R: 5	w)	(4x5+8x2):(51:17+52:13+2)	R: 4
k)	12x7-6x4+3x9-29x3	R: 0	x)	(4x2+2x10+5x4+2x2):13+6	R: 10
l)	8x6-15x3+2x13-6x4	R: 5	y)	(17x4 - 8x6+1):(91:7 - 66:11)	R: 3
m)	17x5-5x5+6x7-8x9	R: 30	z)	(3x8+7x4):(36:6:2+52:13+6)	R: 4

E85) Resolva as seguintes expressões:

a)	72÷6+3x{35−3x[17−14x6÷(19-28÷4)]}	R: 27
b)	40−{15x6+8x5+17x4−2x[2x3x4+5x(5x5−4x4)]}÷4	R: 25
c)	{7x3+2x[2+8x(5-2)-2]}	R: 69
d)	{[(30-12x2)x5-10]x3-10}x2	R: 40
e)	{[(60-6x8)x6-6x9]x3-30}÷2	R: 12
f)	{7x3+[1+8x(5−2)−2]}	R: 44
g)	{45-[(2x5-7)x(15-2x3)]}x(6x7-3x13)	R: 54
h)	98÷14+5x{18-200x[30−15x6÷(12-54÷6)]}	R: 97

E86) Multiplique

a)	37x21	R: 777	n)	32x15	R: 480
b)	125x16	R: 2000	o)	48x15	R: 720
c)	12x15	R: 180	p)	28x25	R: 700
d)	32x20	R: 640	q)	77x3	R: 231
e)	140x7	R: 980	r)	19x6	R: 114
f)	34x2x5	R: 340	s)	47x2	R: 94
g)	24x3	R: 72	t)	81x5	R: 405
h)	45x3	R: 135	u)	130x6	R: 780
i)	34x3	R: 102	v)	270x3	R: 810
j)	27x4	R: 108	w)	51x3	R: 153
k)	55x5	R: 275	x)	54x5	R: 270
l)	28x15	R: 420	y)	32x25	R: 800
m)	33x5	R: 165	z)	65x8	R: 520

E87) Divida

a)	$317 \div 5$	R: 63, resto 2	n)	$410 \div 12$	R: 34, resto 2
b)	$430 \div 3$	R: 143, resto 1	o)	$320 \div 15$	R: 21, resto 5
c)	$211 \div 4$	R: 52, resto3	p)	$720 \div 40$	R: 18
d)	$780 \div 26$	R: 30	q)	$243 \div 12$	R: 20, resto 3
e)	$650 \div 13$	R: 50	r)	$525 \div 125$	R: 4, resto 25
f)	$80 \div 12$	R: 6, resto 8	s)	$178 \div 14$	R: 12, resto 10
g)	$92 \div 6$	R: 15, resto 2	t)	$700 \div 15$	R: 46, resto 10
h)	$96 \div 32$	R: 3	u)	$843 \div 28$	R: 30, resto 3
i)	$110 \div 55$	R: 2	v)	$900 \div 33$	R: 27, resto 9
j)	$54 \div 12$	R: 4, resto 6	w)	$290 \div 15$	R: 19, resto 5
k)	$95 \div 6$	R: 15, resto 5	x)	$377 \div 48$	R: 7, resto 41
l)	$80 \div 17$	R: 4, resto 12	y)	$1000 \div 32$	R: 31, resto 8
m)	$73 \div 8$	R: 9, resto 1	z)	$4218 \div 128$	R: 32, resto 122

E88) Multiplique e faça a prova real

a)	$42x12$	R: 504	f)	$42x21$	R: 882
b)	$33x14$	R: 462	g)	$12x35$	R: 420
c)	$15x17$	R: 255	h)	$24x25$	R: 600
d)	$21x18$	R: 378	i)	$52x28$	R: 1456
e)	$23x15$	R: 345	j)	$14x35$	R: 490

E89) Divida e faça a prova real

a)	$800 \div 25$	R: 32	f)	$275 \div 38$	R: 7, resto 9
b)	$520 \div 32$	R: 16, resto 8	g)	$492 \div 29$	R: 16, resto 28
c)	$172 \div 23$	R: 7, resto 11	h)	$743 \div 32$	R: 23, resto 7
d)	$450 \div 22$	R: 20, resto 10	i)	$362 \div 26$	R: 13, resto 24
e)	$478 \div 15$	R: 31, resto 13	j)	$875 \div 33$	R: 26, resto 17

E90) Resolva os cálculos e faça a prova dos 9

a)	$43x21$	R: 903	f)	$34x6$	R: 204
b)	$177x3$	R: 531	g)	$142-78$	R: 64
c)	$23x32$	R: 736	h)	$245+321$	R: 566
d)	$72x3$	R: 216	i)	$732-543$	R: 189
e)	$15x24$	R: 360	j)	$4x17+2x19$	R: 106

E91) Tenho R$ 300,00 e você tem R$ 180,00. A cada semana guardo mais R$ 10,00 e você guarda R$ 30,00. Depois de quantas semanas teremos quantias iguais?

E92) Qual propriedade estamos usando quando trocamos $7x16$ por $7x10 + 7x6$?

Capítulo 4 – AS 4 OPERAÇÕES

E93) Quantos números existem que, ao serem divididos por 4248, resultam em quociente 1238?

E94) Um número tem 3 algarismos e outro tem 2 algarismos. Quantos algarismos, no máximo, terá o seu produto? E no mínimo?

E95) Um número tem 10 algarismos e outro tem 7. Quantos algarismos, no máximo e no mínimo, terá o seu produto?

E96) Qual é o divisor de uma divisão na qual o maior resto possível é 8?

E97) Em uma divisão, o dividendo é 69. O quociente e o divisor são iguais. Quanto valem o resto, o dividendo e o divisor?

E98) Se um número é o dobro de outro, a soma deles é quantas vezes maior que o segundo número?

E99) Paulo tem o dobro da idade de José. A soma das suas idades é 30 anos. Quais são as idades de cada um?

E100) Se um número é o triplo de outro, sua soma é quantas vezes maior que o menor desses números?

E101) Comprei um livro e um caderno por R$ 40,00 no total. O livro custou três vezes mais caro que o caderno. Qual foi o preço do livro?

E102) O que ocorre com o resto de uma subtração quando somamos valores iguais ao minuendo e ao subtraendo?

E103) O quociente de uma divisão é 5, e a soma do dividendo com o divisor é 120. Qual é o dividendo?

E104) Se um número é o dobro de outro, o maior deles é quantas vezes maior que a sua diferença?

E105) Se um número é o dobro de outro, qual é a relação entre a sua diferença e o menor dos números?

E106) Se um número é o triplo do outro, a sua diferença é quantas vezes maior que o menor dos números?

E107) João tem o triplo da idade de Pedro, e é 30 anos mais velho. Quais são as suas idades?

E108) Calcule dois números sabendo que a diferença entre eles é 50, e o quociente da divisão exata entre eles é 3.

E109) Maria tinha 24 anos quando seu filho nasceu. Hoje Maria tem o triplo da idade do seu filho. Quais são as suas idades?

E110) Tenho 50 anos e meu filho mais velho tem 30. Há quantos anos atrás minha idade era o dobro da idade dele?

MATEMÁTICA PARA VENCER

E111) Tenho 50 anos e meu filho mais novo tem 15. Daqui há quantos anos terei o dobro da idade do meu filho?

E112) Um pai tem 50 anos e seus filho têm 30, 25 e 15 anos. Há quantos anos atrás a soma das idades dos filhos era igual à idade do pai?

E113) Se a soma de dois números é 20 e um deles vale x, quanto vale o outro número? Supondo que x seja o menor dos dois números, quanto vale a sua diferença?

E114) Dados dois números, somamos a sua soma com a sua diferença. Qual é o resultado?

E115) Dados dois números, calculamos a sua soma menos a sua diferença. Qual é o resultado?

E116) A soma de dois números é 40, sua diferença é 12. Quais são esses números?

E117) A soma de dois números é 64, sua diferença é 38. Quais são esses números?

E118) João e Maria recebem juntos, R$ 3.000,00. O salário de João é R$ 400,00 maior que o de Maria. Qual é o salário de cada um?

E119) Calcule dois números consecutivos, sabendo que sua soma vale 183

E120) Dois múltiplos de 12 consecutivos têm soma 156. Calcule esses números.

E121) João é 20 anos mais velho que José, e a soma das suas idades é 30. Quais são suas idades?

E122) A cada ano que passa, o que acontece com a soma das idades de duas pessoas? E a diferença?

E123) João tem hoje o triplo da idade de José, e daqui há 57 anos João será 20 anos mais velho. Quais são suas idades?

E124) Dois números têm soma igual a 50. Se subtrairmos o primeiro número de 5 e aumentamos o segundo número de 5, os resultados são iguais. Quais são esses números?

E125) Dois números têm soma igual a 75. Se subtrairmos o primeiro número de 15 e aumentamos o segundo número de 12, os resultados são iguais. Quais são esses números?

E126) A diferença entre dois números é 20. Somando 30 ao minuendo e reduzindo 10 do subtraendo, qual será a nova diferença?

E127) O produto de dois números é 420. Se subtrairmos 5 de um deles, o novo produto será 350. Quais são esses números?

E128) A soma de dois números é igual a 100. Se somarmos o dobro do menor com o triplo do maior, a nova soma será 260. Quais são esses números?

E129) A soma de dois números é 120. Se somarmos o quádruplo do menor com o quíntuplo do maior encontraremos 560. Quais são esses números?

E130) O divisor de uma divisão é 9, o quociente é 6 e o resto é o maior possível. Quanto vale o dividendo?

Capítulo 4 – AS 4 OPERAÇÕES

101

E131) O quociente de uma divisão exata é 6, e a diferença entre o dividendo e o divisor é 75. Quais são esses números?

E132) A soma de dois números é o quíntuplo do menor, e a diferença entre eles é 72. Quais são esses números?

E133) Por quanto devemos multiplicar o número 15 para aumentá-lo em 270 unidades?

E134) Subtraímos um número de 256 e ele ficou 9 vezes menor. Qual é este número?

E135) Um aluno comprou 3 cadernos e 2 livros, pagou R$ 57,00. Um outro aluno comprou 3 cadernos e 6 livros, pagando R$ 117,00. Sabendo que todos os cadernos têm preços iguais, e que todos os livros têm preços iguais, quanto custa cada livro e cada caderno?

Questões resolvidas

Q1) (CM) Sendo N = { $\overline{V}$ – [L . X + CD : V + (V – I) . M] }, a representação decimal do número N, é igual a:

(A) 424   (B) 420   (C) 402   (D) 240   (E) 204

Solução:
O objetivo do problema é calcular a expressão, mas requer que o aluno conheça algarismos romanos:

$\overline{V}$ = 5.000
L = 50
X = 10
CD = 400
V = 5
I = 1
M = 1000

Ficamos então com:

{ 5.000 – [50x10 + 400:5 + (5 –1).1000] } =
{ 5.000 – [500 + 80 + 4.1000] } =
{ 5.000 – [580 + 4000] } =
{ 5.000 – 4580 } =
= 420

Resposta: (B) 420

Q2) (CM) Guilherme elaborou uma mensagem e a enviou para 5 amigos e pediu a cada um deles que enviasse a mesma mensagem para 10 pessoas diferentes. Se todos atenderem ao seu pedido e ninguém receber a mensagem duas vezes, o número total de pessoas que ter recebido a mensagem elaborada por Guilherme será:

(A) 15   (B) 20   (C) 35   (D) 50   (E) 55

102 MATEMÁTICA PARA VENCER

Solução:
É um problema simples de multiplicação (na verdade todo problema fica simples depois que sabemos a solução). Basta multiplicar o número de amigos (5) pelo número de mensagens que cada amigo enviou (10). Seriam $5 \times 10 = 50$ pessoas. Mas note que os 5 amigos também receberam a mensagem, então é preciso somar 5, correspondente às 5 mensagens que os amigos receberam. Ficamos então com $50 + 5 = 55$

Resposta: (E) 55

Q3) (CM) Multiplicando-se o número a pelo número b, obtém-se o número 12119. Então, é possível afirmar que o produto do dobro de a pelo triplo de b é:

(A) $(2 \times a) + (3 \times b) \times 12119$
(B) $(2 + a) \times (3 + b) \times 12119$
(C) $12119 \times (2 \times a) \times (3 \times b)$
(D) $(2 + 3) \times 12119$
(E) $(2 \times 3) \times 12119$

Solução:
A questão é resolvida facilmente com o uso das propriedades associativa e comutativa da multiplicação. Sabemos apenas que $a \times b$ vale 12119. Então:

$(2 \times a) \times (3 \times b) =$
$2 \times a \times 3 \times b =$
$2 \times 3 \times a \times b =$
$(2 \times 3) \times (a \times b) =$
$(2 \times 3) \times 12.119$

Resposta: (E)

Q4) (CM) Numa escola existem 4 (quatro) alas de sala de aula. Cada ala tem 12 (doze) salas. Cada sala tem 2 (duas) fileiras com 08 (oito) carteiras e 4 (quatro) fileiras com 7 (sete) carteiras. Quantas carteiras existem nessa escola?

(A) 2744   (B) 2112   (C) 21504   (D) 288   (E) 336

Solução:
São 4 alas, cada uma com 12 salas. Então o número total de salas é $4 \times 12 = 48$.
Mas cada sala tem 6 fileiras, sendo 2 com 8 carteiras e 4 com 7 carteiras. O número de carteiras em cada sala é então $2 \times 8 + 4 \times 7$.

$2 \times 8 + 4 \times 7 = 16 + 28 = 44$

Como são 48 salas, o número total de carteiras na escola é

$48 \times 44 = 2112$

Resposta: (B) 2112

Q5) (CM) Numa operação de subtração, o minuendo é 346. O subtraendo e o resto são números pares consecutivos. Sabendo que o resto é o maior entre ambos, determine o resto ou diferença.

Capítulo 4 – AS 4 OPERAÇÕES

103

(A) 122   (B) 142   (C) 172   (D) 174   (E) 176

Solução:
A subtração pode ser armada da seguinte forma:

346 Minuendo
 -S Subtraendo
S+2 Resto ou diferença

Chamamos o subtraendo e o resto de S e S+2 para que sejam números pares consecutivos, como pede o problema. Poderíamos resolver facilmente o problema usando uma equação, mas ao invés disso, usaremos as propriedades dos termos da subtração.

Diminuindo o subtraendo de um valor, o resto aumentará no mesmo valor. Vamos então diminuir S do subtraendo. O novo subtraendo será S-S=0, e o resto aumentará S, passará de S+2 para S+S+2.

346 Minuendo
 -0 Subtraendo
S+S+2 Resto ou diferença

Agora vamos subtrair 2 do minuendo. Isto fará com que o resto também diminua 2. O novo minuendo será 346-2 = 344, e o novo resto será S+S+2-2, que é igual a S+S

344 Minuendo
 -0 Subtraendo
S+S Resto ou diferença

Ora, 344-0 é o mesmo que 344. Se este valor é igual a S+S (dobro de S), então S é a metade de 344, ou seja, $344 \div 2 = 172$.

Resposta: (C) 72

Q6) (CM) Numa divisão entre números naturais, o dividendo é 1234, o quociente é 47 e o resto é 12. Determine o divisor.

(A) 26   (B) 27   (C) 36   (D) 37   (E) 47

Solução:
Lembramos que D = d.q + r
(D=dividendo, d=divisor, q=quociente, r=resto).

Ficamos então com 1234 = d.47 +12

Quando subtraímos r do dividendo, ficamos com uma divisão exata, ou seja:

1234-12 = d.47
1222 = d.47

Agora dividimos 1217 por 47 e acharemos como resultado, o valor de d. Fazendo as contas, temos:

$1222 \div 47 = 26$

104   MATEMÁTICA PARA VENCER

Resposta: O divisor é 26

Q7) (CM) Qual é o menor número natural que devemos subtrair do número 6280, de modo a obter um número cuja divisão por 73 seja exata?

(A) 2   (B) 10   (C) 73   (D) 86   (E) 6278

Solução:
A divisão fica exata quando eliminamos o resto, ou seja, quando subtraímos o resto do dividendo. Temos então que calcular o resto da divisão de 6280 por 73. Que bom!

```
 6280  │ 73
-584   │ 86
=044   │
  440
 -438
 =  2  │
```

Como vemos, quem não sabe usar o algoritmo da divisão não conseguirá resolver este problema.

Resposta: (A) 2

Q8) (CM) Pedro e João fazem aniversário na data de hoje, sendo que a soma entre as suas idades é de 115 anos. Sabendo que a idade de Pedro equivale a quatro vezes a idade de João, determine a diferença entre a idade do mais velho e a idade do mais novo.

(A) 23 anos   (B) 69 anos   (C) 71 anos   (D) 75 anos   (E) 92 anos

Solução:
Problemas numéricos envolvendo idades são ponto certo na maioria das provas. A maioria deles ficam fáceis quando usamos equações, mas esta matéria só é ensinada a partir do 8° ano do ensino fundamental. Em séries anteriores, devemos resolvê-los usando apenas o raciocínio aritmético. O segredo é saber traduzir o enunciado do problema para a linguagem matemática.

Traduzindo "A idade de Pedro equivale a quatro vezes a idade de João", ficamos com:

A idade de Pedro	P
equivale a	=
quatro vezes	4 x
a idade de João	J

Esta frase, em linguagem matemática, fica: $P = 4 \times J$

Então se a idade de João é J, a idade de Pedro é $4 \times J$

Traduzindo "a soma entre as suas idades é de 115 anos", ficamos com:

A soma entre suas idades	J + 4xJ
é de 115 anos	= 115

Esta frase fica então traduzida para a linguagem matemática como:

Capítulo 4 – AS 4 OPERAÇÕES

105

J + 4xJ = 115

Observe entretanto que J + 4xJ é a mesma coisa que 5xJ. Fica fácil ver isso quando lembramos que uma multiplicação é uma seqüência de somas, ou seja, 4xJ é o mesmo que J+J+J+J. Então:

J + 4xJ = J + J+J+J+J = 5xJ

Ficamos então com
5xJ = 115

Se 5 vezes um valor é igual a 115, então este valor é 115 dividido por 5.

J = 115÷5 = 23

Portanto, a idade de João é 23 anos, e a idade de Pedro é 4 x 23 = 92 anos.

O problema pede a diferença entre as idades do mais velho e do mais novo:

92 – 23 = 69 anos

Resposta: (B) 69 anos

Q9) (CM) Uma caixa contém uma certa quantidade de laranjas. Essa quantidade foi repartida igualmente entre 6 pessoas. Cada pessoa recebeu 35 laranjas e ainda restaram 5 laranjas. Se a mesma quantidade inicial de laranjas fosse distribuída entre 9 pessoas, sobrariam:

(A) 3 laranjas (B) 5 laranjas (C) 6 laranjas (D) 7 laranjas (E) 8 laranjas

Solução:
Este é um simples problema que relaciona os termos da divisão, pela fórmula:

Dividendo = Divisor x quociente + resto

O dividendo é o número de laranjas, que devemos calcular. O divisor é o número de pessoas, no caso 6. O quociente é o número de laranjas que cada um recebeu. O resto é o número de laranjas que sobraram, no caso, 5. Temos então:

Número de laranjas = 6 x 35 + 5
= 210 + 5 = 215

O número de laranjas já é conhecido, 215. Agora temos que dividir as mesmas laranjas por 9 pessoas. Basta fazer a divisão e verificar o quociente e o resto.

```
215 │ 9
 35 │ 23
  8
```

Nesse caso cada pessoa receberia 23 laranjas e sobrariam 9 laranjas.

Resposta: (E) 8 laranjas

Q10) (CM) O número natural antecessor do algarismo das unidades do número que é o produto de 224.563.718 por 31.235.888.963.654 é igual a

106　　　　　　　　　　　　　　　　　　　　MATEMÁTICA PARA VENCER

(A) 0　　(B) 1　　(C) 2　　(D) 31　　(E) 32

Solução:
Observando atentamente o algoritmo da multiplicação, podemos constatar que o algarismo das unidades de um produto é o mesmo algarismo das unidades que obtemos quando multiplicando apenas esses dois algarismos, ou seja:

$$
\begin{array}{r}
3 \\
???????8 \\
\times\quad ??????????4 \\
\hline
2
\end{array}
$$

Nem precisamos continuar a multiplicação, já sabemos qual será o algarismo das unidades do resultado: 2.

O problema pede o antecessor deste algarismo, que no caso, é 1.

Resposta: (B) 1

Q11) (CM) Ao efetuar uma subtração, PEDRO observou que a soma do minuendo com o subtraendo e com o resto era igual a 150. Dessa forma, o valor do triplo do minuendo era igual a:

(A) 75　　(B) 100　　(C) 135　　(D) 150　　(E) 225

Solução:
Não sabemos quanto é o minuendo, então vamos chamá-lo de M. Não sabemos quanto é o subtraendo, então vamos chamá-lo de S. É claro que o resultado da subtração é M-S.

$$
\begin{array}{ll}
M & \text{Minuendo} \\
- S & \text{Subtraendo} \\
\hline
M\text{-}S & \text{Resto}
\end{array}
$$

O problema diz que a soma desses três termos é igual a 150. Se somarmos os três termos ficaremos com:

$$M + S + M\text{-}S = 150$$

Acontece que S-S vale 0. Então ficamos com:

$$M + M = 150$$

A soma de dois números iguais vale 150, então este número é a metade de 150.

$$M = 75$$

Observe que não temos como descobrir o valor do subtraendo nem do resto, mas sabemos que o minuendo é 75. O problema pede o triplo do minuendo, que será 75 x 3 = 225.

Resposta: (E) 225

Q12) (CM) A soma dos algarismos do menor número natural que devo adicionar a 1107 para que o resultado seja divisível por 85 é:

Capítulo 4 – AS 4 OPERAÇÕES
107

(A) 9   (B) 10   (C) 11   (D) 12   (E) 13

Solução:
A primeira coisa a fazer é saber qual resto o número 1107 deixa ao ser dividido por 85:

```
1107  | 85
 -85   |¯¯¯¯
 =25   | 13
  257
 -255
 =   2
```

Deixa resto 2. Se subtrairmos 2 de 1107, o resultado (1105) será divisível por 85. Mas o problema quer que somemos um valor a 1107 para que o resultado fique divisível. Então este valor será 85-2=83. Nesse caso, não retiramos o que estava sobrando, e sim, acrescentamos o que faltava para que o minuendo se tornasse múltiplo de 85.

O problema pede a soma dos algarismos deste número, que vale 8+3=11

Resposta: (C) 11

Q13) (CM) Determine a soma dos valores absolutos dos algarismos do menor número natural que satisfaz às seguintes condições:
1ª - O resto de sua divisão por 6 é 5;
2ª - O resto da divisão do seu antecessor por 5 é 3;
3ª - O seu sucessor é múltiplo de 4.

(A) 5   (B) 6   (C) 11   (D) 14   (E) 15

Solução:
Vamos encontrar quais números atendem a cada uma das condições pedidas, e depois veremos qual é o menor número que satisfaz às três ao mesmo tempo.

a) O resto da divisão por 6 é 5. O menor número que satisfaz é 5, já que 5 dividido por 6 dá quociente o e resto 5. Se somarmos 6, encontraremos 11, que é outro número que satisfaz: 11 dividido por 6 dá 1 e resto 5. Se somarmos 6 a cada número, encontraremos outros números que satisfazem à condição. Ficamos então com

5, 11, 17, 23, 29, 35, 41, 47, 53, 59, 65, ...

b) O número 4 satisfaz à segunda condição. Seu antecessor (3), dividido por 5, deixa resto 3. Se somarmos 5 sucessivamente encontraremos outros números que satisfazem a esta condição:

4, 9, 14, 19, 24, 29, 34, 39, 44, 49, 54, 59, 64, ...

c) O número 3 satisfaz a esta condição. Seu sucessor, 4, é múltiplo de 4. Se somarmos ao número 3, 4 indefinidamente, encontraremos outros números que satisfazem a esta condição:

3, 7, 11, 15, 19, 23, 27, 31, 35, 39, 43, 47, 51, 55, 59, ...

Comparando as três seqüências, vemos que o menor número que satisfaz às três condições é 59. O problema pede a soma dos seus algarismos: 5+9 = 14

108   MATEMÁTICA PARA VENCER

Resposta: (D) 14

Q14) (CM) O menor número natural que deve ser somado a 3575 para que se obtenha um número divisível por 7 e por 2, ao mesmo tempo, é:

(A) 14   (B) 9   (C) 5   (D) 2   (E) 0

Solução:
Este é um típico problema de MMC, mas pode ser resolvido de forma mais simples. Note que 3500 já é divisível por 7 e por 2, já que é par, e 35 é divisível por 7. O número 70 também é divisível por 7 e por 2. Levando em conta isso, podemos reduzir 3500 e 70 do número 3575, ficando apenas com 5.

Recaímos então em um problema mais simples: qual é o valor mínimo que devemos adicionar a 5 para que o resultado seja divisível por 7 e por 2? Partindo de 5, se adicionarmos 2, ficarmos com 7, que é divisível por 7 mas não é divisível por 2. Então vamos adicionar mais 7, e ficamos com 14, que é divisível por 7 e por 2. Então se temos 5, basta adicionar 9 para ficarmos com 14, que é divisível por 7 e por 2. O mesmo se aplicará ao número 3575 do problema original.

Resposta: (B) 9

Q15) (CM) Qual a idade atual de Viviane se, daqui a 9 anos, ela terá exatamente o triplo da idade que tinha 9 anos atrás?

(A) 9 anos   (B) 21 anos   (C) 27 anos   (D) 18 anos   (E) 30 anos

Solução:
Digamos que a idade de Viviane há 9 anos atrás era V.
Hoje, 9 anos depois, sua idade é V+9
Daqui há 9 anos, sua idade será a de hoje mais 9 anos, ou seja, V+9+9 = V+18

O problema diz que sua idade dentro de 9 anos (V+18) é o triplo do que tinha há 9 anos atrás (V). Então:

V+18 = 3 x V

Se V+18 vale 3xV, então 18 vale 2xV, ou seja, V=9.
A idade há 9 anos era 9
A idade hoje é 18
A idade dentro de 9 anos será 27

Resposta: (D) 18 anos.

Q16) Uma fazenda tem 100 animais, entre porcos e patos, sendo que o total de pés é 300. Qual é o número de porcos e de patos?

Solução:
Este é um tipo de problema bem clássico que pode ser resolvido através de uma simples equação. Usaremos entretanto um outro método, mais compatível com o aprendizado do 5º ano.

Capítulo 4 – AS 4 OPERAÇÕES

109

Se todos fossem patos, o número total de pés seria 200 (100 animais x 2 pés). Como existem 100 pés a mais estes são devidos à presença de porcos, que têm cada um, dois pés a mais que os patos. Sendo 100 pés a mais, o número de porcos será 100:2 = 50 porcos. Portanto são 50 patos e 50 porcos. Podemos conferir agora: 50x2 = 100 pés dos patos e 50x4 =200 pés de porcos, o que totaliza realmente 300 pés para os 100 animais.

R: 50 patos e 50 porcos.

Q17) Um quintal tem coelhos e galinhas, o total de 60 animais. O número total de pés é 200. Quantos são os coelhos e quantas são as galinhas?

Solução:
Se todos os 60 animais fossem galinhas, teríamos 60x2 = 120 pés. Existem entretanto 200 pés, 80 a mais, devidos à presença de coelhos, já que cada um tem 2 pés a mais que uma galinha. O número de coelhos então é 80:2 = 40. Os demais 20 animais são as galinhas. É sempre bom conferir: 20x2 = 40 pés de galinhas + 40x4 = 160 pés de coelhos, o que totaliza realmente 200 pés.

Resposta: 20 galinhas e 40 coelhos.

Q18) (CN) Seja o produto 456.34. Aumenta-se o multiplicador de 1. De quanto devemos aumentar o multiplicando para que o produto exceda o antigo de 526.

Solução:
$(456+n).35 = 456.34+526$
$456.35 + n.35 = 456.34 + 526$
$n.35 = 456.34 - 456.35 + 526$
$n.35 = 526-456 = 70$
$n=2$

Resp: n=2

Q19) (CN) Entre os números inteiros inferiores a 200, quais são aqueles que podem servir de dividendo em uma divisão de números inteiros, cujo quociente é 4 e o resto é 35?

Solução
$D = d.q + r$ (D=dividendo, d=divisor, q=quociente e r=resto)
Restrições: $r=35$, $q=4$, $d>35$, $D<200$

$D = d.4 + 35$
$d=36$ ➜ $D=144+35 = 179$
$d=37$ ➜ $D=148+35 = 183$
$d=38$ ➜ $D=152+35 = 187$
$d=39$ ➜ $D=156+35 = 191$
$d=40$ ➜ $D=160+35 = 195$
$d=41$ ➜ $D=164+35 = 199$

Resposta: 179, 183, 187, 191, 195, 199

Q20) (CN) São dados dois números, dos quais o maior é 400. Tirando-se 210 de um deles e 148 do outro, a soma dos restos é 200. Qual é o menor número?

110 MATEMÁTICA PARA VENCER

Solução:
Sejam os números 400 e n
400-210 = 190
n-148 = 10 (a soma dos restos tem que ser 200)
então n=158

Resp: 158

Q21) (CN) O número 38 é dividido em duas parcelas. A maior parcela dividida pela menor dá quociente 4 e resto 3. Achar o produto dessas duas partes:

(A) 240   (B) 136   (C) 217   (D)   105   (E) 380

Solução:
Vamos chamar a parcela menor de p e a maior de 38-p. Chamando a parcela menor de p, a segunda pode ser calculada pela fórmula D=d.q+r. Então D = 4.p+3. Mas esta parcela também é igual a 38-p. Então temos:

4.p +3 = 38-p
5.p = 38-3 = 35
p=35:5 = 7
a outra parcela é 38-7 = 31
Produto das parcelas: 31x7 = 217

Resposta: (C) 217

Q22) (CN) O número inteiro e positivo N, de dois algarismos, quando dividido por 13, dá quociente A e resto B e, quando dividido por 5 , dá quociente B e resto A. A soma de todos os valores de N que se adaptam às condições acima dá:

(A) 160   (B) 136   (C) 142   (D) 96   (E) 84

Solução:
N = 13A+B = 5B+A
12A=4B
3A=B
Além disso, B<13 e A<5
Opções:
A=0, B=0, não serve, daria N=0
A=1, B=3
A=2, B=6
A=3, B=9
A=4, B=12

Valores de N: 5B+A
= 64, 48, 32, 16
64+48+32+16 = 160

Resposta: (A) 160

Q23) (CN) Num grupo de rapazes e moças, 10 moças foram embora e o número de rapazes ficou igual ao número de moças. Após um certo tempo, 24 rapazes foram embora, e o número

Capítulo 4 – AS 4 OPERAÇÕES 111

de moças ficou o quíntuplo do número de rapazes. Podemos afirmar que, inicialmente, havia no grupo

(A) 30 moças   (B) 40 moças   (C) 40 rapazes   (D) 50 rapazes   (E) 60 pessoas

Solução:
Depois que os 24 rapazes foram embora, o número de moças ficou igual ao quíntuplo do número de rapazes. Então 24 é o quádruplo do número final de rapazes. Ficaram então 6 rapazes e 30 moças. Antes dos 24 irem embora, eram 30 rapazes. Antes das 10 moças irem embora, eram 40 moças.

Resposta (B) 40 moças

Q24) (CN) Marta comprou petecas, bolas e bonecas, pagando por cada unidade, respectivamente, R$1,00, R$10,00 e R$20,00. Gastou R$220,00 em um total de 101 unidades desses brinquedos. Quantas petecas ela comprou?

(A) 95   (B) 93   (C) 92   (D) 91   (E) 90

Solução.
Como o preço das petecas é R$ 1,00 e os das bolas e bonecas é múltiplo de 10, e o valor total gasto foi R$ 220,00 (múltiplo de 10 reais), então só temos duas hipóteses:

1) Não foram compradas petecas – impossível, pois não seria possível comprar 101 unidades a um custo de R$ 220,00, já que o preço da bola é R$ 10,00.

2) Foram compradas petecas, e o seu número é um múltiplo de 10. Esta é a única opção válida.

Temos agora que testar quais números válidos, múltiplos de 10, poderiam ser iguais ao número de petecas compradas, lembrando que ao todo foram 101 brinquedos. Então:

2.1) 100 petecas custariam R$ 100,00, restaria 1 brinquedo com custo de R$ 120,00 para completar os R$ 220,00 ➔ impossível.

2.2) 90 petecas custariam R$ 90,00, restariam 11 brinquedos com custo de R$ 130,00 para completar R$ 220,00. Poderiam ser 9 bolas e 2 petecas, que totalizariam mais 11 brinquedos e custariam mais R$ 130,00, o que é solução para o problema.

2.3) 80 petecas a R$ 80,00, restariam 21 brinquedos com custo de R$ 140,00, o que seria impossível.
Resposta: (D) 90

Q25) (OBM) Joãozinho tem que fazer uma multiplicação como lição de casa, mas a chuva molhou o caderno dele, borrando alguns algarismos, que estão representados por * (cada algarismo borrado pode ser diferente dos outros).

$$
\begin{array}{ccccccc}
 & & & * & 1 & * & \\
 & & \times & 2 & * & 3 & \\
\hline
 & & * & * & 4 & * & \\
 & 4 & * & 2 & * & + & \\
* & 0 & * & * & & & \\
\hline
1 & * & 0 & * & 0 & 2 & \\
\end{array}
$$

112 MATEMÁTICA PARA VENCER

Qual é a soma dos algarismos que foram borrados?

Solução:
Apenas para facilitar a explicação, vamos atribuir letras aos algarismos que estão faltando.

```
  d1a
 .2c3
 ====
 fp4b
 4h2g+
 k0ji
======
1n0m02
```

Observando a soma final, constatamos que o algarismo b vale 2. O algarismo b=2 foi obtido com a multiplicação de a e 3. Para que ax3 resulte em um número que termina com 2, a única opção é a=4. Se a=4, então bx3=12, resultou em "vai 1". O 3 foi multiplicado por 1 e somado com 1, resultou em 4. Já podemos observar também que i=8, pois é obtido com a multiplicação de 2 e a, que vale 4. Vemos também que j=2, obtido na terceira linha com 2x1. Finalmente, 4 somado com g resulta em 0, então g tem que ser 6 (vai 1).

```
  d14
 .2c3
 ====
 fp42
 4h26+
 k028
======
1n0m02
```

O algarismo g=6 foi obtido pela multiplicação cx4. Isto só é possível se tivermos c=4 ou c=9. Não pode ser 4, senão o algarismo à esquerda de g não poderia ser 2 (4x4 = 15, vai 1, 4x1 =4, +1 = 5, e não 2). Então c=9. Com isso já podemos encontrar d e h. Multiplicando c=9 por d14, encontramos 4h26. O valor 4h é obtido pela multiplicação de g=9 por d, com vai 1. Então 9xd+1 = 4h, ou seja, multiplicamos um algarismo d por 9 e somamos 1 e encontramos um número de 2 dígitos no qual o algarismo das dezenas é 4. Isto só é possível se tivermos d=5, então h vale 6 (9x5+1 = 46).

```
  514
 .293
 ====
 fp42
 4626+
 k028
======
1n0m02
```

Agora já podemos calcular todas as letras que faltam, pois conhecemos os dois números que estão sendo multiplicados: 514x293. Isso resulta em:
f=1, p=5, k=1, n=5, m=6

O problema pede a soma dos algarismos, que é:
4+5+9+1+5+2+6+6+1+2+8+5+6 = 60

Resposta: 60

Q26) (OBM) Quantos números de três algarismos ímpares distintos são divisíveis por 3?

(A) 18 (B) 24 (C) 28 (D) 36 (E) 48

Solução:
Só podemos usar os algarismos 1, 3, 5, 7, e 9. Temos que escolher e deles, de forma que a sua soma seja múltiplo de 3. As opções são 1-3-5, 3-5-7, 5-7-9 e 1-5-9. Para cada uma dessas quatro opções, devemos considerar a ordem dos algarismos. Por exemplo, com 1-3-5 podemos formar 135, 153, 315, 351, 513 e 531. São números formados com alteração da ordem dos algarismos. Então o total dos números que satisfazem ao que o problema pede são 4x6 = 24

Resposta: (B) 24

Q27) (OBM) No fim de 1994, Neto tinha a metade da idade de sua avó. A soma dos anos de nascimento dos dois é 3844. Quantos anos Neto completa em 2006?

(A) 55   B) 56   (C) 60   (D) 62   (E) 108

Capítulo 4 – AS 4 OPERAÇÕES   113

Solução:

N idade do neto em 1994 ➔ neto nasceu no ano 1994-N

2N idade da avó em 1994 ➔ avó nasceu no ano 1994-2N

Soma dos anos de nascimento dos dois:

1994-N + 1994 -2N = 3844

3988 -3N = 3844

3N = 144

N=48 = idade do neto em 1994

Em 2006, o neto estará 12 anos mais velho, sua idade é 48+12 = 60 anos

Resposta: (C) 60

Q28) (OBM) Na multiplicação a seguir a, b, c e d são algarismos.

```
  45
  a3 x
====
3bcd
```

Calcule b + c + d.

Solução:

Concluímos facilmente que d=5, pois é o algarismo das unidades de 45.a3, mas isso não ajuda muito na solução do problema. O produto fica então 45 x a3 = 3bc5. Se descobrirmos o valor de a o problema estará resolvido, pois saberemos os dois números que estão sendo multiplicados, bem como o seu produto. São apenas 9 possibilidades para a (algarismos de 1 a 9), mas nem todos atendem. Para valores pequenos de a, o produto não poderá ser maior que 3000, como o problema exige. Podemos então testar a partir de 9 e decrescendo o valor:

a=9 ➔ 45x93 = 4.185 não atende, tem que começar com 3

a=8 ➔ 45x83 = 3.735

a=7 ➔ 45x73 = 3.285

a=6 ➔ 45x63 = 2.835 não atende, tem que começar com 3

Valores inferiores de a também não atendem, pois o produto será menor que 3000. As duas únicas opções válidas são a=8 e a=7.

45x83 = 3.735 ➔ b+c+d = 7+3+5=15

45x73 = 3.285 ➔ b+c+d = 2+8+5=15

Não é possível determinar o valor de a, mas para ambos os casos, a soma b+c+d é a mesma

Resposta: 15

Q29) (OBM) Há 18 anos Hélio tinha precisamente três vezes a idade de seu filho. Agora tem o dobro da idade desse filho. Quantos anos têm Hélio e seu filho?

(A) 72 anos e 36 anos.   (B) 36 anos e 18 anos.   (C) 40 anos e 20 anos.

(D) 50 anos e 25 anos.   (E) 38 anos e 19 anos.

114   MATEMÁTICA PARA VENCER

Solução:

Há 18 anos tínhamos o filho com idade F e Hélio com idade 3xF. Hoje Hélio tem mais 18 anos, ou seja, 3xF+18, e o filho tem mais 18, ou seja F+18. A idade de Hélio hoje é o dobro da idade do seu filho. Então:

$3xF+18 = 2x(F+18)$
$3xF+18 = 2xF + 36$
Então F vale 18 (idade do filho há 18 anos)
Hoje o filho tem 18+18=36, e Hélio tem o dobro, 72 anos

Resposta: (A)

Q30) (OBM) Elevei um número positivo ao quadrado, subtrai do resultado o mesmo número e o que restou dividi ainda pelo mesmo número. O resultado que achei foi igual:

(A) Ao próprio número
(B) Ao dobro do número
(C) Ao número mais 1
(D) À raiz quadrada do número
(E) Ao número menos 1

Solução

Seja n o número procurado. Fazendo as operações citadas, ficamos com:
$(n^2-n):n = (n.n - n):n$
Lembrando que a divisão de a-b por n é igual a a:n – b:n, ficamos com:
n-1
Resposta: (A)

Questões propostas

Q31) (CM) Sérgio e Ricardo são dois irmãos gêmeos sendo que as suas idades são números naturais iguais. Sabendo que o sêxtuplo da soma de suas idades é igual a 336, determine a idade de Ricardo.

(A) 14   (B) 26   (C) 28   (D) 46   (E) 56

Q32) (CM) Seis pescadores pescaram 89 peixes cada um. Mas, quatro deles devolveram ao mar 18 peixes cada um (porque eram muito pequenos) e um outro devolveu 5 peixes. O número total de peixes que eles levaram para casa foi:

(A) 437   (B) 447   (C) 457   (D) 462   (D) 534

Q33) (CM) O resultado da expressão numérica

$67 + \{50 \times [70 : (3^3 + 2^3) + (6 : 2)^2] + 21\}$

deve ser representado, em algarismos romanos, por:

(A) DCCCXLVII
(B) CCXXVIII
(C) DCXLI
(D) CDXXIV
(E) DCXXXVIII

Capítulo 4 – AS 4 OPERAÇÕES   115

Q34) (CM) A calculadora de Pedro é bem diferente. Ela tem uma tecla T que triplica o número escrito no visor, e uma tecla D que apaga o algarismo das dezenas do número no visor. Pedro digitou 145 e, em seguida, somou este número com 2000. Depois de obtido o resultado, apertou a tecla D, depois a tecla T e, na seqüência, duas vezes a tecla D e uma vez a tecla T. A soma dos algarismos do número obtido é igual a:

(A) 0   (B) 6   (C) 15   (D) 45   (E) 195

Q35) (CM) Rodrigo tem 53 anos, exatamente 39 anos a mais do que a soma da idades de Elisa, Lidiane e Yasmin, suas três sobrinhas. Daqui a quanto tempo a idade de Rodrigo será o dobro da soma das idades daquelas sobrinhas?

(A) 4 anos   (B) 5 anos   (C) 6 anos   (D) 7 anos   (D) 8 anos

Q36) (CM) Isabela escreveu uma mensagem por e-mail e a enviou para 6 amigas, pedindo a cada uma delas que enviasse a mensagem para 20 pessoas diferentes. Se todas atenderam a seu pedido, e ninguém recebeu a mensagem mais de uma vez, o número total de pessoas que receberam o e-mail foi

(A) 26   (B) 72   (C) 120   (D) 126   (E) 150

Q37) (CM) Uma pilha tem 100 (cem) caixas, e um carregador vai levá-las para um local distante 50 metros de onde elas estão. Ele carrega 04 (quatro) caixas por vez. Começando e terminando o seu percurso no local da pilha original, quantos metros andará esse carregador para fazer o seu serviço?

(A) 1250 metros
(B) 1200 metros
(C) 2450 metros
(D) 2500 metros
(D) 1205 metros

Q38) (CM) Maria teve duas filhas. Cada uma das filhas de Maria teve duas filhas. Cada uma das netas de Maria também teve duas filhas e, finalmente, cada uma das bisnetas de Maria lhe deu duas tataranetas. Quantas tataranetas teve Maria?

(A) 16   (B) 64   (C) 32   (D) 10   (E) 8

Q39) (CM) A professora Lídia distribuiu 53 adesivos em suas três turmas da quinta série. A turma 509 recebeu dois adesivos a mais do que a turma 507, e a turma 505 recebeu um adesivo a mais do que a turma 509. Portanto, pode-se afirmar que:

(A) Nenhuma turma recebeu menos de 16 adesivos
(B) Nenhuma turma recebeu menos de 20 adesivos
(C) As turmas 507 e 509 receberam juntas mais do que o dobro do que a turma 505 recebeu
(D) Duas turmas receberam mais de 18 adesivos
(E) Apenas uma turma recebeu menos de 20 adesivos

Q40) (CM) Numa livraria do Colégio Militar de Brasília, comprei várias dúzias de lápis e me deram 1 (um) lápis a mais para cada duas dúzias compradas. Se recebi 425 lápis, quantas dúzias comprei?

(A) 34   (B) 35   (C) 36   (D) 16   (E) 17

116 MATEMÁTICA PARA VENCER

Q41) (CM) Numa divisão não exata entre números naturais, o dividendo é igual a 514, o divisor é 55 e o quociente é o número natural Q. Determinar o triplo do maior número natural que se pode subtrair do resto, sem alterar o quociente.

(A) 18   (B) 19   (C) 54   (D) 57   (E) 60

Q42) (CM) Pedrinho, Gabriel e Dudu tinham uma sociedade de figurinhas e cada um era dono de uma certa quantidade. Durante o recreio, Pedrinho conseguiu ganhar 25 figurinhas em um jogo, porém Gabriel perdeu 16. O número de figurinhas que Dudu precisa ganhar para que eles fiquem com 14 a mais do que tinham antes do recreio é:

(A) 14   (B) 11   (C) 10   (D) 5   (E) 4

Q43) (CM) O algarismo das unidades do número 729 x 153 x 2317 é:

(A) 9   (B) 7   (C) 5   (D) 3   (E) 1

Q44) (CM) Observe as afirmações abaixo sobre propriedades das operações com números naturais:

I) O número zero é o elemento neutro da multiplicação.
II) $(36 \div 6) \div 3 = 36 \div (6 \div 3)$.
III) Na adição e na multiplicação vale a propriedade comutativa.

É correto afirmar que:

(A) as três afirmações são verdadeiras.
(B) somente as afirmações I) e III) são verdadeiras.
(C) somente as afirmações I) e II) são verdadeiras.
(D) somente a afirmação II) é verdadeira.
(E) somente a afirmação III) é verdadeira.

Q45) (CM) O algarismo das unidades do número que é o produto de 515 por 625 é igual a:

(A) 0   (B) 3   (C) 5   (D) 6   (E) 8

Q46) (CM) Três caixas contêm o mesmo número de maçãs. Foram retiradas 13 maçãs da primeira caixa e 15 maçãs da segunda caixa e colocadas na terceira caixa. Assim, o número de maçãs que a terceira caixa ficou a mais que a primeira é:

(A)28   (B)13   (C)41   (D)43   (E)15

Q47) (CM) Na adição abaixo, cinco algarismos estão ocultos pelos quadrados.
```
 89x6
 9xx3
 x891
======
 21620
```

Um dos resultados possíveis para a soma desses algarismos é:

(A) 24   (B) 25   (C) 26   (D) 27   (E) 28

Capítulo 4 – AS 4 OPERAÇÕES   117

Q48) (CM) Um garoto observou que numa adição havia seis parcelas. Ele escolheu três parcelas e acrescentou 15 unidades a cada uma delas. Depois acrescentou 20 unidades a cada uma das outras três parcelas restantes. O valor da soma inicial aumentou de:

(A) 35 unidades.
(B) 55 unidades.
(C) 75 unidades.
(D) 85 unidades.
(E) 105 unidades.

Q49) (CM) Em uma caixa, existem menos de 50 bolas de gude. Se elas forem contadas de 8 em 8, sobrarão 5 bolas e, se forem contadas de 7 em 7, sobrarão 3 bolas. A quantidade de bolas, na caixa, é um número natural:

(A) par.
(B) primo.
(C) divisível por 3.
(D) divisível por 11.
(E) menor do que 35.

Q50) (CM) A professora de João Lucas pediu que ele dividisse o resultado da soma 43 + 2649 + 369275 + 91234871 por 5. João Lucas encontrou, corretamente, como resto da divisão, o valor:

(A) 0   (B) 1   (C) 2   (D) 3   (E) 4

Q51) (CM) O Colégio Militar de Brasília precisa comprar mesas e cadeiras novas para o refeitório. Cada conjunto de mesa com 4 cadeiras será distribuído nos 4 setores. Em cada setor do refeitório, cabem 7 fileiras de mesas, e, em cada fileira, cabem 10 mesas. O número de mesas e cadeiras que deverão ser compradas são

(A) 112 mesas e 448 cadeiras.
(B) 336 mesas e 1344 cadeiras.
(C) 330 mesas e 1340 cadeiras.
(D) 280 mesas e 1120 cadeiras.
(E) 560 mesas e 2240 cadeiras.

Q52) (CM) O convite de aniversário de Luciana foi espalhado via e-mail. Ana enviou para Pedro, Lucas, André e Bruna, que enviaram, cada um, para mais quatro pessoas, que, por sua vez, enviaram para outras quatro. Quantas mensagens foram enviadas?

(A) 84   (B) 64   (C) 16   (D) 4   (E) 256

Q53) (CM) Numa subtração, a soma do minuendo com o subtraendo e o resto é 2160. Se o resto é a quarta parte do minuendo, o subtraendo é:

(A) 570   (B) 810   (C) 1080   (D) 1280   (E) 1350

Q54) (CM, OBM) Na multiplicação a seguir, a, b e c representam algarismos:

118   MATEMÁTICA PARA VENCER

```
  1ab
   b3 x
======
  ***
  ***
======
 1cc01
```

Então, a soma a + b + c vale:

(A) 7
(B) 8
(C) 9
(D) 10
(E) 12

Q55) (CM) As letras A, B, C, D, E e F representam algarismos na multiplicação abaixo:

```
 A  B  C  4  D  E
            ×    7
------------------
 6  7  4  3  F  5  6
```

Com base na informação dada, podemos afirmar que o valor de A + B + C é:

(A) 18   (B) 19   (C) 20   (D) 21   (E) 22

Q56) (CM) Um hotel necessita comprar mesas e cadeiras, cada mesa com 6 cadeiras, para transformar um salão em sala de convenções. Esse salão está dividido em 5 setores: A, B, C, D e E. Nos setores A e B cabem, em cada um, 7 fileiras de mesas e, em cada fileira, cabem 16 mesas. Nos setores C, D e E cabem, em cada um, 8 fileiras de mesas, e em cada fileira, cabem 19 mesas. Quantas mesas e cadeiras deverão ser compradas?

(A) 608 mesas e 2 432 cadeiras.
(B) 528 mesas e 2 112 cadeiras.
(C) 376 mesas e 1 584 cadeiras.
(D) 568 mesas e 3 408 cadeiras.
(E) 680 mesas e 4 080 cadeiras.

Q57) (CM) Numa divisão inexata de números naturais, o divisor é o triplo de cinco. Se acrescentarmos uma unidade ao dividendo e não alterarmos o divisor, o resto desta nova divisão passa a ser o maior possível. Se adicionarmos mais uma unidade ao novo dividendo e mantivermos ainda o divisor inicial, o quociente passa a ser quatorze. A soma dos algarismos do dividendo inicial é:

(A) 10   (B) 9   (C) 8   (D) 7   (E) 6

Q58) (CM) O uso de conhecimentos matemáticos nas batalhas deve-se ao fato do Rei Kiroz ter feito parte de uma sociedade secreta que, além de magia, dominava a Matemática como ninguém, os matemágicos. Dizem que após anos de treinamento, o Rei, no teste final, além de provar que aprendeu muitos feitiços, teve 5 segundos para responder à seguinte charada: "Que número sou eu, se sou a maior diferença possível entre dois números naturais, ambos de dois algarismos, sendo o maior formado por algarismos distintos e pares e o menor também formado por algarismos distintos, porém ímpares?". O Rei acertou a resposta, que é:

Capítulo 4 – AS 4 OPERAÇÕES
119

(A) 73   (B) 75   (C) 77   (D) 79   (E) 81

Q59) (CM) Em uma seqüência numérica, os termos, a partir do terceiro, são obtidos pela soma dos dois termos anteriores. Sabe-se que os três primeiros termos da seqüência são, nessa ordem, 1, 1 e 2, e que, ao todo, são sete termos. O produto de todos os termos dessa seqüência é igual a

(A) 2640   (B) 3010   (C) 2400   (D) 2520   (E) 3120

Q60) (CM) Na estante de uma biblioteca há 518 livros distribuídos em quantidades iguais por suas 14 prateleiras. Decidiu-se colocar mais livros nessa estante, de forma que em cada prateleira ficassem 40 livros. A quantidade de livros, a mais, a serem colocados na estante é:

(A) 560   (B) 558   (C) 42   (D) 54   (E) 1078

Q61) (CM) Para que o número 5A38B seja divisível ao mesmo tempo por 5, 9 e 10 os valores que A e B devem respectivamente assumir são:

(A) 1 e 0   (B) 0 e 5   (C) 3 e 0   (D) 2 e 0   (E) 1 e 5

Q62) (CM) O número de cinco algarismos 471AB é divisível por 9. O valor máximo da soma dos algarismos a e b, é:

(A) 17   (B) 19   (C) 18   (D) 15   (E) 12

Q63) (CM) Qual a sentença matemática verdadeira?

(A) $3 + 4 \times 2 = 14$
(B) $5 \times 5 + (6 - 6) \times 10 = 250$
(C) $2 \times (5 - 3) \times 2 = 14$
(D) $\{ 7 \times 3 + [1 + 8 \times (5 - 2) - 2] \} = 44$
(E) $3 + 4 + 2 \times (6 - 4) = 18$

Q64 (CM) Imagine um corredor onde estão colocados 10 armários, numerados na sequência de 1 a 10 e, inicialmente, todos fechados. Uma primeira pessoa passa e abre a porta dos armários numerados com múltiplos de 2. Uma segunda pessoa passa e modifica a posição das portas dos armários numerados com múltiplos de 3, isto é, abre os que estão fechados e fecha os que estão abertos. A terceira pessoa faz o mesmo com os armários numerados com múltiplos de 4 e a quarta pessoa o mesmo com os armários numerados com múltiplos de 5. Depois que a quarta pessoa passou, quantos armários numerados com número primo ficaram fechados?

(A) 2   (B) 1   (C) 0   (D) 4   (E) 3

Q65) (CM) Frog é um sapo que come 20 moscas por dia. Nos dias em que se disfarça, ele consegue comer o triplo de moscas. Quando usa chapéu ele consegue comer o quádruplo do que consegue comer disfarçado. Frog se disfarça duas vezes durante semana e aos sábados usa chapéu. Aos domingos ele jejua. Quantas moscas Frog come por semana? Obs.: jejuar é ficar sem comer.

(A) 120   (B) 660   (C) 420   (D) 500   (E) 260

MATEMÁTICA PARA VENCER

Q66) (CM) Ernesto achou dois pedaços de papel com algumas contas com algarismos apagados, conforme mostra a figura abaixo.

```
127
+35
===
*62

 20848
 x 335
=======
 1*4240
 6254*
62544
=======
698408*
```

A soma dos valores apagados é

(A) 5   (B) 6   (C) 7   (D) 8   (E) 9

Q67) (CM) Marcos Garcia Bastos formou a sua senha de acesso ao computador do seu trabalho com as iniciais do seu nome, seguida de seis numerais. Sabe-se que os três primeiros numerais da senha são 1, 4, e 3. O número formado pelos seis numerais é divisível por 12 e é o menor número possível. Para ter acesso ao seu computador no trabalho Marcos deverá digitar:

(A) MGB143052
(B) MGB143016
(C) MGB143008
(D) MGB143004
(E) MGB143310

Q68) (CM) Uma livraria encomendou de uma editora 316 dezenas de livros. Já chegaram 43 caixas de livros: 14 caixas contendo 25 livros de Ciências cada e 29 caixas contendo duas dúzias de livros de Matemática cada. A quantidade de livros que faltam chegar é:

(A) 1046   (B) 2114   (C) 68   (D) 248   (E) 2462

Q69) Em uma garagem existem 50 veículos, entre motos e carros. O número total de rodas é 160. Calcule o número de motos e o número de carros.

Q70) Com R$ 130,00 foram comprados 50 chocolates de dois tipos: um que custava R$ 2,00 cada e outro tipo que custava R$ 3,00 cada. Quantos chocolates de cada tipo foram comprados?

Q71) (OBM) Ana, Esmeralda e Lúcia têm, juntas, 33 reais. Ana e Esmeralda, juntas, têm 19 reais e Esmeralda e Lúcia, juntas, têm 21 reais. Quantos reais tem Esmeralda?

(A) 6   (B) 7   (C) 10   (D) 12   (E) 14

Q72) (OBM) Numa classe do $6^{\underline{o}}$ ano, de cada 11 estudantes, 4 são meninas. Se há 15 meninos a mais que meninas, quantos alunos há na classe?

Capítulo 4 – AS 4 OPERAÇÕES

Q73) (OBM) Uma urna contém 2008 cartões. Cada cartão recebeu um número diferente, a partir do número 1 até o 2008. Retiram-se dois cartões ao acaso e somam-se os números dos cartões. Quantos números ímpares diferentes podem ser obtidos dessa maneira?

(A) 1004   (B) 1005   (C) 2007   (D) 2008   (E) 4016

Q74) (OBM) Um certo número inteiro positivo, quando dividido por 15 dá resto 7. Qual é a soma dos restos das divisões desse número por 3 e por 5?

(A) 2   (B) 3   (C) 4   (D) 5   (E) 6

Q75) (OBM) Calcule o valor de 1997 + 2004 + 2996 + 4003.

(A) 10000   (B) 11000   (C) 10900   (D) 12000   (E) 13000

Q76) (OBM) Os alunos de uma escola participaram de uma excursão, para a qual dois ônibus foram contratados. Quando os ônibus chegaram, 57 alunos entraram no primeiro ônibus e apenas 31 no segundo. Quantos alunos devem passar do primeiro para o segundo ônibus para que a mesma quantidade de alunos seja transportada nos dois ônibus?

(A) 8   (B) 13   (C) 16   (D) 26   (E) 31

Q77) (OBM) Uma professora tem 237 balas para dar a seus 31 alunos. Qual é o número mínimo de balas a mais que ela precisa conseguir para que todos os alunos recebam a mesma quantidade de balas, sem sobrar nenhuma para ela?

(A) 11   (B) 20   (C) 21   (D) 31   (E) 41

Q78) (OBM) Considere a seqüência oscilante: 1, 2, 3, 4, 5, 4, 3, 2, 1, 2, 3, 4, 5, 4, 3, 2, 1, 2, 3, 4, ... O 2003º termo desta seqüência é:

(A) 1   (B) 2   (C) 3   (D) 4   (E) 5

Q79) (OBM) Uma escola precisa comprar mesas e cadeiras novas para seu refeitório, cada mesa com 4 cadeiras, que serão distribuídas nos 3 setores do refeitório. Em cada setor do refeitório cabem 8 fileiras de mesas e, em cada fileira, cabem 14 mesas. Quantas mesas e cadeiras deverão ser compradas?

(A) 112 mesas e 448 cadeiras
(B) 112 mesas e 1344 cadeiras
(C) 336 mesas e 448 cadeiras
(D) 336 mesas e 896 cadeiras
(E) 336 mesas e 1344 cadeiras

Q80) (OBM) Anos bissextos são múltiplos de 4, exceto aqueles que são múltiplos de 100 mas não de 400. Quantos anos bissextos houve desde a Proclamação da República, em 1889, até 2003?

Q81) (OBM) Observe as multiplicações a seguir:
12 345 679 x 18 = 222 222 222
12 345 679 x 27 = 333 333 333
12 345 679 x 54 = 666 666 666

122 MATEMÁTICA PARA VENCER

Para obter 999 999 999 devemos multiplicar 12 345 679 por:

(A) 29   (B) 99   (C) 72   (D) 41   (E) 81

Q82) (OBM) Um pequeno caminhão pode carregar 50 sacos de areia ou 400 tijolos. Se foram colocados no caminhão 32 sacos de areia, quantos tijolos pode ainda ele carregar?

(A) 132   (B) 144   (C) 146   (D) 148   (E) 152

Q83) (OBM) Corte 10 algarismos do número 1234512345123451234512345, para que o número restante seja o maior possível.

Q84) (OBM) Renata digitou um número em sua calculadora, multiplicou-o por 3, somou 12, dividiu o resultado por 7 e obteve o número 15. O número digitado foi:

(A) 31   (B) 7   (C) 39   (D) 279   (E) 27

Q85) (OBM) Um pai tem 33 anos e seu filho, 7 anos. Depois de quantos anos a idade do pai será o triplo da idade do filho?

(A) 3   (B) 7   (C) 6   (D) 9   (E) 13

Q86) (OBM) O quociente e o resto na divisão de 26097 por 25 são, respectivamente:

(A) 1043 e 22   (B) 1044 e 3   (C) 143 e 22   (D) 1044 e 22   (E) 144 e 3

Q87) (EPCAr) O produto de um número a pelo número 263 é p. Acrescentando-se 4 unidades ao fator a e conservando o fator 263, qual será o novo produto?

Q88) (CN) Um aluno ao multiplicar um número por 60, esqueceu-se de colocar o 0 à direita e obteve um número inferior 291006 unidades do que deveria ter encontrado. Calcule o número

Q89) (CN) Roberto tem 24 anos e Paulo 10 anos. No fim de quantos anos a idade de Roberto será o triplo da de Paulo?

Respostas dos exercícios

E1) Adição
E2) Adição é o nome da operação soma é o seu resultado.
E3) Minuendo, subtraendo e resto
E4) A divisão exata deixa resto zero.
E5) Comutativa, fechamento, elemento neutro
E6) Propriedade distributiva da multiplicação em relação à adição.
E7) Não, para ser elemento neutro teria que valer também a comutatividade, ou seja, $1 \div A$ teria que ser também igual a A, e não é.
E8) Dividendo, divisor, quociente e resto.
E9) Adição e multiplicação.
E10) Não
E11) 20
E12) 7
E13) 4
E14) 527
E15) 52

Capítulo 4 – AS 4 OPERAÇÕES 123

E16) 1

E17) 3 e 12

E18) 150 e 150

E19) 6 e 18

E20) 777

E21) 130

E22) 19

E23) 14

E24) 24

E25) 31

E26) 64

E27) 0

E28) 15

E29) 383

E30) 172

E31) Fica multiplicado por 10

E32) Fica multiplicado por 25

E33) Fica multiplicado por 6

E34) Fica inalterado

E35) Adição com 0, subtração com subtraendo 0, divisão com divisor 1, multiplicação com multiplicador 1.

E36) 13 e 35

E37) 14

E38) 9 e 8

E39) 3 e 5

E40) Fica multiplicado por 2.

E41) 2784

E42) 67528

E43) 55296

E44) 178x8 + 178x2 = 178x(8+2)= 178x10 = 1780

E45) 700x15 + 300x15 = (700+300)x15 = 1000x15 = 15000

E46) 96, resto 6

E47) 64, resto 7

E48) 8, resto 30

E49) $900 \div 15 + 300 \div 15 = (900+300) \div 15 = 1200 \div 15 = 80$

E50) 799 x 32 $\div$ 16 = 799x2 = 1598

E51) 2784

E52) 67528

E53) 55296

E54) 268

E55) 6746

E56) 96, resto 6

E57) 64, resto 7

E58) 8, resto 30

E59) 7930

E60) 7721

E61) 1, 1, 1, 3

E62) 5, 3, 8, 10

E63) 2, 2, 5, 8

E64) Sim, Sim, não

E65) Sim

E66) Não

E67) 6

124   MATEMÁTICA PARA VENCER

E68) 2, 3

E69) 6

E70) 8

E71) Todas as suas parcelas.

E72) Um dos seus fatores.

E73)Não. Será no mínimo multiplicado por 10, no caso da divisão exata, mas poderá ficar maior no caso da divisão não exata, isso dependerá do resto e do quociente da divisão original.

E74) Aumentará 75 unidades.

E75) 3 vezes

E76) 11 vezes

E77) 4 vezes

E78) Não. Podemos apenas afirmar que o dividendo é menor que o divisor.

E79) 0:0 e 1:0

E80) Propriedade comutativa da adição

E81) Propriedade associativa da adição

E82) Aumentará 4 unidades

E83) Propriedades comutativa e associativa da multiplicação

E84 a E90) Respostas junto ao próprio exercício

E91) 6 semanas

E92) Propriedade distributiva da multiplicação em relação à adição.

E93) 4248

E94) No máximo 5 e no mínimo 4.

E95) No máximo 17 e no mínimo 16.

E96) 9

E97) divisor=quociente=8; resto=5

E98) 3 vezes

E99) Paulo tem 20 anos e José tem 10 anos.

E100) 4 vezes

E101) R$ 30,00

E102) Não se altera

E103) 100

E104) duas vezes

E105) são iguais

E106) duas vezes

E107) João tem 45 anos e Pedro tem 15 anos.

E108) 25 e 75

E109) Maria tem 36 e seu filho tem 12 anos.

E110) 10 anos atrás

E111) dentro de 20 anos.

E112) 10 anos atrás

E113) 20-x; 20-2.x

E114) o dobro do maior número

E115) o dobro do menor número.

E116) 26 e 14

E117) 51 e 13

E118) João recebe R$ 1700,00 e Maria recebe R$ 1300,00

E119) 91 e 92

E120) 72 e 84

E121) 25 e 5

E122) A soma aumenta 2 anos. A diferença é sempre a mesma

E123) João tem 30 anos e José tem 10 anos.

E124) 30 e 20

Capítulo 4 – AS 4 OPERAÇÕES

E125) 51 e 24
E126) 40
E127) 30 e 14
E128) 40 e 60
E129) 20 e 80
E130) 62
E131) 90 e 15
E132) 24 e 96
E133) 19
E134) 288
E135) R$ 15,00 cada livro e R$ 9,00 cada caderno.

Respostas das questões propostas

Q31) Resp: (C)
Q32) Resposta: (C)
Q33) Resposta: (E)
Q34) Resposta: (B)
Q35) Resposta: (B)
Q36) Resposta: (D)
Q37) Resposta: (D)
Q38) Resposta: (A)
Q39) Resposta: (A)
Q40) Resposta: (A)
Q41) Resposta: (D)
Q42) Resposta: (D)
Q43) Resposta: (A)
Q44) Resposta: (E)
Q45) Resposta: (C)
Q46) Resposta: (C)
Q47) Resposta: (D)
Q48) Resposta: (E)
Q49) Resposta: (C)
Q50) Resposta: (D)
Q51) Resposta: (D)
Q52) Resposta: (A)
Q53) Resposta (B)
Q54) Resposta: (D)
Q55) Resposta: (A)
Q56) Resposta: (E)
Q57) Resposta: (A)
Q58) Resposta: (A)
Q59) Resposta: (E)
Q60) Resposta: (C)
Q61) Resposta: (A)
Q62) Resposta: (D)
Q63) Resposta: (D)
Q64) Resposta: (B)
Q65) Resposta: (C)
Q66) Resposta: (A)
Q67) Resposta: (D)
Q68) Resposta: (B)
Q69) Resposta: 30 carros e 20 motos

126 MATEMÁTICA PARA VENCER

Q70) 20 chocolates de R$ 2,00 e 10 chocolates de R$ 3,00
Q71) Resposta: (B) 7
Q72) Resposta: 55
Q73) Resposta: (C) 2007
Q74) Resposta: (B) 3
Q75) Resposta: (C) 11000
Q76) Resposta: (B) 13
Q77) Resposta: (A) 11
Q78) Resposta: (C) 3
Q79) Resposta (E)
Q80) Resposta: 27
Q81) Resposta: (E) 81
Q82) Resposta: (B) 144
Q83) Solução: Cortar as duas primeiras seqüências 1234, e a seqüência 12 seguinte, ficando com 553451234512345
Q84) Resposta (A) 31
Q85) O pai é 26 anos mais velho. Para que a idade do pai seja o triplo da idade do filho, a diferença entre as idades tem que ser o dobro da idade do filho. A diferença é sempre 26. Então a idade do filho tem que ser 13, e a do pai, 39. Isto ocorrerá dentro de 6 anos.
Resposta: (C) 6
Q86) Resposta: (A)
Q87) Resp: p+1052
Q88) Resp: 32334
Q89) Resp: x= -3, ocorreu há 3 anos;

Prova simulada

Questão 1) Valor: 0,5
O que acontece com o resultado de uma multiplicação de números naturais quando multiplicamos a primeira parcela por 10 e dividimos a segunda parcela por 5, sabendo que a segunda parcela é um múltiplo de 5?

(A) Não se altera
(B) Fica multiplicado por 50
(C) Fica dividido por 2
(D) Fica multiplicado por 2
(E) Fica multiplicado por 10

Questão 2) Valor: 0,5
Determine o resto da divisão de 145x627x331 por 9

(A) 3   (B) 6   (C) 0   (D) 2   (E) 8

Questão 3) Valor: 0,5 (CM)
O resultado da expressão numérica $67 + \{50 \times [70 : (3^3 + 2^3) + (6 : 2)^2] + 21\}$

deve ser representado, em algarismos romanos, por:

(A) DCCCXLVII
(B) CCXXVIII
(C) DCXLI
(D) CDXXIV
(E) DCXXXVIII

Capítulo 4 – AS 4 OPERAÇÕES

127

Questão 4) Valor: 0,5 (CM)

Maria teve duas filhas. Cada uma das filhas de Maria teve duas filhas. Cada uma das netas de Maria também teve duas filhas e, finalmente, cada uma das bisnetas de Maria lhe deu duas tataranetas. Quantas tataranetas teve Maria?

(A) 16   (B) 64   (C) 32   (D) 10   (E) 8

Questão 5) Valor: 0,5 (CM)

(CM) Três caixas contêm o mesmo número de maçãs. Foram retiradas 13 maçãs da primeira caixa e 15 maçãs da segunda caixa e colocadas na terceira caixa. Assim, o número de maçãs que a terceira caixa ficou a mais que a primeira é:

(A)28   (B)13   (C)41   (D)43   (E)15

Questão 6) Valor: 0,5 (CM)

O Colégio Militar de Brasília precisa comprar mesas e cadeiras novas para o refeitório. Cada conjunto de mesa com 4 cadeiras será distribuído nos 4 setores. Em cada setor do refeitório, cabem 7 fileiras de mesas, e, em cada fileira, cabem 10 mesas. O número de mesas e cadeiras que deverão ser compradas são

(A) 112 mesas e 448 cadeiras.
(B) 336 mesas e 1344 cadeiras.
(C) 330 mesas e 1340 cadeiras.
(D) 280 mesas e 1120 cadeiras.
(E) 560 mesas e 2240 cadeiras.

Questão 7) Valor: 0,5 (CM)

Tudo o que um indivíduo, uma empresa ou um governo arrecada em um período de tempo determinado, desde que resulte em ganhos ou posse de fatores de uma produção, é definido como renda. A renda "per capita" é a renda que se obtém dividindo a renda nacional de um país pelo número de habitantes.

Um certo país tem 15 milhões de habitantes, com uma renda "per capita" de 200 dólares. Um outro tem 20 milhões de habitantes e renda "per capita" de 250 dólares. Sabendo que esses dois países são vizinhos e supondo que unam-se formando um novo país, a renda "per capita", de acordo com os dados acima, passaria a valer, aproximadamente:

(A) 450,00 dólares
(B) 255,00 dólares
(C) 238,00 dólares
(D) 228,57 dólares
(E) 218,57 dólares

Questão 8) Valor: 0,5 (CM)

Cada um dos números naturais nos círculos é a soma dos dois números naturais desconhecidos que estão nos dois quadrados ao lado deles.

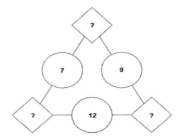

A soma dos três números desconhecidos que estão nos quadrados é:

(A) 14   (B) 15   (C) 12   (D) 13   (E) 11

Questão 9) Valor: 0,5 (CM)
Em uma divisão não exata, o quociente é igual a 20. Sabendo que o divisor vale 4/5 do quociente e que o resto é o maior possível, então o dividendo vale:

(A) 320   (B) 321   (C) 322   (D) 334   (E) 335

Questão 10) Valor: 0,5 (CM)
Aline pediu que seu cunhado Eduardo pensasse em um número e, a seguir, fizesse as seguintes operações:

• Adicionasse 15 ao número pensado;
• Multiplicasse o resultado obtido por 6;
• Subtraísse 20 do novo resultado.

Ao término dessas operações, Eduardo encontrou o número 100 como resultado. Em que número ele pensou?

(A) 100   (B) 20   (C) 105   (D) 5   (E) 120

Questão 11) Valor: 0,5 (CM)
Uma calculadora apresenta, entre suas teclas, uma tecla X, que aumenta o número digitado em 185 unidades, e uma tecla Y, que adiciona 234 unidades ao número que está no visor. O número obtido, se uma pessoa digitar inicialmente 146 e apertar, em seqüência, as teclas X, Y e X será

(A) divisível por 2 e 11 simultaneamente
(B) $2.3.5^2$
(C) divisível por 3 e 8 simultaneamente
(D) divisível por 7 e 25 simultaneamente
(E) $2.3.5^3$

Questão 12) Valor: 0,5 (CM)
Ao saber do roubo de mais um de seus navios, o Rei mandou o capitão Strong informar aos demais capitães sobre o ocorrido. No mesmo dia, capitão Strong informou a três capitães, que, por sua vez, avisaram, cada um deles, a outros três; estes, por sua vez, enviaram, cada um deles, três mensageiros, os quais avisaram, cada um deles, a outros três capitães. Quantos capitães, incluindo o capitão Strong, foram avisados, sabendo que nenhum deles foi avisado mais de uma vez?

(A) 36   (B) 40   (C) 81   (D) 94   (E) 121

Questão 13) Valor: 0,5 (CM)
A calculadora de Samanta está com defeito. Apesar de realizar as operações normalmente, ao invés de aparecerem algarismos no visor, aparecem letras correspondentes a cada algarismo. Ela digitou o número 67943, mas apareceu no visor "BOLAS". Sua amiga somou esse número com um outro, correspondente à palavra "CLONE" e o resultado foi "MGOBAG". Se ela quiser que apareça no visor a palavra "CABANA", deverá digitar o número:

(A) 325401   (B) 234501   (C) 546424   (D) 846404   (E) 546404

Questão 14) Valor: 0,5 (CM)
No quadro abaixo, as figuras iguais representam o mesmo número. As flechas apontam para a soma de cada linha ou de cada coluna.

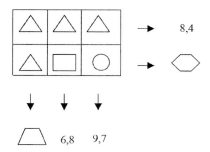

O valor da operação abaixo

□ + ⬡ − ⏢ , é igual a:

(A) 16,2   (B) 14,9   (C) 12,1   (D) 18,7   (E) 10,9

Questão 15) Valor: 0,5 (CM)
Numa divisão o resto é igual a dois terços do divisor e o quociente vale cinco sextos do resto. Se o divisor é 126, o dividendo é:

(A) 8820   (B) 8904   (C) 9804   (D) 9820

Questão 16) Valor: 0,5 (CM)
As idades de duas pessoas somam 80 anos. Subtraindo-se 15 anos da idade da mais velha e acrescentando a idade da mais nova, as idades tornam-se iguais. A idade de cada uma delas é, respectivamente:

(A) 60 anos e 20 anos
(B) 55 anos e 25 anos
(C) 50 anos e 30 anos
(D) 45 anos e 35 anos

Questão 17) Valor: 0,5 (CM)
Em uma balança de dois pratos, quando a massa dos corpos que se encontram em um dos pratos é igual à massa dos corpos que estão no outro prato, estes ficam em equilíbrio, isto é, na mesma horizontal, conforme as duas figuras abaixo:

Qual das alternativas abaixo apresenta uma figura correta, isto é, uma balança em equilíbrio com massas iguais nos dois pratos?

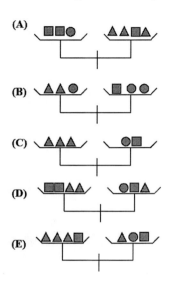

Questão 18) Valor: 0,5 (OBM)
Em um quadrado mágico, a soma dos números de cada linha, coluna ou diagonal é sempre a mesma. No quadrado mágico a seguir, o valor de x é:

1	14	x
26		13

(A) 20   (B) 22   (C) 23   (D) 25   (E) 27

Questão 19) Valor: 0,5 (OBM)
Ronaldo, sempre que pode, guarda moedas de 50 centavos ou 1 real. Atualmente, ele tem 100 moedas, num total de 76 reais. Quantas moedas de um valor ele tem a mais do que a de outro valor?

(A) 48   (B) 4   (C) 8   (D) 52   (E) 96

Questão 20) Valor: 0,5 (OBM)
Você possui muitos palitos com 6 cm e 7 cm de comprimento. Para fazer uma fila de palitos com comprimento total de 2 metros, o número mínimo de palitos que você precisa utilizar é:

(A) 29   (B) 30   (C) 31   (D) 32   (E) 33

Capítulo 4 – AS 4 OPERAÇÕES

131

Solução da prova simulada
Gabarito

1	D	6	D	11	E	16	B
2	B	7	D	12	B	17	E
3	E	8	A	13	D	18	E
4	A	9	E	14	C	19	B
5	C	10	D	15	B	20	A

Soluções

Questão 1)
$P \times 10 \div 5 = P \times 2$
Resposta: (D)

Questão 2)
$145 \times 627 \times 331$ ➔ $1 \times 6 \times 7 = 42$, o resto é $4+2 = 6$
Resposta: (B)

Questão 3)
$67 + \{50 \times [70 : (3^3 + 2^3) + (6 : 2)^2] + 21\}$
$= 67 + \{50 \times [70 : 35 + 9] + 21\}$
$= 67 + \{50 \times 11 + 21\}$
$= 67 + \{50 \times 11 + 21\}$
$67 + 550 + 21 = 638 = $ DCXXXVIII
Resposta: (E)

Questão 4)
$2 \times 2 \times 2 \times 2 = 16$
Resposta: (A)

Questão 5)
X, X, X
X-13, X-15, X+13+15
$13+13+15 = 41$
Resposta: (C)

Questão 6)
$4 \times 7 \times 10 = 280$ mesas
$280 \times 4 = 1120$ cadeiras
Resposta: (D)

Questão 7)
$$\frac{15.000.000 \times 200 + 20.000.000 \times 250}{35.000.000} = \frac{3000 + 5000}{35} = \frac{1600}{7} = 228,57$$
Resposta: (D)

Questão 8)
a+b=7
a+c=9
b+c=12
$2a+2b+2c = 18$ ➔ a+b+c=14

Resposta: (A)

Questão 9)

$$15 \,\bigg|\, \frac{16}{20}$$

Dividendo = 20x16 + 16 = 335
Resposta: (E)

Questão 10)
N ➜ +15 ➜ x6 ➜ -20 ➜ 100
Fazendo o caminho inverso
100 ➜ +20 ➜ ÷6 ➜ -15 ➜ 5
Resposta: (D)

Questão 11)
X: +185
Y: +234
X: 146+185 = 331
Y: 331+234 = 565
X: 565+185 = 750 = $2.3.5^3$
Resposta: (E)

Questão 12)
Strong + 3 + 9 + 27
1+3+9+27 = 40
Resposta: (B)

Questão 13)
0
1 = M
2
3 = S
4 = A
5
6 = B
7 = O
8
9 = L

```
 67943
 C97NE+
======
MG764G
```

M=1
C? N? E? G?, 0? 2? 5? 8?
N = 0
7+C = 1G

```
 67943
 C970E+
======
```

Capítulo 4 – AS 4 OPERAÇÕES

```
1G764G
```

Opção 1)
E=2, G=5, C=8
```
 67943
 89702+
======
157645
```

Opção 2)
```
 67943
 29705+
======
 97648
```
(NÃO SERVE, pois não só tem 5 algarismos)

Então E=2, G=5, C=8
CABANA = 846404
Resposta: (D)

Questão 14)

$3\triangle = 8{,}4 \rightarrow \triangle = 2{,}8$

$2\triangle = 2 \times 2{,}8 = 5{,}6 = \square$

$\triangle + \square = 2{,}8 + \square = 6{,}8 \rightarrow \square = 4$

$\triangle + O = 2{,}8 + O = 9{,}7 \rightarrow O = 6{,}9$

$\triangle + \square + O = 2{,}8 + 4 + 6{,}9 = 13{,}7$

$\bigcirc = 13{,}7$

$\square + \bigcirc - \square = 4 + 13{,}7 - 5{,}6 = 12{,}1$

Resposta: (C)

Questão 15)

$$84 \mid \overline{\begin{array}{l} 126 \\ \hline 70 \end{array}}$$

2/3 de 126 = 84
5/6 de 84 = 70
Dividendo = 70x126+84 = 8904
Resposta: (B)

Questão 16)

Soma = 80, Diferença = 30
x+y=80
x-y = 30
2x = 110, x=55 $\rightarrow$ y=25
Resposta: (B)

Questão 17)

$\triangle O \square$

○ = Δ + □ + □

Δ = □ + □

Δ = 2.□

○ = 4.□

A) 6.□ = 7.□ NÃO

B) 8.□ = 9.□ NÃO

C) 6.□ = 5.□ NÃO

D) 6.□ = 7.□ NÃO

E) 7.□ = 7.□ SIM
Resposta: (E)

Questão 18)

		a
1	14	x
26		13

1+14+x = 13+x+a ➔ a=2
26+14+2 = 42
15+x= 42
x=27
Resposta: (E)

Questão 19)
R$ 0,50 e R$ 1,00
Se fossem 100 moedas de R$ 0,50 seriam R$ 50,00
A diferença, R$ 26,00, é porque algumas moedas são de R$ 1,00.
R$ 26,00 / R$ 0,50 (a diferença entre R$ 1,00 e R$ 0,50) = 52
São 52 moedas de R$ 1,00, o 48 de R$ 0,50
52 – 48 = 4
Resposta: (B)

Questão 20)
6x + 7y = 200
x+y tem que ser mínimo ➔ y tem que ser o maior possível, para usar mais palitos de 7 cm e menos palitos de 6 cm.
200 / 7 = 28, resto 4
Tentemos valores de y a partir de 28 e decrescendo
y=28 ➔ 6x = 200 – 196 = 4 (não serve, tem que ser múltiplo de 6)
y tem que ser par, pois 7y = 200-6x, que é par
y = 26 ➔ 6x = 200 – 182 = 18 ➔ x=3
y=26 e x=3 ➔ 29
Resposta: (A)

Capítulo 5

Múltiplos e divisores

Múltiplo e divisor

Considere os números 18 e 6. Como 18 pode ser dividido por 6 sem deixar resto, dizemos que *18 é múltiplo de 6.* Isso é o mesmo que dizer que *6 é divisor de 18.*

Números primos

Em capítulos anteriores, você já foi apresentado a alguns números primos: 2, 3, 5 e 7. Um número é primo quando só pode ser dividido, com divisão exata, por ele mesmo ou por 1. É o caso dos números citados acima. 2 é o primeiro número primo, além dele, existem infinitos outros:

2, 3, 5, 7, 11, 13, 17, 19, 23, 29, 31, 37, 41, 43, 47, 53, 59, 61, 67, 71, 73, 79, 83, 89, 97...

No final deste capítulo apresentamos uma tabela com os números primos menores que 1000.

Números compostos

São todos aqueles números, maiores que 1, que não são primos. Os números compostos podem ser divididos por outros números, além de 1 e eles próprios, ou seja, possuem mais de 2 divisores. Os números compostos também são infinitos:

4, 6, 8, 9, 10, 12, 14, 15, 16, 18, 20, 21, 22, 24, 25, 26, 27, 28, 30, 32, 33, 34, 35, 36, ...

Nem primo, nem composto

Os números 0 e 1 não são considerados primos nem compostos. O número primo precisa ter exatamente dois fatores (1 e ele próprio). Por isso, 1 não é primo: tem apenas 1 divisor, o próprio 1. O número 0 não é primo, pois tem infinitos divisores (pode ser dividido por qualquer número diferente de 0). Isto tornaria o 0 um número composto, entretanto a definição de número composto exige que seja maior que 1. Portanto, os números 0 e 1 não são primos, nem compostos.

Como descobrir se um número é primo

Para isso temos que testar se o número tem outros divisores além de 1 e ele próprio. Felizmente não é preciso fazer a divisão, podemos apenas usar critérios de divisibilidade. Esses critérios indicam se um número é divisível ou não por outro, sem necessidade de realizar a conta. Por exemplo, vejamos se o número 2241 é primo:

Não é divisível por 2, pois não é par
É divisível por 3, pois a soma dos seus algarismos é 9, múltiplo de 3.

Concluímos então que 2241 não é primo.

Parece fácil, mas se fizermos a mesma coisa com 104729, vamos ter um trabalho imenso, até concluirmos que este número é primo. Depois que estudarmos divisibilidade mais adiante neste capítulo, voltaremos ao assunto. Por enquanto, apresentamos uma pequena lista com os números primos menores que 200. Você deve memorizar pelo menos os menores que 100.

Números primos entre 1 e 100

2	19	43	71
3	23	47	73
5	29	53	79
7	31	59	83
11	37	61	89
13	41	67	97
17			

Números primos entre 100 e 200

101	103	107	109
113	127	131	137
139	149	151	157
163	167	173	179
181	191	193	197
199			

Divisibilidade

Já vimos rapidamente no capítulo 4, alguns critérios de divisibilidade, que servem para descobrir sem uma divisão dá resto zero ou não, sem saber a divisão. A maioria dos critérios de divisibilidade permitem ainda saber o resto da divisão, sem realizá-la. Se o resto for zero, significa que o número testado é divisível pelo outro.

Divisibilidade por 2

Os números divisíveis por 2 são todos aqueles que terminam por algarismos pares: 0, 2, 4, 6, ou 8. Significa que o resto da sua divisão por 2 será 0. Se o número termina por algarismo ímpar, não é divisível por 2, e o resto da sua divisão por 2 será 1.

Divisibilidade por 3

Some os valores de todos os algarismos do número. Repita o processo até ficar com um resultado menor que 10. Se este resultado for 0, 3, 6 ou 9, então o número é divisível por 3. Seu resto da divisão por 3 é o mesmo resto deste último número encontrado. Ao somar os algarismos, podemos desprezar o 3, o 6 e o 9, pois estes já são divisíveis por 3, e não afetam o resto.

Ex: Determine se o número 7432 é divisível por 3, e caso não seja, encontre o resto da sua divisão por 3.

7+4+2 = 13 ➔ 1+3 = 4, resto da divisão por 3 = 1

Portanto o número 7432 não é divisível por 3, e o resto da sua divisão por 3 é 1.

Divisibilidade por 4

Considere apenas os algarismos das unidades e dezenas. Se o algarismo das unidades for par, transforme-o em 0. Se for ímpar, transforme-o em 1. Agora teste a divisibilidade por 4 do número resultante, que será menor que 20, o que torna o teste bem mais fácil.

Ex: Testar se 328972 é divisível por 4.

Capítulo 5 – MÚLTIPLOS E DIVISORES

Basta fazer o teste com o número 72. Como 7 é ímpar, vamos trocá-lo por 1. Temos então que testar a divisibilidade por 4 do número 12, que obviamente é divisível por 4. Então o número 328972 é divisível por 4. O resto da divisão por 4 deste número simples encontrado é o mesmo do número original.

Divisibilidade por 5

Basta checar o algarismo das unidades. Se for 0 ou 5, o resto será 0. Se for 1 ou 6, o resto será 1. Se for 2 ou 7, o resto será 2. Se for 3 ou 8, o resto será 3, e se for 4 ou 9, o resto será 4. Sendo assim, os números divisíveis por 5 são todos aqueles que terminam em 0 ou 5.

Divisibilidade por 6

Devemos aplicar a divisibilidade por 2 e por 3. Se o número for divisível por 2 e por 3, será também divisível por 6. Entretanto se não for divisível por 6, não saberemos o resto de forma direta, para isso será preciso realizar a divisão.

Ex: Testar se 678 é divisível por 6.
Para ser divisível por 6, é preciso que seja divisível por 2 e por 3.
278 é par, então é divisível por 2.
6+7+8 = 21, que é divisível por 3, então 678 é divisível por 3.
Logo 678 é divisível por 2 e por 3.

Divisibilidade por 7

Existe um critério, mas sua aplicação é trabalhosa. É mais fácil fazer a divisão por 7 e verificar o resultado. O critério é o seguinte: Some o algarismo das unidades com 3 x o algarismo das dezenas, com 2 x o algarismo das centenas, com 6 x o algarismo das unidades de milhar, com 4 x o algarismo das dezenas de milhar, com 5 x o algarismo das centenas de milhar. Some tudo e repita o processo com o valor encontrado, até achar um número pequeno que fique fácil testar. Se o número tiver mais de 6 algarismos, repita a seqüência de multiplicadores se repete: 1, 3, 2, 6, 4, 5.

Ex: Ache o resto da divisão de 3.245 por 7.
Ficamos então com $5 + 4x3 + 2x2 + 3x6 = 39$
Repetindo o processo: $9 + 3x3 = 18$ ➜ o resto da divisão por 7 será 4.

Dica: ao invés de decorar esta regra, faça logo a divisão por 7.

Divisibilidade por 8

Para testar a divisibilidade por 8, usamos apenas os algarismos das unidades, dezenas e centenas. Depois, troque o algarismo das unidades pelo resto da sua divisão por 8. Troque o algarismo das dezenas pelo resto da sua divisão por 4. Troque o algarismo das centenas pelo resto da sua divisão por 2. Agora ache o resto da divisão por 8 do número encontrado. Se o resto for 0, então o número é divisível por 8.

Ex: Encontre o resto da divisão de 723763 por 8

723.763 ➜ 763 ➜ 123, que dividido por 8 dá 15, e resto 3.

Então o número pedido não é divisível por 8, e o resto da sua divisão por 8 é 3.

138 MATEMÁTICA PARA VENCER

Divisibilidade por 9

O processo é similar ao do resto da divisão por 3. Somamos todos os algarismos, podendo desprezar o 9. Repetimos o processo até chegar a um número menor que 10.

Ex: Determine o resto da divisão de 1.234.326.776 por 9.
Somamos 1+2+3+4+3+2+6+7+7+6, o que resulta em 41. Agora somamos 4+1, o resultado é 5. Este é o resto da divisão do número original por 9.

Divisibilidade por 10

O resto da divisão de qualquer número natural por 10 é o seu algarismo das unidades. Da mesma forma, os números divisíveis por 100 são os que terminam em 00, os divisíveis por 1000 são os que terminam por 000, e assim por diante.

Divisibilidade por 11

A divisibilidade por 11 também é de fácil aplicação. O método permite descobrir o resto da divisão por 11, se for 0, o número será divisível por 11. Some todos os algarismos de ordem ímpar e ache o resto da sua divisão por 11, depois some todos os algarismos de ordem par e ache o resto da sua divisão por 11. Subtraia a soma dos ímpares menos a soma dos pares, para encontrar o resto da divisão por 11. Se o primeiro número for menor que o segundo, adicione 11 antes de subtrair.

Exemplo: Testar se 140.659.732 é divisível por 11.

Somando os algarismos de ordem ímpar: 2+7+5+0+1 = 15 ➜ resto 4
Somando os algarismos de ordem par: 3+9+6+4 = 22 ➜ resto 0
Subtraindo os dois valores temos 4 - 0 = 4. O resto da divisão por 11 será 4, portanto o número dado não é divisível por 11.

Um erro comum aqui é subtrair os números na ordem errada. Devemos calcular o resto da divisão por 11 da soma dos algarismos de ordem ímpar, menos o resto da divisão por 11 da soma dos algarismos de ordem par. Por exemplo:

Exemplo: Testar se 581.324 é divisível por 11.

Somando os algarismos de ordem ímpar: 4+3+8 = 15 ➜ resto 4
Somando os algarismos de ordem par: 2+1+5 = 8 ➜ resto 8

Fazendo erradamente 8-4, encontraríamos resto 4. O correto é fazer ímpares – pares, o que ficaria 4 - 8. Como 4 é menor que 8, devemos somar 11, ficando com 15-8. O resto correto é 7.

Divisibilidade por AxB

Vimos que para testar se um número é divisível por 6, testamos a divisibilidade por 2 e por 3. Isso só funciona porque 2 e 3 não têm fatores comuns. A divisibilidade por um número maior pode ser testada através da divisibilidade dos fatores deste número, mas esses fatores não podem ter fatores comuns. Por exemplo:

Divisibilidade por 18: Testamos a divisibilidade por 2 e por 9, já que 2 e 9 = 3x3 não têm fatores comuns. Seria errado se testássemos a divisibilidade por 6 e por 3. O teste não funcionaria porque 6 (2x3) e 3 têm um fator comum, que é o próprio 3. Veja um exemplo:

Exemplo: Testar se 30 é divisível por 3 e divisível por 6.

Capítulo 5 – MÚLTIPLOS E DIVISORES

30 é divisível por 3
30 é divisível por 6.
Mas 30 não é divisível por 18 (6x3).
Seria correto se desmembrássemos 18 em dois fatores que não possuam fatores comuns, como 2 e 9.

Da mesma forma, faríamos:
Divisibilidade por 12: Certo = 4x3; seria errado fazer 2x6
Divisibilidade por 15: Certo = 3x5
Divisibilidade por 24: Certo = 3x8; seria errado fazer 2x12 ou 6x4
Divisibilidade por 36: Certo = 4x9; seria errado fazer 6x6 ou 3x12 ou 18x2

Exercícios

E1) Verifique quais dos números abaixo são primos, sem usar as tabelas:
37, 83, 77, 143, 171, 193, 211

E2) Identifique quais dos números abaixo são múltiplos de 3
278, 456, 2388, 1798, 728, 3975

E3) Identifique quais dos números abaixo são múltiplos de 5
788, 345, 2780, 7385, 5551, 1002, 9000

E4) Identifique quais números abaixo são múltiplos de 8
314, 728, 276, 376, 884, 976

E5) Identifique quais dos números abaixo são múltiplos de 6
3782, 323, 2976, 1666, 4902, 7216

E6) Identifique quais dos números abaixo são divisíveis por 4
722, 3802, 2712, 784, 752, 632, 956

E7) Identifique quais dos números abaixo são divisíveis por 9
7289, 738, 1999, 936, 774, 513, 825

E8) Identifique quais dos números abaixo são divisíveis por 15
185, 475, 230, 570, 830, 950, 1170

E9) Identifique quais dos números abaixo são divisíveis por 33
4389, 121, 759, 990, 561, 3795

E10) Identifique quais dos números abaixo são divisíveis por 45
345, 2785, 870, 585, 4545, 845, 945, 345, 315

Paridade

Paridade é um caso especial de divisibilidade. É a característica de um número ser par ou ímpar. Alguns problemas interessantes envolvem uma expressão complicada e pedem se o resultado é par ou ímpar. Se a expressão tiver apenas operações de adição, subtração e multiplicação (o que inclui as potências), pode ser resolvida de forma bem simples. Substitua todos os números pares por 2 e todos os números ímpares por 1. O resultado encontrado terá a mesma paridade que a expressão original.

140   MATEMÁTICA PARA VENCER

Ex: Determinar se o resultado da expressão abaixo é par ou ímpar:

$7 \times 3 + [1 + 8 \times (5 - 2) - 2]$

Trocando os números pares por 2 e os ímpares por 1, ficamos com:

1x1 + [1+2x(1-2)-2]

Quando uma subtração não puder ser feita, por resultar em número negativo (como 1-2 no caso acima), podemos trocar o 1 no minuendo por 3, evitando o número negativo, ou então trocar o 2 no subtraendo por 0. Ficamos então com

1x1 + [1+2x(1-0)-0]

O resultado da expressão é 4, então sua paridade é par. De fato, se resolvêssemos a expressão original encontraríamos 44, que realmente é par.

Propriedades da paridade

1) O produto de dois números pares é sempre par
2) O produto de dois números ímpares é sempre ímpar
3) O produto de um número par por um número ímpar é sempre par
4) A soma de dois números pares é sempre par
5) A soma de dois números ímpares é sempre par
6) A soma de um número par com um número ímpar é sempre ímpar
7) A diferença de dois números pares é sempre par
8) A diferença de dois números impares é sempre par
9) A diferença entre um número par e um número ímpar é sempre ímpar
10) A potência de um número par será sempre par (expoente natural, maior que 0)
11) A potência de um número ímpar será sempre ímpar (expoente natural, maior que 0)

As propriedades 10 e 11 acima valem quando o número está elevado a uma potência 1 ou superior. Por exemplo:

$9^1, 9^2, 9^3, 9^4$ são ímpares
$6^1, 6^2, 6^3, 6^4$ são pares

Exercícios

E11) Entre os números 0, 1, 2, 3 e 4, quais são primos e quais são compostos?

E12) O produto de dois números ímpar é sempre ímpar?

E13) Verifique se o número 75 é divisível por 3, 5 e 9

E14) Qual é o menor número maior que 200 e divisível ao mesmo tempo por 2 e por 5?

E15) Quais dos números abaixo é divisível ao mesmo tempo por 9 e por 11?
1235, 2376, 1494, 715

E16) Um produto tem 8 fatores, sendo que 3 deles são pares e 5 deles são ímpares. Este produto é par ou ímpar?

Capítulo 5 – MÚLTIPLOS E DIVISORES

141

E17) Quanto temos que somar ao número 189.772 para que se torne um múltiplo de 9?

E18) Determine se o resultado da expressão abaixo é par ou ímpar.
17 x 315 + [101 + 966 x (1235 – 702) – 1002]

E19) Determine se o número 1.234.376 + 6.783.233 x 187.882.198 é divisível por 9

E20) (CM) Qual é o menor número natural que deve ser somado a 3575 para que se obtenha um número divisível por 7 e por 2, ao mesmo tempo?:

Múltiplos e divisores

Dado um número natural N, dizemos que os seus múltiplos são aqueles números obtidos quando multiplicamos N por outros números naturais. Por exemplo, os múltiplos de 10 são:

0, 10, 20, 30, 40, 50, 60, 70, ...

Da mesma forma, os múltiplos de 12 são:

0, 12, 24, 36, 48, 60, 72, 84, 96, 108, 120, ...

Outro exemplo: 777 é múltiplo de 37, pois 37 x 21 = 777

Qualquer número natural tem uma infinidade de múltiplos. Para encontrá-los, basta multiplicar este número por 0, 1, 2, 3, e assim por diante.

Uma forma de saber se um número é múltiplo de outro é fazendo a sua divisão. Se o resto for 0, então a resposta é SIM.

Ex: Verificar se 341 é múltiplo de 11.
Isso é o mesmo que perguntar se 341 é divisível por 11. Lembre-se do critério de divisibilidade por 11, já ensinado:

341 ➔ Ímpares = 1+3=4, Pares = 4 ➔ Ímpares – pares = 4 – 4 = 0, então 341 é divisível por 11.

Isso é o mesmo que dizer que 341 é múltiplo de 11.

A noção de divisor está diretamente relacionada com a noção de múltiplo. Por exemplo, dizer que 341 é múltiplo de 11 é o mesmo que dizer que 11 é divisor de 341.

Se A é múltiplo de B, então B é divisor de A.

Um problema muito comum em matemática é encontrar todos os divisores de um número dado. Por exemplo, os divisores de 36 são 1, 2, 3, 4, 6, 9, 12, 18 e 36. Existem técnicas para encontrarmos rapidamente todos os divisores de um número dado.

Outro problema comum em matemática é descobrir quantos são os divisores de um número, sem calculá-los. Por exemplo, o número 200 tem 12 divisores.

Divisor próprio

O divisor próprio de um número N é um divisor de N que não seja 1 nem N. Por exemplo, os divisores de 6 são 1, 2, 3 e 6. Seus divisores próprios são 2 e 3. Os números primos não possuem divisores próprios.

Descobrindo se um número é primo

Inúmeras vezes em matemática, inclusive em problemas de provas, precisamos descobrir se um determinado número é primo ou não. O processo é relativamente simples, exceto para números muito grandes. Vamos mostrar um método para fazer isso, e depois um aperfeiçoamento que vai torná-lo mais simples.

Método 1)
Ex: Descobrir se 59 é primo
Testamos se o número pode ser dividido por algum dos números primos menores que ele. Esses números são:

2, 3, 5, 7, 11, 13, 17, 19, 23, 29, 31, 37, 41, 43, 47 e 53

O número 59 não é divisível por nenhum desses, portanto é primo. O teste é rápido quando testamos números pequenos, como 2, 3, 5 e 11, quando podemos contar com os critérios de divisibilidade já ensinados. Mas fica muito trabalhoso quando passamos para 13, 17, 19...

Felizmente não precisamos testar todos eles. Este é o aperfeiçoamento do método, que será mostrado a seguir.

Método 2)
O Método 1 pode ser bastante facilitado. Não precisamos testar a divisibilidade por todos os primos inferiores ao número testado. Basta testar os primos até a sua raiz quadrada. Para isso, determine qual é o maior número primo cujo quadrado é inferior ao número testado. Para que fique fácil, você precisará memorizar os quadrados dos números naturais. Calcule então os quadrados dos números primos:

$2^2 = 4$
$3^2 = 9$
$5^2 = 25$
$7^2 = 49$
$11^2 = 121$ ➔ já ultrapassou 59, então precisamos testar somente até 7

Vale a pena memorizar os quadrados perfeitos, pois aparecem em muitos problemas de matemática. Graças a esta informação, a nossa lista de números primos a serem testados se são divisores de 59 é

2, 3, 5, 7

Se quiséssemos testar se 863 é primo, bastaria testar sua divisibilidade pelos números primos inferiores a 30 (já que 30^2 é 900, que ultrapassa o número 863). A lista de números primos pelos quais devemos testar se 863 é divisível seria apenas:

2, 3, 5, 7, 11, 13, 17, 19, 23, 29

O que também é razoavelmente trabalhoso, mas não impossível. Felizmente em provas, são pedidos normalmente números menores. Por exemplo:

103 é o menor número primo maior que 100?

O único candidato a primo maior que 100 e menor que 103 é 101 (102 é par, não pode ser primo). Para testar se 101 é primo, verificamos sua divisibilidade por 2, 3, 5, e 7, pois o

Capítulo 5 – MÚLTIPLOS E DIVISORES

próximo número primo, 11, já tem quadrado 121, que ultrapassa 101. É fácil verificar que 101 não é divisível por 2, 3, 5 ou 7, então 101 é primo. Portanto, 103 não é o menor número primo superior a 100.

Sem usar a raiz quadrada

Usamos o critério da raiz quadrada aproximada para saber quando devemos parar de testar a divisibilidade quando estamos tentando descobrir se um número primo. Este método consiste em calcular o quociente da divisão. Quando o quociente for menor que o divisor (número primo), significa que é hora de parar. Vejamos um exemplo:

Exemplo: Determinar se 101 é primo

$101 \div 2 = 50$, resto 1
$101 \div 3 = 33$, resto 2
$101 \div 5 = 20$, resto 1
$101 \div 7 = 14$, resto 3
$101 \div 11 = 9$, resto 2 ➜ Paramos aqui porque o quociente 9 é menor que o divisor 11.

Este método tem a vantagem de não necessitar do uso da raiz quadrada, mas exige que as divisões sejam realizadas para que o quociente seja calculado. No critério da raiz quadrada, não precisamos fazer as divisões, basta testar a divisibilidade.

101 ➜ próximo quadrado perfeito = 121 (11^2)
Testamos então a divisibilidade de 101 por 2, 3, 5, 7 e 11, o que é mais rápido que realizar as divisões.

Exercícios

E21) O que é um divisor próprio?

E22) Encontre os números primos entre 70 e 80

E23) Encontre os três primeiros números primos maiores que 100

E24) Verifique quais números abaixo são primos
301, 311, 321, 331, 341, 351, 361, 371, 381, 391

E25) Verifique quais números abaixo são primos:
103, 203, 303, 403, 503, 603

E26) Encontre todos os múltiplos de 3 compreendidos entre 70 e 80.

E27) Qual é o menor número que devemos acrescentar ao número 72 para que o resultado seja um múltiplo de 5?

E28) Verifique quais dos números abaixo são múltiplos de 30
320, 330, 520, 720, 410, 810

E29) Verifique quais dos números abaixo são divisores de 120
2, 9, 12, 15, 16, 24, 36

E30) A soma de dois números é 10, e um é múltiplo do outro. Quais são esses números?

Crivo de Erastóstenes

Este método é o mais indicado para resolver o seguinte tipo de problema: determinar todos os números possíveis menores que N. Infelizmente seu uso é mais complicado quando N é muito grande. Vejamos um caso simples, com N = 100. Usaremos então o Crivo de Erastóstenes para achar todos os números primos, até 100, inclusive. A primeira coisa a fazer é colocar todos os números em uma tabela, a partir de 2. A tabela fica como a mostrada abaixo, à esquerda.

	2	3	4	5	6	7	8	9	10
11	12	13	14	15	16	17	18	19	20
21	22	23	24	25	26	27	28	29	30
31	32	33	34	35	36	37	38	39	40
41	42	43	44	45	46	47	48	49	50
51	52	53	54	55	56	57	58	59	60
61	62	63	64	65	66	67	68	69	70
71	72	73	74	75	76	77	78	79	80
81	82	83	84	85	86	87	88	89	90
91	92	93	94	95	96	97	98	99	100

	2	3	5		7		9	
11		13				17		19
		23						29
31						37		
41		43				47		
		53						59
61						67		
71		73						79
		83						89
						97		

A seguir fazemos como mostrado na tabela acima, à direita. Riscamos todos os números de 2 em 2, a partir do 4, depois de 3 em 6, a partir do 3, depois de 5 em 5, e 7 em 7. Fazemos o mesmo com todos os números primos, mas os números primos não são riscados, somente os seus múltiplos. Paramos quando chegamos à raiz quadrada aproximada do número maior da tabela, no caso 7. Não precisamos passar para o próximo número primo, que no caso seria o 11, pois o crivo já estará completo. Na tabela acima, à direita, apagamos todos os números eliminados, sobrando apenas os primos.

Exercícios

E31) Está correto dizer que 0 é múltiplo de qualquer número natural, e que 1 é divisor de qualquer número natural?

E32) A soma de dois números primos é também um número primo?

E33) Verifique se o número 97 é primo, através de testes.

E34) Verifique se o número 413 é primo

E35) Verifique se o número 147.429 é primo

E36) (CM) Marque a alternativa que não contém um número primo.

(A) 1   (B) 2   (C) 37   (D) 97   (E) 101

E37) (CM) Dentre as alternativas abaixo, marque aquela cujo número não é múltiplo de 11:

(A) 0   (B) 121   (C) 242   (D) 1111   (E) 11111

E38) (CM) Marque a alternativa incorreta:

(A) O único natural primo par é o número 2.
(B) Um número natural é divisível por 9 quando a soma de seus algarismos resultar em um número que seja múltiplo de 9.
(C) Um número natural é múltiplo de 6 quando for múltiplo de 2 e 3, ao mesmo tempo.

Capítulo 5 – MÚLTIPLOS E DIVISORES

145

(D) Um número natural é divisível por 4 quando a soma dos seus algarismos for um múltiplo de 4.
(E) Todo número primo é divisível somente por 1 e por ele próprio.

E39) Encontre todos os números primos entre 120 e 130.

E40) (CM) Por quanto devemos multiplicar 21 para que o produto seja o sêxtuplo de 231?

(A) 11   (B) 21   (C) 33   (D) 66   (E) 76

Fatoração

Fatorar um número natural é escrevê-lo na forma de um produto de números primos. A rigor, quaisquer fatores poderiam ser usados, mas as diversas técnicas baseadas em fatoração (ex: cálculo de MDC, cálculo de MMC) exigem que os fatores sejam números primos.

Exemplo:
50 pode ser fatorado como 5x10
50 pode ser fatorado como $2x5^2$ ➜ este modo está na forma de um produto de fatores primos

Neste capítulo, convencionamos que "fatorar" é expressar o número como um produto de fatores primos, ou seja, fatores de 2, 3, 5, 7, 11, etc.

Algoritmo para fatoração

Para fatorar um número, basta dividi-lo sucessivamente pelos números primos, em ordem. Eventualmente cada fator primo aparecerá mais de uma vez, nesse caso usaremos potências.

Exemplo: Fatorar 120
$120 \div 2 = 60$
$60 \div 20 = 30$
$30 \div 2 = 15$ (agora não pode mais ser dividido por 2, passamos para o 3)
$15 \div 3 = 5$ (agora não pode mais ser dividido por 3, passamos para o 5)
$5 \div 5 = 1$

Então $120 = 2x2x2x3x5 = 2^3.3.5$

Para evitar erros, devemos armar as divisões no dispositivo abaixo. Vejamos o exemplo da fatoração do número 720.

```
720 | 2
360 | 2
180 | 2
 90 | 2
 45 | 3
 15 | 3
  5 | 5
  1 | = 2⁴.3².5
```

Na esmagadora maioria dos problemas aparecerão apenas os fatores primos 2, 3 ou 5, mas outros fatores maiores poderão eventualmente aparecer.

Número de divisores

Outro problema comum em matemática é determinar o número de divisores de um número natural. Também pode ser pedido para que todos esses divisores sejam calculados. Vejamos primeiro como calcular quantos são os divisores, depois como encontrá-los. Usemos como exemplo o número 720. Já fizemos a sua fatoração, e o resultado é:

$720 = 2^4.3^2.5$

Em uma potência, os números são chamados de:

Base: é o número que está elevado
Expoente: é o número ao qual a base está elevada

A forma geral de uma potência é então B^E, onde B é a *base* e E é o *expoente*.

Devemos então escrever o número fatorado e indicar quando existir expoente 1. Por exemplo, o fator 5 pode ser escrito como 5^1. Não esqueça que quando um expoente não está representado, é na verdade igual a 1. Ficamos então com

$720 = 2^4.3^2.5^1$

Agora somamos 1 a cada expoente e multiplicamos os resultados:

$(4+1)x(2+1)x(1+1)$

O resultado será o número de divisores de número pedido. Ficamos então com:

$5x3x2 = 30$ divisores

Se for pedido quais são esses divisores, teremos um pouco mais de trabalho. Partimos do dispositivo de fatoração, que já estará pronto, pois acabamos de fatorar o número.

```
720 │ 2
360 │ 2
180 │ 2
 90 │ 2
 45 │ 3
 15 │ 3
  5 │ 5
  1 │ = 2⁴.3².5
```

Ao lado do primeiro fator (no caso, o 2, na primeira linha), colocamos o número 1, e este fator. Colocaremos então 1 e 2 ao lado do primeiro 2.

```
720 │ 2 - 1 2
360 │ 2
180 │ 2
 90 │ 2
 45 │ 3
 15 │ 3
  5 │ 5
  1 │ = 2⁴.3².5
```

Capítulo 5 – MÚLTIPLOS E DIVISORES

Agora multiplicamos o próximo fator por todos os fatores das linhas acima. Não precisamos escrever os repetidos. Então, na segunda linha, que tem o fator 2, temos 2x1 = 2 (repetido) e 2x2 = 4, que é escrito.

```
720 | 2 - 1 2
360 | 2 - 4
180 | 2
 90 | 2
 45 | 3
 15 | 3
  5 | 5
  1 | = 2⁴.3².5
```

$$720 \,|\, 2 - 1\ 2$$
$$360 \,|\, 2 - 4$$
$$180 \,|\, 2$$
$$90 \,|\, 2$$
$$45 \,|\, 3$$
$$15 \,|\, 3$$
$$5 \,|\, 5$$
$$1 \,|\, = 2^4.3^2.5$$

Fazemos o mesmo com os próximos fatores. Encontraremos 8 na terceira linha e 16 na quarta linha (já eliminando os repetidos).

$$720 \,|\, 2 - 1\ 2$$
$$360 \,|\, 2 - 4$$
$$180 \,|\, 2 - 8$$
$$90 \,|\, 2 - 16$$
$$45 \,|\, 3$$
$$15 \,|\, 3$$
$$5 \,|\, 5$$
$$1 \,|\, = 2^4.3^2.5$$

Agora o próximo fator é o 3 da quinta linha, que vai multiplicar todos os divisores encontrados até o momento.

$$720 \,|\, 2 - 1\ 2$$
$$360 \,|\, 2 - 4$$
$$180 \,|\, 2 - 8$$
$$90 \,|\, 2 - 16$$
$$45 \,|\, 3 - 3\ 6\ 12\ 24\ 48$$
$$15 \,|\, 3$$
$$5 \,|\, 5$$
$$1 \,|\, = 2^4.3^2.5$$

Agora fazemos o mesmo com o fator 3 da sexta linha, sempre adicionando os novos resultados e omitindo os repetidos.

$$720 \,|\, 2 - 1\ 2$$
$$360 \,|\, 2 - 4$$
$$180 \,|\, 2 - 8$$
$$90 \,|\, 2 - 16$$
$$45 \,|\, 3 - 3\ 6\ 12\ 24\ 48$$
$$15 \,|\, 3 - 9\ 18\ 36\ 72\ 144$$
$$5 \,|\, 5$$
$$1 \,|\, = 2^4.3^2.5$$

Finalmente usamos agora o último fator, que é o 5 da sétima linha.

```
720 | 2 - 1 2
360 | 2 - 4
180 | 2 - 8
 90 | 2 - 16
 45 | 3 - 3 6 12 24 48
 15 | 3 - 9 18 36 72 144
  5 | 5 - 5 10 20 40 80 15 30 60 120 240 45 90 180 360 720
  1 | = 2⁴.3².5
```

Note que quando começamos um novo fator, multiplicamos todos os números encontrados até o momento por este novo fator (no caso do 3 da quinta linha), mas quando um fator aparece pela segunda vez (no caso do 3 da sexta linha), basta multiplicar apenas os divisores da linha acima. Portanto, os divisores de 720 são:

1, 2, 3, 4, 5, 6, 8, 9, 10, 12, 15, 16, 18, 20, 24, 30, 36, 40, 45, 48, 60, 72, 90, 120, 144, 160, 180, 240, 360 e 720.

Um outro processo para encontrar todos os divisores de um número é mostrado abaixo. Primeiro colocamos em cada linha, cada fator com o respectivo expoente. Depois elevamos este fator a expoentes crescentes, até o máximo. Por exemplo, no caso do 2^4, colocamos na sua linha 2^0 (1), 2^1 (2), 2^2 (4), 2^3 (8) e 2^4 (16). A seguir fazemos o mesmo com o 3^2, da segunda linha. Não escrevemos o 1, que já foi escrito em 2^0. Agora na próxima linha, colocamos os produtos de todos os números adicionados na última linha (3 e 9) por todos os números escritos antes (1, 2, 4, 5 e 16). Agora é a vez do 5. Como está elevado a 1, sua linha tem apenas o número 5. Na próxima linha colocamos os produtos do 5 por todos os números que apareceram antes. Ficamos com 10, 20, 40, 80, 15, 120, 240, 90, 180, 360 e 720).

```
2⁴ ➜    1 - 2 - 4 - 8 - 16
3² ➜    3 - 9
   ➜    6 - 24 - 48 - 18 - 36 - 72 - 144
5  ➜    5
   ➜    10 - 20 - 40 - 80 - 15 - 120 - 240 - 90 - 180 - 360 - 720
```

Exercícios

E41) Fatore os seguintes números:

a) 720   c) 96   e) 144   g) 512
b) 150   d) 105   f) 320   h) 630

E42) Fatore o número 1024

E43) Fatore o número 240

E44) Fatore o número 420

E45) Quantos divisores tem o número 720?

E46) Quantos divisores tem o número 150?

E47) Quantos divisores tem o número 144?

E48) Quantos divisores tem o número 1024?

Capítulo 5 – MÚLTIPLOS E DIVISORES 149

E49) Quantos divisores tem o número 240?

E50) Quantos divisores tem o número 420?

E51) Um número pequeno pode ter mais divisores que um número grande? Dê um exemplo.

E52) A fatoração $3^2.5^3.9^2$ está correta?

E53) Fatore os números 26, 39 e 95

E54) Fatore o número 120

E55) Fatore o número 5.400

E56) Quantos divisores têm os números 95, 120 e 5.400?

E57) Encontre todos os divisores de 96

E58) (CM) Sabendo que o número natural $N = 2^x.5$ possui exatamente 6 (seis) divisores naturais, determine o valor de N, sabendo que X é um número natural.

(A) 3   (B) 20   (C) 216   (D) 648   (E) 1296

E59) É correto dizer que quanto mais fatores primos tiver um número ao ser fatorado, maior será o seu número de divisores?

E60) (CM) Seja o número $N = 3 \times 6 \times 9 \times 12 \times 15 \times 20 \times 25 \times 27$. Então, o número de divisores de N é:

(A) um quadrado perfeito.
(B) um número ímpar.
(C) um múltiplo de 9.
(D) um múltiplo de 12.
(E) um divisor de 100.

MMC

O conceito de MMC é muito simples, e vamos explicá-lo com um exemplo. Primeiro vamos determinar todos os múltiplos de 5 e todos os múltiplos de 6, que não seja o zero:

Múltiplos de 5: 5, 10, 15, 20, 25, 30, 35, 40, 45, 50, 55, 60, 65, 70, 75, 80, 85, 90, 95, 100, ...
Múltiplos de 6: 6, 12, 18, 24, 30, 36, 42, 48, 54, 60, 66, 72, 78, 84, 90, 96, 102, 108, ...

Note que existem infinitos múltiplos de 5 e infinitos múltiplos de 6. Vamos encontrar agora os números que estão nas duas listas acima, ou seja, que são múltiplos ao mesmo tempo de 5 e de 6. São eles:

30, 60, 90, ...

Esses números são os múltiplos comuns (MC) de 5 e de 6, ou seja, os números que são ao mesmo tempo, múltiplos de 5 e de 6. Note que existem infinitos números que são múltiplos comuns de 5 e de 6.

150   MATEMÁTICA PARA VENCER

Agora considere o seguinte: entre todos esses múltiplos comuns de 5 e 6 (que sabemos, são infinitos), qual deles é o menor? Vemos facilmente que é o número 30. O 30 é então o menor múltiplo comum (MC) de 5 e 6, ou seja, é o mínimo múltiplo comum (MMC) entre 5 e 6. Escrevemos na notação matemática:

MMC (5,6) = 30

Com este exemplo é fácil entender o que é o MMC, mas poderíamos pensar que ele é apenas o produto dos dois números (5x6 = 30), mas na verdade não é assim que se calcula. Em alguns casos, o MMC entre dois números é exatamente igual ao produtos desses dois números (veremos mais tarde em que caso o MMC é igual ao produto). Veja um exemplo no qual o MMC não é o produto dos números:

MMC (10, 15):

Múltiplos de 10: 10, 20, 30, 40, 50, 60, 70, 80, 90, ...
Múltiplos de 15: 15, 30, 45, 60, 75, 90, ...

Múltiplos comuns de 10 e 15: 30, 60, 90, ...

Logo, MMC (10,15) = 30

Vejamos então a definição matemática de MMC e como calculá-lo de forma simples:

O MMC (Mínimo Múltiplo Comum) entre dois números é o menor número que é ao mesmo tempo múltiplo desses dois números.

O método usado acima para encontrar o MMC não é o ideal. Achar todos os múltiplos de cada número para determinar o menor das duas listas é muito trabalhoso. Usamos na prática um método bem mais simples, que dá o resultado do direto:

1) Fatoramos os dois números
2) O MMC será formado por todos os fatores encontrados em um ou no outro número, elevados aos maiores expoentes.

Exemplo:

$5 = 5^1$
$6 = 2 \times 3 = 2^1 \times 3^1$

MMC $(5,6) = 2^1 \times 3^1 \times 5^1 = 30$

Exemplo: Calcule o MMC entre 45 e 120

Fatorando os dois números, temos:
$45 = 3^2.5^1$
$120 = 2^3.3^1.5^1$

O MMC é o produto de todos os fatores dos números envolvidos, elevados aos maiores expoentes. Ficamos então com:

MMC $(45, 120) = 2^3.3^3.5^1 = 360$

Capítulo 5 – MÚLTIPLOS E DIVISORES 151

Exemplo: Calcule o MMC entre 91 e 85
$91 = 7^1.13^1$
$85 = 5^1.17^1$

$MMC(91, 85) = 7^1.13^1.5^1.17^1$

A partir de agora não escreveremos mais o expoente 1, pois você já entendeu o seu significado.

Exemplo: Calcule o MMC entre 54 e 75

$54 = 2.3^3$
$75 = 3.5^2$

$MMC (54, 75) = 2.3^3.5^2$

Lembre-se: Fatores comuns e não comuns, elevados aos maiores expoentes. No exemplo acima, o 2 é fator apenas do 54, então aparecerá no MMC. O fator 3 aparece tanto no 54 quanto no 75, os expoentes do 3 nas fatorações desses dois números são 3 e 2, então o 3 aparecerá no MMC com expoente 3. O 5 aparece apenas como fator de 75, aparecerá então no MMC com o seu expoente 2.

MMC de três ou mais números

O método para cálculo do MMC de três ou mais números é o mesmo: Fatores comuns e não comuns, elevados aos maiores expoentes.

Ex: Calcule o MMC entre 24, 45 e 96

$24 = 2^3.3$
$45 = 3^2.5$
$96 = 2^5.3$

$MMC (24, 45, 96) = 2^5.3^2.5 = 1440$

MMC por fatoração

Vimos como fatorar um número dividindo-o sucessivamente pelos números primos. No cálculo do MMC, podemos aplicar o método a todos os números envolvidos, simultaneamente. Vamos usá-lo para calcular o MMC entre 24, 45 e 96.

24 – 45 – 96	2	Inicialmente dividimos por 2. O 45 é repetido
12 – 45 – 48	2	Mais uma vez podemos dividir por 2
6 – 45 – 24	2	Pela terceira vez dividimos por 2
3 – 45 – 12	2	O 3 e o 45 não podem, mas o 12 ainda pode ser dividido por 2
3 – 45 – 6	2	O 6 ainda pode ser dividido por 2.
3 – 45 – 3	3	Agora começaremos a dividir por 3
1 – 15 – 1	3	O 15 ainda pode ser dividido por 3
1 – 5 – 1	5	Agora dividimos todos por 5.
		$MMC = 2^5 . 3^2 . 5 = 1440$

152 MATEMÁTICA PARA VENCER

Colocamos todos os números, separados por traços. Colocamos uma barra vertical e passamos a dividir simultaneamente, e apenas quando forem divisíveis, os números envolvidos pelos fatores primos, na ordem: 2, 3, 5, 7, 11, etc.

Outro exemplo: MMC (25, 60, 72, 48)

```
25 - 60 - 72 - 48 | 2
25 - 30 - 36 - 24 | 2
25 - 15 - 18 - 12 | 2
   25 - 15 - 9 - 6 | 2
   25 - 15 - 9 - 3 | 3
     25 - 5 - 3 - 1 | 3
     25 - 5 - 1 - 1 | 5
      5 - 1 - 1 - 1 | 5
      1 - 1 - 1 - 1 |
```

$MMC = 2^4 . 3^2 . 5^2 = 3.600$

Exercícios

E61) Calcule o MMC entre 18 e 30
E62) Calcule o MMC entre 36 e 48
E63) Calcule o MMC entre 45 e 72
E64) Calcule o MMC entre 120 e 144
E65) Calcule o MMC entre 150 e 180
E66) Calcule o MMC entre 200 e 320
E67) Calcule o MMC entre 24, 36 e 60
E68) Calcule o MMC entre 35, 42 e 48
E69) Calcule o MMC entre 1, 2, 3, 4, 5 e 6.
E70) Calcule o MMC entre 10, 11, 12 e 15
E71) Calcule o MMC entre 105 e 120
E72) Calcule o MMC entre 45, 72 e 150
E73) Calcule o MMC entre 25, 35, 45 e 55
E74) Calcule o MMC entre 1, 27, 12, 45 e 36
E75) Se A é um número natural, calcule o MMC entre A e 12.A
E76) Encontre todos os múltiplos de 9 e 12 compreendidos entre 50 e 100.
E77) Determine o menor número que dividido por 30 e dividido por 45 deixa resto 7
E78) Calcule o MMC entre $2^3.6^2.10^2$ e $2^2.9^2$. Indique o resultado na forma fatorada.
E79) Encontre um múltiplo de 36 e 24, compreendido entre 100 e 200.
E80) Dois atletas estão correndo em torno de uma pista de atletismo circular. O primeiro atleta dá uma volta completa na pista em 4 minutos. O segundo atleta dá uma volta em 5 minutos. Sabendo que partiram juntos, depois de quanto tempo os dois vão se encontrar novamente?

MDC

Tão importante quanto o MMC é o MDC. Vamos mostrar o assunto através de um exemplo.

Considere todos os divisores de 72 e todos os divisores de 240.

Divisores de 72: 1, 2, 3, 4, 6, 8, 9, 12, 18, 24, 36, 72
Divisores de 240: 1, 2, 3, 4, 5, 6, 8, 10, 12, 15, 16, 20, 24, 30, 40, 48, 60, 80, 120, 240

Os divisores comuns entre 72 e 240 são:

1, 2, 3, 4, 6, 8, 12, 24

Capítulo 5 – MÚLTIPLOS E DIVISORES   153

Entre os divisores comuns de dois números quaisquer, o mínimo sempre será 1, e o máximo é o chamado MDC – Máximo divisor comum. No nosso exemplo, temos que o MDC entre 72 e 240 é 24.

Assim como o MMC, é fácil achar o MDC entre dois números quando já são dados na forma fatorada. Basta multiplicar os fatores comuns entre os dois números, elevados aos menores expoentes.

Exemplo:
$72 = 2^3.3^2$
$240 = 2^4.3.5$

$MDC (72, 240) = 2^3 . 3 = 24$

Como vemos, entre 72 e 24, o fator 2 é comum, e deve aparecer elevado ao menor expoente, no caso, 3. O fator 3 também é comum, e deve aparecer no MDC com o menor expoente, no caso, 1. O fator 5 não é comum aos dois números, portanto não aparece no MDC.

Outro exemplo: Calcule o MDC entre $2^4.3^2.5^2.7$ e $3^3.5.7^2$
Os únicos fatores primos que aparecem nos dois números são o 3 e o 5. O 3 aparecerá com expoente 2 e o 5 com expoente 1. Então o MDC entre esses dois números é $3^2.5 = 45$.

MDC entre três ou mais números

Assim como ocorre no MMC, o MDC também pode ser calculado entre três ou mais números. Usamos a mesma definição: Fatores comuns elevados aos menores expoentes. Vejamos um exemplo:

Ex: MDC (45, 60, 72)
$45 = 3^2.5$
$60 = 2^2.3.5$
$72 = 2^3.3^2$

Fatores comuns: Somente o 3
Menor expoente: 1
Então o MMC é $3^1 = 3$.

MMC por fatoração

O método da fatoração pode ser usado para calcular o MDC, assim como também usamos no MMC. A diferença é que no MMC fazemos as divisões se pelo menos um dos números puder ser dividido, parando quanto todos os números forem reduzidos a 1. No MMC fazemos a divisão se todos os números puderem ser divididos, e terminamos quando os números restantes não possuírem mais fator comum. Vejamos um exemplo:

Ex: Calcular o MDC entre 36, 160 e 84.

36 – 160 – 84	2	Todos podem ser divididos por 2
18 – 80 – 42	2	Todos podem ser divididos por 2
9 – 40 – 21		FIM – não existem mais fatores comuns
		$MDC = 2^2 = 4$

MDC pelo método das divisões sucessivas

Este é um método tradicional para o cálculo do MDC. Começamos dividindo o maior pelo menor número. Se o resto for zero, o MDC é igual ao divisor, ou seja, o menor número. Se não for zero, fazemos uma nova divisão, onde o divisor passa a ser dividendo, e o resto passa a ser o novo divisor. Repetimos o processo até encontrar resto zero. Quando for encontrado resto 0, o último quociente será o MDC. O método é difícil para entender só com palavras, mas fácil se for mostrado graficamente. Para usar, armamos uma tabela na forma de grade, como na figura abaixo, para fazer as divisões. Vamos usar como exemplo o cálculo do MDC entre 240 e 45.

240	45	

Dividindo 240 por 45, encontramos 5 e resto 15. A linha central da tabela é usada para dividendos e divisores. A linha superior é usada para quocientes, e a terceira linha é usada para os restos.

	5	
240	45	
15		

Agora este resto 15 passa a ser o novo divisor, e o dividendo será o divisor anterior, no caso, 45.

	5	
240	45	15
15		

Agora fazemos a nova divisão: 45:15 são 3 e resto 0.

	5	3
240	45	15
15	0	

Como chegamos ao resto 0, o MDC entre os dois números (240 e 45) é o último divisor, ou seja, 15.

Números primos entre si

Dois números A e B são chamados *primos entre si* quando
MDC (A, B) = 1
Em consequência disso, MMC (A, B) = A.B

Exemplo: Considere os números 45 e 56. Note que nem 45 nem 56 são primos. Fatorando os dois ficamos com:

$45 = 3^2.5$
$56 = 2^3.7$

Note que esses dois números não possuem fatores comuns. Como não existem fatores comuns, o MDC entre eles é 1. O MMC entre eles é o produto deles. Esses dois números não são primos, mas são ditos *primos entre si*.

Capítulo 5 – MÚLTIPLOS E DIVISORES

Algumas propriedades do MDC e MMC

1) MDC x MMC = A x B

Esta é uma fórmula que relaciona o MMC, o MDC e o produto de dois números. É válida apenas quando temos só dois números, não funciona com 3 ou mais números:

O produto de dois números é igual ao produto do seu MMC pelo seu MDC.

Vejamos um exemplo simples. Considere os números 36 e 42

$36 = 2^2.3^2$
$42 = 2.3.7$

MMC $(36, 42) = 2^2.3^2.7 = 252$
MDC $(36, 42) = 6$
MMC $(36, 42)$ x MDC$(36, 42) = 252$ x $6 = 1.512$

36x$42 = 1.512$

É fácil entender porque o produto do MDC pelo MMC entre dois números é sempre igual ao produto dos dois números. Quando vamos calcular o MMC, usamos sempre os fatores dos números, elevados aos maiores expoentes. Quando calculamos o MDC, usamos os fatores comuns com os menores expoentes. Sendo assim, todos os fatores dos dois números irão para o cálculo, ou do MMC ou do MDC. Veja no nosso exemplo:

36 x $42 = 2^2.3^2$ x $2.3.7 = 2^2.3^2.7$ x $2.3 =$ MMC x MDC

2) MDC e MMC entre múltiplos e divisores

Quando um número é múltiplo de outro, existem duas propriedades interessantes entre o seu MDC e o seu MMC.

Se A é múltiplo de B, então:

MMC $(A, B) = A$ (o maior deles)
MDC $(A, B) = B$ (o menor deles)

Exemplo: Considere os números 48 e 16. Como sabemos, 48 é múltiplo de 16. Então?
MMC $(48, 16) = 48$
MDC $(48, 16) = 16$

3) MDC e MMC envolvendo a unidade.

Se A é um número natural qualquer, então:

MMC $(A, 1) = A$
MDC $(A, 1) = 1$

3) Relação entre o MDC e os números

Esta é uma relação importante que pode ajudar a resolver muitos problemas:

Se D é o MDC entre números A e B, então:
$A = D.x$

B = D.y

Onde x e y são números primos entre si. Nesse caso, o MMC também pode ser calculado facilmente, e é dado por D.x.y

Exemplo: Considere os números 60 e 105. MDC(60, 105) = 15. Então temos:
60 = 15x4
105 = 15x7. Note que 4 e 7 são primos entre si.
O MMC entre 60 e 105 é 4x7x15

Podemos enunciar esta propriedade de forma matemática mais precisa:
Se A e B são números naturais maiores que 0, então:
1) Existem dois números naturais, x e y, primos entre si, tais que A = x.MDC(A, B) e B = y.MDC(A,B)
2) MMC(A,B) = x.y.MDC(A,B)

4) Relação entre o MMC e os números

Esta propriedade é semelhante à anterior, mas trata do seu MMC:
Se M é o MMC entre números A e B, então:
1) Existem números x e y, primos entre si, tais que
A.x = M
B.y = M

2) A=y.MDC(A, B) e B=x.MDC(A,B)

Esta propriedade, assim como a propriedade 3, ficam fáceis de entender quando representamos graficamente o seu significado:

$$\overset{\displaystyle A}{\overbrace{\qquad}}$$
$$MMC = X \; . \; \underset{\underbrace{\qquad}_{\displaystyle B}}{MDC} \; . \; Y$$

O MDC é o produto dos fatores comuns entre A e B. Os números X e Y são primos entre si, caso contrário, estariam dentro do MDC. O MMC, por sua vez, é o menor múltiplo ao mesmo tempo de A e B.
X é o fator que falta ao MDC para completar A. Y é o que falta a A para completar o MMC.
Y é o fator que falta ao MDC para completar B. X é o que falta a B para completar o MMC.

Vejamos um exemplo de utilização dessas duas últimas propriedades:

Exemplo:
(CM) Considere dois números naturais tais que o MDC deles seja 3 e o MMC seja, ao mesmo tempo, igual ao quádruplo do maior e ao quíntuplo do menor. Calcule esses números.

Solução:
Usando as informações dadas pelo problema e aplicando à figura que acabamos de usar para ilustrar as propriedades, temos:

Capítulo 5 – MÚLTIPLOS E DIVISORES 157

$$MMC = \overset{\overbrace{\quad A \quad}}{5} \cdot 3 \cdot \underset{\underbrace{\quad B \quad}}{4}$$

O MMC é o quádruplo do maior (A) e o quíntuplo do menor (B). Então temos:
A=15 e B=12.

Exercícios

E81) Calcule o MDC entre 24 e 36

E82) Calcule o MDC entre 45 e 90

E83) Calcule o MDC entre 48 e 90

E84) Calcule o MDC entre 12, 48 e 96

E85) Calcule o MDC entre 48, 105 e 120

E86) Calcule o MDC entre 120, 240, 420 e 600

E87) Calcule o MDC entre 1, 234, 728 e 4.920

E88) O produto de dois números é 600 e o seu MMC é 600. Qual é o seu MDC?

E89) Verifique se os números 42 e 75 são primos entre si

E90) Verifique se os números 96 e 175 são primos entre si

E91) Dois números compostos podem ser primos entre si?

E92) Em que caso o MMC e o MDC entre dois números são iguais?

E93) Calcule o MDC entre 24, 54 e 84

E94) Calcule o MDC entre $2^2.3^2.5^2.7$, $3.5^2.7^2$ e 2.3^3.

E95) Calcule o MDC entre $2^3.3^2.5^2$ e $2^2.3^2$. Indique o resultado na forma fatorada.

E96) Calcule o MDC entre $2^3.6^2.10^2$ e $2^2.9^2$. Indique o resultado na forma fatorada.

E97) Os números naturais $2^x.3^2.5^2$ e $2^3.3^y.5$ têm, respectivamente, 27 e 32 divisores. Calcule seu MMC e seu MDC.

E98) O produto de dois números é 375 e o seu MMC é 75. Calcule o seu MDC.

E99) (CM) A quantidade de múltiplos comuns a 7, 15 e 45 que são maiores que zero e menores que 1000 é:

(A) 3   (B) 2   (C) 1   (D) 4   (E) 15

158   MATEMÁTICA PARA VENCER

E100) (CM) As letras p e q representam algarismos do número 8p7q. Sabe-se que esse número é divisível ao mesmo tempo por 2, 3, 5, 9 e 10. Podemos afirmar que o valor de p + q é igual a:

(A) 0   (B) 3   (C) 5   (D) 8   (E) 27

Problemas envolvendo ciclos

Problemas envolvendo ciclos são muito comuns, e são resolvidos através de MMC. Um ciclo é um evento (acontecimento) que se repete várias vezes. Alguns exemplos de ciclos:

- A volta que um atleta dá, correndo em torno de uma pista
- O volta que o ponteiro dá em um relógio
- A partida de um trem de uma estação
- As vezes em que uma pessoa visita um parente periodicamente
- A repetição de pingos que caem de uma torneira mal fechada
- A repetição de piscadas de uma lâmpada de árvore de Natal ou similar

Em todos os problemas envolvendo ciclos, temos os seguintes elementos comuns:

a) Evento: é o acontecimento que se repete. Por exemplo:
- O atleta dá uma volta na pista
- O ponteiro dá uma volta no relógio
- O trem parte da estação
- Uma pessoa parte em uma viagem
- Cai um pingo da torneira
- Uma lâmpada pisca

b) Período de um evento: É o tempo no qual o evento se repete. Para que exista ciclo, é preciso que o evento ocorra repetidas vezes, em um intervalo de tempo constante. Por exemplo:
- O tempo que um atleta leva para dar a volta em uma pista
- O tempo que um ponteiro demora para dar uma volta completa
- O tempo entre as partidas de trens consecutivos
- O tempo entre partidas de uma pessoa em viagens
- O tempo entre os pingos de uma torneira
- O tempo entre as piscadas de uma lâmpada

c) Condição inicial: É quando todos os eventos estão ocorrendo simultaneamente. Por exemplo:

- O instante em que dois atletas começam a correr, partindo do mesmo ponto
- O instante em que dois ponteiros do relógio estão juntos
- O instante em que partem dois trens juntos
- O instante em que duas pessoas começam suas viagens, simultaneamente
- O instante em que caem pingos de torneiras diferentes, porém juntos
- O instante em que duas lâmpadas piscam

d) Ciclo completo: É o tempo que demora para que todos os eventos coincidam novamente. Normalmente é isto o que os problemas pedem. Por exemplo:

Capítulo 5 – MÚLTIPLOS E DIVISORES   159

- O instante em que os dois atletas estão juntos novamente, ao darem voltas na pista
- O instante em que os ponteiros do relógio estão juntos novamente
- O instante em que novamente os horários de partida dos trens coincidem
- O instante em que as duas pessoas partem ao mesmo tempo novamente
- O instante em que novamente cairão pingos juntos
- O instante em que novamente as lâmpadas piscarão juntas.

Os problemas de ciclos em geral apresentam dois ou mais eventos que começam juntos mas têm períodos diferentes. Os eventos podem ser semelhantes ou não, começam juntos e têm períodos diferentes. Esses problemas perguntam quando os eventos irão coincidir novamente.

Exemplo:
Duas torneiras estão pingando. Uma delas pinga a cada 4 segundos, a outra pinga a cada 5 segundos. Se as duas pingam uma gota ao mesmo tempo, depois de quanto tempo as duas pingarão gotas juntas novamente?

Neste exemplo temos:
1) Eventos: os pingos da primeira torneira e os pingos da segunda torneira
2) Períodos: 4 segundos para a primeira torneira e 5 segundos para a segunda torneira.
3) Condição inicial: O instante em que as duas torneiras pingam juntas
4) Ciclo. O tempo para as duas pingarem juntas novamente.

A solução para todos os problemas de ciclos é:

A duração do ciclo completo é igual ao MMC entre os períodos dos eventos.

Portanto, problemas de ciclos nada mais são que problemas de MMC. Basta identificar os períodos de cada evento e calcular o MMC entre esses valores.

Exemplo:
(CM) Uma goteira pinga de 3 em 3 segundos; uma lâmpada pisca de 5 em 5 segundos; um brinquedo apita de 7 em 7 segundos. Sabendo que os três eventos anteriormente citados manifestaram-se neste momento e ao mesmo tempo, daqui a quantos segundos os três voltarão a se manifestar, simultaneamente, no menor intervalo de tempo possível?

(A) 35   (B) 105   (C) 210   (D) 420   (E) 525

Solução:
Basta calcular o MMC entre 3, 5 e 7, a resposta é 105 (letra B). Com a prática você resolverá este tipo de problema rapidamente, mas durante o estudo, é importante saber identificar os quatro elementos que envolvem o problema de ciclo:

a) Eventos: Este problema tem três eventos: a goteira pinga, a lâmpada pisca e o brinquedo apita.

b) Períodos: Cada um dos eventos tem seu próprio período: 3 segundos para a goteira, 5 segundos para a lâmpada e 7 segundos para o brinquedo. Esses períodos são repetitivos e constantes.

c) Condição inicial: os três eventos citados manifestam-se neste momento, ou seja, todos juntos.

d) Ciclo: é o tempo para os três eventos coincidirem novamente.

160   MATEMÁTICA PARA VENCER

É importante notar que o ciclo se repete indefinidamente. Ou seja, depois de um ciclo completo (105 segundos), ocorrerá coincidência novamente depois de tempos que são múltiplos do ciclo, ou seja, 210, 315, 420, etc.

Exercícios

E101) De uma rodoviária na cidade A partem simultaneamente dois ônibus: um para a cidade B e outro para a cidade C. Outros ônibus partirão para a cidade B de 15 em 15 minutos, e outros partirão para a cidade C, de 20 em 20 minutos. Depois de quanto tempo ocorrerão novamente partidas simultâneas para B e C?

E102) Uma goteira pinga de 5 em 5 segundos, e uma lâmpada pisca de 3 em 3 segundos. Se uma gota caiu no mesmo instante em que a lâmpada piscou, depois de quanto tempo uma outra gota cairá junto com a piscada da lâmpada?

E103) No problema 1, os dois ônibus partiram juntos às 13 horas. Os ônibus terão saídas até as 23 horas. Quais são os horários em que os ônibus para as duas cidades partirão juntos?

Números famosos: 11, 13, 17 e 19

O que esses quatro números têm em comum? São números primos compreendidos entre 10 e 20. Provavelmente você percebeu isso instantaneamente, assim que olhou para eles. Talvez tenha demorado um segundo ou dois para perceber isso. Responda agora a esta pergunta: Antes de começar seus estudos neste livro, você perceberia rapidamente o que esses números têm em comum? Se você acha que agora consegue, e antes não conseguia descobrir a resposta tão rápido, então você já está ficando mais craque em matemática.

Realmente é preciso saber que são números primos. Quase sempre eles aparecerão quando você tentar fatorar números, uma aplicação que é útil em grande variedade de problemas. Podem aparecer com freqüência, por exemplo, na simplificação de frações (capítulo 6).

Em relação ao 11, você aprendeu neste capítulo que existe um critério de divisibilidade muito fácil de usar (soma dos algarismos de ordem ímpar – soma dos algarismos de ordem par dará o resto da divisão por 11). Também é bom conhecer os múltiplos de 11, que são, além de 0 e do próprio 11, o 22, 33, 44, 55, 66, 77, 88, 99, 110, etc.

Não existe critério simples para descobrir se um número é divisível por 13, 17 ou 19. A única forma é fazer a divisão. Por isso é bom conhecer os seus múltiplos:

Múltiplos de 13: 0, 13, 26, 39, 52, 65, 78, 91, 104, 117, 130, ...
Múltiplos de 17: 0, 17, 34, 51, 68, 85, 102, 119, 136, 153, 170, ...
Múltiplos de 19: 0, 19, 38, 57, 76, 95, 114, 133, 152, 171, 190, ...

Conhecer esses múltiplos menores que 100 é uma obrigação para quem quer ser craque em matemática. Por exemplo, é preciso memorizar que 85=17x5, 78=13x6, 91=7x13, 95 = 5x19. Já os múltiplos maiores que 100 são mais difíceis de lembrar, prepare-se então para fazer as divisões, por exemplo, para constatar que 171 é múltiplo de 19, que 136 é múltiplo de 17, que 104 é múltiplo de 13. Uma dica pode facilitar isso: se o número for par, divida-o por 2 e teste a divisibilidade. Por exemplo, 152 dividido por 2 é 76. Sabendo então que 76 = 4x19, você concluirá que 152 = 8x19.

Capítulo 5 – MÚLTIPLOS E DIVISORES

Números famosos: 12, 14, 15, 16 e 18

Por um instante você pensará que são os números pares entre 10 e 20, mas logo verá que não é isso, pois o 15 é ímpar. Uma fração de segundo depois você perceberá que esses são números compostos, ou seja, aqueles que não são primos, entre 10 e 20 (exclusive). A primeira coisa que você precisa é saber fatorar rapidamente esses números:

$12 = 2\text{x}6 = 3 \text{ x } 4 = 2^2.3$
$14 = 2\text{x}7$
$15 = 3\text{x}5$
$16 = 2\text{x}8 = 4\text{x}4 = 2\text{x}2\text{x}4 = 2\text{x}2\text{x}2\text{x}2 = 2^4$
$18 = 2\text{x}9 = 3\text{x}6 = 2\text{x}3\text{x}3 = 2.3^2$

Também é preciso saber identificar rapidamente os múltiplos desses números.

Múltiplos de 12: 0, 12, 24, 36, 48, 60, 72, 84, 90, 108, 120, ...
Múltiplos de 14: 0, 14, 28, 42, 56, 70, 84, 98, 112, 126, 140, ...
Múltiplos de 15: 0, 15, 30, 45, 60, 75, 90, 105, 120, 135, 150, ...
Múltiplos de 16: 0, 16, 32, 48, 64, 80, 96, 112, 128, 144, 160, ...
Múltiplos de 18: 0, 18, 36, 54, 72, 90, 108, 126, 144, 162, 180, ...

Olhando para os números acima, você também poderá constatar como melhorou em matemática graças aos seus estudos recentes. Provavelmente se olhasse os números acima, há alguns meses atrás, veria uma série de números embaralhados, como se fossem os resultados de um sorteio. Agora, ao olhar a segunda linha, por exemplo, perceberá que são vários múltiplos de 7 e pares, sendo na verdade, múltiplos de 14. Olhando a quinta linha identificará uma série de múltiplos de 9 e pares, sendo portanto, múltiplos de 18.

Quanto aos números menores que 100 na lista acima, certamente você deve estar identificando rapidamente, por exemplo, que 75 é 15x5 ou 3x25, que 72 é 9x8 ou 6x12 ou 4x18, ou 2x36, que 84 é 7x12 ou 14x6 ou 28x3, e assim por diante. Entre os números maiores que 100, é importante prestar atenção em alguns deles.

$108 = 2\text{x}54 = 3\text{x}36 = 4\text{x}27 = 6\text{x}18 = 9\text{x}12$
$105 = 3\text{x}35 = 5\text{x}21 = 7\text{x}15$
$135 = 3\text{x}45 = 5\text{x}17 = 9\text{x}15$
$144 = 2\text{x}72 = 4\text{x}36 = 6\text{x}24 = 8\text{x}18 = 9\text{x}16 = 12\text{x}12$

Esses também são considerados números famosos que aparecerão com freqüência nos problemas de matemática.

Jogo

Muitos jovens gostam de jogos (adultos também). É claro que você tem tempo para estudar, e também sobra algum tempo para diversão. Vamos aproveitar para fazer as duas coisas ao mesmo tempo. O jogo que vamos apresentar só tem graça para quem está ficando craque em matemática.

Olhe cada seqüência de números e encontre o que eles têm em comum. O ideal é que você consiga fazer isso rápido, de preferência, em menos de 1 segundo para cada pergunta.

1) 85, 58, 558, 885 e 5.885
2) 2, 23, 29, 31, 43, 59 e 83

162   MATEMÁTICA PARA VENCER

3) 36, 54, 72, 90 e 144
4) 1, 4, 9, 16, 25, 36
5) 14, 35, 49, 70, 84, 105
6) 19, 28, 37, 46, 55, 64, 73, 82, 91
7) 185, 715, 405, 835, 925, 105
8) 2, 64, 32, 4, 16, 8, 128
9) 120, 420, 450, 720, 840, 990
10) 33, 440, 616, 737, 528

Respostas do jogo

1) Só usam os algarismos 5 e 8
2) São primos
3) São múltiplos de 9
4) São quadrados perfeitos
5) São múltiplos de 7
6) Todos têm soma dos algarismos igual a 10
7) Todos são múltiplos de 5
8) Todos são potências de 2
9) Todos são múltiplos de 30
10) Todos são múltiplos de 11

Exercícios

E104) Verificar se os seguintes números são divisíveis por 3:
1289, 2781, 3111, 1268, 17940, 203, 772, 185, 777, 3125

E105) Verificar se os se os seguintes números são divisíveis por 4:
1468, 3278, 7896,4282, 7292, 1186, 704, 1280, 80002, 188

E106) Verifique se os seguintes números são divisíveis por 5:
345, 829, 5551, 3900, 7557, 9000, 1228, 3880, 50005, 3825

E107) Verifique se os seguintes números são divisíveis por 6:
2764, 2786, 666, 8936, 60016, 8236, 32896, 2382, 3708, 6006

E108) Verifique se os seguintes números são divisíveis por 7:
3486, 7847, 343, 462, 756

E109) Verifique se os seguintes números são divisíveis por 8:
1368, 32974, 2372, 78320, 3444, 21136, 22728, 3796, 3528, 9324

E110) Verifique se os seguintes números são divisíveis por 9:
456, 2325, 2823, 5793, 28063, 279, 2349, 3325, 829

E111) Verifique se os seguintes números são divisíveis por 11:
2893, 83303, 79202, 7282, 407, 32375, 1238, 792, 392, 95865

E112) Verifique se os seguintes números são divisíveis por 15
455, 2135, 830, 2775, 4890, 2160, 37825, 2920, 915, 2745

E113) Verifique se os seguintes números são divisíveis por 18:
7292, 9786, 872, 4496, 3288, 2390, 3150, 4476, 2376, 6516

Capítulo 5 – MÚLTIPLOS E DIVISORES 163

E114) Calcule o resto da divisão por 2, 3, 5, 9 e 11 dos seguintes números:
2732, 3324, 755, 280, 3144

E115) Determine o valor do algarismo a para que o número 534a82 seja divisível por 3.

E116) Determine o valor de b sabendo que o resto da divisão de 7b37 por 3 é 1.

E117) Quanto devemos subtrair de 7289 para que o resultado deixe resto 7 ao ser dividido por 9?

E118) Encontre o menor número de 3 algarismos que deixe resto 7 ao ser dividido por 10 e por 11.

E119) O número 4a7a é divisível por 3 e 5. Determine a.

E120) Determine o menor número que é divisível ao mesmo tempo por 4, 5, 7 e 9.

E121) Encontre um número entre 200 e 300 que seja divisível por 5 e 24.

E122) Determine o resto da divisão por 9 da soma 3237+2882+2745+1289.

E123) Quais números menores que 100, ao serem divididos por 7 deixam resto 1, e ao serem divididos por 9, deixam resto 2?

E124) Qual é o menor número divisível ao mesmo tempo por 12, 18 e 27?

E125) Quais são os dois menores números ímpares que deixam resto 1 ao serem divididos por 5 e por 9?

E126) Qual é o menor número que deixa resto 2 ao ser dividido por 7 e resto 4 ao ser dividido por 9?

E127) Qual é o resto da divisão por 5 do produto 7282x2729?

E128) Sem calcular a expressão $272^{273}+237x2723$, determine o resto da sua divisão por 5.

E129) Calcule o resto da divisão por 6 da expressão 371^{34}.

E130) Calcule o resto da divisão por 4 da expressão 2239x2723

E131) Calcule o resto da divisão por 8 da expressão 726x335

E132) Calcule o resto da divisão por 11 da expressão 37x772 + 1236x42 – 728x15

E133) Quais dos números abaixo são primos?
343, 721, 723, 431, 233,481, 391

E134) Determine o número de divisores de 45, 78, 144 e 240

E135) Qual é o menor número que possui 6 divisores?

E136) Qual é o menor número que possui 7 divisores?

164　　　　　　　　　　　　　　　　　　　　　　　　　MATEMÁTICA PARA VENCER

E137) Calcule o número y sabendo que $2^3.3^y.5$ tem 24 divisores.

E138) Encontre o menor número primo que não divide 210.

E139) São dados 3 números A, B e C na sua forma fatorada:
A = $2^3.3^4.5.7$
B = $2^2.3^2.5^3.7$
C = $2^5.3^2.5^2$
Calcule seu MDC e seu MMC

E140) O que acontece com o MDC de dois números quando multiplicamos os dois números por um mesmo valor? E o que acontece com o seu MMC?

E141) (CM) O produto de dois números é 180 e o MDC é 3. Qual é o seu MMC?

E142) (CM) O MMC de dois números é 9000. O maior deles é 500. Calcule o menor deles, sabendo que não é múltiplo de 5.

E143) Determine o menor número que deixa resto 5 ao ser dividido por 10, 16 e 24.

E144) Se dividirmos 32 por 10 encontramos resto 2. Quais outros números também, ao serem divididos por 10, deixam resto 2? Qual é a relação entre esses números e 32?

E145) Com base no problema anterior, qual é a condição para que dois números, ao serem divididos pelo mesmo divisor n, deixem o mesmo resto?

Problemas resolvidos

Q1) (CM) Numa operação de divisão entre números naturais, o quociente é o MMC (25, 125) e o divisor é o menor número natural de três algarismos distintos. Sabendo-se que o resto é o MDC (25, 125), calcule o valor do dividendo.

(A) 2675　　(B) 3227　　(C) 12750　　(D) 12775　　(E) 12851

Solução:
Quociente = MMC (25, 125) = 125
Divisor = 102
Resto = 25

Dividendo = Divisor x quociente + resto = 102 x 125 + 25 = 12.775

Resposta: (D) 12775

Q2) (CM) Seja a um número natural. Sabendo-se que o m.d.c.(a, 15) = 3 e o m.m.c.(a, 15) = 90, então, o valor de a + 15 é:

(A) menor que 30.
(B) maior que 30, porém menor que 40.
(C) maior que 40, porém menor que 60.
(D) maior que 60, porém menor que 90.
(E) maior que 90.

Capítulo 5 – MÚLTIPLOS E DIVISORES 165

Solução:
MMC x MDC = a x 15 (o produto de dois números é igual o produto do seu MMC e seu MDC)
90 x 3 = a x 15
a = 18 ➜ a+15 = 33

Resposta: (B)

Q3) (CM) O número natural N é composto pelos algarismos 1A2A34. Sabendo-se que o algarismo A é o mesmo para ambas as posições citadas em N, determine quantas são as possibilidades para o algarismo A, a fim de que o número N seja múltiplo de 6.

(A) 1   (B) 3   (C) 4   (D) 7   (E) Nenhuma

Solução:
N tem que ser múltiplo de 2 e de 3, para que seja múltiplo de 6. Múltiplo de 2 sempre será, pois termina com 4. Para ser múltiplo de 3, a soma dos algarismos tem que ser múltiplo de 3:
$1+A+2+A+3+4 = 10+2.A$ é múltiplo de 3.
Basta que $2.A + 1$ seja múltiplo de 3.
Opções:
$2.A+1 = 3$ ➜ $A=1$
$2.A+1 = 6$ (não pode, A tem que ser algarismo inteiro)
$2.A+1 = 9$ ➜ $A=4$
$2.A+1 = 15$ ➜ $A=7$
São ao todo 3 possibilidades

Resposta: (B) 3

Q4) (CM) O produto entre dois números naturais é 2160. Sabe-se que o MMC entre ambos é igual a 180. Dentre as opções abaixo, determine o menor deles, sabendo que o maior é múltiplo de 5 e não é múltiplo de 9.

(A) 12   (B) 36   (C) 60   (D) 90   (E) 120

Solução:
Lembrando que $AxB = MMC(A,B)xMDC(A,B)$, temos
$2160 = 180 \times MDC(A,B)$
$MDC(A,B) = 2160 \div 180 = 12$

Temos então que:
$AxB =$ $2160 =$ 2^4x3^3x5
$MDC(A,B) =$ $12 =$ 2^2x3
$MMC(A,B) =$ $180 =$ 2^2x3^2x5

Não sabemos quais são os números A e B, mas sabemos que tanto o seu MMC como o seu MDC têm o fator 2^2. O MMC tem fatores comuns e não comuns elevados ao maior expoente, e o MDC tem os fatores comuns elevados ao menor expoente. Em relação aos expoentes do fator 2, isto só é possível se tanto A quanto B tiverem o mesmo fator 2^2. Temos agora que descobrir com quais potências aparecerão os fatores 3 e 5 em A e B. O problema fala que: "o maior é múltiplo de 5 e não é múltiplo de 9". Consideramos então que A é o maior deles. Então A tem que ter o fator 5, e B não tem fator 5 (veja os fatores do produto). Falta agora analisar o fator 3. Se o maior deles não é múltiplo de 9, então ele deve aparecer com fator 3^0

166

MATEMÁTICA PARA VENCER

ou 3^1. Se aparecesse com fator 3^0, então A não seria o menor. Então A tem que aparecer com fator 3^1, ficando:

A = 2^2x3x5 = 60
B = 2^2x3^2 = 72

Resp: (C) 60

Q5) (CM, OBM) Contando-se os alunos de uma classe, de 4 em 4, sobram 2 e, contando-se de 5 em 5, sobra 1. Sabendo-se que 15 alunos são meninas e que nesta classe o número de meninas é maior que o número de meninos, então o número de meninos é igual a:

(A) 7   (B) 8   (C) 9   (D) 10   (E) 11

Solução:
Contando de 4 em 4 sobram 2 ➔ a turma pode ter 2, 6, 10, 14, 18, 22, 26, 30, 34, 38, ...
Contando de 5 em 5 sobra 1 ➔ a turma pode ter 6, 11, 16, 21, 26, 31, 36, 41, ...
Para atender às duas condições ao mesmo tempo, o número de alunos tem que ser 6, 26, 46...
Se 15 são meninas e o número de meninos é menor, então a turma tem no máximo 29 alunos (15+14). Só pode ter então 26 alunos. Sendo 15 meninas, a turma terá 11 meninos.

Resposta: (E) 11

Q6) (CM) Pedro, Marcos e João são três irmãos; As suas idades coincidiram de tal forma que cada uma das mesmas possui apenas dois divisores naturais. O produto das três idades é 195. Sendo Pedro o mais novo e João o mais velho. Qual a idade de Marcos?

(A) 3   (B) 4   (C) 5   (D) 13   (E) 8

Resposta:
Os números primos são os únicos que possuem apenas dois divisores naturais. Então suas idades são números primos. Temos que encontrar 3 números primos que multiplicados dão 195. Para isto, basta fatorar o número 195.
195 = 3 x 5 x 13
As idades são 3, 5 e 13 anos. Marcos é o irmão do meio, sua idade é 5 anos.

Resposta (C) 5 anos

Q7) (CM) Os alunos Tiago e Igor receberam um desafio matemático de encontrar o maior número pelo qual podemos dividir 52 e 73 para encontrar, respectivamente, restos 7 e 13. Se eles calcularam, corretamente, encontraram o número:

(A) 5   (B) 15   (C) 13   (D) 52   (E) 73

Solução:
Se subtrairmos os respectivos restos, os números resultantes terão que dar divisão exata quando divididos pelo número procurado:
52-7 = 45
73-13 = 60
O número procurado é o MDC entre 45 e 60, que resulta em 15.

Resposta: (B) 15

Capítulo 5 – MÚLTIPLOS E DIVISORES 167

Q8) (CM) Determine o maior número natural que deve dividir 580 e 743, a fim de que os restos sejam 21 e 12, respectivamente.

(A) 43   (B) 37   (C) 17   (D) 13   (E) 1

Solução:
580 – 21 = 559
743 – 12 = 731

Depois de retirar os restos, os números que sobram tem que ser divisíveis por um mesmo número, e tem que ser o maior possível (máximo). Então este número é o MDC entre 559 e 731

559 = 13x43
731 = 17x43

Então o MDC entre 559 e 731 é 43.

Resposta: 43

Q9) (CM) Sabendo-se que 33. 333. 331 x 13 = 433. 333. 303, pode-se afirmar que é múltiplo de 13 o número

(A) 433. 333. 292
(B) 433. 333. 309
(C) 433. 333. 313
(D) 433. 333. 316
(D) 433. 333. 291

Resp: (D)

Q10) (CM) Maria e Ana são irmãs. O produto entre suas idades é 221. Ana é a mais velha. Logo, a soma dos algarismos da idade de Maria é:

(A) 4   (B) 8   (C) 12   (D) 6   (E) 2

Solução:
Basta fatorar 221:
221 = 170 + 51 = 17x10 + 17x3 = 17x13
Ana é a mais velha, com 17, e Maria é a mais nova, com 13.

Resposta: (A) 4

Q11) (CM) Um aluno do 2° ano do ensino médio do CMS estuda na sala 203. Ele desafiou um aluno do 6° ano a resolver o seguinte problema: "O número 203 foi dividido em três partes, tal que a segunda é o dobro da primeira e metade da terceira". Determine o produto dos algarismos do número equivalente à 2ª parte.

(A) 6   (B) 11   (C) 40   (D) 42   (E) 60

Solução:
As partes podem ser designadas como x, 2x e 4x.
1^a = x

2ª = 2x
3ª = 4x
7x = 203 ➔ x= 203÷7 = 29
As partes são 29, 58 e 116
5x8 = 40

Resposta: (C) 40

Q12) (CM) Um quadrado é chamado mágico quando, ao distribuir os números de 1 a 16 por ele, a soma dos números de qualquer linha ou qualquer coluna é a mesma. Porém, no quadrado abaixo, os números foram apagados. Se fôssemos preenchê-lo, a soma da segunda linha seria:

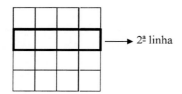

(A) 28   (B) 30   (C) 32   (D) 34   (E) 36

Solução:
A soma de todos os números é 1+2+3+4+...+15+16, que vale 136. Como cada linha tem a mesma soma, esta soma tem que ser 136:4 = 34

Resposta: (D) 34

Q13) (CN) Se, ao efetuarmos o produto do número 13 por um número inteiro N de dois algarismos e, por engano, invertemos a ordem dos algarismos desse número N, o resultado poderá aumentar de

(A) 130   (B) 260   (C) 65   (D) 167   (E) 234

Solução:
Sejam a e b os algarismos de N, ou seja, N=10.a+b
Se invertermos a ordem dos algarismos de N, ficará N'=10.b+a
A diferença entre N e N' é 9.a-9.b, que é um múltiplo de 9
O resultado aumentará portanto de um múltiplo de 9, multiplicado por 13. Temos que encontrar entre as opções, uma que seja um número múltiplo de 9 e de 13. A única opção que atende é (E) 234.

Resp: (E) 234

Q14) (CN) O resto da divisão por 5 do número 5743^{9319} é :

(A) 0   (B) 2   (C) 1   (D) 4   (E) 3

Solução:
O número 5743 deixa resto 3 se for dividido por 5. Os restos das divisões por 5 formarão uma seqüência:

Capítulo 5 – MÚLTIPLOS E DIVISORES   169

$5743^0 \rightarrow$ mesmo resto de $3^0 = 1 \rightarrow$ resto 1
$5743^1 \rightarrow$ mesmo resto de $3^1 = 3 \rightarrow$ resto 3
$5743^2 \rightarrow$ mesmo resto de $3^2 = 9 \rightarrow$ resto 4
$5743^3 \rightarrow$ mesmo resto de $3^3 = 27 \rightarrow$ resto 2
$5743^4 \rightarrow$ mesmo resto de $3^4 = 81 \rightarrow$ resto 1

Vemos então que os restos se repetem de 4 em 4. Devemos então checar o resto da divisão de 9319 por 4. O resto é 3, portanto o resto da divisão por 5 de 5743^{9319} é o mesmo de 3^3, ou seja, resto 2.

Resposta: (B) 2

Q15) (CN) Se, ao multiplicarmos o número inteiro e positivo N por outro número inteiro e positivo de 2 algarismos, invertemos a ordem dos algarismos deste segundo número, o resultado fica aumentado de 207. A soma dos algarismos que constituem o número N dá:

(A) 5   (B) 6   (C) 7   (D) 8   (E) 9

Solução.
Quando invertemos os algarismos a e b de N, seu valor passa de 10.a+b para 10.b+a. O resultado ficará aumentado de (9.b-9a).N, ou seja, um múltiplo de 9 vezes N. O problema afirmou que esta diferença é 207. Mas 207 é igual a 23x9. Fazemos então:
(9.b-9.a)xN = 23x9.
O produto tem um fator 23. Como 9b-9a não pode ser múltiplo de 23, então obrigatoriamente N vale 23. A soma dos algarismos de N é 5.

Resposta: (A) 5

Q16) (CN) O número 583ab é divisível por 9. O valor máximo da soma dos algarismos a e b, é
(A) indeterminado   (B) 20   (C) 18   (D) 11   (E) 2

Solução:
5+8+3+a+b tem que ser múltiplo de 9. Então a+b+16 em que ser múltiplo de 9, ou seja, a+b tem que valer 2, ou 11, ou 20. Mas como a e b são algarismos, não podem valor 20. Então o valor máximo para a+b é 11.

Resposta: (D) 11

Q17) (EPCAr) O produto de um número inteiro A de três algarismos por 3 é um número terminado em 721. A soma dos algarismos de A é

(A) 15   (B) 16   (C) 17   (D) 18

Solução
A.3 = 721 = impossível, pois não é múltiplo de 3
A.3 = 1721 = impossível, pois não é múltiplo de 3
A.3 = 2721 = correto, é múltiplo de 3
A=2771/3 = 907

Resposta: (B) 16

170 MATEMÁTICA PARA VENCER

Q18) (CM) Dado o número 57a3b, substituir a e b por algarismos que tornem o esse número divisível por 5 e 9 ao mesmo tempo. Dar todas as soluções possíveis.

Solução:
Para ser múltiplo de 5, b tem que ser 0 ou 5. Vejamos as soluções possíveis:
a) Se b=0, então 5+7+a+3 tem que ser múltiplo de 9. O algarismo a tem que valer 3.
b) Se b=5, então 5+7+a+3+5 tem que ser múltiplo de 9. O algarismo a tem que valer 7.

Resposta: a=3 e b=0 ou a=7 e b=5.

Q19) Qual é o menor valor pelo qual temos que multiplicar 60 para que o resultado seja um quadrado perfeito?

Solução:
$60 = 2^2.3.5$
Para que se torne um quadrado perfeito, todos os seus expoentes têm que ser pares. Isto será conseguido se multiplicarmos por 3.5, ficando com $2^2.3^2.5^2$.

Resposta: 15

Q20) (CM) Numa fábrica de doces, são produzidos 240 pirulitos, 420 balas e 320 chicletes, que serão distribuídas entre crianças de um orfanato. Sabe-se que, após a distribuição, cada criança terá recebido a mesma quantidade de pirulitos, balas e chicletes e não sobrará nenhum doce. Se o número de crianças é o maior possível, cada uma receberá ao todo:

(A) 19 doces   (B) 49 doces   (C) 98 doces   (D) 196 doces   (D) 490 doces

Solução:
Os doces serão divididos pelo máximo número de crianças, que é o MDC entre 240, 420 e 320, que calculado dá 20. Cada criança receberá 12 pirulitos, 21 balas e 16 chicletes = 49 doces.

Resposta: (B)

Q21) (CM) Na reunião do grêmio de um colégio estavam presentes um aluno, que presidiu a sessão, mais outros *a* meninos e *b* meninas. Sabe-se que *a* é o número correspondente ao MMC(14, 22) e que *b* é o número correspondente ao MDC(126, 924). Portanto, o número total de meninos e meninas presentes na reunião foi:

(A) 196
(B) maior que 196 e menor que 200
(C) 195
(D) maior que 200
(E) maior que 100 e menor que 150

Resposta:
MMC(14,22) = 154
MDC(126, 924) = 42
Total de alunos: 1+154+42 = 197

Resposta: (B)

Capítulo 5 – MÚLTIPLOS E DIVISORES 171

Q22) (CM) O produto entre o MMC e o MDC de dois números naturais maiores que 1 é 221. A diferença entre o maior e o menor desses números é

(A) 4   (B) 11   (C) 13   (D) 17   (E) 30

Solução
Lembramos que o produto de dois números é sempre igual ao produto do seu MMC e seu MDC. Temos então:
A x B = MDC x MMC = 221
Fatorando 221 temos:
221 = 170+51 = 10x17 + 3x17 = 13x17
Como ambos os números são maiores que 1, a única forma do seu produto ser 13x17 é um sendo 13 e outro sendo 17. O problema pede a diferença entre esses números, que vale 4.

Resposta: (A) 4

Q23) (CM) Entre os primeiros mil números naturais pares maiores que 1000, quantos são divisíveis por 2, 3, 4 e 5, simultaneamente?

(A) 30   (B) 31   (C) 32   (D) 33   (E) 34

Solução.
O MMC entre 2, 3, 4 e 5 é 60. Os primeiros 1000 números naturais pares maiores que 1000 vão de 1002 a 3000. Temos que encontrar quantos são os múltiplos de 60 neste intervalo. O primeiro múltiplo de 60 é 1020, o último é 3000. O valor procurado é:

(3000-1020):60 +1 = 198:6 +1 = 34

Outra solução: Calculamos todos os múltiplos de 60 entre 1 e 3000 e subtraímos aqueles entre 1 e 1000.
3000:6 – 960:60 = 50 – 16 = 34

Resposta: (E) 34

Q24) (CM) Na festa de casamento de Márcia, foi servido um jantar, constituído de arroz, maionese, carne e massa. Garçons serviram os convidados utilizando pequenas bandejas. A quantidade servida era aproximadamente igual para todos, sem repetição. Todos os convidados se serviram de todos os pratos oferecidos e as bandejas retornavam à copa sempre vazias. Cada bandeja de arroz servia 3 pessoas, as de maionese, 4 pessoas, as de carne, 5 pessoas e as de massa, 6 pessoas cada. Nessas condições, dos números abaixo apresentados, só um deles pode corresponder ao total de convidados que foram à festa de Márcia. Assinale-o.

(A) 90   (B) 120   (C) 144   (D) 150   (E) 200

Resposta:
Todos os alimentos das bandejas foram consumidos sem sobras.
Cada bandeja de arroz serve 3 pessoas   ➜ o número de pessoas é múltiplo de 3.
Cada bandeja de maionese serve 4 pessoas ➜ o número de pessoas é múltiplo de 4.
Cada bandeja de carne serve 5 pessoas   ➜ o número de pessoas é múltiplo de 5.
Cada bandeja de massa serve 6 pessoas   ➜ o número de pessoas é múltiplo de 6.

O número de pessoas é múltiplo de 3, 4, 5 e 6. Então o número de pessoas é igual ao MMC entre 3, 4, 5 e 6, ou então um múltiplo deste valor.

172   MATEMÁTICA PARA VENCER

MMC (3, 4, 5, 6) = 60. O único múltiplo de 60 entre as opções é 120.

Resposta: (B) 120

Q25) (CM) Tenho menos de duzentas bolas de gude. Se agrupá-las de 7 em 7, não sobra nenhuma. Agrupando-as de 6 em 6 ou de 8 em 8, sempre restam 3. Se resolver agrupá-las de 11 em 11, sobrarão:

(A) Duas bolas de gude.
(B) Quatro bolas de gude.
(C) Seis bolas de gude.
(D) Oito bolas de gude.
(E) Dez bolas de gude.

Solução:
De 6 em 6 ou de 8 em 8 restam 3. Então o número de bolas é múltiplo do MMC(6,8) somado com 3. Este MMC é 24, então o número de bolas pode ser um múltiplo de 24 mais 3: 27, 51, 74, 99, 123, 147, 171, 183.
Agrupando de 7 em 7 não sobra nenhuma, então o número tem que ser múltiplo de 7. Dos números acima, o único que serve é 147. Então agrupando de 11 em 11, sobrará um número que é o resto da divisão de 147 por 11, que vale 4.

Resposta: (B) 4

Q26) (CM) Numa subtração, o resto é 518. Se subtrairmos do minuendo o valor do menor número primo maior que 200 e subtrairmos do subtraendo o valor do maior número primo menor que 300, qual será o resto da nova subtração?

(A) Um número natural menor que 100.
(B) Um número natural compreendido entre 100, inclusive, e 300, exclusive.
(C) Um número natural compreendido entre 300, inclusive, e 500, exclusive.
(D) Um número natural compreendido entre 500, inclusive, e 700, exclusive.
(E) Um número natural maior que 699.

Solução:
O problema pode ser resolvido sem cálculos para determinação dos números primos citados (e é para ser feito desta forma aproximada), pois não é pedida a resposta exata, e sim, em uma faixa de valores.

O valor a ser subtraído do minuendo é próximo de 200, já que é o menor número primo maior que 200. Isto fará o resto diminuir cerca de 200 unidades. O valor a ser subtraído do subtraendo é próximo de 300, o que fará o resto aumentar cerca de 300 unidades. Como o resto diminui cerca de 200 unidades depois aumente cerca de 300 unidades, o efeito final será um aumento de cerca de 100 unidades. Se o resto original era 518, o novo resto será próximo de 618. A resposta que satisfaz é a (D), um valor entre 500 e 700, exclusive. Se fossemos calcular com exatidão, seria extremamente trabalhoso e demorado encontrar os números primos pedidos. Se tivéssemos o trabalho de calcular esses números, encontraríamos, depois de preciosos 30 minutos de cálculo, 211 e 293. O valor exato do novo resto seria 518 – 211 + 293 = 600. Mas este trabalho e esta exatidão não são necessários, já que para resolver o problema basta apresentar uma estimativa.

Resposta: (D)

Capítulo 5 – MÚLTIPLOS E DIVISORES   173

Q27) (CM) Sejam A e B dois números naturais tais que MDC (A , B) = 6 e MMC (A , B) = 120, sendo que nem A, nem B, é igual a 6. Dessa forma, podemos afirmar que:

A) Pelo menos um desses números é primo.
B) O produto dos números A e B não é divisível pelo MMC entre eles.
C) Somando-se os valores absolutos dos algarismos que compõem o número A com os valores absolutos dos algarismos que compõem o número B, obtemos 9 como resultado.
D) 5 é divisor de ambos os números A e B.
E) O menor dos números é par, múltiplo de 9, maior que 5 e menor que 25.

Solução:
Este é um tipo clássico de problema em que temos o MMC e o MDC, e temos que encontrar os dois números. Apenas sabendo o MMC e o MDC não podemos encontrar diretamente o produto, precisamos de mais informações. Entretanto sabendo o MMC e o MDC já temos algumas pistas importantes para encontrar os números. Lembre-se da propriedade que apresentamos neste capítulo:

$$MMC = \underset{B}{\overset{A}{X \cdot MDC \cdot Y}}$$

Existirão sempre números X e Y primos entre si, tais que A = X.MDC(A,B) e B = Y(MDC). Além disso, o produto de A por B é igual ao produto do MDC pelo MMC.

Se o MMC é 120 e o MDC é 6, então:

$$120 = X.6.Y \rightarrow X.Y = 20$$

Temos então que encontrar dois números X e Y primos entre si que multiplicados resultam em 20. Temos duas possibilidades (2 e 10 não atende, pois não são primos entre si):
1 e 20 ➜ A=6 e B=20
4 e 5 ➜ A=24 e B=30

Como o problema diz que nenhum dos números é 6, a solução é A=24 e B=30. Agora confrontamos esses valores com as respostas, e encontramos (C)

Resposta: (C)

Q28) (CM) Seja n um numeral de três algarismos distintos. Analise as afirmativas abaixo, referentes a n, e, em seguida, assinale a opção correta.

I - Se n representa o menor número possível divisível por 2, então esse número é, também, divisível por 6.
II - Se n representa o maior número possível divisível por 4, então esse número é, também, divisível por 3.
III - Se n representa o maior número possível divisível por 11, então esse número é par.

(A) Somente a afirmativa I é verdadeira.
(B) Somente a afirmativa II é verdadeira.
(C) Somente a afirmativa III é verdadeira.
(D) Somente as afirmativas I e II são verdadeiras.
(E) Todas as afirmativas são verdadeiras.

174 MATEMÁTICA PARA VENCER

Solução:
Os números podem ir de 102 a 987
I) o número é 102, é múltiplo de 6. (V)
II) o número é 984, que é divisível por 3 (V).
III) o número é 968, que é divisível por 11 (V). Para encontrar este 968, partimos do último múltiplo de 11 inferior a 1000, que é 990, e subtraímos 11 sucessivas vezes até encontrar um com três algarismos diferentes, que seria no caso, 968.

Resposta: (E)

Q29) (CM) Enquanto abastecia e pintava seu navio, Barba Negra planejava novos ataques aos navios do Rei que transportavam ouro, prata e bronze, os quais sempre passavam pela ilha do Dedo de Deus às 15 horas. Segundo seus espiões, de dois em dois dias passava por essa ilha o navio real Tor, cheio de bronze; de três em três dias passava o navio real Hércules, cheio de prata, e de quatro em quatro dias passava o navio real Ícaro, cheio de ouro. Barba Negra ficou sabendo que no dia 1º de março os três navios passariam juntos pela citada ilha. Sendo assim, no mês de março, quantas vezes os três navios passariam juntos pela ilha do Dedo de Deus?

(A) 3   (B) 6   (C) 9   (D) 10   (E) 15

Solução:
Esta questão faz parte de uma prova do CMRJ na qual todas as questões giram em torno de uma história. Ao invés dos enunciados serem matemáticos, são apresentados problemas e o aluno tem que entender e descobrir a sua forma matemática, para finalmente resolvê-los. Esta é uma tendência geral em muitas provas modernas. Uma vez traduzido o problema para a forma matemática, fica fácil. É um problema de ciclos. O ciclo se repete a cada 12 dias, que é o MMC entre 2, 3 e 4. Se os navios passaram juntos no mesmo local no dia 1, passarão novamente no dia 13 e no dia 25 (12 em 12 dias), além do dia 1 já citado, totalizando 3 dias.

Resposta: (A) 3

Q30) (CM) Enquanto isso, não muito distante dali, indo na direção do castelo dos matemágicos, Toben cruzava os céus com seu dragão branco, pois tinha que avisar, imediatamente, que um ataque estava para acontecer. Assim que chegou ao castelo, informou ao líder dos matemágicos que os bruxomáticos vinham atacá-los. O líder perguntou: "Quantos são os nossos inimigos?" Toben respondeu em matematiquês: "É um número entre 200 e 400. Juntando-os em grupos de 6, de 10 ou de 12, sempre restam 4; mas, quando os reúne em grupos de 8, não resta nenhum". Quantos são os bruxomáticos?

(A) 240   (B) 244   (C) 304   (D) 364   (E) 382

Solução para a linguagem matemática:
Um número deixa resto 4 se dividido por 6, 10 ou 12, então é múltiplo do MMC(6, 10, 12) somado com 4. O número está compreendido entre 200 e 400 e é múltiplo de 8.
Sendo um múltiplo de 60 somado com 4, pode ser 64, 124, 184, 244, 304, 364, 424, ... Como está entre 200 e 400, pode ser 244, 304 ou 364. Além disso é múltiplo de 8, então só pode ser 304.

Resposta: (C) 304

Q31) (CM) Um grupo de alunos do CMRJ foi levado para um passeio ao museu. Lá foram divididos em grupos menores com quantidades iguais de alunos. Contudo, ao serem divididos em grupos de 5 alunos, 7 alunos ou 11 alunos, sobraram, respectivamente, 1, 3 e 7 alunos. Se o

Capítulo 5 – MÚLTIPLOS E DIVISORES   175

número de alunos que participou desse passeio não era superior a 400, o número de alunos que sobram se os dividimos em grupos de 8 alunos é:

(A) 1   (B) 2   (C) 3   (D) 4   (E) 5

Solução
Este tipo de problema pode ser resolvido com o MMC entre os números, somado com o resto, mas isso só funciona quando o resto é o mesmo para todos os números. Neste problema, os restos são 1, 3 e 7. Quando isso ocorre, a solução em geral não é O MMC somado com um valor (no caso, o resto), e sim, o MMC subtraído de um valor, caso seja o mesmo para todos os números. Veja o que ocorre:

Dividido por 5 deixa resto 1   ➔ Faltam 4 para ser múltiplo de 5
Dividido por 7 deixa resto 3   ➔ Faltam 4 para ser múltiplo de 7
Dividido por 11 deixa resto 7   ➔ Faltam 4 para ser múltiplo de 11

Então este número é um múltiplo de 5, 7, 11, menos 4.
MMC(5, 7, 11) = 385
O problema diz que o número não é superior a 400, então este é o múltiplo procurado. O número é 385-4 = 381. É pedido o resto da divisão deste número por 8, que é 5.

Resposta: (E) 5

Q32) (CM) Sobre um determinado número natural, sabe-se que:

(I) é um número entre 5000 e 6000;
(II) é divisível por 3, 5, 9 e 10;
(III) o valor absoluto do algarismo das centenas é maior que o valor absoluto do algarismo das dezenas;

O menor número que satisfaz essas 3 condições, na divisão por 11, deixa resto:

(A) 8   (B) 7   (C) 6   (D) 5   (E) 4

Solução:
O número procurado é um múltiplo do MMC entre 3, 5, 9 e 10, que é 90. É então um múltiplo de 90 entre 5000 e 6000. Pode ser então 5040, 5130, 5220, 5310, 5400, 5490, 5580, 5670, 5760, 5850 ou 5940. Como o algarismo das centenas tem que ser maior que o algarismo das dezenas, os únicos que atendem são 5310, 5400, 5760, 5850 ou 5940. O menor deles é 5310, seu resto da divisão por 11 é 3+11-1-5 = 8

Resposta: (A) 8

Q33) (CM) O prefeito da cidade de Riacho Fundo resolveu cercar a praça da cidade com lindas palmeiras. Como dispõe de pouco dinheiro para o plantio das árvores, o prefeito decidiu que todas elas estariam igualmente espaçadas e a distância entre elas deveria ser a maior possível. Se a praça tem formato retangular de dimensões 462 metros e 294 metros, o número de árvores que serão plantadas é:

(A) 42   (B) 40   (C) 38   (D) 36   (E) 30

Solução:
A praça forma um retângulo, e seus lados deverão ser divididos pelas palmeiras. A distância entre as palmeiras é o MDC entre 462 e 294, que vale 42. Dividindo os lados pelo MDC, encontramos 462÷42=11 e 294÷42=7. Os lados da praça serão então divididos em 11 e 7 para o plantio das palmeiras. É preciso tomar cuidado nesse tipo de problema, pois pode ser preciso contar os extremos. Veja a figura:

Se dividirmos os lados da praça em 11 e 7, respectivamente, poderemos contar que são 36 palmeiras. Se somássemos 11+7+11+7 também encontraríamos 36. Aqui existem duas medidas: o número pontos (no caso, as palmeiras) e o número de espaços que separam esses pontos (o que calculamos). Quando o percurso total é fechado, como nesse caso, o número de espaços é igual ao número de pontos. Em percursos abertos, o número de pontos será igual ao número de espaços + 1, como na figura abaixo, com 4 espaços e 5 pontos.

Teríamos que levar isso em conta, por exemplo, se o problema pedisse a colocação de palmeiras ao longo de uma rua (percurso aberto) e não ao longo dos lados de uma praça (percurso fechado).

Resposta: (D) 36

Q34) (CM) Os números naturais diferentes de zero são dispostos em quadrados como na figura abaixo.

	a	b	c
A	1	2	3
B	4	5	6
C	7	8	9

	a	b	c
A	10	11	12
B	13	14	15
C	16	17	18

	a	b	c
A	19	20	21
B	22	23	24
C	25	26	27

A posição de um número, em uma das tabelas, é dada por uma letra maiúscula seguida de uma letra minúscula. Por exemplo, o número 6 está na posição Bc; o número 16 está na posição Ca; o número 20 está na posição Ab. Continuando a montar tabelas como a da figura anterior, a posição do número 500 é:

(A) Aa   (B) Bb   (C) Cc   (D) Ac   (E) Cb

Solução:
A seqüência se repete de 9 em 9. Dividindo 500 por 9 encontramos resto 5. Então o número 500 ficará na mesma posição que o número 5 ocupa na sua tabela, ou seja, Bb.

Resposta: (B) Bb

Capítulo 5 – MÚLTIPLOS E DIVISORES 177

Q35) (CM) Jorge adora jogos matemáticos. Hoje ele aprendeu um jogo aritmético novo e o mostrou ao seu amigo Jonas. "Jonas", disse Jorge, "pense em um número natural qualquer, some seus dígitos e subtraia esse resultado do número original". Em seguida, Jorge disse que adivinharia o resto da divisão desse resultado por 9. Assim, a resposta de Jorge foi:

(A) 0   (B) 1   (C) 2   (D) 3   (E) 4

Solução:
Se o número for representado pelos dígitos ab, o seu valor será 10.a+b. Se somarmos seus dígitos encontraremos a+b. Subtraindo esta soma do valor do número, ficaremos com:

10.a + b – (a+b) = 9.a

O número resultante será sempre múltiplo de 9, então o resto da sua divisão por 9 é zero.

Resposta: (A) 0

Q36) (CM) O número 126 é o MMC de 18 e 42. A quantidade de múltiplos comuns entre 18 e 42, menores que 1000, é:

(A) 8   (B) 14   (C) 21   (D) 18   (E) 7

Resposta: Note que não foi feita restrição alguma ao número 0, que é um múltiplo comum entre dois números quaisquer. Apenas a noção de MMC exige que seja um múltiplo próprio.
Mínimo Múltiplo Comum entre 18 e 42: 126
Múltiplos comuns de 18 e 42: 0, 126, 252, ...
Dividindo 1000 por 126 encontramos quociente 7. São então 7 múltiplos não nulos, e mais o zero, totalizando 8 múltiplos.

Resposta: (A) 8

Q37) (CM) O número de divisores de 2205 que são divisíveis por 3 é:

(A) 18   (B) 12   (C) 15   (D) 24   (E) 06

Solução:
Fatorando 2205 temos: $3^2.5^1.7^2$. O número total de divisores é (2+1)x(1+1)x(2+1) = 18. Vamos agora subtrair todos os que não são múltiplos de 3, ou seja, aqueles que têm apenas os fatores 5 e 7. Isso seria o mesmo que encontrar os divisores de $5^1.7^2$, igual a (1+1)x(2+1) = 6. Fazendo então 18 (total de múltiplos) – 6 (os que não são múltiplos de 3) ficamos com 12.

Resposta: (B) 12

Q38) (CM) Ana tem mais de 120 CD (disco compacto). Quando ela forma pilhas com 3 CD, sempre sobra um. Quando ela forma pilhas com 4 CD, continua também sobrando um. Mas quando ela forma pilhas com 7 CD, não sobra nenhum. O menor número de CD que Ana pode ter é:

(A) 126   (B) 133   (C) 140   (D) 150   (E) 168

Solução:
Como o resto é 1 quando os CDs são divididos em 3 ou em 4, o número de CDs é múltiplo de MMC(3,4) +1. Encontremos então os números que são múltiplos de 12 +1 a partir de 120:

178   MATEMÁTICA PARA VENCER

121, 133, 145, 157, 169...
O número procurado tem que ser múltiplo de 7. Da seqüência acima, o primeiro que atende é
133 (19x7).

Resposta: (B) 133

Q39) (CM) O produto entre o menor número primo e o maior número de 3 algarismos
múltiplo de 17 é:

(A) 986   (B) 1972   (C) 1985   (D) 2000   (E) 2010

Solução:
1000:17 = 58, deixando resto. Multiplicando 58x17 encontramos 986. Este é o maior número
de 3 algarismos, múltiplo de 17. O menor número primo é 2, então o valor pedido é 2x986 =
1972.

Resposta: (B) 1972

Q40) (CM) Em cada quadrinho abaixo devem ser colocados algarismos de 1 a 5 para formar
um número.

Quantas vezes deve ser colocado o algarismo 5 para que o número formado seja o maior
múltiplo de 9 possível?

(A) 6   (B) 5   (C) 4   (D) 3   (E) 2

Solução:
Para ter o maior número possível, vamos usar o algarismo máximo, 5, em todas as posições,
ficando com 555555. Mas este número não é múltiplo de 9, deixa resto 3. Então vamos subtrair
3 do algarismo das unidades, ficando com 555552.

Resposta: (B)

Q41) (OBM) Na multiplicação ao lado, alguns algarismos, não necessariamente iguais, foram
substituídos pelo sinal *. Qual é a soma dos valores desses algarismos?

```
      * * *
  x   * 7
  -------
      * * *
    * * *
  -------
    6 1 5 7
```

(A) 17   (B) 27   (C) 37   (D) 47   (E) 57

Solução:
A questão é trabalhosa, mas pode perfeitamente cair em provas, usando números menores.
Outros problemas parecidos dão uma série de algarismos para calcularmos os que faltam. Esta
dá apenas o resultado e mais apenas um algarismo conhecido, o 7. Não existem informações
suficientes para descobrir os algarismos que faltam, simplesmente completando lacunas, então
vamos usar um outro caminho. Note que o produto dos dois números é conhecido: 6157. É
obtido com a multiplicação de um número de 3 algarismos desconhecidos, e um número de 2

Capítulo 5 – MÚLTIPLOS E DIVISORES 179

algarismos terminando com 7, podendo ser 17, 27, 37, 47, 57, 67, 77, 87 ou 97. Note entretanto que 6157 não é múltiplo de 3, o que elimina as opções 27, 57 e 87. Também não é múltiplo de 11, o que elimina o 77. Restam as opções 17, 37, 47, 67 e 97. Testando as opções, vemos que 6157 é divisível por 47: 6157 = 131x17. Com isso descobrimos facilmente os algarismos em falta: 1+3+1+4+9+1+7+5+2+4 = 37

```
  131
 x47
====
  917
 524
====
6157
```

Resposta: (C) 37

Q42) (OBM) Numa reunião da comunidade do bairro, cada uma das 125 pessoas presentes recebeu um número diferente, a partir do número 1 até o 125. Em dado momento, foi feita uma lista das pessoas com número par e das pessoas com número múltiplo de 3, que deveriam participar de um projeto. Algumas pessoas reclamaram, dizendo que o seu nome aparecia duas vezes na lista. Quantas pessoas apareceram duas vezes na lista?

(A) 2   (B) 6   (C) 20   (D) 41   (E) 62

Solução:
Para estar nas duas listas, é preciso ser múltiplo de 2 e de 3, ou seja, múltiplos de 6. De 1 a 125 existem 20 múltiplos de 6: 6, 12, 18, ..., 120

Resposta: (C) 20

Q43) (OBM) Dos números a seguir, qual é o único que pode ser escrito como produto de quatro naturais consecutivos?

(A) 712   (B) 548   (C) 1026   (D) 1456   (E) 1680

Solução:
Fatorando os cinco números ficamos com:
$712 = 2.19^2$
$548 = 2^2.137$
$1026 = 2.3^3.19$
$1456 = 2^4.7.13$
$1680 = 2^4.3.5.7 = 5.6.7.8$

Resposta: (E)

Q44) (OBM) 108 crianças da 5^a e 6ª séries vão fazer um passeio numa caverna. São formados grupos iguais com mais de 5 porém menos de 20 alunos. Com relação ao número de estudantes por grupo, de quantas formas diferentes eles podem ser feitos?

(A) 2   (B) 8   (C) 5   (D) 4   (E) 3

Solução:
Inicialmente encontramos os divisores de 108:
1, 2, 3, 4, 6, 9, 12, 18, 27, 36, 54, 108

180   MATEMÁTICA PARA VENCER

Para cada um desses divisores, formaremos grupos com este tamanho. O número de grupos em cada caso será: 108, 54, 36, 27, 18, 12, 9, 6, 4, 3, 2 e 1.

O número de alunos por grupo tem que estar entre 5 e 20 exclusive, então só pode ser 18, 12, 9 e 6, são portanto 4 formas.

Resposta: (D) 4

Q45) (OBM) O algarismo das unidades do número 1 x 3 x 5 x ... x 97 x 99 é

(A) 1   (B) 3   (C) 5   (D) 7   (E) 9

Solução:
O número é um produto de ímpares, portanto o resultado é ímpar. Possui o fator 5, então é múltiplo de 5. Como é múltiplo de 5 e não é par, então termina com o algarismo 5.

Resposta: (C) 5

Q46) (OBM) O número 1000...02 tem 20 zeros. Qual é a soma dos algarismos do número que obtemos como quociente quando dividimos esse número por 3?

Solução:
N = 1000....2 = 999....999 + 3

Se separarmos 3, o resultado será 999...999 com 21 algarismos "9". Dividindo tudo por 3, resulta em 333...333 com 21 algarismos "3", e mais 1. O resultado é 333...334, com 20 algarismos 3 e um algarismo 4. A soma dos seus algarismos é 20x3+4 = 64

Resposta: 64

Q47) (OBM) A soma de dois números primos a e b é 34 e a soma dos primos a e c é 33. Quanto vale a + b + c?

Solução:
Primeiro devemos encontrar dois números primos que somados resultem em 34. As opções são:
a e b: 3 e 31, 5 e 29, 11 e 23, 17 e 17
Fazendo o mesmo com 33:
a e c: 2 e 31 (única hipótese)
Então a=31, b=3 e c=2, a+b+c = 36

Resposta: 36

Q48) (OBM) Esmeralda, de olhos vendados, retira cartões de uma urna contendo inicialmente 100 cartões numerados de 1 a 100, cada um com um número diferente. Qual é o número mínimo de cartões que Esmeralda deve retirar para ter certeza de que o número do cartão seja um múltiplo de 4?

Solução:
São 100 cartões, sendo 25 múltiplos de 4 e 75 que não são múltiplos de 4. Na pior das hipóteses, porém matematicamente possível, poderia tirar todos os 75 que não são múltiplos de 4, para só então no 76º retirar o primeiro cartão múltiplo de 4. Apesar de improvável, somente retirando 76 cartões teremos certeza de que foi retirado pelo menos um múltiplo de 4.
Resposta: 76

Capítulo 5 – MÚLTIPLOS E DIVISORES

181

Q49) (OBM) Encontre todos os números naturais n de três algarismos que possuem todas as propriedades abaixo:

- n é ímpar;
- n é um quadrado perfeito;
- A soma dos quadrados dos algarismos de n é um quadrado perfeito.

Solução:
Os quadrados perfeitos ímpares entre 100 e 1000 são:
121, 169, 225, 289, 361, 441, 529, 625, 729 e 841. O único cuja soma dos quadrados dos algarismos é um quadrado perfeito é 841.

Resposta: 841

Q50) (OBM) Numa festa típica, cada prato de arroz foi servido para duas pessoas, cada prato de maionese para três pessoas, cada prato de carne servia quatro pessoas e cada prato de doces dava exatamente para cinco pessoas. Foram utilizados 77 pratos e todas as pessoas se serviram de todos os pratos oferecidos. Quantas pessoas havia na festa?

(A) 20   (B) 30   (C) 45   (D) 60   (E) 75

Número de pessoas é múltiplo de 2, 3, 4 e 5. O MMC é 60, então o número de pessoas na festa é múltiplo de 30.

Se N=60 ➜ 30 pratos de arroz, 20 de maionese, 15 de carne e 12 de doces ➜ total 77 pratos
Então o número de pessoas na festa é 60.

Resposta: (D) 60

Q51) (OBM) Quantos números de dois algarismos não são primos nem múltiplos de 2, 3 ou 5?

(A) 1   (B) 3   (C) 2   (D) 4   (E) mais de 4

Solução:
Podemos partir de uma tabela de números de 1 a 100 e como no Crivo de Erastóstenes, eliminar os múltiplos de 2, 3 e 5. Depois eliminamos todos os números primos. Ficamos com apenas 49, 77 e 91.

	2	3	4	5	6	7	8	9	10
11	12	13	14	15	16	17	18	19	20
21	22	23	24	25	26	27	28	29	30
31	32	33	34	35	36	37	38	39	40
41	42	43	44	45	46	47	48	49	50
51	52	53	54	55	56	57	58	59	60
61	62	63	64	65	66	67	68	69	70
71	72	73	74	75	76	77	78	79	80
81	82	83	84	85	86	87	88	89	90
91	92	93	94	95	96	97	98	99	100

								49	
						77			
91									

Resposta: (B) 3

Q52) (OBM) O número N de três algarismos multiplicado por 7 deu como resultado um número que termina em 171. A soma dos algarismos de N é:

182   MATEMÁTICA PARA VENCER

(A) 10   (B) 11   (C) 12   (D) 13   (E) 14

Solução:
Armando a multiplicação ficamos com:

```
      _ _ _
    x   _ 7
    =====
x 1 7 1
```

O multiplicando é no máximo 999, então o resultado é inferior a 7000. Temos que testar quais números da forma *171 são divisíveis por 7.
171 ➔ não é divisível por 7
1171 ➔ não é divisível por 7
2171 ➔ não é divisível por 7
3171 ➔ é divisível por 7
Não precisamos testar os números 4171, 5171 e 6171, pois suas diferenças para 3171 são 1000, 2000 e 3000, e nenhum desses valores é divisível por 7.

Fatorando, temos $3171 = 7 \times 3 \times 151$. O número 7 está multiplicado então por $3 \times 151 = 453$, o valor de N. A soma dos algarismos de N é $4+5+3 = 12$.

Resposta: (C) 12

Q53) (OBM) Apresente todos os números inteiros positivos menores do que 1000 que têm exatamente três divisores positivos. Por exemplo: o número 4 tem exatamente três divisores positivos: 1, 2 e 4.

Solução. O número de divisores é obtido por um produto, nos quais os fatores são os expoentes dos seus fatores primos, somados de 1. A única forma de um produto como este dar resultado 3 é quando existe uma única parcela, com valor 3. Este 3 é igual a 1 mais o expoente do único fator primo. Então o número procurado tem um único fator primo, com expoente 2, ou seja, N tem que ser um quadrado perfeito, e a base tem que ser um número primo. Estamos então procurando quais são os quadrados de números primos, inferiores (os quadrados) a 1000.

$2^2 = 4$, $3^2 = 9$, $5^2 = 25$, $7^2 = 49$, $11^2 = 121$, $13^2 = 169$, $17^2 = 289$, $19^2 = 361$, $23^2 = 529$ e $29^2 = 841$.

Resposta: 4, 9, 25, 49, 121, 169, 289, 361, 529 e 841.

Q54) (OBM) Seja N o número inteiro positivo dado por $N = 1^2 + 2^2 + 3^2 + 4^2 + ... + 196883^2$. Qual é o algarismo das unidades de N ?

Solução: Note que os algarismos das unidades dos quadrados perfeitos formam uma sequência repetitiva de período 10: $1 - 4 - 9 - 6 - 5 - 6 - 9 - 4 - 1 - 0$ (1, 4, 9, 16, 25, 36, 49, 64, 81, 100), que depois se repete com (121, 144, 169, 196, 225, 256, 289, 324, 361, 400).

Além dos algarismos das unidades dos quadrados se repetirem a sua soma também se repete. A cada 10 quadrados somados, a soma das unidades será 45, ou seja, o algarismo das unidades desta soma vale 5.

Estamos somando os quadrados até 196.883. Até 196.880, são 19688 seqüências que resultam em 5 para o algarismo das unidades, sendo um número par de seqüências o último algarismo

Capítulo 5 – MÚLTIPLOS E DIVISORES

183

será 0 (número par x 5). Falta adicionar as unidades relativas aos três últimos termos, que são 196881^2, 196882^2 e 196883^2. Esses dígitos de unidades somarão 1+4+9. Então o algarismo das unidades no final será 4.

Resposta: 4

Q55) (OBM) Quantos números inteiros e positivos menores do que 1.000.000 existem cujos cubos terminam em 1?

(A) 1.000   (B) 10.000   (C) 50.000   (D) 100.000   (E) 500.000

Solução:
A única forma do cubo de um número terminar com 1 é quando o número termina com 1. Os números que terminam com 3, 5, 7 e 9 têm cubos terminando, respectivamente, por 7, 5, 3 e 9. Os números pares têm cubos terminando por algarismos pares. Precisamos então saber quantos são os números de 1 a 1.000.000 que terminam com 1. Como são 10 possibilidades (0 a 9) e queremos apenas uma, são uma entre 10. Basta então dividir por 1.000.000 por 10, resultará em 100.000 números.

Resposta: (D) 100.000

Q56) (OBM) Qual é o maior inteiro positivo n tal que os restos das divisões de 154, 238 e 334 por n são iguais?

Solução:
Vejamos inicialmente qual é a condição para que dois números deixem o mesmo resto quando são divididos pelo mesmo divisor. Por exemplo, 32 e 62 deixam resto 2 quando ambos são divididos por 15. O que define se os dois números deixam o mesmo resto é a diferença entre eles. Esta diferença tem que ser múltipla do divisor, no caso 62-32=30, é múltiplo do divisor, 15.

No caso do problema, queremos que 154, 238 e 334 deixem o mesmo resto ao serem divididos por n, o número procurado. Então a diferença 238-154=84 é múltipla de n, da mesma forma como a diferença 334-238=96 também é múltipla de n. Como n tem que ser o maior possível, n é o MDC entre 84 e 96, ou seja, 12.

Resposta: 12

Q57) (OBM) No planeta Z todos os habitantes possuem 3 pernas e cada carro possui 5 rodas. Em uma pequena cidade desse planeta, existem ao todo 97 pernas e rodas. Então podemos afirmar:

(A) É possível que existam 19 carros nessa cidade
(B) Existem no máximo 16 carros nessa cidade
(C) Essa cidade tem 9 habitantes e 14 carros
(D) Essa cidade possui no máximo 17 carros
(E) Nessa cidade existem mais carros do que pessoas

Solução:
O número total de rodas tem que ser múltiplo de 5, e o número total de pernas tem que ser múltiplo de 3. Temos então que encontrar um múltiplo de 5 e um múltiplo de 3 que, somados, resultem em 97. Se o número de carros é c e o número de pessoas é p, então:

184   MATEMÁTICA PARA VENCER

5xc+3xp=97
Como 5xc só pode terminar com 0 ou 5, estamos procurando um múltiplo de 3 (3xp) que termine com 7 ou 2. Podem para cada um, encontramos o valor de c correspondente:

12: (p=4) ➜ 5.c=85, c=17
27: (p=9) ➜ 5.c=70, c=14
42: (p=14) ➜ 5.c=55, c=11
57: (p=19) ➜ 5.c=40, c=8
72: (p=24) ➜ 5.c=25, c=5
87: (p=29) ➜ 5.c=10, c=2

Resposta: (D)

Q58) (CN) Dois números inteiros positivos tem soma 96 e o máximo divisor comum igual a 12. Dar o maior dos dois números sabendo que o produto deles deve ser o maior possível

(A) 48   (B) 84   (C) 60   (D) 72   (E) 36   (E) N.R.A

Solução:
A = x.12 e B=y.12, onde x e y são primos entre si. Como A+B = 96 = 8x12, então x+y vale 8.
Temos então:
x+y = 8
x e y são primos entre si. As soluções são:
1 e 7 ➜ A=12 e B=84
3 e 5 ➜ A=36 e B=60
Como o produto AxB tem que ser o maior possível, a solução é 36 e 60.

Resposta: (C) 60

Q59) (CN) Dois números têm máximo divisor comum igual a 20 e mínimo múltiplo comum igual a 420. Quais são esses números? (dar todas as soluções).

Solução:
Lembrando da relação entre MMC, MDC e os dois números envolvidos:

$$\text{MMC} = \underset{\underset{B}{\underline{\qquad}}}{X . \overset{\overset{A}{\overline{\qquad}}}{\text{MDC}} . Y}$$

Como o MMC é 420 e o MDC é 20, façamos

A = x.20
B = y.20
420 = x.20.y
x.y = 21

Devemos encontrar números x e y, primos entre si, de tal forma que o seu produto seja 21. Existem duas soluções: 1 e 21, ou 3 e 7. Os números A e B procurados seriam 20 e 420 ou 60 e 140.
Resposta: 20 e 420 ou 60 e 140

Capítulo 5 – MÚLTIPLOS E DIVISORES   185

Q60) (CN) Determine "n" de modo que o número 4^n x 3 x 5^n tenha 56 divisores.

Solução:
Primeiro devemos escrever a forma fatorada do número dado, usando somente potências de fatores primos. Ficamos com 2^{2n} x 3 x 5^n. O número de divisores é dado por:
(2n+1)x2x(n+1)=56
(2n+1)x(n+1)=28

É uma equação de segundo grau, resolvida facilmente com os conhecimentos do $9^{\underline{o}}$ ano, mas no $5^{\underline{o}}$ ano devemos usar um método mais simples. Dois números multiplicados dão resultado 28, podem ser 1 e 28, 2 e 14 ou 4x7. O único valor de n que atende é n=3, resultando em 7x4=28.

Resposta: n=3

Q61) (CN) O MMC de dois números é 300 e o MDC desses números é 6 . O quociente entre o maior e o menor desses números:

(A) pode ser 2
(B) tem 4 divisores positivos
(C) é um número primo
(D) tem 6 divisores positivos
(E) nada se pode afirmar

Solução:
Lembrando da relação entre dois números, o MDC e o MMC:

$$\text{MMC} = \underset{B}{\overset{A}{\text{X . MDC . Y}}}$$

300 = x.6.y
50 = x.y
A=6.x
B=6.y

Os números x e y são primos entre si e multiplicados resultam em 50. Podem ser então:
1 e 50
2 e 25

O quociente entre esses dois números (considerando o maior dividido pelo menor) só pode ser 50 ou 25/2. Note que não podemos afirmar se o valor é 50 ou 25/2. Não faz sentido falar em divisores de um número que não é inteiro (no caso 25/2, que é uma fração). A resposta para o problema é:

Resposta: (E) Nada se pode afirmar

Q62) (CN) O produto do mínimo múltiplo comum pelo máximo divisor comum de dois múltiplos de um número inteiro N é 4235. O número N é:

(A) 385   (B) 77   (C) 55   (D) 11   (E) 35

186   MATEMÁTICA PARA VENCER

Solução:
Chamemos os dois números de A.N e B.N. O produto do MMC pelo MDC é igual ao produto dos dois números. Então:
A.N.B.N = A.B.N.N = 4235 = 7x5x11x11
A expressão só admite solução inteira para N=11.

Resposta: (D) 11

Q63) (CN) As divisões, do número A por 4 e do número B por 3 , têm resultado exatos e iguais. Sabendo que o menor múltiplo comum multiplicado pelo maior divisor comum desses dois números A e B, dá 588, podemos dizer que a soma A+B dá:

(A) 36   (B) 52   (C) 49   (D) 42   (E) 64

Solução:
Lembrando da relação entre dois números, seu MMC e seu MDC, temos:

$$\text{MMC} = \overbrace{\text{X} \; . \; \underbrace{\text{MDC} \; . \; \text{Y}}_{\text{B}}}^{\text{A}}$$

MMC = 4.MDC.3

A divisão de A por 4 é igual à divisão de B por 3, que é igual ao MDC entre A e B.
(A = MDC.X e B = MDC.Y)

MDCxMMC = A.B = X.YxMDC².
588 = 4.3. MDC².
Então MDC²=588:12 = 49
Então o MDC entre os dois números é 7. Os números são 7x3=21 e 7x4=28. A+B vale 49.

Resposta: (C) 49

Q64) (CN) Seja $N=2^4.3^5.5^6$. O número de divisores de N que são múltiplos de 10, é:
(A) 24 (B) 35 (C) 120 (D) 144 (E) 210

Solução:
N= $2^4.3^5.5^6$ = 10 x $2^3.3^5.5^5$.
Basta então encontrar o número de divisores de $2^3.3^5.5^5$, que resulta em 4x6x6 = 144

Resposta: (D) 144

Q65) (CN) A diferença entre dois números naturais que têm para produto 2304 e para máximo divisor comum 12, é :

(A) 180   (B) 72   (C) 0   (D) 192   (E) 168

Solução:
A=X.MDC
B=Y.MDC
A.B = 2304

Capítulo 5 – MÚLTIPLOS E DIVISORES
187

X e Y primos entre si.

A.B= X.Y.MDC²

Mas A.B = 2304 e MDC = 12. Vamos desmembrar 2304 em potências de 12

2304 = 12 x 12 x 16 = X.Y.12²

Então X.Y tem que ser 16, X e Y têm que ser primos entre si. Isto só é possível se X e Y valerem 1 e 16. Os números são então 1x12 = 12 e 16x12=192, a diferença entre os dois é 180.

Resposta: (A) 180

Q66) (CN) Os números naturais M e N são formados por dois algarismos não nulos. Se os algarismos de M são os mesmos algarismos de N, na ordem inversa, então M+N é necessariamente múltiplo de:

(A) 2   (B) 3   (C) 5   (D) 7   (E) 11

Solução:

M= ab tem valor 10.a+b

N= ba tem valor 10.b+a

M+N = 10.a+b+10.b+a = 11.a + 11.b

M+N é múltiplo de 11

Resposta: (E) 11

Q67) (CN) Um número natural N tem 2005 divisores positivos. Qual é o número de base distintas da sua decomposição em fatores primos?

(A) 1   (B) 2   (C) 3   (D) 4   (E) 5

Solução:

O número de divisores é obtido pela fórmula (exp1+1).(exp2+1)... (expn+1), onde exp1, exp2, ... expn são os expoentes dos fatores primos, resultantes da fatoração do número. Temos então que tentar expressar o número 2005 desta forma, com ajuda da sua fatoração. Mas 2005 só pode ser expresso como 5 x 401, já que 401 é primo. Então o número N é da forma

$a^4.b^{400}$

O número N tem apenas duas bases distintas na sua decomposição em fatores primos.

Resposta: (B) 2

Q68) (CN) Um número a dividido por 11 dá resto 2 e b é um número que dividido pelo mesmo divisor deixa resto 3. Calcular o menor número que se deve subtrair de a^3+b^2 para se obter um múltiplo de 11.

Solução

A dividido por 11 deixa resto 2 ➜ A^2 deixa resto 4, A^3 deixa resto 8

B dividido por 11 deixa resto 3 ➜ B^2 deixa resto 9

Então A^3+B^2 deixa o mesmo resto que 8+9 ao ser dividido por 11, ou seja, 6. Devemos então subtrair 6 para obter um múltiplo de 11.

Resposta: 6

Q69) (CN) Qual é o menor número inteiro positivo que tem 15 divisores positivos?

188

MATEMÁTICA PARA VENCER

Solução:
O número de divisores é uma expressão da forma (exp1+1).(exp2+2)...(expn+1), onde exp1, exp2, ..., expn são os expoentes dos fatores primos resultantes da fatoração do número. Então 15 é um produto de fatores dessa forma. Como 15 só pode ser fatorado como 3x5 (não é permitido fator 1 nessa expressão), os expoentes da decomposição do número pedido têm que ser 2 e 4. Para que o número seja o menor possível, devemos usar bases 2 e 3, os menores números primos. Os expoentes devem ser, respectivamente, 4 e 2. O número pedido é:

$2^4.3^2 = 144$

Resposta: 144

Q70) (CN) Os números 756 e $2^x.3^y$ têm 9 como MDC. Quais são os valores de x e y?

Solução:
Fatorando 756 temos:
$756=84x9=2^2.3^3.7$
O problema diz que o MDC entre 756 e $2^x.3^y$ é 9
MDC $(2^2.3^3.7, 2^x.3^y)=9$. Então x=0 e y=2.

Resposta: x=0 e y=2

Q71) (CN) Achar dois números, conhecendo-se sua soma, 168, e seu MDC, 24.

Solução:
Se o MDC é 24, podemos chamar os números de 24.x e 24.y, onde x e y são primos entre si. Se a soma dos números é 168 podemos escrever:

24.x + 24.y = 24.(x+y) = 168
(x+y) = 168:24 = 7

Então x e y são dois números primos entre si cuja soma é 7. Podem ser 1 e 6, 2 e 5 ou 3 e 4. Multiplicamos por 24 para saber os números pedidos.

Resposta: 24 e 144, 48 e 120 ou 72 e 96.

Q72) (CN) Determinar o menor número que dividido por 10, 16 e 24 deixa respectivamente restos 5, 11 e 19.

Solução:
Dividido por 10 deixa resto 5 ➔ Faltam 5 para completar um múltiplo de 10
Dividido por 16 deixa resto 11 ➔ Faltam 5 para completar um múltiplo de 16
Dividido por 24 deixa resto 19 ➔ Faltam 5 para completar um múltiplo de 24

O número pedido é o MMC entre 10, 16 e 24, subtraído de 5.
MMC(10, 16, 24) = 240
240-5 = 235

Resposta: 235

Capítulo 5 – MÚLTIPLOS E DIVISORES

Problemas propostos

Q73) (CM) Considere dois números naturais tais que o MDC deles seja 3 e o MMC seja, ao mesmo tempo, igual ao quádruplo do maior e ao quíntuplo do menor. A soma desses dois números é:

(A) 48   (B) 45   (C) 36   (D) 30   (E) 27

Q74) (CM) Considere o conjunto dos números naturais divisíveis simultaneamente por 7 e por 5. Marque a alternativa que contém o elemento que divide todos os outros desse conjunto.

(A) 7+5   (B) 7–5   (C) 7x5   (D) 7÷5   (E) 5^7

Q75) (CM) Sabendo-se que A = MDC(8,7) e B = MMC (9,7) , determine o valor de (B - A) .

(A) zero   (B) 1   (C) 56   (D) 62   (E) 63

Q76) (CM) Determine a quantidade de divisores naturais do número 2048.

(A) 2   (B) 11   (C) 12   (D) 256   (E) 1024

Q77) (CM) Fatorando-se o número 2021 observa-se que o mesmo é decomposto em dois números naturais primos, A e B. Determine o valor do produto de B por A.

(A) 2021   (B) 1549   (C) 1954   (D) 47   (E) 43

Q78) (CM) Marque a alternativa que não corresponde ao MDC (1240 ,1110) .

(A) mdc (1110, 130)
(B) mdc (1240, 1055)
(C) mdc (130, 70)
(D) mdc (70, 60)
(E) mdc (60,10)

Q79) (CM) Dados os números 2700 e 360, a diferença entre o MMC e o MDC deles vale:

(A) 4420   (B) 4840   (C) 5220   (D) 5200   (D) 5100

Q80) (CM) A respeito de múltiplos e divisores, a ÚNICA alternativa INCORRETA é:
(A) o produto de dois números naturais é igual ao produto do mmc pelo mdc desses dois números.
(B) "16 é múltiplo de 2" é sinônimo de "16 é divisível por 2".
(C) o MDC de dois números, quando fatorado, é o produto dos fatores comuns desses dois números elevados ao menor expoente.
(D) o MMC de dois números é o menor divisor de todos os múltiplos comuns desses dois números.
(E) o MDC de dois números é múltiplo de todos os divisores desses dois números.

Q81) (CM) Considere as sentenças abaixo:
I) Todo número natural não nulo é divisor de si mesmo.
II) O conjunto dos divisores de um número natural não nulo é infinito.
III) Os três primeiros múltiplos de 5 são 5, 10 e 15.
IV) O número zero é múltiplo de três.

190   MATEMÁTICA PARA VENCER

Então, pode-se afirmar que:

(A) I, III e IV são sentenças verdadeiras.
(B) II e III são falsas.
(C) apenas a sentença I é verdadeira.
(D) apenas a sentença III é falsa.
(E) todas as sentenças são falsas.

Q82) (CM) Em uma árvore de Natal, há lâmpadas vermelhas e verdes. As lâmpadas vermelhas permanecem 10 segundos apagadas e 30 segundos acesas, alternadamente; as lâmpadas verdes, também de maneira alternada, permanecem 10 segundos apagadas e 40 segundos acesas. O número mínimo de segundos que se leva para que ambas voltem a apagar no mesmo instante é:

(A) 200 s   (B) 190 s   (C) 160 s   (D) 150 s   (E) 120 s

Q83) (CM) Sabe-se que o número 58m6, de quatro algarismos, é divisível simultaneamente por 3 e por 4. Então, o algarismo m vale:

(A) 1   (B) 3   (C) 5   (D) 7   (E) 9

Q84) (CM) A quantidade de números múltiplos de 7 existentes entre 100 e 1971 é:

(A) 264   (B) 265   (C) 266   (D) 267   (E) 268

Q85) (CM) Sendo y = M.M.C entre os números 18, 25 e 30 e x = M.D.C dos números 250 e 300, a única opção que apresenta uma afirmação correta é:
(A) $y = \tilde{8}.x$
(B) x é divisor exato de y
(C) x é maior que y
(D) x = y
(E) y não é múltiplo de x

Q86) (CM) A forma fatorada do número 312 é $2^a.3^b.13^c$.Quanto vale $a^2 + b^3 + c^{13}$?

(A) 11   (B) 10   (C) 8   (D) 6   (E) 5

Q87) (CM) Quanto à divisibilidade e aos critérios de divisibilidade, pode-se afirmar que
(A) todo número natural, divisível por 3, também é divisível por 9.
(B) o número natural zero tem um conjunto infinito de divisores.
(C) todo número natural, divisível por 10, também é divisível por 5; e todo número divisível por 5 também é divisível por 10.
(D) pelo fato de a soma de dois números ímpares ser um número par, temos então alguns números ímpares que são divisíveis por 2.
(E) o maior múltiplo de um número natural é ele mesmo.

Q88) (CM) Sobre os números naturais, marque a quantidade de alternativas corretas, de acordo com as afirmativas abaixo:
I- Todo múltiplo de 3, que seja maior que 17, é também múltiplo de 9;
II- A soma de dois números ímpares é sempre um número par;
III- O produto de um número par por um número ímpar é sempre um número par;
IV- O quociente entre qualquer número natural e zero é igual a zero;
V- Todo número terminado em zero ou cinco é um múltiplo de 10.

Capítulo 5 – MÚLTIPLOS E DIVISORES 191

(A) 1 (uma) alternativa correta
(B) 2 (duas) alternativas corretas
(C) 3 (três) alternativas corretas
(D) 4 (quatro) alternativas corretas
(E) Nenhuma alternativa correta

Q89) (CM) Em 1453, Gutemberg imprimiu a 1ª obra: a Bíblia Sagrada.
Em 1642, Blaise Pascal construiu a 1ª calculadora mecânica.
Em 1890, Herman Hollerith realizou o 1º processamento de dados.
Em 1908, Henry Ford instalou a 1ª linha de montagem de automóveis.
Em 1944, surgiu o Mark I, o 1º computador eletrônico.
Dentre as alternativas seguintes, assinale a única que está correta.

(A) o número 1890 tem 24 divisores.
(B) 1890 e 1908, por serem números formados pelos mesmos algarismos e possuírem quatro ordens e duas classes, têm a mesma quantidade de divisores.
(C) no intervalo de 1642 a 1944, incluindo os extremos, há o total de 302 números inteiros.
(D) decompondo 1944 em fatores primos, encontramos $1944 = 2^a.3^{a+2}$, sendo a=3
(E) 1453 não é múltiplo de 2, nem de 3, nem de 5, nem de 7, mas é múltiplo de 11.

Q90) (CM) Um comerciante comprou 50 dúzias de laranjas e 15 dúzias de ovos. Essas quantidades correspondem, respectivamente, ao mmc e ao mdc entre os números A e B. Em conseqüência, pode-se afirmar que:

(A) A x B = 54.000
(B) A x B = 10.800
(C) A x B = 24.000
(D) A x B = 54.000
(E) A x B = 108.000

Q91) (CM) Assinale a alternativa falsa.
(A) Na adição de números naturais a ordem das parcelas não altera a soma.
(B) O número 360 tem 24 divisores naturais.
(C) Se A e B são números naturais, primos entre si, então mmc(A,B) = A B e mdc(A,B) = 1.
(D) O número 1111111 é múltiplo de 11.
(E) O elemento neutro da multiplicação dos números naturais é o 1.

Q92) (CM) Qual o quadrado do menor número natural diferente de zero pelo qual devemos multiplicar 270 para que o novo produto encontrado tenha exatamente 36 divisores?

(A) 100   (B) 30   (C) 25   (D) 10   (E) 4

Q93) (CM) O número natural de três algarismos 41X é primo. Dessa forma, quantas são as possibilidades para o algarismo desconhecido X?

(A) nove
(B) seis
(C) duas
(D) uma
(E) nenhuma

Q94) (CM) Glória separou os selos de sua coleção, primeiramente, de 12 em 12; em seguida, de 24 em 24, por último, de 36 em 36. Nas três ocasiões, sobraram sempre 7 selos. Sabendo que o número de selos é maior que 300 e menor que 400, o número de selos da coleção de Glória é igual a:

(A) 377   (B) 367   (C) 357   (D) 347   (E) 337

Q95) (CM) A parte interna de uma pista circular tem 400 m de extensão e a parte externa, 440 m, conforme mostra o desenho:

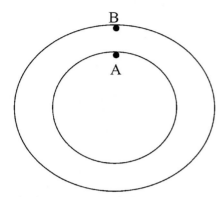

Um atleta parte do ponto A para realizar eu treinamento ao redor da pista interna e outro atleta parte do ponto B, correndo em sentido oposto, ao redor da pista externa. Sabendo que os dois atletas têm a mesma velocidade, então é correto afirmar que A e B se encontrarão, novamente no ponto de partida, quando:

(A) A tiver completado 10 voltas.
(B) B tiver completado 15 voltas.
(C) B tiver completado 11 voltas.
(D) A tiver completado 11 voltas.
(D) A tiver completado 12 voltas.

Q96) (CM) Ao pensar em um número natural, HUGO observou que esse tinha 12 divisores. Ao decompor o número em um produto de fatores primos, deixou rasuras, não sendo possível identificar o expoente do fator 3, como se pode notar abaixo:
$2^3.3^*$
O expoente * que ficou sem identificação é igual a:

(A) 1   (B) 2   (C) 3   (D) 4   (E) 5

Q97) (CM) Das afirmações abaixo sobre divisibilidade, é correto afirmar que:

(A) Todo número divisível por 5 é também divisível por 10.
(B) Todo número divisível por 3 é também divisível por 9.
(C) Todo número divisível por 2 e por 3 é também divisível por 12.
(D) Um é divisível por qualquer número.
(E) Ao dividir zero por qualquer número diferente de zero o quociente é igual a zero.

Q98) (CM) Alguns números de quatro algarismos têm o 7 como algarismo das centenas e são divisíveis ao mesmo tempo por 3, 5, 9 e 10. A soma dos algarismos do maior desses números é:

(A) 9   (B) 18   (C) 27   (D) 36   (E) 45

Capítulo 5 – MÚLTIPLOS E DIVISORES   193

Q99) (CM) Na formatura do 6° Ano do Colégio Militar de Brasília, estavam presentes o comandante do CMB, x alunos e y alunas. Sabendo que x é o número que corresponde ao mdc (320,480) e que y é o número que corresponde ao mmc (30,75), é correto afirmar que o número total de alunos e alunas presentes na reunião foi

(A) maior que 250 e menor que 320.
(B) 210.
(C) 320.
(D) menor que 210.
(E) maior que 210 e menor que 240.

Q100) (CM) Considere A = 2430. O menor valor natural de n para que n.A seja divisível por 630 é

(A) 7   (B) 21   (C) 35   (D) 4   (E) 28

Q101) (CM) Analise os números apresentados e responda
F= 80794 G =16832 H = 49698 I = 83160 J = 24840
É divisível por 4, 6 e 11, simultaneamente, o número correspondente à letra

(A) F   (B) G   (C) H   (D) I   (E) J

Q102) (CM) O valor numérico da expressão $(12^2+126) : (2^2+1)$ na sua forma fatorada é

A) $2^2 \times 3^2$ (B) 2×3^3 (C) 2×3^4 (D) $2^2 \times 3^3$ (E) $2^3 \times 3^3$

Q103) (CM) As informações a seguir levam a se identificar dois números misteriosos:
• É divisível por 3.
• É múltiplo de 4.
• Não é divisível por 5.
• Está entre 700 e 900.
• A soma de seus algarismos é 12.

A opção que apresenta os dois números misteriosos é

(A) 714 e 732   (B) 732 e 804   (C) 714 e 804   (D) 732 e 822   (E) 714 e 822

Q104) (CM) Seja a o menor número natural de três algarismos o qual, dividido por 6, 7 ou 12, deixa sempre resto 3. O valor de $a \div 3 + 3$ é igual a:

(A) 14   (B) 31   (C) 51   (D) 60   (E) 84

Q105) (CM) Três amigas viajam de Belo Horizonte para o Rio de Janeiro freqüentemente. Uma vai de 10 em 10 dias, a outra vai de 12 em 12 dias e a terceira, de 15 em 15 dias. Elas viajaram juntas no dia 18 de outubro deste ano. Sabendo que outubro tem 31 dias e novembro 30 dias, e considerando a contagem dos dias a partir do dia seguinte ao da viagem, as três amigas viajarão juntas para o Rio de Janeiro novamente em:

(A) 15 de dezembro
(B) 16 de dezembro
(C) 17 de dezembro
(D) 18 de dezembro
(E) 19 de dezembro

194 MATEMÁTICA PARA VENCER

Q106) (CM) Um número menor que 30.000, quando dividido por 80, 78 e 135, deixa o mesmo resto. Sendo este resto o maior possível, pode-se afirmar que o número em questão vale:

(A) 28157   (B) 28080   (C) 28172   (D) 29781   (D) 29157

Q107) (CM) Dois professores de Matemática do CMB têm, cada um, mais de 34 anos de idade e menos de 39 anos. Fatorando-se essas idades, verifica-se que cada uma tem apenas 2 fatores primos e que esses 4 fatores são todos distintos. Considerando esses 4 números primos, analise os itens seguintes.
I- O produto entre o maior e o menor número primo é inferior a 38.
II- A soma dos dois números primos menores é superior a 6.
III- A soma dessas idades é inferior a 75.
IV- O máximo divisor comum entre essas duas idades é superior a 1.

Está correto o que se afirma em

(A) I e II.   (B) II e III.   (C) III e IV.   (D) I, II e III.   (E) II, III e IV.

Q108) (CM) João perguntou a Pedro qual a sua idade. Pedro, sabendo que João iria prestar concurso para a 5ª série do Colégio Militar de Brasília, respondeu da seguinte forma: "- Minha idade corresponde à quantidade de divisores naturais do número 223^{11}". Qual a idade de Pedro?

(A) 22   (B) 23   (C) 10   (D) 11   (E) 12

Q109) (CM) Na Escola Arco Verde de Ensino Fundamental, a professora de Matemática de 4ª série, reuniu seus alunos no primeiro dia de aula e numerou-os de 1 a 30. Em seguida separou os alunos de números 2, 7, 8, 12, e 21. Sobre estes números podemos afirmar que existem:

(A) Dois números primos, três números múltiplos de três e dois números múltiplos de sete.
(B) Três números primos, três números múltiplos de dois e um número múltiplo de sete.
(C) Dois números primos, dois números múltiplos de dois e um número múltiplo de sete.
(D) Três números primos, dois números múltiplos de dois e um número múltiplo de sete
(E) Dois números primos, dois números múltiplos de quatro e dois múltiplos de sete.

Q110) (CM) Estudando os numerais, observamos quanto é importante conhecermos as definições de valor absoluto e de valor relativo. Por exemplo, considere o numeral 243506. A diferença entre o valor relativo do algarismo quatro e a sexta parte do valor relativo do algarismo seis, acrescido do valor absoluto do algarismo três é:

(A) 43999   (B) 40002   (C) 43505   (D) 40001   (E) 43502

Q111) (CM) Na escola "Viva o Verde", a brincadeira do momento é jogar Zoom na hora do intervalo das aulas. As peças do jogo possuem os seguintes nomes, valores e numerações:

	NOME	VALOR	NUMERAÇÃO
PEÇAS	Mega Zoom	5 pontos	80 até 99
	Hiper Zoom	4 pontos	60 até 79
	Super Zoom	3 pontos	40 até 59
	Zoom	2 pontos	1 até 39

O aluno João Pedro, um grande jogador, coleciona apenas as peças cuja numeração é um múltiplo de 7. Como sua coleção está completa, ele acumulou:

Capítulo 5 – MÚLTIPLOS E DIVISORES   195

(A) 52 pontos   (B) 50 pontos   (C) 48 pontos   (D) 46 pontos   (E) 44 pontos

Q112) (CM) A Aluna Juliana dividiu um certo número por 17 e obteve o quociente 13 e o resto 4. Se ela adicionar 7 ao dividendo e mantiver o mesmo divisor, encontrará o, mesmo quociente, porém um novo resto. A soma do número inicial com o novo resto é igual a :

(A) 225   (B) 232   (C) 238   (D) 231   (E) 236

Q113) (CM) O aluno Hermano, destaque em olimpíadas internacionais de matemática, apresentou o seguinte problema para os colegas de sala: Qual o número que é maior que 199 e menor que 251, é divisível por 2, por 3, e por 5 e no entanto não é divisível por 7? Socorro, sua colega calculou corretamente e respondeu que o número é:

(A) 230   (B) 240   (C) 220   (D) 210   (E) 250

Q114) (CM) O menor número que é múltiplo de 15 e também divisor de 30 é:

(A) 3   (B) 15   (C) 30   (D) 450

Q115) (CM) Assinale a alternativa correta:

(A) 7 e 8 são números primos entre si
(B) 3 e 9 são fatores primos de 27
(C) 2 não é um número primo
(D) 81 não é um número composto

Q116) (CM) Sobre o número 1 podemos afirmar que:

(A) É múltiplo de qualquer número natural
(B) É o único número composto que admite infinitos divisores
(C) É o menor número primo
(D) Não é primo nem composto

Q117) (CM) Um número é divisível por 5, por 6 e por 9. Cada algarismo deste número é uma unidade maior que o algarismo à sua direita. A quantidade de algarismos que este número poderá ter será:

(A) 2 ou 4 algarismos
(B) 3 ou 6 algarismos
(C) 7 ou 8 algarismos
(D) 9 ou 10 algarismos

Q118) (CM) As idades de duas pessoas somam 80 anos. Subtraindo-se 15 anos da idade da mais velha e acrescentando a idade da mais nova, as idades tornam-se iguais. A idade de cada uma delas é, respectivamente:

(A) 60 anos e 20 anos
(B) 55 anos e 25 anos
(C) 50 anos e 30 anos
(D) 45 anos e 35 anos

Q119) (CM) Numa subtração quando somamos 20 unidades ao minuendo e subtraímos 12 unidades do subtraendo, o resto aumentará de:

196   MATEMÁTICA PARA VENCER

(A) 8 unidades   (B) 12 unidades   (C) 20 unidades   (D) 32 unidades

Q120) (CM) Um aluno ao tentar multiplicar um número por 50 multiplicou-o por 5 (esqueceu de colocar o zero a direita do produto), cometendo um erro no resultado de 15.615 para menos. O número que o aluno devia ter multiplicado por 50 era:

(A) 231   (B) 347   (C) 357   (D) 473

Q121) (CM) Um aluno do $6^{\underline{o}}$ ano do Colégio Militar, ao efetuar a operação 1050 – 2 008, percebeu que, no resultado, o algarismo 9 apareceu:

(A) 39 vezes   (B) 40 vezes   (C) 47 vezes   (D) 48 vezes   (E) 49 vezes

Q122) (CM) Estudando divisibilidade com alguns colegas, um aluno do CMRJ criou, para ser resolvido pelo grupo, um exercício novo, parecido com o que ele vira em outro livro didático: escreveu uma expressão numérica e, em seguida, substituiu o algarismo das unidades de um dos numerais da expressão pela letra a, fazendo com que ela ficasse a assim:
125a x 26937 + 2658; impôs que o resto da divisão do resultado dessa expressão por 5 fosse 1. Considerando essas condições, o aluno pediu para que os colegas calculassem o menor valor possível que poderia ser atribuído ao algarismo representado pela letra a. Podemos garantir que esse menor valor possível é:

(A) 3   (B) 4   (C) 6   (D) 7   (E) 8

Q123) (CM) Seja o número m = 569a0b, onde **b** é o algarismo das unidades e **a** o algarismo das centenas. Sabendo-se que m é divisível por 45, mas não é divisível por 10, então, o resto da divisão de m por 11 é:

(A) 0   (B) 1   (C) 5   (D) 7   (E) 10

Q124) (CM) Um aluno do CMRJ, perguntado sobre o número de exercícios do livro didático de matemática que havia resolvido, respondeu: "Não sei, mas, contando de 2 em 2, sobra um; contando de 3 em 3, sobra um; contando de 5 em 5, também sobra um; mas, contando de 11 em 11, não sobra nenhum; além disso, o total de exercícios é superior a 100 e inferior a 200". Então, o número de exercícios resolvidos é tal que a soma dos algarismos do seu numeral é igual a:

(A) 4   (B) 6   (C) 7   (D) 8   (E) 9

Q125) (CM) Com relação aos numerais DCCLXXXI, CCVI, MIX, LXXXIX e DXLII, a única afirmativa FALSA, entre as seguintes, é:

A) o primeiro desses números é primo.
B) a soma dos números múltiplos de 2 é igual a DCCXLVIII.
C) a diferença entre o maior e o menor desses números é igual a CMXX.
D) sucessor do menor deles é XC.
E) nenhum deles é divisível por LXIV.

Q126) (CM) O número de vezes que o fator primo 3 aparece no produto dos números naturais ímpares compreendidos entre 70 e 90 é:

(A) 3 vezes   (B) 4 vezes   (C) 5 vezes   (D) 6 vezes   (E) 7 vezes.

Capítulo 5 – MÚLTIPLOS E DIVISORES 197

Q127) (CM) Considere as sentenças abaixo:
I – Escrevendo-se todos os números naturais, de 1 até 765, inclusive os extremos, escrevem-se 665 números de três algarismos.
II – Escrevendo-se todos os números de três algarismos distintos e utilizando somente os algarismos do número 456, o maior destes números terá 65 dezenas.
III – O menor número primo de três algarismos é o número 107.
Pode-se afirmar que:

A) Todas são falsas.
B) Apenas a primeira é falsa.
C) A primeira e a segunda são falsas.
D) A primeira e a terceira são falsas.
E) Todas são verdadeiras.

Q128) (CM) Um livro tem 140 páginas; cada página tem duas colunas; cada coluna tem 30 linhas com 25 letras em cada linha. O número de letras nas 140 páginas desse livro é igual a:

(A) 18 000   (B) 52 500   (C) 73 500   (D) 105 000   (E) 210 000

Q129) (CM) O número N tem três algarismos. O produto dos algarismos de N é 126 e a soma dos dois últimos algarismos de N é 11. O algarismo das centenas de N é:

(A) 2   (B) 3   (C) 6   (D) 7   (E) 9

Q130) (CM) O Tenente Caxias, o Sargento Cascadura e o Cabo Dureza estão escalados hoje para o serviço de patrulha. Daqui a quantos dias estarão de serviço juntos novamente, sabendo que o tenente é escalado de 12 em 12 dias; o sargento, de 8 em 8 dias e, o cabo, de 6 em 6 dias:

(A) 48   (B) 32   (C) 6   (D) 24   (E) 12

Q131) (CM) Para que o número 5A38B seja divisível ao mesmo tempo por 5, 9 e 10 os valores que A e B devem respectivamente assumir são:

(A) 1 e 0   (B) 0 e 5   (C) 3 e 0   (D) 2 e 0   (E) 1 e 5

Q132) (CM) Em relação aos múltiplos e divisores de um número natural, marque a alternativa FALSA.
(A) Dois números naturais maiores que 1 e consecutivos são sempre primos entre si.
(B) Se MDC (a, b) = 6, então, MDC dos quádruplos de a e de b será 30, em que a e b são números naturais.
(C) Sendo a e b números primos entre si, se um número for divisível por a e também por b, então, ele será divisível por a x b.
(D) Números compostos podem ser primos entre si.
(E) Dados dois ou mais números naturais diferentes de 1, se um deles é divisor de todos os outros, então, ele é o MDC dos números dados.

Q133) (CM) Um número natural, quando dividido por 12, deixa resto 11. A soma dos restos das divisões desse número por 3 e por 4 é

(A) 5   (B) 2   (C) 3   (D) 7   (E) 4

Q134) (CM) Sejam A e B dois números primos. Então, podemos afirmar que

(A) A + B é primo.
(B) A + B é par.
(C) A x B é ímpar.
(D) MDC (A, B) = 1.
(E) O mmc de A e B é o maior dos dois números.

Q135) (CM) No século atual, dois anos serão representados por números múltiplos de 5 e 9 ao mesmo tempo. Logo os anos serão:

(A) 2025 e 2070   (B) 2035 e 2060   (C) 2045 e 2080   (D) 2055 e 2090   (E) 2015 e 2045

Q136) (CM) A soma dos fatores primos obtidos na fatoração completa do número 360 é igual a:

(A) 10   (B) 19   (C) 17   (D) 15   (E) 22

Q137) (CM) Lucas tem 33 bolas de gude e 25 dados. Ele resolveu presentear alguns amigos, cada um com uma caixa contendo gudes e dados. Antes de fazer a distribuição, porém, ele retirou para si 5 bolas de gude e 4 dados. A maior quantidade de amigos que ele poderá presentear de tal modo que todos eles recebam a mesma quantidade de gudes e de dados e que não haja sobras, será de:

(A) 3   (B) 4   (C) 7   (D) 21   (E) 28

Q138) (CM) Ernesto possui uma loja de roupas em Salvador e, de 12 em 12 dias, ele viaja para São Paulo para comprar produtos para a loja. Hoje, em São Paulo, ele encontrou Carminha que é do Rio de Janeiro e também trabalha como ele, mas vai a São Paulo de 15 em 15 dias. A próxima vez que Ernesto encontrará Carminha será: (lembre-se que hoje é 21 de outubro, que o mês de outubro tem 31 dias e que o mês de novembro tem 30 dias)

(A) 23 de outubro
(B) 24 de outubro
(C) 18 de dezembro
(D) 19 de dezembro
(E) 20 de dezembro

Q139) (CM) Quais devem ser os menores valores de x e y, nesta ordem, para que o número abaixo seja divisível por 8?

1873xy4

(A) 2 e 2   (B) 2 e 1   (C) 2 e 0   (D) 0 e 2

Q140) (CM) Um professor de matemática coloca uma caixa de bombons no interior de um pequeno cofre e diz aos seus alunos o seguinte: a senha desse cofre é formada por 3 algarismos; o algarismo das unidades é um número natural que é primo e par ao mesmo tempo; o algarismo das dezenas é o mínimo múltiplo comum entre 2 e 3; e o algarismo das centenas é o máximo divisor comum entre 2 e 3. Determine a senha do cofre.

(A) 162   (B) 216   (C) 261   (D) 266   (E) 612

Q141) (CM) No colégio MATEMÁGICO existem 264 meninos e 168 meninas. Se grupos forem formados de maneira que todos eles fiquem com a mesma quantidade de meninos e a

Capítulo 5 – MÚLTIPLOS E DIVISORES

mesma quantidade de meninas, a quantidade de alunos (meninos e meninas) por grupo, de modo que se tenha o menor número de grupos, é:

(A) 17   (B) 18   (C) 21   (D) 24   (E) 36

Q142) (CM) A quantidade de números divisíveis por 75, 100 e 180 entre 500 e 4.600 é:

(A) 4   (B) 5   (C) 6   (D) 7   (E) 8

Q143) (CM) A aluna Alice encontrou um conjunto de números e figuras, conforme o desenho abaixo, que mostra uma soma de parcelas representadas por algarismos e os símbolos ∇, * e $\circlearrowleft$. O algarismo que deve ser colocado no lugar do ∇ para que a soma indicada seja verdadeira é:

$$
\begin{array}{ccccc}
 & \nabla & 8 & 7 \\
+ & 2 & * & 5 \\
 & 3 & 7 & \circlearrowleft \\
\hline
1 & 6 & 2 & 6 \\
\end{array}
$$

(A) 2   (B) 3   (C) 9   (D) 6   (E) 4

Q144) (CM) Observa-se que, ao se dividir um número natural por 3, o seu quociente resultou em A. Após se dividir A por 4, resultou em B. Sabendo-se que ambas as divisões são exatas e que a soma entre A e B é igual a 420, calcule o valor de A.

(A) 1008   (B) 420   (C) 336   (D) 315   (E) 84

Q145) (EPCAr) 04 - Seja um número m = 488a9b, onde "b" é o algarismo das unidades e "a", o algarismo das centenas. Sabe-se que m é divisível por 55, então o menor valor de a + b é igual a

(A)2   (B)7   (C)10   (D)13

Q146) (OBM) Preenchemos as casas vazias da tabela ao lado com o produto dos números que estão sombreados na mesma linha e na mesma coluna da casa vazia a ser preenchida. Quantas dessas casas conterão números primos?

x	1	2	3	5	7	11	13
1							
2							
3							
5							
7							
11							
13							

(A) 6   (B) 7   (C) 12   (D) 14   (E) 26

200   MATEMÁTICA PARA VENCER

Q147) (OBM) Qual dos números a seguir não é múltiplo de 15?

(A) 135   (B) 315   (C) 555   (D) 785   (E) 915

Q148) (OBM) Numa competição de ciclismo, Carlinhos dá uma volta completa na pista em 30 segundos, enquanto que Paulinho leva 32 segundos para completar uma volta. Quando Carlinhos completar a volta número 80, Paulinho estará completando a volta número:

(A) 79   (B) 78   (C) 76   (D) 77   (E) 75

Q149) (OBM) Qual das alternativas apresenta um divisor de $3^5.4^4.5^3$?

(A) 42   (B) 45   (C) 52   (D) 85   (E) 105

Q150) (OBM) Quantos divisores positivos de 120 são múltiplos de 6?

(A) 4   (B) 5   (C) 6   (D) 8   (E) 12

Q151) (OBM) Sabendo-se que 9174532 x 13 = 119268916, pode-se concluir que é divisível por 13 o número:

(A) 119 268 903   (B) 119 268 907   (C) 119 268 911
(D) 119 268 913   (E) 119 268 923

Q152) (OBM) Qual dos números a seguir é ímpar?

(A) 7 x 8   (B) 37 – 23   (C) 9 x 36   (D) 144 : 36   (E) 17 x 61

Q153) (OBM) Qual é o último algarismo da soma de 70 números inteiros positivos consecutivos?

(A) 4   (B) 0   (C) 7   (D) 5   (E) Faltam dados

Q154) (OBM) Hoje é sábado. Que dia da semana será daqui a 99 dias?

A) segunda-feira   B) sábado   C) domingo   D) sexta-feira   E) quinta feira

Q155) (OBM) Qual é o dígito das unidades do número 3^{1998}?

(A) 1   (B) 3   (C) 5   (D) 7   (E) 9

Q156) (OBM) O número 1234a6 é divisível por 7. O algarismo a vale:

(A) 0   (B) 2   (C) 5   (D) 6   (E) 8

Q157) (CN) Marcar a frase certa:

(A) Todo número terminado em 30 é divisível por 3 e por 5 .
(B) Todo número cuja soma de seus algarismos é 4 ou múltiplo de 4 , é divisível por 4
(C) O produto de dois números é igual ao produto do M.D.C pelo M.M.C desses números.
(D) O M.M.C. de dois números primos entre si é a semi-soma desses números
(E) Toda soma de dois quadrados perfeitos é um quadrado perfeito.

Capítulo 5 – MÚLTIPLOS E DIVISORES   201

Q158) (CN) Considere as afirmativas:

I - O número 1147 não é primo.
II - Todo o número da forma abba, onde a e b são algarismos, é divisível por 11.
III - Todo número múltiplo de 5 e 15 é múltiplo de 75
IV - O número de divisores naturais de 576 é divisor de 63

O número de afirmativas verdadeiras é
(A) 0   (B) 1   (C) 2   (D) 3   (E) 4

Q159) (CN) O resto da divisão de $5^{131} + 7^{131} + 9^{131} + 15^{131}$ por 12 é igual a

(A) 0   (B) 2   (C) 7   (D) 9   (E) 11

Q160) (CN) Determine um número de 3 algarismos múltiplo de 9 e de 5 de modo que o resto de sua divisão por 11 seja 4.

Q161) (CN) A soma de dois números inteiros positivos, em que o maior é menor que o dobro do menor, dá 136 e o máximo divisor comum entre eles é 17. A diferença entre esses números é :

(A) 102   (B) 65   (C) 34   (D) 23   (E) 51

Q162) (CN) O número de múltiplos de 12 compreendidos entre 357 e 3578 é igual a:

(A) 268   (B) 269   (C) 270   (D) 271   (E) 272

Q163) (CN) Justapondo-se os números naturais conforme a representação abaixo, onde o sinal * indica o último algarismo, forma-se um número de 1002 algarismos. 1234567891011121314151617181920 21.......... *. O resto da divisão do número formado por 16 é igual a:

(A) 2   (B) 4   (C) 6   (D) 8   (E) 10

Q164) (CN) Três automóveis apostam corrida em uma pista circular. O primeiro dá cada volta em 4 minutos, o segundo em 5 minutos e o terceiro em 6 minutos. No fim de quanto tempo os três voltarão a se encontrar no início da pista, se partiram juntos?

Q165) (CN) O produto de dois números é 2160 e o m.d.c. entre eles é 6. Calcular o m.m.c. desses números.

Q166) (EsPCEx) Determine o menor número que dividido por 12, 15, 18 e 24 deixa resto 7.

Q167) (EsPCEx) Determinar o menor número que se deve somar a 8746 para se obter um múltiplo de 11 aumentado de 4 unidades.

Q168) (EsPCEx) Calcular, sem efetuar as operações indicadas o resto da expressão 4758 + 1184x25847 por 5 e 9.

Q169) (EPCAr) Sobre o menor número natural n de 4 algarismos, divisível por 3, tal que o algarismo das dezenas é metade do algarismo das unidades e igual ao dobro do algarismo das unidades de milhar, é correto afirmar que

A) n + 1 é divisível por 7
B) n está entre 2000 e 3009
C) n + 2 é múltiplo de 10
D) n apresenta 12 divisores positivos

Q170) (EPCAr) 06 - Um aluno da EPCAR, indagado sobre o número de exercícios de matemática que havia resolvido naquele dia respondeu: "Não sei, mas contando de 2 em 2 sobra um; contando de 3 em 3 sobra um; contando de 5 em 5 também sobra um; mas contando de 7 em 7 não sobra nenhum. O total de exercícios não chega a uma centena". Então, o número de exercícios resolvidos é tal que a soma de seus algarismos é igual a

(A) 8   (B) 9   (C) 10   (D) 11

Tabela de números primos até 1000

Não estamos sugerindo que você memorize os números primos até 1000, mas memorizar até 100 é considerado normal. Use a tabela abaixo para ganhar tempo ao realizar os exercícios deste capítulo.

	2	3	5	7	11	13	17	19	23
29	31	37	41	43	47	53	59	61	67
71	73	79	83	89	97	101	103	107	109
113	127	131	137	139	149	151	157	163	167
173	179	181	191	193	197	199	211	223	227
229	233	239	241	251	257	263	269	271	277
281	283	293	307	311	313	317	331	337	347
349	353	359	367	373	379	383	389	397	401
409	419	421	431	433	439	443	449	457	461
463	467	479	487	491	499	503	509	521	523
541	547	557	563	569	571	577	587	593	599
601	607	613	617	619	631	641	643	647	653
659	661	673	677	683	691	701	709	719	727
733	739	743	751	757	761	769	773	787	797
809	811	821	823	827	829	839	853	857	859
863	877	881	883	887	907	911	919	929	937
941	947	953	967	971	977	983	991	997	

Respostas dos exercícios

E1) 37, 83, 193, 211
E2) 456, 2388, 3975
E3) 345, 2780, 7385, 9000
E4) 728, 376, 976
E5) 2976, 4902
E6) 2712, 784, 752, 632, 956
E7) 738, 936, 774, 513
E8) 570, 1170
E9) 4389, 759, 990, 561, 3795
E10) 585, 4545, 945, 315
E11) 0 e 1 não são primos nem compostos. 2 e 3 são primos, e 4 é composto.
E12) Sim

Capítulo 5 – MÚLTIPLOS E DIVISORES

E13) É divisível por 3 e por 5. Não é divisível por 9.
E14) 210
E15) 2376
E16) Par
E17) 2
E18) Par
E19) O processo utilizado em problemas como este, para identificar a paridade (resto da divisão por 1) pode ser usado para resto da divisão por outros números. Vamos trocar os números pelos seus restos de divisão por 9. Ficamos com:
8 + 5x7 = 43, seu resto da divisão por 9 será 4+3 = 7
Resposta: 7

E20) Vemos que 3500 já é divisível por 7 e por 2, e 70 também é divisível por 7 e por 2. Basta então analisar a divisibilidade por 7 e por 2 do número 5, já que 3575 = 3500 + 70 +5. Esqueceremos então o 3570 e ficaremos apenas com o 5. Se somarmos 2 a ele, ficará divisível por 7, mas não será par. Para que continue divisível por 7 e se torne par, vamos somar mais 7, além, dos 2 já somados. Ficaremos então com 14, que é divisível por 2 e por 7. Como temos que somar 2 e mais 7, o total a ser somado ao número é 9. O número original, 3575, ficará 3584, divisível por 7 e 2.
Resposta: 9
E21) É um divisor de um número que não seja 1 nem o próprio número.
E22) 71, 73, 79
E23) 101, 103, 107
E24) 311 e 331
E25) 103, 503
E26) 72, 75, 78.
E27) 3
E28) 330, 720, 810
E29) 2, 12, 15, 24
E30) Existem três respostas possíveis:
1 e 9, 2 e 8, 5 e 5
E31) Ambas as afirmações estão corretas
E32) Não. Por exemplo, 2 é primo e 7 é primo, mas 2+7=9 não é primo.
E33) É primo. Deve ser testada a divisibilidade por 2, 3, 5 e 7.
E34) Deve ser testada a divisibilidade pelos números primos 2, 3, 5, 7, 11, 13, 17 e 19. A divisão por 7 é exata, então 413 não é primo.
E35) É divisível por 3, então não é primo.
E36) A
E37) E
E38) (D)
E39) 121 é múltiplo de 11 (11^2). 123 é múltiplo de 3, 127 é candidato a primo, 129 é múltiplo de 3. Eliminamos os números pares e o 125, que é múltiplo de 5. Agora testamos a divisibilidade de 129 por 3, 5, 7, 11. Não é múltiplo de 3, nem de 5, nem de 7, nem de 11. Então 129 é o único número primo entre 120 e 130.

E40) É fácil ver que 231 = 210 +21, ou seja, 11x21. Para que 21 seja multiplicado por um valor que resulte no sêxtuplo de 231, é preciso que:
N x 21 = 6 x 231 = 6 x 11 x 21 = 66 x 21
Então 21 tem que ser multiplicado por 66.
Resposta: (D) 66
E41) 720 = $2^4.3^2.5$; 150 = $2.3.5^2$; 96 = $2^5.3$; 105 = 3.5.7; 144 = $2^4.3^2$; 320 = $2^6.5$; 512 = 2^9; 630 = $2.3^2.7.5$
E42) 2^{10}

204   MATEMÁTICA PARA VENCER

E43) $2^4.3.5$

E44) $2^2.3.5.7$

E45) 30

E46) 12

E47) 15

E48) 11

E49) 20

E50) 24

E51) Sim. Se o número grande for primo, terá apenas divisores. Se for comparado com um número pequeno que não seja primo, este número pequeno terá mais de 2 divisores. É claro que nem sempre isso acontece, ou seja, números grandes que não sejam primos podem ter mais divisores que números pequenos.

E52) Não. A expressão está matematicamente correta, mas se é uma forma fatorada, podemos usar apenas números primos, que não é o caso do 9.

E53) $26 = 2.13$ $39 = 3.13$ $95 = 5.19$

E54) $120 = 2^3.3.5$

E55) $5.400 = 2^3.3^3.5^2$

E56) 2, 16 e 48

E57) $96 = 2^5.3$, tem 12 divisores:

1, 2, 4, 8, 16, 32, 3, 6, 12, 24, 48 e 96

E58) Se $N = 2^x.5$, o número de divisores será $(x+1).(1+1)$, ou seja, $(x+1).2$. Se este valor é 6, então x+1 vale 3. Portanto, x vale 2. Agora podemos calcular N, que vale $2^x.5 = 2^2.5 = 20$.

Resposta: (B) 20

E59) Não. Por exemplo, 2.3.5 tem três fatores, e o número de divisores é 6. Já o número 64 (2^6) tem apenas o fator primo 2, mas seu número de divisores é 7.

E60) A primeira coisa a fazer e colocar N na forma fatorada, isto é, como um produto de fatores primos.

N = 3 x 6 x 9 x 12 x 15 x 20 x 25 x 27

N = 3 x (2x3) x (3x3) x (2x2x3) x (3x5) x (2x2x5) x (5x5) x (3x3x3)

Agora contamos quantas vezes aparece cada fator primo, para que N fique na forma fatorada. O fator 2 aparece 5 vezes, o fator 3 aparece 9 vezes e o fator 5 aparece 4 vezes. Ficamos com:

$N = 2^5.3^9.5^4$

O número de divisores de N será então $(5+1)$ x $(9+1)$ x $(4+1)$ = 6.10.5 = 300. Checando as respostas, vemos que a única válida é a (D).

Resposta: (D) um múltiplo de 12

E61) 90

E62) 144

E63) 360

E64) 720

E65) 900

E66) 1600

E67) 360

E68) 1680

E69) 60

E70) 660

E71) $105 = 3.5.7$; $120 = 2^3.3.5$; MMC(105, 120) = $2^3.3.5.7 = 840$

E72) $45 = 3^2.5$; $72 = 2^3.3^2$; $150 = 2.3.5^2$; MMC(45, 72, 150) = $2^3.3^2.5^2 = 1800$

E73) 17.325

E74) 540

E75) 12.A

E76) O MMC entre 9 e 12 é 36. Os múltiplos deste MMC são 36, 72, 108, ... Entre 50 e 100 temos somente o 72. Resp: 72

E77) MMC (30, 45) +7 = 97

Capítulo 5 – MÚLTIPLOS E DIVISORES

E78) Inicialmente devemos fatorar corretamente, usando fatores primos:
$2^3.6^2.10^2 = 2.2.2.6.6.10.10 = 2.2.2.2.3.2.3.2.5.2.5 = 2^7.3^2.5^2$
$2^2.9^2 = 2.2.9.9 = 2.2.3.3.3.3 = 2^2.3^4$.
Então o MMC entre esses números é $2^7.3^4.5^2$

E79) O primeiro múltiplo comum de 36 e 24 é o MMC entre 36 e 24, ou seja, 72. Mas o problema pede um número compreendido entre 100 e 200. Temos que procurar outros múltiplos de 36 e 24, que não o mínimo, compreendido entre esses valores. Os múltiplos do MMC são 72, 144, 216, etc. O número 144, que é o dobro do MMC, satisfaz ao que o problema pede. Resposta: 144

E80) A maioria dos problemas sobre eventos que se repetem podem ser resolvidos com MMC. No caso de problemas sobre trajetos cíclicos (pistas de atletismo, por exemplo), as informações necessárias são os tempos de trajeto em cada objeto. Os dois atletas fazem o ciclo completo em 4 e em 5 minutos. Se partem do mesmo ponto e no mesmo instante, ficarão juntos novamente depois de um tempo igual ao MMC entre os temos de ciclo de cada um. No caso deste problema, este tempo será o MMC entre 4 e 5, ou seja, 20.
Resposta: 20 minutos

E81) 12

E82) 45

E83) 6

E84) 12

E85) 3

E86) 60

E87) 1

E88) 10

E89) Não

E90) Sim

E91) Sim

E92) Quando os números são iguais

E93) 6

E94) 3

E95) $2^2.3^2$

E96) $2^2.3^2$

E97) MMC = $2^3.3^3.5^2$ e MDC = $2^2.3^2.5$

E98) 5

E99) Os números têm que ser múltiplos de 7, 15 e 45, então são os múltiplos do seu MMC.
MMC (7, 15 e 45) = 315.
Os múltiplos do MMC entre 0 e 1000 são 315, 630 e 945.

E100) Se 8p7q é múltiplo de 10 então q=0. O número fica reduzido a 8p70. Para ser múltiplo de 9, então 8+p+7 tem que ser múltiplo de 9 ➔ p=3. O número é 8370, e p+q vale 3.
Resposta: (B) 3

E101) MMC (15, 20) = 60 minutos, ou seja, 1 hora.

E102) MMC (5, 3) = 15 segundos

E103) 14:00, 15:00, 16:00, 17:00, 18:00, 19:00, 20:00, 21:00, 22:00 e 23:00,

E104) 2781, 3111, 17940, 777

E105) 1468, 7896, 7292, 704, 1280, 188

E106) 345, 3900, 9000, 3880, 50005, 3825

E107) 666, 2382, 3708, 6006

E108) 3486, 7847, 343, 462, 756

E109) 1368, 78320, 21136, 22728, 3528

E110) 279, 2349

E111) 2893, 83303, 407, 792, 95865

E112) 2775, 4890, 2160, 915, 2745

E113) 3150, 2376, 6516

206 MATEMÁTICA PARA VENCER

E114) Restos por 2, 3, 5, 9 e 11:
2732: 0, 2, 2, 5, 4
3324: 0, 0, 4, 3, 2
755: 1, 2, 0, 8, 7
280: 0, 1, 0, 1, 5
3144: 0, 0, 4, 3, 9
E115) Resp: 2, 5 ou 8
E116) Resp: b=2, 5 ou 8
E117) 1
E118) R: 117
E119) R: a=6
E120) R: 1260
E121) R: 240
E122) 1
E123) 29 e 92
E124) 108
E125) 1 e 91
E126) 58
E127) R: 3
E128) 3
E129) 1
E130) 1
E131) 2
E132) 6
E133) 431, 233
E134) 6, 8, 15, 20
E135) R:12
E136) R: 64
E137) R: y=2
E138) 11
E139) MDC = $2^2.3^2.5$, MMC = $2^5.3^4.5^3.7$
E140) R: ambos ficam multiplicados por este valor.
E141) R: 60
E142) R: 72
E143) 245
E144) Resposta: 2, 12, 22, 42, 52, etc. A diferença entre cada um deles e 32 é 10, 20, 30, 40, etc, ou seja, múltiplos de 10.
E145) Resposta: A diferença entre os dois números tem que ser múltipla de n.

Respostas dos problemas propostos

Q73) Resposta: (C) 27
Q74) Resp: (C)
Q75) Resposta: (D) 62
Q76) Resposta: (C) 12
Q77) Resposta: (A) 2021
Q78) Resposta: (B)
Q79) Resposta: (C) 5220
Q80) Resposta: (E)
Q81) Resposta: (B)
Q82) Resposta: (A) 200s
Q83) Resposta: (C) 5
Q84) Resposta: (D) 267

Capítulo 5 – MÚLTIPLOS E DIVISORES

Q85) Resposta: (B)
Q86) Resposta: (A) 11
Q87) Resposta: (B)
Q88) Resposta: (B)
Q89) Resposta: (A)
Q90) Resposta: (E)
Q91) Resposta: (D)
Q92) Resposta: (A) 100
Q93) Resposta: (D) uma, 419
Q94) Resposta: (B) 367
Q95) Resposta: (D)
Q96) Resposta: (B) 2
Q97) Resposta: (E)
Q98) Resposta: (C) 27
Q99) Resposta: (A)
Q100) Resposta: (A) 7
Q101) Resposta: (C) H
Q102) Resposta: (B)
Q103) Resposta: (B) 732 e 804
Q104) Resposta: (D) 60
Q105) Resposta: (C)
Q106) Resposta: (A)
Q107) Resposta: (B)
Q108) Resposta: (E) 12
Q109) Resposta: (E)
Q110) Resposta: (B)
Q111) Resposta: (D) 46
Q112) Resposta: (E) 236
Q113) Resposta: (B) 240
Q114) Resposta: (B) 15
Q115) Resposta: (A)
Q116) Resposta: (D)
Q117) Resposta: (D)
Q118) Resposta: (B)
Q119) Resposta: (D)
Q120) Resposta: (B)
Q121) Resposta: (D)
Q122) Resposta: (B) 4
Q123) Resposta: (E) 10
Q124) Resposta: (A) 4
Q125) Resposta: (A)
Q126) Resposta: (D) 6 vezes
Q127) Resposta: (D)
Q128) Resposta: (E) 210.000
Q129) Resposta (D) 7
Q130) Resposta: (D) 24
Q131) Resposta: (D)
Q132) Resposta: (B)
Q133) Resposta: (A) 5
Q134) Resposta: (D)
Q135) Resposta: (A)
Q136) Resposta: (A) 10
Q137) Resposta: (C) 7

208

Q138) Resposta: (E) 20 de dezembro
Q139) Resposta: (D)
Q140) Resposta: (A) 162
Q141) Resposta: (B) 18
Q142) Resposta: (B) 5
Q143) Resposta: (C) 9
Q144) Resposta: (A) 1008
Q145) Resposta: (A) 2
Q146) Resposta: (C) 12
Q147) Resposta: (D) 785
Q148) Resposta: (E) 75
Q149) Resposta: (B)
Q150) Resposta: (C)
Q151) Resposta: (A)
Q152) Resposta: (E)
Q153) Resposta: (D) 5
Q154) Resposta: (C) domingo
Q155) Resposta: (E) 9
Q156) Resposta: (D) 6
Q157) Resposta: (C)
Q158) Resposta: (D) 3
Q159) Resposta: (B) 2
Q160) Resposta: 180
Q161) Resposta: (A) 102
Q162) R: (B) 269
Q163) Resposta: (E) 10
Q164) Resposta: 60 minutos
Q165) R: 360
Q166) Resposta: 367
Q167) Resposta: 3
Q168) Resposta: 1 e 7
Q169) Resposta: (A)
Q170) Resposta: (C) 10

Prova simulada

Questão 1) Valor: 0,5
Qual das afirmativas abaixo está errada?

(A) O produto de dois números ímpares é sempre ímpar
(B) A diferença de dois números ímpares é sempre ímpar
(C) A diferença entre um número par e um número ímpar é sempre ímpar
(D) A potência de um número par será sempre par (expoente natural, maior que 0)
(E) A potência de um número ímpar será sempre ímpar (expoente natural, maior que 0)

Questão 2) Valor: 0,5 (CM)
Qual é o menor número natural que deve ser somado a 3575 para que se obtenha um número divisível por 7 e por 2, ao mesmo tempo?:

(A) 5   (B) 2   (C) 3   (D) 9   (E) 1

Questão 3) Valor: 0,5 (CM)
Marque a alternativa que não contém um número primo.

Capítulo 5 – MÚLTIPLOS E DIVISORES

(A) 1   (B) 2   (C) 37   (D) 97   (E) 101

Questão 4) Valor: 0,5 (CM)
A quantidade de múltiplos comuns a 7, 15 e 45 que são maiores que zero e menores que 1000 é:

(A) 3   (B) 2   (C) 1   (D) 4   (E) 15

Questão 5) Valor: 0,5 (CM)
Fatorando-se o número 2021 observa-se que o mesmo é decomposto em dois números naturais primos, A e B. Determine o valor do produto de B por A.

(A) 2021   (B) 1549   (C) 1954   (D) 47   (E) 43

Questão 6) Valor: 0,5 (CM)
Em uma árvore de Natal, há lâmpadas vermelhas e verdes. As lâmpadas vermelhas permanecem 10 segundos apagadas e 30 segundos acesas, alternadamente; as lâmpadas verdes, também de maneira alternada, permanecem 10 segundos apagadas e 40 segundos acesas. O número mínimo de segundos que se leva para que ambas voltem a apagar no mesmo instante é:

(A) 200 s   (B) 190 s   (C) 160 s   (D) 150 s   (D) 120 s

Questão 7) Valor: 0,5 (CM)
Qual o quadrado do menor número natural diferente de zero pelo qual devemos multiplicar 270 para que o novo produto encontrado tenha exatamente 36 divisores?

(A) 100   (B) 30   (C) 25   (D) 10   (E) 4

Questão 8) Valor: 0,5 (CM)
O número natural N possui: b dezenas de milhares, 3 unidades de milhares, 5 centenas, 4 dezenas e b unidades simples. Sabendo-se que N é divisível por 9, podemos afirmar que o algarismo b é igual a:

(A) 0   (B) 1   (C) 2   (D) 3

Questão 9) Valor: 0,5 (CM)
Dada a expressão [4608:48 – (10500:125)].9, o resultado final será um número múltiplo de:

(A) 13   (B) 11   (C) 7   (D) 5   (E) 4

Questão 10) Valor: 0,5 (CM)
Quantos números de três algarismos são divisíveis por 3, 5 e 8, ao mesmo tempo?

(A) 5   (B) 6   (C) 7   (D) 8   (E) 9

Questão 11) Valor: 0,5 (CM)
Três números naturais são diferentes entre si, são maiores que 1 e não são primos. O produto desses três números é igual a 240. A soma desses números é igual a:

(A) 48   (B) 36   (C) 24   (D) 20   (E) 18

210   MATEMÁTICA PARA VENCER

Questão 12) Valor: 0,5 (CM)
Barba Negra, o pirata mais temido de todos os mares, era também um apaixonado pela matemática. Seu navio, todo disfarçado, acabara de chegar à Cidade de Ouro, onde existia muito ouro, devido aos impostos. Barba Negra tinha que abastecê-lo com 5000 litros de água, 1 500 litros de óleo e 3000 litros de rum. Tudo isso deveria ser distribuído em grandes barris, todos iguais, de modo que a quantidade, em litros, dentro de cada barril ficasse a mesma e a maior possível. Sendo assim, quantos barris foram necessários?

(A) 21   (B) 19   (C) 16   (D) 13   (E) 10

Questão 13) Valor: 0,5 (CM)
Sobre um determinado número natural, sabe-se que:
(I) é um número entre 5000 e 6000;
(II) é divisível por 3, 5, 9 e 10;
(III) o valor absoluto do algarismo das centenas é maior que o valor absoluto do algarismo das dezenas;

O menor número que satisfaz essas 3 condições, na divisão por 11, deixa resto:

(A) 8   (B) 7   (C) 6   (D) 5   (E) 4

Questão 14) Valor: 0,5 (CM)
Ivan observa que em um estacionamento há 29 veículos, sendo 7 motocicletas (veículos com 2 rodas), 5 triciclos (veículos com três rodas), carros (veículos com quatro rodas) e ônibus (veículos com 6 rodas). Além dos pneus que utilizam normalmente para rodar, os ônibus e os carros têm um pneu reserva. Sabendo que o total de pneus, inclusive os reservas, dos veículos do estacionamento é de 132, Qual é o resultado da soma entre a metade do número de carros e o dobro do número de ônibus.

(A) 20   (B) 22   (C) 21   (D) 26   (E) 28

Questão 15) Valor: 0,5 (CM)
A soma dos números naturais menores que 100, que possuem exatamente três divisores naturais, é igual a

(A) 25   (B) 87   (C) 112   (D) 121   (E) 169

Questão 16) Valor: 0,5 (CM)
Rosinha quer enfeitar a igreja no seu casamento utilizando rosas brancas, amarelas e vermelhas. A floricultura disponibilizou 60 rosas brancas, 72 rosas amarelas e 108 rosas vermelhas. Se ela quer fazer arranjos iguais, utilizando todas essas flores, o número máximo de arranjos será:

(A) 6   (B) 12   (C) 30   (D) 120   (E) 1080

Questão 17) Valor: 0,5 (CM)
Em uma feira de livros, notou-se que, agrupando os livros em caixas com 36, 48 ou 60 unidades, sempre sobravam 8 livros fora das caixas. Sabe-se que a quantidade de livros da feira é maior que 4500 e menor que 5500. Então, o número total de livros é igual a:

(A) 4528   (B) 5096   (C) 5008   (D) 5048   (E) 5148

Capítulo 5 – MÚLTIPLOS E DIVISORES 211

Questão 18) Valor: 0,5 (CM)
Assinale a alternativa falsa:

(A) O MDC entre números primos entre si é igual a 1;
(B) O número 1721027431 tem 4 classes;
(C) O número romano LXIX é igual a 9+5x12;
(D) Um número composto nunca será primo
(E) Em três dias temos menos que $2x10^5$ segundos

Questão 19) Valor: 0,5 (CM)
Se A, B e C são números naturais diferentes de zero e consecutivos tais que A < B < C, então a expressão que necessariamente corresponde a um número natural ímpar é dada por

(A) A + BC.
(B) A + B + C.
(C) ABC.
(D) AB + BC.
(E) (A + B)(B + C).

Questão 20) Valor: 0,5 (CM)
Escrevem-se os números naturais numa faixa decorativa, da seguinte maneira:

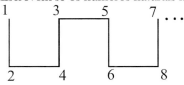

Assinale a figura correta:

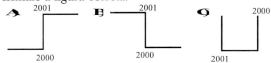

Solução da prova simulada

Gabarito

1	D		6	A		11	D		16	B
2	D		7	A		12	B		17	D
3	A		8	D		13	A		18	E
4	A		9	C		14	B		19	E
5	A		10	D		15	B		20	D

Soluções

Questão 1)
VFVVV
Resposta: (D)

Questão 2)
1 não é primo nem composto
Resposta: (A)

Questão 3)
$3575 \div 14 = 255$, resto 5 ➜ somar 9
Resposta: (D)

Questão 4)
MMC(7, 15, 45) = 315
Múltiplos: 315, 630, 945
IMPORTANTE: Lembre-se que 0 é múltiplo de qualquer número. Se o enunciado não dissesse que quer múltiplos diferentes de zero, teríamos que contar também com o 0.
Resposta: (A)

Questão 5)
Se 2021 = A.B então A.B = 2021 (ora, bolas!)
Resposta: (A)

Questão 6)
Vermelhas: 10 s apagadas, 30 s acesas ➜ ciclo = 40 s
Verdes: 10 s apagadas, 40 s acesas ➜ ciclo = 50 s
MMC(40, 50) = 200s
Resposta: (A)

Questão 7)
$270 = 2.3^3.5$. Número de divisores = $2 \times 4 \times 2 = 16$
A única forma de ter 36 divisores é se seus expoentes forem 2, 3 e 2. Devemos então multiplicar o número por 5x2, ficando com $2^2.3^3.5^2$, o número de divisores será 3.4.3=36.
$10^2 = 100$
Resposta: (A)

Questão 8)
N = b354b
N é divisível por 9 ➜ b+3+4+5+b é múltiplo de 9 ➜ 2b+3 é múltiplo de 9
A única forma é se b=3
Resposta: (D)

Capítulo 5 – MÚLTIPLOS E DIVISORES

Questão 9)
[4608:48 – (10500:125)].9 = [96 – 82].9 = 14.9
Múltiplo de 7.
Resposta: (C)

Questão 10)
MMC(3, 5 e 8) = 120
Múltiplos de 120: 120, 240, 360, 480, 600, 720, 840, 960 ➔ 8 números
Resposta: (D)

Questão 11)
a, b, c
a.b.c = 240
a+b+c = ?
$240 = 2^4.3.5$
A única forma de atender às condições do problema é tomando os números
4, 6 e 10. Os fatores 3 e 5 não podem ficar sozinhos, pois os números não podem ser primos.
Cada um levará um fator 2, ficando então, 6 e 10. O outro número é 4.
A outra opção seria combinar os fatores 3 e 5, formando 15, e formar os outros dois números
com os fatores de 2^4. Isso não é possível pois os números não podem ser primos, e têm que ser
diferentes. Portanto 4, 6 e 10 é a única forma de resolver o problema. Então a+b+c=20.
Resposta: (D)

Questão 12)
MDC(5000, 1500, 3000) = 500
Água: 10 barris
Óleo: 3 barris
Rum: 6 barris
Total: 19 barris
Resposta: (B)

Questão 13)
MMC(3, 5, 9, 10) = 90
Múltiplo de 90, entre 5000 e 6000:
5040, 5130, 5220, 5310, 5400, 5490, 5580, 5670, 5760, 5850, 5940. O algarismo das centenas tem
que ser maior que o das dezenas, então só servem os números:
5310, 5400, 5760, 5850 e 5940. O menor deles é 5310.
Resto da divisão de 5310 por 11 = 3+0+11-1-5 = 8
Resposta: (A)

Questão 14)
29 veículos:
7 motos x 2 = 14 pneus
5 triciclos x 3 = 15 pneus
x carros x 5 = 5x
y ônibus x 7 = 7x

132 pneus – 14 – 15 =

5x + 7y = 103
x + y = 17 (são 29 veículos)
x = 17 – y
5(17 – y) + 7y = 103

214 MATEMÁTICA PARA VENCER

$85 - 5y + 7y = 103$
$2y = 103 - 85 = 18$
$y=9$
$x=8$
O problema pede $x/2 + 2y = 4 + 18 = 22$
Resposta: (B)

Questão 15)
O número de divisores é o produto dos expoentes somados de 1. Se este produto é 3, a única forma é se o número for um fator primo elevado ao quadrado. Devemos então encontrar quadrados de números primos, menores que 100.
2^2, 3^2, 52 e 7^2.
$4+9+25+49 = 87$
Resposta: (B)

Questão 16)
MDC(60, 72, 108) = 12
12 arranjos.
Resposta: (B)

Questão 17)
MMC(36, 48, 60) = 720
O número tem que ser um múltiplo de 720 somado com 8:
720x7 = 5040, 5040+8 = 5048 (único entre 4500 e 5500)
Resposta: (D)

Questão 18)
As quatro primeiras são verdadeiras.
O numero de segundos de 3 dias é 3 x 24 x 60 x 60 = 259.200, então a (E) é falsa.
Resposta: (E)

Questão 19)
A, B, C consecutivos. Então só temos duas opções:
Par-ímpar-par ou
Ímpar-par-ímpar

(A) A+BC pode ser par ou ímpar
(B) A+B+C pode ser par ou ímpar
(C) ABC será sempre par
(D) AB+BC = B(A+C) será sempre par
(E) (A+B)x(B+C) = ímpar x ímpar = ímpar
Resposta: (E)

Questão 20)
Na subida os números serão sempre da forma 4k na parte inferior e 4k-1 na parte superior. Na descida os números sempre serão da forma 4k+1 na parte superior e 4k+2 na parte inferior. Entre a parte inferior de uma subida e a parte superior da descida seguinte os números sempre serão da forma 4k e 4k+1. A única opção que atende é (D).
Resposta: (D)

Capítulo 6

Frações

Fração é uma divisão

Este é um assunto ensinado desde os primeiros anos do ensino fundamental. A idéia geral da fração é bem conhecida pela maioria dos estudantes, e pode ser ilustrada por exemplos como a divisão de barras de chocolates ou bolos (o exemplo com guloseimas é para despertar a atenção das crianças) Por exemplo, se dividimos uma barra de chocolate em 8 partes iguais e comemos 5, sobrarão 3 partes.

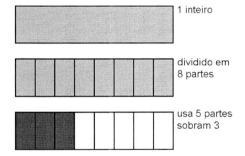

A terceira parte da figura acima representa a fração $\frac{3}{8}$, ou seja, o objeto original foi dividido em 8 partes, ficamos com 3 delas no final.

Frações podem ser representadas com o traço de fração na posição horizontal, como em $\frac{3}{8}$, ou na forma inclinada, como em 3/8. Para facilitar a diagramação do livro, usaremos na maior parte deste capítulo e do restante do livro, o traço de fração na forma inclinada.

O que muitas vezes os alunos esquecem é que a fração é na verdade uma divisão. No exemplo da fração 3/8, equivale a dividir um objeto em 8 partes e usar 3 delas. Mas também equivale a tomar três objetos juntos e dividir o total por 8, como mostra a figura abaixo.

Juntar 3 unidades

Dividir o total por 8

3 divididos por 8
é o mesmo que 3/8

Na primeira parte da figura acima temos 3 unidades. Depois de juntar as três partes, dividimos este total por 8. Isso é 3 dividido por 8. Na terceira parte da figura dividimos uma unidade por 8 e tomamos 3 dessas partes. Isso é 3/8.

Este exemplo mostra que uma fração é na verdade uma divisão de números. Quando trabalhamos com números naturais, todos os resultados precisam ser inteiros, não são admitidas partes. As frações são um tipo especial de números que não precisam ser inteiros. São chamados *números racionais*, e o símbolo deste conjunto é Q.

Na verdade o conjunto dos números racionais inclui também as frações negativas, mas no escopo deste livro estaremos usando apenas as positivas. Então estamos restringindo nosso estudo ao conjunto Q^+, ou seja, os racionais não negativos.

Os termos da fração

Frações são formadas por dois números naturais, separados por um traço, normalmente horizontal, mas que como vimos, também pode ser escrito em forma inclinada. O termo de cima é chamado numerados, e o termo de baixo é chamado denominador. Como a fração na verdade é uma divisão, esses dois termos são o dividendo e o divisor da referida divisão.

$\dfrac{3}{8}$ Numerador
         Denominador

IMPORTANTE: O denominador nunca pode ser 0, pois não existe divisão por 0.

Lendo frações por extenso

É fácil ler frações. Os numeradores são lidos diretamente por extenso, e o denominador é lido como meio, terço, quarto, etc. Isso vale até o numerador 10. O numerador também é lido em ordinal para múltiplos de 10:

Ex:
1/2 = um meio
1/3 = um terço
3/4 = três quartos
2/5 = dois quintos
1/6 = um sexto
2/7 = dois sétimos.
3/8 = três oitavos
2/9 = dois nonos
7/10 = sete décimos
1/20 = um vigésimo
7/30 = sete trigésimos

Capítulo 6 - FRAÇÕES

1/100 = um centésimo
1/1000 = um milésimo

Para outros números como 11, 12, 13, e que não sejam múltiplos de 10, usamos no final a palavra "avos".

1/11 = um onze avos
5/12 = cinco doze avos
7/16 = sete dezesseis avos
1/20 = um vigésimo ou um vinte avos

É permitido usar "avos" também quando o denominador é múltiplo de 10, como em "um vinte avos", ao invés de "um vigésimo".

Simplificação de frações

Uma das operações mais comuns com frações é a simplificação. Uma fração não se altera quando dividimos seu numerador e seu denominador pelo mesmo valor. Por exemplo, 30/80 é o mesmo que 3/8, pois dividindo 30 por 10 e 80 por 10, encontramos respectivamente, 3 e 8.

$$\frac{30}{80} = \frac{3}{8}$$

Dizemos então que as frações 30/80 e 3/8 são *equivalentes*.

As simplificações podem ser feitas em seqüência. Por exemplo, vamos simplificar a fração 315/420, dividindo o numerador e o numerador por 3, depois por 5, depois por 7:

$$\frac{315}{420} = \frac{105}{140} = \frac{21}{28} = \frac{3}{4}$$

Quando temos expressões envolvendo frações, na maioria das vezes será vantajoso simplificar as frações, ficando com cálculos mais fáceis de serem feitos.

Exercícios

E1) O que ocorre com uma fração quando o numerador e o denominador são iguais?

E2) O que ocorre com uma fração quando o numerador é zero?

E3) O que ocorre com uma fração quando o denominador é 1?

E4) O que ocorre com uma fração quando o numerador é múltiplo do denominador?

E5) Simplifique as frações 4/20, 42/91, 68/51, 88/121, 180/216

E6) Encontre uma fração equivalente a 2/5 cujo numerador seja 32

E7) Encontre uma fração equivalente a 3/7 cujo denominador seja 56

E8) Encontre uma fração equivalente a 3/4 cuja soma dos termos seja 35

218   MATEMÁTICA PARA VENCER

E9) Encontre uma fração equivalente a 5/8 onde o denominador seja 21 unidades maior que o denominador.

E10) Encontre uma fração equivalente a 6/8 na qual o MDC entre o numerador e o denominador seja 10, e que sejam os menores possíveis.

E11) Em uma pequena cidade, 900 eleitores votarem entre os candidatos A e B. A tabela abaixo mostra os resultados da votação:

Candidato A	216
Candidato B	450
Votos em branco	180
Votos nulos	54
Total	900

Qual fração na forma irredutível indica a parcela dos eleitores que votou no candidato A?

E12) Em uma estrada de 180 kM, um motorista viajou 1/3 do total e parou para almoçar, depois percorreu 1/2 total e parou em um posto de gasolina. Qual fração da estrada representa o trecho restante?

Nomenclatura

Muitas vezes, ao invés de simplificar uma fração, dividindo seus termos por um mesmo valor, temos que fazer o inverso: multiplicar os termos da fração por um mesmo valor. Uma fração não se altera quando multiplicamos o numerador e o denominador por um mesmo número.

Exemplo: Encontrar uma fração equivalente a 3/8 que tenha denominador 48.
Para que o denominador e torne 48, temos que multiplicar o denominador atual (8) por 6. O numerador também tem que ser multiplicado por 6. Ficamos então com:

$$\frac{3}{8} = \frac{3 \times 6}{8 \times 6} = \frac{18}{48}$$

Dizemos então que 3/8 e 18/48 são *frações equivalentes*.

Frações equivalentes

Frações equivalentes são frações que representam o mesmo número, ou seja, têm o mesmo valor. Dada uma fração, podemos obter outra fração equivalente, mediante a multiplicação ou a divisão do numerador e do denominador pelo mesmo número.

Exemplo: 3/5 e 6/10 são equivalentes, pois se multiplicarmos o numerador e o denominador de 3/5 por 2, encontraremos 6/10.

Exemplo: 25/100 e 1/4 são equivalentes, pois se dividirmos por 25 o numerador e o denominador de 25/100, encontraremos 1/4.

Exemplo: 3/5, 6/10 e 15/25 são equivalentes, pois podemos obter 3/5 simplificando a segunda fração por 2 e simplificando a terceira fração por 5.

Capítulo 6 - FRAÇÕES

219

Classe de equivalência de uma fração

Frações equivalentes não são frações iguais, e sim, seus valores numéricos são iguais. Por exemplo, as frações 1/2 e 2/4 não são iguais, mas são equivalentes. Numericamente podemos escrever que 1/2 = 2/4, já que ambas as frações resultam no mesmo número racional.

Chamamos de classe de equivalência de uma fração, ao conjunto infinito de todas as frações equivalentes a uma fração dada. Por exemplo, a classe de equivalência da fração 1/2 é o conjunto:

$$\left\{ \frac{1}{2}, \frac{2}{4}, \frac{3}{6}, \frac{4}{8}, \frac{5}{10}, \frac{6}{12}, \frac{7}{14} \cdots \right\}$$

Fração irredutível

É uma fração que não pode ser simplificada. Isto ocorre quando o numerador e o denominador são primos entre si.

Exemplos: 2/7, 12/55, 4/9, 1/30, 5/6.

Fração própria e fração imprópria

Quando o numerador é menor que o denominador, dizemos que a fração é *própria*.
Exemplos: 3/5, 2/7, 9/10, 23/38, 4/6.

Quando o numerador é maior ou igual ao denominador, dizemos que a fração é *imprópria*.
Exemplos: 5/3, 7/2, 4/3, 27/25.

Número misto

É um número que tem uma parte inteira e uma parte que é uma fração própria. Considere por exemplo o número misto:

$$3\frac{2}{5}$$

Este é um número racional, resultante da soma do número natural 3 com a fração 2/5, ou seja:

$$3\frac{2}{5} = 3+\frac{2}{5}$$

Todo número misto é equivalente a uma divisão de números naturais, na qual o dividendo é o denominador, o quociente é a parte inteira do número misto e o resto da divisão é o numerador da fração. Por exemplo, se dividirmos 17:5 encontrarmos 3 e resto 2. Então a frasca imprópria 17/5 é igual ao número misto 3 2/5. Toda fração imprópria pode ser transformada em número misto, e vice-versa.

Exemplo:
$$5\frac{4}{7} = \frac{5\times 7+4}{7} = \frac{39}{7}$$

Da mesma forma,

$$\frac{39}{7} = 5 + \frac{4}{7}$$

Na verdade o resto de uma divisão é a parte que não pode ser dividida pelo quociente. Quando lidamos com números naturais, deixamos o resto indicado como uma sobra que não pode ser dividida pelo divisor. Nas frações, é como se este resto também fosse dividido, e ficasse indicado na forma de fração.

Fração aparente

É uma fração que, depois de simplificada, resulta em um número natural, ou seja, seu denominador torna-se 1.

Exemplos:
$$\frac{32}{4}, \frac{24}{6}, \frac{35}{5}, \frac{72}{9}, \frac{91}{13}$$

Toda fração aparente, ao ser tratada como uma divisão, resultará em uma divisão exata, ou seja, sem resto.

Fração decimal

É uma fração em que o denominador é 10, 100, 1000 ou potências superiores de 10.
Exemplos:
$$\frac{3}{10}, \frac{27}{100}, \frac{727}{1000}, \frac{25}{100}$$

O capítulo 7 abordará as frações decimais com mais detalhes, mas neste capítulo adiantarmos o assunto para que possamos resolver algumas questões de concursos.

Fração ordinária

É toda fração que não é decimal, ou seja, cujo numerador não é potência de 10.
Exemplos:
$$\frac{1}{5}, \frac{3}{4}, \frac{7}{3}, \frac{11}{2}$$

Eventualmente podemos encontrar uma fração decimal que seja equivalente a uma fração ordinária. Por exemplo, a fração ordinária 1/5 é equivalente à fração decimal 2/10, ou seja, representam o mesmo número. Da mesma forma, 3/4 é equivalente a 75/100, que é decimal, e 11/2 é equivalente a 55/10, que também é decimal. Uma fração ordinária tem uma decimal equivalente quando, depois de simplificada, o denominador tiver apenas potências de 2 e de 5. A fração 7/3, por exemplo, nunca terá uma equivalente decimal, pois já está simplificada e possui fator 3 no denominador.

Exercícios

E13) Como se chama uma fração na qual o numerador e o denominador são primos entre si?

E14) Como se chama uma fração na qual o numerador é menor que o denominador? E em caso contrário?

E15) Como se chama uma fração na qual o numerador é múltiplo do denominador?

Capítulo 6 - FRAÇÕES 221

E16) Como se chama uma fração na qual o denominador é 10 ou potência de 10?

E17) Como se chama uma fração que não é decimal?

E18) Uma fração decimal pode ser equivalente a uma fração ordinária?

E19) Toda fração imprópria é igual a um número misto?

E20) Transforme as seguintes frações impróprias em número misto:
7/3, 18/5, 72/25, 14/3, 23/5, 18/7, 39/35, 17/3, 25/3, 11/5

E21) Transforme os seguintes números mistos em frações impróprias:
3 1/2, 5 1/4, 7 3/5, 11 1/3, 2 3/7

E22) Um ônibus enguiçou depois de percorrer 2/5 do seu trajeto. Ficaram faltando 12 km para chegar ao ponto final. Qual é a distância total do trajeto?

E23) Encontre uma fração equivalente a 3/8 cuja soma dos termos seja 55.

E24) Depois de percorrer 1/3 do caminho, um carro parou para abastecer. A seguir parou depois de percorrer a metade do caminho restante, quando faltavam apenas 15 km para o final do trajeto. Qual é a distância total do trajeto?

E25) Gastei 1/3 da minha mesada. Do valor que sobrou, guardei 2/5 e gastei o restante para comprar um jogo de computador que custou R$ 48,00. Qual é o valor da minha mesada?

E26) Qual é a maior fração própria irredutível na qual o denominador é 18?

Operações com frações

Além das operações aritméticas básicas que podem ser usadas com os números inteiros, as frações também podem ser somadas, subtraídas, multiplicadas e divididas. Existem além dessas algumas outras operações que devemos fazer com frações. Comecemos pela simplificação.

Simplificação de frações

Já abordamos a simplificação de frações neste capítulo. Consiste em dividir o numerador e o denominador da fração pelo mesmo número, resultando em uma fração equivalente.

Exemplo:
$$\frac{630}{840} = \frac{63}{84} = \frac{9}{12} = \frac{3}{4}$$

Neste exemplo, dividimos numerador e denominador por 10, ficando com 63/84. Depois dividimos ambos por 7, ficando com 9/12, e finalmente ambos por 3, ficando com 9/12. Dizemos que "simplificamos por 10", depois "simplificamos por 7" e depois "simplificamos por 3".

Redução ao mesmo denominador

Em várias situações é preciso fazer com que duas frações dadas fiquem com denominadores iguais. Isto é necessário por exemplo para comparar, somar e subtrair frações. Digamos por exemplo que precisamos realizar a adição:

$$\frac{2}{5}+\frac{3}{4}$$

Somar frações é fácil quando os denominadores são iguais. Por exemplo, 1/5 + 2/5 é igual a 3/5, ou seja, somamos os numeradores e repetimos os denominadores. Mas não podemos fazer isso se os denominadores forem diferentes. Vamos então multiplicar o numerador e o denominador da primeira fração por um número, e multiplicar o numerador e o denominador da segunda fração por outro número, de modo que as duas frações fiquem com denominadores iguais. Esses números são: 4 para a primeira fração e 5 para a segunda fração. Ficamos então com:

$$\frac{2}{5}+\frac{3}{4}=\frac{2\times4}{5\times4}+\frac{3\times5}{4\times5}=\frac{8}{20}+\frac{15}{20}=\frac{23}{20}$$

E como foram encontrados os "números mágicos" 4 e 5 que usamos para igualar os denominadores? É muito fácil:

1) Calcule o MMC entre os denominadores
2) Em cada fração, o número a ser multiplicado pelo numerador e pelo denominador é igual ao MMC dividido pelo denominador da fração. O MMC dos denominadores é 20, então na primeira fração o número a ser usado é 20:5=4, e na segunda fração é 20:4=5. É como dizem por aí, "aqui vai por 4", "aqui vai por 5".

A redução ao mesmo denominador também é usada quando queremos comparar frações, ou seja, saber qual delas é a maior. Vamos ilustrar isso com um exemplo:

Exemplo:
Qual das duas frações é a maior: 23/48 ou 7/15?
O MMC entre 48 e 15 é 240. A primeira fração deverá ter o numerador e o denominador multiplicados por 240:48 =5, e a segunda por 240:15 = 16. Ficamos então com:

$$\frac{23}{48},\frac{7}{15}\ \Rightarrow\ \frac{23\times5}{48\times5},\frac{7\times16}{15\times16}\ \Rightarrow\ \frac{115}{240},\frac{112}{240}$$

Portanto, a primeira fração é maior que a segunda, já que conseguimos reduzir as duas ao mesmo denominador e a primeira ficou com o numerador maior.

Comparação de frações

Acabamos de ver como é fácil comparar frações quando ambas têm o mesmo denominador. Quando os denominadores não forem iguais, basta reduzi-las ao mesmo denominador, mas em alguns casos isto não precisa ser feito. Vejamos alguns exemplos:

Exemplo: Comparar 1/5 e 1/6
Quando duas frações têm o mesmo numerador, a fração maior será aquela que tiver o denominador menor. Isso é fácil de entender: Uma barra de chocolate foi dividida por 5 alunos de uma turma. Na outra turma outra barra foi dividida em 6 partes. Em qual turma o pedaço de chocolate que cada aluno recebeu foi maior? Obviamente na turma com menos alunos.

Exemplo: Comparar 4/5 e 6/7

Capítulo 6 - FRAÇÕES 223

Se dividirmos 40 por 5, encontraremos exatamente 8, sem resto. Se dividirmos 60 por 7 também encontrarmos 8, porém ainda sobrará resto. Então 6/7 é maior que 4/5. Se reduzirmos as frações ao mesmo denominador chegaremos à mesma conclusão.

Exercícios

E27) Coloque as seguintes frações em ordem crescente:
1/3, 4/5, 7/12, 2/3, 11/12, 4/3, 17/12

E28) Simplifique as frações:
480/72, 156/240, 91/130, 85/221, 420/960, 63/777

E29) Encontre três frações equivalentes a 3/8 nas quais os numeradores são os menores possíveis.

E30) Qual é a maior fração própria irredutível na qual o denominador é 15?

E31) Qual é a fração equivalente a 3/16 de menor denominador possível e que seja múltiplo de 12?

E32) Reduza as seguintes frações ao mesmo denominador, e que este seja o menor possível:
3/2, 2/3, 4/15, 1/30, 72/144

E33) José acertou 5/8 de uma prova de 16 questões, João acertou 4/5 de uma outra prova, com 10 questões. Sabendo que em cada prova, todas as questões tinham o mesmo valor, quem acertou mais questões? Quem tirou a maior nota?

E34) Dois operários estão colocando o piso de duas salas exatamente iguais, porém, um em cada sala. Um deles já fez 4/7 do trabalho. O outro ainda tem que fazer 2/5 para chegar ao fim. Qual dos dois está mais adiantado no serviço?

E35) Em uma sala, 2/3 dos estudantes são meninos. Certo dia, metade das meninas faltaram, tendo comparecido apenas 8. Qual é o número total de estudantes?

E36) Qual é a maior fração menor que 2/5 cujo denominador é 8?

E37) Em um pequeno sítio, a metade da área cultivável foi plantada com café, 1/4 foi plantado com milho e os 100 hectares restantes da área cultivável foram usados para pasto. Sabendo que a área cultivável é 4/5 da área total, qual é a extensão total do sítio?

E38) João andou 8/11 de um percurso, Pedro andou 7/10 do mesmo. Quem percorreu a distância maior?

E39) Em uma escola, 4/11 dos alunos estão no primeiro ano, 5/13 no segundo ano e o restante no terceiro ano. Em qual dos três anos há mais alunos?

E40) Das 25 questões de uma prova, Pedro acertou 18, ficando com nota 18 sobre 25. Qual é a sua nota em uma escala de 1 a 10?

E41) Dois carros partem em sentidos opostos, com a mesma velocidade, em uma estrada de 30 km, sendo um do km 0 em direção ao km 30, e o outro saindo do km 30 em direção ao km 0. Em qual quilômetro da estrada os dois se encontrarão?

MATEMÁTICA PARA VENCER

E42) Como ficaria o problema anterior se o carro que parte do km 0 tiver o dobro da velocidade do carro que parte do km 30?

E43) E se o carro que parte do km 0 for 4 vezes mais rápido que o outro?

Adição e subtração de frações

Para somar ou subtrair frações, é preciso que tenham o mesmo denominador. Se os denominadores não forem iguais, devemos torná-los iguais (reduzir ao mesmo denominador), como já foi ensinado. Agora basta somar ou subtrair os denominadores e repetir o denominador.

Exemplo:
$$\frac{7}{15}+\frac{4}{15}=\frac{7+4}{15}=\frac{11}{15}$$

Exemplo:
$$\frac{8}{11}-\frac{5}{11}=\frac{8-5}{11}=\frac{3}{11}$$

Exemplo:
Neste exemplo será preciso reduzir as frações ao mesmo denominador
$$\frac{23}{48}+\frac{7}{15}=\frac{23\times5}{48\times5}+\frac{7\times16}{15\times16}=\frac{115}{240}+\frac{112}{240}=\frac{227}{240}$$

Depois de realizar a adição ou a subtração das frações, eventualmente o resultado pode ser simplificado.

Adição e subtração de uma fração e um número natural

Para fazer esse tipo de operação, transforme o número natural em fração. Para isso, coloque o número como numerador e 1 no denominador.

Exemplo:
$$\frac{2}{5}+3=\frac{2}{5}+\frac{3}{1}=\frac{2}{5}+\frac{15}{5}=\frac{17}{5}$$

Exercícios

E44) Calcule a soma das frações 3/4, 1/5 e 3/8

E45) Calcule 1/24 – 1/25

E46) Calcule 1/2 + 1/3 + 1/4 + 1/5

E47) Depois de percorrer a metade de um percurso, e mais 1/3 do que estava faltando, quanto resta do percurso total para chegar ao fim?

E48) Calcule a soma dos dois números mistos 3 1/5 + 2 1/7

E49) Efetue as seguintes operações com frações:
a) 3/2 + 4/5 – 1/7
b) 1/4 + 3/7 + 2

Capítulo 6 - FRAÇÕES

c) 16/3 – 16/4
d) 1 + 1/2 + 1/5 + 3/7 – 7/10
e) 3/10 + 2/5 + 1/2 – 1/3
f) 1/9 – 1/10
g) 3/11 + 8/7
h) 1/2 + 1/4 + 1/8
i) 1/2 – 1/4 – 1/8
j) 4 – 3/10 + 1/5

E50) Efetue as seguintes operações com frações
a) 3 2/3 + 4 1/5 – 1/10
b) 5 1/2 + 1 1/3 – 2/5
c) 2 1/7 + 3 1/5
d) 5/3 – 3/5
e) 1 -1/2 + 1/4 – 1/8 + 1/16
f) 1 5/6 + 3 5/12 + 2 5/18 + 1/3

E51) Depois de percorrer a metade de um caminho, foram percorridos mais 100 metros, e restavam apenas 1/3 do caminho. Qual é o comprimento total deste caminho?

E52) Em um concurso, metade dos candidatos foram eliminados na primeira prova. Dos candidatos restantes, metade também foram eliminados. Restaram apenas 18 candidatos. Qual era o número inicial de candidatos?

E53) Para comprar um brinquedo, José conseguiu a metade do valor necessário com sua mãe. Sua avó contribuiu com 1/5 do valor total. José tinha R$ 10,00 seus, e ainda faltava 1/5 do valor total para completar o preço do brinquedo. Calcule o preço do brinquedo.

E54) Encontre a fração mais próxima de 4/7 cujo denominador seja 16.

Multiplicação de frações

Por incrível que pareça, a multiplicação é a operação menos trabalhosa com frações. Bata multiplicar os numeradores e multiplicar os denominadores. Antes de realizar as multiplicações, aproveite para fazer simplificações. Cada numerador pode ser simplificado com o seu próprio denominador ou com a fração vizinha.

Exemplo:
$$\frac{14}{15} \times \frac{25}{4} =$$

O 14 do primeiro numerador e o 4 do segundo denominador podem ser simplificados por 2 ("corta-corta por 2"). Ficamos com:
$$\frac{7}{15} \times \frac{25}{2} =$$

Agora o 25 do segundo numerador e o 15 do primeiro denominador podem ser simplificados por 5. Ficamos com:
$$\frac{7}{3} \times \frac{5}{2} = \frac{35}{6}$$

Fazendo as simplificações cruzadas antes multiplicar, ficaremos com números menores e mais fáceis de operar, caso existem mais cálculos no mesmo problema, por exemplo, em uma expressão envolvendo frações.

As simplificações só podem ser feitas quando são envolvidas apenas multiplicações. Um erro muito comum entre os estudantes desatentos é:

$$\frac{14}{15} + \frac{25}{4} = \frac{7}{3} + \frac{5}{2} \quad \text{Está ERRADO!}$$

Outro erro comum é:

$$\frac{14+25}{15+4} = \frac{7+5}{3+2} \quad \text{Está ERRADO!}$$

Simplificações não podem ser feitas quando envolvem adições ou subtrações. Somente podem ser feitas quando são números que se multiplicam e dividem, como nos exemplos apresentados. Vamos mostrar novamente os casos válidos de simplificações, usando letras:

1) Simplificamos por x o numerador e o denominador de uma fração:

$$\frac{a.x}{b.x} = \frac{a}{b}$$

2) Simplificamos por x o numerador de uma fração e o denominador de outra fração que estava sendo multiplicada.

$$\frac{a.x}{b.} \cdot \frac{c}{d.x} = \frac{a}{b.} \cdot \frac{c}{d}$$

Fração de fração

Frações também podem ser fracionadas. Veja este exemplo.
Exemplo:
Juquinha dividiu uma barra de chocolate com um amigo, cada um ficou com a metade. Foi para a sala de aula e quando ia começar a comer sua metade da barra, encontrou seus dois irmãos, e fez novamente a divisão do seu pedaço em três partes iguais. Qual fração da barra inicial Juquinha comeu?

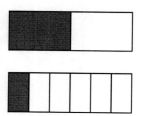

A figura acima mostra exatamente o que aconteceu. Inicialmente Juquinha ficou com 1/2 da barra original. DepoIs teve que dividir o que tinha em 3 partes, ficou com 1/3 de 1/2, ou seja, 1/6 da barra inicial.

Em matemática, a palavra "de" normalmente tem sentido de multiplicação. Então, 1/3 de 1/2 significa 1/3 x 1/2:

Capítulo 6 - FRAÇÕES

$$\frac{1}{3} \times \frac{1}{2} = \frac{1 \times 1}{6} = \frac{1}{6}$$

Exemplo:
Uma turma tem 30 alunos, dos quais 1/3 deles são meninos. Em um certo dia, 2/5 dos meninos faltaram. Quantos meninos compareceram?
Os meninos são 1/3 da turma, ou seja, 1/3 de 30:

$$\frac{1}{3} \times \frac{30}{1} = 10 \text{ meninos}$$

Se faltaram 2/5 dos meninos, faltaram 2/5 de 10:

$$\frac{2}{5} \times \frac{10}{1} = 4 \text{ alunos}$$

Então compareceram 6 meninos.

Multiplicação de uma fração e um número natural

Basta transformar o número em fração, colocando denominador 1.

Exemplo:

$$3 \times \frac{2}{5} = \frac{3}{1} \times \frac{2}{5} = \frac{6}{5}$$

Exemplo:
Uma sala de aula tem 40 alunos, sendo que 2/5 são meninos. Quantos são os meninos?
Basta multiplicar o número total de alunos pela fração correspondente aos meninos:

$$40 \times \frac{2}{5} = \frac{40}{1} \times \frac{2}{5} = 16$$

Exercícios

E55) Calcule os seguintes produtos de frações:

a) $\dfrac{2}{5} \times \dfrac{3}{8}$

b) $\dfrac{12}{7} \times \dfrac{4}{3}$

c) $\dfrac{7}{11} \times \dfrac{1}{2}$

d) $\dfrac{120}{72} \times \dfrac{91}{7}$

e) $\dfrac{18}{15} \times \dfrac{105}{14}$

f) $\dfrac{13}{23} \times \dfrac{46}{65}$

g) $\dfrac{3}{4} \times \dfrac{200}{33}$

h) $\dfrac{18}{25} \times \dfrac{35}{33} \times \dfrac{22}{15}$

228 MATEMÁTICA PARA VENCER

i) $\dfrac{1}{2} \times \dfrac{3}{4} \times \dfrac{5}{6}$

j) $\dfrac{12}{21} \times \dfrac{8}{65} \times \dfrac{24}{16} \times \dfrac{91}{75}$

E56) Calcule os seguintes produtos de frações, inteiros e números mistos:

a) $1\dfrac{1}{2} \times 4\dfrac{1}{3}$

b) $2\dfrac{4}{5} \times 3\dfrac{4}{7}$

c) $3\dfrac{2}{3} \times 1\dfrac{5}{22}$

d) $5\dfrac{3}{2} \times 1\dfrac{3}{7}$

e) $2\dfrac{11}{5} \times 1\dfrac{1}{14}$

f) $3\dfrac{3}{7} \times 2\dfrac{8}{3}$

E57) Calcule as seguintes frações de frações:
a) A metade de 3/4
b) A terça parte de 2/5
c) A quarta parte de 1 2/3
d) 2/3 de 4/5
e) 1/2 de 3 7/8
f) a metade de 1/3 de 7/8

E58) Calcule as frações dos números dados:
a) 2/3 de 360
b) 4/7 de 280
c) 1/3 de 22
d) A metade de 1/3 de 720
e) O triplo da metade de 7
f) Um quinto da metade de 33

E59) Em uma sala de aula, 2/5 dos alunos são meninos. Um certo dia, 1/7 dos meninos faltaram. Com os meninos presentes foi possível formar dois times de 6 alunos cada. Qual é o número total de alunos na turma?

E60) De um grupo de 420 pessoas, 3/7 são homens, destes, a metade são brasileiros, e destes, 4/15 torcem pelo Flamengo. Quantos são os homens brasileiros flamenguistas?

E61) Um homem rico faleceu e sua fortuna foi dividida em partes iguais, entre seus 5 filhos. Um deles dividiu sua parte em outras três partes. Uma dessas três partes foi distribuída entre seus 6 filhos. Que fração da fortuna total recebeu cada um dos seus 6 filhos?

E62) José leu 1/3 das páginas de um livro. No dia seguinte leu 2/5 das páginas que restaram. No outro dia leu a metade do que faltava, e no último dia leu 30 páginas e terminou o livro. Qual era o número total de páginas do livro?

Capítulo 6 - FRAÇÕES

Inverso ou recíproco

Toda fração que não tenha numerador 0 tem uma fração inversa correspondente. Também chamada de fração recíproca, é obtida trocando as posições do numerador com o denominador. Por exemplo, a fração inversa de 2/5 é 5/2. Isso também vale para os números naturais, por exemplo, o inverso de 5 é 1/5 (lembre-se que 5 é o mesmo que 5/1).

Uma propriedade interessante, apesar de óbvia, é que quando multiplicamos uma fração pela sua inversa, o resultado é 1. De fato,

$\frac{a}{b} \times \frac{b}{a} = 1$, para quaisquer números naturais a e b, exceto 0.

Divisão de frações

A divisão de frações é quase tão fácil quanto a multiplicação. Para dividir duas frações, basta multiplicar a primeira fração pela inversa da segunda.

Exemplo:
$$\frac{3}{5} \div \frac{7}{10} = \frac{3}{5} \times \frac{10}{7} = \frac{3}{1} \times \frac{2}{7} = \frac{6}{7}$$ (já simplificando o 10 e o 5 por 5).

Devemos sempre realizar as simplificações possíveis antes de multiplicar o resultado final.

Exemplo:
Uma sala de aula tem 40 alunos, sendo que 2/5 são meninos. Quantos são os meninos?
Basta multiplicar o número total de alunos pela fração correspondente aos meninos:
$$40 \times \frac{2}{5} = \frac{40}{1} \times \frac{2}{5} = 16$$
O problema inverso é tão fácil quanto este, apesar de não ser tão óbvio.

Exemplo:
Uma sala de aula tem 16 meninos, sendo que eles correspondem a 2/5 do total de alunos. Quanto é o total de alunos?
Nesse caso, dividimos o número parcial pela sua fração, e encontrarmos o número total:
$$16 \div \frac{2}{5} = \frac{16}{1} \times \frac{5}{2} = 40$$

Exemplo:
Em uma corrida, apenas 45 carros completaram o percurso, sendo que este número é 9/16 do número de carros que iniciaram a corrida. Quantos carros iniciaram a corrida?
Temos que dividir o número final de carros pela fração que isto representa.

$$45 \div \frac{9}{16} = \frac{45}{1} \times \frac{16}{9} = 80$$

Logo, 80 carros iniciaram a corrida.

Use essas duas relações para resolver esse tipo de problema:

Número parcial = Total x fração que representa o número parcial

Se o problema for para calcular o número total, use:

230   MATEMÁTICA PARA VENCER

Total = Número parcial ÷ Fração que isso representa

Porcentagem

Este é um assunto que será detalhado no capítulo 9, mas vamos introduzir rapidamente aqui o conceito de porcentagem. Uma porcentagem nada mais é que uma fração com denominador 100.

Exemplo:
Em uma turma de 50 alunos, 30% deles faltaram em um dia de chuva. Quantos alunos faltaram?

Basta lembrar que "por cento" significa "dividido por 100", e que "de" significa "multiplicado". Então:

$$30\% \text{ de } 50 = \frac{30}{100} \times 50$$

Em geral é possível simplificar a fração resultante da porcentagem. No nosso exemplo, 30/100 pode ser simplificado por 10, ficamos com 3/10. Então:

$$\frac{3}{10} \times \frac{50}{1} = 15 \text{, depois de simplificar 50 e 10 por 10.}$$

Exemplo:
Ao comprar um livro que custava R\$ 80,00, consegui que a livraria desse 20% de desconto. Quanto paguei?

O desconto é 20% de 80, ou seja:
$$\frac{20}{100} \times \frac{80}{1} = 16$$

Como o desconto foi de R\$ 16,00, paguei apenas R\$ 64,00.

Curioso é que as calculadoras eletrônicas mais baratas e simples, possuem apenas as quatro operações básicas, raiz quadrada e porcentagem. As calculadoras científicas mais avançadas muitas vezes não têm a tecla "%", pois todo mundo que conhece matemática sabe que a porcentagem nada mais é que uma multiplicação de fração.

Exemplo:
Em uma turma de 40 alunos, 15% levaram merenda para a escola. Quantos alunos levaram merenda?
Lembre-se que:
Número parcial = Total x fração que representa o número parcial

$40 \times 15/100 = 6$

Exemplo:
Em uma turma, 11 alunos erraram uma questão da prova, e isso correspondia a 22%. Qual é o número de alunos da turma?
Lembre-se que:
Total = Número parcial ÷ Fração que isso representa

Capítulo 6 - FRAÇÕES

231

Total = 11÷22/100 = 11 x 100/22 = 50

Frações decimais

A porcentagem nada mais é que uma fração decimal com denominador 100. É relativamente fácil trabalhar com frações decimais. No momento vamos ver como converter alguns números decimais para frações decimais. Todo número decimal pode ser dividido em duas partes: parte inteira e parte decimal. Por exemplo:

5,38 ➔ a parte inteira é 5, a parte decimal é 0,38

Para multiplicar um número decimal por 10, basta andar com a vírgula para a direita.
Exemplo: 5,38x10 = 53,8

Para multiplicar um número decimal por 101, basta andar com a vírgula duas casas para a direita.
Exemplo: 5,38x100 = 538,0 = 538

Da mesma forma, para dividir por 10 basta andar com a vírgula para a esquerda.
Exemplo: 45,3÷10 = 4,53

Exemplo: Converter o número decimal 0,4 em fração decimal
Números decimais como este podem ser transformados em fração decimal. Inicialmente formamos uma fração na qual o numerador é o número dado, e o denominador é 1. Depois multiplicamos o numerador e o denominador por 10, até que não sobre mais parte decimal.

$$0,4 = \frac{0,4}{1} = \frac{0,4 \times 10}{1 \times 10} = \frac{4}{10}$$

Ao encontrar uma fração contendo um número decimal no numerador ou denominador, podemos multiplicar ambos por 10, tantas vezes quanto for necessário para eliminar a parte decimal.

Exemplo: Transforme em fração decimal e simplifique 0,2

$$0,2 = \frac{0,2}{1} = \frac{2}{10} = \frac{1}{5}$$

Exemplo:
Transforme em fração ordinária: 1,1/0,8

$$\frac{1,1}{0,8} = \frac{1,1 \times 10}{0,8 \times 10} = \frac{11}{8}$$

Exercícios

E63) Calcule as porcentagens:
a) 30% de 20
b) 25% de 60
c) 15% de 40
d) 10% de 70
e) 35% de 80
f) 125% de 20
g) 12,5% de 40
h) 300% de 80
i) 80% de 14

232 MATEMÁTICA PARA VENCER

j) 75% de 20

E64) Calcule na forma de fração:
a) 12,5% de 4/7
b) 20% de 4/5
c) 40% de 18/5
d) 50% de 1/2
e) 3/5 de 30%
f) 70% de 30
g) 16% de 15/2
h) 2% de 150
i) 3% de 1000
j) 60% de 300

E65) Calcule o inverso de:
a) 2
b) 10
c) 3/5
d) 4/7
e) 1/6
f) 24/7
g) 2/9
h) 20
i) 1/7
j) 3/11

E66) Efetue as seguintes divisões:

a) $\dfrac{6}{7} \div \dfrac{12}{35}$

b) $\dfrac{12}{5} \div \dfrac{16}{65}$

c) $\dfrac{1}{3} \div \dfrac{4}{15}$

d) $3 \div \dfrac{4}{5}$

e) $15 \div \dfrac{3}{2}$

f) $\dfrac{16}{27} \div 12$

g) $\dfrac{15}{16} \div 8$

h) $2\dfrac{4}{5} \div 1\dfrac{3}{4}$

i) $2\dfrac{1}{7} \div \dfrac{3}{7}$

j) $3\dfrac{1}{2} \div \dfrac{1}{4}$

E67) Um copo cheio de suco equivale a 20% de 1 litro. Uma jarra tem 3/5 de 1 litro. Quantos copos podem ser cheios com esta quantidade de suco?

Capítulo 6 - FRAÇÕES
233

E68) Cinco irmãos recebem de mesada, juntos, R$ 300,00. Cada um deles guardou 2/5 de sua mesada durante 6 meses para comprar um videogame. Quanto custou o aparelho?

E69) Se somarmos 1 ao numerador e ao denominador da maior fração própria irredutível na qual o numerador e o denominador são menores que 10, esta operação equivale a multiplicar esta fração por qual outra fração?

E70) Quantas vezes a fração 3/5 cabe em 4 unidades?

E71) Em uma sala de aula, 3/5 dos alunos são meninos. 1/10 dos alunos da turma ficaram reprovados, e entre os reprovados, a metade são meninos. Qual é a fração dos meninos que ficaram reprovados, em relação ao número total de meninos?

E72) Por quanto devemos multiplicar a fração 3/5 para que o resultado seja a fração 7/2?

E73) Por quanto devemos multiplicar a fração 4/7 para que o resultado seja a fração $\dfrac{4+1}{7+1}$?

E74) Se uma hora são 60 minutos, quantos minutos são 1/2 hora mais 1/3 da hora?

E75) A soma de duas frações é 2. Uma delas é 3/5 da outra. Quais são essas frações?

E76) Um número, ao ser subtraído de 6, resulta em 3/5 deste número. Qual é o número?

E77) Quanto devo somar ao numerador da fração 5/7 para torná-la quatro vezes maior?

E78) A metade da minha idade, somada com 1/3 desta idade, é igual a 25 anos. Qual é a minha idade?

Propriedades das operações com frações

Vimos que várias propriedades são válidas para as operações aritméticas com números naturais: fechamento, elemento neutro, comutativa, associativa, distributiva. Cada propriedade para uma operação com números naturais é válida também para a mesma operação envolvendo frações. Estamos incluindo na categoria das frações, os números naturais, já que podem ser escritos na forma de frações aparentes (denominador 1).

Fechamento

- É válida para a adição, para quaisquer frações somadas

Exemplo:
a/b é fração, c/d é fração, então a/b + c/d é fração

- É válida para a subtração, desde que a segunda não seja maior que a primeira, o que resultaria em uma fração negativa.

Exemplo:
a/b – c/d é fração

- É válida para a multiplicação, quaisquer que sejam as frações

Exemplo:
(a/b) x (c/d) é fração

234   MATEMÁTICA PARA VENCER

- É válida para a divisão, exceto quando a segunda fração é 0

Exemplo:
(a/b) ÷ (c/d) é fração

Elemento neutro

- O número 0 é elemento neutro da adição de frações

Exemplo:
(a/b) + 0 = 0 + (a/b) = a/b

- O número 1 é elemento neutro da multiplicação de frações

Exemplo:
(a/b) x 1 = 1 x (a/b) = a/b

Comutativa

- A adição de frações é comutativa (a ordem das parcelas não altera a soma)

Exemplo:
a/b + c/d = c/d + a/b

- A multiplicação de frações é comutativa (a ordem dos fatores não altera o produto)

Exemplo:
(a/b) x (c/d) = (c/d) x (a/b)

Associativa

- A adição e a multiplicação de frações são associativas.

Exemplos:
a/b + c/d + e/f = (a/b + c/d) + e/f = a/b + (c/d + e/f)
(a/b).(c/d).(e/f) = [(a/b).(c/d)].(e/f) = (a/b).[(c/d).(e/f)]

Distributiva

- A multiplicação de frações é distributiva em relação à adição e subtração de frações

Exemplos:
(a/b).(c/d + e/f) = (a/b).(c/d) + (a/b).(e/f) = (c/d).(a/b) + (e/f).(a/b)
(a/b).(c/d - e/f) = (a/b).(c/d) - (a/b).(e/f) = (c/d).(a/b) - (e/f).(a/b)

A divisão só é distributiva à direita, em relação à adição e subtração de frações
Exemplos:
(c/d + e/f) ÷ a/b = (c/d)÷(a/b) + (e/f)÷(a/b)
(c/d - e/f) ÷ a/b = (c/d)÷(a/b) - (e/f)÷(a/b)

Expressões com frações

As expressões com frações são resolvidas exatamente da mesma forma como para números naturais. A diferença é que aparecerão adições, subtrações, multiplicações e divisões de

Capítulo 6 - FRAÇÕES

235

frações, e não só de números naturais. Seguimos as mesmas regras de precedência entre as operações (multiplicações e divisões são feitas antes das adições e subtrações, na ordem em que aparecem) e as mesmas regras para uso de parênteses, colchetes e chaves.

Exemplo:

$$\left[\left(\frac{4}{7}-\frac{1}{3}\right)\times\left(\frac{2}{5}+\frac{1}{8}\right)\right]\div\left(\frac{2}{3}-\frac{1}{5}\right)$$

Temos duas subtrações e uma adição entre parênteses, então devem ser feitas primeiro. Em cada uma delas, reduziremos as frações ao mesmo denominador. Serão denominadores 21, 40 e 15, respectivamente. Ficamos com:

$$\left[\left(\frac{4\times3}{7\times3}-\frac{1\times7}{3\times7}\right)\times\left(\frac{2\times8}{5\times8}+\frac{1\times5}{8\times5}\right)\right]\div\left(\frac{2\times5}{3\times5}-\frac{1\times3}{5\times3}\right)=$$

$$\left[\left(\frac{12-7}{21}\right)\times\left(\frac{16+5}{40}\right)\right]\div\left(\frac{10+3}{15}\right)=$$

$$\left[\frac{5}{21}\times\frac{21}{40}\right]\div\left(\frac{13}{15}\right)=$$

$$\frac{1}{8}\times\frac{15}{13}=\frac{15}{104}$$

Potência de uma fração

Frações também podem ser elevadas ao quadrado, ao cubo, etc. Usamos as mesmas regras que se aplicam para números naturais.

Exemplo: Calcule $\left(\frac{2}{5}\right)^{3}$

$$\left(\frac{2}{5}\right)^{3}=\left(\frac{2}{5}\right)\times\left(\frac{2}{5}\right)\times\left(\frac{2}{5}\right)=\frac{2\times2\times2}{5\times5\times5}=\frac{2^{3}}{5^{3}}=\frac{8}{125}$$

Para elevar uma fração a um expoente, basta elevar o numerador e o denominador a este expoente. Valem as mesmas regras dos números naturais para os expoentes 0 e 1:

- Qualquer fração não nula, elevada a 0, é igual a 1
- Qualquer fração elevada a 1 é igual à própria fração.

Exercícios

E79) Resolva as seguintes expressões:

a) $\left(\frac{8}{3}+\frac{1}{2}\right)\times\left(\frac{1}{5}-\frac{1}{6}\right)$

b) $\left(\dfrac{2}{3}-\dfrac{2}{5}\right)\div\left(\dfrac{1}{5}+\dfrac{3}{8}\right)$

c) $\left(\dfrac{4}{5}-\dfrac{3}{4}\right)\times\left(\dfrac{2}{7}+\dfrac{1}{3}\right)$

d) $\left(\dfrac{5}{7}-\dfrac{1}{3}\right)\times\left(\dfrac{1}{3}+\dfrac{2}{7}\right)$

e) $\left(\dfrac{2}{3}-\dfrac{1}{2}\right)\times\left(\dfrac{4}{5}+\dfrac{1}{6}\right)$

f) $\left(\dfrac{3}{4}-\dfrac{1}{3}\right)\div\left(\dfrac{2}{5}+\dfrac{4}{3}\right)$

g) $\left(2\dfrac{8}{3}+1\dfrac{1}{2}\right)\times\left(2\dfrac{1}{5}-1\dfrac{1}{6}\right)$

h) $\left(2\dfrac{2}{3}-1\dfrac{2}{5}\right)\div\left(\dfrac{1}{5}+1\right)$

i) $\left(2-\dfrac{3}{4}\right)\times\left(1+\dfrac{1}{3}\right)$

j) $\left(5-\dfrac{1}{3}\right)\times\left(4+\dfrac{1}{7}\right)$

E80) Resolva as seguintes expressões:

a) $\left[\left(\dfrac{3}{5}-\dfrac{2}{7}\right)\times\left(\dfrac{3}{4}+\dfrac{1}{8}\right)\right]\div\left(\dfrac{5}{2}-\dfrac{2}{5}\right)$

b) $\left[\dfrac{2}{3}\times\left(\dfrac{1}{3}+\dfrac{1}{8}\right)+\left(\dfrac{5}{4}\div\dfrac{9}{2}\right)\right]\div\left(\dfrac{4}{7}-\dfrac{1}{2}\right)$

c) $\left[\left(1-\dfrac{1}{2}\times\dfrac{1}{3}\right)\times\left(\dfrac{2}{3}\div\dfrac{4}{3}\right)\right]\div\left(\dfrac{2}{3}+\dfrac{1}{4}\right)$

d) $\left[\left(\dfrac{2}{5}-\dfrac{1}{7}\right)\div\left(\dfrac{1}{4}+\dfrac{1}{8}\right)-\left(\dfrac{1}{5}-\dfrac{1}{7}\right)\right]\div\left(\dfrac{7}{2}-\dfrac{1}{5}\right)$

e) $\left(\dfrac{1}{4}+\dfrac{1}{8}\right)\times\left[\left(\dfrac{1}{5}-\dfrac{1}{7}\right)+\left(\dfrac{2}{3}+\dfrac{1}{5}\right)\right]\div\left[\left(\dfrac{3}{5}-\dfrac{2}{7}\right)\times\left(\dfrac{3}{4}+\dfrac{3}{8}\right)-\left(\dfrac{1}{7}+\dfrac{1}{8}\right)\right]$

E81) Resolva as seguintes expressões:

Capítulo 6 - FRAÇÕES

a) $\left(\dfrac{2}{3} + \left(\dfrac{1}{2} \right)^2 \right) \div \left(\dfrac{1}{2} - \left(\dfrac{1}{3} \right)^2 \right)$

b) $\left(\dfrac{1}{3} - \dfrac{1}{5} \right)^2 \times \left(\left(\dfrac{1}{2} \right)^2 + \dfrac{3}{8} \right)$

Tipos clássicos de problemas com frações

Para resolver uma expressão, o aluno só precisa saber fazer os cálculos. Mas para resolver um problema o aluno precisa ler, interpretar e descobrir quais cálculos vai ter que armar para chegar à solução. Vamos apresentar alguns tipos de problemas e os cálculos que devem ser armados.

Calcule 2/5 de tanto

Este é um dos tipos mais simples de problemas com fração. Para calcular uma fração de um valor, lembremos que o "de" significa "multiplicado por". Então basta multiplicar o número dado pela fração.

Exemplo: Calcule 2/7 de 56

$56 \times \dfrac{2}{7} = 16$

Usou 2/5 do total, então sobraram...

Depois de usar uma fração do total, o problema pede qual fração do total ainda resta. Basta calcular 1 menos a fração dada.

Exemplo: Depois de gastar 1/5 do meu dinheiro, quanto sobra do valor inicial?

$1 - \dfrac{1}{5} = \dfrac{4}{5}$ do valor inicial

Usou 2/5 do total, mais 1/3 do total...

Foi usada uma fração do total, mas outra fração também do total. Podemos somar as duas frações para saber a fração do total que foi usada.

Exemplo: Gastei no primeiro dia, 2/5 do meu salário, e no segundo dia, mais 1/3 do salário.

$\dfrac{2}{5} + \dfrac{1}{3} = \dfrac{11}{15}$

Para saber quanto ainda resta, basta calcular 1 menos a fração usada. No caso, 1-11/15 = 4/15

Usou 2/5 do total, mais 1/3 do restante

Este tipo de problema é completamente diferentes, e muitos estudantes acabam errando. Note que na segunda vez não foi usado 1/3 do total, e sim, 1/3 do restante. Não podemos somar diretamente 2/5 + 1/3. É preciso primeiro calcular a fração restante, para depois multiplicar por 1/3.

Exemplo:
Gastei na padaria 2/5 do dinheiro, e na farmácia, 1/3 do que restou.
Quanto restou: 1-2/5 = 3/5
1/3 do que restou = (3/5) x (1/3) = 1/5

Então o gasto total é:

$$\frac{2}{5}+\frac{3}{5}\times\frac{1}{3}=\frac{2}{5}+\frac{1}{5}=\frac{3}{5}$$

Se 3/7 do total vale tanto, calcule o total

Nesse tipo de problema, para saber o total basta dividir o número pela fração.

Exemplo: Se 3/7 da turma são 15 alunos, quantos alunos tem a turma?

$$15 \div \frac{3}{7} = 35$$

Se 15% do total vale tanto, calcule o total

Este problema é idêntico ao anterior, exceto pela fração ser dada na forma de porcentagem. Inicialmente transformamos a porcentagem em fração, depois dividimos o valor dado pela fração, resultando no total.

Exemplo: Se 20% da turma são 12 alunos, quantos alunos tem a turma?
20% = 20/100 = 1/5

$$12 \div \frac{1}{5} = 60$$

Se gastei 10% sobraram...

Para saber quanto sobrou, basta calcular quanto falta para chegar a 100%

Exemplo: Se gastei 30% do que tinha, com quanto fiquei?
Restaram 100%-30% = 70% do que tinha. Isso equivale a 7/10 do número inicial.

O valor foi aumentado de 20%...

Aumentar uma porcentagem é o mesmo que multiplicar por uma fração. Esta fração é igual à unidade mais a fração que corresponde à unidade.

Exemplo: Aumentar 20% é o mesmo que multiplicar por quanto?
20% = 20/100 = 1/5
Aumentar 20% é o mesmo que multiplicar por (1+1/5) = 6/5
Então somar 20% é o mesmo que multiplicar por 6/5

Exemplo: Aumentar 50% é o mesmo que multiplicar por quanto?
50% = 50/100 = 1/2
Aumentar 50% é o mesmo que multiplicar por (1+1/2) = 3/2
Então somar 50% é o mesmo que multiplicar por 3/2

Exemplo: Aumentar 100% é o mesmo que multiplicar por quanto?
100% = 100/100 = 1
Aumentar 100% é o mesmo que multiplicar por (1+1) = 2
Então somar 100% é o mesmo que multiplicar por 2

Exemplo: Aumentar 200% é o mesmo que multiplicar por quanto?
200% = 200/100 = 2
Aumentar 200% é o mesmo que multiplicar por (1+2) = 3
Então somar 200% é o mesmo que multiplicar por 3

Capítulo 6 - FRAÇÕES

Desconto de 10%...

Para saber o que acontece com um número depois de um desconto em porcentagem, calcule a porcentagem que falta para chegar a 100% e transforme esta porcentagem em fração. O resultado é que o valor original ficará multiplicado por esta fração.

Exemplo: Dar um desconto de 10% é o mesmo que multiplicar por qual fração?
Depois do desconto de 10%, restarão 90% do valor inicial, ou seja, 9/10 do valor inicial.
Então aplicar um desconto de 10% é o mesmo que multiplicar por 9/10.

Exemplo: Dar um desconto de 50% é o mesmo que multiplicar por qual fração?
Depois de descontar 50%, sobrarão 50% do valor inicial, ou seja, 50/100 = 1/2 do valor inicial.
Então dar um desconto de 50% é o mesmo que multiplicar o número por 1/2, ou seja, dividir por 2.

O desconto máximo que pode ser dado é 100%, ou seja, o valor inicial é reduzido a zero. Não existem descontos maiores que 100%, apesar de encontrarmos na vida cotidiana, inconsistências como "reduziu 200%" e outras.

Aumentou 10% e depois mais 20%

A maioria das pessoas se engana aqui, e considera que um aumento de 10%, mais um aumento de 20%, equivale a um aumento de 30%. Não é assim que isso é calculado. As porcentagens não são somadas assim. O problema é que o segundo aumento não é sobre o número inicial, e sim, sobre o número já aumentado devido ao primeiro aumento. Temos que resolver isso de forma multiplicativa.

Exemplo: O preço da carne no açougue aumentou 10% em Janeiro, depois mais 20% em fevereiro. De quanto foi o aumento total?
O primeiro aumento multiplicou o preço por 11/10. O segundo aumento aumentou o preço por 12/10. Com as duas multiplicações, o preço inicial acabou sendo multiplicado por:

$$\frac{11}{10} \times \frac{12}{10} = \frac{132}{100}$$

Ficando multiplicado por 132/100, o aumento resultante foi de 32%.

Exemplo: Ganhei um aumento de salário de 50%, depois outro de 40%. De quanto foi o aumento total?

$$\frac{15}{10} \times \frac{14}{10} = \frac{210}{100}$$

O aumento total foi de 110%

Este princípio multiplicativo também se aplica para misturas de aumentos com descontos.

Exemplo: O preço do feijão aumentou 30%, depois diminuiu 30%. Ao final, o preço aumentou ou diminuiu, e qual foi a porcentagem?

$$\frac{7}{10} \times \frac{13}{10} = \frac{91}{100}$$

O preço acabou ficando menor, somente 91% do inicial, o que corresponde a uma redução de 9%.

240 MATEMÁTICA PARA VENCER

Tenho 3/5 do que você tem

Para resolver este problema, não importa o que for pedido, podemos chamar o que tenho e o que você tem de:

Você: x Eu: $\dfrac{3}{5}x$

Funciona, mas o problema vai resultar em uma expressão com frações, o que sempre mais trabalhoso que uma expressão sem frações. Nesse caso, é melhor usar:

Você: $5x$ Eu: $3x$

Ficaremos com uma expressão sem frações, de cálculo mais simples. Não esqueça que no final, o valor de x encontrado não é o que o problema pede, precisamos ainda calcular o que o problema está pedindo de acordo com o x encontrado.

Se um copo tem 3/8 da jarra...

Para encontrar o valor do todo, dividimos o valor da parte pela fração da parte.
Exemplo: Um copo tem 180 ml, e isto equivale a 2/15 do volume de uma jarra. Qual é o volume da jarra?

$$180 \div \frac{2}{15} = 1350$$

Esta jarra tem então, 1350 ml

Ao multiplicar por 5/3 aumentou 10 unidades...

Quando multiplicamos um número por uma fração imprópria, o seu aumento será correspondente a quanto esta fração excede a unidade.

Exemplo: Ao multiplicarmos um número por 5/3, aumentou 10 unidades. Qual é este número? O aumento é 2/3 do número (5/3 é o mesmo que 1 + 2/3). Se 2/3 do número é 10, o número vale:

$$10 \div \frac{2}{3} = 15$$

Ao multiplicar por 2/5 reduziu 30 unidades...

Quando um número é multiplicado por uma fração própria, ficará menor. A redução corresponde a quanto falta a esta fração para chegar à unidade.

Exemplo: Ao multiplicarmos um número por 2/5, ele diminuiu 30 unidades. Que número é esse?
A redução é 1-2/5 = 3/5 do total. Então 3/5 do número são 30 unidades. O número é:

$$30 \div \frac{3}{5} = 50$$

Exercícios

E82) Qual das afirmativas abaixo é falsa?
(A) Frações equivalentes representam o mesmo número racional.
(B) Todo número misto é igual a uma fração imprópria.
(C) Uma fração que não é decimal é chamada *fração ordinária*.
(D) O numerador de uma fração nunca pode ser 0.
(E) Numa fração irredutível, o numerador e o denominador são primos entre si.

Capítulo 6 - FRAÇÕES 241

E83) Qual das afirmativas abaixo é falsa?
(A) A fração cujo denominador é uma potência de 10 é chamada fração decimal.
(B) Fração própria é aquela menor que a unidade
(C) O denominador de uma fração nunca pode ser 0.
(D) A divisão frações é uma operação distributiva em relação à adição
(E) Nas frações impróprias, o numerador é menor ou igual ao denominador

E84) Resolva:

$$\frac{2\frac{2}{5}\times\frac{4}{7}}{1\frac{3}{2}+\frac{4}{5}}\times\left[2\frac{1}{2}\times\left(1\frac{1}{2}-\frac{3}{4}\right)\right]\times\left[2\frac{1}{4}+\left(1\frac{1}{3}-\frac{2}{9}\right)\right]=$$

E85) Resolva:

$$\frac{2\frac{1}{5}\div\frac{1}{3}}{2\frac{3}{5}+\frac{1}{3}}\div\frac{1\frac{1}{3}\times\left(2\frac{1}{4}-\frac{1}{3}\right)}{3\frac{1}{5}+\left(2\frac{3}{4}-\frac{1}{3}\right)}=$$

E86) Uma peça de fazenda, depois de molhada, encolheu 3/14 do seu comprimento, ficando com 33 metros. Quantos metros tinha a peça e qual foi o seu custo, sabendo que o metro da fazenda valia R$ 7,00?

E87) Numa cesta havia laranjas. Deu-se 2/5 a uma pessoa, a terça parte do resto a outra pessoa e ainda restaram 10 laranjas. Quantas laranjas havia na cesta?

E88) A soma da metade com a terça parte da quantia que tem uma pessoa é R$ 15,00. Quanto tem esta pessoa?

E89) Achar as frações próprias e irredutíveis de tal forma que o produto dos seus termos seja 84.

E90) Determinar a fração equivalente a 7/15 cuja soma dos termos é 198.

E91) Um excursionista fez uma viagem de 360 km. Os 3/4 do percurso foram feitos de trem, 1/8 a cavalo e o resto de automóvel. Quantos km andou o automóvel e que fração representa da viagem total?

E92) Paulo e Antônio têm juntos R$ 123,00. Paulo gastou 2/5 e Antônio 3/7 do que possuíam, ficando com quantias iguais. Quanto possuía cada um?

E93) Dividir um número por 0,0625 equivale a multiplicá-lo por quanto?
a) 6,25 b) 1,6   c) 1/16   d) 16   e) 625/100

E94) Os 3/5 mais 1/8 de uma peça de fazenda somados medem 58 metros. Calcule o comprimento da peça.

E95) Gastei 2/5 e depois 1/3 do que possuía, ficando ainda com R$ 12,00. Quanto eu possuía?

E96) A diferença entre 2/3 e 2/5 de um número é 16. Qual é o número?

242   MATEMÁTICA PARA VENCER

E97) Divida a quantia de R$ 84,00 em três partes, de forma que a segunda seja o dobro da primeira e a metade da terceira.

E98) Quanto devemos subtrair de 3/4 para obter a metade de 1/5?

E99) Coloque as frações em ordem crescente:
1/2, 2/3, 4/5, 10/9, 3/5, 7/15.

E100) (CM) Simplificando a fração $\dfrac{1003+1003+1003}{1003+1003}$ temos:

(A) Um inteiro e cinco décimos
(B) Dois terços
(C) Dois inteiros e um terço
(D) Três inteiros e um meio
(D) Seis meios

E101) Oribogonto deseja tornar a fração 3/28 quatro vezes maior. Que número ele deve subtrair do atual denominador para conseguir a fração procurada, sendo a mesma irredutível?

(A) 4   (B) 13   (C) 16   (D) 20   (E) 21

E102) Calcule

a) $\dfrac{6\times12\times18\times24\times30\times36\times42\times48\times54}{10\times16\times12\times2\times14\times6\times18\times8\times4}$

b) $\left(\dfrac{3}{4}+\dfrac{1}{2}\right)\div1\dfrac{1}{4}$

c) $\left[3^{4}\times\left(\dfrac{1}{3}\right)^{2}\right]^{5}$

d) $15^{2}-\left(\dfrac{15+15}{15}\right)^{0}+\left(\dfrac{2\times1500+15}{15}\right)$

e) $\left(1+\dfrac{1}{2}\right)^{2}\div\dfrac{3}{4}-\dfrac{2}{3}\times\left(1-\dfrac{1}{4}\right)$

f) $0,6.\dfrac{1}{3}+\dfrac{4}{5}+\dfrac{\dfrac{3}{9}.3}{2-1,98}+5^{0}$

g) $\left\{\left[\left(\dfrac{12}{12}\right)^{2}+\dfrac{5}{12}\right]-\left[\dfrac{13}{36}-\left(\dfrac{1}{2}-\dfrac{1}{3}\right)\right]\right\}+\dfrac{1}{12}$

Capítulo 6 - FRAÇÕES

h) $\left[\left(2+\dfrac{7}{21}\right)\times\dfrac{3}{5}+0,4\times\dfrac{1}{0,8}\right]\times10-0,3$

i) $\dfrac{\left[\left(\dfrac{1}{8}+0,4\right)\div\left(\dfrac{1}{5}+0,2-\dfrac{3}{15}\right)\right]\div(1,5)^3}{4,684+2,316-\dfrac{5+0,1}{\dfrac{56}{18}\times\dfrac{36}{64}\div\dfrac{35}{16}}}$

j) $\dfrac{\left(7+\dfrac{1}{2}\right)\div\left(2-\dfrac{1}{3}\right)+\dfrac{1}{4}}{\dfrac{1}{4}\times\left(5-\dfrac{7}{2}\right)+\dfrac{15}{7}}$

k) $\dfrac{\dfrac{1}{3}\times\left(\dfrac{4}{5}+\dfrac{2}{10}\right)-\dfrac{\left(\dfrac{1}{2}\right)^2}{\left(\dfrac{6}{4}-\dfrac{1}{2}\right)^2}}{\left(\dfrac{3}{2}+\dfrac{2}{3}\right)\times\left(1-\dfrac{7}{13}\right)+\left(\dfrac{5}{4}-\dfrac{1}{3}\right)}$

O problema das torneiras

Este é um problema clássico que, quando aparece em provas, normalmente a maioria dos alunos erram. Pode aparecer em várias modalidades, por exemplo:

a) Uma torneira enche um tanque em 20 minutos, uma segunda torneira enche o mesmo tanque em 30 minutos. Em quanto tempo, as duas torneiras juntas, encherão o tanque?

b) Um pedreiro constrói um muro em 5 dias, um outro é capaz de fazer o mesmo trabalho em 10 dias. Em quanto tempo, os dois trabalhando juntos, construirão o muro?

c) A quantidade de água em um reservatório é suficiente para alimentar um boi durante 8 duas. Um porco bebe a mesma água em 10 dias. Quantos dias poderão o boi e o porco, juntos, beber a da água existente?

Note que os problemas são bem parecidos. Todos eles podem ser resolvidos através de frações. Vamos exemplificar o método de resolução através do problema A acima.

Torneira 1 enche o tanque em 20 minutos ➜ a cada minuto enche 1/20 do tanque
Torneira 2 enche o tanque em 30 minutos ➜ a cada minuto enche 1/30 do tanque

Então as duas torneiras juntas encherão a cada minuto, um total de 1/20 + 1/30 da capacidade do tanque.

1/20 + 1/30 = 3/60 + 2/60 = 5/60 = 1/12

244 MATEMÁTICA PARA VENCER

Portanto as duas torneiras juntas enchem, a cada minuto, 1/12 da capacidade do tanque. Se invertermos esta fração encontraremos o tempo em que as duas torneiras juntas enchem o tanque, o que resultará em 12 minutos.

Outro exemplo:
Suponha que além das duas torneiras do problema acima, exista ainda um ralo que foi deixado acidentalmente aberto, capaz de esvaziar o tanque em 60 minutos.

Nesse caso temos então:
Torneira 1 enche o tanque em 20 minutos ➔ a cada minuto enche 1/20 do tanque
Torneira 2 enche o tanque em 30 minutos ➔ a cada minuto enche 1/30 do tanque
Ralo esvazia o tanque em 60 minutos ➔ a cada minuto esvazia 1/60 do tanque

As duas torneiras mais o ralo juntos, encherão a cada minuto, a seguinte fração do tanque:

1/20 + 1/30 − 1/60

A parcela relativa ao ralo entra subtraída, pois representa a quantidade reduzida na água do tanque, e não somada. Ficamos então com:

1/20 + 1/30 − 1/60 = 3/60 + 2/60 - 1/60 = 4/60 = 1/15

Invertendo essa fração, encontraremos o tempo para o tanque encher: 15 minutos.

Este mesmo método serve para resolver todos os problemas desse tipo:

a) Calculamos o inverso dos tempos de cada torneira. Ralos que esvaziam entram com sinal negativo.

b) Somamos todas essas frações, e subtraímos a fração correspondente a ralos, vazamentos, etc.

c) Depois de somar e simplificar, achamos o inverso da fração resultante. Este será o tempo para o tanque encher.

Questões resolvidas

Q1) (CM) Simplificando a expressão $\left(\dfrac{9}{10}\right)^7 \times \left(\dfrac{4}{3}\right)^9 \times \left(\dfrac{3}{5}\right)^6 \times \left(\dfrac{5}{6}\right)^{11}$ temos:

(A) $\dfrac{6}{5}$

(B) $\dfrac{1}{9}$

(C) $\dfrac{1}{25}$

(D) $\dfrac{2}{3}$

(E) $\dfrac{5}{2}$

Solução:
Trocando 9 por 3x3, 4 por 2x2, 10 por 2x5 e 6 por 2x3, com:

Capítulo 6 - FRAÇÕES 245

$$\left(\frac{3.3.3.3.3.3.3.3.3.3.3.3.3}{2.2.2.2.2.2.2.5.5.5.5.5.5.5}\right)\times\left(\frac{2.2.2.2.2.2.2.2.2.2.2.2.2.2.2.2.2.2}{3.3.3.3.3.3.3.3.3.3}\right)\times\left(\frac{3.3.3.3.3.3}{5.5.5.5.5.5}\right)\times\left(\frac{5.5.5.5.5.5.5.5.5.5.5}{2.2.2.2.2.2.2.2.2.2.3.3.3.3.3.3.3.3.3.3}\right)$$

Todos os fatores 3 serão cancelados. Todos os fatores 2 serão cancelados. 11 fatores 5 do numerador serão cancelados com 11 dos 13 fatores 5 do denominador, sobrará apenas 5x5 no denominador, resultando em 1/(5x5)

Resposta: (C) 1/25

Q2) (CM) Um aluno ao resolver a operação 9/20 – 10/28 encontrou 2/35 como resposta e errou o resultado. A diferença entre a resposta certa e a errada é:

(A) 2/35
(B) 1/28
(C) 13/140
(D) 1/20
(E) 1/8

Solução:

$$\frac{9}{20}-\frac{10}{28}=\frac{63}{140}-\frac{50}{140}=\frac{13}{140}$$

$$\frac{13}{140}-\frac{2}{35}=\frac{13}{140}-\frac{8}{140}=\frac{5}{140}=\frac{1}{28}$$

Resposta: (B) 1/28

Q3) (CM) A fração equivalente a 6/4 e cuja soma de seus termos é 25 é igual a:

(A) 12/13
(B) 10/15
(C) 2 1/8
(D) 7/18
(E) 15/10

Solução:
$$\frac{6}{4}=\frac{3}{2}=\frac{3.a}{2.a}$$

2.a + 3.a = 25
5.a = 25
a=5

A fração é então, (3x5)/(2x5) = 15/10

Resposta: (E) 15/10

Q4) (CM) Um atacadista possui 2600 sacas de arroz. Vendeu ao primeiro freguês 4/13 dessas sacas. Do que sobrou, vendeu 1/3 ao segundo freguês e, ao terceiro freguês, vendeu 3/10 da quantidade restante. Quantas sacas sobraram?

(A) 780   (B) 850   (C) 800   (D) 840   (E) 750

Solução:
Vendeu 4/13 de 2600. Como o "de" significa "vezes", temos:

$$\frac{4}{13}\times 2600 = \frac{4}{13}\times\frac{2600}{1}=\frac{4}{1}\times\frac{200}{1}=800$$

Sobraram 2600 – 800 = 1800
Vendeu 1/3 do que sobrou a um segundo freguês:

$$\frac{1}{3}\times 1800 = 600$$

Sobraram 1800 – 600 = 1200
Vendeu a um terceiro freguês, 3/10 de 1200.

$$\frac{3}{10}\times 1200 = 360$$

Sobraram 1200 – 360 = 840

Resposta: (D) 840

Q5) (CM) Qual fração cujo denominador é 24 e é maior que 2/3 e menor que 3/4?

(A) 17/24   (B) 15/24   (C) 13/24   (D) 19/24   (E) 21/24

Solução:
Para permitir a comparação, reduziremos 2/3 e 3/4 e X/24 ao mesmo denominador, que no caso é 24, o MMC entre 3, 4 e 24.

$$\frac{2}{3}=\frac{2\times 8}{3\times 8}=\frac{16}{24}, \text{ e } \frac{3}{4}=\frac{3\times 6}{4\times 6}=\frac{18}{24}$$

A fração pedida tem o numerador entre 16 e 18, ou seja, 17.

Resposta: (A) 17/24

Q6) (CM) O resultado da expressão numérica abaixo é um número:

$$\frac{\dfrac{1}{3}\times\left(\dfrac{4}{5}+\dfrac{2}{10}\right)-\dfrac{\left(\dfrac{1}{2}\right)^2}{\left(\dfrac{6}{4}-\dfrac{1}{2}\right)^2}}{\left(\dfrac{3}{2}+\dfrac{2}{3}\right)\times\left(1-\dfrac{7}{13}\right)+\left(\dfrac{5}{4}-\dfrac{1}{3}\right)}$$

(A) Natural
(B) Primo
(C) Menor que 1
(D) Ímpar
(E) Maior que 1/2

Capítulo 6 - FRAÇÕES 247

Solução:

$$\frac{\dfrac{1}{3}\times\left(\dfrac{4}{5}+\dfrac{2}{10}\right)-\dfrac{\left(\dfrac{1}{2}\right)^2}{\left(\dfrac{6}{4}-\dfrac{1}{2}\right)^2}}{\left(\dfrac{3}{2}+\dfrac{2}{3}\right)\times\left(1-\dfrac{7}{13}\right)+\left(\dfrac{5}{4}-\dfrac{1}{3}\right)}=\frac{\dfrac{1}{3}\times(1)-\dfrac{\left(\dfrac{1}{4}\right)}{(1)^2}}{\left(\dfrac{13}{6}\right)\times\left(\dfrac{6}{13}\right)+\left(\dfrac{15}{12}-\dfrac{4}{12}\right)}=\frac{\dfrac{1}{3}-\dfrac{1}{4}}{1+\left(\dfrac{11}{12}\right)}=\frac{\dfrac{1}{12}}{\dfrac{23}{12}}=\frac{1}{12}\times\frac{12}{23}=\frac{1}{23}$$

Resposta: (C) Menor que 1

Q7) (CM) Uma empresa contrata funcionários através de um teste. Uma das etapas desse teste é a resolução da expressão abaixo:

$$\frac{\left(\dfrac{1}{4}+\dfrac{2}{5}\right)\times\left(\dfrac{56}{9}\times\dfrac{36}{169}\div\dfrac{14}{13}\right)}{\dfrac{5}{7}-\dfrac{\dfrac{4}{7}+\dfrac{3}{8}-\dfrac{3}{4}}{1,1\div0,8}}$$

O candidato que consegue resolver essa expressão recebe, em pontos, o quíntuplo do valor encontrado. A quantidade de pontos obtida pelo candidato, nesta etapa, ao resolver corretamente a expressão, é igual a:

(A) 6   (B) 7   (C) 8   (D) 9   (E) 10

Solução:

$$\frac{\left(\dfrac{1}{4}+\dfrac{2}{5}\right)\times\left(\dfrac{56}{9}\times\dfrac{36}{169}\div\dfrac{14}{13}\right)}{\dfrac{5}{7}-\dfrac{\dfrac{4}{7}+\dfrac{3}{8}-\dfrac{3}{4}}{1,1\div0,8}}=\frac{\left(\dfrac{13}{20}\right)\times\left(\dfrac{56}{9}\times\dfrac{36}{169}\times\dfrac{13}{14}\right)}{\dfrac{5}{7}-\dfrac{\dfrac{32}{56}+\dfrac{21}{56}-\dfrac{42}{56}}{\dfrac{11}{8}}}=\frac{\left(\dfrac{13}{20}\right)\times\dfrac{4}{1}\times\dfrac{4}{13}\times\dfrac{1}{1}}{\dfrac{5}{7}-\dfrac{\dfrac{11}{56}}{\dfrac{11}{8}}}=$$

$$=\frac{\dfrac{4}{5}}{\dfrac{5}{7}-\dfrac{\dfrac{56}{11}}{\dfrac{11}{8}}}=\frac{\dfrac{4}{5}}{\dfrac{5}{7}-\dfrac{11}{56}\times\dfrac{8}{11}}=\frac{\dfrac{4}{5}}{\dfrac{5}{7}-\dfrac{1}{7}}=\frac{\dfrac{4}{5}}{\dfrac{4}{7}}=\frac{4}{5}\times\frac{7}{4}=\frac{7}{5}$$

O número de pontos recebidos é o quíntuplo do valor da expressão, ou seja, 5 x 7/5 = 7

Resposta: (B) 7

Q8) (CM) O valor da expressão numérica $\dfrac{\left(7+\dfrac{1}{2}\right)\div\left(2-\dfrac{1}{3}\right)+\dfrac{1}{4}}{\dfrac{1}{4}\times\left(5-\dfrac{7}{2}\right)+\dfrac{15}{7}}$, multiplicado pelo inverso

do valor de $\left(\dfrac{111}{23}-4\right)\div\dfrac{141}{23}$, tem como resultado um número natural que, elevado à quarta potência, é igual a:

248   MATEMÁTICA PARA VENCER

(A) 38416   (B) 285376   (C) 2744   (D) 56   (E) 1320

Solução:

$$\frac{\left(7+\frac{1}{2}\right)\div\left(2-\frac{1}{3}\right)+\frac{1}{4}}{\frac{1}{4}\times\left(5-\frac{7}{2}\right)+\frac{15}{7}}=\frac{\left(\frac{15}{2}\right)\div\left(\frac{5}{3}\right)+\frac{1}{4}}{\frac{1}{4}\times\left(\frac{3}{2}\right)+\frac{15}{7}}=\frac{\left(\frac{15}{2}\right)\times\left(\frac{3}{5}\right)+\frac{1}{4}}{\frac{3}{8}+\frac{15}{7}}=\frac{\frac{9}{2}+\frac{1}{4}}{\frac{21}{56}+\frac{120}{56}}=\frac{\frac{19}{4}}{\frac{141}{56}}=\frac{19}{4}\times\frac{56}{141}=\frac{19\times14}{141}$$

Deixaremos a expressão acima indicada, sem efetuar as multiplicações, pois ainda vamos operá-la com a segunda expressão

$$\left(\frac{111}{23}-4\right)\div\frac{141}{23}=\left(\frac{111}{23}-\frac{92}{23}\right)\times\frac{23}{141}=\frac{19}{23}\times\frac{23}{141}=\frac{19}{141}$$

Agora multiplicamos a primeira expressão pelo inverso do valor da segunda, ficando com:

$$\frac{19\times14}{141}\times\frac{141}{19}=14$$

Finalmente elevamos este resultado à quarta potência
14x14x14x14 = 196x196 = 38.416

Resposta: (A) 38.416

Q9) (CM) Juliana comprou um pacote de balas e separou, para ela, 2/9 dessas balas. O restante, distribuiu entre os meninos de sua turma. Os meninos ficaram com 3/5 da quantidade distribuída e cada uma das 12 meninas recebeu 14 balas. Então, Juliana ficou com:

(A) 90 balas   (B) 60 balas   (C) 315 balas   (D) 120 balas   (E) 168 balas

Solução:
Juliana separou para ela, 2/9 das balas ➜ restaram 1-2/9 = 7/9 das balas para os colegas
Os meninos ficaram com 3/5 das balas distribuídas, as meninas ficaram com o resto = 1-3/5 = 2/5 das balas que restaram.

Então as meninas ficaram com 2/5 do restante, mas o restante era 7/9 do total. Portanto as meninas ficaram com:

$\frac{2}{5}\,de\,\frac{7}{9}$ do total, ou seja, $\frac{2}{5}\times\frac{7}{9}=\frac{14}{45}$ do total.

O problema diz ainda que cada uma das 12 meninas recebeu 14 balas, então o número total de balas que as meninas receberam era 12x14 (não é preciso multiplicar, pois isso vai simplificar com a fração).

Se $\frac{14}{45}$ do total vale 12x14, então $\frac{1}{45}$ do total vale 12. O total então vale 45x12= 540 balas.

Se Juliana ficou com 2/9 deste valor, então ficou com:

$$\frac{2}{9}\times540=120$$

Resposta: (D) 120 balas

Q10) (CM) A professora de matemática da 4ª série deu o seguinte exercício para seus alunos:

Capítulo 6 - FRAÇÕES   249

"Resolva a expressão $\dfrac{\left[\left(\dfrac{1}{8}+0{,}4\right)\div\left(\dfrac{1}{5}+0{,}2-\dfrac{3}{15}\right)\right]\div(1{,}5)^3}{4{,}684+2{,}316-\dfrac{5+0{,}1}{\dfrac{56}{18}\times\dfrac{36}{64}\div\dfrac{35}{16}}}$ e dê o resultado na forma irredutível".

Depois da correção, percebeu que, curiosamente, a diferença entre os termos da fração (resultado da expressão), representava a quantidade de alunos que responderam incorretamente a questão. Se 78% dos alunos conseguiram encontrar o resultado correto da expressão, a quantidade de alunos dessa turma é igual a:

(A) 50   (B) 45   (C) 44   (D) 22   (E) 11

Solução:
Inicialmente devemos eliminar os números decimais, transformando-os todos em frações ordinárias. Ficamos então com:

$$\dfrac{\left[\left(\dfrac{1}{8}+0{,}4\right)\div\left(\dfrac{1}{5}+0{,}2-\dfrac{3}{15}\right)\right]\div(1{,}5)^3}{4{,}684+2{,}316-\dfrac{5+0{,}1}{\dfrac{56}{18}\times\dfrac{36}{64}\div\dfrac{35}{16}}} = \dfrac{\left[\left(\dfrac{1}{8}+\dfrac{4}{10}\right)\div\left(\dfrac{1}{5}+\dfrac{2}{10}-\dfrac{3}{15}\right)\right]\div\left(\dfrac{15}{10}\right)^3}{7-\dfrac{5+\dfrac{1}{10}}{\dfrac{56}{18}\times\dfrac{36}{64}\div\dfrac{35}{16}}}$$

Algumas dessas frações podem ser simplificadas, por exemplo, 4/10 é o mesmo que 2/5, 2/10 é o mesmo que 1/5, 3/15 é o mesmo que 1/5, 15/10 é o mesmo que 3/2, 56/18 é o mesmo que 28/9, 36/64 é o mesmo que 9/16. Note ainda que 4,684+ 2,316 dá exatamente 7. Ficamos então com:

$$\dfrac{\left[\left(\dfrac{1}{8}+\dfrac{2}{5}\right)\div\left(\dfrac{1}{5}+\dfrac{1}{5}-\dfrac{1}{5}\right)\right]\div\left(\dfrac{3}{2}\right)^3}{7-\dfrac{\dfrac{51}{10}}{\dfrac{28}{9}\times\dfrac{9}{16}\div\dfrac{35}{16}}} = \dfrac{\left[\dfrac{21}{40}\div\dfrac{1}{5}\right]\div\left(\dfrac{27}{8}\right)}{7-\dfrac{\dfrac{51}{10}}{\dfrac{7}{4}\times\dfrac{16}{35}}} = \dfrac{\dfrac{21}{40}\times\dfrac{5}{1}\times\left(\dfrac{8}{27}\right)}{7-\dfrac{\dfrac{51}{10}}{\dfrac{4}{5}}} = \dfrac{\dfrac{7}{9}}{7-\dfrac{51}{10}\times\dfrac{5}{4}} = \dfrac{\dfrac{7}{9}}{7-\dfrac{51}{8}} =$$

$$= \dfrac{\dfrac{7}{9}}{\dfrac{5}{8}} = \dfrac{7}{9}\times\dfrac{8}{5} = \dfrac{56}{45}$$

De acordo com o enunciado, a diferença entre os termos, 56-45=11, é o número de alunos que erraram a questão. Se 78% dos alunos acertaram, então obviamente 22% erraram (22% é o que falta para chegar a 100%). Então, 22% da turma corresponde a 11 alunos. Isso significa que 1 aluno corresponde a 2% da turma. Mas 2% é o mesmo que 1/50. Então 1 aluno é igual a 1/50 da turma. Concluímos então que a turma tem 50 alunos.

Resposta: (A) 50

250
MATEMÁTICA PARA VENCER

Q11) (CM) A expressão $\left[\left(2+\dfrac{7}{21}\right)\times\dfrac{3}{5}+0,4\times\dfrac{1}{0,8}\right]\times10-0,3$

é igual a:

(A) Dezoito inteiros e sete décimos
(B) Onze inteiros e sete décimos
(C) Oito inteiros e sete décimos
(D) Sete inteiros e sete décimos
(E) Seis inteiros e sete décimos

Solução:

$$\left[\left(2+\dfrac{7}{21}\right)\times\dfrac{3}{5}+0,4\times\dfrac{1}{0,8}\right]\times10-0,3=\left[\left(\dfrac{42}{21}+\dfrac{7}{21}\right)\times\dfrac{3}{5}+\dfrac{4}{10}\times\dfrac{10}{8}\right]\times10-\dfrac{3}{10}$$

$$=\left[\left(\dfrac{49}{21}\right)\times\dfrac{3}{5}+\dfrac{1}{2}\right]\times10-\dfrac{3}{10}=\left[\dfrac{7}{3}\times\dfrac{3}{5}+\dfrac{1}{2}\right]\times10-\dfrac{3}{10}=\left[\dfrac{7}{5}+\dfrac{1}{2}\right]\times10-\dfrac{3}{10}$$

$$=\left[\dfrac{14}{10}+\dfrac{5}{10}\right]\times10-\dfrac{3}{10}=\dfrac{19}{10}\times10-\dfrac{3}{10}=\dfrac{190}{10}-\dfrac{3}{10}=\dfrac{187}{10}=18\dfrac{7}{10}$$

Resposta: (A)

Q12) (CM) Um *Rali* de automóveis se desenvolveu em 4 etapas:

- Na 1ª etapa, 1/5 dos participantes desistiram
- Na 2ª etapa, permaneceram na disputa 3/4 dos carros que passaram pela primeira etapa.
- Na 3ª etapa, desistiram 1/16 dos carros que passaram pela 2ª etapa.
- Na 4ª etapa houve a quebra de 9 carros.
- Cruzaram a linha de chegada 36 carros.

Baseando-se nessas informações, pode-se afirmar que a quantidade que veículos que iniciaram a corrida era igual a

(A) 40   (B) 50   (C) 60   (D) 70   (E) 80

Solução:
O problema ficará mais fácil se calcularmos sempre quantos carros sobram em cada etapa.
1ª etapa ➔ sobraram 4/5 dos caros
2ª etapa ➔ sobraram 3/4 dos carros que iniciaram a 2ª etapa, ou seja, 3/4 x 4/5 dos que iniciaram a corrida = 3/5 dos que iniciaram a corrida.
3ª etapa ➔ desistiram 1/16, então sobraram 15/16 dos que terminaram a segunda etapa = 15/16 x 3/5 dos que iniciaram a corrida
$\dfrac{15}{16}\times\dfrac{3}{5}=\dfrac{9}{16}$, ou seja, terminaram a 3ª etapa, 9/16 dos carros que iniciaram a corrida.
4ª etapa ➔ quebraram 9 carros e 36 concluíram a corrida. Então a quarta etapa teve o total de 9+36 = 45 carros. Portanto, 45 carros corresponde a 9/16 dos carros que começaram a corrida.
Se dividirmos 45 por 9/16, encontraremos o número inicial de participantes:
$$45\div\dfrac{9}{16}=\dfrac{45}{1}\times\dfrac{16}{9}=80$$

Resposta: (E) 80

Capítulo 6 - FRAÇÕES

Q13) (CM) Sabendo que $K = \left\{\left[\left(\dfrac{12}{12}\right)^2 + \dfrac{5}{12}\right] - \left[\dfrac{13}{36} - \left(\dfrac{1}{2} - \dfrac{1}{3}\right)\right]\right\} + \dfrac{1}{12}$

pode-se afirmar que K é:

(A) um número pertencente a N, conjunto dos números naturais.
(B) um número que não pertence a Q, conjunto dos números racionais.
(C) um número inteiro maior que 1.
(D) um número fracionário menor que 1.
(E) um número fracionário maior que 1.

Solução:

$\left\{\left[\left(\dfrac{12}{12}\right)^2 + \dfrac{5}{12}\right] - \left[\dfrac{13}{36} - \left(\dfrac{1}{2} - \dfrac{1}{3}\right)\right]\right\} + \dfrac{1}{12} = \left\{\left[1^2 + \dfrac{5}{12}\right] - \left[\dfrac{13}{36} - \left(\dfrac{1}{6}\right)\right]\right\} + \dfrac{1}{12} = \left\{\left[\dfrac{17}{12}\right] - \left[\dfrac{7}{36}\right]\right\} + \dfrac{1}{12} =$

$\dfrac{17}{12} - \dfrac{7}{36} + \dfrac{1}{12} = \dfrac{51}{36} - \dfrac{7}{36} + \dfrac{3}{36} = \dfrac{47}{36}$

Resposta: (E) um número fracionário maior que 1.

Q14) (CM) Na Olimpíada do Colégio Militar de Brasília, em junho de 2004, o aluno Marcelo da 1ª série participou das competições de futebol de campo e de futebol de salão. Em ambas, sua equipe foi campeã e, em ambas, ele foi o maior goleador. Sabe-se que, dos gols que Marcelo marcou, 2/3 foram de "bola rolando", 1/4 dos demais gols foram feitos "de cabeça" e, os outros 6, ele marcou de "bola parada". Sabe-se, ainda, que 7/12 desses gols, Marcelo marcou no futebol de campo. Portanto, Marcelo marcou, no futebol de salão, naquela Olimpíada:

(A) 10 gols   (B) 9 gols   (C) 8 gols   (D) 7 gols   (E) 6 gols

Solução:
Fazer um desenho sempre ajuda a entender melhor o problema. É preciso prestar muita atenção no seu enunciado. Observe a figura e vejamos o que o problema informou:

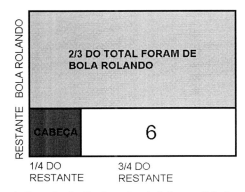

a) Os gols de "bola rolando" foram 2/3 do total, já indicados na figura. O restante dos gols são 1/3 do total.
b) Dos gols restantes (e não do total), 1/4 foram de cabeça, como mostra a figura. Os gols que faltam foram os 6 de "bola parada". São iguais a 3/4 do restante, mas o restante é 1/3 do total.

252   MATEMÁTICA PARA VENCER

Portanto esses 6 gols são 3/4 de 1/3 do total. Lembrando que "de" significa "multiplicado", esses 6 gols são:

$$\frac{3}{4} \times \frac{1}{3} = \frac{1}{4}$$

Portanto, os 6 gols dados são 1/4 do total. Para saber o número total de gols, basta fazer:

$$6 \div \frac{1}{4} = 6 \times \frac{4}{1} = 24$$

Concluímos então, finalmente, que Marcelo marcou ao todo 24 gols. O problema diz ainda que 7/12 do total de gols foram marcados no futebol de campo, ou seja, 7/12 x 24 = 14. Portanto, os gols marcados no futebol de salão foram 24 – 14 = 10

Resposta: (A) 10

Q15) (CM) As frações equivalentes a 4/9 e 5/9, cujo denominador da fração equivalente à primeira fração citada seja igual ao numerador da fração equivalente à segunda fração citada são a/b e b/c, respectivamente, com os valores de a, b, c naturais diferentes de zero. Calcule o menor valor de a+c

(A) 13   (B) 20   (C) 101   (D) 45   (E) 81

Solução:
Se as frações são equivalentes a 4/9 e 5/9, podemos chamá-las de:

$$\frac{4 \times x}{9 \times x} \text{ e } \frac{5 \times y}{9 \times y}$$

Note que para obter frações equivalentes a uma fração dada, basta multiplicar o numerador e o denominador pelo mesmo número. Usamos o número x na primeira fração e o número y na segunda fração porque esses números não são necessariamente iguais, a primeira poderia ser 40/90 e a segunda 500/900.
O problema diz ainda que o denominador da primeira fração tem que ser igual ao numerador da segunda fração. Então 9.x é igual a 5.y. Os menores valores de x e y que tornam isso possível são: x=5 e y=9. As frações procuradas são então:
$\frac{20}{45} \text{ e } \frac{45}{81}$, portanto a=20 e c=81. Este menor valor resulta em a+c mínimo, igual a 20+81 = 101

Resposta: (C) 101

Q16) (CM) Na escola de música do Colégio Militar de Brasília, exatamente 1/4 do número total de vagas é destinado para cursos de violino e, exatamente 1/8 das vagas para os cursos de violino é destinada para o turno diurno. Sabendo-se que ambas as frações citadas representam números naturais diferentes de zero, então um possível valor para o número total de vagas da escola é:

(A) 160   (B) 164   (C) 168   (D) 172   (E) 180

Capítulo 6 - FRAÇÕES 253

Solução:
Se exatamente 1/4 do número total de vagas é destinado para cursos de violino, então este número tem que ser divisível por 4. Também é preciso que este número, já dividido por 4, possa ser dividido por 8. Para dar divisão exata ao ser dividido por 4, e para que este quociente também dê divisão exata ao ser dividido por 8, então o número de vagas tem que ser múltiplo de 32. Das opções propostas, a única que tem um múltiplo de 32 é (A).

Resposta: (A) 160.

Q17) Verifique que para qualquer número natural positivo N, temos:

$$\frac{1}{N\times(N+1)} = \frac{1}{N} - \frac{1}{N+1}$$

Solução:
De fato, se multiplicarmos os termos da primeira fração por N+1 e os termos da segunda fração por N, ficaremos com:

$$\frac{1}{N} - \frac{1}{N+1} = \frac{N+1}{N.(N+1)} - \frac{N}{(N+1).N} = \frac{N+1-N}{N.(N+1)} = \frac{1}{(N+1).N}$$

Q18) (CM) O valor da expressão abaixo é:

$$\frac{1}{24\times 25}\times\frac{1}{25\times 26}\times\frac{1}{26\times 27}\times\frac{1}{27\times 28}\times\frac{1}{28\times 29}\times\frac{1}{29\times 30}$$

(A) 1/720   (B) 1/120   (C) 1/72   (D) 1/12   (E) 24/29

Solução
Devemos observar que:

$$\frac{1}{24\times 25} = \frac{1}{24} - \frac{1}{25} \text{ (veja o problema anterior)}$$
$$\frac{1}{25\times 26} = \frac{1}{25} - \frac{1}{26}$$
$$\frac{1}{26\times 27} = \frac{1}{26} - \frac{1}{27}$$
$$\frac{1}{27\times 28} = \frac{1}{27} - \frac{1}{28}$$
$$\frac{1}{28\times 29} = \frac{1}{28} - \frac{1}{29}$$
$$\frac{1}{29\times 30} = \frac{1}{29} - \frac{1}{30}$$

Então a soma pedida é igual a:

$$\frac{1}{24} - \frac{1}{25} + \frac{1}{25} - \frac{1}{26} + \frac{1}{26} - \frac{1}{27} + \frac{1}{27} - \frac{1}{28} + \frac{1}{28} - \frac{1}{29} + \frac{1}{29} - \frac{1}{30} = \frac{1}{24} - \frac{1}{30} = \frac{1}{120}$$

Todos os termos vão ser "cortados", por aparecerem valores iguais com sinais + e -, sobrarão apenas o primeiro e o último termos.

Uma outra solução, não tão elegante, é observar que todos os denominadores são maiores que 24x24 e menores que 30x30. Sendo assim, cada fração é menor que 1/(24x24) e maior que

254   MATEMÁTICA PARA VENCER

1/(30x30). A soma das seis frações será menor que 6/(24x24) = 1/96 e maior que 6/(30x30) = 1/150. A única opção que está entre esses valores é 1/120.

Resposta: (B) 1/120

Q19) (CM) Dentre as frações 1/2, 1/4, 1/6, 1/8, 1/10 e 1/12, quatro foram escolhidas e somadas. O resultado desta soma foi 1. Podemos dizer que NÃO foi escolhida:

(A) 1/2   (B) 1/4   (C) 1/6   (D) 1/8   (E) 1/12

Solução:
Se somarmos as seis frações ficaremos com:

$$\frac{1}{2}+\frac{1}{4}+\frac{1}{6}+\frac{1}{8}+\frac{1}{10}+\frac{1}{12}=\frac{60}{120}+\frac{30}{120}+\frac{20}{120}+\frac{15}{120}+\frac{12}{120}+\frac{10}{120}=\frac{60+30+20+10}{120}+\frac{15}{120}+\frac{12}{120}$$

As quatro frações agrupadas no mesmo numerador resultam em soma 1. As frações 15/120 e 12/120 são 1/8 e 1/10. Não há como combinar os números 15 e 12 com os demais números para resultar na soma 120. Então essas são as duas frações que não devem ser escolhidas.

Resposta: (E) 1/12

Q20) (CM) Em agosto de 2003 foram realizados os jogos Pan-americanos na República Dominicana. O Brasil foi representado por mais de 400 atletas, ganhando várias medalhas assim distribuídas:

I- O número de medalhas de ouro igual ao maior divisor ímpar de 50;
II- O número de medalhas de prata igual à diferença entre o sétimo maior múltiplo de 10, na ordem crescente, e a soma dos divisores ímpares de 34;
III – O número de medalhas de bronze igual a $1\frac{3}{12}$ do número de minutos que tem uma hora;
No total, quantas medalhas o Brasil ganhou?

(A) 143   (B) 139   (C) 142   (D) 152   (E) 91

Solução:
Ouro: maior divisor ímpar de 50 = 25
Prata:
Múltiplos de 10: 0, 10, 20, 30, 50, 60, 70... ➜ sétimo múltiplo de 10 = 60
OBS: Na verdade houve um equívoco, 60 é o sétimo *menor* múltiplo de 10, e não maior.
Soma dos divisores ímpares de 34: 1 e 17 ➜ 18
Número de medalhas de prata: 60-18 = 42
Bronze: $1\frac{3}{12}$ do número de minutos de uma hora = $\frac{15}{12}\times60=75$
Número de medalhas de bronze: 75
Total: 25+ 42+ 75 = 142

Resposta: (C) 142

Q21) (CM) Se numa fração diminuímos o numerador de 40% e o denominador de 60%, então a fração original:

Capítulo 6 - FRAÇÕES

(A) diminui 20%
(B) aumenta 20%
(C) diminui 50%
(D) aumenta 50%
(E) aumenta 30%

Solução:

O numerador foi reduzido em 40%, então ficou com 60% do seu valor. Isso equivale a multiplicar a fração por 60/100, ou seja, por 3/5. O denominador foi reduzido em 60%, então ficou com 40% do seu valor. Isso é o mesmo que multiplicar o denominador por 40/100, ou seja, 2/5. Como na divisão o denominador é invertido para ser multiplicado, isso equivale a multiplicar a fração por 5/2. Levando em conta o numerador e o denominador, a fração acabou sendo multiplicada por 3/5 x 5/2 = 3/2. Então a fração foi multiplicada por 3/2, isso equivale a 1+1/2, ou seja, a fração original mais sua metade. Isso é o mesmo que aplicar um aumento de 50% sobre a fração original.

Resposta: (D)

Q22) (CM, OBM) Sabendo que 2/7 da capacidade de uma garrafa enchem 4/5 de um copo. Quantas garrafas cheias são necessárias para encher 70 copos?

(A) 5   (B) 14   (C) 15   (D) 25   (E) 29

Solução:

Se 2/7 da capacidade de uma garrafa enchem 4/5 de um copo, então para encher um copo será preciso 2/7 ÷ 4/5 = 5/14 de uma garrafa. Para encher 70 copos será preciso 70 vezes isso, ou seja, 70 x 5/14 de uma garrafa. Isso equivale a 25 copos.

Resposta: (D) 25

Q23) (CM) Os números A e B que tornam as frações 2/A e B/52 equivalentes são:

(A) A=24 e B=7
(B) A=26 e B=4
(C) A=27 e B=9
(D) A=26 e B=2
(E) A=27 e B=14

Solução:

Vamos reduzir as frações ao mesmo denominador para poder compará-las:

$$\frac{2}{A} e \frac{B}{52} \Rightarrow \frac{2 \times 52}{A \times 52} e \frac{B \times A}{52 \times A}$$

Uma vez que as duas frações estão com o mesmo denominador, para que sejam equivalentes é preciso que seus numeradores sejam iguais. Então $A \times B = 104$. Os números A e B que resolvem o problema são aqueles que multiplicados resultem em 104. A opção correta é B.

Resposta: (B)

Q24) (CM) Marivaldo, ao receber seu salário, usou 20% para pagar o aluguel. Do que sobrou, ele usou 10% para pagar o condomínio. Se ainda restaram R$ 864,00, o salário recebido por Marivaldo é:

256   MATEMÁTICA PARA VENCER

(A) R$ 1.000,00   (B) R$ 1.100,00   (C) R$ 1.123,20   (D) R$ 1.200,00   (E) R$ 1.400,00

Solução:
Usou 20% = 1/5 para pagar o aluguel
Restam 80% = 4/5. Deste resto, usou 10% para pagar o condomínio, restaram 90%= 9/10
Então restaram 4/5 do salário x 9/10 = 18/25 do salário
18/25 do salário correspondem a R$ 864,00
Então o salário é R$ 864,00 ÷ 18/25 = 864 x 25/18 = R$ 1200,00

Resposta: (D)

Q25) (CM) Um professor de educação física propõe a um de seus alunos a realização de uma corrida ao redor de um campo de futebol. Sabe-se que uma volta equivale a 1 km mais meia volta. Dessa forma, se o aluno correu uma volta e meia, determine a distância em quilômetros que ele percorreu.

(A) 1 km   (B) 1,5 km   (C) 2 km   (D) 2,5 km   (E) 3 km

Solução:
1 volta = 1 km + 1/2 volta
Porém 1 volta = 1/2 volta + 1/2 volta
Então 1/2 volta + 1/2 volta = 1 km + 1/2 volta
Logo, 1/2 volta = 1 km, e 1 volta = 2 km

Resposta: (C)

Q26) (CM) O salário de André equivale a 3/7 do salário de Cleber. Entretanto, se André tivesse um aumento de R$ 2.400,00 passaria a ter um salário igual ao de Cleber. Determine o valor do salário de André.

(A) R$ 600,00   (B) R$ 800,00   (C) R$ 1.800,00   (D) R$ 3.000,00   (E) R$ 4.200,00

Solução:
André tem 3/7 do salário de Cleber. A diferença é 4/7 do salário de Cleber, que corresponde a R$ 2400,00. Então o salário de Cleber é R$ 2400,00 ÷ 4/7 = R$ 4200,00
O salário de André é 3/7 deste valor, ou seja, R$ 1800,00.

Resposta: (C)

Q27) (OBM) Sabe-se que $\frac{2}{9}$ do conteúdo de uma garrafa enchem $\frac{5}{6}$ de um copo. Para encher 15 copos iguais a esse, quantas garrafas deverão ser usadas?

(A) 2   (B) 3   (C) 4   (D) 5   (E) 6

Solução:
Se 2/9 do conteúdo de uma garrafa enchem 5/6 do copo, para encher o copo inteiro será preciso 2/9 ÷ 5/6 do conteúdo da garrafa, ou seja, 4/15 do conteúdo da garrafa. Para encher 15 copos será preciso 4/15 x 15 = 4 garrafas.

Resposta: (C)

Capítulo 6 - FRAÇÕES   257

Q28) (OBM) Se $\dfrac{1}{8}$ de um número é $\dfrac{1}{5}$, quanto vale $\dfrac{5}{8}$ desse número?

A) $\dfrac{1}{8}$ B) $\dfrac{1}{5}$ C) 1   D) $\dfrac{8}{5}$ E) 2

Solução:
Se 1/8 do número vale 1/5, então o número vale 1/5 ÷ 1/8 = 8/5. Portanto, 5/8 deste número é 8/5 x 5/8 = 1

Resposta: (C)

Q29) (OBM) Uma barra de chocolate é dividida entre Nelly, Penha e Sônia. Sabendo que Nelly ganha $\dfrac{2}{5}$ da barra, Penha ganha $\dfrac{1}{4}$ e Sônia ganha 70 gramas, o peso da barra, em gramas, é:

A) 160   B) 200   C) 240   D) 280   E) 400

Solução:
Nelly = 2/5 da barra
Penha = 1/4 da barra
Sônica 1 – 2/5 – 1/4 da barra = 7/20 da barra = 70 gramas
Então a barra pesa 70 gramas ÷ 7/20 = 200 gramas

Resposta: (B) 200

Q30) (OBM) Uma jarra contém $\dfrac{1}{4}$ de sua capacidade em água. Despejando um copo cheio de água na jarra, o volume de água atinge $\dfrac{1}{3}$ da sua capacidade. Quantos copos cheios mais ainda serão necessários para acabar de encher a jarra?

Solução:
Se adicionando um copo o volume da jarra passou de 1/4 para 1/3 do máximo, então o volume de um copo é igual a 1/3 – 1/4 = 1/12 do volume da jarra. A jarra já está 1/3 cheia, faltam 2/3 para ficar totalmente cheia. O número de copos necessários será 2/3 ÷ 1/12 = 8 copos

Resposta: 8 copos

Q31) (OBM) Em certo país a unidade monetária é o pau. Há notas de 1 pau e moedas de meio pau, um terço de pau, um quarto de pau e um quinto de pau. Qual a maior quantia, em paus, que um cidadão pode ter em moedas sem que possa juntar algumas delas para formar exatamente um pau?

(A) 11/12   (B) 1 15/12   (C) 2 7/15   (D) 2 13/60   (E) 2 43/60

Solução:
Moedas de $\dfrac{1}{2}$, $\dfrac{1}{3}$, $\dfrac{1}{4}$ e $\dfrac{1}{5}$. Para facilitar análise, vamos reduzir todos ao mesmo denominador, que é 60. Ficamos com:

258 MATEMÁTICA PARA VENCER

$\frac{30}{60}, \frac{20}{30}, \frac{15}{60}$ e $\frac{12}{60}$.

Os numeradores não podem somar 60. Então devemos ter no máximo 1 moeda de meio pau, duas de 1/3, três de 1/4 e 4 de 1/5. Também não é permitido ter uma de 1/2 e duas de 1/4, pois isto também resultaria em 1 inteiro. Então o máximo permitido é:

$1 \times \frac{1}{2}$, $2 \times \frac{1}{3}$, $3 \times \frac{1}{4}$ e $4 \times \frac{1}{5}$

Somando tudo e usando o mesmo denominador ficamos com:

$$\frac{30}{60} + 2 \times \frac{20}{60} + 3 \times \frac{15}{60} + 4 \times \frac{12}{60} = \frac{163}{60} = 2\frac{43}{60}$$

Resposta: (E)

Q32) (OBM) João e Pedro são vendedores e ganham R$ 1000,00 de salário e comissão de 8% sobre as vendas. Em setembro, João ganhou R$ 2000,00 e Pedro ganhou R$ 2500,00. Nesse mês, as vendas de Pedro superaram as de João em:

(A) 20%   (B) 25%   (C) 30%   (D) 40%   (E) 50%

Solução:
As comissões de João e Pedro foram:
João: R$ 2000,00-R$ 1000,00 = R$ 1000,00
Pedro: R$ 2500,00-R$ 1000,00 = R$ 1500,00

Pedro ganhou 50% a mais que João. Como a porcentagem de comissão é a mesma, então Pedro também vendeu mais 50% que João.

Resposta: (E) 50%

Q33) (OBM) O número que devemos somar ao numerador e subtrair do denominador da fração 1478/5394 para transformá-la na sua inversa é:

(A) 3.916   (B) 3.913   (C) 3.915   (D) 3.912   (E) 3.917

Resposta:
A fração inversa é 5394/1478. A diferença entre o numerador e o denominador é 3916. Se somarmos 3916 ao numerador 1478, ficaremos com o novo numerador, 5394. Se subtrairmos 3916 do antigo denominador 5394, ficaremos com o novo denominador, 1478. Portanto o número pedido é 3916.

Resposta (A)

Q34) (OBM) Passarinhos brincam em volta de uma velha árvore. Se dois passarinhos pousam em cada galho, um passarinho fica voando. Se todos os passarinhos pousam, com três em um mesmo galho, um galho fica vazio. Quantos são os passarinhos?

(A) 6   (B) 9   (C) 10   (D) 12   (E) 15

Solução:
O problema recai em um simples sistema de duas equações. Se chamarmos o número de passarinhos de p e o número de galhos de g, temos:
a) p = 2.g + 1

Capítulo 6 - FRAÇÕES   259

b) $p = 3.(g-1)$

A Segunda equação fica:

$\quad$ $p = 3.g - 3$

Mas a primeira equação diz que p=2.g-1. Substituindo este valor de p na segunda equação ficamos com:

$\quad$ $2.g+1 = 3.g - 3$

Vamos somar 3 aos dois lados da equação

$\quad$ $2.g+1+3 = 3.g - 3 + 3$

$\quad$ $2.g + 4 = 3.g$

Agora vamos subtrair 2.g aos dois lados da equação

$\quad$ $2.g + 4 - 2.g = 3.g - 2.g$

$\quad$ $4 = g$

Então o número de galhos é 4, o número de passarinhos é 9.

Comentário: Esta é uma questão da Olimpíada Brasileira de Matemática para alunos do 5° e 6° ano, entretanto requer o uso de sistemas de equações do primeiro grau, assunto que é ensinado entre o 7° e o 8° ano. É uma característica da OBM propor questões difíceis com base do uso de matérias que não foram ensinadas, para dar destaque aos alunos que estudam acima do que é apresentado na escola.

Resposta: (B) 9

Q35) (OBM) Rafael tem 2/3 da idade de Bernardo e é 2 anos mais jovem que Reinaldo. A idade de Roberto representa 4/3 da idade de Vitor=Reinaldo. Em anos, a soma das idades dos três é:

(A) 48 $\quad$ (B) 72 $\quad$ (C) 58 $\quad$ (D) 60 $\quad$ (E) 34

Solução:

Para não ficar com muitas frações, o que tornaria os cálculos mais trabalhosos, vamos chamar a idade de Bernardo de 3x e a idade de Rafael de 2x. Desta forma, a idade de Rafael é realmente 2/3 da idade de Vitor. Se Rafael é 2 anos mais jovem que Vitor, então podemos chamar a idade de Vitor de 2x+2. Ficamos então com todas as idades em função de x:

Rafael 2x
Bernardo 3x
Vitor 2x+2

O problema diz ainda que a idade de Bernardo (3x) vale 4/3 da idade de Vitor (2x+2). Então isso se traduz na equação:

$$3x = \frac{4}{3}.(2x + 2)$$

Se multiplicarmos os dois lados da equação por 3 e aplicamos a propriedade distributiva da multiplicação em relação à adição (4.(2x+2)), ficamos com:

9x = 8x+8
x=8

Então as idades são 16, 24 e 18. A soma das idades é 58 anos.

Resposta: (C) 58

260   MATEMÁTICA PARA VENCER

Q36) (OBM) Hoje, 12/6/1999, Pedro e Maria fazem aniversário. No mesmo dia em 1996, a idade de Pedro era 3/4 da idade de Maria. No mesmo dia em 2002, a idade de Pedro será igual à de Maria quando ele tinha 20 anos. Quantos anos Maria está fazendo hoje?

(A) 30   (B) 31   (C) 32   (D) 33   (E) 34

Solução:
Em 1996: Pedro tem 3x e Maria tem 4x ➜ Maria é x anos mais velha que Pedro
(OBS: Note que assim evitamos o uso de frações, tornando os cálculos mais simples)
Em 2002 (6 anos depois de 1006) : Pedro tem 3x+6, Maria tem 4x+6
Quando Pedro tinha 20 anos, Maria tinha 20+x (é sempre x anos mais velha).

Então a idade de Pedro em 2002 (3x+6) é igual a 20+x
3x+6 = 20+x
2x=14
x=7
Então em 1996 Pedro tinha 21 e Maria tinha 28.
Em 1999, Pedro tem 21+3=24 anos, Maria tem 7 a mais, 31 anos.

Resposta: (B) 31

Q37) (OBM) Sejam a e b números reais positivos tais que a/b < 1. Então (a+1)/(b+1) é

A) é igual a a/b+1.   B) é igual a a/b.   C) é menor que a/b .
D) é maior que a/b mas menor que 1.   E) pode ser maior que 1.

Solução:
Se a/b<1, então a/b é fração própria, ou seja, o numerador é menor que o denominador (a é menor que b). Temos que comparar os valores:

$$\frac{a+1}{b+1}, \frac{a}{b}$$

Para compararmos frações, temos que reduzi-las ao mesmo denominador. Vamos multiplicar os dois termos da primeira fração por b, e os dois termos da segunda fração por (b+1). Ficamos com:

$$\frac{(a+1)\times b}{(b+1)\times b}, \frac{a\times(b+1)}{b\times(b+1)}$$

Os denominadores ficarão iguais. Os numeradores serão:

$a.b + b$ e $a.b + a$

Como b>a, então o primeiro valor é maior que o segundo valor. Concluímos então que (a+1)/(b+1) é maior que a/b. Entretanto, como a<b, o numerador a+1 é menor que o denominador b+1, então a fração (a+1)/(b+1) é menor que 1.

Resposta: (D)

Capítulo 6 - FRAÇÕES 261

Q38) (OBM) João disse para Maria: "Se eu lhe der um quarto do que tenho, você ficará com metade do que vai me sobrar". Maria acrescentou: "E eu lhe daria 5 reais, se lhe desse a metade do que tenho". Juntos, os dois possuem:
A) 80 reais   B) 90 reais   C) 100 reais   D) 120 reais   E) 130 reais

Solução:
Como João falou em dar 1/4 do que tem para Maria, vamos chamar de 4x o que João tem (para evitar frações). Não sabemos quanto Maria tem, vamos chamar de y.

João: 4x
Maria: y

Se João der 1/4 do que tem para Maria, os dois ficariam com:

João: 4x – x = 3x
Maria: y+x

João diz que nesse caso Maria ficaria com metade do que vai lhe sobrar, ou seja,
$$y + x = \frac{3x}{2}$$
Multiplicando tudo por 2, ficamos com:
$$2y + 2x = 3x$$
$$2y = x$$
Como o valor de x =e 2y, podemos agora exprimir as quantias de João e Maria em função de y

João: 8y
Maria: y

Maria afirma que a metade do que tem é R$ 5,00. Então y vale R$ 10,00, e 8y vale R$ 80,00
Os dois juntos têm R$ 90,00

Resposta: R$ 90,00

Q39) (OBM) Uma classe tem 22 alunos e 18 alunas. Durante as férias, 60% de todos os alunos dessa classe foram prestar trabalho comunitário. No mínimo, quantas alunas participaram desse trabalho?

(A) 1   (B) 2   (C) 4   (D) 6   (E) 8

Solução:
A classe tem 22+18 = 40 alunos. 60% disso são 24 alunos. Se tomarmos aleatoriamente 24 alunos, não temos como saber quantos meninas e quantas meninas serão escolhidos. O número mínimo possível de meninas é aquele que corresponde ao número máximo de meninos, ou seja, se escolhermos todos os 22 meninos, terão que ser escolhidas também 2 meninas, e este é o número mínimo.

Resposta: (B) 2

Q40) (CN) Calcular a soma dos termos da maior fração própria irredutível, para que o produto de seus termos seja 60 .

(A) 17   (B) 23   (C) 32   (D) 61   (E) 19   (F) NRA

Solução:
Se o produto dos termos vale 60, a primeira coisa a fazer é fatorar 60.
60 = 2x2x3x5

Agora temos que distribuir os fatores acima pelo numerador e pelo denominador, de todas as formas possíveis, e encontrar qual distribuição resulta na maior fração própria. Como a fração tem que ser irredutível, não podemos ter os fatores "2" separados, senão simplificariam e a fração não seria irredutível. Os dois fatores "2" precisam ficar juntos, vamos então combiná-los em um fator 4.

60 = 4x3x5

As combinações possíveis são:

$$\frac{4\times3}{5}, \frac{4\times5}{3}, \frac{3\times5}{4}, \frac{5}{4\times3}, \frac{4}{3\times5}, \frac{3}{4\times5}, \frac{1}{3\times4\times5}$$

Destas, as únicas próprias são:
$$\frac{5}{4\times3}, \frac{4}{3\times5}, \frac{3}{4\times5}, \frac{1}{3\times4\times5}, \text{ ou seja, } \frac{5}{12}, \frac{4}{15}, \frac{3}{20}, \frac{1}{60}$$

Reduzindo as quatro ao mesmo denominador, é fácil ver que a maior é 5/12. A soma dos seus termos é 17

Resposta: (A) 17

Q41) (CN) Sabendo-se que a velocidade para rebobinar uma fita de vídeo é 52/3 da normal, qual o tempo gasto para rebobinar uma fita de um filme de 156 minutos?

(A) 5   (B) 6   (C) 7   (D) 8   (E) 9

Solução:
156 ÷ 52/3 = 156 x 3/52 = 9 minutos

Resposta: (E)

Q42) (CN) Um fabricante observou que tem condições de aumentar, mensalmente, a sua produção em 15% da produção do mês anterior. Considerando a condição dada, se, em janeiro de 2004, a sua produção for P, em que mês desse mesmo ano a sua produção será, pela primeira vez, maior ou igual a 2P?

(A) Abril   (B) Maio   (C) Junho   (D) Julho   (E) Agosto

Solução:
Somar 15% é o mesmo que multiplicar por 1,15. Temos que determinar quantas vezes é preciso multiplicar por 1,15 para ultrapassar 2. A cada mês devemos multiplicar a produção do mês anterior por 1,15.

Janeiro = P
Fevereiro = P x 1,15

Capítulo 6 - FRAÇÕES

Março = P x 1,15 x 1,15 = P x 1,3225
Abril = P x 1,3225 x 1,15 = P x 1,520875
Maio = P x 1,520875 x 1,15 = P x 1,74900625
Junho = P x 1,74900625 x 1,15 = P x 2,0113571875

Resposta: (C)

Q43) (EPCAr) A figura abaixo mostra um trecho de uma malha rodoviária de mão única. Dos veículos que passam por A, 45% viram à esquerda, dos veículos que passam por B, 35% viram à esquerda. Daqueles que trafegam por C, 30% dobram à esquerda.

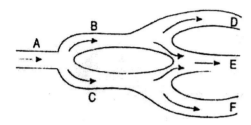

Qual é o percentual dos veículos que, passando por A, entram em E?

(A) 57,50%   (B) 45,75%   (C) 38,60%   (D) 29,85%

Solução:
A-B: 45%
A-C: 55%
B-E: 65% de A-B = 65% x 45%
C-E: 30% de A-C = 30% x 55%

Passando por E: 0,65 x 0,45 + 0,3 x 0,55 = 0,4575 = 45,75%

Resposta: (B)

Q44) (EPCAr) João pagou a metade dos 3/5 do que devia. Ao procurar o credor para quitar o restante da sua dívida, foram-lhe apresentadas duas propostas:
1ª) Pagar tudo à vista, com 10% de desconto
2ª) Assumir um acréscimo de 30% para um possível pagamento parcelado.

João optou pelo pagamento à vista e gastou exatamente 945 reais para quitar o restante da dívida. Caso optasse pela 2ª proposta, João teria gasto a mais um valor em reais, compreendido entre:

(A) 390 e 410   (B) 410 e 430   (C) 430 e 450   (D) 450 e 470

Solução:
Os 945 reais correspondem a 90% do valor restante da divida (10% de desconto). Então o valor restante, sem desconto, era 945 ÷ 9/10 = 1050 reais.
Se assumisse um acréscimo de 30%, pagaria pelo restante, 1050 x 13/10 = 1365 reais.
Se aceitasse esta proposta, estaria pagando a mais 1365 – 945 = 420 reais.

Resposta: (B)

264

MATEMÁTICA PARA VENCER

Q45) (EPCAr) Um professor de Matemática propôs a seu aluno o seguinte problema:
"Um número é tal que

I) multiplicado por 3/4, diminui de 5 unidades;
II) dividido por 4/5 aumenta de 5 unidades;
III) adicionando-se-lhe 10 unidades, obtém-se outro número que é 3/2 do número procurado."

O aluno respondeu que o problema é impossível porque, embora os itens I e II fossem possíveis, o mesmo não se verifica em relação ao item III. Analisando a resposta do aluno, conclui-se que

(A) acertou na resposta que deu.
(B) errou, porque o problema só se verifica em relação aos itens II e III.
(C) errou, porque o problema é possível.
(D) errou, porque o problema só é possível em relação aos itens I e III.

Solução:
I) Multiplicar por 3/4 é o mesmo que subtrair a quarta parte de um número. Se isso corresponde a 5 unidades, o número precisa ser 20.
II) Dividindo 20 por 4/5 encontramos 25, ou seja, o número realmente aumenta 5 unidades.
III) Adicionando 10 a 20 encontramos 30, e 30 é realmente 3/2 de 20.

As três condições são coerentes, a resposta do problema é (C)

Resposta: (C)

Q46) (EPCAr) Dois atletas iniciam juntos uma marcha. O comprimento do passo do primeiro é 2/3 do comprimento do passo do segundo. Enquanto o primeiro dá 5 passos, o segundo dá 4 passos. Tendo o primeiro atleta percorrido 60 km, pode-se dizer que o segundo terá percorrido

(A) 32 km   (B) 50 km   (C) 72 km   (D) 90 km

Solução:
De acordo com o problema
1º atleta anda 2/3 x 5 passos enquanto o
2º atleta anda 1 x 4 passos

Portanto o 1º atleta dá 5 passos menores (2/3) enquanto o 2º atleta dá 4 passos maiores.

1º atleta anda 10/3 enquanto o 2º atleta anda 4
Se tomarmos um tempo 3 vezes maior, eliminaremos a fração. Então vamos multiplicar tudo por 3:

1º atleta anda 10 enquanto o 2º atleta anda 12
Se o 1º atleta andou 60 (6x10), então o 2º atleta andará 6x12 = 72

Resposta: (C) 72 km

Q47) (EPCAr) Um carro foi vendido com 25% de ágio sobre o preço de tabela. Se o preço de venda atingiu R$15.000,00 , o preço de tabela do carro era

(A) R$ 11.000,00   (B) R$ 11.250,00   (C) R$ 12.000,00   (D) R$ 12.500,00

Capítulo 6 - FRAÇÕES   265

Solução:
Preço aumentado em 25%, então o preço final é 1 + 1/4 = 5/4 do preço normal. \
O preço normal é R$ 15.000,00 dividido por 5/4, igual a R$ 12.500,00

Resposta: (D)

Q48) (EPCAr) Uma aeronave voou no primeiro dia de uma viagem 3/5 do percurso. No segundo dia, voou 2/3 do que faltava e, no 3º dia, completou a viagem voando 800 km. O percurso total, em km, é um número

(A) divisor de 12×10^3 (B) divisor de 10^3 (C) múltiplo de 10^4 (D) múltiplo de 20×10^3

Solução:
No primeiro dia voou 3/5 do percurso. Sobraram 2/5 do percurso para o 2º dia.
No segundo dia voou 2/3 do que faltava, ou seja, 2/3 de 2/5 do percurso = (2/3) x (2/5) = 4/15 do percurso. Até agora voou:

3/5 + 4/15 = 13/15 do percurso. Faltaram para o terceiro dia, 2/15 do percurso.

No 3º dia voou 800 km que vale 2/15 do percurso. Então o percurso total é
800 km ÷ 2/15 = 6000 km.

Checando as respostas: 6000 é divisor de 12000, não é divisor de 1000, não é múltiplo de 10000, não é múltiplo de 20000.

Resposta: (A)

Questões propostas

Q49) (CM) Simplificando a expressão $\dfrac{6 \times 12 \times 18 \times 24 \times 30 \times 36 \times 42 \times 48 \times 54}{10 \times 16 \times 12 \times 2 \times 14 \times 6 \times 18 \times 8 \times 4}$
obtém-se:

(A) 3/2   (B) 27/2   (C) 2^6 (D) 6^3 (E) 3^9

Q50) (CM) Se o triplo de um número é 18/5, então:

(A) sua terça parte é 1/5
(B) sua metade é 1/5
(C) seu dobro é 12/5
(D) seu quádruplo é 4
(E) seu quádruplo é 18

Q51) (CM) Efetuando $\left(\dfrac{3}{4} + \dfrac{1}{2} \right) \div 1\dfrac{1}{4}$, o resultado é:

(A) 8/5   (B) 1   (C) 25/16   (D) 8/3   (E) 5

Q52) (CM) Utilizando seus conhecimentos sobre números racionais positivos, nas afirmativas abaixo, coloque V para as verdadeiras e F para as falsas.

266   MATEMÁTICA PARA VENCER

1. ( ) A soma de duas frações próprias é sempre uma fração própria
2. ( ) As frações aparentes são sempre frações impróprias
3. ( ) Uma fração cujo denominador não é uma potência de 10 é chamada de fração ordinária.

A seqüência de respostas corretas é:

(A) F, V, F   (B) F, V, V   (C) V, V, V   (D) F, F, V   (E) V, F, F

Q53) (CM) Considere as igualdades:

I) $\left[3^4 \times \left(\frac{1}{3}\right)^2\right]^5 = 59049$

II) $\left(\frac{4}{3}\right)^2 \div \left(\frac{3}{4}\right)^2 = 1$

III) $(0,001)^2 \times 10^5 = 0,1$

IV) $\left(\frac{0,01}{0,2}\right) \div \left(\frac{0,2}{0,01}\right) = 1$

São falsas:
(A) II e IV   (B) I, II e III   (C) III e IV   (D) II e III   (E) I e IV

Q54) (CM) Um aluno do CMB conseguiu resolver 5/8 do total de exercícios de um livro de Matemática, deixando por fazer ainda, 60 exercícios. O total de exercícios desse livro é igual a:

(A) 60   (B) 90   (C) 120   (D) 150   (E) 160

Q55) (CM) Soninho gosta muito de dormir. Por dia, ele dorme 10 horas, estuda 6 horas e brinca 2 horas. Qual a fração mais simples que representa o tempo em que Soninho passa acordado diariamente?

(A) 1/4   (B) 18/24   (C) 6/24   (D) 7/12   (E) 14/24

Q56) (CM) O valor da expressão $15^2 - \left(\frac{15+15}{15}\right)^0 + \left(\frac{2 \times 1500 + 15}{15}\right)$ é:

(A) 245   (B) 246   (C) 425   (D) 411   (E) 441

Q57) (CM) A expressão $\left(1 + \frac{1}{2}\right)^2 \div \frac{3}{4} - \frac{2}{3} \times \left(1 - \frac{1}{4}\right)$
é igual a:

(A) 0,5   (B) 2,5   (C) 2   (D) 1   (E) 3,2

Q58) (CM) Se B é um número compreendido entre 0 e 100/100, então é falso afirmar que:

(A) B/(2B) = 0,5
(B) B<1

(C) B²>B
(D) 0,9.B < B
(E) B > 0/100

Q59) (CM) O valor da expressão $0,6 \cdot \dfrac{1}{3} + \dfrac{4}{5} + \dfrac{\frac{3}{9} \cdot 3}{2 - 1,98} + 5^0$

(A) 50   (B) 52   (C) 54   (D) 56   (E) 58

Q60) (CM) O quadrado abaixo foi dividido em 32 triângulos de mesma área. A fração da área total do quadrado representada pela região branca do quadrado dado é igual a:

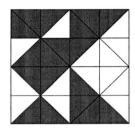

(A) 1/2   (B) 7/16   (C) 2/5   (D) 5/8   (E) 15/32

Q61) (CM) Considere os números fracionários 3/5, 33/50, 67/100 e 650/1000. Podemos afirmar que:

(A) o menor é 33/50
(B) o maior é 650/1000
(C) a diferença entre o maior e o menor é 0,7
(D) a soma dos dois menores é 1,25
(E) dois deles são iguais

Q62) (CM) Uma determinada fração não nula é equivalente a 2/3. Sabendo que a soma entre o numerador e o denominador é igual a 120, determine o valor do denominador.

(A) 48   (B) 54   (C) 60   (D) 66   (E) 72

Q63) (CM) Bernardo gastou 5/7 do seu salário e ainda sobrou a quantia de R$ 400,00. Se o salário mínimo vale R$ 200,00, Bernardo ganha:

(A) 6 salários mínimos
(B) 7 salários mínimos
(C) 3 salários mínimos
(D) 4 salários mínimos
(E) 5 salários mínimos

Q64) (CM) Simplificando ao máximo a fração 273/182, obteremos uma fração equivalente a/b. O valor de a + b é igual a:

(A) 5   (B) 10   (C) 15   (D) 20   (E) 25

268   MATEMÁTICA PARA VENCER

Q65) (CM) Uma pesquisa de opinião foi realizada em agosto de 2003 para saber qual refrigerante, Y ou Z, foi o mais consumido naquele mês pelos entrevistados. Foi constatado que 2/3 dos entrevistados consumiam a marca Y. No mês seguinte, dos que anteriormente consumiam Y, 1/5 passou a consumir Z e, dos que consumiam Z, em agosto, metade passou a consumir Y. Em setembro, 42 pessoas consumiram o refrigerante Y. Considerando que cada entrevistado só consumiu uma marca de refrigerante em cada mês e que as pessoas entrevistadas em agosto foram as mesmas entrevistadas em setembro, a quantidade total de pessoas entrevistadas é igual a:

(A) 30   (B) 35   (C) 48   (D) 60   (E) 84

Q66) (CM) Em um concurso para o Colégio Santa Inês, foram abertas 30 vagas para a 5ª série do Ensino Fundamental e 10 vagas para a 1ª série do Ensino Médio. Houve 900 inscrições para a 5ª série e 1/3 desse valor foi o total de inscritos para a 1ª série. É CORRETO afirmar que:

(A) houve 20 candidatos por vaga para a 5ª série.
(B) houve 15 candidatos por vaga para a 1ª série.
(C) a concorrência para a 5ª série foi maior que a concorrência para a 1ª série.
(D) a concorrência para a 1ª série foi de 20 candidatos por vaga.
(E) a concorrência para a 5ª série foi igual à concorrência para a 1ª série.

Q67) (CM) Antônio perguntou a João: "Que horas são?". "João respondeu: As horas que passam do meio-dia são iguais à terça parte das horas que faltam para a meia noite". Perguntou que horas eram porque estava ansioso para receber os amigos que viriam à sua casa comemorar seu aniversário. Se a festa iria começar às 19h, até o início da festa, Antônio ainda teria que esperar:

(A) 3h   (B) 4h   (C) 5h   (D) 15h   (E) 19h

Q68) (CM) Os alunos de uma das salas da 5ª série do Colégio Militar fizeram, juntamente com a professora de História, uma excursão à cidade de Ouro Preto. Foi utilizado um ônibus com 48 lugares para os passageiros, dos quais 5/8 foram ocupados. Se sete alunos faltaram à excursão, então nessa sala estudam:

(A) 36 alunos   (B) 37 alunos   (C) 47 alunos   (D) 30 alunos   (E) 29 alunos

Q69) (CM) Em um parque de diversões, existem n brinquedos ao todo, mas somente m brinquedos estão funcionando. Sabendo-se que m/n é uma fração irredutível e que

$$\frac{m}{n} = \frac{\left(\dfrac{198}{9} - 19\right) \div \dfrac{1}{3}}{5 \times \left(\dfrac{4}{5} + \dfrac{5}{4} \div \dfrac{4}{5}\right) \times 4}$$

pode-se afirmar que o número de brinquedos que não está funcionando é igual a:

(A) 21   (B) 17   (C) 9   (D) 4   (E) 36

Q70) (CM) Ali e Babá disputaram um torneio de duplas de dominó; dos jogos que disputaram, venceram 3/5 e empataram 1/4. Se perderam apenas 6 (seis) vezes, quantos jogos a dupla disputou?

Capítulo 6 - FRAÇÕES

(A) 34   (B) 17   (C) 40   (D) 20   (E) 80

Q71) (CM) Numa estrada existem dois restaurantes, um de frente para o outro. Um deles chama-se "Dois Quintos" e o outro, "Oitenta Km". Esses nomes, dados pelos proprietários dos restaurantes, indicam em que ponto eles se localizam, a partir do início da estrada. Qual o comprimento dessa estrada?

(A) 16 Km   (B) 200 Km   (C) 120 Km   (D) 160 Km   (E) 80 Km

Q72) (CM) Num certo país, uma lei para ser aprovada pelo Congresso Nacional necessita de mais da metade dos votos de seus deputados e senadores. Já para uma emenda constitucional, é necessário obter 2/3 dos votos desses mesmos componentes. Considerando-se que o Congresso Nacional desse país possui 600 (seiscentos) componentes, a soma do mínimo de votos para aprovação de uma lei com o mínimo de votos para a aprovação de uma emenda constitucional é

(A) 600   (B) 700   (C) 701   (D) 702   (E) 1200

Q73) (CM) Quantos pedaços iguais a 1/9 de um bolo você precisa comprar para dar 2/3 do bolo ao seu irmão e um bolo inteiro a sua mãe?

(A) 5   (B) 10   (C) 15   (D) 9   (E) 27

Q74) (CM) Vilma leu 20 (vinte) páginas de um gibi, e Paulo Henrique leu 40 (quarenta) páginas de um livro. Dessa forma, Paulo Henrique leu 4/5 do livro e Vilma 2/5 do gibi. Qual a soma entre o total de páginas do gibi e o total de páginas do livro?

(A) 32   (B) 40   (C) 50   (D) 100   (E) 125

Q75) (CM) João, Paula e André comeram pizza na casa da vovó. João comeu 1/3 da pizza, Paula comeu $(1/3)^2$ e André, 3/7. Podemos afirmar que:

(A) Paula comeu mais que João.
(B) André comeu menos pizza do que Paula.
(C) João comeu 25% da pizza.
(D) João comeu mais que André.
(E) Os três, juntos, comeram mais da metade da pizza.

Q76) (CM) A quantidade de dezenas de milhar que existem em 2/5 de um bilhão é:

(A) 40   (B) 400   (C) 4000   (D) 40000   (E) 400000

Q77) (CM) Márcia vai à feira e gasta, em frutas, 1/3 do dinheiro que tem na bolsa. Gasta depois 3/5 do resto em verduras e ainda lhe sobram R$ 20,00. Ela levava, em reais, ao sair de casa,

(A) R$ 75,00   (B) R$ 78,00   (C) R$ 82,00   (D) R$ 70,00   (E) R$ 65,00

Q78) (CM) No primeiro dia de uma jornada, um viajante andou 3/5 do percurso. No segundo dia, andou 1/3 do restante. Levando-se em conta que a distância total a ser percorrida era de 750 km, faltam ao viajante, para completar sua jornada,

(A) 50 km   (B) 150 km   (C) 200 km   (D) 300 km   (E) 350 km

270 MATEMÁTICA PARA VENCER

Q79) (CM) Numa subtração, a soma do minuendo com o subtraendo e o resto é 2160. Se o resto é a quarta parte do minuendo, o subtraendo é:

(A) 570   (B) 810   (C) 1080   (D) 1280   (E) 1350

Q80) (CM) Um automóvel percorreu, no primeiro dia de uma viagem, 2/5 do percurso. No segundo dia, percorreu 1/3 do que faltava e, no 3º dia, completou a viagem percorrendo 300 km. O percurso total, em km, é um número compreendido entre:

(A) 500 e 600   (B) 601 e 700   (C) 701 e 800   (D) 801 e 900   (E) 901 e 1000

Q81) (CM) A fração 204/595 é equivalente à fração irredutível X/Y. Logo, Y - X é igual a:

(A) 51   (B) 47   (C) 45   (D) 29   (E) 23

Q82) (CM) A rodovia que liga duas cidades tem 36 km de extensão. A partir de uma pesquisa feita pelas prefeituras dessas cidades, verificou-se que, com a construção de um túnel de 1 km, a distância que separa essas cidades poderia ser reduzida para 21 km. Caso o túnel fosse construído, a fração da rodovia original que ficaria em desuso seria igual a:

(A) 5/12   (B) 7/12   (C) 4/9   (D) 5/9   (E) 11/18

Q83) (CM) Cinco irmãos receberão, de herança, um grande terreno, a ser dividido nas seguintes condições:

Alfredo: 1/6 da área total, mais 2 lotes na parte restante.
Bernardo: 1/8 da área total, mais 3 lotes na parte restante.
Carlos: 1/12 da área total, mais 7 lotes na parte restante.
Davi: 1/16 da área total, mais 5 lotes na parte restante.
Ernesto: 1/24 da área total, mais 8 lotes na parte restante.

Parte restante: sobra da área total, em relação às frações indicadas para os herdeiros.
Será dividida em 25 lotes, todos de mesma área.

Após tal divisão, a maior e a menor área do terreno caberão, respectivamente, aos irmãos:

(A) Alfredo e Ernesto
(B) Ernesto e Alfredo
(C) Ernesto e Bernardo
(D) Carlos e Davi
(E) Carlos e Bernardo

Q84) (CM) A terceira pista do mapa era: "Das barras de ouro que forem roubadas, 2/5 pertencem a Barba Negra, 1/3 do que sobrar fica para seu melhor amigo, o pirata Fix, e o que restar deve ser dividido entre 50 outros piratas. Ande tantos passos, no sentido da Caverna das Caveiras, quanto for a quantidade de barras que cada um destes piratas ganhará quando forem roubadas 7.500 barras de ouro." Quantos passos Barba Negra andou?

(A) 40   (B) 50   (C) 60   (D) 70   (E) 80

Q85) (CM) Derrotado, Barba Negra tentou fugir, porém seu navio estava muito pesado, chegando aos 50 000 kg. Para ficar mais leve, Barba Negra resolveu jogar no mar metade do ouro que estava levando, reduzindo o peso do navio para 40 500 kg. Percebendo que para o

Capítulo 6 - FRAÇÕES   271

navio atingir o peso ideal de fuga seria necessário jogar fora todo o ouro no mar, Barba Negra, muito contrariado, ordenou que isso fosse feito. Sendo assim, qual era o peso ideal de fuga?

(A) 31.000 kg   (B) 28.000 kg   (C) 25.000 kg   (D) 20.000 kg   (E) 17.000 kg

Q86) (CM) Muitos anos depois, William formou-se como o melhor aluno que já estudara em Babilônia e o Rei convidou-o para fazer parte de um grupo muito especial, os Cavaleiros Alfa. Esse grupo teria a finalidade de manter a paz, fazer justiça e tudo mais que fosse necessário para o bem estar de todos que viviam no reino. Num belo dia, o Rei determinou que cada um dos Cavaleiros Alfa cavalgasse até os reinos e avisasse que haveria uma reunião para decidir sobre a união de todos os reinos e a escolha de um único Rei para todos. Obedecendo ao Rei, cada um dos 20 Cavaleiros Alfa avisou a dois reinos, os quais avisaram, cada um, a outros dois, e estes fizeram a mesma coisa, ou seja, informaram, cada um deles, a outros dois reinos. Sabendo-se que cada um dos reinos avisados possui apenas um Rei, que cada rei foi avisado uma única vez, que apenas 10 % do total de Reis não foram à reunião, e que, nessa reunião, o Rei Morg foi eleito o líder de todos os reis, com 3/4 dos votos, determine com quantos votos ele venceu a eleição.

(A) 147   (B) 154   (C) 163   (D) 172   (E) 189

Q87) (CM) Um Guloso Chocólatra (compulsivo por chocolate), chegou em casa com muita fome e como possuía quatro barras de chocolate de sabores diferentes, mas todas de mesmo tamanho; resolveu abrir todas. Dividiu as quatro barras em oito pedaços iguais, cada uma, comendo a primeira inteira, três pedaços da segunda, dois pedaços da terceira e um pedaço da quarta barra de chocolate. Qual a diferença entre o denominador e o numerador da fração, na sua forma mais simples, que representa a relação entre os pedaços das barras de chocolate comidos pelo Chocólatra e pelos pedaços cortados?

(A) 23   (B) 18   (C) 15   (D) 11   (E) 9

Q88) (CM) Flávio deseja escrever seu próprio testamento, no qual pretende deixar seus bens a três herdeiros: A, B e C. Determinando a fração de 3/5 da fortuna para a pessoa "A" e 3/8 para a pessoa "B", qual percentual deve deixar para a pessoa "C" afim de que totalize o restante da fortuna?

(A) 0,25 %   (B) 0,5 %   (C) 1,25 %   (D) 2 %   (E) 2,5 %

Q89) (CM) Dois Batalhões de Engenharia do Exército farão conjuntamente a pavimentação de uma estrada, cada um trabalhando a partir de uma das extremidades. Se um deles pavimentar 2/5 da estrada e o outro os 81 quilômetros restantes, a extensão dessa estrada é de:

(A) 125 quilômetros
(B) 135 quilômetros
(C) 142 quilômetros
(D) 145 quilômetros
(E) 160 quilômetros

Q90) (CM) Todos os anos, a cidade de Porto Alegre, no Rio Grande do Sul, recebe turistas de todo o Brasil e do exterior. No ano de 2006, em julho, a cidade foi alvo do turismo nacional e internacional. De todos os turistas que estavam em Porto Alegre, 10 % eram de outros países. Dos turistas brasileiros 3/8 eram da região Sudeste e 2/5 do Nordeste. Os turistas, vindos da região Norte do Brasil, representavam 1/4 dos turistas nordestinos e 1620 turistas eram do

272   MATEMÁTICA PARA VENCER

Centro-Oeste e da própria região Sul. Ao todo, a quantidade de turistas que estiveram em Porto Alegre, em julho, foi

(A) 10530   (B) 12960   (C) 13100   (D) 14300   (E) 14400

Q91) (CM) Em 1891, o pai de Alberto ficou muito doente após um acidente e pouco tempo antes de morrer, emancipou seus filhos e distribuiu a herança. No final do século XIX, ao mudar para a França, Alberto tinha em sua conta bancária uma soma correspondente ao que hoje ficaria entre 4 e 5 milhões de dólares e muitas idéias, para lançar-se aos ares. Considerando que a herança foi dividida em 8 partes iguais e que Alberto possuía 5 irmãs e 2 irmãos, identifique a alternativa que representa a parte que coube aos dois irmãos de Alberto Santos Dumont.

(A) 25%   (B) 12,5%   (C) 33%   (D) 75%   (E) 50%

Q92) (CM) O mercadinho "Vende Barato" recebeu 5 caixas de laranjas, contendo 5 dúzias de laranjas em cada uma destas caixas. Ao abrir as caixas, o proprietário notou que, em uma caixa, 1/3 das laranjas estavam estragadas; em outras duas caixas, 2/5 estavam estragadas e nas demais caixas, 1/6 estavam estragadas. Do total, a quantidade de laranjas que estavam boas é:

(A) 300   (B) 100   (C) 88   (D) 212   (E) 258

Q93) (CM, OBM) A herança de José foi dividida da seguinte forma. Um quinto para seu irmão mais velho, um sexto do restante para seu irmão mais novo e partes iguais do que sobrou para cada um de seus 12 filhos. A fração correspondente à herança que cada filho recebeu é:

(A) 1/20   (B) 1/18   (C) 1/16   (D) 1/15   (E) 1/14

Q94) (CM) O Sr. A. Roxo recebe um salário de R$ 2500,00. Para pagar o plano de saúde familiar ele gasta 20% do salário e com aluguel e mercado ele gasta a metade do que sobra. Quanto o Sr. A. Roxo gasta com aluguel e mercado?

(A) R$ 250,00   (B) R$ 500,00   (C) R$ 1000,00   (D) R$ 1750,00   (E) R$ 2000,00

Q95) (CM) Vânia e Luiz resolveram fazer um festival de suco de laranja. Vânia comprou 2,53 centos de laranja e Luiz comprou 9 5/3 dúzias de laranja. O total de laranjas compradas foi:

(A) 128   (B) 253   (C) 282   (D) 340   (E) 381

Q96) (CM) Gil foi de bicicleta para a escola. Inicialmente, pedalou um terço do percurso e parou quando encontrou sua amiga Cíntia que a convidou para sua festa de aniversário. Seguiu e pedalou mais um quarto do restante do percurso e parou novamente; comprou um lápis e quando ia começar a pedalar de novo, observou uma placa informando que ela estava à distância de 900m da sua escola. Qual a distância que Gil percorreu de bicicleta desde o local em que foi convidada para a festa até o local em que comprou o lápis?

(A) 300   (B) 600   (C) 900   (D) 1200   (E) 1800

Q97) (CM) Marcos percorreu 5/7 de uma estrada numa viagem e ainda faltam 32.000 m para terminar a estrada toda. Qual é o percurso total dessa viagem?

(A) 32.000 m   (B) 112.000 m   (C) 16.000 m   (D) 48.000 m   (E) 80.000 m

Capítulo 6 - FRAÇÕES 273

Q98) (CM) João, Antônio e Miguel estavam com muita fome e foram a uma pizzaria. Da primeira pizza, dividida em 5 pedaços iguais, João e Antônio comeram 2 pedaços cada e Miguel comeu um. Da segunda pizza, dividida em 6 pedaços iguais, João comeu 1, Antônio comeu 2 e Miguel comeu 3 pedaços. Da terceira e última pizza, dividida em 8 pedaços iguais, João comeu 4, Antônio e Miguel comeram 2 pedaços cada. Assinale a alternativa que contenha quem comeu mais e menos pizza, nesta ordem.

(A) João e Miguel
(B) Antônio e Miguel
(C) Miguel e João
(D) Antônio e João
(E) Miguel e Antônio

Q99) (CM) O custo de funcionamento de uma máquina de fazer concreto é de R$ 52,00 por cada meia hora. Se dispusermos de R$ 312,00, estes serão suficientes para fazê-la operar por:

(A) 6 h   (B) 5 h   (C) 4 h   (D) 3 h   (E) 2 h

Q100) (CM) Na agência de empregos MEU NOME É TRABALHO, 32% dos cadastrados são homens e 68% dos cadastrados são mulheres. Sabendo-se que 5/8 dos homens são casados e 10/17 das mulheres também, a fração em que o numerador é o número de casados e o denominador é o total de cadastrados nesta agência é equivalente a:

(A) 2/7   (B) 1/3   (C) 4/9   (D) 5/11   (E) 3/5

Q101) (OBM) Numa pesquisa sobre o grau de escolaridade, obtiveram-se os resultados expressos no gráfico abaixo:

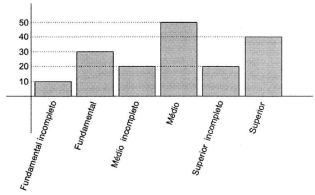

Que fração do total de entrevistados representa o total de pessoas que terminaram pelo menos o Ensino Fundamental?

A) $\dfrac{1}{17}$ B) $\dfrac{3}{13}$ C) $\dfrac{5}{16}$ D) $\dfrac{11}{13}$ E) $\dfrac{16}{17}$

Q102) (OBM) Ana começou a descer uma escada no mesmo instante em que Beatriz começou a subi-la. Ana tinha descido $\dfrac{3}{4}$ da escada quando cruzou com Beatriz. No momento em que Ana terminar de descer, que fração da escada Beatriz ainda terá que subir?

(A) $\frac{1}{4}$　(B) $\frac{1}{3}$　(C) $\frac{1}{12}$　(D) $\frac{5}{12}$　(E) $\frac{2}{3}$

Q103) (OBM) Toda a produção mensal de latas de refrigerante de uma certa fábrica foi vendida a três lojas. Para a loja A, foi vendida metade da produção; para a loja B, foram vendidos 2/5 da produção e para a loja C, foram vendidas 2500 unidades. Qual foi a produção mensal dessa fábrica?

(A) 4166 latas　(B) 10000 latas　(C) 20000 latas　(D) 25000 latas　(E) 30000 latas

Q104) (OBM) Marcelo leva exatamente 20 minutos para ir de sua casa até a escola. Uma certa vez, durante o caminho, percebeu que esquecera em casa a revista Eureka! que ia mostrar para a classe; ele sabia que se continuasse a andar, chegaria à escola 8 minutos antes do sinal, mas se voltasse para pegar a revista, no mesmo passo, chegaria atrasado 10 minutos. Que fração do caminho já tinha percorrido neste ponto?

(A) 2/5　(B) 9/20　(C) 1/2　(D) 2/3　(E) 9/10

Q105) (OBM) 20% de 40 é igual a

(A) 5　(B) 8　(C) 10　(D) 12　(E) 20

Q106) (OBM) Simplificando a fração $(2004+2004)/(2004+2004+2004)$, obtemos:

(A) 2004　(B) 113/355　(C) 1/2004　(D) 2/3　(E) 2/7

Q107) (OBM) Um agricultor esperava receber cerca de 100 mil reais pela venda de sua safra. Entretanto, a falta de chuva provocou uma perda da safra avaliada entre 1/5 e 1/4 do total previsto. Qual dos valores a seguir pode representar a perda do agricultor?

(A) R$ 21.987,53　(B) R$ 34.900,00　(C) R$ 44.999,99
(D) R$ 51.987,53　(E) R$ 60.000,00

Q108) (EPCAr) Uma senhora vai à feira e gasta, em frutas, 2/9 do que tem na bolsa. Gasta depois 3/7 do resto em verduras e ainda lhe sobram R$ 8,00. Ela levava, em reais, ao sair de casa

(A) 45,00　(B) 36,00　(C) 27,00　(D) 18,00

Q109) (EPCAr) No 1º ano do ensino médio de uma escola, 1/3 dos alunos têm menos de 14 anos, 1/4 dos alunos têm idade de 14 a 17 anos, e os 80 alunos restantes têm mais de 18 anos. Com base nisso, pode-se afirmar que

(A) a escola possui mais de 200 alunos no 1o ano do ensino médio.
(B) o total de alunos que têm de 14 a 17 anos é um número maior que 60
(C) a escola possui 128 alunos com pelo menos 14 anos.
(D) a diferença entre o número de alunos com mais de 18 anos e o número de alunos com menos de 14 anos é o dobro de 16

Respostas dos exercícios

E1) A fração é igual à unidade
E2) A fração é igual a zero

Capítulo 6 - FRAÇÕES

E3) A fração é igual ao numerador

E4) É uma fração aparente, igual a um número natural

E5) 1/5, 6/13, 4/3, 8/11, 5/6

E6) 32/80

E7) 24/56

E8) 15/20

E9) 35/56

E10) R: 30/40

E11) Resposta: 6/25

E12) R: 1/6

E13) R: irredutível

E14) R: própria, imprópria

E15) R: aparente

E16) R: decimal

E17) Fração ordinária

E18) SIM

E19) Não. As frações aparentes não são número misto, são números naturais.

E20) 2 1/3, 3 3/5, 2 22/25, 4 2/3, 2 4/7, 1 4/35. 5 2/3, 8 1/3, 2 1/5

E21) 7/2, 21/4, 38/5, 34/3, 17/7

E22) 20 km

E23) 15/40

E24) 45 km

E25) R$ 120,00

E26) 17/18

E27) 1/3, 7/12, 2/3, 4/5, 11/12, 4/3, 17/5

E28) 20/3, 13/20, 7/10, 5/13, 7/16, 3/37

E29) 6/16, 9/24, 12/32

E30) 14/15

E31) 9/48

E32) 45/30, 20/30, 8/30, 1/30, 15/30

E33) José; João

E34) R: o segundo

E35) 48

E36) R: 3/8

E37) 500 ha

E38) João andou mais

E39) No segundo ano

E40) 7,2

E41) R: km 15

E42) R: km 20

E43) R: km 24

E44) 53/40

E45) 1/600

E46) 77/60

E47) 1/3 do total

E48) 187/35

E49) a) 151/70; b) 75/28; c) 4/3; d) 10/7; e) 13/15; f) 1/90; g) 109/77; h) 7/8; i) 1/8; j) 39/10

E50) a) 233/30; b) 193/30; c) 187/35; d) 16/15; e) 11/16; f) 289/36

E51) 600 metros

E52) 72

E53) R$ 100,00

E54) 9/16

E55) a) 3/20; b) 16/7; c) 7/22; d) 65/3; e) 9; f) 2/5; g) 50/11; h) 28/25; i) 5/16; j) 16/125;

276 MATEMÁTICA PARA VENCER

E56) a) 13/2; b) 10; c) 9/2; d) 65/7; e) 9/2; f) 16;
E57) a) 3/8; b) 2/15; c) 5/12; d) 8/15; e) 31/16; f) 7/48;
E58) a) 240; b) 160; c) 22/3; d) 120; e) 21/2; f) 33/10;
E59) 35
E60) 24
E61) 1/90
E62) 150
E63) a) 6; b) 15; c) 6; d) 7; e) 28; f) 25; g) 5; h) 240; i) 56/5; j) 15;
E64) a) 1/14; b) 4/25; c) 36/25; d) 1/4; e) 9/50; f) 21; g) 6/5; h) 3; i) 30; j) 180;
E65) a) 1/2; b) 1/10; c) 5/3; d) 7/4; e) 6; f) 7/24; g) 2/9; h) 1/20; i) 7; j) 11/3;
E66) a) 5/6; b) 39/4; c) 5/4; d) 15/4; e) 10; f) 4/81; g) 15/128; h) 8/5; i) 5; j) 14;
E67) 3
E68) R$ 720,00
E69) R: 81/80
E70) 20/3
E71) 1/12
E72) 35/6
E73) 35/32
E74) 50 minutos
E75) 3/4 e 5/4
E76) 15
E77) 15
E78) 30 anos
E79)
a) 19/180; b) 32/69; c) 13/420; d) 104/441; e) 29/180;
f) 25/104; g) 1147/180 h) 19/18; i) 5/3; j) 58/3;
E80) a) 11/84; b) 49/6; c) 5/11; d) 2/3; e) 97/24;
E81) a) 33/14; b) 1/90;
E82) (D)
E83) Resposta: (D) – é distributiva somente à direita
E84) 55/42
E85) 189/920
E86) Resposta: 42 metros e R$ 294,00
E87) R: 25
E88) R$ 18,00
E89) 1/84, 7/12, 4/12, 3/28
E90) 63/135
E91) 45 km e 1/8
E92) R$ 60,00 e R$ 63,00
E93) (E) 16
E94) 80 metros
E95) R$ 45,00
E96) 60
E97) R$ 12,00; R$ 24,00; R$ 48,00
E98) 13/20
E99) 4/5, 7/15, 1/2, 3/5, 2/3, 10/9
E100) Resp: (A)
E101) Resposta: (E) 21
E102)
a) 3^9; b) 1; c) 59049; d) 425; e) 5/2; f) 52; g) 47/36; h) 18 7/10; i) 56/45; j) 266/141; k) 1/23;

Capítulo 6 - FRAÇÕES

Respostas das questões propostas

Q49) Resposta: (E) 3^9
Q50) Resposta: (C)
Q51) Resposta: (B) 1
Q52) Resposta: (B)
Q53) Resposta: (A)
Q54) Resposta: (E) 160
Q55) Resposta: (A) 1/4
Q56) Resposta: (C) 425
Q57) Resposta: (B)
Q58) Resposta: (C) é a única falsa
Q59) Resposta: (B) 52
Q60) Resposta: (B) 7/16
Q61) Resposta: (D)
Q62) Resposta: (E) 72
Q63) Resposta: (B)
Q64) Resposta: (A) 5
Q65) Resposta: (D) 60
Q66) Resposta: (E)
Q67) Resposta: (B)
Q68) Resposta: (B)
Q69) Resposta: (D) 4
Q70) Resposta: (C) 40
Q71) Resposta: (B) 200 Km
Q72) Resposta: (C) 701
Q73) Resposta: (C) 15
Q74) Resposta: (D) 100
Q75) Resposta: (E)
Q76) Resposta: (D) 40000
Q77) Resposta: (A) R$ 75,00
Q78) Resposta: (C) 200 km
Q79) Resposta: (B) 810
Q80) Resposta: (C)
Q81) Resposta: (E) 23
Q82) Resposta: (C) 4/9
Q83) Resposta: (D)
Q84) Resposta: (C) 60
Q85) Resposta: (A)
Q86) Resposta: (E) 189
Q87) Resposta: (E) 9
Q88) Resposta: (E) 2,5 %
Q89) Resposta: (B)
Q90) Resposta: (E) 14.400
Q91) Resposta: (A) 25%
Q92) Resposta: (D) 212
Q93) Resposta: (B) 1/18
Q94) Resposta: (C)
Q95) Resposta: (E) 381
Q96) Resposta: (C) 900
Q97) Resposta: (B)
Q98) Resposta: (A)
Q99) Resposta: (D)

278   MATEMÁTICA PARA VENCER

Q100) Resposta: (E) 3/5
Q101) Resposta: (E)
Q102) Resposta: (E)
Q103) Resposta: (D)
Q104) Resposta: (B)
Q105) Resposta: (B)
Q106) Resposta: (D)
Q107) Resposta: (A)
Q108) Resposta: (D)
Q109) Resposta: (C)

Prova simulada

Questão 1) Valor: 0,5
Encontre a fração mais próxima de 4/7 cujo denominador seja 16

(A) 11/16   (B) 7/16   (C) 9/16   (D) 10/16   (E) 8/16

Questão 2) Valor: 0,5
Em uma estrada de 180 kM, um motorista viajou 1/3 do total e parou para almoçar, depois percorreu 1/2 do total e parou em um posto de gasolina. Qual fração da estrada representa o trecho restante?

(A) 1/2   (B) 1/3   (C) 1/6   (D) 5/6   (E) 1/4

Questão 3) Valor: 0,5
José leu 1/3 das páginas de um livro. No dia seguinte leu 2/5 das páginas que restaram. No outro dia leu a metade do que faltava, e no último dia leu 30 páginas e terminou o livro. Qual era o número total de páginas do livro?

(A) 90   (B) 150   (C) 120   (D) 180   (E) 100

Questão 4) Valor: 0,5
Um copo cheio de suco equivale a 20% de 1 litro. Uma jarra tem 3/5 de 1 litro. Quantos copos podem ser cheios com esta quantidade de suco?

(A) 5   (B) 4   (C) 6   (D) 3   (E) 9

Questão 5) Valor: 0,5
Calcule

$$\left(\frac{1}{4}+\frac{1}{8}\right)\times\left[\left(\frac{1}{5}-\frac{1}{7}\right)+\left(\frac{2}{3}+\frac{1}{5}\right)\right]\div\left[\left(\frac{3}{5}-\frac{2}{7}\right)\times\left(\frac{3}{4}+\frac{3}{8}\right)-\left(\frac{1}{7}+\frac{1}{8}\right)\right]$$

(A) 39/140   (B) 85/280   (C) 97/24   (D) 26/35   (E) 33/80

Questão 6) Valor: 0,5 (CM)

Simplificando a expressão $\dfrac{6\times12\times18\times24\times30\times36\times42\times48\times54}{10\times16\times12\times2\times14\times6\times18\times8\times4}$

obtém-se:

(A) 3/2   (B) 27/2   (C) 2^6 (D) 6^3 (E) 3^9

Capítulo 6 - FRAÇÕES

Questão 7) Valor: 0,5 (CM)

O valor da expressão $0,6 \cdot \dfrac{1}{3} + \dfrac{4}{5} + \dfrac{\dfrac{3}{9} \cdot 3}{2 - 1,98} + 5^0$

(A) 50   (B) 52   (C) 54   (D) 56   (E) 58

Questão 8) Valor: 0,5 (CM)
No primeiro dia de uma jornada, um viajante andou 3/5 do percurso. No segundo dia, andou 1/3 do restante. Levando-se em conta que a distância total a ser percorrida era de 750 km, faltam ao viajante, para completar sua jornada,

(A) 50 km   (B) 150 km   (C) 200 km   (D) 300 km   (E) 350 km

Questão 9) Valor: 0,5 (CM)
O resultado da expressão numérica $\dfrac{1}{5} + \dfrac{2}{5} \times \dfrac{1}{7} + \dfrac{3}{7}$ é:

(A) 12/35   (B) 17/35   (C) 20/35   (D) 22/35   (E) 24/35

Questão 10) Valor: 0,5 (CM)
A bandeira do Aurora Futebol Clube é formada de 15 retângulos, de mesmo tamanho, pintados com as cores branca, azul e amarela, conforme mostra o desenho abaixo:

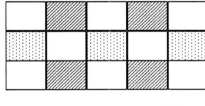

Branco   Azul   Amarelo

A quantidade de tinta branca necessária para pintar a bandeira do Aurora Futebol Clube é equivalente a:

(A) 1/5 da área total da bandeira.
(B) 1/8 da área total da bandeira.
(C) 8/15 da área total da bandeira.
(D) 4/15 da área total da bandeira.
(E) 15/8 da área total da bandeira.

Questão 11) Valor: 0,5 (CM)
A aluna marcela tem uma preferência pelo estudo das frações. Ao observar as frações 5/6, 9/18, 6/8 e 18/27, ela verificou que a soma da menor com a maior é :

(A) 2/3   (B) 4/3   (C) 5/4   (D) 8/3   (E) 3/4

280　　　　　　　　　　　　　　　　　　　　　　　　　　　　MATEMÁTICA PARA VENCER

Questão 12) Valor: 0,5 (CM)
O aluno Fábio, resolveu calcular o valor da expressão $(3/4 + 4/3)$. $(8/7 - 7/8)$ e, como calculou corretamente, encontrou:

(A) 125/224　　(B) 125/212　　(C) 25/24　　(D) 225/224　　(E) 125/24

Questão 13) Valor: 0,5 (CM)

O aluno Davi ao simplificar, corretamente, a expressão $\dfrac{\dfrac{6}{9}}{(28-20)-\dfrac{8}{6}}\times(\dfrac{14}{12}\cdot\dfrac{12}{10})$, obteve o seguinte resultado:

(A) 7/50　　(B) 14/50　　(C) 17/50　　(D) 21/50　　(E) 2/80

Questão 14) Valor: 0,5 (CM)
Na Escola Caminho Feliz, o aluno Lucas leu 20 páginas da revista Galileu e sua amiga Rita leu 36 páginas da revista Veja. Desse modo, Lucas leu 2/5 da Galileu e Rita 4/5 da Veja. Assim, podemos concluir corretamente que o números de páginas da Galileu e da Veja, são respectivamente:

(A) 50 e 15　　(B) 8 e 34　　(C) 50 e 45　　(D) 8 e 28　　(E) 4 e 17

Questão 15) Valor: 0,5 (CM)
Simplificando a expressão:

$$6+\frac{2}{3}\left[3-\frac{1}{6}\left(3:\frac{1}{2}+\frac{2}{5}:\frac{2}{15}\right)\right]$$

Obteremos:

(A) 4　　(B) 5　　(C) 6　　(D) 7

Questão 16) Valor: 0,5 (CM)
Em uma caixa havia chocolates e balas. João abrir a caixa e comeu um terço das balas e um terço dos chocolates que encontrou. Pedro chegou em seguida e comeu metade das balas que encontrou e cinco chocolates. Em seguida o Dr. Feitosa chegou, e havia 5 balas e um terço do número inicial de chocolates. Podemos concluir que a quantidade de guloseimas (balas + chocolates) que João comeu foi:

(A) 13　　(B) 10　　(C) 24　　(D) 54

Questão 17) Valor: 0,5 (CM)
No campo de batalha, Drack, o líder dos elfos, convocou os comandantes dos matemágicos e dos bruxomáticos e disse-lhes: "Não poderá haver guerra. Merlim proibiu que sangue fosse derramado sem necessidade. Além disso, vocês terão que cumprir uma tarefa juntos. Aquele que desobedecer a essa ordem será enviado ao Castelo das Sombras e permanecerá preso por toda a eternidade". Merlim havia determinado que eles construíssem uma escola onde trabalhariam juntos, ensinando Matemática a todos que desejassem. Sabendo-se que os bruxomáticos eram capazes de construir essa escola em 150 dias e que os matemágicos levariam 100 dias para construí-la, em quanto tempo eles construiriam essa escola se trabalhassem juntos?

Capítulo 6 - FRAÇÕES

281

(A) 300 dias   (B) 240 dias   (C) 180 dias   (D) 100 dias   (E) 60 dias

Questão 18) Valor: 0,5 (CM)
A diferença entre um determinado número quadrado perfeito composto por dois algarismos e aquele formado pelos mesmos algarismos escritos em ordem inversa resulta num múltiplo de 21. Determine o resultado da divisão entre o maior e o menor algarismo desse quadrado perfeito.

(A) 3/2   (B) 2   (C) 5/2   (D) 6   (E) 8

Questão 19) Valor: 0,5 (OBM)
O conteúdo de uma garrafa de refrigerantes enche três copos grandes iguais e mais meio copo pequeno ou 5 desses copos pequenos iguais mais a metade de um daqueles grandes. Qual é a razão entre o volume de um copo pequeno e o de um grande?

(A) $\frac{2}{5}$ (B) $\frac{3}{7}$ (C) $\frac{7}{10}$ (D) $\frac{5}{9}$ (E) $\frac{3}{5}$

Questão 20) Valor: 0,5 (OBM)
João disse para Maria: "Se eu lhe der um quarto do que tenho, você ficará com metade do que vai me sobrar". Maria acrescentou: "E eu lhe daria 5 reais, se lhe desse a metade do que tenho". Juntos, os dois possuem:

(A) 80 reais   (B) 90 reais   (C) 100 reais   (D) 120 reais   (E) 130 reais

Solução da prova simulada

Gabarito

1	C	6	E	11	B	16	B
2	C	7	B	12	A	17	E
3	B	8	C	13	A	18	E
4	D	9	E	14	C	19	D
5	C	10	C	15	D	20	B

Soluções

Questão 1)

$\dfrac{4}{7}$ e $\dfrac{x}{16}$; reduzindo ao mesmo denominador, ficamos com:

$\dfrac{4\times16}{7\times16}$ e $\dfrac{x\times7}{16\times7}$; Agora temos que encontrar o múltiplo de 7 mais próximo de 4x16 = 64.

Este múltiplo é 63, ou seja, x=9. A fração pedida é 9/16.

Resposta: (C)

Questão 2)

Trajeto: 180 km

1/3 180 km = 60 km. Restam 120 km. Mais 1/2 do total = 90 km. Restam 30km.

30 km / 180 km = 1/6.

Resposta: (C)

Questão 3)

1° dia: 1/3; restam 2/3

2° dia: 2/5 x 2/3 = 4/15, restam 3/5 x 2/3 = 2/5

3° dia: restam 1/2 x 2/5 = 1/5 = 30 páginas

O livro tem então 150 páginas.

Resposta: (B)

Questão 4)

1 copo = 1/5 L

jarra = 3/5 L

número de copos = 3/5 ÷ 1/5 = 3

Resposta: (D)

Questão 5)

(3/8) x [2/35 + 13/15] ÷ [(11/35).(9/8) – 15/56] =

(3/8).(97/105)÷(24/280)

= 97/24

Resposta: (C)

Questão 6)

$$\dfrac{6\times12\times18\times30\times36\times42\times48\times54}{2\times4\times6\times8\times10\times12\times14\times16\times18} = 3\times3\times3\times3\times3\times3\times3\times3\times3 = 3^{9}$$

Resposta: (E)

Questão 7)

0,6 x (1/3) +4/5 + (1/(2-1,98)) +1 = 1/5 + 4/5 + 1/0,02 +1 = 52

Resposta: (B)

Capítulo 6 - FRAÇÕES

Questão 8)
1º dia: 3/5, restam 2/5
2º dia: 1/3 x 2/5 = 2/15, restam 2/3 de 2/5 = 4/15
Restam 4/15 de 750 km = 200 km.
Resposta: (C)

Questão 9)
1/5 + 2/35 + 3/7 = 24/35
Resposta: (E)

Questão 10)
8 partes / 15 partes = 8/15
Resposta: (C)

Questão 11)
Reduzir todas as mesmo denominador para determinar qual é a menor e qual é a maior.
Menor: 1/2 = 6/12; maior = 5/6 = 10/12
6/12 + 10/12 = 16/12 = 4/3
Resposta: (B)

Questão 12)
(3/4 + 4/3)x(8/7-7/8) = (25/12) x (15/56) = 125/224
Resposta: (A)

Questão 13)
$$\frac{2/3}{8-4/3} \times \left(\frac{7}{6} \times \frac{6}{5}\right) = \frac{2/3}{20/3} \times \frac{7}{5} = \frac{7}{50}$$
Resposta: (A)

Questão 14)
Galileu: 20 páginas = 2/5; total = 50 páginas
Veja: 36 páginas = 4/5; total = 45 páginas
Resposta: (C)

Questão 15)
$$6+\frac{2}{3}\left[3-\frac{1}{6}\left(3:\frac{1}{2}+\frac{2}{5}:\frac{2}{15}\right)\right]=$$
$$6+\frac{2}{3}\left[3-\frac{1}{6}\left(6+\frac{2}{5}\times\frac{15}{2}\right)\right]=6+\frac{2}{3}\left[3-\frac{1}{6}(6+3)\right]=6+\frac{2}{3}\left[3-\frac{3}{2}\right]=6+\frac{2}{3}\left[\frac{3}{2}\right]=6+1=7$$

Resposta: (D)

Questão 16)

	João	Pedro	Dr Feitosa
Balas	1/3	1/3	5
Chocolates	1/3	5	1/3

Balas: 1/3 das balas = 5; total é de 15 balas
Chocolates: 1/3 dos chocolates = 5; total é de 15 chocolates
João comem 5 balas e 5 chocolates
Resposta: (B)

Questão 17)

Bruxomáticos: 150 dias ➜ 1/150 a cada dia
Matemágicos: 110 dias ➜ 1/100 a cada dia
Juntos: 1/150 + 1/100 = 1/60 a cada dia
Trabalho completo: 60 dias
Resposta: (E)

Questão 18)

Opções:
16 e 61 ➜ diferença 45
25 e 52 ➜ diferença 27
36 e 63 ➜ diferença 27
49 e 94 ➜ diferença 45
64 e 46 ➜ diferença 18
81 e 18 ➜ diferença 63 (único múltiplo de 21)
8/1 = 8
Resposta: (E)

Questão 19)

$3G + P/2 = G/2 + 5P$
$5G/2 = 9P/2$
$P/G = 5/9$
Resposta: (D)

Questão 20)

Suponha que João tem a e Maria tem b:
João ➜ a ➜ 3a/4
Maria ➜ b+a/4
$(b+a/4) = (1/2) \times (3a/4)$
$8b+2a = 3a$
$a=8b$.
João tem 8b, Maria tem b.
R$ 5,00 é a metade de b, então b=R$ 10,00 e a=R$ 80,00
Resposta: (B)

Capítulo 7

Números decimais

Fração decimal

Vimos no capítulo 6 que uma *fração decimal* é uma fração na qual o denominador é 10 ou uma potência superior de 10. Exemplos:

$$\frac{3}{10}, \frac{27}{100}, \frac{4}{10}, \frac{14}{1000}$$

Todas as demais frações, que não possuem denominador que é uma potência de 10, são chamadas *frações ordinárias*.

Nada impede que tenhamos uma fração ordinária que seja equivalente a uma fração decimal. Por exemplo, as frações

$\frac{4}{10}$ e $\frac{2}{5}$ são equivalentes, pois são representações do mesmo número. Entretanto a forma 4/10 é uma fração decimal, enquanto 2/5 é uma fração ordinária.

Número decimal

Toda fração decimal pode ser representada na forma de um *número decimal*. Por exemplo:
3/10 = 0,3
27/100 = 0,27
45/10 = 4,5
722/10 = 72,2

A parte do número que fica à esquerda da vírgula é chamada *parte inteira*. Os algarismos que ficam à direita da vírgula formam a *parte decimal*. São chamados *algarismos decimais*.

Para converter uma fração decimal em um número decimal equivalente, basta escrever o numerador e acrescentar uma vírgula à direita do algarismo das unidades. Depois andamos para a esquerda com a vírgula, tantos algarismos quanto forem os zeros do numerador. Note que isso vale apenas para frações decimais.

Por exemplo: converter 346/10000 em número decimal
346/10000 ➜ 346, ➜ 34,6 ➜ 3,46 ➜ 0,346 ➜ 0,0346

286   MATEMÁTICA PARA VENCER

Como eram quatro zeros na potência de 10 do denominador, andamos com a vírgula quatro casas para a esquerda.

Também é preciso saber como são chamados esses números. Vejamos alguns exemplos:

0,1 = um décimo
0,01 = um centésimo
0,001 = 1 milésimo
0,0001 um décimo de milésimo
0,25 = vinte e cinco centésimos (já que o segundo algarismo depois da vírgula é o algarismo dos centésimos)
0,3 = três décimos (já que o primeiro algarismo depois da vírgula é o algarismo dos décimos).

Exercícios

E1) Escreva as seguintes frações decimais na forma de números decimais:
a) 27/1000
b) 456/10
c) 12/10000
d) 5/100
e) 156/100
f) 1/1000
g) 500/10
h) 27/10

E2) Escreva as seguintes porcentagens na forma de fração decimal:
a) 20%
b) 5%
c) 1%
d) 1,3%
e) 0,5%
f) 1,25%
g) 162%
h) 200%

E3) Escreva as frações decimais correspondentes aos seguintes números decimais:
a) 0,3
b) 1,2
c) 0,01
d) 1,75
e) 3,24
f) 100,1
g) 0,0002
h) 0,000001

Frações ordinárias e números decimais

Sabemos que uma fração é na verdade uma divisão. Quando estamos operando apenas com números naturais, devemos indicar o quociente e o resto da divisão, que também devem ser números naturais. Por exemplo:

$$\frac{13}{2} = 6\frac{1}{2}$$

Capítulo 7 – NÚMEROS DECIMAIS 287

Se dividirmos 13 por 2, encontraremos quociente 6 e resto 1. O quociente é a parte inteira do número misto, o resto é o numerador da parte fracionária do número misto. Entretanto, podemos continuar fazendo a divisão, e eventualmente chegar ao resto zero, se trabalharmos com números decimais. Se dividirmos 1 por 2, encontraremos exatamente 0,5. Então representamos o número misto 6 1/2 como 6 + 0,5 = 6,5.

A idéia dessa divisão é colocar uma vírgula depois da parte inteira e continuar fazendo a divisão, até encontrar resto zero. A seqüência abaixo mostra os passos dessa divisão:

13	2	Fazemos a divisão até chegar ao resto.
1	6	

13	2	Colocamos uma vírgula depois do quociente e abaixamos um zero para
10	6,	continuar dividindo. No caso, 1 se transforma em 10

13	2	10 dividido por 2 dá 5 e resto 0. Se ainda existisse resto, continuaríamos
10	6,5	dividindo, até chegar ao resto zero, ou até atingir o número de dígitos
0		desejados (precisão) depois da vírgula.

Então, $13 \div 2 = 6,5$

Portanto não só as frações decimais podem ser convertidas em números decimais. Frações ordinárias também podem, basta realizar as divisões.

Outros exemplos:
11/2 = 5,5
9/4 = 2,25
1/8 = 0,125
16/5 = 3,2
12/5 = 2,4

Vimos que qualquer número decimal pode ser convertido em fração decimal. Por exemplo, 2,4 é o mesmo que 24/10. Quando a fração decimal resultante puder ser simplificada, será equivalente a uma fração ordinária.

Exemplo:
2,4 = 24/10 = 12/5

Neste exemplo temos:
2,4 ➔ número decimal
24/10 ➔ fração decimal
12/5 ➔ fração ordinária, resultante da simplificação da fração decimal 24/10

Outro exemplo:
Converter 3,25 em fração ordinária
Um caminho é representar como decimal e simplificar:
$$\frac{325}{100} = \frac{65}{20} = \frac{13}{4}$$
Outro caminho mais rápido é separar a parte inteira e converter apenas a parte decimal, depois da vírgula:

$$3,25 = 3 + 0,25 = 3 + \frac{25}{100} = 3 + \frac{1}{4} = \frac{13}{4}$$

Normalmente fazer dessa forma resulta em menos cálculos. Para isso é bom memorizar alguns resultados:

0,2 = 1/5
0,4 = 2/5
0,6 = 3/5
0,8 = 4/5
0,125 = 1/8
0,25 = 1/4
0,5 = 1/2
0,75 = 3/4

Exercícios

E4) Converta as seguintes frações ordinárias em números decimais:
a) 1/4
b) 5/4
c) 7/5
d) 2 1/5
e) 7/8
f) 15/4
g) 3/25
h) 3/20

E5) Converta os seguintes números decimais em frações ordinárias irredutíveis
a) 1,25
b) 0,35
c) 0,75
d) 0,625
e) 0,125
f) 3,4
g) 7,2
h) 4,25

Operações com números decimais

Números decimais podem ser somados, subtraídos, multiplicados e divididos. A regra geral é alinhar os números, vírgula sobre vírgula.

Exemplo: Calcule 1,375 + 0,02

```
1,375
0,020
=====
1,395
```

Note que armamos a conta com vírgula sobre vírgula. Em conseqüência ficamos com décimos sobre décimos, centésimos sobre centésimos, etc. Podemos completar com zeros as casas decimais do número com menos casas decimais. Escrevemos então 0,020 ao invés de 0,02

Exemplo: Calcule 5 – 0,33

Capítulo 7 – NÚMEROS DECIMAIS

```
5,00
0,33
====
4,67
```

Exemplo: Calcule 1,7 x 0,3
Primeiro multiplicamos normalmente os números, mas eliminando a vírgula:

```
17
x3
==
51
```

Agora falta colocar a vírgula. O número de casas decimais do produto será a soma do número de casas decimais dos números que foram multiplicados. Como 1,7 tem uma casa decimal e 0,3 tem uma casa decimal, o resultado terá 1+1=2 casas decimais. Portanto o resultado será 0,51.

Exemplo: Calcule 2,56÷0,8
A primeira coisa a fazer é eliminar a vírgula. Devemos andar com a vírgula a mesma quantidade de casas, no dividendo e no divisor. O dividendo tem 2 casas, e o divisor tem 1 casa, então teremos que andar duas casas em ambos. Ficamos com:

256÷80

Note que isso equivale a multiplicar o dividendo e o divisor por 100. O quociente não se altera, desde que seja uma divisão exata, ou seja, sem resto.

```
  256  │ 80
 -240  │ 3,2
 ====
  160
    0
```

Para evitar cálculos trabalhosos, é sempre bom simplificar a fração antes de fazer a divisão:

$$2,56 \div 0,8 = 256 \div 80 = \frac{256}{80} = \frac{128}{40} = \frac{64}{20} = \frac{32}{10} = 3,2$$

Quase sempre podemos "fugir" de uma divisão trabalhosa, como nesse caso, através de simplificação. Como nosso objetivo aqui era encontrar o número decimal, não continuamos simplificando depois que chegamos no denominador 10, ficamos com 32/10 = 3,2. Se continuássemos simplificando encontraríamos 16/5, que daria de qualquer forma, 3.2, depois de realizar a divisão.

Expressões com números decimais

As expressões aritméticas, já ensinadas no capítulo 4, e relembradas no capítulo 6, usando frações, podem envolver também números decimais. Usamos as mesmas regras de precedência entre as operações (multiplicações e divisões são feitas primeiro, na ordem em que aparecem, adições e subtrações são feitas depois, na ordem em que aparecem) e de manuseio dos parênteses, colchetes e chaves.

290   MATEMÁTICA PARA VENCER

Exemplo: Calcule

$$\left[\left(\frac{3}{2}-1,3\right)+\left(\frac{3}{4}+\frac{1}{6}\times 2,4\right)\right]\div\frac{9}{10}$$

O ideal é transformar todos os números decimais em frações decimais, que podem eventualmente ser simplificadas, tornando-se frações ordinárias. Recaímos então no caso de expressões com frações. Trocando 1,3 por 13/10 e 2,4 por 24/10 = 12/5, ficamos com:

$$\left[\left(\frac{3}{2}-\frac{13}{10}\right)+\left(\frac{3}{4}+\frac{1}{6}\times\frac{12}{5}\right)\right]\div\frac{9}{10}=$$

$$\left[\left(\frac{15}{10}-\frac{13}{10}\right)+\left(\frac{3}{4}+\frac{2}{5}\right)\right]\div\frac{9}{10}=$$

$$\left[\left(\frac{2}{10}\right)+\left(\frac{15}{20}+\frac{8}{20}\right)\right]\div\frac{9}{10}=$$

$$\left[\left(\frac{4}{20}\right)+\left(\frac{23}{20}\right)\right]\div\frac{9}{10}=\frac{27}{20}\times\frac{10}{9}=\frac{3}{2}$$

Portanto, quando uma expressão tem números decimais envolvidos, transforme-os em fração decimal e simplifique se for possível. O caminho inverso seria transformar todas as frações em números decimais e ficar com uma expressão só com números decimais. Este caminho é muito mais trabalhoso por dois motivos: pode resultar em muitas casas decimais e pode resultas em dízimas periódicas. Converter tudo em frações é muito mais fácil.

Exercícios

E6) Efetue as seguintes expressões:

a) $\left[\left(\frac{4}{7}-\frac{1}{3}\right)\times\left(0,4+\frac{1}{8}\right)\right]\div\left(\frac{2}{3}-0,2\right)$

b) $\left[\left(0,6-\frac{2}{7}\right)\times\left(0,75+\frac{1}{8}\right)\right]\div\left(\frac{5}{2}-0,4\right)$

c) $\left[\frac{2}{3}\times\left(\frac{1}{3}+0,125\right)+\left(1,25\div 4,5\right)\right]\div\left(\frac{4}{7}-0,5\right)$

d) $\left[\left(1-0,5\times\frac{1}{3}\right)\times\left(\frac{2}{3}\div\frac{2}{1,5}\right)\right]\div\left(\frac{2,2}{3,3}+0,25\right)$

e) $\left[\left(0,4-\frac{1,3}{9,1}\right)\div\left(0,25+\frac{1}{8}\right)-\left(0,2-\frac{1,2}{8,4}\right)\right]\div\left(3,5-\frac{1}{5}\right)$

f) $\left(0,25+\frac{1}{8}\right)\times\left[\left(0,2-\frac{1}{7}\right)+\left(\frac{2}{3}+0,2\right)\right]\div\left[\left(0,6-\frac{2}{7}\right)\times\left(0,75+\frac{3}{8}\right)-\left(\frac{1}{7}+0,125\right)\right]$

Capítulo 7 – NÚMEROS DECIMAIS

Dízimas periódicas

Até agora vimos números decimais com poucas casas decimais. Ao realizarmos a divisão do numerador pelo denominador, encontramos sempre resto zero depois de algumas casas decimais. Esta característica (número de casas decimais limitado) ocorre somente quando o denominador possui apenas potências de 2 e de 5. Quando existem outros fatores primos, a divisão nunca chegará a resto zero (levando em conta que a fração é simplificada antes de iniciarmos a divisão).

Vamos ver o que ocorre quando tentamos dividir 1 por 3. Ficamos com:

```
1          | 3
10         | 0,333333...
 10
  10
   10
    10
     10...
```

A conta não termina nunca. O dígito 3 se repete infinitas vezes. Dizemos que 0,333... é uma *dízima periódica*. O seu *período*, ou seja, a parte que se repete, é 3.

Vejamos outro exemplo: 27/11

```
27         | 11
 50        | 2,454545...
  60
   50
    60
     50
      60
       ...
```

O número encontrado, 2,454545... é uma dízima periódica. A *parte inteira* é 2. A *parte periódica*, também chamada de *período*, é 45

Em alguns casos os algarismos demoram muito até começar a repetição. Por exemplo:

1/7 = 0,142857142857142857142857142857...

O período é 142857

Em alguns casos o período é muito longo. Por exemplo, 1/47 tem um período com 46 algarismos, o que é muito raro.

Felizmente nas questões de matemática apresentadas em provas e concursos, os períodos são pequenos, dificilmente com mais de 5 algarismos.

Não precisamos escrever indefinidamente o período. É preciso escrever o número com quantas casas decimais que sejam necessárias para percebermos qual parte está se repetindo. Por exemplo, no número 3,4565656... o período é 56, e não 456, nem 3456. Podemos então escrevê-lo simplesmente como 3,45656..., o que deixar claro que a parte que se repete é 56.

292   MATEMÁTICA PARA VENCER

Outra forma de representar o período é colocar um traço horizontal sobre a parte que se repete. Por exemplo:

3,4$\overline{56}$ – Fica claro que o período é 56.

Outro método é colocar o período entre parênteses. O número decimal 3,4565656... poderia portanto ser escrito como:

3,4(56)

OBS: 0,333333 não é dízima periódica, pois não tem sinal indicador de período (reticências, ou barra horizontal sobre o período, ou parênteses em torno do período).

Período e anteperíodo

Os dígitos que não se repetem, caso existam, formam o que chamamos de *anteperíodo*, enquanto a parte que se repete é chamada de *período*. Por exemplo, em 3,4(56), o anteperíodo é 3,4 e o período é 56.

Dízima periódica simples e dízima periódica composta

A dízima periódica simples é toda aquela na qual o período inicia imediatamente depois da vírgula. Exemplos:

0,333...
0,414141...
4,1111...
4,141414...
5,73737373...

Dízimas periódicas compostas possuem algarismos na parte decimal que não fazem parte do período. Exemplos:

3,4777...
2,95323232...
0,3222...

Exercícios

E7) Transforme as seguintes frações em dízimas periódicas
a) 1/3
b) 2/9
c) 4/6
d) 3/7
e) 4/3
f) 8/11
g) 1 2/9
h) 3 1/3
i) 5 3/7
j) 19/15

Capítulo 7 – NÚMEROS DECIMAIS

Fração geratriz

Fração geratriz de uma dízima periódica é aquela fração que, ao ser convertida em número decimal, resulta na dízima periódica em questão. Por exemplo, 1/9 é a fração geratriz da dízima 0,111...

É preciso saber fazer o cálculo inverso, ou seja, dada uma dízima periódica, determinar a sua fração geratriz. Existem duas pequenas "fórmulas mágicas" para cálculo da fração geratriz:

Fração geratriz de uma dízima periódica simples

Inicialmente devemos identificar qual é o período e qual é o número de algarismos do período.

Exemplo:
0,5656... : Período: 56 (2 algarismos)

Uma vez definido o período e o seu número de algarismos, a fração geratriz será:

Numerador: O período
Denominador: Tantos algarismos 9 quanto forem os algarismos do período.

No caso de 0,565656..., temos:

$$0,565656... = \frac{56}{99}$$

Lembre-se que este método é somente para dízimas periódicas simples. Se tivermos uma dízima como 2,565656..., note que é também uma dízima periódica simples, na qual a parte inteira é 2. Ficamos então com o número misto:

$$2\frac{56}{99}$$

Fração geratriz de uma dízima periódica composta

Dízima periódica composta é aquela que tem parte do anteperíodo à direita de vírgula. Também nesse caso separamos a parte inteira da parte fracionária.

Exemplo:
3,4565656... ➔ devemos separá-la em 3 + 0,4565656...
Levando em conta apenas a parte fracionária, ficamos com anteperíodo 4 e período 56. Agora aplicamos a seguinte regra para encontrar a fração geratriz da dízima periódica composta:

Numerador:
Diferença entre a o número formado pelo anteperíodo seguido de um período, e o anteperíodo.

Denominador:
Tantos "9" quantos forem os algarismos do período, seguidos de tantos "0" quantos forem os algarismos do anteperíodo.

Exemplo:
3,456565656...

294   MATEMÁTICA PARA VENCER

Desmembramos em $3 + 0,4565656...$

A fração que gerou $0,45656...$ será:
Numerador: $456 - 4$ (anteperíodo seguido do período, menos o anteperíodo)
Denominador: 990 (99 porque o período tem 2 algarismos e 0 porque o anteperíodo tem 1)

Ficamos então com $452/990$. A fração geratriz será então:
$$3\frac{452}{990}$$

Outro método

Este outro método é mais simples para memorizar, apesar de resultar em algumas contas a mais.

a) Chame a fração procurada de x.

b) Multiplique a dízima inteira por 10, 100, 1000, conforme o período tenha 1, 2, 3 ou mais algarismos. O x resultará em 10x, 100x, 1000x, etc.

c) Subtraia x do número de "x" encontrado acima, e subtraia a dízima da nova dízima encontrada acima.

d) Termine de resolver a equação para encontrar x.

Ficará bem claro com um exemplo. Vamos usar este método para calcular a geratriz de $0,565656...$
$100x \quad = 56,565656...$
$x \quad\quad = 0,565656...$

Quando subtrairmos, o lado esquerdo da igualdade resultará em 99x. O lado direito da igualdade resultará em 56, já que a parte periódica vai resultar em zero $(0,5656... - 0,5656... = 0)$.

$99x = 56$
$x = 56/99$

Este método serve tanto para dízimas simples quanto para dízimas compostas.
Vejamos outro exemplo:

Exemplo: $3,45656... = 3 + 0,45656...$
$x \quad\quad = 0,456565656...$
$100x \quad = 45,65656...$

Subtraindo o segundo menos o primeiro, ficaremos à esquerda com 99x. No lado direito da igualdade, o $0,05656...$ vai cancelar, ficando apenas $45,6-0,4$

O valor de x será $45,2/99 = 452/990$

Então a fração geratriz é
$$3\frac{452}{990}$$

Capítulo 7 – NÚMEROS DECIMAIS

Identificando a dízima sem efetuar a divisão

Vimos que algumas frações resultam em um número decimal com um número finito de casas decimais. Outras resultam em dízimas periódicas, que podem ser simples ou compostas. Tudo dependerá dos fatores primos existentes no denominador, depois que a fração é simplificada. Um tipo de problema clássico é identificar o tipo de dízima gerada por uma fração, porém sem realizar a divisão. Realizar a divisão quase sempre resolve o problema, mas em alguns casos pode ser muito trabalhoso. Por exemplo, o denominador 47 resulta em uma dízima com período de 46 algarismos! Isso nem pode ser representado na melhor das calculadoras. O método que vamos ensinar permite identificar o tipo de dízima (exata, periódica simples ou periódica composta, juntamente com o número de algarismos do anteperíodo), sem efetuar a divisão. Para identificar o tipo de dízima, sem efetuar a divisão, faça o seguinte:

1) Simplifique a fração, tornando-a irredutível, ou seja, com o numerador e denominador primos entre si.

2) Fatore o denominador

3) Se o denominador tiver exclusivamente fatores 2 e 5, o número resultante é decimal exato, ou seja, não é uma dízima periódica. O número de algarismos depois da vírgula é igual à maior potência de 2 ou 5 (o que tiver a maior).

4) Se o denominador tiver qualquer outro fator que não seja 2 ou 5, a fração gera uma dízima periódica.

   4.1) Se o denominador não tiver fatores primos 2 e 5, e apenas outros fatores primos, a fração gera uma dízima periódica simples.

   4.2) Se o denominador tiver, além de outros fatores primos, o fator 2 ou o fator 5, então a fração gera uma dízima periódica composta, e o número de algarismos do *anteperíodo* é o maior expoente entre os fatores 2 e 5.

   4.3) Não existe método para identificar o número de algarismos do período, somente fazendo a divisão.

Exemplo: 1/320
Não resulta dízima periódica, pois o denominador (a fração já está na forma irredutível) não tem outros fatores primos além de 2 e 5 ($320 = 2^6.5$). De fato, se efetuarmos a divisão, encontraremos um número decimal exato: 0,003125

Exemplo: 25/21
Resulta em uma dízima periódica simples. A fração, já simplificada, tem no seu denominador os fatores primos 3 e 7. De fato, efetuando a divisão encontramos
1,190476190476190476190476...

Exemplo: 31/35
É uma dízima composta, pois tem o fator 5 no denominador.
De fato, ao realizamos a divisão, encontramos 0,8857142857142857142857142857142...
Note que o anteperíodo é 8, o período é 857142. O período tem 1 dígito, que é a potência do fator primo 5 no denominador.

Exemplo: 25/147

O denominador é 3 x 49, não tem fatores 2 ou 5 no denominador, então é uma dízima periódica simples.

Exemplo: 38/39
É uma dízima periódica simples, o denominador só tem fatores 3 e 13. De fato, efetuando a divisão, encontramos: 0,974358974358974358974358974358..., dízima periódica simples com período 974358

Divisão com aproximação

Como vimos, nem sempre as operações com números decimais resultam em valores exatos. Podemos obter exatidão na adição, subtração e multiplicação, mas o problema está na divisão. Em muitos casos chegamos a dízimas periódicas. Em outros casos a divisão chega ao final, mas com muitas casas decimais. Algumas vezes temos que realizar a divisão com aproximação de um certo número de casas decimais.

Exemplo: Calcule 15/8 com aproximação de 0,01.
Nesse caso realizamos o cálculo e paramos quando chegarmos à segunda casa decimal.

```
15   | 8
  70 | 1,87
   60
    4
```

Portanto o valor de 15/8 é 1,87 com aproximação de 0,01. O resto encontrado foi 0,04

Muitas vezes, ao realizarmos uma divisão, multiplicamos o dividendo e o divisor por uma potência de dez, para não ter que lidar com a vírgula. O quociente já estará com a vírgula no lugar errado, porém o resto precisará ser ajustado. Será preciso dividir o resto encontrado pela mesma potência de 10 que usamos para multiplicar o dividendo e o divisor.

Exemplo: Dividir 2,5 por 0,7, dar o resultado com precisão de 0,01, e o resto.
Vamos multiplicar o dividendo e o divisor por 10 para não ter que lidar com a vírgula, ficamos então com 25/7

```
25   | 7
  40 | 3,57
   50
    1
```

O quociente da operação é 3,57 e o resto é 0,01. Na verdade o resto precisa ser agora dividido por 10, para compensar a multiplicação que fizemos no início do problema. O resto verdadeiro é portanto 0,001. De fato, se multiplicarmos 0,7 por 3,57 e somarmos 0,001 encontraremos 2,5.

Exercícios

E8) Encontre a fração geratriz das seguintes dízimas periódicas:
a) 0,323232...
b) 1,777...
c) 3,1818...
d) 0,555...
e) 0,999...
f) 2,1333...

Capítulo 7 – NÚMEROS DECIMAIS 297

g) 0,1333...
h) 2,4141...
i) 2,666...
j) 8,333...
k) 16,666...
l) 5,111...
m) 0,444...
n) 0,0666...
o) 0,13232...
p) 0,058333...
q) 0,131313...
r) 0,7432432432...
s) 0,00666...
t) 5,4747...

E9) Sem efetuar a divisão, identifique o tipo de dízima (decimal exato, dízima periódica simples, dízima periódica composta), e no caso da periódica composta, indicar o número de algarismos do anteperíodo:

a) 2/15
b) 7/24
c) 55/64
d) 3/13
e) 5/27
f) 20/47
g) 1/9
h) 16/21
i) 4/30
j) 23/48

E10) Sem efetuar a divisão, indique o número de algarismos depois das vírgula, das seguintes frações que resultam em decimais exatas:
a) 23/40
b) 5/64
c) 121/80
d) 32/2000
e) 15/64
f) 1/16

E11) Juquinha precisava resolver um exercício de matemática que consistia em descobrir que tipo de dízima resulta na divisão 25/147. Não estava conseguindo resolver e colocou a pergunta em um fórum da Internet: "Que espécie de dízima gera a fração 25/147?". Alguns usuários do fórum tentaram ajudar Juquinha com suas respostas. A melhor resposta foi a de Jonas, escolhida por votação, com 6 votos.

I) Jonas: Segundo minha calculadora científica, é uma dízima infinita, e não periódica, então 25/147 é um número irracional (eu acho).
II) Abel: Segundo calculei aqui, 25/147= 0,1700680272, então nem é uma dízima
III) Walter: A resposta é uma dízima só que não periódica:
25/147= 0,17006802721088435374149659863946...
IV) Haroldo: Dizima periódica composta 0,170068027 ai sempre repete-se ....

Em relação às afirmações acima, qual observação está correta?

(A) O comentário de Jonas está errado porque todo número da forma p/q, onde p e q são números naturais com q diferente de 0, é um racional.

(B) O comentário de Abel está errado, sua calculadora não mostrou o período inteiro e ele calculou erradamente que não é uma dízima periódica.

(C) Não é usual em matemática, o termo "dízima não periódica". O número é dízima periódica. Toda fração irredutível com fatores primos diferentes de 2 ou 5 no denominador resultam em dízimas periódicas, em alguns casos o período pode ser muito longo e não ser visto nas calculadoras.

(D) O Haroldo sabe o que é uma dízima composta, mas é errado supor que depois dos algarismos citados começa o período.

(E) Todas as observações A, B, C e D estão corretas.

Exercícios

E12) Quais das frações abaixo são frações decimais?
1/5, 2/10, 3/7, 25/100, 30/100

E13) Quais das seguintes frações são equivalentes a números decimais?
1/3, 2/5, 13/25, 23/40, 1/125, 3/50, 15/60

E14) Calcule 0,999...

E15) Quais das seguintes frações geram dízimas periódicas?
2/11, 7/32, 25/64, 3/125, 34/400, 18/600, 13/200

E16) Converter em números decimais:
a) 15/40
b) 17/8
c) 143/25
d) 12/50
e) 3/16
f) 81/200

E17) Escreva as frações decimais correspondentes aos números decimais abaixo:
a) 0,318
b) 2,75
c) 4,13
d) 8,1
e) 7,5
f) 3,25

E18) Calcule:
a) $(1,38 - 0,92) \div (0,2 \times 0,1)$
b) $[(0,3 \times 0,4 \times 0,7) - (0,014)] \div [2 \div 0,1]$
c) $0,2 \times 0,3 + 0,7 \times 0,5 - 9 \times 0,2 \div 10$
d) $3,6 \div 7,2$
e) $5 \times (4,3 \times 17 - 8,2 \times 8)$

E19) Calcule
a) $10 \times 9,2 - 8,2 \times 7 + 6 \times 5,2 - 4,3 \times 3$
b) $(1,2 + 3 \times 12,6) \times (1,5 + 4,2 \times 5)$
c) $1,1 \times 1,1 \times 1,1$

Capítulo 7 – NÚMEROS DECIMAIS 299

E20) Calcule:
a) $1{,}2^2$
b) $3{,}2^2$
c) $1{,}5^3$
d) $2{,}5^2$
e) $1{,}1^3$
f) $4{,}3^2$

E21) Calcule

$$\left[\left(6{,}5-\frac{1{,}2}{9{,}6}\right)\div\left(0{,}25+\frac{1}{6}\right)-\left(1{,}25-\frac{1{,}2}{4{,}8}\right)\right]\div\left(2{,}5-\frac{1}{2}\right)$$

E22) Diga qual é o anteperíodo e qual é o período das seguintes dízimas periódicas:
a) 4,3888...
b) 1,222...
c) 34,4242...
d) 0,999...
e) 2,133...
f) 3,1666...

E23) Calcule as dízimas periódicas geradas pelas seguintes frações:
a) 2/15
b) 4/7
c) 7/11
d) 5/6
e) 20/3
f) 4/99

Um número famoso: 0,999...

Muitos pensam que este número é aproximadamente igual a 1. Que é quase igual a 1. Na verdade este número é **exatamente igual a 1**. Se usarmos o método ensinado para encontrar a fração geratriz da dízima, termos:

$$\frac{9}{9}=1$$

Outro método de mostrarmos que este número vale 1 é o seguinte: chamemos o número de x.
X=0,999...
Se calcularmos 10X, será igual a
10X = 9,999... (basta andar com a vírgula uma casa para a direita)
Como 9,999... é igual a 9 + 0,999..., podemos escrever como:

10X = 9 + X
9X = 9
X=1

É um resultado simples, mas é bem melhor conhecê-lo no horário de estudo, e não no meio de uma prova.

Números famosos: potências de 2

Aparecem com relativa freqüência em expressões matemáticas, as potências de 2, principalmente envolvendo numeradores e denominadores candidatos a simplificação. Se partirmos de 1 e formos sempre dobrando o valor, teremos uma série de potências de 2:

1, 2, 4, 8, 16, 32, 64, 128, 256, 512, 1024, 2048, 4096, 8192...

É útil conhecer esses números, por exemplo, para problemas que envolvem operações com potências. Aqui vai então uma pequena tabela com esses famosos números:

$2^0 = 1$	$2^5 = 32$	$2^{10} = 1024$
$2^1 = 2$	$2^6 = 64$	$2^{11} = 2048$
$2^2 = 4$	$2^7 = 128$	$2^{12} = 4096$
$2^3 = 8$	$2^8 = 256$	$2^{13} = 8192$
$2^4 = 16$	$2^9 = 512$	$2^{14} = 16384$

Questões resolvidas

Q1) (CM) Rosa mora em Salvador e quer visitar a Chapada Diamantina num feriado prolongado. A viagem de ida e volta custa R$ 107,50 de ônibus, mas Rosa está querendo ir com seu carro que percorre, em média, 12 km com um litro de gasolina. O litro de gasolina custa R$ 2,70 e Rosa calcula que terá que percorrer 900 km com seu carro e pagar R$ 48,00 de pedágio. Como decidiu ir de carro, resolveu chamar duas amigas para repartir igualmente os gastos. Dessa forma, Rosa irá:

(A) economizar R$ 20,00
(B) gastar apenas R$ 2,00 a mais do que se fosse de ônibus
(C) economizar R$ 24,00
(D) gastar o mesmo do que se fosse de ônibus
(E) gastar R$ 14,00 a mais do que se fosse de ônibus

Solução:
Custo da viagem de ônibus, ida e volta: R$ 107,50
Vamos calcular o custo da viagem de carro:
Somar o preço da gasolina para ida e volta, mais o pedágio ida e volta, e dividir o total por 3 (Rosa e mais duas amigas).

Litros de gasolina: 900 km ÷ 12 km/litro = 75 litros
Gasto com gasolina: 75 x R$ 2,70 = R$ 202,50
Adicionando o pedágio: R$ 202,50 + R$ 48,00 = R$ 250,50
Dividindo por 3: 250,50÷3 = R$ 83,50
Economia: R$ 107,50 – R$ 83,50 = R$ 24,00

Resposta: (C)

Q2) Efetuar $(0,1333... : 0,2) : (1/1,2)$

Solução:
$0,1333... = (13-1)/90 = 12/90 = 2/15$
$0,2 = 1/5$
$1/1,2 = 10/12 = 5/6$

Capítulo 7 – NÚMEROS DECIMAIS

301

Ficamos então com:

$$\left(\frac{2}{15} \div \frac{1}{5}\right) \div \frac{5}{6} = \frac{2}{3} \div \frac{5}{6} = \frac{4}{5}$$

Resposta: 4/5

Q3) (CM) Na padaria "Pão Quente", Netinho comprou 6 pães que, juntos, pesaram 300g, por R$ 1,65. No dia seguinte, Sr Manoel, dono da padaria, fez uma promoção onde o pão estava com desconto de 20%. Se Netinho comprar 450g de pão, neste dia da promoção, ele pagará:

(A) R$ 1,98   (B) R$ 2,03   (C) R$ 2,11   (D) R$ 2,17   (E) R$ 2,25

Solução:
Preço de 1 kg do pão: R$ 1,65 / 0,3 kg = R$ 5,50
Preço normal de 450 gramas: R$ 5,50 x 0,45
Preço com desconto de 20%: R$ 5,50 x 0,45 x 0,8 = R$ 1,98

Resposta: (A)

Q4) (CM) Um milésimo multiplicado por um centésimo cujo resultado é dividido por quatro décimos de milionésimo é igual a:

(A) 0,025   (B) 0,25   (C) 2,5   (D) 25   (E) 250

Solução:
0,001 x 0,01 = 0,00001/0,0000004 = 100/4 = 25

Resposta: (D)

Q5) (CM) Um exercício que o professor Genivásio passou como tarefa consiste em escolher um número decimal e elevá-lo ao quadrado. O resultado, eleva-se ao quadrado. E assim por diante até que o número tenha oito casas decimais ou mais. Lina escolheu 0,9. A soma dos algarismos do número que encontrou é:

(A) 18   (B) 21   (C) 14   (D) 26   (E) 27

Solução:
0,9
$0,9^2 = 0,81$
$0,81^2 = 0,6561$
$0,6561^2 = 0,43046721$
Soma dos algarismos = 27

Resposta: (E)

Q6) (CM) Uma bola de basquete cai de uma altura de 2m e, cada vez que bate no chão, sobe a uma altura igual a 2/3 da altura anterior à batida no chão. Esse processo se repete. A altura máxima que a bola atinge após a quinta batida no chão é de, aproximadamente:

(A) 0,66m   (B) 0,59m   (C) 0,26m   (D) 0,17m   (E) 0,13m

Solução:

302 MATEMÁTICA PARA VENCER

Ao bater no chão, a bola subirá sempre até 2/3 da altura da qual caiu
Altura: 2 m
1ª batida ➔ sobe até 2/3 de 2 m = 4/3 m
2ª batida ➔ sobe até 2/3 de 4/3 m = 8/9 m
3ª batida ➔ sobe até 2/3 de 8/9 m = 16/27 m
4ª batida ➔ sobe até 2/3 de 16/27 m 32/81 m
5ª batida ➔ sobe até 2/3 de 32/81 m = 64/243 m
= 0,26 m

Resposta: (C)

Q7) (CM) Para cercar totalmente um terreno devem ser construídos 532,4 metros de muro. Um pedreiro já construiu 70% do comprimento do muro. Quantos metros ainda faltam para se construir o muro todo?

(A) 139,72 m   (B) 692,12 m   (C) 372,68 m   (D) 159,72 m   (E) 129,72 m

Solução:
Faltam 30% de 532,4 metros = 0,3 x 532,4 = 159,72 m

Resposta: (D)

Q8) (CM) Mariana comprou uma calça e uma blusa, gastando ao todo R$ 102,00. Sabe-se que a blusa custou R$ 52,00 a mais que a calça. Qual a quantia paga pela blusa?

(A) R$ 52,00   (B) R$ 50,00   (C) R$ 77,00   (D) R$ 25,00   (E) R$ 102,00

Solução:
Vamos chamar o preço da calça de C. O preço da blusa é 52+C. Os dois juntos custam R$ 102,00, então

C+C+52 = 102
C=25
O preço de blusa é 25+52 = R$ 77,00

Resposta: (C)

Q9) (CM) O primeiro balão de Santos Dumont foi batizado de Brasil e sua primeira ascensão foi no dia 4 de julho de 1898. Georges Goursat, famoso caricaturista, que assinava suas charges sob o pseudônimo de Sem, acompanhou o primeiro vôo do Brasil e passou a retratar constantemente Alberto nos jornais, chamando-o de "Petit Santôs". Juntos, Santos Dumont e o balão Brasil pesavam aproximadamente 80 quilogramas e fizeram um percurso em três etapas. Na primeira etapa, voou a metade do percurso pretendido e na segunda etapa, voou um terço do percurso pretendido. Identifique a alternativa que represente a distância do restante do percurso pretendido que era de 96 quilômetros.

(A) 32 Km.   (B) 19,2 Km.   (C) 24 Km.   (D) 16 Km.   (E) 12 Km.

Solução:
As informações das 5 primeiras linhas não são usadas na resolução do problema. Apenas as três últimas linhas têm informações relativas ao que o problema pede e à sua solução. Esta é uma característica da prova que continha esta questão, toda baseada em Santos Dumont.

Capítulo 7 – NÚMEROS DECIMAIS 303

1ª etapa: 1/2 do percurso = 48 km
2ª etapa: 1/3 do percurso = 32 km
3ª etapa: o total era de 96 km, restam apenas 96-48-32 = 16 km

Resposta: (D)

Q10) (CM) Alberto nasceu em 1873 e teve 7 irmãos, Henrique que nasceu em 1857, Maria Rosalina em 1860, Virgínia em 1866, Luís em 1869, Gabriela em 1871, Sofia em 1875 e Francisca em 1877. Todos filhos de Henrique Dumont e Francisca de Paula Santos. O Sr. Henrique não economizava com os filhos, certa vez, comprou camisetas a R$ 4,85 a unidade e meias a R$ 1,80 o par. A quantidade de camisetas é maior que a quantidade de pares de meia em 12 unidades. Sabendo-se que foram gastos R$ 50,40 na compra dos pares de meias, identifique o valor gasto com as camisetas, em Reais.

(A) 194,50.   (B) 135,80.   (C) 194,00.   (D) 154,00.   (E) 242,50.

Solução:
Pares de meias comprados: R$ 50,40 ÷ R$ 1,80 = 28
Número de camisetas: 28 + 12 = 40
Valor gasto com as camisetas: 40 x R$ 4,85 = R$ 194,00

Resposta: (C)

Q11) (CM) Para a produção de um determinado tênis, uma fábrica gasta R$ 29,00 em cada par produzido. Além disso, a fábrica tem uma despesa fixa de R$ 3.920,00, mesmo que não produza nada. O preço de venda do par de tênis é R$ 45,00. O número mínimo de pares de tênis que precisam ser vendidos, para que a fábrica comece a ter lucro, é um número:

(A) múltiplo de 5.
(B) primo.
(C) múltiplo de 43.
(D) divisível por 6.
(E) cuja soma de seus algarismos é 10.

Solução:
Cada par de tênis dá um lucro de R$ 45,00 – R$ 29,00 = R$ 16,00
O número de pares de tênis necessários para cobrir a despesa fixa é igual ao valor da despesa fixa dividido pelo lucro de um par de tênis:

R$ 3.920,00 ÷ R$ 16,00 = 245
A única opção que atende é a letra (A)

Resposta: (A)

Q12) (CM) Pedrinho tinha R$ 10,00. Com muito esforço e dedicação, conseguiu aumentar em 7/2 seu dinheiro. Um dia, a pedido de sua mãe, deu 4/9 de suas economias para sua irmã. Do dinheiro que lhe restou, investiu 3/4 em uma caderneta de poupança e, depois de um mês, esse dinheiro investido aumentou em 12%. A quantia atual que Pedrinho possui é igual a

(A) R$ 40,00   (B) R$ 27,25   (C) R$ 25,25   (D) R$ 35,15   (E) R$ 42,00

Solução:
Valor inicial: R$ 10,00

304 MATEMÁTICA PARA VENCER

Aumentou 7/2 = multiplicar por (1 + 7/2) = R$ 45,00
Deu 4/9 para a irmã, restaram 5/9 de R$ 45, 00 = R$ 25,00
Investiu 3/4 em uma caderneta: (3/4) x R$ 25,00 = R$ 18,75, guardou o restante (R$ 6,25)
Rendeu 12%: Multiplicar por 1,12: R$ 18,75 x 1,12 = R$ 21,00
Devemos somar a este valor, os R$ 6,25 que não foram para a caderneta, totalizando
R$ 27,25

Resposta (C)

Q13) (CM) Jair depositou em seu cofre todas as economias desde o início do ano 2010 com o objetivo de comprar seu próprio presente no Dia das Crianças. Realizou uma pesquisa no centro de Manaus e gostou dos seguintes objetos: uma bicicleta que custa R$ 296,00; um jogo eletrônico que custa R$ 86,00 e, um celular que custa R$ 106,00. No dia 11 de outubro ele quebrou seu cofre e verificou que conseguiu guardar 480 moedas. Um quarto dessas moedas é de R$ 1,00; um quinto é de R$ 0,25; um terço é de R$ 0,10 e, as restantes são de R$ 0,50 centavos. Considerando o valor poupado, qual (is) presente(s) Jair conseguiu comprar?

(A) A bicicleta
(B) O jogo eletrônico e o celular
(C) Somente o celular
(D) Somente o jogo eletrônico
(E) A bicicleta e o celular

Solução:
480 moedas:
120 de R$ 1,00 = R$ 120,00
96 de R$ 0,25 = R$ 24,00
120 de R$ 0,10 = R$ 12,00
144 de R$ 0,50 = R$ 72,00
Total: R$ 228,00
Insuficiente para comprar a bicicleta mas suficiente para comprar o jogo e o celular.

Resposta: (B)

Q14) (CM) "Achei cinco reais na rua!" disse o filho. "Agora você tem três vezes o que teria se tivesse perdido cinco reais", respondeu o pai. O filho tinha, antes do achado:

(A) R$ 30,00   (B) R$ 15,00   (C) R$ 10,00   (D) R$ 5,00   (E) R$ 20,00

Solução:
O garoto tinha x
Ficou com x+5
Isso é o triplo do que teria se tivesse perdido 5 reais (x-5).
Então x+5 é o triplo de x-5. A diferença entre esses dois valores é 10, isso corresponde ao dobro de x-5. Então x-5 vale 5, e x vale 10. Conferindo os valores:
Tinha 10, achou 5, ficou com 15
Se tivesse perdido 5, ficaria com 5. 15 é realmente o triplo de 5.

Resposta: (C) R$ 10,00

Q15) (CM) Depois de capturado, Barba Negra foi julgado, condenado a 280 meses de prisão e enviado para o presídio Nunca Mais. Essa pena deveria ser cumprida da seguinte maneira: os 20% iniciais desse tempo, trabalhando no pântano; depois, 1/4 do tempo restante, quebrando

Capítulo 7 – NÚMEROS DECIMAIS   305

pedras; em seguida, 0,25 do tempo que restasse, alimentando os jacarés; e, finalmente, o resto do tempo na solitária. Quantos meses o pirata Barba Negra ficou na solitária?

(A) 224   (B) 168   (C) 126   (D) 56   (E) 42

Solução:
A pena inicial era de 280 meses.
20% de 280 = 56 meses, restam 224 meses
1/4 do tempo restante carregando pedras: 1/4 de 224 = 56; restam 168 meses
25% do tempo que restasse, alimentando jacarés: 25% de 168 = 42, restam 126
126 meses na solitária.

Resposta: (C)

Q16) (CM) Para somar os valores constantes de uma nota fiscal, um comerciante fez uso de uma calculadora que só registra numerais de até 6 dígitos (se uma parcela ou uma soma apresenta mais de 6 dígitos, aparece no visor a mensagem "ERRO" e o cálculo não é processado). O comerciante somou os valores obedecendo a ordem apresentada na nota fiscal abaixo indicada.

NOTA FISCAL

Ordem	Material	Valor (R$)
1	A	152.000,00
2	B	200.000,00
3	C	110.000,00
4	D	45.000,00
5	E	320.000,00
6	F	173.000,00
7	G	50.000,00

Sobre esse procedimento do comerciante, analise as afirmativas dadas a seguir e, depois, assinale a opção correta.
I - O comerciante somou todos os valores indicados sem que a mensagem "ERRO" aparecesse no visor.
II - A mensagem "ERRO" apareceu logo que o comerciante ordenou a soma do valor de ordem 6.
III - Um artifício que pode ser utilizado pelo comerciante para calcular corretamente o valor da soma é dividir os valores da nota fiscal por 1000, antes de somá-los, e, ao final da soma, acrescentar 3 zeros à direita do resultado final.

(A) Somente a afirmativa I está correta.
(B) Somente a afirmativa II está correta.
(C) Somente as afirmativas I e III estão corretas.
(D) Somente as afirmativas II e III estão corretas.
(E) Somente as afirmativas I e II estão corretas.

Solução:
O comerciante certamente não digitou ",00" no final de cada valor, caso contrário gastaria mais de 6 dígitos logo no primeiro valor, resultando em erro. Então concluímos que todos os valores foram digitados sem os centavos. Vejamos o valor da soma acumulada a cada valor:

306

MATEMÁTICA PARA VENCER

Valor (R$)	
152.000,00	152.000
200.000,00	352.000
110.000,00	462.000
45.000,00	507.000
320.000,00	827.000
173.000,00	1.000.000*
50.000,00	

Ao fazer a soma do valor de ordem 6 (173.000), o total foi 1.000.000, que requer 7 dígitos, portanto a calculadora apresentou erro nesse instante. Então a afirmação I é falsa e a II é verdadeira. A afirmação III também é verdadeira, este artifício pode ser usado para evitar o erro.

Resposta: (C)

Q17) (CM) De acordo com a matéria "Adultos transviados" (Revista do DETRAN-RJ, Ano I, N.º 02 / 2005), no ano de 2004, foram aplicadas 2,2 milhões de multas de trânsito no nosso estado, a motoristas na faixa etária dos 40 aos 49 anos, homens e mulheres. Sete tipos de infrações foram campeãs de ocorrência, com 35% do total; destas, 75% foram praticadas por homens. Se cada uma destas últimas infrações fosse punida com multa de R$ 125,00, além da perda de pontos na respectiva Carteira Nacional de Habilitação, qual a quantia total que os motoristas homens recolheriam para os cofres estaduais, se todos pagassem suas multas? (Os dados numéricos foram arredondados).

(A) R$ 7.218.750.000,00.
(B) R$ 721.875.000,00.
(C) R$ 72.187.500,00.
(D) R$ 7.218.750,00.
(E) R$ 721.875,00.

Solução:
$2.200.000 \times 35\% \times 75\% \times 125 = 72.187.500$

A conta é trabalhosa, mas não precisa ser realizada. As respostas têm valores muito diferentes, cada uma delas é 10 vezes maior que outra. Em valores aproximados: 721 mil, 7,2 milhões, 72 milhões, 721 milhões e 7,2 bilhões. Podemos estimar o valor mais aproximado, já que a diferença entre uma opção e outra é de 10 vezes.

0,35 x 0,75 é aproximadamente igual a 0,25 (na verdade é 0,2625), ou seja, 1/4. 1/4 de 125 reais é aproximadamente 30 reais. Se multiplicarmos 30 reais por 2,2 milhões, encontraremos cerca de 66 milhões. A opção que mais se aproxima deste valor é a (C). Resolvemos o problema sem fazer conta! É claro que isso não poderia ser feito se os valores das opções fossem próximos. Nesse caso teríamos mesmo que realizar as contas.

Observe que no problema, de nada serviu a informação de que os motoristas tinham entre 40 e 49 anos. Nesse caso a informação serviu para confundir o aluno. Isso pode acontecer em várias questões de concursos.

Resposta: (C)

Capítulo 7 – NÚMEROS DECIMAIS 307

Q18) (CM) Zezinho comprou dois lápis e cinco canetas por R$ 17,10. Porém, se tivesse comprado quatro lápis e nove canetas, teria gasto R$ 31,00. Comprando uma caneta e um lápis, Zezinho pagará um total de:

(A) R$ 3,70.   (B) R$ 3,75.   (C) R$ 3,80.   (D) R$ 3,85.   (E) R$ 3,90.

Solução:
2L + 5C = R$ 17,10 (I)
4L + 9C = R$ 31,00 (II)

Multiplicando a relação (I) por 2 temos:
4L + 10C = R$ 34,20 (III)
4L + 9C = R$ 31,00 (II)

Subtraindo III de II ficamos com:
C = R$ 3,20
Agora substituímos o valor de C em (I) para calcular L:
2L + 5x R$ 3,20 = R$ 17,10
2L + R$ 16,00 = R$ 17,10
2L = R$ 17,10 – R$ 16,00 = R$ 1,10
L = R$ 0,55

Agora podemos calcular o que o problema pede, L+C
R$ 3,20 + R$ 0,55 = R$ 3,75

Resposta: (B)

Q19) (CM) Um aluno da 5ª série do CMB saiu de casa e fez compras em quatro lojas, cada uma num bairro diferente. Em cada uma, gastou a metade do que possuía e, ao sair de cada uma das lojas, pagou R$ 2,00 (dois reais) de estacionamento. Se, no final, ainda tinha R$ 8,00 (oito reais), que quantia tinha o aluno ao sair de casa?

(A) R$ 220,00   (B) R$ 204,00   (C) R$ 196,00   (D) R$ 188,00   (E) R$ 180,00

Solução:
Neste tipo de problema o ideal é construir uma tabela e "voltar no tempo", ou seja, anotar os valores relativos aos eventos, do último para o primeiro.

Evento	Valor ao sair da loja	Depois de pagar estacionamento
Saindo da 4ª loja	R$ 10,00	R$ 8,00
Saindo da 3ª loja	R$ 22,00	R$ 20,00
Saindo da 2ª loja	R$ 46,00	R$ 44,00
Saindo da 1ª loja	R$ 94,00	R$ 92,00

No final tinha R$ 8,00. Como gastou R$ 2,00 para pagar o estacionamento da 4ª loja, então estava com R$ 10,00 ao sair da 4ª loja. Se gastou na 4ª loja a metade do que tinha, então chegou a 4ª loja com R$ 20,00. É o mesmo valor que tinha depois de pagar o estacionamento da 3ª loja. Significa que ao sair da 3ª loja tinha R$ 22,00. Chegou então à 3ª loja com R$ 44,00, valor que tinha depois de pagar o estacionamento da 2ª loja. Então saiu da 2ª loja com R$ 46,00, depois de gastar a metade do que tinha, então chegou à 2ª loja (e saiu do estacionamento da 1ª loja com R$ 92,00. Como pagou R$ 2,00 no estacionamento da 1ª loja, saiu da à loja com R$ 94,00, então chegou à 1ª loja com R$ 188,00

308   MATEMÁTICA PARA VENCER

Resposta: (D) R$ 188,00

Q20) (CM) Um garoto, ao abrir seu cofre, verificou que nele haviam somente moedas de R$ 0,05 e de R$ 0,10 num total de 45 moedas que somavam R$ 3,20. A diferença entre o número de moedas de R$ 0,05 e R$ 0,10 existentes no cofre é igual a:

(A) 13   (B) 11   (C) 3   (D) 5   (E) 7

Solução:
Se todas as 45 moedas fossem de R$ 0,05, teria exatamente 45 x R$ 0,05 = R$ 2,25. Como temo R$ 3,20, ou seja, R$ 0,95 a mais, significa que existem moedas que não são de 5, e sim, de 10 centavos. O número de moedas é R$ 0,95 / R$ 0,05 = 19 moedas. Portanto 19 moedas são de 10 centavos, as restantes (45-19=26) são de 5 centavos. A diferença pedida é 26-19=7

Resposta: (E) 7

Q21) (CM) Dividir um número por 0,0125 é o mesmo que multiplicar esse mesmo número por:

(A) 125/10000   (B) 80   (C) 800   (D) 8   (E) 1/8

Solução:
$$0,0125 = \frac{125}{10000} = \frac{25}{2000} = \frac{5}{400} = \frac{1}{80}$$
Então dividir por 0,0125 é dividir por 1/80, que é o mesmo que multiplicar por 80.

Resposta: (B) 80

Q2) (OBM) Se p e q são inteiros positivos tais que 7/10 < p/q < 11/15 o menor valor que q pode ter é:

(A) 6   (B) 7   (C) 25   (D) 30   (E) 60

Solução:
7/10 é o mesmo que 0,7
11/15 é o mesmo que 0,73, aproximadamente
Então temos que encontrar dois números p e q, de tal forma que q tenha o menor valor possível e p/q esteja entre 0,7 e 0,73. É preciso testar valores. O teste será feito da seguinte forma: para cada valor de q, vamos calcular 1/q e multiplicar o resultado por 1, por 2, por 3, etc, e verificar se fica entre 0,7 e 0,73. Por exemplo, se tivermos q=10, 1/q será 0,1 e variando p de 1 em diante ficaremos com os números 0,1, 0,2, 0,3, 0,4, 0,5, 0,6, 0,7, 0,8... (0,7 não serve porque p/q tem que ser *maior* que 0,7 e menor que 0,73.

q=2 ➔ 0,5, 1,0... não serve
q=3 ➔ 0,333, 0,666, 0,999... ➔ não serve (na verdade estamos usando valores aproximados)
q=4 ➔ 0,25, 0,5, 0,75... não serve
q=5 ➔ 0,2, 0,4, 0,6, 0,8... não serve

q=6 ➔ 0,166, 0,333, 0,5, 0,666, 0,833 não serve

q=7 ➔ 0,142, 0,285, 0,428, 0,571, 0,714 SERVE!

Capítulo 7 – NÚMEROS DECIMAIS 309

Conseguimos o que o problema pede fazendo p=5 e q=7

Resposta: (B) 7

Q23) (OBM) Qual o 1999° algarismo após a vírgula na representação decimal de 4/37 ?

(A) 0   (B) 1   (C) 2   (D) 7   (E) 8

Solução:
4/37 = 0,108108108...

É uma dízima periódica simples com período 108. Os três algarismos são repetidos indefinidamente.
1999 deixa resto 1 ao ser dividido por 3. Então o 1999° algarismo será igual ao 1° algarismo, ou seja, 1.

Resposta: (B) 1

Q24) (CN) Que espécie de dízima gera a fração 25/147?

Solução:
A fração já está na forma irredutível. O denominador é igual a $147=3.7^2$. Não tem potências nem de 2 nem de 5, então é uma dízima periódica simples.

Resposta: Dízima periódica simples

Q25) (CN) Um certo professor comentou com seus alunos que as dízimas periódicas podem ser representadas por frações em que o numerador e o denominador são números inteiros e, neste momento, o professor perguntou aos alunos o motivo pelo qual existe a parte periódica. Um dos alunos respondeu justificando corretamente, que em qualquer divisão de inteiros:

(A) O quociente é sempre um inteiro.
(B) O resto é sempre um inteiro.
(C) O dividendo é o quociente multiplicado pelo divisor, adicionado ao resto.
(D) Os possíveis valores para resto têm uma quantidade limitada de valores.
(E) Que dá origem a uma dízima, os restos são menores que a metade do divisor

Solução:
Os possíveis valores para o resto têm uma quantidade limitada de valores. Sendo assim, em algum momento começarão a repetir, a menos que o resto chegue a zero antes disso.

Resposta: (D)

Q26) (EPCAr) A soma de dois números é 475 e, se dividirmos o maior por 16 e o menor por 3, encontramos resto zero e quocientes iguais. Encontre os dois números e selecione a opção INCORRETA.
A) Um deles é quadrado perfeito.
B) O maior divisor comum dos números é 75.
C) O quociente do maior pelo menor é uma dízima periódica.
D) O menor múltiplo não nulo comum aos números é 1200.

Resp: (B) é a única incorreta

Questões propostas

Q27) (CM) Em 1899, o milionário, um dos "Reis do Petróleo", Monsieur Deutsch de La Meurthe ofereceu um prêmio de cem mil francos ao primeiro aeronauta que, dentro de cinco anos seguintes, partindo de Saint-Cloud, circunavegasse a Torre Eiffel e voltasse ao ponto de partida em menos de 30 minutos. Eram, precisamente, 11 quilômetros.
O dinheiro foi depositado em um banco e o prazo começou a contar a partir de 1º de maio de 1900. A cada balão construído, Santos Dumont se deparava com vários cálculos matemáticos, transformando frações em números decimais e vice-versa.

Identifique a alternativa que mostra a representação decimal do resultado da expressão:

$$\left[\left(\frac{3}{2}-1,3\right)+\left(\frac{3}{4}+\frac{1}{6}\times 2,4\right)\right]\div\frac{9}{10}$$

(A) 0,67   (B) 1,5   (C) 2,3   (D) 1,9   (E) 0,5

Q28) (CM) Um mapa do tesouro continha a seguinte expressão matemática:
$X = 150 (0,39 + 6,61) - 3000 (7,80 - 7,45)$.
Esta expressão indicava o número total de passos a serem dados de forma a atingir, daquele ponto e na direção assinalada, o tesouro enterrado. A fim de ajudar o descobridor do tesouro perdido, marque a quantidade de passos a serem dados de maneira que ele encontre o tesouro:

(A) 0   (B) 1   (C) 2   (D) 3   (E) 4

Q29) (CM) Considere as afirmativas abaixo, relacionadas aos conjuntos numéricos

I. $(0,3)^2 + (0,4)^2 = (0,5)^2$
II. $8/1000 = (0,2)^3$
III. $(0,1)^3 = 0,0001$
IV. $(0,12)^2 = 0,144$

Podemos afirmar que:
(A) I e II são verdadeiras.
(B) II e IV são verdadeiras.
(C) somente II é verdadeira.
(D) I, II e IV são verdadeiras.
(E) todas são verdadeiras.

Q30) (CM) Ricardo foi à papelaria e fez a seguinte compra:

ITEM	QUANTIDADE	PREÇO UNITÁRIO (R$)
LAPIS	5	1,20
CANETA	6	4,00
CALCULADORA	3	14,00
CADERNO	12	16,20
BORRACHA	2	2,30

Ricardo pagou a conta com seis notas de R$ 50,00 e obteve um desconto de 10%. Seu troco foi de:

(A) R$ 29,00   (B) R$ 32,30   (C) R$ 56,10   (D) R$ 57,10   (E) R$ 68,00

Capítulo 7 – NÚMEROS DECIMAIS   311

Q31) (CM) Durante a resolução de um determinado problema, envolvendo frações e números decimais, apareceu a seguinte operação:
4 : 0,005
Esta operação equivale a:

(A) 4 x 2000   (B) 4 x 200   (C) 4 x 5000   (D) 4 x 500   (E) 4 x 20

Q32) (CM) Numa clínica médica, foram cobrados do Sr. Israel R$ 120,00 pelos procedimentos médicos mais 15% deste valor pelo material gasto. O Sr. Israel poderia pagar à vista ou faria um cheque para 15 dias. Se optasse pelo pagamento com cheque, deveria acrescentar 1,5% do que pagaria à vista. Por ter escolhido pagar em 15 dias, o Sr. Israel preencheu um cheque, em reais, no valor de

(A) 138.   (B) 140,07.   (C) 345.   (D) 1380.   (E) 1400,07.

Q33) (CM) Comprei num supermercado 4 (quatro) cremes dentais e 6 (seis) sabonetes. Cada creme dental custou R$ 0,65 e cada sabonete, R$ 0,48. Paguei com uma nota de R$ 10,00. Quanto recebi de troco?

(A) R$ 4,52
(B) R$ 8,87
(C) R$ 3,52
(D) R$ 5,52
(E) O dinheiro não dava

Q34) (CM) A expressão (8,815 – 3,23 x 0,5) : (18 : 50) é igual a:

(A) 20   (B) 25   (C) 14   (D) 23   (E) 17

Q35) (CM) A soma dos valores absolutos dos algarismos do número que representa o resultado da expressão 5,34 x 3,55 + 60,43 : 10 é:

(A) 5   (B) 6   (C) 7   (D) 8   (E) 9

Q36) (CM) Ao receber moedas como parte de um pagamento, um caixa de uma agência bancária contou K moedas de 1 real, L de 50 centavos, M de 10 centavos e N de 5 centavos. Ao conferir o total, percebeu que havia cometido um engano: contara 7 das moedas de 5 centavos, como sendo de 50 centavos, e 2 das moedas de 1 real, como sendo de 10 centavos. Nessas condições, a quantia correta é igual à inicial

(A) acrescida de R$ 1,35.
(B) diminuída de R$ 1,35.
(C) acrescida de R$1,00.
(D) diminuída de R$ 1,00.
(E) acrescida de R$ 0,35.

Q37) (CM) Lucas, ao comprar um videogame cujo preço à vista era R$ 1345,00, deu R$ 300,00 de entrada e pagou o restante em 12 prestações de R$ 105,00. Se tivesse comprado o videogame à vista teria economizado

(A) R$ 205,00.   (B) R$ 215,00.   (C) R$ 190,00.   (D) R$ 225,00.   (E) R$ 240,00.

312 MATEMÁTICA PARA VENCER

Q38) (CM) No início do mês, Paulinho recebeu o seu salário e tratou de pagar as dívidas contraídas no mês anterior. Verificou que, se pagasse metade dessas dívidas, lhe sobrariam R$ 1.500,00, mas se pagasse integralmente essas dívidas, lhe sobrariam R$ 900,00. Então, o salário recebido por Paulinho foi de:

(A) R$ 2.100,00   (B) R$ 2.400,00   (C) R$ 2.500,00   (D) R$ 2.700,00   (E) R$ 3.000,00

Q39) (CM) Os professores do Colégio Militar do Rio de Janeiro, no exercício de suas funções pedagógicas, utilizam um guarda-pó branco, também conhecido como jaleco. Fazendo uma pesquisa em algumas lojas, os professores Antônio e PC verificaram os seguintes preços para o mesmo tipo de jaleco:

Lojas	Professorinha	Preço Bom	Só Jalecos	O Profissional
Preço do jaleco	R$ 20,28	R$ 19,60	R$ 19,89	R$ 21,06

Optando pela compra na loja de menor preço, e por comprar dois jalecos, PC foi beneficiado com um desconto: ele pagou 17/20 do preço sem desconto. A quantia que PC economizou na compra de cada jaleco foi:

(A) R$ 6,19.   (B) R$ 5,96.   (C) R$ 5,88.   (D) R$ 2,98.   (E) R$ 2,94.

Q40) (CM) Em relação à questão anterior dos jalecos, duas outras lojas pesquisadas também faziam promoções sobre os preços indicados no quadro acima: na Só Jalecos, havia desconto de 1/9 no preço de cada peça comprada; na O Profissional, quem comprasse 3 jalecos só pagaria 2. Antônio calculou o preço real de cada jaleco nestas promoções e os comparou ao preço cobrado na loja Professorinha, anotando as duas diferenças. A soma dessas diferenças é:

(A) R$ 2,60.   (B) R$ 6,24   (C) R$ 7,47.   (D) R$ 8,84.   (E) R$ 9,23.

Q41) (CM) Para um baile de formatura do Colégio Militar de Manaus, foram colocados ingressos à venda com um mês de antecedência. Até uma semana antes do baile, 80% dos ingressos disponíveis foram vendidos, arrecadando-se uma quantia de R$ 12.150,00. Se até a data do baile todos os ingressos forem vendidos, qual será a arrecadação total?

(A) R$ 15.000,00
(B) R$ 15.187,50
(C) R$ 9.720,00
(D) R$ 12.430,00
(E) R$ 13.500,00

Q42) (CM) Em março de 1910, Santos Dumont encerra as atividades em seu hangar-oficina em Saint-Cyr. Havia construído dois balões esféricos, doze balões dirigíveis e seis aviões (um hidroavião), além do projeto de um helicóptero (1904/1906) que nunca chegou a ser construído. Começou a carreira com aproximadamente 4 milhões de dólares e a relação entre as moedas variam muito. Considerando que 1 dólar vale R$ 1,70, isso significa que Santos Dumont teria 6,8 milhões de Reais. Se uma Ferrari custa R$ 500.000,00, isto significa que...

(A) faltariam 200 mil reais para comprar a 14ª Ferrari.
(B) poderia ter comprado 15 federares.
(C) compraria 13 federares e sobrariam 200 mil reais.
(D) compraria 14 federares e não sobraria dinheiro.
(E) compraria 12 federares e sobrariam 200 mil reais.

Capítulo 7 – NÚMEROS DECIMAIS   313

Q43) (CM) André convidou alguns amigos para comemorarem na cantina do colégio o seu aniversário. Na confraternização, foram consumidos 4 pastéis a R$ 2,25 cada, 5 copos de suco a R$ 0,75 cada e 3 sorvetes a R$ 2,80 cada. André fez questão de pagar a conta. O valor total da conta que André pagou foi de:

(A) R$ 18,90   (B) R$ 26,20   (C) R$ 22,00   (D) R$ 23,75   (E) R$ 21,15

Q44) (CM) Kaká e Robinho foram à pizzaria. Kaká comeu 2/3 do total das pizzas pedidas e Robinho comeu o restante. Sabendo que a conta foi de R$ 75,00 e que cada um pagou conforme a quantidade que comeu, o valor pago por Robinho foi:

(A) R$ 50,00
(B) R$ 75,00
(C) R$ 25,00
(D) R$ 45,00
(E) R$ 37,50

Q45) (CM) Mamãe foi à feira e comprou 5/2 kg de maçãs e 7/4 kg de pêras. O quilo da maçã estava custando R$ 5,00 e o quilo da pêra, R$ 8,00. O valor que mamãe pagou foi:

(A) R$ 39,00   (B) R$ 26,50   (C) R$ 13,00   (D) R$ 81,00   (E) R$ 8,10

Q46) (CM) A aluna Ivone recebe, por semana, R$ 50,00 para seus gastos, incluindo o lanche da escola. No fim da semana, ela verificou os seus gastos com o lanche e notou que havia comprado 3 salgados, a R$ 2,00 cada; 2 fatias de bolo, a R$ 1,50 cada; 4 sucos, a R$ 1,80 cada e um refrigerante, a R$ 2,50. A quantia que lhe restou nessa semana para os demais gastos foi de:

(A) R$ 31,30   (B) R$ 18,70   (C) R$ 7,80   (D) R$ 42,20   (E) R$ 21,70

Q47) (CM) Ana multiplicou 3,5 por 0,8 e adicionou 4,25 ao resultado. Dividiu o valor encontrado por 5 e depois subtraiu o resultado por 1. O número que ela obteve no final foi:

(A) 1,41   (B) 41   (C) 0,41   (D) 55,85   (E) 5,585

Q48) (CM) No final de semana, a mãe de Thainá aproveitou para levá-la ao shopping para encontrar com as amigas. Ao se despedir, Thainá pediu para a mãe que lhe desse algum dinheiro, pois estava sem qualquer centavo na bolsa. Com as amigas ela foi ao cinema. Pagou sua entrada com uma nota de R$ 20,00 e recebeu R$ 11,50 de troco. Depois de assistir ao filme foram comer um sanduíche e tomar um refrigerante, e cada uma gastou R$ 13,00. Para encerrar o dia, ela retornou para casa de ônibus e pagou R$ 2,20 pela passagem. Ao chegar em casa, devolveu R$ 13,80 para a mãe, agradecendo e dizendo que era o troco que sobrara do passeio. Quanto a mãe de Thainá deu a ela para o passeio no shopping?

(A) R$ 35,00   (B) R$ 37,50   (C) R$ 40,50   (D) R$ 60,50   (E) R$ 49,00

Q49) (CM) Clara vai ao mercado comprar latas de creme para fazer os doces do seu aniversário. Chegando lá encontra uma lata de creme pelo preço de R$ 2,20 e uma caixa com seis dessas latas por R$ 12,00. Clara necessita comprar 28 dessas latas de creme. Quanto, no mínimo, ela gastará?

(A) R$ 55,60   (B) R$ 56,80   (C) R$ 61,60   (D) R$ 60,00   (E) R$ 58,00

314   MATEMÁTICA PARA VENCER

Q50) (CM) Raul recebeu um prêmio de R$1785,00 em um concurso de redação da prefeitura de sua cidade. Ele resolveu doar 15% para um orfanato e pediu a sua mãe que colocasse o restante em uma caderneta de poupança. O valor depositado na caderneta de poupança de Raul foi:

(A) R$ 267,75
(B) R$ 1.487,50
(C) R$ 1.517,25
(D) R$ 1.528,15
(E) R$ 1.672,50

Q51) (CM) Maria pediu uma pizza que veio dividida em 16 pedaços iguais. Sabendo que Maria comeu apenas um pedaço dessa pizza, ela comeu o equivalente a:

(A) 0,0125 da pizza
(B) 0,0615 da pizza
(C) 0,0625 da pizza
(D) 0,125 da pizza
(E) 0,625 da pizza

Q52) (CM) Cleber gastou R$ 120,00 para abastecer seu veículo Total Flex (utiliza como combustível álcool e gasolina) com 18 litros de gasolina e "x" litros de álcool. Sabendo que um litro de gasolina custa R$ 2,70 e que um litro de álcool custa R$ 1,70, com quantos litros de álcool seu veículo foi abastecido?

(A) 60 litros   (B) 55 litros   (C) 48 litros   (D) 42 litros   (E) 36 litros

Q53) (CN) O valor da expressão

$$\cfrac{1+\cfrac{1+\cfrac{1+\cfrac{2}{2}}{2}}{1+\cfrac{1}{1+\cfrac{1}{1+\cfrac{1}{2}}}} \div 0,75$$

é igual a:

A) 5/4   B) 25/4   C) 5/16   D) 25/64   E) 25/16

Respostas dos exercícios

E1) 0,0027 45,6 0,0012 0,005 1,56 0,001 50,0 2,7
E2) 20/100 5/100 1/100 13/1000 5/1000 125/10000 162/100 200/100
E3) 3/10 12/10 1/100 175/100 324/100 1001/10 2/10000 1/1000000
E4) 0,25 1,25 1,4 2,2 0,875 3,75 0,12 0,15
E5) 5/4 7/20 3/4 5/8 1/8 17/5 36/5 17/4
E6) a) 15/56 b) 11/84; c) 49/6; d) 5/11; e) 2/3; f) 97/24;
E7) a) 0,333...   b) 0,222...   c) 0,666...   d) 0,(428571)   e) 1,333...   f) 0,727272...
g) 1,222...   h) 3,333...   i) 5,(428571)   j) 1,2666...
E8) a) 32/99 b) 1 7/9 c) 3 2/11 d) 5/9 e) 1 f) 2 2/15 g) 2/15 h) 2 41/99

Capítulo 7 – NÚMEROS DECIMAIS

i) 2 2/3 j) 8 1/3 k) 16 2/3 l) 5 1/9 m) 4/9 n) 1/15 o) 131/990 p) 7/120
q) 13/99 r) 55/74 s) 1/150 t) 5 47/99
E9)
a) periódica composta, anteperíodo de 1 algarismo
b) periódica composta, anteperíodo de 3 algarismos
c) decimal exato com 6 casas decimais
d) periódica simples
e) periódica simples
f) periódica simples
g) periódica simples
h) periódica simples
i) periódica composta com anteperíodo de 1 algarismo
j) periódica composta, anteperíodo com 4 algarismos

E10) a) 3   b) 6   c) 4   d) simplificando, 2/125: 3 casas   e) 6   f) 4
E11) (E)
E12) Resp: 2/10, 25/100, 30/100
E13) Resp: 2/5, 13/25, 23/40, 1/125, 3/50, 15/60
E14) 1
E15) Resp: 2/11
E16) 0,375   2,125   5,72   0,24   0,1875   0,405
E17) 318/1000   275/100   413/100   81/10   75/10   325/100
E18) a) 23   b) 0,0035   c) 0,23   d) 0,5   e) 37,5
E19) a) 146,2   b) 877,5   c) 1,331
E20) 1,44   10,24   3,375   6,25   1,331   18,49
E21) 143/20
E22) a) 3 e 8   b) período 2   c) período 42   d) período 9   e) 1 e 3   f) 1 e 6
E23) 0,1333...   0,(571428)   0,636363...   0,8333...   6,666...   0,04040404...

Respostas das questões propostas

Q27) (B) 1,5
Q28) (A)
Q29) (A)
Q30) (C) R$ 56,10
Q31) (B)
Q32) (B)
Q33) (A)
Q34) (A) 20
Q35) (C) 7
Q36) (B)
Q37) (B)
Q38) (A)
Q39) (E)
Q40) (D)
Q41) (B)
Q42) (A)
Q43) (E)
Q44) (C)
Q45) (B)
Q46) (A)
Q47) (C)
Q48) (B)

316   MATEMÁTICA PARA VENCER

Q49) (B)
Q50) (C)
Q51) (C)
Q52) (D)
Q53) (E)

Prova simulada

Questão 1) Valor: 0,5 (CM)
Calcule

$$\left[\frac{2}{3}\times\left(\frac{1}{3}+0,125\right)+(1,25\div 4,5)\right]\div\left(\frac{4}{7}-0,5\right)$$

(A) 27/16   (B) 36/49   (C) 212/35   (D) 49/6   (E) 57/49

Questão 2) Valor: 0,5
Encontre a fração geratriz de 0,565656...

(A) 56/100   (B) 56/99   (C) 5/6   (D) 55/66   (E) 566/999

Questão 3) Valor: 0,5
Que tipo de dízima é gerada pela fração 25/21?

(A) Periódica simples
(B) Periódica composta de período 21
(C) Decimal exato
(D) Periódica composta com anteperíodo de 1 algarismo
(E) Dízima aperiódica

Questão 4) Valor: 0,5 (CM)
Pedrinho tinha R$ 10,00. Com muito esforço e dedicação, conseguiu aumentar em 7/2 seu dinheiro. Um dia, a pedido de sua mãe, deu 4/9 de suas economias para sua irmã. Do dinheiro que lhe restou, investiu 3/4 em uma caderneta de poupança e, depois de um mês, esse dinheiro investido aumentou em 12%. A quantia atual que Pedrinho possui é igual a

(A) R$ 40,00   (B) R$ 27,25   (C) R$ 25,25   (D) R$ 35,15   (E) R$ 42,00

Questão 5) Valor: 0,5 (CM)
Um garoto, ao abrir seu cofre, verificou que nele haviam somente moedas de R$ 0,05 e de R$ 0,10 num total de 45 moedas que somavam R$ 3,20. A diferença entre o número de moedas de R$ 0,05 e R$ 0,10 existentes no cofre é igual a:

(A) 13   (B) 11   (C) 3   (D) 5   (E) 7

Questão 6) Valor: 0,5 (CM)
Um mapa do tesouro continha a seguinte expressão matemática:
X = 150 (0,39 + 6,61) – 3000 (7,80 – 7,45).
Esta expressão indicava o número total de passos a serem dados de forma a atingir, daquele ponto e na direção assinalada, o tesouro enterrado. A fim de ajudar o descobridor do tesouro perdido, marque a quantidade de passos a serem dados de maneira que ele encontre o tesouro:

Capítulo 7 – NÚMEROS DECIMAIS

(A) 0 (B) 1 (C) 2 (D) 3 (E) 4

Questão 7) Valor: 0,5 (CM)
Ao receber moedas como parte de um pagamento, um caixa de uma agência bancária contou K moedas de 1 real, L de 50 centavos, M de 10 centavos e N de 5 centavos. Ao conferir o total, percebeu que havia cometido um engano: contara 7 das moedas de 5 centavos, como sendo de 50 centavos, e 2 das moedas de 1 real, como sendo de 10 centavos. Nessas condições, a quantia correta é igual à inicial

(A) acrescida de R$ 1,35.
(B) diminuída de R$ 1,35.
(C) acrescida de R$1,00.
(D) diminuída de R$ 1,00.
(E) acrescida de R$ 0,35.

Questão 8) Valor: 0,5 (CM)
Mamãe foi à feira e comprou 5/2 kg de maçãs e 7/4 kg de pêras. O quilo da maçã estava custando R$ 5,00 e o quilo da pêra, R$ 8,00. O valor que mamãe pagou foi:

(A) R$ 39,00 (B) R$ 26,50 (C) R$ 13,00 (D) R$ 81,00 (E) R$ 8,10

Questão 9) Valor: 0,5 (CM)
Nas Lojas Brasil, uma camisa e uma gravata custam juntas R$ 110,00. A mesma camisa com uma calça custam juntas R$ 150,00. Se o preço da calça corresponde ao preço de duas gravatas, então as três peças juntas custam?

(A) R$ 170,00 (B) R$ 160,00 (C) R$ 190,00 (D) R$ 180,00 (E) R$ 150,00

Questão 10) Valor: 0,5 (CM)
Bruno está montando um "descanso de pratos", com formato de um quadrado, com moedas de R$ 0,01 (no interior) e de R$ 0,05 (nas bordas), como mostra a figura. Se cada diagonal é formada por 12 moedas, então, a quantia que representa a soma dos valores de todas as moedas é:

(A) R$ 3,16
(B) R$ 3,20
(C) R$ 3,32
(D) R$ 3,36
(E) R$ 3,40

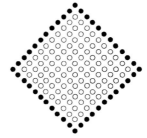

Questão 11) Valor: 0,5 (CM)
Mês passado, João recebeu R$ 568,00 referentes ao seu salário mais o pagamento de horas extras. O salário excede em 392 reais, o valor que recebeu pelas horas extras. O valor do salário de João é:

(A) R$ 400,00 (B) R$ 440,00 (C) R$ 480,00 (D) R$ 520,00 (E) R$ 560,00

318 MATEMÁTICA PARA VENCER

Questão 12) Valor: 0,5 (CM)
Uma loja realiza a seguinte promoção: cada R$ 9,00 gastos podem ser trocados por um cupom que dá direito a concorrer ao sorteio de um carro. Joana gastou R$ 873,00 nessa loja. Quantos cupons Joana obteve?

(A) 882   (B) 97   (C) 7857   (D) 197   (E) 864

Questão 13) Valor: 0,5 (CM)
Na lanchonete da Escola "Pai João", um sanduíche custa R$ 1,30 e um suco custa R$ 0,80. Na compra de uma promoção (um sanduíche e um suco) há um desconto de quarenta centavos. A aluna Talita comprou cinco promoções e um suco, pagando com uma nota de cinqüenta reais. Assim ela receberá de troco:

(A) R$ 41,50   (B) R$ 39,50   (C) R$ 38,70   (D) R$ 40,70   (E) R$ 40,50

Questão 14) Valor: 0,5 (CM)
Marcelo quer imprimir folhetos com a propaganda de sua loja. Na gráfica A, o valor para a montagem do folheto é de R$ 60,00 e o valor da impressão por unidade é R$ 0,15. A gráfica B cobra R$ 50,00 para a montagem e R$ 0,20 para a impressão de cada unidade. Após a análise cuidadosa dos valores cobrados pelas gráficas, Marcelo concluiu que:

(A) se encomendar 500 folhetos da gráfica A, irá gastar R$ 125,00.
(B) se encomendar 500 folhetos da gráfica B, irá gastar R$ 160,00.
(C) se desejar 200 folhetos, o valor total cobrado tanto pela gráfica A, quanto pela gráfica B, serão iguais.
(D) é vantagem fazer a encomenda na gráfica A para qualquer quantidade de folhetos.
(E) se desejar 250 folhetos, gastará menos se encomendar na gráfica B.

Questão 15) Valor: 0,5 (CM)
Calculando o valor de $1,5 \times (2,7 - 1,9) - 0,8 \div 4$ resulta em:

(A) Um número decimal menor que 0,9
(B) Um número cuja soma dos algarismos é 10
(C) Um número primo
(D) Um número divisível por 1
(E) Uma fração imprópria

Questão 16) Valor: 0,5 (CM)
O valor da expressão $\dfrac{0,2 \times 0,7 - 4 \times 0,01}{0,5 \times \dfrac{1}{5} + 0,9}$ tem como resultado um número:

(A) decimal
(B) primo
(C) par
(D) ímpar
(E) múltiplo de 4

Questão 17) Valor: 0,5 (CM)
O resultado da expressão $3 \times \left(\dfrac{2}{3}\right)^3 \times 2,25 - \left\{\left[\dfrac{3}{5} + \left(\dfrac{2}{3}\right)^2 \div 0,111... + \dfrac{5}{4}\right] \times \dfrac{4}{117}\right\}$

em sua forma mais simples, é:

Capítulo 7 – NÚMEROS DECIMAIS 319

(A) 4/5   (B) 5/4   (C) 9/5   (D) 43/10   (E) 4951/1170

Questão 18) Valor: 0,5 (CM)

Calcule o valor da expressão
$$\frac{\dfrac{4}{33} \div 2,727272... + \dfrac{1}{3} \times \left(0,2 \div \left(\dfrac{9}{32} \times 5,333...\right)\right) + 1}{\left(\dfrac{7}{5}\right)^2}$$

O resultado, eu sua forma decimal, é:

(A) 0,5   (B) 0,55555...   (C) 0,595959...   (D) 1,0   (E) 1,5555...

Questão 19) Valor: 0,5 (CM)

Cláudia nascem em 1950 e teve quatro filhos. Carlos nasceu quando Cláudia tinha 19 anos; Lucas nasceu quando ela tinha 23 anos; Marco, quando ela tinha 29 anos; e Melissa, quando ela completou 33 anos. Em dezembro de 2004, Cláudia contratou um plano de saúde que apresentou a seguinte proposta:

Faixa Etária (anos)	Plano de Saúde (R$)
0 a 18	53,39
19 a 23	71,32
24 a 28	71,32
29 a 33	87,37
34 a 38	87,37
39 a 43	100,23
44 a 48	130,23
49 a 53	160,09
54 a 58	192,27
59 ou mais	320,12

Sabendo que Cláudia e todos os seus quatro filhos fazem aniversário até o mês de junho, em dezembro de 2004 a mensalidade ficou no valor de

(A) R$ 87,37 para o plano de saúde de Lucas
(B) R$ 320,00 para o plano de Saúde de Cláudia
(C) R$ 53,39 para o plano de saúde de Melissa
(D) R$ 87,37 para o plano de saúde de Marco
(E) R$ 100,23 para o plano de saúde de Carlos

Questão 20) Valor: 0,5 (CM)
Sobre o número 1937/8192 podemos afirmar que é:

(A) uma dízima periódica simples
(B) uma dízima periódica composta
(C) um decimal exato com 12 casas decimais
(D) um decimal exato com 13 casas decimais
(E) um decimal exato com 14 casas decimais

Solução da prova simulada
Gabarito

1	D	6	A	11	C	16	A
2	B	7	B	12	B	17	C
3	A	8	B	13	D	18	B
4	B	9	C	14	C	19	A
5	E	10	B	15	D	20	D

Soluções

Questão 1)

$$\left[\frac{2}{3}\times\left(\frac{1}{3}+0{,}125\right)+\left(1{,}25\div4{,}5\right)\right]\div\left(\frac{4}{7}-0{,}5\right)=\left[\frac{2}{3}\times\left(\frac{1}{3}+\frac{1}{8}\right)+\left(\frac{5}{4}\div\frac{9}{2}\right)\right]\div\left(\frac{4}{7}-\frac{1}{2}\right)$$

$$=\left[\frac{2}{3}\times\left(\frac{11}{24}\right)+\left(\frac{5}{4}\times\frac{2}{9}\right)\right]\div\left(\frac{1}{14}\right)=\left[\frac{11}{36}+\frac{5}{18}\right]\times14=\frac{21}{36}\times14=\frac{49}{6}$$

Resposta: (D)

Questão 2)
0,565656... = 56/99
Resposta: (B)

Questão 3)
25/21, irredutível ➜ Dízima periódica simples
Resposta: (A)

Questão 4)
R$ 10,00 + 7/2 de R$ 10,00 = R$ 10,00 + R$ 35,00 = R$ 45,00
4/9 de R$ 45,00 = R$ 20,00, restam R$ 25,00
3/4 na poupança = 3/4 x R$ 25,00 = R$ 75,00/4, fora da poupança = 1/4 de R$ 25,00 = R$ 6,25
Aumentou em 12%, ou seja, foi multiplicado por 112/100 = 28/25
Valor da poupança, com o rendimento: (R$ 75,00/4) x 28/25 = R$ 21,00
Somando com o que não foi para a poupança: R$ 21,00 + R$ 6,25 = R$ 27,25
Resposta: (B)

Questão 5)
X moedas de R$ 0,05 e Y moedas de R$ 0,10
X+Y = 45
Se todas as moedas fossem de R$ 0,05, teria R$ 2,25
Como tem R$ 3,20, a diferença (R$ 0,95) é devido às moedas de R$ 0,10 (5 centavos a mais para cada moeda).
O número de moedas de R$ 0,10 é então R$ 0,95 / R$ 0,05 = 19
São portanto 19 moedas de R$ 0,10, e as restantes (26) são de R$ 0,05. A quantidade de moedas de R$ 0,05 é 7 unidades a mais que as moedas de R$ 0,10.
Resposta: (E)

Questão 6)
X = 150x(7) – 3000x0,35 = 1050 – 1050 = 0
X=0
Resposta: (A)

Capítulo 7 – NÚMEROS DECIMAIS   321

Questão 7)
Moedas contadas erradamente:
Reduzir 7 moedas de R$ 0,50 para R$ 0,05, diferença de R$ 0,45 = 7 x R$ 0,45 = R$ 3,15
Aumentar 2 moedas de R$ 0,10 para R$ 1,00, diferença de R$ 0,90 = 2 x R$ 0,90 = R$ 1,80
É portanto preciso reduzir R$ 3,15 e aumentar R$ 1,80 para corrigir o valor. O resultado é a redução de R$ 1,35.
Resposta: (B)

Questão 8)
5 x 5/2 + 8 x 7/4 = R$ 26,50
Resposta: (B)

Questão 9)
(I) Camisa + Gravata = 110
(II) Camisa + Calça = 150
Calça = 2 gravatas
Então
(I) Camisa + Gravata = 110
(II) Camisa + 2 Gravatas = 150
A diferença entre II e I é igual ao preço de uma gravata que é R$ 40,00
A calça custa então R$ 80,00
A camisa custa R$ 110,00 – R$ 40,00 = R$ 70,00
Calça + camisa + gravata custam juntas, R$ 70,00 + R$ 40,00 + R$ 80,00 = R$ 190,00
Resposta: (C)

Questão 10)
É preciso contar as moedas:
100 de R$ 0,01 = R$ 1,00
12+12+10+10 de R$ 0,05 = 44 x R$ 0,05 = R$ 2,20
Total: R$ 3,20
Resposta: (B)

Questão 11)
S + H = 568   →   392 + H + H = 568   →   H = 88
S = 392 + 88 = R$ 440,00
Resposta: (C)

Questão 12)
$$\begin{array}{r|l} 873 & 9 \\ \underline{0} & 97 \end{array}$$
Resposta: (B)

Questão 13)
Promoção: R$ 1,30 + R$ 0,80 – R$ 0,40 = R$ 1,70
5 promoções + 1 suco = 5 x R$ 1,70 + R$ 0,80 = R$ 8,50 + R$ 0,80 = R$ 9,30
Pagou com R$ 50,00, o troco é R$ 40,70.
Resposta: (D)

Questão 14)
Gráfica A: R$ 60,00 + R$ 0,15 x número de folhas
Gráfica B: R$ 50,00 + R$ 0,20 x número de folhas
Calculando o preço para cada resposta, a única correta é (C)
Resposta: (C)

322

MATEMÁTICA PARA VENCER

Questão 15)
1,5 x 0,8 – 0,2 = 1,0
Resposta: (D)

Questão 16)

$$\frac{0,2\times0,7-4\times0,01}{0,5\times\frac{1}{5}+0,9}=\frac{\frac{1}{5}\times\frac{7}{10}-\frac{4}{100}}{\frac{1}{10}+\frac{9}{10}}=\frac{1}{10}$$

Resposta: (A)

Questão 17)

$$3\times\left(\frac{2}{3}\right)^3\times2,25-\left\{\left[\frac{3}{5}+\left(\frac{2}{3}\right)^2\div0,111...+\frac{5}{4}\right]\times\frac{4}{117}\right\}=3\times\frac{8}{27}\times\frac{9}{4}-\left\{\left[\frac{3}{5}+\frac{4}{9}\div\frac{1}{9}+\frac{5}{4}\right]\times\frac{4}{117}\right\}=$$

$$2-\left\{\left[\frac{3}{5}+4+\frac{5}{4}\right]\times\frac{4}{117}\right\}=2-\left\{\left[\frac{12+80+25}{20}\right]\times\frac{4}{117}\right\}=2-\left\{\left[\frac{117}{20}\right]\times\frac{4}{117}\right\}=2-\frac{1}{5}=\frac{9}{5}$$

Resposta: (C)

Questão 18)

$$\frac{\frac{4}{33}\div2,727272...+\frac{1}{3}\times\left(0,2\div\left(\frac{9}{32}\times5,333...\right)\right)+1}{\left(\frac{7}{5}\right)^2}=\frac{\frac{4}{33}\times\frac{11}{30}+\frac{1}{3}\times\left(\frac{1}{5}\div\left(\frac{9}{32}\times\frac{16}{3}\right)\right)+1}{\left(\frac{49}{25}\right)}$$

$$\frac{\frac{2}{45}+\frac{1}{3}\times\left(\frac{1}{5}\times\frac{2}{3}\right)+1}{\left(\frac{49}{25}\right)}=\frac{\frac{2}{45}+\frac{2}{45}+\frac{45}{45}}{\left(\frac{49}{25}\right)}=\frac{\frac{49}{45}}{\left(\frac{49}{25}\right)}=\frac{49}{45}\times\frac{25}{49}=\frac{5}{9}=0,555...$$

Resposta: (B)

Questão 19)
Cláudia tem em 2004, 54 anos

Cláudia	54 anos = R$ 192,27
Carlos	35 anos = R$ 87,37
Lucas	31 anos = R$ 87,37
Marco	25 anos = R$ 71,32
Melissa	21 anos = R$ 71,32

Resposta: (A)

Questão 20)
1937/8192 = 1937/2^{13}
Decimal exato com 13 casas decimais
Resposta: (D)

Capítulo 8

Potências

Abreviando multiplicações

No início do ensino fundamental você aprendeu que uma multiplicação nada mais é que uma soma de várias parcelas iguais. Por exemplo:

5+5+5+5 pode ser escrito como 4x5. No caso da multiplicação, tanto faz escrever 4x5 ou 5x4, já que a multiplicação é uma operação comutativa.

Assim como a multiplicação é uma forma abreviada para uma soma de várias parcelas iguais, a potência é uma forma abreviada para uma multiplicação de vários fatores iguais.

Exemplo: $10x10x10 = 10^3$

Exemplo: $5x5x5x5 = 5^4$

Exemplo: $2x2x2x2x2x2x2 = 2^7$

Portanto uma potenciação nada mais é que uma forma abreviada de escrever uma multiplicação com muitos fatores iguais. A potenciação também é uma operação aritmética entre números naturais. Os termos da potenciação são chamados de *base* e *expoente*.

2^7 → Expoente
→ Base

A base é o número que está sendo multiplicado. O expoente indica quantos fatores iguais a este número serão usados. Neste exemplo, o valor equivale a:

2x2x2x2x2x2x2

Lê-se: "2 elevado à sétima potência". Vejamos outros exemplos:

5^2 : Cinco elevado ao quadrado, ou simplesmente, "cinco ao quadrado"
7^3 : Sete elevado ao cubo, ou simplesmente, "sete ao cubo"
2^5 : Dois elevado à quarta potência, ou simplesmente, "dois à quinta"
3^9 : Três elevado à nona potência, ou simplesmente, "três à nona" ou "três a nove"
10^3 : Dez elevado ao cubo, ou simplesmente, "dez ao cubo" ou "dez a três"
3^{20} : Três elevado à vigésima potência, ou "três à vigésima", ou "três a vinte"

324   MATEMÁTICA PARA VENCER

Já usamos potenciação várias vezes neste livro, em várias situações. Por exemplo, na fatoração usamos potências para indicar quantas vezes um fator primo aparece. Já usamos também algumas expressões com potências, principalmente elevadas a 2 e a 3. Vamos neste capítulo reforçar todos os conceitos sobre potências, e principalmente, fazer muitos exercícios.

Note que só podemos juntar vários fatores em uma só potência quando todos esses fatores são iguais.

Exemplo:
Representar 2.3.2.3.2.3.2.5.2.3.2.3.5 em forma de potência.
O produto tem fatores 2, 3 e 5. Como a multiplicação é associativa e comutativa, podemos escrever esta expressão como:
2.3.2.3.2.3.2.5.2.3.2.3.5 = 2.2.2.2.2.2.3.3.3.3.3.5.5, já que o fator 2 aparece 6 vezes, o fator 3 aparece 5 vezes e o fator 5 aparece 2 vezes. Agora podemos escrever:

$2.2.2.2.2.2 = 2^6$
$3.3.3.3.3 = 3^5$
$5.5 = 5^2$

O produto original pode ser então escrito como:

$2^6.3^5.5^2$

Não podemos simplificar mais a expressão, pois as potências são de bases diferentes, e portanto não podem ser agrupadas.

Exercícios

E1) Represente os seguintes produtos na forma de potências, usando as mesmas bases do enunciado:

a) 4x4x4x4x4x4x4   f) 11.11
b) 6x6x6   g) 16.16.16
c) 7x7x7x7x7x7x7x7   h) 7.7.7.7
d) 10x10x10x10   i) 8.8.8
e) 5.5.5.5.5.5   j) 4.4.4.4

E2) Represente as seguintes potências na forma de um produto:

a) 3^5 f) 2^7
b) 12^2 g) 10^4
c) 5^6 h) 9^3
d) 16^8 i) 5^4
e) 4^{10} j) 2^{10}

E3) Represente como um produto de potências:

a) 3.3.3.3.3.3.2.2.2.2   f) 3.3.3.7.7.3
b) 2.2.2.5.5.5.7.7   g) 2.2.3.3.3.4.4
c) 2.2.2.2.2.3.3.7.7.7   h) 3.3.4.4.4.5.5.5.5
d) 2.2.2.2.5.5.5.2.3.3   i) 2.3.5.3.2.5.2.3.5.2
e) 10.10.20.20.20   j) 3.2.7.3.5.7.3.2.5.7

Capítulo 8 – POTÊNCIAS

0 e 1

0 e 1 são dois números considerados casos especiais, tanto quando operam como quando operam como expoentes. Vejamos o que acontece em cada caso:

$1^n = 1$

O número 1, multiplicado por ele mesmo, sempre dará resultado 1, não importa quantas vezes seja multiplicado. Por exemplo:

$1^2 = 1x1 = 1$
$1^5 = 1x1x1x1x1 = 1$
$1^{10} = 1x1x1x1x1x1x1x1x1x1 = 1$
$1^{87902049820934} = 1$

$0^n = 0$

Quando multiplicamos o número 0 por ele mesmo, não importa quantas vezes seja, o resultado sempre será 0.

$0^2 = 0x0 = 0$
$0^5 = 0x0x0x0x0 = 0$
$0^{10} = 0x0x0x0x0x0x0x0x0x0 = 0$
$0^{90509239908202939302} = 0$

$n^1 = n$

Já que o expoente indica o número de vezes que o fator (base) aparece no produto, quando temos expoente 1 significa que este fator aparecerá apenas uma vez. Então o resultado é o próprio fator.

$5^1 = 5$
$6^1 = 6$
$73^1 = 73$
$8989349839^1 = 8989349839$
$a^1 = a$

Como um número elevado ao expoente 1 é igual ao próprio número, não precisamos indicar o expoente 1. Por exemplo, ao invés de escrever 5^1, escrevemos simplesmente 5.

$n^0 = 1$

A potenciação é uma multiplicação. Se o expoente for zero, então significa que não colocamos fator algum. A ausência de fator faz com que o resultado da operação seja 1. Lembre-se que 1 é o elemento neutro da multiplicação, ou seja, equivale a não fazer multiplicação alguma.

$1^0 = 1$
$2^0 = 1$
$5^0 = 1$
$10^0 = 1$
$123^0 = 1$
$302930239^0 = 1$

0⁰ = não pode

Entre as potenciações de números naturais, esta é a única que não é permitida. O número zero pode ser elevado a qualquer potência que seja um número natural positivo, mas não pode ser elevado a zero. Dizemos que a operação de potenciação não é definida quando a base e o expoente são ao mesmo tempo, 0. Podemos ter base 0 elevada a qualquer expoente que não seja 0, e também podemos elevar qualquer base a 0, desde que esta base não seja 0, mas 0 elevado a 0 é proibido.

$0^n = 0$, para n diferente de 0
$n^0 = 1$, para n diferente de 0
0^0 não é definido

Exercícios

E4) Calcule:
a) 1^{30}
b) 1^{100}
c) 1^{10000}
d) 0^5
e) 0^{47}
f) $0^{1000000000}$
g) 3^1

h) 27^1
i) 1000^1
j) $98908093245989239 23^1$
k) 8^0
l) 153^0
m) 1000^0
n) 443343993032793^0

Fatoração

Quando fatoramos um número natural, estamos fazendo a sua representação como um produto de fatores primos, usando potências. Os fatores primos (2, 3, 5, 7, 11, ...) são as bases, e os expoentes são os números de vezes que cada fator primo aparece na decomposição.

Exemplo: Representar o número 840 na forma de um produto de fatores primos.
$840 = 2x2x2x3x5x7$
$840 = 2^3 \times 3 \times 5 \times 7$

Neste exemplo, os fatores 3, 5 e 7 aparecem apenas uma vez, então ficam com expoente 1.

Exemplo: Representar o número 9600 na forma de um produto de fatores primos.
$9600 = 2^7.3.5^2$

Exercícios

E5) Representar os seguintes números como um produto de fatores primos com os respectivos expoentes:
a) 125
b) 768
c) 810
d) 512
e) 750

Quadrados e cubos

Dois casos de potências muito comuns são a segunda e a terceira potência, ou seja, os quadrados e cubos. Elas aparecem com mais freqüências nos problemas porque os professores não querem que os alunos tenham trabalhos cansativos para cálculos de potências maiores. Realmente, 6^4 é igual a 1296, 8^5 é igual a 32.768. Quanto maiores forem os expoentes, maiores

Capítulo 8 – POTÊNCIAS 327

serão os números resultantes. Um expoente grande significa fazer um grande número de multiplicações. Para medir o conhecimento da matéria, não é necessário apresentar esses cálculos complexos, então os expoentes 2 e 3 atingem perfeitamente esse objetivo.

Elevar à segunda potência é também chamado de "elevar ao quadrado", e elevar à terceira potência também é chamado de "elevar ao cubo". É até mesmo conveniente, para efeito de resolução de problemas, conhecer de cabeça alguns quadrados e cubos.

n	n^2	n^3	n	n^2	n^3	n	n^2	n^3
1	1	1	11	121	1331	21	441	9261
2	4	8	12	144	1728	22	484	10.648
3	9	27	13	169	2197	23	529	12.167
4	16	64	14	196	2744	24	576	13.824
5	25	125	15	225	3375	25	625	15.625
6	36	216	16	256	4096	26	676	17.576
7	49	343	17	289	4913	27	729	19.683
8	64	512	18	324	5832	28	784	21.952
9	81	729	19	361	6859	29	841	24.389
10	100	1000	20	400	8000	30	900	27.000

Os números dessa tabela são chamados de *quadrados perfeitos* e *cubos perfeitos*, já que são os quadrados ou os cubos de números naturais.

A tabela mostra algumas coisas interessantes. A primeira delas que chama atenção é que os números ficam logo muito grandes quando são elevados ao cubo. Ainda assim aparecem alguns valores simpáticos, como $10^3 = 1000$, $20^3 = 8000$ e $30^3 = 27000$. Note que esses valores são exatamente os cubos de 1, 2 e 3, multiplicados por 1000.

Recomendamos que você memorize os quadrados de números até 20, e os cubos de números até 10. Podemos considerar que esses são "números famosos" que podem aparecer com freqüência nas provas.

A partir dos quadrados e cubos, vem a noção de raiz quadrada e raiz cúbica. Por exemplo, a raiz quadrada de 144 é 12, já que $12^2 = 144$. O símbolo da raiz quadrada é chamado radical ($\sqrt{}$). Você encontrará este símbolo em todas as calculadoras eletrônicas, até nas mais baratas, assim como o símbolo da porcentagem. Entretanto, ao contrário operação de porcentagem, a raiz quadrada tem pouca aplicação na vida cotidiana, é mais usada na matemática. Vejamos as raízes quadradas de alguns números de alguns quadrados perfeitos, indicados na nossa tabela.

$$\sqrt{400} = 20$$

$$\sqrt{289} = 17$$

$$\sqrt{225} = 15$$

$$\sqrt{64} = 8$$

$$\sqrt{50} = \\ _{...}$$

Para saber a raiz quadrada de 50, você vai ter que esperar mais alguns anos, pois esta matéria é *cálculo de radicais*, ensinada somente no 9º ano do ensino fundamental. No âmbito de 5º e

328 MATEMÁTICA PARA VENCER

6° ano, bem como nas respectivas provas (o mesmo continua no 7° e 8° ano), apenas surgirão raízes quadradas de quadrados perfeitos.

Da mesma forma como existem os *cubos perfeitos*, existe a *raiz cúbica*. É fácil calcular a raiz cúbica de números que sejam cubos perfeitos, e isto também pode aparecer em provas do 5° e 6° ano. O símbolo da raiz cúbica é um radical com índice 3.

$\sqrt[3]{27} = 3$

$\sqrt[3]{64} = 4$

$\sqrt[3]{512} = 8$

$\sqrt[3]{1000} = 10$

Exercícios

E6) Calcule os quadrados e cubos abaixo:

a) 20^2

b) 13^2

c) 8^2

d) 100^2

e) 80^2

f) 30^2

g) 14^3

h) 12^3

i) 8^3

j) 25^3

E7) Calcule as raízes quadradas abaixo

a) $\sqrt{16} =$

b) $\sqrt{25} =$

c) $\sqrt{36} =$

d) $\sqrt{49} =$

e) $\sqrt{81} =$

f) $\sqrt{121} =$

g) $\sqrt{144} =$

h) $\sqrt{196} =$

i) $\sqrt{225} =$

j) $\sqrt{1024} =$

E8) Calcule as raízes cúbicas abaixo

a) $\sqrt[3]{27} =$

b) $\sqrt[3]{64} =$

c) $\sqrt[3]{1000} =$

d) $\sqrt[3]{125} =$

e) $\sqrt[3]{216} =$

f) $\sqrt[3]{8} =$

g) $\sqrt[3]{1} =$

h) $\sqrt[3]{0} =$

Multiplicação de potências

Lembrando que uma potência é uma multiplicação com fatores iguais, podemos encontrar expressões simplificadas para o produto de potências. Podemos encontrar fórmulas especiais para dois casos: multiplicação de potências de mesma base e para potências de mesmo expoente.

Multiplicando potências de mesma base

Digamos que você encontrou no meio de uma expressão, $2^5 \times 2^3$. Esta multiplicação pode ser expressa como uma única potência de 2. Vejamos:

$2^5 = 2.2.2.2.2$

$2^3 = 2.2.2$

$2^5 \times 2^3 = (2.2.2.2.2).(2.2.2) = 2.2.2.2.2.2.2.2$

Capítulo 8 – POTÊNCIAS 329

O fator 2 apareceu no produto 8 vezes, que é exatamente a soma das 5 vezes que apareceu no primeiro fator com as 3 vezes que apareceu no segundo fator. Já que a base é a mesma, somamos as contagens de cada fator. Chegamos então à formula para multiplicar potências de mesma base:

$$a^x.a^y = a^{x+y}$$

Ou seja para multiplicar potências de mesma base, repetimos a base e somamos os expoentes. Você não terá dificuldade para memorizar isso se entender como o resultado foi obtido, é o que acabamos de explicar.

Então no nosso caso, $2^5 \times 2^3 = 2^8$

Note que esta fórmula é somente para produto de potências. Não podemos usá-la para somas, como no cálculo de somas, como em $2^5 + 2^3$.

Exemplos:
$3^2.3^4 = 3^6$
$4^5.4^9 = 4^{14}$
$5^2.5^6 = 5^8$

Multiplicando potências de mesmo expoente

Algumas vezes podemos encontrar expressões envolvendo o produto de potências com bases diferentes, mas expoentes iguais. Por exemplo: $2^5 \times 3^5$. Muitas vezes é conveniente deixar essas potências como estão, pois cada uma individualmente poderá eventualmente ser simplificada com outra potência de mesma base, na mesma expressão. Em alguns casos entretanto pode ser preciso juntar, por exemplo, para dar a resposta final, ou quando as alternativas de resposta já estão com essas potências multiplicadas. Façamos isso com a expressão desse exemplo:

Exemplo:
Calcular $2^5 \times 3^5$
$2^5 \times 3^5 = (2.2.2.2.2).(3.3.3.3.3) = 2.2.2.2.2.3.3.3.3.3 = 2.3.2.3.2.3.2.3.2.3 = (2.3)^5$

Este resultado pode ser resumido na fórmula:

$$a^x.b^x = (a.b)^x$$

Ou seja, para multiplicar potências com bases diferentes e expoentes iguais, basta repetir o expoente e multiplicar as bases.

Exemplos:
$2^4.5^4 = 10^4$
$3^6.5^6 = 15^6$
$2^2.7^2 = 14^2$

É mais comum o uso dessa fórmula de modo inverso, ou seja, é dado um número composto elevado a uma potência e temos que desmembrá-lo em fatores.

Exemplos:
$6^5 = 2^5.3^5$
$14^3 = 2^3.7^3$
$30^4 = 2^4.3^4.5^4$

330
MATEMÁTICA PARA VENCER

Exercícios

E9) Multiplique as seguintes potências
a) $2^5.2^7.2^3$
b) $3^2.3.3^3$
c) $2^6.2^7.2^8$
d) $10^2.10^4$
e) $5^3.5^5.5^2.5^4$

f) $2^{51}.2^{10}.2^9$
g) $3^5.3^2$
h) $10^3.10.10^9$
i) $5^7.5^8$
j) $2^2.2^3.2^5.2^7$

E10) Multiplique as seguintes potências, dando a resposta na forma de uma potência única
a) $3^5.5^5$
b) $2^7.5^7$
c) $2^2.3^2.5^2$
d) $4^5.6^5$
e) $5^5.5^5$

f) $10^3.8^3$
g) $a^5.b^5$
h) $2^6.10^6$
i) $2^{5000}.5^{5000}$
j) $5^7.5^7$

Divisão de potências

Podemos dividir potências facilmente, em duas situações

a) Bases iguais, expoentes diferentes. Por exemplo, $2^7 \div 2^3$
b) Bases diferentes, expoentes iguais. Por exemplo, $10^3 \div 2^3$

Dividindo potências de mesma base

Vejamos por exemplo como calcular $2^7 \div 2^3$
Podemos formar uma fração com a primeira potência no numerador e a segunda potência no denominador. Além disso, vamos desmembrar as potências na forma de multiplicações. Ficamos com:

$$\frac{2^7}{2^3} = \frac{2.2.2.2.2.2.2}{2.2.2}$$

Podemos simplificar a fração, cortando 3 fatores "2" no numerador e no denominador. Ficamos com:

$$\frac{2^7}{2^3} = \frac{2.2.2.2.2.2.2}{2.2.2} = \frac{2.2.2.2}{1} = 2^4$$

O expoente 4 que resultou nada mais é que a diferença entre o expoente do numerador subtraído do expoente do denominador. Daí vem a fórmula geral para dividir potência de mesma base:

$$a^x \div a^y = a^{x-y}$$

Portanto, para dividir potências de mesma base, basta repetir a base e subtrair os expoentes.

Exemplos:

$3^8 \div 3^2 = 3^6$
$10^6 \div 10^2 = 10^4$
$2^{10} \div 2^6 = 2^4$

Capítulo 8 – POTÊNCIAS   331

Dividindo potências de mesmo expoente

Vejamos agora como fazer um cálculo como $10^6 \div 2^6$, ou seja, mesmo expoente mas bases diferentes. Vamos representar a divisão na forma de fração e expandir as multiplicações. Ficamos com:

$$\frac{10^6}{2^6} = \frac{10.10.10.10.10.10}{2.2.2.2.2.2} = \frac{10}{2} \times \frac{10}{2} \times \frac{10}{2} \times \frac{10}{2} \times \frac{10}{2} \times \frac{10}{2} = \left(\frac{10}{2}\right)^6 = 5^6$$

No exemplo, 10/2 resulta em um número inteiro, ficamos então com 5^6, mas quando não é possível simplificar, deixamos indicado na forma de fração.

Vemos então que para dividir potências com expoentes iguais, basta dividir as bases e manter o expoente. A fórmula geral é:

$$a^x \div b^x = (a/b)^x$$

Exemplos:
$6^4 \div 2^4 = 3^4$
$10^7 \div 5^7 = 2^7$
$12^5 \div 3^5 = 4^5$

Exercícios

E11) Efetue as seguintes divisões
a) $3^5 \div 3^2$
b) $2^6 \div 2^3$
c) $5^7 \div 5^5$
d) $10^8 \div 10^3$
e) $7^5 \div 7^4$

f) $12^6 \div 12^3$
g) $6^9 \div 6^3$
h) $a^{50} \div a^{20}$
i) $100^8 \div 100^3$
j) $1000^3 \div 1000^2$

E12) Efetue as seguintes divisões
a) $10^6 \div 5^6$
b) $12^3 \div 2^3$
c) $16^5 \div 4^5$
d) $24^2 \div 3^2$
e) $15^4 \div 5^4$

f) $9^5 \div 3^5$
g) $30^4 \div 6^4$
h) $14^2 \div 7^2$
i) $120^{10} \div 24^{10}$
j) $80^6 \div 5^6$

Aplicando distributividade

Durante o cálculo de expressões eventualmente podem aparecer vários tipos de operações com potências. Uma operação que não tem fórmula própria é a adição de potências, assim como a subtração. Por exemplo, não existe fórmula especial para $3^5 + 2^8$. Entretanto, em alguns casos especiais podemos agrupar as potências, para que depois seja possível fazer uma simplificação, por exemplo. Considere por exemplo a expressão:

$$\frac{2^6 + 2^5}{3}$$

Não existe fórmula para agrupar uma soma de potências, mas em alguns casos podemos desenvolver um pouco a expressão, aplicando a distributividade da multiplicação em relação à soma. Lembre-se que A.(B+C) é o mesmo que A.B + A.C. Então ficamos com:

332   MATEMÁTICA PARA VENCER

$\dfrac{2^6+2^5}{3}=\dfrac{2^5\times2+2^5\times1}{3}$. Simplesmente trocamos 2^6 por $2^5.2$, e trocamos 2^5 por $2^5.1$

Ficamos então com:

$\dfrac{2^5\times2+2^5\times1}{3}=\dfrac{2^5\times(2+1)}{3}$. Usamos aqui a distributividade da multiplicação em relação à adição. Agora podemos simplificar (2+1) do numerador com o 3 do denominador, ficando com 2^5.

Este princípio pode ser usado para agrupar potências de mesma base que estejam somadas ou subtraídas.

Exemplo: $(6^2 + 3^3) / 10$

Nesse caso as duas potências somadas não têm nada em comum, nem base, nem expoente. Entretanto podemos aplicar a propriedade distributiva para tentar uma simplificação.

$$\dfrac{6^2+3^3}{10}=\dfrac{3^2.2^2+3^2.3}{10}=\dfrac{3^2.(2^2+3)}{10}=\dfrac{3^2.7}{10}$$

Ao ser expresso nesta forma, a expressão poderá ser eventualmente simplificada por 3^2 ou por 7, se for usada em uma expressão maior.

Exercícios

E13) Combine as potências na forma de um produto que envolva potências

a) 3^2+3^4

b) $5^{100}+5^{101}$

c) $2^{2010}+2^{2011}+2^{2012}$

d) 10^3+5^3

e) $2^5+2^6+3.2^5+2^7$

f) $3^{10}+3^{12}$

g) 10^3-10^2

h) 2^6+2^5

i) $50^{50}\div25^{25}$

j) $2^{2007}+2^{2005}$

E14) Transformar a expressão $9^4 + 9^4 + 9^4$ em uma potência de 3.

Potência de um produto e de uma fração

Outra expressão que podemos encontrar em potências é a potência de um produto e a potência de uma fração. Já vimos nesse capítulo como realizar essas operações quando falamos no produto e na divisão de potências de mesmo expoente.

$$(a.b)^x = a^x.b^x$$

$$(a/b)^x = a^x\div b^x$$

Para elevar um produto a uma potência, basta elevar cada fator a esta potência e multiplicar os resultados. Para elevar uma fração a uma potência, basta elevar o numerador e o denominador a esta potência e manter a fração (ou a divisão)

Exemplos:

$(2.7)^3 = 2^3.7^3$

$(2.3.5)^4 = 2^4.3^4.5^4$

$(2/3)^5 = 2^5/3^5$

Capítulo 8 – POTÊNCIAS

333

Exercícios

E15) Calcule as seguintes potências:

a) $(3.5)^2$

b) $(2.10)^3$

c) $(5.7)^5$

d) $(3.4)^4$

e) $(2/3)^7$

f) $(1/7)^{10}$

g) $(2/5)^3$

h) $(2/9)^2$

i) $\left(\dfrac{2.3}{5}\right)^2$

j) $\left(\dfrac{2}{7.10}\right)^3$

Potência de uma potência

Uma potência também pode ser elevada a uma potência. Basta lembrar que potência é uma multiplicação. Se multiplicarmos o resultado desta multiplicação por ele mesmo, estaremos elevando-o a uma potência. Por exemplo:

$3.3.3.3 = 3^4$

Se multiplicarmos agora, $3^4.3^4.3^4.3^4.3^4$, isto é o mesmo que elevar 3^4 à quinta potência, ou seja, $(3^4)^5$. Em 3^4, o fator 3 aparece 4 vezes. Este grupo de 4 fatores 3 é multiplicado por si mesmo, formando uma cadeia de 5 fatores. Portanto o fator 3 aparecerá 4x5 vezes, ou seja, 20 vezes, ou seja,

$(3^4)^5 = 3^{20}$

De um modo geral, vale a fórmula:

$$\left(a^x\right)^y = a^{x.y}$$

Portanto, para elevar uma potência a uma potência, repetimos a base e multiplicamos os expoentes.

Exemplos:

$(3^4)^2 = 3^8$

$(5^2)^3 = 5^6$

$(2^7)^2 = 2^{14}$

Exemplo:

Escrever a potência $(4^7.9^3.15^2)^2$ na forma de um produto de potências de fatores primos

Note que 4 é uma potência de 2, 9 é uma potência de 3 e 15 é o produto de dois primos, 3.5. Então podemos escrever a expressão como:

$((2^2)^7.(3^2)^3.(3.5)^2)^2 =$

$(2^{14}.3^6.3^2.5^2)^2 =$

$(2^{14}.3^8.5^2)^2 =$

$2^{28}.3^{16}.5^4$

Esse tipo de redução a potências de fatores primos é útil quando queremos simplificar expressões como esta no numerador e no denominador de uma fração.

334 MATEMÁTICA PARA VENCER

Um erro comum

Muitos estudantes erram no cálculo de potências de potências quando não são usados parênteses.

Exemplo: Calcule 2^{3^5}

A dúvida que surge é: Devemos calcular primeiro 2^3, e elevar o resultado à quinta potência, ou calcular 3^5, e elevar 2 a este valor? A regra é a seguinte: quando vamos efetuar potências de potências e não existem parênteses para indicar o que deve ser calculado antes, devemos realizar primeiro a potência superior, para depois realizar a potência inferior.

No nosso exemplo, para calcular 2^{3^5} , devemos calcular primeiro $3^5=243$, e finalmente calcular 2 elevado a este valor, a resposta será 2^{243}.

Se nossa intenção for elevar à quinta potência o resultado de 2^3, devemos usar parênteses para indicar que 2^3 deve ser calculado antes. Ficaria assim:

$$\left(2^3\right)^5 = 2^{15}.$$

Em suma, quando encontrarmos uma expressão do tipo a^{b^c} , ela é o mesmo que $a^{\left(b^c\right)}$.

Exemplos:

$$2^{3^2} = 2^9$$
$$\left(2^3\right)^2 = 8^2 = 2^6$$
$$5^{3^4} = 5^{81}$$
$$\left(5^3\right)^4 = 125^4 = 5^{12}$$

Comparando potências

Comparar potências significa identificar qual é a maior e qual é a menor. Em alguns casos é muitos fácil.

Exemplo: Qual é a maior, 2^5 ou 2^6? Resposta: 2^6
Exemplo: Qual é a maior, 4^{10} ou 5^{10}? Resposta: 5^{10}

Quando comparamos duas potências com a mesma base, basta verificar os expoentes. A de maior expoente será a maior.

Quando comparamos duas potências com o mesmo expoente, basta verificar as bases. A de maior base será a maior.

Mais difícil será comparar potências com bases diferentes e expoentes diferentes. Devemos converter ambas para a mesma base, ou para o mesmo expoente.

Exemplo:

Qual dos números é maior, 7^{200} ou 40^{100}?
Não temos como converter as duas bases para que fiquem iguais, mas podemos facilmente convertê-las para o mesmo expoente. Basta fazer $7^{200} = (7^2)^{100}$. Então recaímos em comparar 49^{100} e 40^{100}. Ficamos com expoentes iguais, então a maior potência é 49^{100} (7^{200}).

Capítulo 8 – POTÊNCIAS

Exercícios

E16) Calcule as seguintes potências:

a) $(2^3.3^5)^2$

b) $(3^3.5^4)^3$

c) $(2^5.7^3)^4$

d) $(3^5.10^2)^{10}$

e) $(11^3.13^2)^{15}$

f) $(2^4.5^3.7^5)^8$

g) $(3^3.5^2)^5$

h) $(3^4.11^5)^2$

i) $(7^5.10^3)^3$

j) $(2^3.59^2)^2$

E17) Exprimir as expressões como um produto de potências de fatores primos, sem repetição de bases. Ex: $4^2.6^3.9^4 = 2^2.2^2.2^3.3^3.3^4.3^4 = 2^7.3^{11}$

a) $6^2.10^3$

b) $2^2.6^5.9^3$

c) $6^2.8^5$

d) $10^3.20^4$

e) $15^3.9^4$

f) $4^3.6^2.10^3$

g) $2^4.4^4.8^2$

h) $9^3.18^2$

i) $6^3.12^4.18^2$

j) $5^4.10^2.25^3$

Potências de 10

Potências de 10 aparecem com freqüência na matemática e em várias áreas das ciências. Numericamente não há nada de especial nas potências de 10. São tratadas como outra potência qualquer. As potências de 10 resultam em números como milhares, milhões, bilhões, etc.

$10^0 = 1 = $ um

$10^1 = 10 = $ dez

$10^2 = 100 = $ cem

$10^3 = 1.000 = $ mil

$10^4 = 10.000 = $ dez mil

$10^5 = 100.000 = $ cem mil

$10^6 = 1.000.000 = $ um milhão

$10^7 = 10.000.000 = $ dez milhões

$10^8 = 100.000.000 = $ cem milhões

$10^9 = 1.000.000.000 = $ um bilhão

$10^{10} = 10.000.000.000 = $ dez bilhões

...

Os cálculos com este tipo de potência são similares aos de outras potências.

Exemplo:

$10^2.10^3 = 10^5$

$(10^3)^4 = 10^{12}$

$10^6 \div 10^2 = 10^4$

Potência de um número decimal

Números decimais podem ser multiplicados, então também podem ser elevados a potências.

Exemplo:

$(0,1)^2 = 0,1 \times 0,1 = 0,01$ (1 centésimo)

$(0,1)^3 = 0,1 \times 0,1 \times 0,1 = 0,001$ (1 milésimo)

$(0,01)3 = 0,01 \times 0,01 \times 0,01 = 0,000001$ (1 milionésimo)

336 MATEMÁTICA PARA VENCER

Na verdade essas potências de 10 como um décimo, centésimo, milésimo, etc, são tratadas como *potências negativas*. Por exemplo, 0,1 é 10^{-1}, 0,01 é 10^{-2}, 0,001 é 10^{-3}, e assim por diante. Entretanto, o estudo das potências negativas não está no escopo deste livro, por ser direcionado ao $5^{\underline{o}}$ e $6^{\underline{o}}$ ano. Lidar com potências negativas requer vários outros conceitos matemáticos, normalmente isso é estudado no $9^{\underline{o}}$ ano.

Nada impede entretanto que em provas em nível de $5^{\underline{o}}$ ou $6^{\underline{o}}$ ano sejam propostas questões envolvendo os números decimais elevados a potências positivas, como $(0,1)^2$ ou outras nesse estilo. Em caso de dificuldade, você pode transformar os números decimais em fração.

Exemplo:
$(0,25)^3 = (1/4)^3 = 1^3/4^3 = 1/64.$

Exercícios

E18) Efetue as seguintes operações com potências, dando o resultado na forma de uma única potência, quando for possível.
a) $0,5^2$
b) 100^2
c) $(100 \times 1000)^2$
d) $10^6 \div 10^2$
e) $10^7 . 10^3$
f) $(3.10^2)^3$
g) $(0,2 \times 0,5)^2$
h) $(0,01)^5$
i) $(0,4 \div 0,3)^2$
j) $(0,001 \times 100)^3$

Potências e divisibilidade

Os problemas que envolvem divisibilidade são muito comuns. Podemos encontrar problemas de divisibilidade envolvendo o resto da divisão e potências.

Existem várias propriedades matemáticas envolvendo o resto da divisão. Na verdade essa é uma parte importante da *teoria dos números*. Uma propriedade importante é que se dois números A e B deixam o mesmo resto ao serem divididos por Q, então A^n e B^n também deixarão restos iguais ao serem divididos por Q.

Exemplo:
Calcule o resto da divisão por 9 de 13^2
O número 13 deixa resto 4 ao ser dividido por 9. Se o elevarmos ao quadrado, o resto será o mesmo de 4^2. Como deixa 4^2 resto 7 ao ser dividido por 9, então 13^2 também deixará resto 7.

Exemplo:
Calcule o resto da divisão por 9 de 3472^2
O número 3472 deixa resto 7 ao ser dividido por 9. Então, o resto da divisão de 3472^2 por 9 será o mesmo de 7^2. Como $7^2=49$, o resto é 4.

Exemplo:
Calcule o resto da divisão por 9 de 13^{20}.
Vimos que os restos da divisão das potências de 13 por 9, são os mesmos restos da divisão das potências de 4 por 9. Em suma, basta trabalhar com os restos no lugar dos números dados.

Capítulo 8 – POTÊNCIAS   337

Elevar um número à vigésima potência é trabalhoso, mesmo para números pequenos. Este tipo de problema fica fácil devido ao fato dos restos serem repetidos ciclicamente:

Resto da divisão de 4^1 por 9: 4
Resto da divisão de 4^2 por 9: 7
Resto da divisão de 4^3 por 9: 1
Resto da divisão de 4^4 por 9: 4
Resto da divisão de 4^5 por 9: 7
Resto da divisão de 4^6 por 9: 1
...

Sempre ocorrerá um ciclo repetitivo, mas o tamanho do ciclo depende dos números em questão. Nesse caso, vemos que os restos 4, 7 e 1 são repetidos. Então, todo expoente que seja um múltiplo de 3 deixará resto 1, quando o expoente deixar resto 1 na divisão por 3, o resto será 4, e quando deixar resto 2 na divisão por 3, o resto da divisão por 9 será 7.
No nosso caso, o expoente é 20. O resto da divisão por 3 é 2. Então o resto será o mesmo deixado por 4^2, ou seja, 7.

Exemplo:
Determine o resto da divisão por 9 de 3472^{1238}
3472 deixa resto 7 ao ser dividido por 9. Quando calcularmos os restos deixados pelas potências de 7 ao serem divididas por 9, encontraremos:

Resto da divisão de 7^1 por 9: 7
Resto da divisão de 7^2 por 9: 4
Resto da divisão de 7^3 por 9: 1
Resto da divisão de 7^4 por 9: 7
Resto da divisão de 7^5 por 9: 4
Resto da divisão de 7^6 por 9: 1
...
Vemos então que os restos possíveis, 7, 4 e 1, são repetidos de 3 em 3. Note que não é preciso fazer contas trabalhosas para chegar a esta conclusão. Por exemplo, para saber o resto da divisão de 7^6 por 9, não é preciso elevar 7 à sexta potência (resultaria em 117649). Basta multiplicar o resto da divisão por 9 de 7^3 pelo resto da divisão por 9 de 7^3, ficando com: 1x1 = 1.
O problema pede o resto da divisão por 9 de 3472^{1238}. Vemos que o seu expoente, 1238, deixa resto 2 ao ser dividido por 3. Então o resto da divisão por 9 de 3472^{1238} será o mesmo resto da divisão por 9 de 7^2, ou seja, 4. O 7 é o resto da divisão de 3472 por 9 (dado pelo problema) e o 3 é o ciclo de repetição de restos, como acabamos de calcular.

Exemplo:
(CM) O algarismo das unidades (unidades simples) do número 9^{998} vale:

(A) 9   (B) 8   (C) 6   (D) 3   (E) 1

Solução:
Devemos calcular o resto da divisão por 10 do número 9^{998}. Devemos identificar o ciclo de repetição de restos:

Resto da divisão por 10 de $9^1 = 9$
Resto da divisão por 10 de $9^2 = 1$
Resto da divisão por 10 de $9^3 = 9$
Resto da divisão por 10 de $9^4 = 1$

338 MATEMÁTICA PARA VENCER

...

Vemos então que este é um caso muito fácil, os restos se repetem de 2 em 2. Para todos os expoentes ímpares, o resto será 9, para todos os expoentes pares, o resto será 1. Então o resto da divisão de 9^{998} será 1.

Resposta: (E) 1

Exercícios

E19) Expressar os números 7^{200}, $1024^{40}.3^{100}$ e $16^{25}.625^{50}$ como potências de expoente 100.

E20) Calcule $4^{\left(4^2\right)}$ e $\left(4^4\right)^2$, exprimir ambos na forma de uma potência de 2.

E21) Calcule $\dfrac{2^{60}+2^{58}}{2^{40}+2^{38}}$

E22) (CM) Em uma colônia de bactérias havia 1000 bactérias. A cada hora, o número de bactérias dobrava. Quantas bactérias havia depois de 8 horas?

E23) Um tabuleiro de xadrez tem 64 casas. Colocamos um grão de milho na primeira casa, 2 grãos de milho na segunda casa, 4 grãos na terceira casa, sempre dobrando, até chegar à última casa. Quantos grãos teriam que ser colocados na última casa?

E24) Calcule a expressão

$$\left\{\left(\frac{3}{2}\right)^2+\left[\frac{1}{2}-\left(\frac{1}{2}-\frac{1}{4}\right)^2\right]-\frac{1}{8}\right\}-\left(\frac{1}{4}-\frac{1}{5}\right)$$

E25) Calcule $\dfrac{5^{10}-25^4}{3\times2^3}$

E26) Calcule $15^{20}\div5^{20}$

E27) Calcule $2^6.(25\%$ de 25% de $25\%)$

Números famosos: Potências de 3 e de 5

Os números 2, 3 e 5 são os mais comuns em problemas. Frequentemente aparecem suas potências, então é bom conhece-las:

Potências de 3:
$3^0 = 1$
$3^1 = 3$
$3^2 = 9$
$3^3 = 27$
$3^4 = 81 = 9^2$
$3^5 = 243$
$3^6 = 729 = 27^2$

Capítulo 8 – POTÊNCIAS   339

Potências de 5:
$5^0 = 1$
$5^1 = 5$
$5^2 = 25$
$5^3 = 125$
$5^4 = 625 = 25^2$
$5^5 = 3125$

Questões resolvidas

Q1) Calcule $\dfrac{\left(2^{100} + 3^{200} + \dfrac{1}{2011^5}\right)^0 - 1}{2^1 + 3^2 + 4^3 + 5^4 + ... + 1000^{1001}} \times 10^{2^{30}}$

Solução:
Os termos da expressão são incalculáveis para um ser humano, mas note que a expressão entre parênteses no numerador está elevada a zero, então seu valor é 1. Subtraindo 1, ficamos com 0 para numerador da fração. Dividindo 0 por qualquer número, o resultado é 0, depois multiplicando por qualquer número, o resultado é zero.

Tome cuidado, algumas vezes em provas aparecem expressões absurdamente complicadas, mas com algum detalhe que faz com que seu valor seja zero.

Resposta: 0

Q2 (CM) Uma professora da 5ª série do CMRJ colocou numa prova as três expressões numéricas abaixo indicadas:

A: $(1,44 \div 0,3 - 0,2 \div 0,5) \times 1,06$
B: $10^2 \div 5^2 + 5^0 \times 2^3 - 1^6$
C: $\dfrac{\dfrac{1}{3} + 1,5 - 0,1}{0,25 + \dfrac{2}{3} - 0,05}$

Os resultados apresentados por Mariana foram: A=4,664; B=11 e C=2
Assim, podemos dizer que Mariana:

(A) acertou somente uma expressão
(B) acertou somente as expressões A e B
(C) acertou somente as expressões B e C
(D) acertou todas as expressões
(E) errou todas as expressões

Solução:
A = $(1,44 \div 0,3 - 0,2 \div 0,5) \times 1,06$ = (4,8 – 0,4) x 1,06 = 4,664
B = $10^2 \div 5^2 + 5^0 \times 2^3 - 1^6$ = 4 + 8 -1 = 11
C = (1+4,5 – 0,3) / (0,75 + 2 – 0,5)
(multiplicamos o numerador e o denominador por 2 para eliminar as frações)
= 5,2 / 2,6 = 2
Acertou todas!

340 MATEMÁTICA PARA VENCER

Resposta: (D)

Q3) (CM) O resultado da expressão $\left(21^{13} \div 7^{13}\right) \div \left(9^4 + 9^4 + 9^4\right)$ é:

(A) 12   (B) 36   (C) 81   (D) 108   (E) 243

Solução:
$3^{13} \div 3.3^8 = 3^4 = 81$

Resposta: (C)

Q4) (CM) Ao resolvermos a expressão numérica $4.\{16 + [8 \div (2^4 - 2^3) + 1^8.3]\} \div (3.5 - 5)^1$, encontramos um valor K, sendo K um número natural. Podemos dizer que o sucessor do triplo de K é:

(A) um número primo
(B) um número par
(C) o consecutivo do número natural 24
(D) um número natural múltiplo de 10
(E) o sucessor do número natural 26

Solução:
$4.\{16 + [8 \div (2^4 - 2^3) + 1^8.3]\} \div (3.5 - 5)^1 = 4.\{16 + [8 \div 8 + 3]\} \div (15 - 5) = 4.\{16 + 4\} \div (10) =$
$4.\{16 + 4\} \div (10) = 80 \div 10 = 8$
O sucessor do triplo deste número é 3x8 + 1 = 25

Resposta: (C)

Q5) (CM) A metade do número $3^{14} - 27^4$ é igual a:

(A) $2^2 \times 3^{12}$
(B) $3^{12} \times 27^2$
(C) $3^7 - 27^2$
(D) $2^4 \times 3^{14}$
(E) $3^{12} \times 27^2$

Solução:
$3^{14} - 27^4 = 3^{14} - 3^{12} = 3^{12}.(3^2 - 1) = 8 \times 3^{12}$
A metade deste número é 4×3^{12}

Resposta: (A)

Q6) (CM) A idade de Mariana, em outubro de 1995, correspondia ao inverso do resultado da expressão:

$$\left\{ \left(\frac{2}{3}\right)^2 + \left[\frac{1}{3} - \left(\frac{1}{2} - \frac{1}{3}\right)^2\right] - \frac{5}{12} \right\} - \left(\frac{1}{3} - \frac{1}{4}\right)$$

Então, a idade de Mariana, em outubro de 2002, era:

Capítulo 8 – POTÊNCIAS

(A) 9 anos   (B) 10 anos   (C) 11 anos   (D) 12 anos   (E) 14 anos

Solução:

$$\left\{\left(\frac{2}{3}\right)^2+\left[\frac{1}{3}-\left(\frac{1}{2}-\frac{1}{3}\right)^2\right]-\frac{5}{12}\right\}-\left(\frac{1}{3}-\frac{1}{4}\right)=\left\{\frac{4}{9}+\left[\frac{1}{3}-\left(\frac{1}{6}\right)^2\right]-\frac{5}{12}\right\}-\left(\frac{1}{12}\right)=$$

$$\left\{\frac{4}{9}+\left[\frac{1}{3}-\frac{1}{36}\right]-\frac{5}{12}\right\}-\frac{1}{12}=\left\{\frac{4}{9}+\frac{11}{36}-\frac{5}{12}\right\}-\frac{1}{12}=\frac{16}{36}+\frac{11}{36}-\frac{15}{36}-\frac{3}{36}=\frac{9}{36}=\frac{1}{4}$$

Então a idade em 1995 era 4 anos. Em 2002, 7 anos depois, a idade era 4+7=11 anos

Resposta: (C)

Q7) (CM) O resultado da expressão numérica

$3^2 + 3$ x $[2 + 0,333... - (0,3$ x $2,1 + 1)]$: $0,01$

é um número:

(A) múltiplo de 11.
(B) divisor de 56.
(C) ímpar.
(D) múltiplo de 42.
(E) divisor de 14.

Solução:
9+[6+1-3x(0,63+1)]x100 =
9 + [7-3x1,63]x100 =
9 + [2,11]x100 = 9 + 211 = 220

Reposta: (A)

Q8) (CM) A fração $2^{30} / 8$ é igual a:

(A) 2^{10} (B) 8^9 (C) 4^9 (D) 2^{26} (E) 8^{18}

Solução:
$2^{30} / 2^3 = 2^{27} = 8^9$

Resposta: (B)

Q9) (CM) O preço de uma passagem era de R$ 1,00 em janeiro de 2005 e começou a triplicar a cada 6 meses. Em quanto tempo esse preço passou a ser de R$ 81,00?

(A) 3 anos   (B) 2 anos   (C) 4 anos   (D) 1 ano e meio   (E) 4 anos e meio

Solução:
De R$ 1,00 para chegar a R$ 81,00, tem que ser multiplicado por 81 = 3x3x3x3. São necessários 4 períodos de 6 meses, ou seja, 2 anos.

Resposta: (B)

342   MATEMÁTICA PARA VENCER

Q10) (OBM) Qual dos números a seguir é o maior?

(A) 3^{45} (B) 9^{20} (C) 27^{14} (D) 243^9 (E) 81^{12}

Solução:
Temos que passar todos para a mesma base, ou todos para o mesmo expoente. Nesse problema, é mais fácil passar todos para a mesma base:
$3^{45}, 3^{40}, 3^{42}, 3^{45}, 3^{48}$
O maior é 3^{48}.

Resposta: (E)

Q11) (OBM) O quociente de 50^{50} por 25^{25} é igual a :

(A) 25^{25} (B) 10^{25} (C) 100^{25} (D) 2^{25} (E) 2×25^{25}

Solução:
$50^{50} / 25^{25} = 2^{50}.25^{50} / 5^{50} = 2^{50}.5^{100} / 5^{50} = 2^{50}.5^{50} = 10^{50} = 100^{25}$

Resposta: (C)

Q12) (OBM) A razão $(2^4)^8 / (4^8)^2$ é igual a:

(A) 1/4   (B) 1/2   (C) 1   (D) 2   (E) 8

Solução:
$(2^4)^8 / (4^8)^2 = 2^{32} / (2^{16})^2 = 2^{32} / 2^{32} = 1$

Resposta: (C)

Q13) (OBM) Efetuando as operações indicadas na expressão

$((2^{2007}+2^{2005})/(2^{2006}+2^{2004}))\times 2006$

obtemos um número de quatro algarismos. Qual é a soma dos algarismos desse número?

(A) 4   (B) 5   (C) 6   (D) 7   (E) 8

Solução:
$$\frac{2^{2005} \times (4+1)}{2^{2004} \times (4+1)} \times 2006 = 2 \times 2006 = 4012$$

Resposta: (D)

Q14) (OBM) Qual é a soma dos algarismos do número $\dfrac{2^2}{2} + \dfrac{2^3}{2^2} + \dfrac{2^4}{2^3} + \cdots + \dfrac{2^{2005}}{2^{2004}} + \dfrac{2^{2006}}{2^{2005}}$?

Solução:
Cada uma das frações é igual a 2, pois o numerador é o dobro do denominador. São ao todo 2005 frações (os expoentes de 2 no numerador vão de 2 a 2006, o total é 2005).
$2 \times 2005 = 4010$

Resposta: 4010

Capítulo 8 – POTÊNCIAS

343

Q15) (OBM) Ao efetuar a soma $13^1 + 13^2 + 13^3 + \cdots + 13^{2006} + 13^{2007}$ obtemos um número inteiro. Qual é o algarismo das unidades desse número?

(A) 1   (B) 3   (C) 5   (D) 7   (E) 9

Solução.
$13^1 = 13$
$13^2 = 169$
$13^3 = 2197$
$13^4 = 28561$
$13^5 = $ (termina com 3)
Os últimos algarismos se repetem: 3, 9, 7, 1, ...
Cada grupo de 4 dessas potências consecutivas tem seus algarismos das unidades somando 3+9+7+1= 20, ou seja, a cada 4, o algarismo das unidades da some é 0.
Na seqüência de 1 a 2007, temos 501 grupos de 4, com potências de 1 até 2004. Falta então somar os algarismos das unidades de 13^{2005}, 3^{2006} e 3^{2007}. Esses algarismos são 3, 9 e 7, a soma termina com 9.

Resposta: (E)

Q16) (CN) Se x = 7^{200}, y = $1024^{40}.3^{100}$ e z=$16^{25}.625^{50}$, pode-se afirmar que:

(A) x<y<z   (B) x<z<y   (C) y<x<z   (D) y<z<x   (E) z<x<y

Solução:
x= 49^{100}, y=48^{100}, z=50^{100}
Então y<x<z

Resposta: (C)

Q17) Para registrar o resultado da operação $2^{101}.5^{97}$, o número de dígitos necessários é:

(A) 96   (B) 97   (C) 98   (D) 99   (E) 100

Solução:
$2^{101}.5^{97} = 16.10^{97}$. O número é escrito como 16 seguido de 97 zeros. São necessários portanto 99 algarismos.

Resposta: (D)

Questões propostas

Q18) (CM) Assim que soube da presença de Barba Negra, o Rei ordenou ao seu melhor guerreiro, Capitão Strong, que fosse ao porto da cidade capturá-lo. Lá chegando, Strong percebeu que o perigoso pirata já havia partido e a única pista que dele encontrou foi um pergaminho que continha duas tabelas e uma fórmula, transcritas abaixo, as quais, se corretamente interpretadas, revelariam o nome do próximo navio real a ser atacado. Capitão Strong descobriu que, na TABELA 1, cada letra correspondia a um número e que, ao substituir na FÓRMULA as letras pelos números correspondentes, chegaria a um resultado que, na TABELA 2, indicaria o nome do navio. Determine-o.

344   MATEMÁTICA PARA VENCER

(A) Tor
(B) Ícaro
(C) Hércules
(D) Zeus
(E) Estrela

TABELA 1
$a \to 4$
$b \to 0$
$c \to 3$
$f \to 5$
$h \to 1$
$m \to 8$
$s \to 2$

FÓRMULA

$$\dfrac{c^{c} \times a^{b} + s}{\dfrac{1}{3}(m-f)}$$

TABELA 2
$11 \to$ Tor
$29 \to$ Hércules
$36 \to$ Ícaro
$81 \to$ Zeus
$108 \to$ Estrela

Q19) (CM) Enquanto isso, Barba Negra seguia para a ilha da Cabeça da Caveira, onde enterrava todo o tesouro que roubava dos navios do Rei. Assim que chegou à ilha, foi logo pegando seu mapa, pois sem ele jamais encontraria o local onde anteriormente enterrara seu tesouro roubado. A primeira pista do mapa era: "Da pedra das Gêmeas, caminhe K passos no sentido leste, onde K é o resultado da expressão abaixo." Quantos passos Barba Negra caminhou?

(A) 29
(B) 30
(C) 46
(D) 52
(E) 58

$$\dfrac{\left(\dfrac{95}{90}+0,555...\right) \div \dfrac{5}{6}}{\dfrac{30^2}{120} \times \dfrac{4}{2^2 \times 3^2 \times 5^2}}$$

Q20) (CM) Enquanto isso, de longe, Morg, o Rei Kiroz e o seu exército aguardavam o desfecho da situação. Morg, finalmente, rompeu o silêncio da ocasião e perguntou ao Rei: "Por que os matemágicos e os bruxomáticos são inimigos?" "Tudo começou há muito, muito tempo atrás", respondeu o Rei, que continuou. "Assim que eles descobriram os números, começaram a desenvolver a Matemática que conhecemos hoje. Num dado momento, bem no início desses trabalhos, Merlim criou uma expressão e disse que quem a resolvesse primeiro seria o ganhador de uma linda pena de cristal, a qual tinha o poder de escrever em qualquer idioma, bastava a pessoa pensar e as palavras sairiam escritas corretamente. Porém, os representantes de cada grupo terminaram ao mesmo tempo, o que ocasionou uma discussão que, por fim, levou a uma raiva, sem o menor motivo. O tempo foi passando e nem Merlim conseguiu resolver esse mal-entendido". "Minha nossa!" disse Morg, espantado com o que ouviu. Sabendo-se que a expressão abaixo é a mesma que levou ao conflito entre os bruxomáticos e os matemágicos, determine a resposta correta que eles acharam ao resolvê-la.

$$0,04 \div 1,25 \times 10^{a} - \left(5 + \dfrac{14}{7\big/_{12}} + 1\dfrac{11}{15} \times 2\dfrac{4}{13} - 450 \times 0,01333...\right)$$

onde a=100x(20% de 20%)

(A) 293   (B) 291   (C) 287   (D) 273   (E) 245

Capítulo 8 – POTÊNCIAS   345

Q21) (CM) Determine o valor da expressão

$$1-\frac{1}{1}+\left(\frac{1}{1}\right)\times 1^{11}$$

(A) 2   (B) 0   (C) 3   (D) 1   (E) 1/2

Q22) (CM) Em uma colônia de bactérias, uma bactéria divide-se em duas a cada hora. Depois de 8 horas, o número de bactérias originadas de uma só bactéria é

(A) o dobro do número oito
(B) oito vezes o quadrado do número dois
(C) o quadrado do número oito
(D) duas vezes o quadrado do número oito
(E) a oitava potência do número dois

Q23) (CM) Por ser uma cidade rica, próspera e com a melhor infra-estrutura possível para a época, quando um novo morador chegava à cidade era informado de que deveria pagar impostos por 10 anos consecutivos. O imposto era pago da seguinte forma: no 1° ano, 1 (uma) moeda de ouro; no 2° ano, 2 (duas) moedas de ouro; no 3° ano, 4 (quatro) moedas de ouro; no 4° ano, 8 (oito) moedas de ouro; e assim, sucessivamente, até o 10° ano. Então, podemos afirmar que no 10° ano ele pagou:

(A) 256 moedas   (B) 340 moedas   (C) 400 moedas   (D) 512 moedas   (E) 1024 moedas

Q24) (CM) Com relação à potenciação de números naturais, é correto afirmar que:

(A) Todo número natural diferente de zero, quando elevado ao expoente zero, é igual a 1.
(B) Todo número natural elevado ao expoente 1 é igual a 1.
(C) Em 2^{100}, 100 é a base e 2 é o expoente.
(D) Está correto que $2^3 = 6$
(E) É falso que $3^2=9$

Q25) (OBM) A metade do numero $2^{11} + 4^8$ é

(A) 2^5+4^4 (B) 2^5+2^8 (C) $1^{10} + 2^8$ (D) $2^{15}+4^5$ (E) 2^9+4^7

Q26) (OBM) Quanto é $2^6 + 2^6 + 2^6 + 2^6 - 4^4$?

(A) 0   (B) 2   (C) 4   (D) 4^2 (E) 4^4

Q27) (OBM) Dividindo-se o número $4^{\left(4^2\right)}$ por 4^4 obtemos o número:

(A) 2   (B) 4^3 (C) 4^4 (D) 4^8 (E) 4^{12}

Q28) (CN) Calcule

$$\frac{0,5^2\times\dfrac{1}{2}+\dfrac{1}{4}}{2+0,333...-\dfrac{2}{3}}$$

346   MATEMÁTICA PARA VENCER

Respostas dos exercícios

E1) a) 4^7 b) 6^3 c) 7^8 d) 10^4 e) 5^6
f) 11^2 g) 16^3 h) 7^4 i) 8^3 j) 4^4

E2) a) 3x3x3x3x3   b) 12x12   c) 5x5x5x5x5x5   d) 16x16x16x16x16x16x16x16
e) 4x4x4x4x4x4x4x4x4x4   f) 2x2x2x2x2x2x2   g) 10x10x10x10   h) 9x9x9
i) 5x5x5x5   j) 2x2x2x2x2x2x2x2x2x2

E3) a) $3^6.2^4$ b) $2^3.5^3.7^2$ c) $2^5.3^2.7^3$ d) $2^5.3^2.5^3$ e) $10^2.20^3$ f) $3^4.7^2$
g) $2^2.3^3.4^2$ h) $3^2.4^3.5^4$ i) $2^4.3^3.5^3$ j) $2^2.3^3.5^2.7^3$

E4) a) 1   b) 1   c) 1   d) 0   e) 0   f) 0   g) 3
h) 27   i) 1000   j) 98908093245989239323   k) 1   l) 1   m) 1   n) 1

E5) a) 5^3;   b) $2^8.3$;   c) $2.3^4.5$;   d) 2^9;   e) $2.3.5^3$

E6) a) 400   b) 169   c) 256   d) 10.000   e) 6.400   f) 900   g) 196   h) 1.768   i) 512   j) 15.625

E7) a) 4   b) 5   c) 6   d) 7   e) 8   f) 11   g) 12   h) 14   i) 15   j) 32

E8) a) 3   b) 4   c) 10   d) 5   e) 6   f) 2   g) 1   h) 0

E9) a) 2^{15} b) 3^6 c) 2^{21} d) 10^6 e) 5^{14} f) 2^{70} g) 3^7 h) 10^{13} i) 5^{15} j) 2^{17}

E10) a) 15^5 b) 10^7 c) 30^2 d) 24^5 e) 5^{10} ou 25^5 f) 80^3 g) $(ab)^5$ h) 20^6 i) 10^{5000} j) 25^7 ou 5^{14}

E11) a) 3^3 b) 2^3 c) 5^2 d) 10^5 e) 7   f) 12^3 g) 6^6 h) a^{30} i) 100^5 j) 1000

E12) a) 2^6 b) 6^3 c) 4^5 d) 8^2 e) 3^4 f) 3^5 g) 5^4 h) 2^2 i) 5^{10} j) 16^6

E13) a) 10.3^2 b) 6.5^{100} c) 7.2^{2010} d) 9.5^3 e) 10.2^5
f) 10.3^{10} g) 9.10^2 h) 3.2^5 i) $2^{50}.25^5$ j) 5.2^{2005}

E14) 3^9

E15) a) $15^2 = 225$ b) $20^3 = 8.000$ c) 35^5 d) 12^4 e) $2^7/3^7$
f) $1/7^{10}$ g) $2^3/5^3 = 8/125$ h) $2^2/9^2$ i) $6^2/5^2 = 36/25$ j) $2^3/70^3 = 8/343000$

E16) a) $2^6.3^{10}$ b) $3^9.5^{12}$ c) $2^{20}.7^{12}$ d) $3^{50}.10^{20}$ e) $11^{45}.13^{30}$
f) $2^{32}.5^{24}.7^{40}$ g) $3^{15}.5^{10}$ h) $3^8.11^{10}$ i) $7^{15}.10^9$ j) $2^6.59^2$

E17) a) $2^5.3^2.5^3$ b) $2^7.3^{11}$ c) $2^{17}.3^2$ d) $2^{11}.5^7$ e) $3^{11}.5^3$
f) $2^{11}.3^2.5^3$ g) 2^{18} h) $2^2.3^{10}$ i) $2^{13}.3^{13}$ j) $2^2.5^{12}$

E18) a) 0,25 ou 1/4 ou $1/2^2$ b) 10^4 c) 10^{10} d) 10^4 e) 10^{10} f) $3^3.10^6$ g) $1/(10^2)$ h) $1/(10^{10})$ i) $4^3/3^2$ j) $1/10^3$

E19) 49^{100}, 48^{100}, 50^{100}

E20) 2^{32} e 2^8

E21) 2^{20}

E22) $1000x2^8 = 256.000$

E23) 2^{63}

E24) 201/80

E25) 5^8

E26) 3^{20}

E27) 1

Respostas das questões propostas

Q18) Resposta: (C)
Q19) Resposta: (E)
Q20) Resposta: (A)
Q21) Resposta: (D)
Q22) Resposta: (E)
Q23) Resposta: (D) $2^9 = 512$
Q24) Resposta: (A)
Q25) Resposta: (D)
Q26) Resposta: (A)
Q27) Resposta: (E)
Q28) Resposta: 9/40

Capítulo 8 – POTÊNCIAS   347

Prova simulada

Questão 1) Valor: 0,5 (CM)

Se x e y são números naturais, sendo x menor que y, definimos $x\Omega y$ como o produto dos números naturais entre x e y, incluindo x e y. Por exemplo, $1\Omega 3 = 1.2.3 = 6$.

A sétima parte do valor numérico de $(3\Omega 7)/(1\Omega 4)$ é igual a

(A) 15   (B) 24   (C) 30   (D) 105   (E) 735

Questão 2) Valor: 0,5 (CM)

A forma simplificada da expressão a seguir é igual a:

$$\frac{3}{43} \times \left\{ 0,2 \times \left[2 - \left(\frac{2}{9}\right)^2 + 0,25 \times 1,333... \right] + 5 \div 3 \right\}$$

(A) 311/2580   (B) 172/81   (C) 94/645   (D) 44/81   (E) 4/27

Questão 3) Valor: 0,5 (CM)

Assim que chegou à Caverna das Caveiras, Barba Negra desenterrou uma garrafa que continha um pedaço de papel com a seguinte informação: "Caminhe, no sentido da Cachoeira Véu da Noiva, tantos quilômetros quanto for o valor de n para que o resultado da expressão $5x10^5 + 2x10^4 + 4x10^3 + 530 + n$ seja divisível por 11, sabendo que n é um número natural menor que 10." Podemos, então, afirmar que Barba Negra caminhou:

(A) 1 km   (B) 5 km   (C) 6 km   (D) 8 km   (E) 9 km

Questão 4) Valor: 0,5 (CM)

A expressão $\left(\frac{3}{5}\right)^0 + \frac{3^0}{5} + \frac{3}{5^0} + 3,5$ é igual a:

(A) 6,5   (B) 7,5   (C) 8,1   (D) 5,3   (E) 7,7

Questão 5) Valor: 0,5 (CM)

Com relação à potenciação de números naturais, é correto afirmar que:

(A) Todo número natural diferente de zero, quando elevado ao expoente zero, é igual a 1.
(B) Todo número natural elevado ao expoente 1 é igual a 1.
(C) Em 2^{100}, 100 é a base e 2 é o expoente.
(D) Está correto que $2^3 = 6$
(E) É falso que $3^2 = 9$

Questão 6) Valor: 0,5

Escrever a potência $(4^7.9^3.15^2)^2$ na forma de um produto de potências de fatores primos

(A) $2^4.9^6.5^4$
(B) $4^9.9^5.15^4$
(C) $2^{28}.3^{16}.5^4$
(D) $4^{14}.9^6.15^1$
(E) $2^{14}.3^{12}.3^4.5^4$

348 MATEMÁTICA PARA VENCER

Questão 7) Valor: 0,5 (CM)
O resultado da expressão $\left(21^{13} \div 7^{13}\right) \div \left(9^4 + 9^4 + 9^4\right)$ é:

(A) 12   (B) 36   (C) 81   (D) 108   (E) 243

Questão 8) Valor: 0,5 (CM)
A fração $2^{30} / 8$ é igual a:

(A) 2^{10} (B) 8^9 (C) 4^9 (D) 2^{26} (E) 8^{18}

Questão 9) Valor: 0,5
Calcule $15^{20} \div 5^{20}$

(A) 15   (B) 15^{20} (C) 3^{20} (D) $5^{20}.3^{20}$ (E) 3^{10}

Questão 10) Valor: 0,5
Exprimir as expressões como um produto de potências de fatores primos, sem repetição de bases: $5^4.10^2.25^3$

(A) $50^2.25^2$ (B) $10^2.5^{10}$ (C) $50^6.25^3$ (D) $5^{12}.2^2$ (E) $5^7.2^2$

Questão 11) Valor: 0,5
Efetue $120^{10} \div 24^{10}$

(A) $12^{10}.10^{10}$ (B) 5^{10} (C) 5^1 (D) 96^{10} (E) 5^0

Questão 12) Valor: 0,5 (CM)
A metade do número $3^{14} - 27^4$ é igual a:

(A) $2^2 \times 3^{12}$ (B) $3^{12} \times 27^2$ (C) $3^7 - 27^2$ (D) $2^4 \times 3^{14}$ (E) $3^{12} \times 27^2$

Questão 13) Valor: 0,5 (OBM)
Quanto é $2^6 + 2^6 + 2^6 + 2^6 - 4^4$?

(A) 0   (B) 2   (C) 4   (D) 4^2 (E) 4^4

Questão 14) Valor: 0,5 (OBM)
Dividindo-se o número $4^{\left(4^2\right)}$ por 4^4 obtemos o número:

(A) 2   (B) 4^3 (C) 4^4 (D) 4^8 (E) 4^{12}

Questão 15) Valor: 0,5 (CN)
Se $x = 7^{200}$, $y = 1024^{40}.3^{100}$ e $z = 16^{25}.625^{50}$, pode-se afirmar que:

(A) x<y<z   (B) x<z<y   (C) y<x<z   (D) y<z<x   (E) z<x<y

Questão 16) Valor: 0,5 (CM)
A idade de Mariana, em outubro de 1995, correspondia ao inverso do resultado da expressão:

$$\left\{ \left(\frac{2}{3}\right)^2 + \left[\frac{1}{3} - \left(\frac{1}{2} - \frac{1}{3}\right)^2\right] - \frac{5}{12} \right\} - \left(\frac{1}{3} - \frac{1}{4}\right)$$

Capítulo 8 – POTÊNCIAS   349

Então, a idade de Mariana, em outubro de 2002, era:

(A) 9 anos   (B) 10 anos   (C) 11 anos   (D) 12 anos   (E) 14 anos

Questão 17) Valor: 0,5 (OBM)
Qual dos números a seguir é o maior?

(A) 3^{45} (B) 9^{20} (C) 27^{14} (D) 243^9 (E) 81^{12}

Questão 18) Valor: 0,5 (OBM)
Ao efetuar a soma $13^1 + 13^2 + 13^3 + \cdots + 13^{2006} + 13^{2007}$ obtemos um número inteiro. Qual é o algarismo das unidades desse número?

(A) 1   (B) 3   (C) 5   (D) 7   (E) 9

Questão 19) Valor: 0,5
Calcule
$$\frac{2^{200} + 2^{201} + 2^{202}}{2^{100} + 2^{101} + 2^{102}}$$

(A) 2^{202} (B) 6^{200} (C) 7.2^{100} (D) 2^{100} (E) 2^{603}

Questão 20) Valor: 0,5 (CM, OBM)
O professor Piraldo acrescentou dois novos botões (🕷 e ⬠) em sua calculadora. O botão 🕷, quando apertado, multiplica o número do visor por dois e acrescenta, em seguida, uma unidade. O botão ⬠, quando apertado, multiplica o número do visor por ele mesmo (eleva-o ao quadrado). Após apertar os botões dessa calculadora na seguinte sequência:

⬠	-	4	÷	7	🕷	⬠	🕷

Apareceu o número 99, logo o número que estava inicialmente no visor era:

(A) 4   (B) 5   (C) 6   (D) 7   (E) 8

350   MATEMÁTICA PARA VENCER

Solução da prova simulada

Gabarito

1	A		6	C		11	B		16	C
2	E		7	C		12	A		17	E
3	B		8	B		13	A		18	E
4	E		9	C		14	E		19	D
5	A		10	D		15	C		20	B

Soluções

Questão 1)

$$\frac{3\Omega 7}{1\Omega 4} = \frac{3.4.5.6.7}{1.2.3.4} = 105$$

105/7 = 15

Resposta: (A)

Questão 2)

$$\frac{3}{43}\times\left\{0,2\times\left[2-\left(\frac{2}{9}\right)^2+0,25\times1,333...\right]+5\div3\right\}=\frac{3}{43}\times\left\{\frac{1}{5}\times\left[2-\frac{4}{81}+\frac{1}{4}\times\frac{4}{3}\right]+\frac{5}{3}\right\}$$

$$\frac{3}{43}\times\left\{\frac{1}{5}\times\left[2-\frac{4}{81}+\frac{1}{3}\right]+\frac{5}{3}\right\}=\frac{3}{43}\times\left\{\frac{1}{5}\times\left[\frac{162}{81}-\frac{4}{81}+\frac{27}{81}\right]+\frac{5}{3}\right\}=\frac{3}{43}\times\left\{\frac{1}{5}\times\left[\frac{185}{81}\right]+\frac{5}{3}\right\}=$$

$$\frac{3}{43}\times\left\{\frac{37}{81}+\frac{135}{81}\right\}=\frac{3}{43}\times\frac{172}{81}=\frac{4}{27}$$

Resposta: (E)

Questão 3)

$5\times10^5 + 2\times10^4 + 4\times10^3 + 530 + n = 500000+20000+400+530+n = 52453n$ (n é o algarismo das unidades).

Resto da divisão por 11: $n + 5 + 2 + 11 - 3 - 4 - 5 = n+6$.

Para que seja divisível por 11, temos que ter n+6=11, n=5

Resposta: (B)

Questão 4)

$$\left(\frac{3}{5}\right)^0+\frac{3^0}{5}+\frac{3}{5^0}+3,5=1+\frac{1}{5}+\frac{3}{1}+\frac{7}{2}=\frac{10+2+30+35}{10}=\frac{77}{10}=7,7$$

Resposta: (E)

Questão 5)

VFFFF

Resposta: (A)

Questão 6)

$(4^7.9^3.15^2)^2 = (2^{14}.3^6.3^2.5^2)^2 = (2^{14}.3^8.5^2)^2 = 2^{28}.3^{16}.5^4$

Resposta: (C)

Questão 7)

$\left(21^{13}\div7^{13}\right)\div\left(9^4+9^4+9^4\right)=3^{13}\div\left(3\times3^8\right)=3^{13}\div3^9=3^4=81$

Capítulo 8 – POTÊNCIAS

351

Resposta: (C)

Questão 8)
$2^{30}/8 = 2^{30}/2^3 = 2^{27} = 8^9$
Resposta: (B)

Questão 9)
$15^{20} \div 5^{20} = \left(3^{20}.5^{20}\right) \div 5^{20} = 3^{20}$
Resposta: (C)

Questão 10)
$5^4.10^2.25^3 = 5^4.2^2.5^2.5^6 = 2^2.5^{12}$
Resposta: (D)

Questão 11)
$120^{10} \div 24^{10} = 5^{10}$
Resposta: (B)

Questão 12)
$3^{14} - 27^4 = 3^{14} - 3^{12} = 3^{12}.(9-1) = 8.3^{12}$
A metade é 4.3^{12}
Resposta: (A)

Questão 13)
$2^8 - 2^8 = 0$
Resposta: (A)

Questão 14)
$4^{\left(4^2\right)} \div 4^4 = 4^{16} \div 4^4 = 4^{12}$
Resposta: (E)

Questão 15)
x= 49^{100}, y=48^{100}, z=50^{100}
Então y<x<z
Resposta: (C)

Questão 16)
Ver Q6
Resposta: (C)

Questão 17)
Ver Q10
Resposta: (E)

Questão 18)
Ver Q15
Resposta: (E)

Questão 19)
$$\frac{2^{200} + 2^{201} + 2^{202}}{2^{100} + 2^{101} + 2^{102}} = \frac{2^{200} \times \left(1 + 2 + 4\right)}{2^{100} \times \left(1 + 2 + 4\right)} = 2^{100}$$

352   MATEMÁTICA PARA VENCER

Resposta: (D)

Questão 20)
É preciso determinar a operação inversa das teclas (✹ e ⬠), para poder realizar todas as operações ao contrário e determinar o número que estava originalmente no visor.

✹ : subtrai 1 e divide por 2
⬠ : raiz quadrada

O número final é 99, então aplicando as operações inversas, ficamos com:

Tecla	Função inversa	Resultado
		99
✹	Subtrai 1 e divide por 2	49
⬠	Raiz quadrada	7
✹	Subtrai 1 e divide por 2	3
÷7	Multiplica por 7	21
- 4	Adiciona 4	25
⬠	Raiz quadrada	5

Resposta: (B)

Capítulo 9

Porcentagem

Porcentagem é uma fração

Já apresentamos em capítulos anteriores o conceito de porcentagem, e também já resolvermos vários problemas sobre o assunto.

Na língua portuguesa, as duas palavras são corretas: porcentagem e percentagem.

Podemos explicar porcentagem em poucas palavras, dizendo apenas o seguinte: porcentagem é uma fração com denominador 100. Quando falamos "X% de alguma coisa", estamos na verdade calculando:

$$X\% \text{ de (alguma coisa)} = \text{(alguma coisa)} . \frac{X}{100}$$

Exemplo:
De um grupo de 20 pessoas, 60% são crianças. Qual é o número de crianças?

$$20 . \frac{60}{100} = 20 . \frac{3}{5} = 12$$

São portanto 12 crianças, ou seja, 60% de 20 é igual a 12.

Então, calcular uma porcentagem de um número é o mesmo que multiplicar o número por uma fração, cujo numerador é a porcentagem e o denominador é 100. Normalmente esta fração pode ser simplificada.

Nos problemas de porcentagem, além de saber qual é a fração a ser usada (o que é muito fácil), é também preciso saber qual é o número que precisa ser multiplicado por esta fração. Este número é normalmente indicado com DE ou SOBRE. No exemplo acima, podemos reconstruir a frase: 20% DAS pessoas são crianças. Então o número que deve ser multiplicado pela fração é o número de pessoas, que está precedido pelo DE que está embutido em DAS (DE + AS).

Outros exemplos:
15% dos alunos faltaram (número de alunos)
38% dos votos (o total de votos)
25% do salário (o valor total do salário)

354   MATEMÁTICA PARA VENCER

Tive lucro de 10% sobre o preço de compra (o preço de compra, precedido por SOBRE)
Tive um desconto de 15% sobre o total da compra (o preço total da compra).

Nos problemas de porcentagem, o DE ou SOBRE corresponde matematicamente à multiplicação.

Muitas vezes precisamos identificar a fração que corresponde a uma porcentagem. Para isso, basta escrever a porcentagem na forma de fração e simplificá-la. Toda porcentagem pode também ser escrita na forma de um número decimal. Por exemplo:

$2\% = 0,02 = 2/100 = 1/50$
$5\% = 0,05 = 5/100 = 1/20$
$10\% = 0,1 = 10/100 = 1/10$
$20\% = 0,2 = 20/100 = 1/5$
$30\% = 0,3 = 30/100 = 3/10$
$25\% = 0,25 = 20/100 = 1/4$
$40\% = 0,4 = 40/100 = 2/5$
$50\% = 0,5 = 50/100 = 1/2$
$75\% = 0,75 = 75/100 = 3/4$
$90\% = 0,9 = 90/100 = 9/10$
$120\% = 1,20 = 120/100 = 6/5$
$200\% = 2,00 = 200/100 = 2$

As porcentagens são muitas vezes usadas para distribuições ou divisões, como no exemplo abaixo:

Exemplo:
Três colegas vão repartir um prêmio de R$ 500,00. Antes do concurso foi combinado que A receberia 40%, B receberia 35% e C receberia 25% do prêmio. Quanto receberá cada um?

A receberá $500 \times 40\% = 500 \times 0,4 = R\$ 200,00$
B receberá $500 \times 35\% = 500 \times 0,35 = R\$ 175,00$
C receberá $500 \times 25\% = 500 \times 0,25 = R\$ 125,00$

As porcentagens também pode ser combinadas de várias formas. Por exemplo, podemos ter uma porcentagem de uma porcentagem. Esse tipo de problema é fácil, basta lembrar que DE significa *multiplicado*.

Exemplo:
Em um certo dia, faltaram 20% dos 300 alunos de uma escola. Desses alunos em falta, 40% eram meninos. Qual foi o número total de meninos que faltaram?

Os meninos são 40% de 20% de $300 = 0,4 \times 0,2 \times 300 = 24$

Resposta: 24

Exemplo:
Quanto vale, em porcentagem, 15% de 30%?

Uma forma de resolver este problema é transformar as duas porcentagens em frações de denominador 100. Multiplicamos as frações e depois simplificamos até que seu denominador seja 100.

Capítulo 9 – PORCENTAGEM   355

15% = 15/100
30% = 30/100

15% de 30% =

$$\frac{15}{100} \times \frac{30}{100} = \frac{15 \times 30}{100 \times 100} = \frac{3 \times 30}{20 \times 100} = \frac{3 \times 3}{2 \times 100} = \frac{9}{2 \times 100} = \frac{4,5}{100}$$

O resultado então é 4,5%. Note que fizemos simplificações para eliminar um fator 100 do denominador mas mantendo o outro fator 100, para que ficasse no final uma fração de denominador 100.

Outra forma de calcular a porcentagem de uma porcentagem é multiplicar os números decimais correspondentes e tomar os dois dígitos depois de vírgula. No nosso caso teríamos:

15% x 30% = 0,15 x 0,30 = 0,0450

Se tomarmos agora os dois dígitos depois da vírgula teríamos 04, ou seja, 4%. Como existe um algarismo 5 na terceira casa, o resultado final será 4,5%

Exercícios

E1) Calcule:
    a) 20% de R$ 100,00
    b) 30% de 10 quilos
    c) 25% de 20 quilômetros
    d) 40% de 10 horas
    e) 50% de 30 pessoas

    f) 35% de 40 minutos
    g) 2% de R$ 240,00
    h) 10% de R$ 1200,00
    i) 3% de 100.000 pessoas
    j) 15% de 60 laranjas

E2) Transforme as seguintes frações ou números decimais em porcentagens
    a) 0,5
    b) 0,7
    c) 3/5
    d) 1/8
    e) 2/5

    f) 3/4
    g) 5/4
    h) 1
    i) 0,02
    j) 3/10

E3) Determine como são feitas as divisões nas seguintes porcentagens:
a) Dividir R$ 100,00 em partes de 20%, 30% e 50%
b) Dividir 1000 pessoas em grupos iguais de 25% cada um
c) Dividir 20 litros em partes de 10%, 20%, 30% e 40%
d) Dividir 50 livros em partes de 50%, 20% e 30%

E4) Calcule as seguintes porcentagens de porcentagens, dando o resultado em porcentagem:
a) 70% de 80%
b) 90% de 90%
c) 50% de 40%
d) 20% de 20%
e) 10% de 5%

E5) Calcule
a) 30% de 20% de 1000 pessoas
b) 50% de 40% de R$ 500,00
c) 20% de 10% de 1000 metros
d) 80% de 90% de R$ 100,00

356 MATEMÁTICA PARA VENCER

e) 12% de 50% de 1000 habitantes

Aumentos em porcentagem

Muitas grandezas numéricas podem ter seu valor aumentado ou diminuído por vários fatores. Por exemplo, a população de uma cidade pode aumentar devido a novos habitantes que nasceram ou novas pessoas que foram morar nesta cidade. Pode diminuir em razão de falecimentos ou devido a pessoas que foram embora.

Muitas vezes não estamos interessados nos valores, e sim, no aumento na forma de porcentagem. Por exemplo, se uma cidade tinha 1000 habitantes e depois de algum tempo passou a ter 1.100 habitantes, dizemos que sua população teve um aumento de 10%. Chamamos isto de *aumento percentual*. É calculado da seguinte forma:

$$\text{Aumento percentual} = \frac{\text{(Valor novo) - (Valor antigo)}}{\text{(Valor antigo)}} \times 100\%$$

No caso da cidade que teve sua população aumentada de 1000 para 1100 habitantes, o aumento percentual é:

$$\frac{1100-1000}{1000}\times100\% = 10\%$$

Exemplo:
Jorge tinha guardados R$ 80,00. Depois de 1 mês tinha R$ 90,00. Qual foi o aumento percentual do seu dinheiro?

$$\frac{90-80}{80}\times100\% = 12,5\%$$

Exemplo:
Um jogo de computador custava R$ 200,00. No mês seguinte, devido ao aumento do valor do dólar, o jogo estava sendo vendido a R$ 230,00. Qual foi o aumento percentual?

$$\frac{230-200}{200}\times100\% = 15\%$$

Exemplo:
Uma loja vendeu no mês de janeiro, R$ 100.000,00. Em fevereiro, as vendas somaram R$ 106.000,00. Qual foi o aumento percentual de fevereiro em comparação com janeiro?

$$\frac{106-100}{100}\times100\% = 6\%$$

Note que neste exemplo escrevemos 100 e 106, ao invés de 100.000 e 106.000, pois o fator 1000 estaria presente no numerador e no denominador, e iria simplificar.

Exemplo:
O PIB (Produto Interno Bruto, que é a soma das riquezas produzidas por um país) de um país em um certo ano foi 1.200.000.000 dólares. No ano seguinte o PIB chegou a 1.260.000.000 dólares. Qual foi o aumento percentual do PIB do país neste período?

Capítulo 9 – PORCENTAGEM 357

$$\frac{1.260-1.200}{1200}\times100\%=5\%$$

Exercícios

E6) Calcule de quanto foi o aumento percentual
a) A população de uma cidade aumentou de 20.000 para 23.000 habitantes
b) O saldo bancário aumentou de R$ 5.000,00 para R$ 5.400,00
c) O número de agências bancárias aumentou de 250 para 270
d) O número de alunos aumentou de 300 para 336
e) A velocidade aumentou de 80 Km/h para 100 Km/h

E7) Quanto fica o valor final depois de aumentar
a) 5% sobre R$ 800,00
b) 20% sobre 50 Km/h
c) 3% sobre 10.000 pessoas
d) 3,5% sobre R$ 400,00
e) 0,2% sobre R$ 1.000.000.000.000,00?

Lucro, multa e juros

Esses são três elementos da matemática financeira que são baseados em porcentagem. Vamos apresentá-los de forma bem simplificada.

Lucro

Lucro é o ganho financeiro obtido por quem faz uma venda de um produto por um preço mais alto, depois de ter comprado o produto por um valor mais baixo.

$$\text{Lucro percentual} = \frac{\text{(Valor de venda) - (Valor de compra)}}{\text{(Valor de compra)}} \times 100\%$$

Exemplo:
Seu Joaquim da padaria comprou no mercado, latas de refrigerante a R$ 1,00 cada. Vendeu os refrigerantes na padaria por R$ 1,50. Qual foi o seu lucro percentual?

O lucro percentual é calculado da mesma forma que o aumento percentual:

$$\frac{1,50-1,00}{1,00}\times100\%=50\%$$

Exemplo:
Carlos compra e vende carros usados. Comprou um carro por R$ 7.000,00 e o vendeu por R$ 8.400,00. De quanto foi seu lucro percentual?

$$\frac{8400-7000}{7000}\times100\%=20\%$$

Multa

A multa é um valor adicionado a um pagamento em dinheiro que funciona como uma penalidade, em geral devido a um atraso. Em geral a multa é especificada em porcentagem, e depende do valor principal (o valor a ser pago, sem multa) e de outros fatores, como por exemplo, o número de dias de atraso.

358   MATEMÁTICA PARA VENCER

Jorge pagou seu aluguel de R$ 500,00 com 5 dias de atraso. É cobrada uma multa de 0,2% por dia de atraso. Qual foi o valor pago?

Este tipo de multa é calculado por uma fórmula simples:

Valor x taxa x tempo

O valor total a ser pago é o valor normal somado com a multa.

No nosso caso, teríamos:

R$ 500,00 x 0,2/100 x 5 = R$ 5,00

A multa no caso é de R$ 5,00, e o valor total a ser pago é R$ 505,00.

Exemplo: (CM)
A conta de luz de Fernanda, esse mês, foi de R$ 206,00. Como pagou com atraso, foi cobrada uma multa de 10%. Então, o valor pago por Fernanda foi igual a:

(A) R$ 20,60   (B) R$ 2,06   (C) R$ 206,00   (D) R$ 226,60   (E) R$ 237,60

Solução:
10% de R$ 206,00 = 0,1 x R$ 206,00 = R$ 20,60

Valor total pago: R$ 206,00 + R$ 20,60 = R$ 226,60

Resposta: (D)

Juros

Matematicamente, os juros funcionam como a multa, são calculados da mesma forma. Financeiramente, os objetivos são diferentes. A multa é uma penalidade, normalmente devido a um pagamento atrasado. Os juros são um valor adicional cobrado, normalmente por bancos, quando é feito um empréstimo.

Exemplo:
José pegou R$ 1.000,00 emprestados no banco, e terá que devolver em um mês, com juros de 5,5%. Qual é o valor que deverá devolver terminado o prazo de 30 dias?

R$ 1.000,00 x 5,5/100 = R$ 55,00
Valor a ser devolvido: capital + juros = R$ 1.000,00 + R$ 55,00 = R$ 1.055,00

Resposta: R$ 1.055,00

Exercícios

E8) Qual deve ser o valor de venda para obter lucro de:
a) 10% sobre valor de compra de R$ 5.000,00?
b) 25% sobre valor de compra de R$ 1,00?
c) 30% sobre valor de compra de R$ 10,00?
d) 40% sobre valor de compra de R$ 2,00?
e) 50% sobre valor de compra de R$ 5,00?

Capítulo 9 – PORCENTAGEM 359

E9) Qual é o lucro percentual obtido quando na venda de um produto:
a) Compramos por R$ 100,00 e vendemos por R$ 115,00?
b) Compramos por R$ 300,00 e vendemos por R$ 333,00?
c) Compramos por R$ 500,00 e vendemos por R$ 540,00?
d) Compramos por R$ 2,00 e vendemos por R$ 2,80?
e) Compramos por R$ 15,00 e vendemos por R$ 18,30?

E10) Calcule a multa em dinheiro
a) Multa de 10% sobre um valor de R$ 200,00
b) Multa de 2% sobre uma conta de R$ 500,00
c) Multa de 25% sobre uma conta de R$ 300,00
d) Multa de 15% sobre uma conta de R$ 400,00
e) Multa de 12% sobre uma conta de R$ 600,00

E11) Calcule a multa percentual
a) O valor normal era R$ 50,00, com a multa ficou em R$ 54,00
b) O valor normal é R$ 400,00 e com multa foi R$ 460,00
c) Multa de R$ 30,00 sobre uma conta de R$ 600,00
d) O valor era R$ 200,00, com multa ficou em R$ 215,00
e) Com a multa, a conta de R$ 700,00 ficou por R$ 735,00

E12) Uma conta de R$ 200,00 foi paga com um mês de atraso. A taxa de juros cobrada pelo banco foi de 9% ao mês. Qual foi o valor pago?

E13) José aplicou R$ 1000,00 no banco, com taxa de 1% ao mês. Quanto tinha depois de um mês?

Reduções em porcentagem

Assim como muitos valores podem aumentar, tendo seus aumentos medidos em porcentagem, também é comum o caso em que os valores diminuem. Por exemplo, quando uma loja baixa o preço de uma mercadoria.

Exemplo:
Uma loja reduziu o preço de um produto de R$ 100,00 para R$ 90,00. A redução neste exemplo foi de 10%.

Calculando a redução

A *redução percentual* é sempre calculada em relação ao valor inicial, e fórmula é bem parecida com a do aumento percentual:

Redução percentual = $\dfrac{\text{(Valor antigo) - (Valor novo)}}{\text{(Valor antigo)}} \times 100\%$

No nosso caso temos:

$$\frac{100-90}{100}\times100\% = 10\%$$

A redução percentual também aparece na forma de um prejuízo no comércio. O prejuízo caracteriza uma venda que não foi vantajosa, ou seja, o comerciante se viu obrigado a vender o produto por um valor menor do que o custo da mercadoria.

360 MATEMÁTICA PARA VENCER

Exemplo:
Carlos compra e vende carros usados. Comprou um carro por R$ 9.000,00 e o vendeu por R$ 7.200,00. De quanto foi seu prejuízo percentual?

Obviamente teve prejuízo, pois vendeu o carro por um valor mais baixo que o preço de custo. A fórmula do prejuízo percentual é parecida com a do lucro percentual:

$$\text{Prejuízo percentual} = \frac{\text{(Valor de compra) - (Valor de venda)}}{\text{(Valor de compra)}} \times 100\%$$

No nosso caso temos:
$$\frac{9000 - 7200}{9000} \times 100\% = 20\%$$

Uma só fórmula

Todas as fórmulas que apresentamos aqui são bastante parecidas. São fórmulas para aumento, redução, lucro e prejuízo. Todas podem ser resumidas em uma só:

$$\text{Variação percentual} = \frac{\text{(Valor de maior) - (Valor menor)}}{\text{(Valor inicial)}} \times 100\%$$

No numerador, calculamos sempre a diferença entre o maior e o menor valor (pode ser final-inicial ou inicial-final, dependendo de ser aumento ou redução). No denominador usamos sempre o valor inicial, antes de sofrer a alteração.

Exercícios

E14) José comprou um carro por R$ 5.000,00 mas ao vendê-lo teve um prejuízo de 10%. Qual foi o valor de venda?

E15) Carlos comprou por engano, dois livros iguais por R$ 30,00 cada um. Só conseguiu vender um deles com prejuízo de 20%. Por quanto vendeu o livro?

E16) Determine se houve lucro ou prejuízo, e qual foi seu valor percentual:
a) Compra por R$ 30,00 e venda por R$ 33,00
b) Compra por R$ 25,00 e venda por R$ 24,00
c) Compra por R$ 15,00 e venda por R$ 18,00
d) Compra por R$ 100,00 e venda por R$ 95,00
e) Compra por R$ 200,00 e venda por R$ 230,00

E17) Determine se as mercadorias tiveram aumento ou desconto, e qual seu valor percentual:
a) Preço mudou de R$ 60,00 para R$ 48,00
b) Preço mudou de R$ 15,00 para R$ 12,00
c) Preço mudou de R$ 24,00 para R$ 27,00
d) Preço mudou de R$ 80,00 para R$ 75,00
e) Preço mudou de R$ 150,00 para R$ 90,00
f) Preço mudou de R$ 250,00 para R$ 270,00

Usando a multiplicação

Algumas dicas podem ajudar você a aplicar porcentagens de forma bem rápida. Por exemplo:

Capítulo 9 – PORCENTAGEM

Somar 10% é a mesma coisa que multiplicar por 1,1
Somar 20% é a mesma coisa que multiplicar por 1,2
Somar 50% é a mesma coisa que multiplicar por 1,5
Diminuir 10% é a mesma coisa que multiplicar por 0,9
Diminuir 20% é a mesma coisa que multiplicar por 0,8
Diminuir 50% é a mesma coisa que multiplicar por 0,5

É fácil perceber isso através de exemplos:

Exemplo:
Uma mercadoria custava R$ 100,00 e teve um aumento de 10%. No final, por quanto seu preço inicial foi multiplicado?

10% de 100 = R$ 10,00
Preço original + aumento = R$ 100,00 + R$ 10,00 = R$ 110,00
É o resultado que seria obtido se multiplicássemos o preço original por 1,1

Exemplo:
Uma mercadoria custava R$ 100,00 e teve um aumento de 25%. No final, por quanto seu preço inicial foi multiplicado?

25% de 100 = R$ 25,00
Preço original + aumento = R$ 100,00 + R$ 25,00 = R$ 125,00
É o resultado que seria obtido se multiplicássemos o preço original por 1,25

O valor final, depois de aplicado o aumento, pode ser calculado pelo método clássico:

Preço final = (preço inicial) + (preço inicial) x porcentagem

Lembrando a propriedade distributiva, isso pode ser escrito como:

Preço final = (preço inicial).[1 + porcentagem]

A porcentagem por sua vez é um número decimal da forma 0,xx, onde xx é o valor da porcentagem (20, 50, 25, etc.)

então se tivermos:

10%: multiplicar o valor original por 1,10
15%: multiplicar o valor original por 1,15
20%: multiplicar o valor original por 1,20
etc...

Muitos cometem um erro comum quando as porcentagens são menores que 10%

Exemplo:
Somar 5% é o mesmo que multiplicar por ....?

Muitos respondem erradamente 1,5, já que são 5%. Está errado, pois a porcentagem deve ocupar dois dígitos depois da vírgula, sendo iguais ao algarismo das dezenas e o algarismo das unidades. No caso de 5% temos:
Dezenas: 0
Unidades: 5

362   MATEMÁTICA PARA VENCER

Então o valor correto é 1,05 e não 1,5. Multiplicar por 1,5 é o mesmo que somar 50%:

Dezenas: 5
Unidades: 0

Somar 50% seria multiplicar por 1,50. Como 1,50 é o mesmo que 1,5 não precisamos escrever o zero.
Da mesma forma, temos:

Somar 1% é multiplicar por 1,01
Somar 10% é multiplicar por 1,1 (o mesmo que 1,10)

Também é comum alguns alunos cometerem erros como, pensarem que multiplicar por 1,3 é o mesmo que somar 3%. Multiplicar por 1,3 (1,30) é o mesmo que somar 30%.

Também podemos usar a multiplicação para aplicar reduções na forma de porcentagem. Por exemplo, reduzir 20% é o mesmo que multiplicar por 0,8. Devemos fazer o seguinte:

1) Transformar a porcentagem em número decimal

2) Tomar os dois dígitos depois da vírgula e calcular 100 - este valor, depois dividir o resultado por 100

3) Aplicar a redução percentual será o mesmo que multiplicar o valor original por esta fração.

Exemplo:
Reduzir um valor em 30% é o mesmo que multiplicá-lo por ...

30% = 0,30 (é preciso escrever 0,30, e não 0,3, para não errar na etapa seguinte)

100-30 = 70 (se escrevesse 0,3, pensaria que o cálculo seria 100-3)

70/100 = 0,7

Então aplicar desconto de 30% é o mesmo que multiplicar por 0,7

Da mesma forma:
Aplicar desconto de 1% é o mesmo que multiplicar por 0,99
Aplicar desconto de 5% é o mesmo que multiplicar por 0,95
Aplicar desconto de 10% é o mesmo que multiplicar por 0,9
Aplicar desconto de 15% é o mesmo que multiplicar por 0,85
Aplicar desconto de 20% é o mesmo que multiplicar por 0,8
Aplicar desconto de 25% é o mesmo que multiplicar por 0,75
Aplicar desconto de 30% é o mesmo que multiplicar por 0,7
Aplicar desconto de 40% é o mesmo que multiplicar por 0,6
Aplicar desconto de 50% é o mesmo que multiplicar por 0,5
...

Exercícios

E18) Por qual fração irredutível um número deveria ser multiplicado para que resulte em:
 a) Aumento de 20%   f) Aumento de 200%
 b) Redução de 20%   g) Redução de 14%

Capítulo 9 – PORCENTAGEM   363

c) Aumento de 15%   h) Redução de 9%
d) Aumento de 5%   i) Redução de 35%
e) Aumento de 100%   j) Redução de 90%

E19) Um número sofre aumento ou redução, e de qual porcentagem, ao ser multiplicado por:
a) 1,2   f) 1,8
b) 0,93   g) 0,98
c) 0,7   h) 2,0
d) 1,23   i) 0,3
e) 0,8   j) 3,0

Porcentagens combinadas

Muitos problemas de porcentagem envolvem aumentos ou reduções seguidos. Em alguns casos as porcentagens podem ser somadas, em outros casos devem ser multiplicadas, depende apenas de um fator: sobre o quê está sendo aplicada a porcentagem.

Porcentagens aditivas:
São aquelas em que todos os aumentos ou reduções são aplicados sobre o mesmo valor base. Nesse caso, basta somar as porcentagens quando forem aumentos e subtrair quando forem reduções.

Porcentagens multiplicativas:
São aquelas que devem ser aplicadas não sobre o mesmo valor base, mas pelo valor resultante depois que a porcentagem anterior foi aplicada.

Essas duas modalidades de combinação de porcentagens são muito aplicadas em provas, em geral a maioria dos alunos erram. Vamos esclarecer isso através de exemplos:

Porcentagens aditivas e multiplicativas

Exemplo:
A escola de João oferece aos alunos, vários tipos de descontos sobre o valor da mensalidade:
a) Desconto de 10% sobre a mensalidade para quem tem algum irmão na escola
b) Desconto de 10% sobre a mensalidade para quem já estudou na escola no ano anterior
c) Desconto de 10% sobre a mensalidade para quem participa das equipes de esporte da escola

Se João tem direito a esses três descontos, quanto pagará, se a mensalidade normal é R$ 500,00?

Nesse caso hipotético, observe que todos os descontos são aplicados sobre o valor da mensalidade, e são independentes. Se a mensalidade é R$ 500,00, Um aluno pode ter R$ 50,00 de desconto (10% sobre R$ 500,00) caso tenha algum irmão na escola, mais R$ 50,00 (10% sobre R$ 500,00) se tiver estudado na escola no ano anterior, e mais R$ 50,00 (10% sobre R$ 500,00) caso participe de uma equipe de esportes na escola. O desconto total será

R$ 50,00 x 3 = R$ 150,00, o equivalente a 30% de R$ 500,00
João pagará apenas R$ 350,00.

Como as três porcentagens foram aplicadas sobre o mesmo valor, elas podem ser acumuladas através de soma, ou seja, 10%+10%+10% = R$ 500,00

Resposta: O aumento total foi de 30%, João pagará apenas R$ 350,00 de mensalidade.

364   MATEMÁTICA PARA VENCER

OBS: Em casos como este, quando a escola ou empresa não quer dar aumentos muito grandes, acrescenta uma ressalva: "Os aumentos não são cumulativos". Isto significa que não podem ser somados como fizemos nesse problema. Valerá não mais a matemática, mas a regra que for estipulada pela escola ou empresa.

Vejamos agora um outro exemplo no qual as porcentagens não podem ser somadas dessa forma:

Exemplo:
Em uma época de falta de carne devido à seca, o preço da carne aumentou 10% em janeiro. Em fevereiro teve outro aumento de 10%, e em março, outro aumento de 10%. Qual foi o aumento acumulado nesses três meses?

Este é um caso no qual as porcentagens não podem ser somadas, pois não são aplicadas sobre o mesmo valor base, e sim, pelo valor do mês anterior. É um caso típico do percentagens multiplicativas.

Em janeiro, o preço aumentou 10% em relação a dezembro
Em fevereiro, o preço aumentou 10% em relação a janeiro
Em março, o preço aumentou 10% em relação a fevereiro

Se um quilo de carne custava R$ 10,00 em dezembro, em janeiro subiu para R$ 11,00 (R$ 10,00 x 1,1). Se aumentou mais 10% em fevereiro, subiu de R$ 11,00 para R$ 12,10 (R$ 11,00 x 1,1). Se em março subiu mais 10%, o preço aumentou para R$ 13,31 (R$ 12,10 x 1,1). O aumento final foi de 33,1%, e não de 30%, como muitos pensariam.

Em geral problemas de aumentos ou reduções seguidos, ao longo do tempo, devem ser resolvidos na forma multiplicativa, pois cada um é baseado no valor anterior, e não em um valor base. Problemas com porcentagens multiplicativa são resolvidos facilmente pelo seguinte método:

a) Transforme a porcentagem em número decimal e some uma unidade. Por exemplo, aumentar 10% é o mesmo que multiplicar por 1,10

b) Multiplique todos os números decimais obtidos. Os dois dígitos depois da vírgula, do produto obtido, são a porcentagem combinada.

No nosso exemplo, temos
Aumentar 10% = multiplicar por 1,1
Nos três meses seguidos, multiplicamos por 1,1 três vezes, então ficamos com:

$$1,1 \times 1,1 \times 1,1 = 1,331$$

Tomando os dois dígitos depois da vírgula, ficamos com 33,1%.

Exemplo:
José ganhou no seu trabalho, um aumento de 20% devido a uma promoção. No mês seguinte, todo os funcionários da empresa ganharam um aumento salarial de 10%, inclusive José. Com esses dois aumentos seguidos, o salário de José, que era inicialmente R$ 1000,00, aumentou para quanto?

Tivemos aqui dois aumentos multiplicativos.
Promoção: seu salário foi multiplicado por 1,2

Capítulo 9 – PORCENTAGEM   365

Aumento para todos: seu salário (que já fora multiplicado por 1,2) será multiplicado por 1,1
Aumento total: 1,2 x 1,1 = 1,32

Seu aumento total foi de 32%. Seu salário que era de R$ 1000,00 passou para R$ 1320,00

Muitos alunos errariam essa questão e diriam que o aumento foi de 30% e que o salário aumentou para R$ 1300,00. O erro é porque devem ser aplicadas porcentagens seguidas na forma multiplicativa, como fizemos, e não aditiva.

Porcentagens multiplicativas também se aplicam a reduções combinadas, ou combinações de aumentos e reduções seguidas.

Exemplo:
Um produto custava R$ 100,00 em dezembro, mas em janeiro sofreu uma redução de 10% no seu preço. Em fevereiro, uma loja estava oferecendo desconto de 20% sobre todos os produtos da loja. Qual foi o desconto total sobre o preço original do produto?

10% de desconto : o preço foi multiplicado por 0,9
20% de desconto: o preço foi multiplicado por 0,8

0,9 x 0,8 = 0,72

Se o preço inicial foi multiplicado por 0,72 então o desconto acumulado foi de 28%.

Exemplo (CM):
Em setembro, um comerciante colocou o seguinte cartaz em sua loja: "Em outubro, todos os produtos com 30% de desconto." Porém, ao abrir a loja no dia primeiro de outubro, esse comerciante havia remarcado os preços de todos os seus produtos, aumentando-os em 40%. Pode-se, então, afirmar que, no mês de outubro, o preço de uma mercadoria qualquer estava, em relação ao preço de setembro:

(A) 2 % mais barato.
(B) 10 % mais barato.
(C) 12 % mais barato.
(D) 8 % mais caro.
(E) 10 % mais caro.

Solução:
Aumento de 40%: multiplicar por 1,4
Desconto de 30%: multiplicar por 0,7

Aumento e desconto combinados: 1,4 x 0,7 = 0,98
Isso equivale a um desconto de 2%

Resposta: (A)

Exercícios

E20) Dois aumentos seguidos de 20% equivalem a um aumento de quanto?

E21) Duas reduções seguidas de 10% equivalem a uma redução de quanto?

366 MATEMÁTICA PARA VENCER

E22) Um aumento de 10%, seguido de uma redução de 10%, equivale a aumento ou redução, e de quanto?

E23) Uma mercadoria teve seu valor aumentado em 25%. De quanto deverá ser reduzida, percentualmente, para que retorne ao valor original?

E24) Uma mercadoria teve um aumento de 30%, depois uma redução de 20%. O preço final aumentou ou diminuiu, e de qual porcentagem?

Impostos

Alunos do ensino fundamental não precisam conhecer tributação, que é um assunto bastante complexo, mas podem surgir em problemas de porcentagem, modelos simples de impostos para tornar mais difíceis os problemas de lucro e prejuízo.

Vamos relembrar o caso do seu Joaquim da padaria, que comprou uma lata de refrigerante por R$ 1,00 e a vendeu por R$ 1,50, tendo um lucro de R$ 0,50 (50%). Todo comércio precisa pagar impostos, da mesma forma como o imposto de renda, cobrado sobre os salários. No comércio, existem dois tipos de impostos:

a) Imposto sobre o valor de venda
b) Imposto sobre o lucro

Vejamos como podem surgir problemas envolvendo esses impostos:

Exemplo:
Seu Joaquim da padaria comprou uma lata de refrigerante por R$ 1,00 e a vendeu por R$ 1,50. Teve ainda que pagar imposto de 20% sobre o valor de venda. Qual foi o seu lucro?

A lata de refrigerante foi vendida por R$ 1,50, mas o comerciante pagou de imposto, 20% sobre este valor (valor de venda). O imposto pago foi portanto:

20% de R$ 1,50 = 0,2 x R$ 1,50 = R$ 0,30

Agora podemos calcular o lucro:
Valor recebido: R$ 1,50
Custo da mercadoria: R$ 1,00
Imposto: R$ 0,30

Lucro = R$ 1,50 - R$ 1,00 - R$ 0,30 = R$ 0,20

Resposta: O lucro foi R$ 0,20, ou 20% sobre o valor original do produto.

Exemplo:
No problema anterior, quanto foi o lucro percentual, calculado em relação ao valor de venda do produto?

O lucro foi de R$ 0,20 em uma venda de R$ 1,50. Isso equivale a:
$$\frac{0,20}{1,50} \times 100\% = 13,3\%$$

Resposta: 13,3%

Capítulo 9 – PORCENTAGEM 367

Em alguns casos o imposto é calculado não sobre o valor de venda, mas sobre o lucro. Vejamos um exemplo:

Exemplo:
Uma mercadoria foi comprada por uma farmácia por R$ 10,00 e vendida por R$ 14,00. Foi pago um imposto de 25% sobre o lucro. De quanto foi o lucro, depois da aplicação do imposto?

O lucro, antes do pagamento do imposto, foi:
R$ 14,00 - R$ 10,00 = R$ 4,00

Foi pago de imposto, 25% deste valor, ou seja, R$ 1,00. Isto reduziu o lucro para R$ 3,00

Resposta: R$ 3,00

Questões resolvidas

Q1) Em um certo dia, faltaram 20% dos 300 alunos de uma escola. Desses alunos em falta, 40% eram meninos. Qual foi o número total de meninos que faltaram? Esses meninos faltosos representam que porcentagem do número total de alunos?

Os meninos são 40% de 20% de 300 = 0,4 x 0,2 x 300 = 24
Esses 24 meninos faltosos correspondem a 24/300 do total de alunos da escola, ou seja, 8/100 = 8%.
Também poderíamos calcular esta porcentagem multiplicando 40% por 20%:

40% de 20% = 0,4 x 0,2 = 0,08

Para converter um número decimal em porcentagem, tomamos o número formado pelos dois dígitos decimais depois da vírgula. São portanto 8%.

Resposta: 24 meninos e 8%

Q2) (CM) Jônatas comprou um brinquedo e, em seguida, vendeu-o por R$ 224,00, tendo um lucro de 40% sobre o preço de compra. O preço pelo qual ele comprou o brinquedo foi:

(A) R$ 140,00   (B) R$ 160,00   (C) R$ 180,00   (D) R$ 190,00   (E) R$ 200,00

Solução:
R$ 224,00 / 1,4 = R$ 160,00

Resposta: (B)

Q3) (CM) Um estacionamento cobrava R$ 5,00 por três horas de utilização e agora passou a cobrar R$ 5,00 por duas horas. O percentual de aumento do preço, cobrado pelo estacionamento, em relação ao preço inicial, foi de:

(A) 33%   (B) 45%   (C) 50%   (D) 60%   (E) 67%

Solução:
Cobrava em reais, 5/3 por hora. Passou a cobrar, em reais, 5/2 por hora. Para saber o aumento em fração basta dividir o preço novo pelo preço antigo.

368   MATEMÁTICA PARA VENCER

$$\frac{5}{2} \div \frac{5}{3} = \frac{3}{2}$$

A fração 3/2 corresponde a um aumento de 50%.

Resposta: (C)

Q4) (CM) Um comerciante vende um determinado produto de limpeza por R$ 75,00 (setenta e cinco reais). No entanto, se o pagamento for feito em dinheiro, será dado um desconto de 15% sobre o preço de venda acima definido. Determine o valor do produto no caso de pagamento em dinheiro.

(A) R$ 11,25   (B) R$ 62,75   (C) R$ 63,25   (D) R$ 63,75   (E) R$ 64,75

Solução:
15% de R$ 75,00 = 0,15 x R$ 75,00 = R$ 11,25 de desconto. O valor pago será:
R$ 75,00 – R$ 11,25 = R$ 63,75

Resposta: (D)

Q5) (CM) Tiago, André e Gustavo foram premiados em um "bolão" do Campeonato Brasileiro. Tiago vai ficar com 40% do valor total do prêmio enquanto André e Gustavo vão dividir o restante igualmente entre dois. Se Gustavo vai receber R$ 600,00, então o prêmio total é:

(A) igual a R$ 1500,00.
(B) maior que R$ 2000,00.
(C) menor que R$ 2500,00.
(D) igual a R$ 2500,00.
(E) maior que R$ 3000,00.

Solução:
Tiago = 40%, André = 30%, Gustavo = 30%
R$ 600,00 / 0,3 = R$ 2.000,00

Resposta: (B)

Q6) (CM) Em uma cidade do interior de Minas Gerais, o resultado da votação para prefeito foi a seguinte:

PORCENTAGEM DE VOTOS

CANDIDATO 1	52%
CANDIDATO 2	38%
OUTROS CANDIDATOS	1%
VOTOS NULOS OU EM BRANCO	9%

O número total de votos nulos ou em branco foi igual a 4914. Então, a diferença de votos entre o candidato 1 e o candidato 2, e o número total de eleitores foram, respectivamente:

(A) 7644 votos, 28932 eleitores
(B) 9863 votos, 54600 eleitores.
(C) 7644 votos, 54000 eleitores.
(D) 5460 votos, 76440 eleitores.
(E) 7644 votos, 54600 eleitores.

Capítulo 9 – PORCENTAGEM 369

Solução:
Se 9% dos votos são 4914 votos, então 1% dos votos vale 4914/9 = 546 votos.
A diferença percentual entre os candidatos 1 e 2 é 14%, o que resulta em votos:
546 x 14 = 7644 votos.
Para saber o número de eleitores, basta tomar 1% dos votos (546) e multiplicar por 100, resultando em 54.600 eleitores.

Resposta: (E)

Q7) (CM) A empresa de calçados "Calçabem" vendeu 400 e 480 pares, respectivamente, nos meses de outubro e novembro, apresentando um percentual de aumento nas vendas superior ao do mesmo período no ano anterior. Para o mês de dezembro era esperado um percentual de aumento, em relação a novembro, maior que o de novembro em relação a outubro, mas o percentual de aumento se repetiu, fechando o mês de dezembro com um total, em vendas, de

(A) 526 pares   (B) 566 pares   (C) 576 pares   (D) 726 pares   (E) 926 pares

Solução:
O aumento de outubro para novembro foi de 400 para 480, ou seja, 20%.
De novembro para dezembro, o aumento nas vendas foi o mesmo, então as vendas de dezembro somaram 480 x 1,2 = 576 pares.

Resposta: (C)

Q8) (CM) Numa eleição, 65000 pessoas votaram. O candidato que venceu recebeu 55% do total dos votos. O outro candidato recebeu 60% da quantidade dos votos do candidato que venceu. Os demais foram votos brancos ou nulos. Quantos votos brancos ou nulos existiram nessa eleição?

(A) 21450 votos   (B) 35750 votos   (C) 8800 votos   (D) 6800 votos   (E) 7800 votos

Solução:
O primeiro recebeu 55% do total, o segundo recebeu 60% disso, ou seja, 60% de 55% = 33%. Os dois candidatos somaram 55% + 33% = 88%. Restam 12%. O número de votos brancos e nulos é 12% de 65.000 = 7800

Resposta: (E)

Q9) (CM) O professor André trabalha 150 horas por mês e ganha R$ 20,00 (vinte reais) por hora trabalhada. No mês que vem, ele vai ter um aumento de 25% sobre o valor da hora trabalhada. Quanto o professor André vai passar a receber em um ano de trabalho com o seu novo salário?

(A) R$ 54000,00   (B) R$ 45000,00   (C) R$ 36000,00   (D) R$ 9000,00   (E) R$ 3750,00

Solução:
Novo valor da hora de aula: R$ 20,00 x 1,25 = R$ 25,00
12 meses x 150 horas x R$ 25,00 = R$ 45.000,00

Resposta: (B)

Q10) (CM) 7% de 0,625 mais 3% de 15/8 é igual a:

370   MATEMÁTICA PARA VENCER

(A) 0,01   (B) 0,1   (C) 0,02   (D) 0,2   (E) 0,03

Solução:
$0,625 = 5/8$

$$\frac{7}{100}\times\frac{5}{8}+\frac{3}{100}\times\frac{15}{8}=\frac{35+45}{800}=\frac{80}{800}=0,1$$

Resposta: (B)

Q11) (CM) Pablo foi promovido e recebeu um aumento de 17%, passando a receber um salário de R\$ 1111,50. O salário que Pablo recebia antes do aumento era de

(A) R\$ 980,00   (B) R\$ 890,00   (C) R\$ 970,00   (D) R\$ 840,00   (E) R\$ 950,00

Solução:
R\$ 1111,50 / 1,17 = R\$ 950,00

Resposta: (E)

Q12) (CM) Isabela possui um carro que tem a capacidade de ser reabastecido e funcionar com dois tipos de combustíveis, álcool e gasolina, misturados no mesmo tanque. Considere que Isabela abasteceu seu carro no mesmo posto, em duas ocasiões diferentes:

- na primeira vez, colocou 50 litros, dos quais 40% eram de gasolina e o restante de álcool.
- na segunda vez, colocou 50 litros, dos quais 54% eram de gasolina e o restante de álcool.

Sabendo que, nesse posto, o preço do litro da gasolina é de R\$ 2,30 e o preço do litro do álcool é de R\$ 1,40 pode-se afirmar que

(A) o valor gasto foi o mesmo nas duas ocasiões
(B) o valor gasto foi maior na primeira ocasião
(C) a diferença dos valores gastos nas duas ocasiões foi superior a R\$ 10,00
(D) a soma dos valores gastos nas duas ocasiões foi inferior a R\$ 160,00
(E) o valor gasto foi inferior a R\$ 89,00 em apenas uma ocasião

Solução:
$1^{\underline{a}}$ - 50 litros, sendo 20 de gasolina (R\$ 46,00) e 30 de álcool (R\$ 42,00) = total R\$ 88,00
$2^{\underline{a}}$ = 50 litros, sendo 27 de gasolina (R\$ 62,10) e 23 de álcool (R\$ 32,20) = total R\$ 94,30

Resposta: (E)

Q13) (CM) O tanque do carro de Sérgio, com capacidade de 60 litros, contém uma mistura de 20% de álcool e 80% de gasolina ocupando metade de sua capacidade. Sérgio pediu para colocar álcool no tanque até que a mistura ficasse com quantidades iguais de álcool e gasolina. Quantos litros de álcool devem ser colocados?

(A) 9   (B) 12   (C) 15   (D) 16   (E) 18

Solução:
30 litros (metade da capacidade)
20% de álcool e 80% de gasolina ➜ 6 L de álcool e 24 L de gasolina
Para que fique com quantidades iguais de álcool e gasolina, tem que completar até 24 litros de álcool, é preciso colocar 18 litros.

Capítulo 9 – PORCENTAGEM 371

Resposta: (E)

Q14) (CM) Uma pessoa comprou um automóvel para pagamento a vista, obtendo um desconto de 10%. Ele pagou com 37620 moedas de cinqüenta centavos. O preço do automóvel, sem o desconto, era:

(A) R$ 20.900,00   (B) R$ 20.950,00   (C) R$ 21.900,00   (D) R$ 22.000,00   (E) R$ 25.000,00

Solução:
37620 x R$ 0,50 = R$ 18.810
Este é o preço com 10% de desconto. Para saber o preço normal, basta dividir por 0,9
R$ 18.810 ÷ 0,9 = R$ 20.900,00

Resposta: (A)

Q15) (CM, OBM) As películas de insulfilm são utilizadas em janelas de residências e vidros de veículos para reduzir a radiação solar. As películas são classificadas de acordo com seu grau de transparência, ou seja, com o percentual da radiação solar que ela deixa passar. Colocando-se uma película de 50% de transparência sobre um vidro com 90% de transparência, obtém-se uma redução de radiação solar igual a:

(A) 40 %   (B) 45 %   (C) 50 %   (D) 55 %   (E) 60 %

Solução:
50% de transparência: deixa passar 50% da radiação solar
90% de transparência: deixa passar 90% da radiação solar
Combinando as duas, passa 50% x 90% = 45% da radiação solar.
Então bloqueia 55% da radiação

Resposta: (D) 55%

Q16) (CM) Marcos é vendedor de uma loja que vende eletrodomésticos; ele ganha 7% de comissão sobre o valor de suas vendas. Numa promoção, a loja dava 15% de desconto para pagamentos a vista. Rodrigo aproveitou essa promoção e comprou, com Marcos, um televisor, pagando R$ 1.198,50. Quanto Marcos receberia de comissão se essa venda houvesse sido feita fora da promoção?

(A) R$ 98,70   (B) R$ 98,00   (C) R$ 95,20   (D) R$ 90,00   (E) R$ 83,89

Solução:
Preço normal da TV: R$ 1.198,50 ÷ 0,85 = R$ 1410,00
Comissão: R$ 1410,00 x 0,07 = R$ 98,70

Resposta: (A)

Q17) (CM) Durante a batalha, capitão Strong conseguiu capturar o pirata Fix. Avisado, o rei mandou que o interrogassem, pois queria saber quantos homens de Barba Negra ainda estavam vivos. Foi dito ao prisioneiro que, se ele falasse a verdade, sua vida seria poupada. Querendo manter-se vivo e, ao mesmo tempo, não trair Barba Negra, Fix respondeu da seguinte forma: "Antes da batalha, a tripulação de Barba Negra era de 100 pessoas, das quais 99% eram homens. Agora, o número de homens vivos é igual ao número de homens que devem ser retirados do total de homens da tripulação para que o restante de homens

372   MATEMÁTICA PARA VENCER

represente 98% da nova composição da tripulação, que continua não sendo só masculina."
Quantos homens de Barba Negra ficaram vivos?

(A) 1   (B) 25   (C) 40   (D) 48   (E) 50

Solução:
100 pessoas, 99 homens, 1 mulher
Para que os homens sejam 98% da população, tem que ser 49, já que a única mulher continua
viva (98% de homens e 2% de mulher seriam 49 homens e 1 mulher)
População inicial: 99 homens
Homens vivos: x
Para que restem 49 homens:
99 – x – 49
x = 50
São então 50 homens vivos

Resposta: (E)

Q18) (CM) Seu Jorge submeteu-se a uma dieta por recomendação médica, pois está
extremamente gordo. Nos três primeiros meses, conseguiu perder 30% de seu peso. Porém, nos
três meses seguintes, relaxou na alimentação e voltou a engordar 30%. Durante esse semestre, o
peso de Seu Jorge:

(A) Reduziu em 10%
(B) Reduziu em 9%
(C) Aumentou em 91%
(D) Aumentou em 9%
(E) Manteve seu peso inicial

Solução:
Perdeu 30% de peso➜ o peso foi multiplicado por 0,7
Ganhou 30% de peso ➜ o peso foi multiplicado por 1,3
0,7 x 1,3 = 0,91
O peso foi reduzido em 9%

Resposta: (B)

Q19) (CM) Uma empresa decidiu contratar um plano de assistência médica para seus
funcionários e 30% de todos os empregados escolheram participar desse plano. A empresa tem
sua matriz em Belo Horizonte e duas filiais, uma em Juiz de Fora e a outra em Uberlândia.
Sabe-se que 45% do total de empregados da empresa trabalham na matriz e 20%, em Juiz de
Fora. Sabe-se, ainda, que 20% dos empregados de Belo Horizonte aceitaram o plano de saúde,
assim como 35% dos funcionários de Uberlândia. A porcentagem dos funcionários, em Juiz de
Fora, que optaram pelo plano em relação ao total de empregados na empresa foi

(A) 9,25%   (B) 9%   (C) 12,25%   (D) 6%   (E) 8,75%

Solução:
Belo Horizonte: 45%, 20% dos quais aceitaram o plano ➜ 45% x 20% = 9% do total
Juiz de Fora: 20%,
Uberlândia: 35%, 35% dos quais aceitaram o plano ➜ 35% x 35% = 12,25% do total

Capítulo 9 – PORCENTAGEM 373

Se 30% do total aceitaram o plano, e 9% são de Belo Horizonte e 12,25% são de Uberlândia, então restam para Juiz de Fora, 8,75% do total

Resposta: (E)

Q20) (CM) Seu Horácio resolveu incrementar a venda de CDs em sua loja e anunciou uma liquidação para um certo dia, com descontos de 30% sobre o preço das etiquetas. Acontece que, no dia anterior à liquidação, seu Horário aumentou o preço marcado nas etiquetas, de forma que o desconto verdadeiro fosse de apenas 9%. De quanto foi o aumento aplicado por seu Horácio?

(A) 30%   (B) 39%   (C) 21%   (D) 40%   (E) 31%

Solução:
Redução de 30% equivale a multiplicar por 0,7
Redução de 9% equivale a multiplicar por 0,91

Preço x AUMENTO x 0,7 = Preço x 0,91
Aumento = 0,91 / 0,7 = 1,3
O aumento foi de 30%

Resposta: (A)

Q21) (OBM) Vendi dois rádios por preços iguais. Em um deles tive lucro de 25% sobre o preço e compra e no outro tive prejuízo de 25%. Em relação ao capital investido:

(A) não tive lucro nem prejuízo
(B) lucrei 6,25%
(C) lucrei 16%
(D) tive prejuízo de 6,25%
(E) tive prejuízo de 16%

Solução:
Preço de venda do rádio 1: P, com lucro de 25% ➜ preço de compra = P / 1,25 = 4P/5
Preço de venda do rádio 2: P, com prejuízo de 25% ➜ Preço de compra = P/0,75 = 4P/3

Valor total gasto na compra dos dois rádios: 4P/5 + 4P/3 = 32P/15
Venda/compra = 2P / (32P/15) =
$$2 \times \frac{15}{32} = \frac{15}{16}$$
Perdeu 1/16 do valor de compra, o que é um prejuízo de 6,25%

Resposta: (D)

Q22) (OBM) Três anos atrás, a população de Pirajussaraí era igual à população que Tucupira tem hoje. De lá para cá, a população de Pirajussaraí não mudou mas a população de Tucupira cresceu 50%. Atualmente, as duas cidades somam 9000 habitantes. Há três anos, qual era a soma das duas populações?

(A) 3600   (B) 4500   (C) 5000   (D) 6000   (E) 7500

374 MATEMÁTICA PARA VENCER

Solução:
Chamemos de P a população de Tucupira há 3 anos. Então:
Tucupira tem hoje, mais 50%, ou seja, 1,5xP
Que é igual à população de Pirajussaraí há 3 anos.
Como esta não mudou, hoje ainda tem P x 1,5

	3 anos atrás	Hoje
Pirajussaraí	P x 1,5	P x 1,5
Tucupira	P	P x 1,5

Se hoje somam 9000 habitantes, então:
3 x P = 9000
P = 3.000
Há 3 anos tinham 4500 + 3000 = 7500

Resposta: (E)

Q23) (OBM) Certo banco brasileiro obteve um lucro de R$ 4,1082 bilhões ao final do primeiro semestre de 2008. Esse valor representa um aumento de 2,5% em relação ao resultado obtido no mesmo período do ano passado. Qual é a soma dos dígitos do número inteiro que representa, em reais, o lucro desse banco no primeiro semestre de 2007?

Solução:
4,1082 / 1,025 = 4,008 bilhões = 4.008.000.000
A soma dos dígitos é 12.

Q24) (CN) Em uma Universidade estudam 3.000 alunos, entre moças e rapazes. Em um dia de temporal faltaram 2/3 das moças e 7/9 dos rapazes, constatando-se ter sido igual, nesse dia, o número de moças e rapazes presentes. Achar a porcentagem das moças que estudam nessa Universidade, em relação ao efetivo da Universidade.

(A) 40%   (B) 55%   (C) 35%   (D) 60%   (E) 62%

Solução:
Faltaram 2/3 das moças ➔ compareceram 1/3 = 3/9 das moças
Faltaram 7/9 dos rapazes ➔ compareceram 2/9 dos rapazes

Se 3/9 das moças é igual a 2/9 dos rapazes, então existem 50% a mais de rapazes que de moças. Podemos então chamar o número de moças de M e o número de rapazes será 1,5 M. (de fato, 3/9 de M é o mesmo que 2/9 de 1,5 M).

Número de alunos: M + 1,5 M = 2,5 M = 3000
M = 3000/2,5 = 1200
Em relação ao total, o número de moças é 1200 / 3000 = 40%

Resposta: (A)

Q25) (CN) Em uma prova realizada em uma escola, foram reprovados 25% dos alunos que a fizeram. Na 2ª chamada, para os 8 alunos que faltaram, foram reprovados 2 alunos. A porcentagem de aprovação da turma toda foi de:

(A) 23%   (B) 27%   (C) 63%   (D) 50%   (E) 75%

Capítulo 9 – PORCENTAGEM 375

Solução:
1ª prova: reprovados 25% dos que a fizeram
2ª chamada, para 8, foram reprovados 2, ou seja, reprovados 25% dos que a fizeram

Nas duas provas foram reprovados 25%, passaram 75%. Então na turma toda, também foram reprovados 25%, apesar de não ser possível determinar o número total de alunos da turma, mas esse dado não é necessário para a solução do problema. Seria necessário se as porcentagens na primeira e na segunda chamada fossem diferentes.

Resposta: (E)

Q26) (CN) Seja P o produto de 3 números positivos. Se aumentarmos dois deles de 20% e diminuirmos o outro de 40%, teremos que P:

(A) não se altera
(B) aumenta de 13,6%
(C) aumenta de 10%
(D) diminui de 10%
(E) diminui de 13,6%

Solução:
1,2 x 1,2 x 0,6 = 0,864 ➔ diminui 13,6%

Resposta: (E)

Q27) (CN) Uma mercadoria foi comprada por Cr$ 140,00. Por quanto deve ser vendida para dar um lucro de 20% sobre o preço de venda sabendo-se ainda que deve ser pago um imposto de 10% sobre o mesmo preço de venda?

Solução:
(no tempo em que a moeda brasileira era o cruzeiro...)
Cuidado, o imposto e o lucro são sobre o valor de venda.
Imposto: 0,1 V
Lucro: 0,2 V
Então o restante, 0,7V, é o valor de compra = Cr$ 140,00
Logo V = Cr$ 140,00 / 0,7 = Cr$ 200,00

Resposta: Cr$ 200,00

Q28) (CN) João vendeu dois carros do modelo SL e SR, sendo preço de custo do primeiro 20% mais caro que o do segundo. Em cada carro teve um lucro de 20% sobre os seus respectivos preços de venda. Se o total dessa venda foi R$ 88000,00, o preço de custo do segundo modelo era, em reais, igual a:

(A) 30.000,00   (B) 32.000,00   (C) 34.000,00   (D) 35.000,00   (E) 36.000,00

Solução:
Carro SL: Preço de custo 1,2xP, vendido por 1,2xPx1,25 = 1,5xP
Carro SR: Preço de custo P, vendido por P x 1,25 =
Preço total de venda: 1,5xP + 1,25xP = 2,75 P = R$ 88.000,00
P = R$ 88.000,00 / 2,75 = R$ 32.000,00
O preço de custo do segundo modelo foi P = R$ 32.000,00

376 MATEMÁTICA PARA VENCER

Resposta: (B)

Q29) (EPCAr) Numa loja de confecções, uma pessoa comprou calças, camisas, meias e jaquetas. Pelo preço normal da loja, o valor pago pelas mercadorias citadas acima corresponderia respectivamente a 20%, 15%, 15% e 50% do preço normal da loja. Em virtude de uma promoção, essa pessoa ganhou um desconto de 10% no preço das calças e 20% no preço das jaquetas. Pode-se dizer que o desconto obtido no valor total da compra foi de

a) 10%   b) 12%   c) 30%   d) 88%

Solução:
Calça: 20% x 0,9 = 18%, ou seja, 2% a menos sobre o total
Jaqueta: 50% x 0,8 = 40%, ou seja, 10% a menos sobre o total

Na compra total, economizou 2% + 10% = 12%

Resposta: (B)

Q30) (OBM) Aumentando 2% o valor um número inteiro positivo, obtemos o seu sucessor. Qual é a soma desses dois números?

(A) 43   (B) 53   (C) 97   (D) 101   (E) 115

O aumento de 2% equivale a somar 1. Então o número é 1/0,02 = 50
Os números são 50 e 51, a soma é 101.

Resposta: (D)

Questões propostas

Q31) (CM) Um prêmio de R$ 1500,00 será repartido entre os três primeiros colocados de uma maratona. Ao primeiro colocado caberá 53% dessa quantia; ao segundo, 1,5/5 e, ao terceiro, caberá a quantia restante. A quantia que o terceiro colocado receberá é de

(A) R$ 240,00   (B) R$ 245,00   (C) R$ 250,00   (D) R$ 260,00   (E) R$ 255,00

Q32) (CM) A massa de gordura de uma certa pessoa corresponde a 20% de sua massa total. Essa pessoa, pesando 125 kg, fez uma dieta e perdeu 60% de sua gordura, mantendo os demais índices. Quantos quilogramas ela pesava ao final do regime?

(A) 95   (B) 100   (C) 105   (D) 110   (E) 115

Q33) (CM) O tempo passou e, em paz, os reinos prosperaram. O Rei Kiroz, que havia envelhecido, organizou um torneio cujo vencedor seria o novo Rei e, além disso, poderia se casar com sua filha, a linda princesa Stella. Muitos jovens, príncipes ou não, apareceram para a disputa da coroa e da mão da princesa. Na primeira prova do torneio, 3/16 dos jovens candidatos a Rei foram eliminados. Qual das alternativas abaixo expressa a quantidade de jovens que passaram para a segunda prova do torneio?

(A) 18,25%   (B) 18,75%   (C) 43,66%   (D) 81,25%   (E) 81,75%

Q34) (CM) No dia 20 de setembro de 1829, o nosso "Petit Santôs" elevou-se ao ar com o primeiro balão totalmente controlado pelas mãos do homem. O dirigível nº 1 passou por cima

Capítulo 9 – PORCENTAGEM   377

dos telhados, esteve contra e a favor do vento, realizou manobras, subiu e desceu, sem desperdício de gás ou de massa, a uma altitude média de 400 metros. Considerando que havia duas mil pessoas reunidas para conferir o fato, e que 65% delas se declaravam desconfiadas do sucesso daquela empreitada, e que os demais confiavam na capacidade do brasileiro, identifique a alternativa que englobe a quantidade de pessoas que acreditavam no sucesso de Santos Dumont.

(A) mais de 1.500 pessoas.
(B) menos de 500 pessoas.
(C) entre 800 e 1.000 pessoas.
(D) entre 1.000 e 15.000 pessoas.
(E) entre 500 e 800 pessoas.

Q35) (CM) Em uma caixa há 400 tipos de frutas. Dessas, 30% são abacaxis, 50% são laranjas, 15% são abacates e o restante são mangas. A quantidade de mangas nessa caixa é:

(A) 120   (B) 30   (C) 60   (D) 20   (E) 50

Q36) (CM) O Brasil detém 8% de toda a água doce na superfície da Terra. Desse total, 70% está na Região Norte. Isso quer dizer que, se o total de água doce na superfície da Terra fosse de 380.000 litros, a quantidade de litros existente apenas na Região Norte do Brasil seria:

(A) 30.400 litros
(B) 266.000 litros
(C) 21.280 litros
(D) 296.400 litros
(E) 235.600 litros

Q37) (OBM, CM) Películas de insulfilm são utilizadas em janelas de edifícios e vidros de veículos para reduzir a radiação solar. As películas são classificadas de acordo com seu grau de transparência, ou seja, com o percentual da radiação solar que ela deixa passar. Colocando-se uma película de 70% de transparência sobre um vidro com 90% de transparência, obtém-se uma redução de radiação solar igual a:

(A) 3%   (B) 37%   (C) 40%   (D) 63%   (E) 160%

Q38) (OBM) A massa de gordura de uma certa pessoa corresponde a 20% de sua massa total. Essa pessoa, pesando 100 kg, fez um regime e perdeu 40% de sua gordura, mantendo os demais índices. Quantos quilogramas ela pesava ao final do regime?

Q39) (OBM) Uma loja de CD's realizará uma liquidação e, para isso, o gerente pediu para Anderlaine multiplicar todos os preços dos CD's por 0,68. Nessa liquidação, a loja está oferecendo um desconto de:

(A) 68%   (B) 6,8%   (C) 0,68%   (D) 3,2%   (E) 32%

Q40) (OBM) Numa festa, o número de pessoas que dançam é igual a 25% do número de pessoas que não dançam. Qual é a porcentagem do total de pessoas na festa que não dançam?

(A) 50%   (B) 60%   C) 75%   (D) 80%   (E) 84%

Q41) (CM) O número de alunos de uma escola passou de 900 para 1350. Em relação ao número inicial, o aumento no número de alunos foi de

378 MATEMÁTICA PARA VENCER

(A) 50%   (B) 55%   (C) 60%   (D) 65%   (E) 70%

Q42) (CN) Certa pessoa pesava 65 quilos no dia primeiro de setembro. Durante este mês, seu peso diminuiu de 20%. Todavia, durante o mês de outubro, seu novo peso aumentou de 20%. Esta pessoa pesará, no dia primeiro de novembro:

(A) 78 quilos   (B) 65 quilos   (C) 62,4 quilos   (D) 54,95 quilos   (E) 63,4 quilos

Q43) (CN) Num certo país, o governo resolveu substituir todos os impostos por um imposto único, que seria, no caso dos salários, de 20% sobre os mesmos. Para que um trabalhador receba, após o desconto, o mesmo salário que recebia antes, deverá ter um aumento sobre o mesmo de:

(A) 15%   (B) 20%   (C) 25%   (D) 40%   (E) 50%

Q44) (CN) Uma instituição financeira abaixou a sua taxa de juros de 2,5% para 2,0%. Assinale a opção que apresenta, em percentagem, a redução sobre a taxa inicial

(A) 0,5   (B) 5   (C) 7,5   (D) 15   (E) 20

Q45) (EPCAr) Uma loja aumenta o preço de um determinado produto cujo valor é de R$ 600,00 para, em seguida, a título de "promoção", vendê-lo com "desconto" de 20% e obter, ainda, os mesmos R$ 600,00; então, o aumento percentual do preço será de

a) 20%   b) 25%   c) 30%   d) 35%

Q46) (EPCAr) Em uma Escola, havia um percentual de 32% de alunos fumantes. Após uma campanha de conscientização sobre o risco que o cigarro traz à saúde, 3 em cada 11 dependentes do fumo deixaram o vício, ficando, assim, na Escola, 128 alunos fumantes. É correto afirmar que o número de alunos da Escola é igual a

a) 176   b) 374   c) 400   d) 550

Respostas dos exercícios

E1) a) R$ 20,00   b) 3 quilos   c) 5 quilômetros   d) 4 horas   e) 15 pessoas
f) 28 minutos   g) R$ 4,80   h) R$ 120,00   i) 3.000 pessoas   j) 9 laranjas
E2) a) 50%   b) 70%   c) 60%   d) 12,5%   e) 40%   f) 75%   g) 125%   h) 100%   i) 2%   j) 30%
E3)
a) R$ 20,00; R$ 30,00; R$ 50,00
b) 250, 250, 250, 250
c) 2 litros, 4 litros, 6 litros, 8 litros
d) 25 livros, 10 livros, 15 livros
E4) a) 56%   b) 81%   c) 20%   d) 4%   e) 0,5%
E5) a) 60 pessoas   b) R$ 100,00   c) 20 metros   d) R$ 72,00   e) 60 habitantes
E6) a) 15%   b) 8%   c) 8%   d) 12%   e) 25%
E7) a) R$ 840,00   b) 60 km/h   c) 10.300 pessoas   d) R$ 414,00   e) R$ 2.000.000.000,00
E8) a) R$ 5.500,00   b) R$ 1,25   c) R$ 13,00   d) R$ 28,00   e) R$ 7,50
E9) a) 15%   b) 11%   c) 8%   d) 40%   e) 22%
E10) a) R$ 20,00   b) R$ 10,00   c) R$ 75,00   d) R$ 60,00   e) R$ 72,00
E11) a) 8%   b) 15%   c) 5%   d) 7,5%   e) 5%
E12) R$ 218,00
E13) R$ 1010,00

Capítulo 9 – PORCENTAGEM 379

E14) R$ 450,00
E15) R$ 24,00
E16) a) Lucro de 10%   b) Prejuízo de 4%   c) Lucro de 20%   d) Prejuízo de 5%   e) Lucro de 15%
E17) a) Desconto de 20%   b) Desconto de 20%   c) Aumento de 12,5%
    d) Desconto de 6,25%   e) Desconto de 40%   f) Aumento de 8%
E18) a) 6/5   b) 4/5   c) 23/20   d) 21/20   e) 2   f) 3   g) 43/50   h) 91/100   i) 13/20   j) 1/10
E19)
a) Aumento de 20%   b) Redução de 7%   c) Redução de 30%   d) Aumento de 23%
e) Redução de 20%   f) Aumento de 80%   g) Redução de 2%   h) Aumento de 100%
i) Redução de 70%   j) Aumento de 200%
E20) 44%
E21) 19%
E22) Redução de 1%
E23) 20%
E24) Aumento de 4%

Respostas das questões propostas

Q31) Resposta: (E)
Q32) Resposta: (D) 110
Q33) Resposta: (D)
Q34) Resposta: (E)
Q35) Resposta: (D)
Q36) Resposta: (C)
Q37) Resposta: (B)
Q38) Resposta: 92 kg
Q39) Resposta: (E)
Q40) Resposta: (D)
Q41) Resposta: (A)
Q42) Resposta: (C)
Q43) Resposta: (C)
Q44) Resposta: (E)
Q45) Resposta: (B)
Q46) Resposta: (D)

Prova simulada

Questão 1) Valor: 0,5 (CM)
No jornal "O Grito", 90% dos funcionários ganhavam R$ 800,00 e, desse valor, foi descontado o percentual de 7,65%. Os outros 40 funcionários do jornal ganhavam entre R$ 1.334,08 e R$ 2.668,15 e, para estes, o desconto foi de 11%. Então, o total descontado de todos os funcionários que recebiam R$ 800,00 é igual a:

(A) R$ 21.960,00
(B) R$ 24.480,00
(C) R$ 22.032,00
(D) R$ 758,80
(E) R$ 738,80

Questão 2) Valor: 0,5 (CM)
Neste ano o CMB (Colégio Militar de Brasília) completou 25 anos de existência. Três ex-alunos vieram para a festa comemorativa do Jubileu de Prata. Como desafio, foi proposto aos atuais alunos descobrirem o ano em que cada ex-aluno ingressou no colégio.

380   MATEMÁTICA PARA VENCER

I – O ex-aluno Renan ingressou no ano em que 20% do valor numérico equivale a 396;
II – O ex-aluno Alex das Nuvens ingressou no ano em que temos o maior múltiplo de 9 menor que 2000;
III – A ex-aluna Mônica Estrelada ingressou no ano em que a quarta parte do mesmo é igual a seis centenas subtraído da soma entre oito dezenas e a quinta parte de 120.

Em que ano os três alunos ingressaram no colégio, respectivamente?

(A) 1980; 1999; 1984
(B) 1984; 1998; 1994
(C) 1980; 1998; 2002
(D) 1984; 1999; 1994
(E) 1980; 1998; 1984

Questão 3) Valor: 0,5 (CM)
A fração que devo multiplicar para que o resultado represente o referido número aumentado de 20% é:

(A) Dois terços   (B) Seis quintos   (C) Sete quintos   (D) Cinco quartos

Questão 4) Valor: 0,5 (CM)
Renata aderiu a um consórcio para a aquisição de um automóvel que deve ser pago em 60 parcelas. A prestação vence no dia 05 de todo mês e o valor é de R$ 480,00. Em caso de atraso o caixa está autorizado a receber o pagamento desde que cobre uma multa de R$ 27,00 mais um juro simples de 1% por dia de atraso. No mês de outubro, Renata esqueceu de efetuar o pagamento no dia certo e só veio a fazê-lo com sete dias de atraso. Qual o valor que ela pagou, acrescidos os encargos de juros e multa?

(A) R$ 530,60   (B) R$ 511,80   (C) R$ 507,00   (D) R$ 513,60   (E) R$ 540,60

Questão 5) Valor: 0,5 (CM)
Uma empresa decidiu contratar um plano de assistência médica para seus funcionários e 30% de todos os empregados escolheram participar desse plano. A empresa tem sua matriz em Belo Horizonte e duas filiais, uma em Juiz de Fora e a outra em Uberlândia. Sabe-se que 45% do total de empregados da empresa trabalham na matriz e 20%, em Juiz de Fora. Sabe-se, ainda, que 20% dos empregados de Belo Horizonte aceitaram o plano de saúde, assim como 35 % dos funcionários de Uberlândia. A porcentagem dos funcionários, em Juiz de Fora, que optaram pelo plano em relação ao total de empregados na empresa foi

(A) 9,25%   (B) 9%   (C) 12,25%   (D) 6%   (E) 8,75%

Questão 6) Valor: 0,5 (CM)
Em uma caixa há 400 tipos de frutas. Dessas, 30% são abacaxis, 50% são laranjas, 15% são abacates e o restante são mangas. A quantidade de mangas nessa caixa é:

(A) 120   (B) 30   (C) 60   (D) 20   (E) 50

Questão 7) Valor: 0,5
Uma loja vendeu no mês de janeiro, R$ 100.000,00. Em fevereiro, as vendas somaram R$ 112.000,00. Qual foi o aumento percentual de fevereiro em comparação com janeiro?

(A) 15%   (B) 1,5%   (C) 0,15%   (D) 12%   (C) 1,2%

Capítulo 9 – PORCENTAGEM
381

Questão 8) Valor: 0,5
Uma mercadoria custava R$ 100,00 e teve um aumento de 20%. No final, por quanto seu preço inicial foi multiplicado?

(A) 1,02   (B) 1,25   (C) 1,2   (D) 20/6   (E) 5/6

Questão 9) Valor: 0,5
Em uma época de falta de carne devido à seca, o preço da carne aumentou 10% em janeiro. Em fevereiro teve outro aumento de 10%, e em março, outro aumento de 10%. Qual foi o aumento acumulado nesses três meses?

(A) 20%   (B) 30%   (C) 21%   (D) 130%   (E) 33,1%

Questão 10) Valor: 0,5 (CM)
O número de alunos de uma escola passou de 900 para 1350. Em relação ao número inicial, o aumento no número de alunos foi de

(A) 50%   (B) 55%   (C) 60%   (D) 65%   (E) 70%

Questão 11) Valor: 0,5 (CM)
7% de 0,625 mais 3% de 15/8 é igual a:

(A) 0,01   (B) 0,1   (C) 0,02   (D) 0,2   (E) 0,03

Questão 12) Valor: 0,5 (CM)
As películas de insulfilm são utilizadas em janelas de residências e vidros de veículos para reduzir a radiação solar. As películas são classificadas de acordo com seu grau de transparência, ou seja, com o percentual da radiação solar que ela deixa passar. Colocando-se uma película de 50% de transparência sobre um vidro com 90% de transparência, obtém-se uma redução de radiação solar igual a:

(A) 40%   (B) 45%   (C) 50%   (D) 55%   (E) 60%

Questão 13) Valor: 0,5 (CM)
Seu Jorge submeteu-se a uma dieta por recomendação médica, pois está extremamente gordo. Nos três primeiros meses, conseguiu perder 30% de seu peso. Porém, nos três meses seguintes, relaxou na alimentação e voltou a engordar 30%. Durante esse semestre, o peso de Seu Jorge:

(A) Reduziu em 10%
(B) Reduziu em 9%
(C) Aumentou em 91%
(D) Aumentou em 9%
(E) Manteve seu peso inicial

Questão 14) Valor: 0,5 (CM)
Seu Horácio resolveu incrementar a venda de CDs em sua loja e anunciou uma liquidação para um certo dia, com descontos de 30% sobre o preço das etiquetas. Acontece que, no dia anterior à liquidação, seu Horácio aumentou o preço marcado nas etiquetas, de forma que o desconto verdadeiro fosse de apenas 9%. De quanto foi o aumento aplicado por seu Horácio?

(A) 30%   (B) 39%   (C) 21%   (D) 40%   (E) 31%

382 MATEMÁTICA PARA VENCER

Questão 15) Valor: 0,5 (CN)
Certa pessoa pesava 65 quilos no dia primeiro de setembro. Durante este mês, seu peso diminuiu de 20%. Todavia, durante o mês de outubro, seu novo peso aumentou de 20%. Esta pessoa pesará, no dia primeiro de novembro:

(A) 78 quilos   (B) 65 quilos   (C) 62,4 quilos   (D) 54,95 quilos   (E) 63,4 quilos

Questão 16) Valor: 0,5 (OBM)
Aumentando 2% o valor um número inteiro positivo, obtemos o seu sucessor. Qual é a soma desses dois números?

(A) 43   (B) 53   (C) 97   (D) 101   (E) 115

Questão 17) Valor: 0,5 (OBM)
(OBM) Uma loja de CD's realizará uma liquidação e, para isso, o gerente pediu para Anderlaine multiplicar todos os preços dos CD's por 0,68. Nessa liquidação, a loja está oferecendo um desconto de:

(A) 68%   (B) 6,8%   (C) 0,68%   (D) 3,2%   (E) 32%

Questão 18) Valor: 0,5 (OBM)
Três anos atrás, a população de Pirajussaraí era igual à população que Tucupira tem hoje. De lá para cá, a população de Pirajussaraí não mudou mas a população de Tucupira cresceu 50%. Atualmente, as duas cidades somam 9000 habitantes. Há três anos, qual era a soma das duas populações?

(A) 3600   (B) 4500   (C) 5000   (D) 6000   (E) 7500

Questão 19) Valor: 0,5 (OBM)
Um comerciante comprou dois carros por um total de R$ 27.000,00. Vendeu o primeiro com lucro de 10% e o segundo com prejuízo de 5%. No total ganhou R$ 750,00. Os preços de compra foram, respectivamente,

(A) R$ 10.000,00 e R$ 17.000,00
(B) R$ 13.000,00 e R$ 14.000,00
(C) R$ 14.000,00 e R$ 13.000,00
(D) R$ 15.000,00 e R$ 12.000,00
(E) R$ 18.000,00 e R$ 9.000,00

Questão 20) Valor: 0,5 (OBM)
Em um aquário há peixes amarelos e vermelhos: 90% são amarelos e 10% são vermelhos. Uma misteriosa doença matou muitos peixes amarelos, mas nenhum vermelho. Depois que a doença foi controlada verificou-se que no aquário, 75% dos peixes vivos eram amarelos. Aproximadamente, que porcentagem dos peixes amarelos morreram?

(A) 15%   (B) 37%   (C) 50%   (D) 67%   (E) 84%

Capítulo 9 – PORCENTAGEM 383

Solução da prova simulada

Gabarito

1	C		6	D		11	B		16	D
2	E		7	D		12	D		17	E
3	B		8	C		13	B		18	C
4	E		9	E		14	A		19	C
5	E		10	A		15	C		20	D

Soluções

Questão 1)
Se os 10% de funcionários eram 40 pessoas, então os outros 90% são 9x40 = 360 pessoas (90% é 9 vezes mais que 10%). Cada um tinha descontado 7,65% de R$ 800,00. O valor total descontado desses que recebem R$ 800,00 de salário é:
R$ 800,00 x 0,0765 x 360 = R$ 22.032,00
Resposta: (C)

Questão 2)
396 x 5 = 1980
Maior múltiplo de 9 menor que 2000: 2000/9 = 222, resto 2
2000 – 2 = 1998
4 x (600 – (80+24)) = 1984
Resposta: (E)

Questão 3)
Somar 20% é o mesmo que multiplicar por 6/5
Resposta: (B)

Questão 4)
R$ 480,00 + R$ 27,00 + 7 x 0,01 x R$ 480,00 = R$ 540,60
Resposta: (E)

Questão 5)
Ver Q19
Resposta: (E)

Questão 6)
Abatidos os 30%, 50% e 15%, restam apenas 5%, que são as mangas.
5% de 400 = 20
Resposta: (D)

Questão 7)
R$ 12.000,00 / R$ 100.000,00 = 0,12, ou seja, aumento de 12%
Resposta: (D)

Questão 8)
Aumentar 20% é o mesmo que multiplicar por 1,2 ou 6/5.
Resposta: (C)

Questão 9)
1,1 x 1,1 x 1,1 = 1,331

384 MATEMÁTICA PARA VENCER

O aumento foi de 33,1%
Resposta: (E)

Questão 10)
(1350-900)/900 = 450/900 = 0,5, o que representa um aumento de 50%
Resposta: (A)

Questão 11)	**Questão 12)**	**Questão 13)**	**Questão 14)**
Ver Q19	Ver Q15	Ver Q18	Ver Q20
Resposta: (B)	Resposta: (D)	Resposta: (B)	Resposta: (A)

Questão 15)	**Questão 16)**
65 x 0,8 x 1,2 = 62,4	Ver Q30
Resposta: (C)	Resposta: (D)

Questão 17)
Multiplicar por 0,68 é o mesmo que reduzir 32%
Resposta: (E)

Questão 18)
Ver Q22
Resposta: (C)

Questão 19)
X+Y = 27.000 ➜ X = 27000 – Y
0,1X – 0,05Y = 750 ➜ X = 7500 + 0,5Y
27000 – Y = 7500 + 0,5Y
19500 = 1,5 Y
Y = 19500 / 1,5 = 13.000
Então X = 14.000
Resposta: (C)

Questão 20)
Antes, para cada peixe vermelho havia 9 amarelos
Depois, para cada peixe vermelho havia 3 amarelos
Isso é o mesmo que dizer que, de cada 9 peixes amarelos, somente 3 viveram, então 6 morreram. Morreram 6 em cada 9 peixes amarelos, ou seja, 66,66%
Resposta: (D)

Outra solução:
Antes, V peixes vermelhos e X peixes amarelos ➜ X = 9.V
Depois, V peixes vermelhos (é o mesmo V, pois nenhum peixe vermelho morreu), e Y peixes amarelos ➜ Y = 3.V
Quantidade de peixes amarelos passou de 9V para 3V.
3V / 9V = 0,33 = 33%
Sobraram 33% dos peixes amarelos, então morreram 67%

Capítulo 10

Conjuntos

Teoria dos conjuntos

A teoria dos conjuntos é necessária para o entendimento de toda a matemática a partir do 6º ano. Neste capítulo faremos uma rápida introdução básica sobre o assunto.

O conjunto dos números naturais

Conjunto é uma coleção de elementos. Um dos primeiros conjuntos com o qual lidamos é sem dúvida o conjunto dos números naturais, representado por N. Este é um conjunto infinito.

N = {0, 1, 2, 3, 4, 5, 6, 7, 8, 9, 10, 11, 12, 13, 14, 15, 16, ...}

O conjunto N pode ser representado em uma *reta numerada* ou *reta numérica*. Os números são dispostos em uma seqüência crescente. Quanto mais à direita nessa reta, maior é o número.

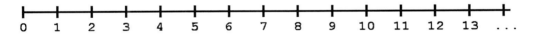

Reta numérica que representa o conjunto dos números naturais

O conjunto dos números racionais positivos

O conjunto Q+ é o conjunto dos números racionais positivos. Este conjunto tem todos os números naturais e mais todas as frações. Assim como o conjunto N, o conjunto Q+ também é infinito, porém é um tipo de infinito muito mais denso. Por exemplo, entre dois simples números naturais, 0 e 1, existem infinitos números racionais positivos. Apenas para citar alguns:
1/2, 1/3, 1/4, ..., 1/100, 2/3, 2/5, 2/7, 2/9, ..., 3/4, 3/5, 3/7, 3/8, 3/10, ..., 21/37, 125/1042, ...

Exemplos de conjuntos

Nem só de número vivem os conjuntos. Podemos ter conjuntos de qualquer tipo de objeto:

Exemplos:
Conjunto dos dias da semana = {domingo, segunda-feira, terça-feira, quarta-feira, quinta-feira, sexta-feira, sábado}
Conjunto dos quatro planetas mais próximos do Sol = {Mercúrio, Vênus, Terra, Marte}
Conjunto das notas musicais = {dó, ré, mi, fá, sol, lá, si}

386   MATEMÁTICA PARA VENCER

Conjunto das frutas de uma cesta = {banana, laranja, maçã, pêra, abacate}
Conjunto dos parafusos de um motor = {parafuso-1, parafuso-2, parafuso-3, ..., parafuso-n}

Exemplos:
Conjunto dos alunos de uma escola
Conjunto dos torcedores de um time
Conjunto das moedas de um cofre
Conjunto dos automóveis de uma rua
Conjunto das ruas de uma cidade
...

Pertinência

Quando um elemento está dentro de um conjunto, dizemos que este elemento *pertence* ao conjunto. O símbolo matemático para a pertinência é $\in$.

Exemplos:
$3 \in N$
bola $\in$ {bola, boneca, bicicleta, carro}
José $\in$ NJ, onde NJ é o conjunto dos nomes que começam com a letra J
$3/5 \in Q+$

Quando um elemento não pertence a um conjunto, usamos o símbolo $\notin$.

Exemplo:
$5 \notin \{1, 2, 3\}$

Exercícios

E1) Escreva o conjunto dos numerais pares de 2 algarismos, de tal forma que esses dois algarismos sejam iguais.

E2) O que está errado nas seguintes notações de conjuntos:
a) {1, 2, 3, 4 e 5}
b) {1, 2, 3, 3, 4}

E3) Dados dois conjuntos A e B, dizemos que a união de conjuntos, indicada por $A \cup B$, é o conjunto que reúne todos os elementos de A e de B, reunidos. Se A = {1, 2, 4, 5, 6, 7} e B = {1, 3, 5, 7, 9}, determine $A \cup B$.

E4) Dados dois conjuntos A e B, dizemos que a interseção de conjuntos, indicada por $A \cap B$, é o conjunto que tem todos os elementos que pertencem a A e B ao mesmo tempo. Se A = {1, 2, 3, 4, 5, 6, 7} e B = {1, 3, 5, 8, 9}, determine $A \cap B$.

E5) Entre as três formas abaixo, qual é a errada para representar o conjunto vazio?
$\varnothing$, {}, {$\varnothing$}

E6) Escreva o conjunto formado pelos sucessores dos números primos maiores que 10 e menores que 30.

Capítulo 10 – CONJUNTOS

Representação por enumeração

Existem várias formas para definir um conjunto. Uma forma usual é a mostrada acima. Fazemos uma lista dos elementos, separados por vírgulas, e entre chaves { }.

Normalmente os elementos de um conjunto são do mesmo tipo, mas nada impede que criemos conjuntos de elementos de tipos diferentes.

Exemplo:
{parafuso, maçã, 2, areia, Saturno, José, moeda, 3/5, café, 8, relógio}

Nem sempre conjuntos de tipos diferentes como o do exemplo acima têm utilidade.

Exemplo:
A = { 1, 2, 3, {1, 2}, 4, 5}

O conjunto A acima tem cinco números naturais (1, 2, 3, 4, 5) e um conjunto com os elementos 1 e 2. Como vemos, nada impede que um conjunto seja elemento de outro.

Exemplo:
A = {N, Q+} = conjunto dos dois conjuntos numéricos citados neste capítulo.

Representação por diagrama

Este método é equivalente a listar os elementos entre chaves. A diferença é que ao invés de usar chaves, é desenhado um diagrama com os elementos indicados através de símbolos.

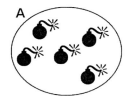 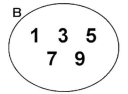

Nos dois exemplos acima, temos um conjunto A com cinco bombinhas e um conjunto B com os números naturais ímpares menores que 10.

Este método de representação é usado para ensinar conjuntos para crianças pequenas, mas deu idéia para um outro método muito útil e usado em estudos mais sérios: o diagrama de Venn.

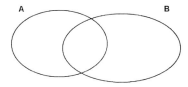

Este diagrama representa um ou mais conjuntos e a sua relação através de balões. O diagrama acima mostra que existem elementos que pertencem simultaneamente ao conjunto A e ao conjunto B. Não é feito o desenho dos elementos. Considera-se que a área interna ao conjunto representa os seus elementos, não importa quais sejam. Por exemplo, podemos usar o diagrama de Venn para representar os conjuntos numéricos N e Q+. Todo número natural é também um número racional positivo, então é correto dizer que o conjunto N está contido no conjunto Q+, como mostra o diagrama abaixo.

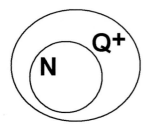

Representação por propriedade

Este é o método mais formal para definir um conjunto. Considere por exemplo o conjunto:

P = { 5, 6, 7, 8, 9, 10, 11, 12, 13, ...}

É o conjunto dos números naturais maiores que 4. Pode ser escrito das seguinte forma:

P = { x | x∈N e x>4}

Lê-se: *P é o conjunto dos elementos x tais que x pertence ao conjunto dos números naturais e x é maior que 4.*

Outro exemplo: R = {10, 11, 12, 13, 14, 15, 16} = {x| x∈N e 9<x<17}

Conjunto vazio

Conjunto vazio é aquele conjunto que não tem elemento algum. Não existe diferença entre um conjunto vazio de laranjas e um conjunto vazio de planetas. Ambos são a mesma coisa, ou seja, o vazio é único.

Representamos o conjunto vazio pelo símbolo ∅ ou { }.

Conjunto unitário

Um conjunto unitário é um conjunto que tem um só elemento. Existem infinitos conjuntos unitários.

Exemplos:
{3}
{laranja}
{Sol}
{Drake}
{Josh}
...

Conjuntos equivalentes

Dois conjuntos são ditos equivalentes quando possuem exatamente os mesmos elementos. Se dois conjuntos A e B são equivalentes, escrevemos A = B.

Capítulo 10 – CONJUNTOS

Exemplos:
a) A = {1, 2, 3} e B = { 1, 1, 1, 2, 2, 3, 3, 3, 3}
b) A = conjunto dos números naturais múltiplos de 3; B = conjunto dos números naturais que deixam resto 0 ao serem divididos por 3

Exercícios

E7) Enumere os seguintes conjuntos, colocando os elementos entre chaves e separados por vírgulas:
a) { x | x é número natural e x é par }
b) { x | x/2 = 20 }
c) { x | x é número natural e x é múltiplo de 3}
d) { x | x é número natural e x > 50}
e) { x | x é um dia da semana}
f) { x | x é o nome de um mês}
g) { x | x é um número natural e x < 20}
h) { x | x é um número natural e x deixa resto 0 ao ser dividido por 7}

E8) Verifique quais dos conjuntos abaixo são iguais ao conjunto vazio
a) {x | x∈ {1, 2, 3} e x∈ {4, 5, 6} }
b) { x | x∈N e x.2=7}
c) { x | x∈N e x.x = 20}
d) { x | x∈∅}
e) { x | x é o nome de um mês e x começa com a letra T}

Subconjunto

Um subconjunto é um conjunto formado por alguns elementos de um outro conjunto.

Exemplo:
A = {1, 2, 3, 4, 5, 6}
B = {1, 2, 5}

Neste exemplo dizemos que B é subconjunto de A, pois todo elemento de B também é elemento de A. Isso é o mesmo que dizer que "B está contido em A", e é escrito como:
B ⊂ A

Dizer que B está contido em A é o mesmo que dizer que A contém B. Nesse caso usamos o símbolo ⊃.

Exemplo:
{1, 2, 3, 4, 5, 7} ⊃ {2, 3, 5}

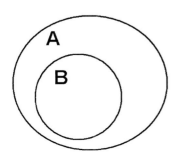

Figura 1
Diagrama de Venn para B ⊂ A.

390 MATEMÁTICA PARA VENCER

É muito comum representar as relações entre conjuntos através de gráficos chamados *diagramas de Venn* (figura 1).

OBS: O conjunto vazio é subconjunto de qualquer conjunto, ou seja:

Qualquer que seja o conjunto A, $\varnothing \subset A$

Para indicar que um conjunto não está contido em outro, usamos o símbolo $\not\subset$.

Exemplo:
$\{1, 2, 5\} \not\subset \{1, 5, 6, 7\}$

OBS: Para qualquer conjunto A, $A \subset A$, ou seja, todo conjunto é subconjunto de si mesmo.

Pertence ou está contido?

É muito fácil ver, por exemplo, que $2 \in \{1, 2, 3\}$.
É fácil entender também que $\{1, 2\} \subset \{1, 2, 3, 4\}$.

Entretanto tudo pode ficar complicado quando são apresentados conjuntos de conjuntos. Por exemplo, será que é óbvio que $\{1, 2\} \in \{ 1, 2, \{1,2\} \}$ ou $\{1, 2\} \subset \{ 1, 2, \{1,2\} \}$?

Nesse caso especial, o conjunto A = $\{ 1, 2, \{1,2\} \}$ tem 3 elementos: 1, 2 e o conjunto $\{1,2\}$. Então como A tem os elementos 1 e 2, é correto afirmar que $\{1, 2\} \subset A$. Além disso, o conjunto A também tem o elemento $\{1, 2\}$, então é correto afirmar que $\{1, 2\} \in A$.

No caso geral, para evitar confusão, sobretudo quando são envolvidos conjuntos de conjuntos, faça o seguinte:

a) Para verificar se $X \subset A$: Elimine as chaves de X e as chaves de A. Os elementos da lista de X, separados por vírgulas, têm que aparecer exatamente da mesma forma, na lista dos elementos de A, separados por vírgulas. No nosso caso

$\{1, 2\} \subset \{ 1, 2, \{1,2\} \}$?
Comparar 1, 2 com 1, 2, $\{1,2\}$. Os elementos 1 e 2 da primeira lista estão exatamente da mesma forma na segunda lista. Então é correto que

$\{1, 2\} \subset \{ 1, 2, \{1,2\} \}$.

b) Para verificar se $X \in A$: X tem que ser um elemento (um conjunto também pode ser elemento). Nesse caso, elimine as chaves de A e verifique se X aparece na lista de elementos de A separados por vírgulas. No nosso caso

$\{1, 2\} \in \{ 1, 2, \{1,2\} \}$?
Eliminando as chaves <u>somente do segundo conjunto</u>, ficamos com

$\{1, 2\}$ e 1, 2, $\{1,2\}$

Vemos que o primeiro elemento, que é $\{1, 2\}$, está na lista obtida a partir do segundo conjunto, com a eliminação das chaves: 1, 2, $\{1,2\}$. Então concluímos que

Capítulo 10 – CONJUNTOS

{1, 2} ∈ { 1, 2, {1,2} }

OBS: Quando você encontrar um absurdo como 4 ⊂ A, nem precisa pensar. O número 4 não é um conjunto, portanto não pode ser subconjunto de conjunto algum.

Conjunto universo

Conjunto universo é um conjunto que contém todos os conjuntos, ou seja, para qualquer conjunto A, A⊂U. É uma noção difícil de entender, por ser abstrata. Muitas vezes estamos interessados não no maior conjunto universo existente, mas em uma parte do universo. Dependendo da aplicação, podemos considerar o conjunto universo como:

- O conjunto dos números naturais
- O conjunto dos números racionais positivos
- O conjunto dos números pares
- O conjunto dos múltiplos de 5
- O conjunto dos habitantes de uma cidade
- O conjunto das cidades de um país
- O conjunto dos números naturais de 0 a 10

Exemplo:
Considere A o conjunto dos alunos de uma turma que gostam de futebol, e B o conjunto dos alunos da mesma turma que gostam de basquete. Nesse caso podemos considerar como conjunto universo, o conjunto dos alunos da turma. Existem alunos que não fazem parte de A nem de B (não gostam de futebol nem de basquete), e alunos que fazem parte de A e de B (gostam de ambos os esportes). Podemos então representar esses dois conjuntos, e mais o universo, em um diagrama de Venn.

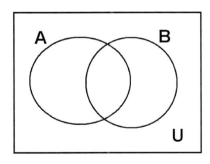

Figura 2
O conjunto universo U é o retângulo, que representa a turma inteira. A parte comum entre A e B representa os alunos que estão ao mesmo tempo em A e em B. A parte externa a A e B são os elementos de U que não pertencem a A nem a B.

Exercícios

E9) Sendo A = {1, 2, 3, 4, 5, 6}, indique se as sentenças são verdadeiras ou falsas

a) ∅ ⊂ A
b) ∅ ∈ A
c) 2 ∈ A
d) 3 ∈ A
e) {2, 3} ∈ A
f) {2, 3} ⊂ A
g) 7 ∈ A
h) 4 ⊂ A
i) {4} ⊂ A
j) A ⊃ {4, 5, 6}
k) A ⊂ A
l) N ⊂ Q+

E10) Enumere os seguintes conjuntos:
a) Conjunto das letras da palavra PARAGUAI
b) Conjunto das letras da palavra PERTINENTE
c) Conjunto das letras da palavra TENNESSEE

392   MATEMÁTICA PARA VENCER

E11) Se A = {1, 2, 3, 4}, determine todos os subconjuntos B ⊂ A tais que 2 ∈ B

E12) Verifique quais dos conjuntos abaixo são unitários
a) { x ∈ N | x+5=20 }
b) { x ∈ N | x é primo e par }
c) { x ∈ N | x é múltiplo de 50 e 120 e 1000 < x < 1500 }
d) { x ∈ N | x é múltiplo de 10 e x é menor que 10 }
e) { x ∈ N | x < 2 e x não é primo }
f) { x ∈ N | x < 2 e x é composto }

E13) Enumere os seguintes conjuntos infinitos, colocando os elementos entre chaves, separados por virgulas.
a) Conjunto dos números naturais pares
b) Conjunto dos números naturais múltiplos de 3
c) Conjunto dos números naturais múltiplos de 5
d) Conjunto dos números naturais múltiplos de 3 e 5 ao mesmo tempo
e) Conjunto dos números naturais que são múltiplos de 3 mas não são múltiplos de 5
f) Conjunto dos números naturais que são quadrados perfeitos
g) Conjunto dos números naturais que deixam resto 2 ao serem divididos por 5
h) Conjunto dos números naturais formados apenas pelos algarismos 2, 3 e 5
i) Conjunto dos números naturais que multiplicados por 0 dão resultado 0
j) Conjunto dos números naturais que deixam resto 2 ao serem divididos por 12 ou por 20

E14) Verifique se o conjunto A está contido no conjunto B
a) A = {3, 6, 9 } e B = { 1, 2, 3, 4, 5, 6, 7, 8, 9 }
b) A = {1, 2, 5, 6 } e B = { 2, 3, 4, 5, 6, 7, 8 }
c) A = conjunto dos números naturais pares, B = N
d) A = conjunto dos números naturais múltiplos de 4, B = conjunto dos números naturais pares
e) A = conjunto dos números naturais maiores que 50, B = conjunto dos números naturais maiores que 40
f) A = Conjunto dos números primos, B = Conjunto dos números naturais ímpares
g) A = ∅, B = {1, 2, 3}
h) A = {∅}, B = {1, 2, 3}
i) A = { 1, 2, 3 } e B = { 1, 2, 3 }
j) A = { 1, 2, 2, 3, 3, 3 } e B = { 1, 2, 3 }

Operações com conjuntos

Assim como fazemos com os números, operações aritméticas como adição, subtração, multiplicação, divisão, potenciação e outras, fazemos também operações com conjuntos. As operações que vamos estudar aqui são as mais comuns:

- União
- Interseção
- Diferença
- Complementar

União de conjuntos

A união de dois conjuntos A e B (escreve-se A ∪ B) é uma operação que resulta em um terceiro conjunto que tem todos os elementos de A e todos os elementos de B.

Capítulo 10 – CONJUNTOS

Exemplo:
Se A = {1, 2, 3, 4, 5, 6} e B = {5, 6, 7, 8}, então
A ∪ B = {1, 2, 3, 4, 5, 6, 7, 8}

Note que todos os elementos de A estão em A ∪ B. Todos os elementos de B também estão em A ∪ B. Os elementos 7 e 8 estão em A e em B, logo estarão na união, porém são contados uma só vez, já que um conjunto não pode ter elementos repetidos.

Os diagramas abaixo mostram exemplos da união de conjuntos.

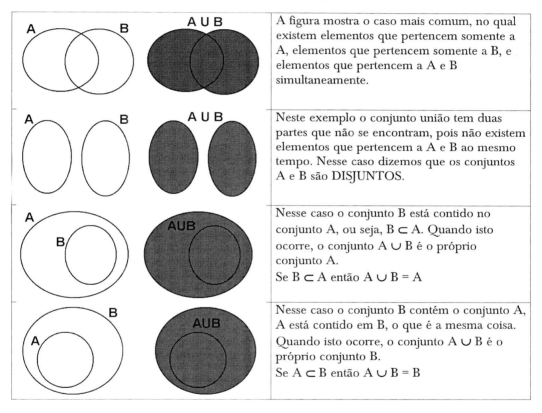

Interseção de conjuntos

A interseção dos conjuntos A e B, escrita A ∩ B, é uma operação que resulta em um conjunto com os elementos que pertencem a A e B simultaneamente.

Exemplo:
Se A = {1, 2, 3, 4, 5, 6} e B = {5, 6, 7, 8}, então
A ∩ B = {5, 6}

Os diagramas abaixo mostram exemplos da união de conjuntos.

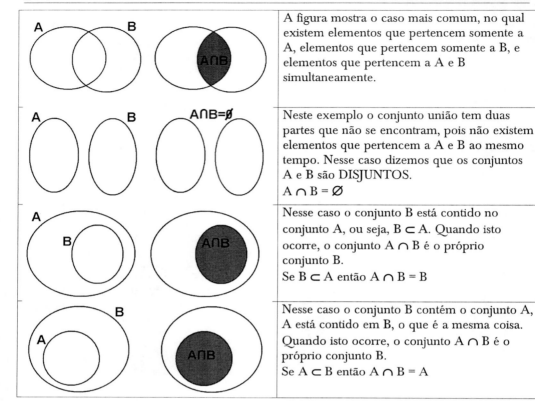

Diferença de conjuntos

Esta é outra operação com conjuntos que tem grande utilidade. Dados dois conjuntos A e B, a diferença de conjuntos, indicada como A – B, é o conjunto dos elementos que pertencem a A e não pertencem a B. Para definir B – A, basta trocar os papéis de A e B, ou seja, é o conjunto dos elementos que pertencem a B mas não pertencem a A.

Exemplo:
Se A = {1, 2, 3, 4, 5, 6} e B = {5, 6, 7, 8}, então
A – B = {1, 2, 3, 4}
B – A = {7, 8}

A diferença de conjuntos também pode ser representada em diagramas de Venn:

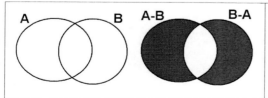

A figura mostra o caso mais comum, no qual existem elementos que pertencem somente a A, elementos que pertencem somente a B, e elementos que pertencem a A e B simultaneamente.

Capítulo 10 – CONJUNTOS   395

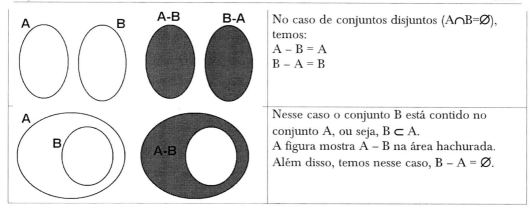

Complementar

Esta é outra operação com conjuntos, tão importante quanto a união, a interseção e a diferença, que acabamos de apresentar. Entretanto, na união, interseção e diferença, os conjuntos A e B podem ser quaisquer. No complementar, é preciso que um conjunto seja subconjunto do outro, como na figura abaixo.

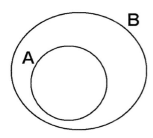

Dado que A é subconjunto de B, ou seja, A ⊂ B, definimos o complementar de *A em relação a B* como o conjunto dos elementos que pertencem a B mas não pertencem a A, ou seja, B-A. Note que o complementar é na verdade uma diferença de conjuntos, mas restrita ao caso em que o conjunto A é subconjunto de B. Escrevemos:

$$C_B^A \text{ ou } C_BA$$

O diagrama abaixo mostra o complementar de A em relação a B.

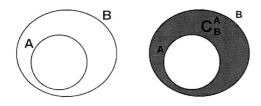

Exemplo:
Considere A = {1, 2, 3, 4, 5, 6, 7, 8} e B = {3, 4, 5}
Então C_AB = {1, 2, 6, 7, 8}

Exercícios

E15) Determine A∪B, A∩B, A-B e B-A para os seguintes conjuntos:
a) A={1, 2, 4, 5, 6, 7} e B = {2, 4, 6, 8}
b) A={1, 3, 5, 7, 9} e B={0, 2, 4, 6, 8}
c) A={0, 3, 6, 9, 12, 15, 18} e B={0, 9, 18}
d) A=conjunto das 26 letras do alfabeto, B={a, e, i, o, u}
e) A={3, 4, 5}, B={1, 2, 3, 4, 5, 6, 7, 8}

E16) Determine o complementar de A em relação a B
a) A={0, 1, 2} e B={0, 1, 2, 3, 4, 5}
b) A={1/2, 1/3} e B={1/2, 1/3, 1/5, 1/7}
c) A= {2, 3, 5, 7} e B={1, 2, 3, 4, 5, 6, 7, 8, 9}
d) A={1, 2, 3} e B={2, 3, 4, 5, 6}

Diagrama de Venn

Vimos que o diagrama de Venn é uma forma para representar conjuntos e as suas operações. No caso de dois conjuntos, a foram geral de representação é a mostrada abaixo. Nela estamos levando em conta a possibilidade de existirem elementos que pertencem a A e B ao mesmo tempo.

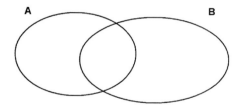

A partir daí podemos indicar a união, interseção e diferença entre os conjuntos.

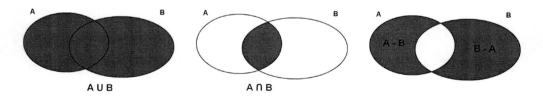

O diagrama de Venn também pode ser usado para a representação de três conjuntos ao mesmo tempo, como na figura abaixo.

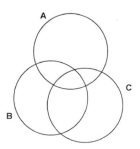

Capítulo 10 – CONJUNTOS

O diagrama representa os três conjuntos citados, A, B e C, e ainda:

Elementos que pertencem simultaneamente a A e B
Elementos que pertencem simultaneamente a B e C
Elementos que pertencem simultaneamente a A e C
Elementos que pertencem simultaneamente a A, B e C
Elementos que pertencem a A mas não pertencem a B nem a C
Elementos que pertencem a B mas não pertencem a A nem a C
Elementos que pertencem a C mas não pertencem a A nem a B

Exemplo:
Dado o diagrama de Venn abaixo, indique quais são as operações com conjuntos que resultam nos conjuntos marcados na figura:

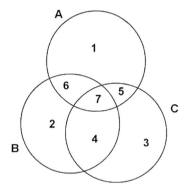

Use a tabela abaixo para indicar quais são os conjuntos

1+6+7+5	
2+4+6+7	
3+4+5+7	
7	
1+2+3+4+5+6+7	
6+7	
5+7	
4+7	
1	
2	
3	

Solução:

1+6+7+5	A
2+4+6+7	B
3+4+5+7	C
7	$A \cap B \cap C$
1+2+3+4+5+6+7	$A \cup B \cup C$
6+7	$A \cap B$
5+7	$A \cap C$
4+7	$B \cap C$
1	$(A - B) - C$
2	$(B - A) - C$
3	$(C - A) - B$

Número de elementos

Um tipo de problema muito comum é o cálculo do número de elementos de um conjunto. O diagrama de Venn é muito útil na resolução desse tipo de problema.

Exemplo (CM):
Numa pesquisa, feita com 100 alunos da Escola Estadual Prof. Guimarães Rosa, para serem conhecidos os dois principais esportes praticados pelos alunos, foi obtido o seguinte resultado:
  – 56 alunos praticam futebol;
  – 42 alunos praticam basquete;
  – 25 alunos praticam futebol e basquete.
Nessas condições, a quantidade de alunos que não pratica nenhum dos dois esportes é igual a:

(A) 75   (B) 27   (C) 25   (D) 23   (E) 2

Solução:
A primeira coisa a fazer é construir o diagrama de Venn para esses conjuntos.

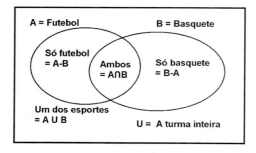

Para não errar esse tipo de problema é preciso atenção ao detalhe: X elementos pertencem a A, ou <u>somente</u> a A? No caso, é dito que 56 alunos praticam futebol, e não que praticam <u>somente</u> futebol. Então o número de elementos de A é 56. Da mesma forma, 42 alunos praticam basquete, então o número de elementos de B é 42. Estão incluídos nos dois casos, alunos que praticam ambos os esportes, que são 25. Agora calculamos:

Alunos que praticam somente futebol = 56 – 25 = 31
Alunos que praticam somente basquete = 42 – 25 = 17
Número total de alunos = 100

Podemos agora indicar o número de elementos de cada parte dos conjuntos indicada no diagrama. A união dos dois conjuntos, ou sejam, todos que praticam algum esporte (futebol ou basquete ou ambos) tem 31+25+17 = 73 elementos. Como a turma tem 100 alunos, os que não praticam esporte algum somam 100 – 73 = 27

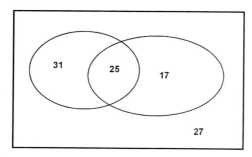

Capítulo 10 – CONJUNTOS

Resposta: (B) 27

Vemos então que o diagrama de Venn é extremamente útil na resolução desse tipo de problema, que é bastante comum.

Podemos até mesmo resolver esses problemas sem desenhar diagramas, usando fórmulas apropriadas. O número de elementos de um conjunto A é indicado como n(A) ou #(A). Temos então a seguinte relação relativa à união e à interseção de conjuntos.

n(A ∪ B) = n(A) + n(B) – n(A ∩ B)

No exemplo que acabamos de apresentar, ficamos com:

n(A ∪ B) = 56 + 42 – 25 = 73

A fórmula que acabamos de apresentar permite calcular o número de elementos da união de dois conjuntos, conhecendo o número de elementos dos dois conjuntos e o número de elementos da interseção. Também permite calcular o número de elementos da interseção, quando temos o número de elementos da união e o número de elementos de cada conjunto. Ainda assim, recomendamos que você dê preferência a resolver esses problemas usando diagrama de Venn, por ser de visualização mais fácil.

Exemplo (CN):
Dados os conjuntos A, B e C, tais que: n(B∪C)=20, n(A∩B)=5, n(A∩C)=4, n(A∩B∩C)=1 e n(A∪B∪C)=22 , o valor de n[A – (B∩C)] é

(A) 10   (B) 9   (C) 8   (D) 7   (E) 6

Usando esses dados, construímos um diagrama de Venn para 3 conjuntos. É sempre mais fácil começar pelo número de elementos da interseção dos três conjuntos, e a partir daí determinar as demais partes do diagrama.

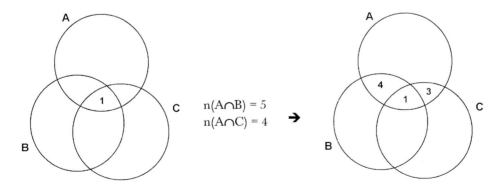

Precisamos agora calcular o número de elementos que pertencem a A e não pertencem a B nem a C. Basta calcular n(A∪B∪C) e subtrair n(B∪C) = 22 – 20 = 2

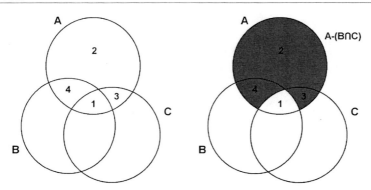

Não temos dados para calcular as três demais regiões do diagrama, mas já temos informações suficientes para resolver o problema. O conjunto pedido, A − (B∩C), está indicado na figura acima. Seu número de elementos é 4+2+3 = 9

Resposta: (B) 9

Número de subconjuntos

Um outro problema interessante é determinar o número de subconjuntos possíveis de um conjunto dado. Por exemplo, se tivermos um conjunto A = {1, 2, 3}, podemos formar os seguintes subconjuntos:

∅ (vazio)
{1}
{2}
{3}
{1, 2}
{1, 3}
{2, 3}
{1, 2, 3}

Entre os subconjuntos de A, sempre constarão o próprio A e o conjunto vazio. Temos que adicionar então os subconjuntos possíveis com 1 elemento, com 2 elementos, e assim por diante. Podemos calcular facilmente o número de subconjuntos de um conjunto dado usando a seguinte fórmula.

É dado um conjunto A, finito, com n elementos. O número de subconjuntos de A é igual a

2^n

No nosso exemplo, o conjunto A = {1, 2, 3} tem 3 elementos. Então o número de subconjuntos de A é 2^3 = 8.

Se for pedido o número de subconjuntos <u>não vazios</u>, temos que descontar 1 desse total. Portanto, o número de subconjuntos não vazios de um conjunto com n elementos é

$2^n - 1$

Capítulo 10 – CONJUNTOS 401

Exemplo (CM):
O número de subconjuntos do conjunto X formado pelas letras da palavra CASA é:

(A) 6   (B) 7   (C) 8   (D) 15   (E) 16

Solução:
X = {C, A, S}
n(X) = 3
Número de subconjuntos = $2^3 = 8$

Resposta: (C) 8

Conjunto das partes

Já vimos como calcular o número de subconjuntos possíveis de um conjunto A dado. Se formarmos um conjunto com todos esses conjuntos, teremos o chamado *conjunto das partes de A*. Indicamos este conjunto como P(A). Já vimos um exemplo com A = {1, 2, 3}, e formamos os seguintes subconjuntos:

Ø (vazio)
{1}
{2}
{3}
{1, 2}
{1, 3}
{2, 3}
{1, 2, 3}

Então podemos determinar o conjunto P(A).

P(A) = { Ø, {1}, {2}, {3}, {1, 2}, {1, 3}, {2, 3}, {1, 2, 3} }

Note que os elementos de P(A) são conjuntos.

Note ainda que para qualquer conjunto A, temos:

Ø ∈ P(A)
A ∈ P(A)

Ou seja, o conjunto vazio e o conjunto A sempre serão elementos de P(A).

A fórmula do número de subconjuntos pode ser escrita da seguinte forma:

$n(P(A)) = 2^{n(A)}$

ou seja, o número de elementos do conjunto das partes (conjunto dos subconjuntos de A) é igual a 2 elevado ao número de elementos de A.

Exemplo:
P(X) é o conjunto das partes de um conjunto X qualquer. Sendo A = {0, 1, 2, 3} e B = {2, 3, 5}, coloque V para as sentenças verdadeiras e F para as falsas.

1. (   ) A ⊂ P(A)

402 MATEMÁTICA PARA VENCER

2. ( ) $(A \cup B) \subset P(B)$
3. ( ) $\emptyset \not\subset (A \cap B)$
4. ( ) $C_B^A \cup B = B$

Solução:
A = {0, 1, 2, 3}
B = {2, 3, 5}
P(A) = {$\emptyset$, {0}, {1}, {2}, {3}, {0,1}, {0,2}, {0,3}, {1,2}, {1,3}, {2,3}, {0,1,2}, {0,1,3}, {0,2,3}, {1,2,3}, {1,2,3,4} } (16 elementos = 2^4)
P(B) = { $\emptyset$, {2}, {3}, {5}, {2,3}, {2,5}, {3,5}, {2,3,5} }

1. É falsa, pois o correto é $A \in P(A)$, e não $A \subset P(A)$
2. Falsa
3. Falsa. O conjunto vazio é subconjunto de qualquer conjunto.
4. Falsa. A expressão C_B^A só faz sentido quando A é subconjunto de B.

Resposta: FFFF

Exercícios

E17) Determine P(A)
a) A={0, 1, 2}
b) A={10, 20, 30}
c) A={2, 4}
d) A= {a, b, c}
e) A= { $\emptyset$, {$\emptyset$}}
f) A = {1, 2, 3, 4}

E18) Calcule o número de elementos de P(A)
a) A = {10, 20, 30, 40}
b) A = {Rio de Janeiro, São Paulo, Minas Gerais, Espírito Santo }
c) A = {1, 3, 5, 7, 9}
d) A = { $x \in N$ | x é primo e 10 < x < 30}
e) A = { $x \in N$ | MDC (x, 120) = 30 e x < 300}
f) A = Conjunto dos múltiplos de 20 maiores que 100 e menores que 200

E19) Sendo U = {0, 1, 2, 3, ..., 20}, A = conjunto dos números naturais múltiplos de 3 menores que 21 e B = conjunto dos números naturais múltiplos de 5 menores que 21, represente em um diagrama de Venn os conjuntos A e B e destaque suas partes A-B, B-A e A $\cap$B

Exercícios

E20) Um conjunto A possui 256 subconjuntos. Quantos elementos têm o conjunto A?

E21) Utilizando diagramas de Venn, verifique se as afirmações são falsas ou verdadeiras para quaisquer conjuntos A e B
a) $A \subset A$
b) $\emptyset \subset A$
c) $\emptyset \in A$
d) $A \subset (A \cup B)$

Capítulo 10 – CONJUNTOS   403

e) $B \subset (A \cup B)$

f) $A \subset (A \cap B)$

g) $(A \cup B) \subset A$

h) $(A \cap B) \subset A$

i) $(A \cap B) \subset B$

j) $(A–B) \subset A$

k) $(A–B) \cap B = \varnothing$

l) $(A-B) \cup (A \cap B) \cup (B-A) = A \cup B$

m) $(A \cap B) \cup (B–A) = B$

E22) Se $A = \{2, 3, 4, 5, 6, 7, 8, 9, 10, 11, 12, 13, 14, 15\}$, encontre $B = \{\ a.b \in A\ |\ a \in A\ e\ b \in A\}$

E23) Qual é o número de subconjuntos não vazios que podem ser formados com os elementos do conjunto $A = \{1, 2, 3, 4, 5, 6\}$?

E24) Qual é o número de subconjuntos não vazios do conjunto formado pelos múltiplos naturais de 6 menores que 30?

E25) Sendo $A = \{1, 2, 3, 4, 5, 6\}$ e $B = \{1, 2, 3, 4, 5, 6, 7, 8, 9, 10\}$, determine $C_B A$

E26) Um conjunto A tem 63 conjuntos não vazios possíveis e o conjunto B tem 15 subconjuntos não vazios possíveis. Qual é o número total de subconjuntos de $A \cup B$, sabendo que $A \cap B$ tem 3 elementos?

E27) (USP-SP) Depois de n dias de férias, um estudante observa que:

a) choveu 7 vezes, de manhã ou à tarde;
b) quando chove de manhã não chove à tarde;
c) houve 5 tardes sem chuva;
d) houve 6 manhãs sem chuva.

Podemos afirmar então que n é igual a:

(A) 7   (B) 8   (C) 9   (D) 10   (E) 11

E28) Indique quais afirmações abaixo são verdadeiras e quais são falsas:

a) Se $x \in N$ e $y \in N$, então $x+y \in N$

b) Se $x \in N$ e $y \in N$, então $x–y \in N$

c) Se $x \in N$ e $y \in N$, então $x.y \in N$

d) Se $x \in N$ e $y \in N$, então $x/y \in N$

E29) Em uma turma de 50 alunos, 30 lêem a revista A, 20 lêem a revista B e 10 não lêem revista alguma. Quantos alunos lêem ambas as revistas?

E30) Sejam a e b números tais que os conjuntos $\{5, 6, 7\}$ e $\{5, a, b\}$ são iguais. Quais são os valores possíveis de a e b?

E31) Seja $A = \varnothing$ e $B = \{1\}$. Calcule $A \cup B$.

E32) Seja $A = \{\varnothing\}$ e $B = \{1\}$. Calcule $A \cup B$.

E33) Se B = {{1, 2}, {2}, {3}}, é correto afirmar que {2, 3} é subconjunto de B?

Questões resolvidas

Q1) (CM) Sejam os conjuntos numéricos A = {1,2,3,... ,9,10} e B = {0,1,2,3}. Marque a alternativa correta.

(A) O conjunto A é infinito.
(B) A∩B = {0,1,2,3}
(C) A∪B = A
(D) A∪B possui 11 elementos distintos.
(E) A ⊃ B

Solução:
A = Falsa
B = Falsa
C = Falsa
D = Verdadeira
E = Falsa

Resposta: (D)

Q2) (CM) Os conjuntos A, B e C são finitos e tais que o número de elementos de A∩B é 30, o número de elementos de A∩C é 20 e o número de elementos de A∩B∩C é 15. Assim sendo, o número de elementos de A∩(B∪C) é igual a:

(A) 65   (B) 45   (C) 35   (D) 25   (E) 5

Solução:
Para facilitar a resolução devemos usar um diagrama de Venn.

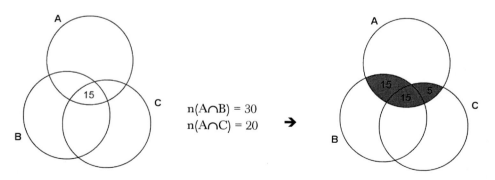

O conjunto citado no enunciado, A (B∪C), está hachurado na figura. Seu número de elementos é 15+15+5 = 35

Resposta: (C) 35

Q3) (CM) Sendo A = {conjunto das letras da palavra "arara"} e B={conjunto das letras da palavra "cara"}; podemos afirmar que o número de elementos do conjunto A – B é igual a:

(A) 4   (B) 3   (C) 2   (D) 1   (E) 0

Capítulo 10 – CONJUNTOS 405

Solução:

A = {a, r}
B = {c, a, r}
A – B = $\varnothing$
n(A – B) = 0

Resposta: (E)

Q4) (CM) Considere o número **x**. Some 3 a este número, divida o resultado por 2 e, em seguida, subtraia 4. Depois, acrescente 3 e multiplique o resultado por 5. Sabendo que, depois de todas estas operações, o resultado é 20, podemos afirmar que o número **x** pertence ao conjunto:

(A) {13, 15}   (B) {2, 4}   (C) {7, 9}   (D) {0, 5}   (E) {16, 18}

Solução:
Devemos realizar todas as operações ao contrário:

O número
Somar 3
Dividir por 2
Subtrair 4
Somar 3
Multiplicar por 5
Resultado é 20

Ao contrário fica:

Resultado 20	20
Dividir por 5	4
Subtrair 3	1
Somar 4	5
Multiplicar por 2	10
Subtrair 3	7
O número é	7

Entre as opções, o único conjunto ao qual o número 7 pertence é {7, 9}

Resposta: (C)

Q5) (CM) Considerando todos os números de 0 a 300, a quantidade de números que não são divisíveis por 5 e nem por 7 é igual a:

(A) 196   (B) 197   (C) 205   (D) 206   (E) 207

Solução:
Este é um problema de conjuntos que deve ser resolvido por diagrama de Venn. Note que podemos encontrar números:

Múltiplos de 5
Múltiplos de 7
Múltiplos de 5 e 7 ao mesmo tempo (múltiplos de 35)

Números que não são múltiplos nem de 5 nem de 7.

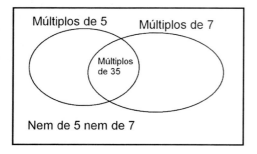

Precisamos então calcular o número de elementos da cada parte do diagrama:

Conjunto do múltiplos de 5 = {0, 5, 10, 15, ... 300}. Elementos: 300/5 + 1 = 61
Conjunto dos múltiplos de 7 = {0, 7, 14, ..., 294}. Elementos: 294/7 +1 = 43
Conjunto dos múltiplos de 35 = {0, 35, 70, 105, 140, 175, 210, 245, 280}. Elementos = 9

Representamos então esses números de elementos no diagrama. A partir da interseção, podemos calcular quanto são os múltiplos só de 5 e só de 7.

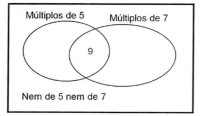

Múltiplos de 5: 61

Múltiplos de 7: 43

→

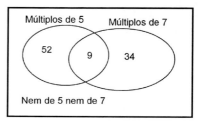

A união dos conjuntos dos múltiplos de 5 e dos múltiplos de 7 tem 52+9+34= 95 elementos.

O conjunto dos números de 0 a 300 tem 301 elementos. Subtraindo os múltiplos de 5 ou 7 ficamos com 301 − 95 = 206 elementos.

Resposta: (D) 206

Q6) (CM) Um dos paises que disputou os jogos Pan-Americanos teve a distribuição de medalhas de acordo com o diagrama abaixo:

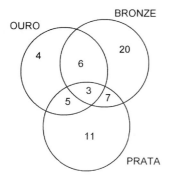

Capítulo 10 – CONJUNTOS   407

Esse diagrama nos revela, por exemplo, que quatro atletas desse país ganharam somente medalhas de ouro. Portanto, o número de atletas que ganhou, no mínimo, dois tipos diferentes de medalhas foi igual a:

(A) 5   (B) 6   (C) 7   (D) 18   (E) 21

Solução.
Basta somar todos os números exceto aqueles que ganharam somente um tipo de medalha. Ficamos então com: 6+3+5+7 = 21

Resposta: (E) 21

Q7) (CM) Sejam os conjuntos A, dos números primos, e B, dos números pares. Podemos afirmar que:

(A) $A \cap B = \varnothing$
(B) $A \cup B = N$
(C) $A \cap B$ possui um único elemento
(D) $A \cap B = A$
(E) $A \cap B = B$

Solução
$A = \{ 2, 3, 5, 7, 11, 13, 17, 19, ...\}$
$B = \{0, 2, 4, 6, 8, 10, ...\}$
$A \cup B = \{0, 2, 3, 4, 5, 6, 7, 8, 11, 12, 13, 14, 16, 17, 18, 19, 20, 22, ...\}$
$A \cap B = \{2\}$

Então a única verdadeira é (C)

Resposta: (C)

Q8) (CM) Considere os conjuntos A e B, abaixo caracterizados:

A: entre seus elementos encontram-se os 10 primeiros números naturais, os 10 primeiros números naturais pares e os 10 primeiros números naturais ímpares, e somente esses números;

B: constituído pelos números naturais que são, ao mesmo tempo divisíveis por 4 e menores que 36.

Com relação a esses conjuntos, podemos afirmar que:

(A) o conjunto A possui 30 elementos.
(B) o conjunto B possui 10 elementos.
(C) $B \subsetneq A$.
(D) $B - A = \{20, 24, 28, 32\}$.
(E) $A \cap B = \{4, 8, 12, 16\}$.

Solução:
$A = \{0, 1, 2, 3, 4, 5, 6, 7, 8, 9, 10, 11, 12, 13, 14, 15, 16, 17, 18, 19\}$
$B = \{0, 4, 8, 12, 16, 20, 24, 28, 32\}$

Resposta: (D)

408 MATEMÁTICA PARA VENCER

Q9) (CM) Dados os conjuntos A = {a, b, c, d}, B = {b, c, d, e} e C = {a, c, f },
então, [(A-B) ∪ (B-C) ∪(A∩B)]∩ [(A∩C) ∪ (B∩A∩C)]
é igual a:

(A) {a, b, c, d, e}
(B) {a, b, c, d}
(C) {a, c}
(D) {a, b}
(E) {b, c, d}

Solução:
A – B = {a}
B – C = {b, d, e}
A∩B = {b, c, d}
(A-B)∪(B-C)∪(A∩B) = {a, b, c, d, e}

A∩C = {a, c}
B∩A∩C = {c}
(A∩C) ∪ (B∩A∩C) = {a, c}

Então
[(A-B)∪(B-C)∪(A∩B)] ∩ [(A∩C) ∪ (B∩A∩C)] = {a, b, c, d, e} ∩ {a, c} = {a, c}

Resposta: (C)

Q10) (CM) Sejam os conjuntos:
U = { 1, 2, 3, 4, 5, 6, 7, 8, 9 }
A = { 3, 7, 8 }
B = { 1, 5, 7 }

Se C_U^M indica o complementar do conjunto M em relação ao universo U, $M \subset U$, então o

conjunto

$$C_U^A \cap C_U^B$$

é igual a:

(A) { 1, 2 }   (B) { 3, 4, 5 }   (C) { 4, 5, 9 }   (D) { 1, 2, 4, 9 }   (E) { 2, 4, 6, 9 }

Solução
$C_U A$ = {1, 2, 4, 5, 6, 9}
$C_U B$ = {2, 3, 4, 6, 8, 9}

$C_U A \cap C_U B$ = {2, 4, 6, 9}

Resposta: (E)

Q11) (CM) Uma pesquisa foi feita com os alunos da 7ª série do Colégio Recanto Feliz.
Verificou-se que 56 alunos lêem revistas sobre esportes, 21 lêem revistas sobre esportes e sobre
fofocas, 106 lêem apenas um desses tipos de revistas e 66 não lêem revistas sobre fofocas. O

Capítulo 10 – CONJUNTOS

número de alunos que não lêem revistas sobre esportes e também não lêem revistas sobre fofocas é igual a:

(A) 10 alunos   (B) 11 alunos   (C) 21 alunos   (D) 31 alunos   (E) 158 alunos

Solução:
Começamos a montar o diagrama de Venn com as informações dadas. Chamaremos os conjuntos de E e F, dos leitores de revistas de esportes e de fofocas, respectivamente. O problema dá que o número de elementos de E é 56. O número de alunos que lêem ambas as revistas é 21.

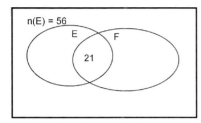

n(E-F) = 56-21 = 35
106 lêem só um tipo de revista
n(F-E) = 106 – 35 = 71

→

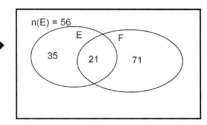

Os alunos que lêem apenas revistas de esporte são 56 – 21 = 36
Os alunos que lêem um só tipo de revista são representados por E-F e F-E. O número de elementos de F-E é 106 – 35 = 71, como mostra o diagrama acima.

Os alunos que não lêem revistas sobre fofocas (66) são todos aqueles que estão no exterior do conjunto F. Destes, 35 estão dentro de E. Então os que não lêem revista alguma são 66 – 35 = 31

Resposta: (D) 31

Q12) (CM) Era uma vez a Cidade de Ouro, a mais bela de todas as cidades. Sua população era pacífica, culta e todos gostavam de matemática. Do total da população, 30% eram jovens, 70% eram homens e 20% das mulheres eram jovens. Sendo assim, qual o percentual de homens que eram jovens na Cidade de Ouro?

(A) 6%   (B) 20%   (C) 24%   (D) 26%   (E) 30%

Solução:
Este problema pode ser resolvido por diagrama de Venn, mas é preciso tomar muito cuidado. Não podemos fazer o conjunto dos homens e o conjunto das mulheres, pois esses conjuntos não têm interseção, e feita a união de ambos, não sobrarão elementos. O mesmo ocorrerá se considerarmos o conjunto dos jovens e o conjunto dos velhos. Sendo assim, vamos considerar dois conjuntos para analisar no diagrama: o conjunto das mulheres e o conjunto dos jovens.

Sendo assim, o diagrama abaixo divide o universo em quatro regiões. Os homens são todos os que são externos ao conjunto M, e os velhos são todos os externos ao conjunto J. O conjunto universo fica então dividido em 4 regiões: mulheres velhas, mulheres jovens, homens jovens e homens velhos. Agora podemos usas as informações dadas pelas porcentagens.

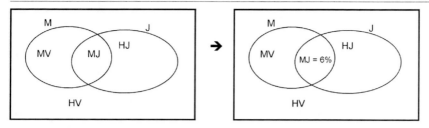

30% eram jovens
70% eram homens ➔ 30% eram mulheres
20% das mulheres eram jovens ➔ MJ = 20% x 30% = 6%

Como M = 30% e MJ = 6% ➔ MV = 24%
Como J=30% e MJ = 6% ➔ HJ = 24%
Para HV, sobram 100% - 24% - 24% - 6% = 46%

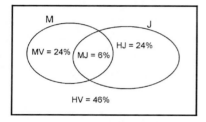

Os homens jovens somam então 24%

Resposta: (C) 24%

Q13) (CM) A preocupação de todos era grande, pois uma parte do número de bruxomáticos possuía habilidades especiais, que eram lançar feitiços, lutar com espadas e arremessar bolas de fogo. Sabendo-se que 33 lançavam feitiços e lutavam com espadas, 47 lutavam com espadas e lançavam bolas de fogo, 30 lançavam feitiços e bolas de fogo e que somente os 13 líderes dos bruxomáticos faziam as três coisas ao mesmo tempo, determine quantos eram os bruxomáticos que possuíam habilidades especiais, sabendo-se, também, que 30 bruxomáticos somente lançavam feitiço, 45 somente lançavam bolas de fogo e 41 somente lutavam com espadas.

(A) 200   (B) 170   (C) 159   (D) 155   (E) 150

Solução:
Este é outro problema típico de diagrama de Venn, com 3 conjuntos. Como sempre, o problema fica mais fácil quando começamos indicando o número de elementos da interseção. A partir dessa informação inicial, adicionamos outras:

33 lançavam feitiços e lutavam com espadas
47 lutavam com espadas e lançavam bolas de fogo
30 lançavam feitiços e bolas de fogo

Com essas informações determinamos os números de elementos indicados na segunda figura: 20, 34 e 17.

Capítulo 10 – CONJUNTOS   411

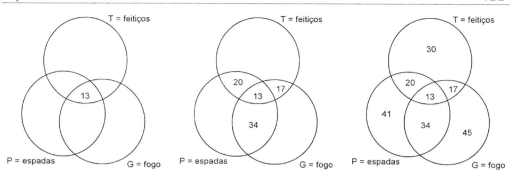

Finalmente adicionamos as informações

30 bruxomáticos somente lançavam feitiço
45 somente lançavam bolas de fogo
41 somente lutavam com espadas

Descobrimos então os números indicados na terceira parte da figura.

Agora somamos os valores para determinar o que o problema pede:
30 + 41 + 45 + 20 + 17+ 34 + 13 = 200

Resposta: (A) 200

Q14) (CM) Num determinado curso de informática todos os alunos são casados ou solteiros. Sabe-se que 2/3 dos alunos são mulheres e 25% dos homens são casados. Se existem 9 rapazes solteiros, determine a quantidade de alunos (homens e mulheres) desse curso de informática.

(A) 12   (B) 24   (C) 27   (D) 36   (E) 72

Solução.
Não é conveniente fazer um diagrama de Venn representando o conjunto dos homens e o conjunto das mulheres, pois a interseção é vazia e o número de elementos é o número total de alunos. Da mesma forma, não é conveniente representar conjuntos de casados e solteiros. Vamos representar o conjunto dos casados e o conjunto dos homens.

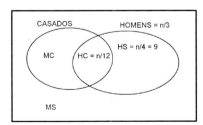

Chamemos de n o número total de alunos. O problema diz que 2/3 dos alunos são mulheres, então o número de homens é 1/3 do total, ou seja, n/3. Destes, 25% (a quarta parte) são casados. Então o número de homens casados (interseção dos conjuntos) vale 25% de n/3, ou seja, n/12. O conjunto dos homens solteiros tem 3/4 do número total de homens, ou seja:

n/3 × 3/4 = n/4.

412   MATEMÁTICA PARA VENCER

O problema diz que este número é 9. Então n vale 36.

Resposta: (D) 36

Este tipo de problema pode também ser resolvido com um diagrama em outro formato, como uma tabela:

	Homens	Mulheres
Casados		
Solteiros		

Podemos representar todos os elementos por esta tabela pois existem duas características: A divisão em duas categorias (Ex: casados e solteiros) não tem elementos comuns (ou uma coisa, ou outra) e a união de ambos é igual ao conjunto completo. O mesmo ocorre na divisão homens x mulheres.

Devemos agora preencher as informações do problema, e aqui vai um macete. Como vimos que será preciso dividir por 4 (25%) e dividir por 3 (1/3, 2/3), vamos chamar o número total de alunos de algo que possa ser dividido por 4 e por 3, sem o uso de frações. Então vamos chamar o número total de alunos de 12x.

	Homens	Mulheres
Casados	x	
Solteiros	3x	

Sabe-se que 2/3 dos alunos são mulheres ➜ o número de mulheres é 8x, o de homens é 4x.
25% dos homens são casados ➜ o número de homens casados é x, o de solteiros é 3x
Existem 9 rapazes solteiros ➜ 3x = 9, x=3

Então o número total de alunos é 12.x = 12.3 = 36

Q15) (OBM) Em uma prova de olimpíada, 15% dos estudantes não resolveram nenhum problema, 25% resolveram pelo menos um problema, mas cometeram algum erro, e os restantes, 156 estudantes, resolveram todos os problemas corretamente. O número de estudantes que participaram da olimpíada foi:

A) 200   B) 260   C) 93   D) 223   E) 300

Solução:
Este parece ser um problema de conjuntos, mas na verdade é um problema de porcentagem. Do número total de alunos, só existe três categorias:

Os que não resolveram problema algum	15%
Os que resolveram algum problema mas com erro	25%
Os que resolveram todos corretamente	156

Os 156 alunos que resolveram corretamente a prova inteira representam 60% do total (100% - 15% - 25%). Então o número de alunos é 156 / 0,6 = 260.

Resposta: (B) 260

Capítulo 10 – CONJUNTOS

Q16) CM) Dados os conjuntos A, B e C, não vazios, sabe-se que A ⊂ B; então sempre se tem:

(A) B ∩ C ⊂ ∅   (C) A ∩ B ⊂ ∅   (E) A ∩ B ⊂ X
(B) A ∩ C ⊂ ∅   (D) A ∩ X ⊂ B

Solução:
Os itens A, B e C podem ser eliminados, pois a única forma de um conjunto ser subconjunto do vazio, é sendo o próprio vazio. Entretanto, não podemos afirmar que para quaisquer A, B e C, os conjuntos B∩C, A∩C ou A∩C sejam vazios. O item E também pode ser eliminado, pois não podemos afirmar que A∩B seja subconjunto de C. Sobra apenas o item D como opção possível. Apesar disso resolver a questão para efeito de prova, devemos, para efeito de ensino, mostrar que é verdadeira.

Como A ⊂ B, todo elemento de A também é elemento de B. Se tomarmos apenas os elementos de A que pertencem a C (A∩C), estes elementos também pertencerão a B. Logo, este conjunto A∩C obrigatoriamente estará contido em B. Podemos mostrar isso também com diagramas, em dois casos: A∩C igual ao vazio, e A∩C diferente de vazio.

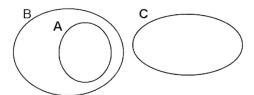

Se A e C são disjuntos, então A∩C = ∅, e ∅⊂B é verdadeiro

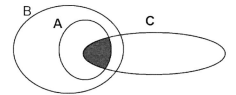

Se A e C não são disjuntos, então A∩C não é vazio, mas está contido em A, e também está contido em B, logo A∩C ⊂ B é verdadeiro

Resposta: (D)

Q17) (CM) Dados os conjuntos A, B e C, onde B ⊂ A, sabe-se que:

C – A = {7, 8}
(A ∩ C) – B = {4}
(A ∩ B) – C = {2, 3}
(A ∩ C) – (A – B) = {1}
(A ∪ B) – C = {2, 3, 5, 6}

Então, podemos afirmar que:

(A) A tem 5 elementos.   (D) A – C tem 2 elementos.
(B) B tem 3 elementos.   (E) C – B tem 2 elementos.
(C) C tem 3 elementos.

Solução
É preciso tentar construir o diagrama de Venn para esses três conjuntos, partindo das informações dadas. Devemos construir um conjunto B totalmente contido no conjunto A. Quanto ao conjunto C, este pode ter elementos que pertencem a A e a B, e também elementos que não pertencem a A nem a B. Para conseguir isso, o diagrama deve ser o indicado abaixo.

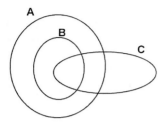

A partir disso, inserimos as informações dadas pelo problema. Os números ficam distribuídos pelo diagrama da seguinte forma:

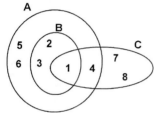

Resposta: (B) B tem 3 elementos.

Q18) (OBM) Em um hotel há 100 pessoas. 30 comem porco, 60 comem galinha e 80 comem alface. Qual é o maior número possível de pessoas que não comem nenhum desses dois tipos de carne?

A) 10   B) 20   C) 30   D) 40   E) 50

Solução:
O diagrama de Venn geral é o mostrado na parte esquerda da figura. Entretanto, queremos o maior número possível de pessoas não comam carne, nem de frango, nem de porco. Das 100 pessoas, é inevitável que 60 já comam galinha, restam então 40 que não comem galinha. Para que o número de pessoas que não comam carne seja o maior possível, é preciso que nenhuma dessas 40 comam porco, ou seja, o conjunto das pessoas que comem porco deve ser subconjunto do conjunto das pessoas que comem galinha, como mostra a parte direita do diagrama abaixo.

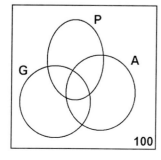 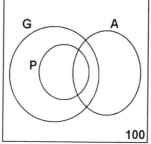

Capítulo 10 – CONJUNTOS   415

Resposta: (D) 40

Q19) (OBM) Uma pesquisa foi feita entre pessoas de ambos os sexos, em igual número, com a seguinte pergunta: *Entre as cores azul, vermelho e amarelo, qual é a cor que você prefere?*

Cada pessoa apresentou a sua preferência por uma, e só uma, dessas cores. E o resultado da pesquisa aparece nos gráficos abaixo:

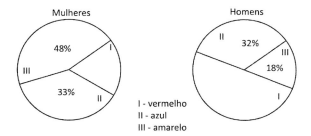

Podemos concluir que, em relação ao total de pessoas pesquisadas, a ordem de preferência das cores é:

A) I, II, III   B) I, III, II   C) II, I, III   D) II, III, I   E) III, II, I

Solução:
O número de entrevistadas é igual para ambos os sexos. Então cada resultado apresentado nos gráficos representa a metade do resultado global. Cada porcentagem deverá ser multiplicada por 50%.

Inicialmente vamos completar os valores relativos ao vermelho:
Mulheres: 100% - 48% - 33% = 19%
Homens: 100% - 32% - 18% = 50%

Vermelho: 19% x 0,5 + 50% x 0,5 = 34,5%
Azul: 33% x 0,5 + 32% x 0,5 = 32,5%
Amarelo: 48% x 0,5 + 18% x 0,5 = 33%

Preferência: vermelho, amarelo, azul

Resposta: (B)

Q20) (CN) Dado dois conjuntos de A e B tais que:
- O número de subconjuntos de A está compreendido entre 120 e 250.
- B tem 15 subconjuntos não vazios

Se A∩B tem 2 elementos, quantos elementos têm A∪B?

Solução:
O número de subconjuntos é 2^n, onde n é o número de elementos. Estamos então procurando uma potência de 2 entre 120 e 250. A única é 128, que é 2^7. Logo o conjunto A tem 7 elementos. O número de subconjuntos não vazios de um conjunto com n elementos é 2^n-1. Como B tem 15 subconjuntos não vazios, concluímos que B tem 4 elementos. Finalmente, é

dado que A∩B tem 2 elementos. Fica fácil descobrir o número de elementos usando um diagrama de Venn:

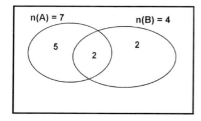

Resposta: A∪B tem 9 elementos.

Q21) (EPCAr) Numa turma de 31 alunos da EPCAr, foi aplicada uma Prova de Matemática valendo 10 pontos no dia em que 2 alunos estavam ausentes. Na prova, constavam questões subjetivas: a primeira, sobre conjuntos; a segunda, sobre funções e a terceira, sobre geometria plana. Sabe-se que dos alunos presentes

nenhum tirou zero;
11 acertaram a segunda e a terceira questões;
15 acertaram a questão sobre conjuntos;
1 aluno acertou somente a parte de geometria plana,
7 alunos acertaram apenas a questão sobre funções.

É correto afirmar que o número de alunos com grau máximo
igual a 10 foi

(A) 4   (B) 5   (C) 6   (D) 7

Solução
Fazemos um diagrama de Venn com as informações do problema.

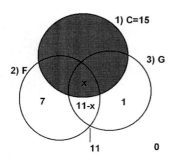

Ninguém tirou zero, e 29 alunos realizaram a prova. O número x representa os alunos que tiraram 10. Ficamos então com:

$15 + 7 + 11-x + 1 = 29$
$34-x = 29$
$x=5$

Resposta: (B) 5

Capítulo 10 – CONJUNTOS 417

Q22) (CN) A, B e C são respectivamente os conjuntos dos múltiplos de 8, 6 e 12, podemos afirmar que o conjunto A∩(B∪C) é o conjunto dos múltiplos de:

(A) 12   (B) 18   (C) 24   (D) 48   (E) 36

Solução:
B∪C é o conjunto dos múltiplos de 6 ou 12. Não precisam ser múltiplos comuns, bastam que sejam múltiplos, ou de 6, ou de 12. Como o conjunto dos múltiplos de 12 está contido no conjunto dos múltiplos de 6, então B∪C é simplesmente o conjunto dos múltiplos de 6.
Já o conjunto A∩(B∪C) tem os números que são múltiplos de 8 e de 6 ((B∪C)). São os múltiplos comuns de 8 e 6, então são múltiplos do seu MDC, ou seja, os múltiplos de 24.

Resposta: (C) 24

Questões propostas

Q23) (CM) Sobre o conjunto $A = \{3, 5, \{1, 2\}, 7\}$, é correto afirmar que:

(A) $\{3, 5\} \subset A$ (B) $\{3, 7\} \in A$ (C) $\{1, 2\} \subset A$ (D) $5 \subset A$ (E) $\{3\} \in A$

Q24) (CM) A Escola Atual realizou uma brincadeira com seus alunos, quando os mesmos operaram com os seguintes conjuntos: A= {2,3,6,7}, B= {3,4,5,6} e C= {1,2,3,4}. Podemos afirmar que:

(A) $C \subset B$
(B) $C \cap A = \{2,3,4\}$
(C) $2 \in (A \cap B)$
(D) $C \cap B = \{\emptyset\}$
(E) (x) $(A \cup B) \cap C = \{2,3,4\}$

Q25) (CM) Quando retornou à Cidade de Ouro, capitão Strong foi tratado como herói. Em homenagem a ele e aos homens que lutaram contra Barba Negra, foi construído um imenso painel de ouro, indicado na figura abaixo.

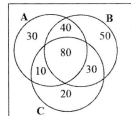

Conjunto A → homens que lutaram na ilha Dedo de Deus.
Conjunto B → homens que lutaram na Batalha Marítima.
Conjunto C → homens que lutaram na Cidade de Ouro.

De acordo com o painel, podemos afirmar que:

(A) 260 homens lutaram na Batalha Marítima;
(B) 120 homens lutaram na Cidade de Ouro e também na Batalha Marítima;
(C) 110 homens lutaram na Cidade de Ouro e também na ilha Dedo de Deus;
(D) 160 homens lutaram na ilha Dedo de Deus;
(E) 60 homens lutaram somente na ilha Dedo de Deus.

Q26) (CM) Seja D o conjunto formado pela primeira letra dos dias da semana e M o conjunto formado pela primeira letra dos meses do ano. Logo pode-se afirmar que:

(A) D ∩ M = {d, q}
(B) D ∪ M = {a, d, f, j, m, n}
(C) D − M = {t, s}
(D) M − D = {a, f, j, m, n, o}
(E) D ∩ M = { }

Q27) (CM) Nos diagramas abaixo, o que melhor representa (A-B)∪C, considerando a parte hachurada, é:

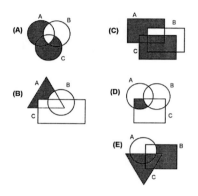

Q28) (CM) O corpo de bombeiros de uma determinada cidade, em um ano, prestou assistência a diversas vítimas de acidentes. Entre essas vítimas, 1/4 sofreu queimaduras; 7/20 sofreu intoxicação e 1/5 sofreu, simultaneamente, queimaduras e intoxicação. Do total de vítimas assistidas, a fração que representa a quantidade de pessoas que não sofreram queimaduras nem intoxicação é igual a:

(A) 1/2   (B) 1/3   (C) 1/4   (D) 2/3   (E) 3/5

Q29) (CM) Considere um número natural N. Some 2 a este número, divida o resultado por 2 e, em seguida, acrescente 5. Depois, subtraia 4 e multiplique o resultado por 100. Se depois de todas essas operações matemáticas realizadas, o resultado obtido foi de 300, podemos afirmar que o número N é elemento do conjunto:

(A) {12, 15}   (B) {1, 9}   (C) {2, 5}   (D) {0,10}   (E) {20, 22}

Q30) (CM) Dados os conjuntos A = {2, 4, 6, 8, 10} e B = {2, 8}, podemos afirmar que

(A) o complementar do conjunto B em relação ao conjunto A é o conjunto vazio.
(B) a diferença A − B é o conjunto D = {4, 6, 8}.
(C) o complementar do conjunto B em relação ao conjunto A é o conjunto D = {2, 6, 10}.
(D) o complementar do conjunto B, em relação ao conjunto A, é o conjunto C = A − B.
(E) a diferença B − A é um conjunto infinito.

Q31) (CM) Numa classe de 33 alunos da quinta série do CMB, tem-se: 18 alunos que gostam de futebol, 24 que gostam de vôlei, 12 de basquete, 11 de futebol e vôlei, 7 de vôlei e basquete, 7 de futebol e basquete e 3 que gostam dos três esportes. Baseando-se nessas

Capítulo 10 – CONJUNTOS 419

informações, pode-se afirmar que o número de alunos dessa classe que não gostam de nenhum desses esportes é igual a:

(A) 0   (B) 1   (C) 2   (D) 3   (E) 4

Q32) (CM) No conjunto dos números naturais, seja M(x) o conjunto dos múltiplos de x. Então, podemos afirmar que:

(A) M(6) ∩ M(3) ∩ M(4) = M(12)
(B) M(4) ∩ M(8) = M(4)
(C) M(2) ∩ M(4) ∩ M(8) = M(4)
(D) M(3) ∩ M(4) ∩ M(6) = M(6)
(E) M(3) ∩ M(6) = M(3)

Q33) (CM) Sejam A e C conjuntos de números tais que A = {1, 6, 8} e C = {2, 4, 9}. Observe as afirmações seguintes e associe V quando for verdadeira e F quando for falsa.

I – A e C são conjuntos disjuntos, isto é, A ∩ C = ∅
II – 1 ∉ C
III – A ∪ C = { }
IV – A ⊄ N, sendo N o conjunto dos números naturais.

A seqüência correta é:

(A) FVFF   (B) FVVF   (C) VVVF   (D) VFVF   (E) VVFF

Q34) (CM) Marque a alternativa onde a região sombreada representa (A ∪ B) ∩ (B ∪ C):

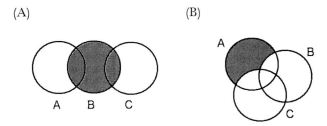

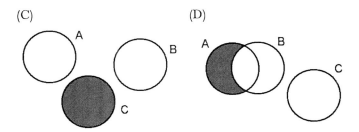

Q35) (CN) Numa cidade constatou-se que as famílias que consomem arroz não consomem macarrão. Sabe-se que : 40% consomem arroz; 30% consomem macarrão; 15% consomem feijão e arroz; 20% consomem feijão e macarrão; 60%consomem feijão. A porcentagem correspondente às famílias que não consomem esses três produtos é :

420   MATEMÁTICA PARA VENCER

(A) 10%   (B) 3%   (C) 15%   (D) 5%   (E) 12%

Q36) (CN) Considere o conjunto A dos números primos positivos menores do que 20 e o conjunto B dos diversos positivos de 36. O número de subconjuntos do conjunto diferença B-A é:

(A) 32   (B) 64   (C) 128   (D) 256   (E) 512

Q37) (CN) Sejam os conjuntos:
X= conjunto dos números ímpares positivos que têm um algarismo.
Y= conjunto dos divisores ímpares e positivos de 10.
Z = conjunto de números naturais múltiplos de 3 , que têm um algarismo .
Ø = conjunto vazio.

Assinale a afirmativa correta

(A) X – Y = {3, 6, 7, 9}
(B) Y – X = {3, 7, 9}
(C) (X ∩ Y) – (X ∪ Z) = {3, 6, 7, 9, 0}
(D) (Y ∩ Z) ∪ X = {1, 3, 5, 7, 9}
(E) Z – Y = Ø

Q38) (CN) Se M ∩ P = {2, 4, 6} e M ∩ Q = {2, 4, 7}, logo M ∩ (P∪Q) é:

(A) {2, 4}   (B) {2, 4, 6, 7}   (C) {6}   (D) {7}   (E) {6, 7}

Q39) (EPCAr)
No concurso para o CPCAR foram entrevistados 979 candidatos, dos quais 527 falam a língua inglesa, 251 a língua francesa e 321 não falam nenhum desses idiomas. O número de candidatos que falam as línguas inglesa e francesa é

(A) 778   (B) 658   (C) 120   (D) 131

Q40) (EPCAr) De dois conjuntos A e B, sabe-se que:
I) O número de elementos que pertencem a A∪B é 45;
II) 40% desses elementos pertencem a ambos os conjuntos;
III) o conjunto A tem 9 elementos a mais que o conjunto B.

Então, o número de elementos de cada conjunto é

a) $n(A) = 27$ e $n(B) = 18$
b) $n(A) = 30$ e $n(B) = 21$
c) $n(A) = 35$ e $n(B) = 26$
d) $n(A) = 36$ e $n(B) = 27$

Q41) (CM) As sentenças abaixo referem-se ao conjunto B = {{1, 2}, {2}, {3} }
I) {1, 2} ∈ B
II) {2} ⊂ B
III) Ø ⊂ B
IV) {{3} } ⊂ B

Então, pode-se afirmar que:

Capítulo 10 – CONJUNTOS 421

(A) apenas a sentença III é verdadeira.
(B) as sentenças I e II são falsas.
(C) as sentenças I, III e IV são verdadeiras.
(D) todas as sentenças são verdadeiras.
(E) todas as sentenças são falsas.

Respostas dos exercícios

E1) {22, 44, 66, 88}
E2) a) Não se usa "e" na enumeração de conjuntos; b) não são representados elementos repetidos.
E3) {1, 2, 3, 4, 5, 6, 7, 9}
E4) {1, 3, 5}
E5) {∅} é a errada
E6) {12, 14, 18, 20, 24, 30}
E7)
a) { 0, 2, 4, 6, 8, 10, 12, ...}
b) { 40 }
c) { 0, 3, 6, 9, 12, 15, 18, 21, ...}
d) { 51, 52, 53, 54, 55, 56, 57, 58, ...}
e) { domingo, segunda-feira, terça-feira, quarta-feira, quinta-feira, sexta-feira, sábado }
f) { janeiro, fevereiro, março, abril, maio, junho, julho, agosto, setembro, outubro, novembro, dezembro }
g) {0, 1, 2, 3, 54, 5, 6, 7, 8, 9, 10, 11, 12, 13, 14, 15, 16, 17, 18, 19, 20}
h) { 0, 7, 14, 21, 28, 35, 42, 49, 56, ...}
E8) a, b, c, d, e → todos os conjuntos citados são iguais ao conjunto vazio.
E9) a) V b) F c) V d) V e) F f) V g) F h) F i) V j) V k) V l) V
E10) a) {P, A, R, G, U, I} b) {P, E, R, T, I, N} c) { T, E, N, S}
E11) {2}, {2, 1}, {2, 3}, {2, 4}, {2, 1, 3}, {2, 1, 4}, {2, 3, 4}, {1, 2, 3, 4}
E12) a, b, c, d, f
E13)
a) { 0, 2, 4, 6, 8, 10, 12, 14, ...}
b) { 0, 3, 6, 9, 12, 15, 18, 21, ...}
c) { 0, 5, 10, 15, 20, 25, 30, 35, 40, ...}
d) { 0, 15, 30, 45, 60, 75, 90, 105, ...}
e) { 3, 6, 9, 12, 18, 21, 24, 27, 33, 36, 39, 42, 48, ...}
f) { 0, 1, 4, 9, 16, 25, 36, 49, 64, 81, 100, 121, ...}
g) { 2, 7, 12, 17, 22, 27, 32, 37, 42, 47, ...}
h) { 2, 3, 5, 22, 23, 25, 32, 33, 35, 52, 53, 55, 222, 223, 225, ...}
i) { 0, 1, 2, 3, 4, 5, 6, 7, 8, 9, 10, 11, 12, 13, 14, ...} = N
j) { 2, 14, 22, 26, 38, 42, 50, ...}
E14) a) SIM b) NÃO c) SIM d) SIM e) SIM f) NÃO g) SIM h) NÃO i) SIM j) SIM
E15)
a) {1, 2, 4, 5, 6, 7, 8}, {2, 4, 6}, {1, 5, 7}, {8}
b) {0, 1, 2, 3, 4, 5, 6, 7, 8, 9}, {}, {1, 3, 5, 7, 9}, {0, 2, 4, 6, 8}
c) {0, 3, 6, 9, 12, 15, 18}, {0, 9, 18}, {3, 6, 12, 15}, {}
d) A, B, conjunto das consoantes, {}
e) B, A, {}, {1, 2, 6, 7, 8}
E16)
a) {3, 4, 5}
b) {1/5, 1/7}
c) {1, 4, 6, 8, 9}
d) Não existe, pois A não é subconjunto de B

E17)
a) {∅, {0}, {1}, {2}, {0, 1}, {0, 2}, {1, 2}, {0, 1, 2}}
a) {∅, {10}, {20}, {30}, {10, 20}, {10, 30}, {20, 30}, {10, 20, 30}}
c) {∅, {2}, {4}, {2, 4}}
d) {∅, {a}, {b}, {c}, {a, b}, {a, c}, {b, c}, {a, b, c}}
e) {∅, {∅}, {{∅}}, {∅, {∅}} }
f) {∅, {1}, {2}, {3}, {4}, {1, 2}, {1, 3}, {1,4}, {2,3}, {2, 4}, {3, 4}, {1, 2, 3}, {1, 2, 4}, {1, 3, 4}, {2, 3, 4}, {1, 2, 3, 4}}

E18) a) 16   b) 16   c) 32   d) 64   e) 32   f) 16
E19)

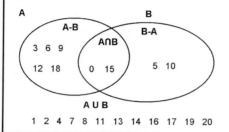

E20) 8
E21)

a) V b) V c) F d) V e) V f) F g) F h) V i) V j) V k) V l) V m) V
E22) {4, 6, 8, 9, 10, 12, 14, 15}
E23) 63
E24) 31
E25) {7, 8, 9, 10}
E26) n(A) = 6, n(B) = 4, n(A∩B) = 3 ➔ n(A∪B) = 6+4-3 = 7. Resp: 2^7 = 128
E27) (C)
E28) V, F, V, F
E29) 10
E30) a=6 e b=7 ou a=7 e b=6
E31) {1}
E32) {∅, 1}
E33) NÃO

Respostas das questões propostas

Q23) Resposta: (A)
Q24) Resposta: (E)
Q25) Resposta: (D)
Q26) Resposta: (D)
Q27) Resposta: (C)
Q28) Resposta: (E)
Q29) Resposta: (C)
Q30) Resposta: (D)
Q31) Resposta: (B)

Capítulo 10 – CONJUNTOS

423

Q32) Resposta: (A)
Q33) Resposta: (E)
Q34) Resposta: (A)
Q35) Resposta: (D) 5%
Q36) Resposta: (C) 128
Q37) Resposta: (D)
Q38) Resposta: (B)
Q39) Resposta: (C) 120
Q40) Resposta: (D)
Q41) Resposta: (C)

Prova simulada

Questão 1) Valor: 0,5
Determine A∪B, A∩B, A-B e B-A para os seguintes conjuntos:
A={0, 3, 6, 9, 12, 15, 18} e B={0, 9, 18}

(A) {0, 3, 6, 9, 12, 15, 18}, {9, 18}, {3, 12, 15}, { }
(B) {0, 3, 6, 9, 12, 15, 18}, {0, 9} , {3, 15}, { }
(C) {0, 3, 6, 9, 12, 15, 18}, {0, 18}, {3, 6, }, { }
(D) {0, 3, 6, 9, 12, 15, 18}, {0, 9, 18}, {3, 6, 12, 15}, { }
(E) {0, 3, 6, 9, 12, 15, 18}, {0, 9, 18}, {3, 6, 12}, {0}

Questão 2) Valor: 0,5
Determine o complementar de A em relação a B
A= {2, 3, 5, 7} e B={1, 2, 3, 4, 5, 6, 7, 8, 9}

(A) {1, 4, 6, 8, 9}
(B) {0, 1, 4, 6, 8, 9}
(C) {1, 4, 6, 8}
(D) {0, 1, 2}
(E) {0, 1, 2, 3, 4, 5, 6, 8}

Questão 3) Valor: 0,5 (CM)
Determine o complementar de A em relação a B
a) A={0, 1, 2} e B={0, 1, 2, 3, 4, 5, 6, 8}

(A) {3, 4, 5, 6, 8, 9, 10}
(B) {3, 4, 5, 6, 8}
(C) {0, 1, 2, 3, 4, 5, 6, 8}
(D) {0, 1, 2}
(E) { }

Questão 4) Valor: 0,5 (CM)
Um conjunto A possui 128 subconjuntos. Quantos elementos têm o conjunto A?

(A) 127   (B) 8   (C) 7   (D) 6   (E) 120

Questão 5) Valor: 0,5 (CM)
Um conjunto A tem 63 conjuntos não vazios possíveis e o conjunto B tem 15 subconjuntos não vazios possíveis. Qual é o número total de subconjuntos de A∪B, sabendo que A∩B tem 3 elementos?

(A) 128   (B) 64   (C) 256   (D) 32   (E) 512

Questão 6) Valor: 0,5 (CM)

Seja D o conjunto formado pela primeira letra dos dias da semana e M o conjunto formado pela primeira letra dos meses do ano. Logo pode-se afirmar que:

(A) $D \cap M = \{d, q\}$
(B) $D \cup M = \{a, d, f, j, m, n\}$
(C) $D - M = \{t, s\}$
(D) $M - D = \{a, f, j, m, n, o\}$
(E) $D \cap M = \{\quad\}$

Questão 7) Valor: 0,5 (CM)

Dados os conjuntos $A = \{2, 4, 6, 8, 10\}$ e $B = \{2, 8\}$, podemos afirmar que

(A) o complementar do conjunto B em relação ao conjunto A é o conjunto vazio.
(B) a diferença $A - B$ é o conjunto $D = \{4, 6, 8\}$.
(C) o complementar do conjunto B em relação ao conjunto A é o conjunto $D = \{2, 6, 10\}$.
(D) o complementar do conjunto B, em relação ao conjunto A, é o conjunto $C = A - B$.
(E) a diferença $B - A$ é um conjunto infinito.

Questão 8) Valor: 0,5 (CM)

No conjunto dos números naturais, seja $M(x)$ o conjunto dos múltiplos de x. Então, podemos afirmar que:

(A) $M(6) \cap M(3) \cap M(4) = M(12)$
(B) $M(4) \cap M(8) = M(4)$
(C) $M(2) \cap M(4) \cap M(8) = M(4)$
(D) $M(3) \cap M(4) \cap M(6) = M(6)$
(E) $M(3) \cap M(6) = M(3)$

Questão 9) Valor: 0,5 (CM)

Numa cidade constatou-se que as famílias que consomem arroz não consomem macarrão. Sabe-se que: 40% consomem arroz; 30% consomem macarrão; 15% consomem feijão e arroz; 20% consomem feijão e macarrão; 60%consomem feijão. A porcentagem correspondente às famílias que não consomem esses três produtos é :

(A) 10%   (B) 3%   (C) 15%   (D) 5%   (E) 12%

Questão 10) Valor: 0,5 (CN)

Considere o conjunto A dos números primos positivos menores do que 20 e o conjunto B dos diversos positivos de 36. O número de subconjuntos do conjunto diferença B-A é:

(A) 32   (B) 64   (C) 128   (D) 256   (E) 512

Questão 11) Valor: 0,5 (CM)

Seja o conjunto $M = \{2, 3, 4, 5, 6, 11, 13, 16, 17, 18, 23\}$. O conjunto G é subconjunto de M formado apenas pelos números pares de M. O conjunto P é subconjunto de M formado apenas pelos números primos de M e o conjunto L também é subconjunto de M, porém, formado apenas pelos divisores de 120 de M. A soma do número de elementos dos conjuntos G, P, L é:

Capítulo 10 – CONJUNTOS

(A) 11   (B) 13   (C) 15   (D) 17   (E) 19

Questão 12) Valor: 0,5 (CM)
Dados os conjuntos A e B, tais que $A \cup B = B$, pode-se concluir que:

(A) o conjunto B é subconjunto de A
(B) $A \cap B = \varnothing$
(C) existem elementos do conjunto A que não pertencem ao conjunto B
(D) $A \subset B$
(E) $A \cap B = B$

Questão 13) Valor: 0,5 (CM)
Sabendo-se que os dez primeiros números naturais são (os) elementos de um conjunto A, os cinco primeiros números naturais pares são (os) elementos de um conjunto B, os cinco primeiros números naturais ímpares são (os) elementos de um conjunto C e os cinco primeiros números primos são (os) elementos de um conjunto D, podemos afirmar que:

(A) $A - B = C$
(B) $A \cap B = \varnothing$
(C) $A \subset C$
(D) $A \subset D$
(E) $B \cap C$ é um conjunto unitário

Questão 14) Valor: 0,5 (CM)
Em uma escola de idiomas, 80 alunos cursam Inglês, 90 estudam Francês e 55 fazem Espanhol. Sabe-se que 32 alunos fazem Inglês e Francês, 23 cursam Inglês e Espanhol e 16 estudam Francês e Espanhol. Além disso, 38 alunos cursam somente outras línguas e 8 alunos cursam os três idiomas citados. A porcentagem de alunos dessa escola que não cursam Inglês, nem Francês, nem Espanhol é

(A) 19%   (B) 21%   (C) 24%   (D) 25%   (E) 27%

Questão 15) Valor: 0,5 (CM)
Observe as afirmativas abaixo.

I- Se $A = \{\varnothing\}$ e $B = \{1\}$ então $A \cup B$ possui 1 (um) elemento.
II- Se $C = \{1,2,3\}$ e $D = \{2,3\}$ então $D \in C$.
III- Se $E = \{1,2,3,4\}$ então $4 \subset E$.
IV- Todo número natural possui um antecessor e um sucessor naturais.
V- Na reta numerada, se o número natural x está à esquerda do número natural y então $x > y$.

Agora, marque a alternativa correta.

(A) Quatro afirmativas estão corretas.
(B) Três afirmativas estão corretas.
(C) Duas afirmativas estão corretas.
(D) Uma afirmativa está correta.
(E) Todas as afirmativas estão incorretas.

Questão 16) Valor: 0,5 (CM)
O aluno João da 4ª série da Escola Plim-Plim, ao realizar desenhos utilizando figuras geométricas, identificou-as e em seguida sombreou um espaço conforme vemos abaixo. O conjunto que corresponde à parte sombreada é:

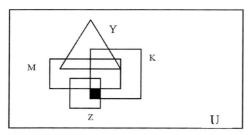

(A) (K∩Z) ∪ M
(B) (Z∩K) - M
(C) (K ∪ Z) - M
(D) (Z ∪ K) - M
(E) (K - Z) ∩ M

Questão 17) Valor: 0,5 (CM)
Numa pesquisa foi constatado que em uma classe 36 alunos estudam o idioma francês, 42 estudam o idioma espanhol, 9 estudam os dois idiomas e 15 não estudam nenhum dos dois idiomas. Pergunta-se: quantos alunos há na classe?

(A) 36   (B) 69   (C) 84   (D) 9   (E) 15

Questão 18) Valor: 0,5 (CM)
Seja o conjunto A = { {1}, 2, {1, 2} }. Pode-se afirmar que:

(A) 1 ∈ A   (B) {1} ∈ A   (C) {1} ⊂ A   (D) {1, 2} ∉ A   (E) 2 ⊂ A

Questão 19) Valor: 0,5 (OBM)
Numa sala do 6º ano, todos gostam de pelo menos uma das duas matérias: Matemática ou Português. Sabe-se que 3/4 dos alunos gostam de Matemática e 5/7 dos alunos gostam de Português. A sala tem 56 alunos. Quantos alunos gostam dessas duas matérias ao mesmo tempo?

(A) 4   (B) 8   (C) 13   (D) 24   (E) 26

Questão 20) Valor: 0,5 (CN)
Sejam os conjuntos A = {1, 3, 4}, B = {1, 2, 3} e X. Sabe-se que qualquer subconjunto de A∩B está contido em X, que por sua vez é subconjunto de A união B. Quantos são os possíveis conjuntos X?

(A) 3   (B) 4   (C) 5   (D) 6   (E) 7

Capítulo 10 – CONJUNTOS

Solução da prova simulada

Gabarito

1	D		6	D		11	D		16	B
2	A		7	D		12	D		17	C
3	B		8	A		13	A		18	B
4	C		9	D		14	A		19	E
5	A		10	C		15	E		20	B

Soluções

Questão 1)
$\{0, 3, 6, 9, 12, 15, 18\}, \{0, 9, 18\}, \{3, 6, 12, 15\}, \{\}$
Resposta: (D)

Questão 2)
$\{1, 4, 6, 8, 9\}$
Resposta: (A)

Questão 3)
$\{3, 4, 5, 6, 8\}$
Resposta: (B)

Questão 4)
$128 = 2^n$ ➜ $n=7$
Resposta: (C)

Questão 5)
$n(A) = 6$, $n(B) = 4$, $n(A \cap B) = 3$
$n(A \cup B) = 6+4-3 = 7$
$2^7 = 128$
Resposta: (A)

Questão 6)
$D = \{D, S, T, Q\}$, $M = \{J, F, M, A, S, O, N, D\}$
A=F, B=F, C=F, D=V, E=F
Resposta: (D)

Questão 7)
F, F, F, V, F
Resposta: (D)

Questão 8)
$M(2) = \{0, 2, 4, 6, 8, 10, 12, 14, 16, 18, 20, 22, 24, ...\}$
$M(3) = \{0, 3, 6, 9, 12, 15, 18, 21, 24, 27, 30, 33, 36, ...\}$
$M(4) = \{0, 4, 8, 12, 16, 20, 24, 28, 32, 36, 40, ...\}$
$M(6) = \{0, 6, 12, 18, 24, 30, 36, 42, ...\}$
$M(8) = \{0, 8, 16, 24, 32, ...\}$
$M(12) = \{0, 12, 24, 36, ...\}$
A) Múltiplos de 6, 3 e 4 ao mesmo tempo são os múltiplos de 12: correto
B) Múltiplos de 4 e 8 ao mesmo tempo são os múltiplos de 4: errado, são os múltiplos de 8!
C) Múltiplos de 2, 4 e 8 ao mesmo tempo são os múltiplos de 4: errado, são os múltiplos de 8!

D) Múltiplos de 3, 4 e 6 são os múltiplos de 6: errado, são os múltiplos de 12!
E) Múltiplos de 3 e 6 ao mesmo tempo são os múltiplos de 3: errado, são os múltiplos de 6!
Resposta: (A)

Questão 9)

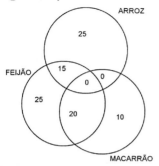

União: 25+15+25+20+10 = 95%
Não consomem: 5%
Resposta: (D)

Questão 10)
A = {2, 3, 5, 7, 11, 13, 17, 19}
B = {1, 2, 3, 4, 6, 9, 12, 18, 36}
B-A = {1, 4, 6, 9, 12, 18, 36}
$2^7 = 128$
Resposta: (C)

Questão 11)
G = { 2, 4, 6, 16, 18},   P = { 2, 3, 5, 11, 13, 17, 23},   L = { 2, 3, 4, 5, 6}
Resposta: (D) 17

Questão 12)
A é subconjunto de B
Resposta: (D)

Questão 13)
A = {0, 1, 2, 3, 4, 5, 6, 7, 8, 9}
B = {0, 2, 4, 6, 8}
C = {1, 3, 5, 7, 9}
D = {2, 3, 5, 7, 11}
Resposta: (A)

Questão 14)
Começando pela interseção dos três, depois calculando as interseções dois a dois, e finalmente calculando quem faz só um idioma, ficamos com o diagrama abaixo:

Capítulo 10 – CONJUNTOS

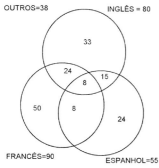

O número total dos que cursam um, dois ou três dos idiomas citados é 162.
Os que não cursam nenhum dos três idiomas são 38, então o total é 38+162=200
A porcentagem pedida pelo problema é 38/200 = 19%.
Resposta: (A)

Questão 15)
I- Falsa; II- Falsa; III- Falsa; IV-Falsa, o 0 não tem antecessor natural; V-Falsa
Resposta: (E)

Questão 16)
$(Z \cap K) - M$
Resposta: (B)

Questão 17)
Através de diagrama de Venn determinamos facilmente:
Os dois idiomas: 9
Só francês: 27
Só espanhol: 33
Total de alunos: 15+27+9+33 = 84
Resposta: (C)

Questão 18)
Somente a B é correta.
Resposta: (B)

Questão 19)
O problema diz que todos gostam de pelo menos uma matéria. O número total de alunos é dado, assim como os que gostam de matemática e de português:

Matemática: 56 x 3/4 = 42
Português: 56 x 5/7 = 40

O diagrama de Venn pode ser usado, e fica assim:

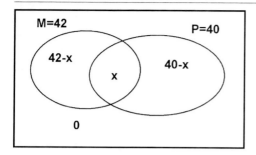

O número de alunos que gostam de ambas as matérias é chamado X no diagrama. Como a soma tem que ser 56, temos:

42-x + x + 40-x = 56
82 – x = 56
x = 26
Resposta: (E)

Questão 20) Valor: 0,5
A∩B = {1, 3}
A∪B = {1, 2, 3, 4}
O conjunto X contém {1,3} e está contido em {1, 2, 3, 4}. Temos então 4 possibilidades:
X={1, 3}
X={1, 3, 2}
X={1, 3, 4}
X={1, 2, 3, 4}
Resposta: (B) 4 possibilidades.

Capítulo 11

Sistemas de medidas

Esta é uma matéria onde a matemática trabalha para a ciência. No ensino fundamental, a matéria "ciências" é dividida em três partes: Biologia (estudo dos animais e plantas), Química (estudo das substâncias) e Física (estudo dos fenômenos da natureza).

Na matemática lidamos apenas com números. Na física, lidamos com quantidades de vários elementos físicos que precisam ser medidos. Alguns desses elementos são:

Corrente elétrica
Distância
Velocidade
Pressão
Força
Massa
Área
Volume
...

No ensino fundamenta, e também neste livro, aprenderemos a usar a matemática para medir algumas grandezas físicas. Além das grandezas físicas, mostraremos também medidas relacionadas ao sistema monetário, pois a matemática envolvida é a mesma usada pela física.

Neste capítulo mostraremos as medidas de:
- Massa
- Tempo
- Moeda

No capitulo 12 abordaremos mais medidas, envolvendo
- Comprimento
- Velocidade
- Área
- Volume
- Capacidade

Para saber lidar com todas essas unidades, é preciso ter bom domínio dos números decimais, assunto que você já estudou no capítulo 7.

Medidas de massa

A massa é o que chamamos na vida cotidiana de "peso". Massa é a quantidade de matéria em um objeto. O peso é a força que esta massa sofre sob ação da gravidade. Se transportarmos 1 quilo de feijão para o espaço, ele ficará em órbita, flutuando. Não terá mais peso, pois está em um ambiente sem gravidade. Entretanto sua massa continua valendo 1 quilo. Como estamos sempre lidando com objetos na superfície da terra, os conceitos de massa e peso acabam sendo confundidos e tratados da mesma forma. Na física, é preciso saber a diferença entre essas duas grandezas. Neste livro, quando estivermos nos referindo ao peso de um objeto, estaremos na verdade falando da sua massa.

A unidade padrão de massa

A unidade padrão usada para medida de massa é o *quilograma*. Popularmente é chamado apenas de quilo. É abreviado como kg. Você encontrará entretanto, vários lugares e situações em que o quilograma é usado de forma incorreta.

Exemplos:
- Eu peso 62 quilos: errado, pois o correto é quilogramas. Aceitável na linguagem popular.

- Eu peso 62 kilos: mais errado ainda, a palavra "kilo" não existe. O que existe é o prefixo "quilo", que é abreviado como "k", e é usado para indicar 1000 vezes: quilograma, quilômetro, quilovolt, etc.

- Eu peso 62 k: errado, pois a abreviatura de quilograma é kg, e não k.

OBS: 1 quilograma é a massa que tem 1 litro de água, à temperatura de 4 graus.

Para lidar com unidades de medida, é preciso com muita freqüência, usar números decimais:

Exemplos:
Meio quilograma = 0,5 kg
Dois quilogramas e meio = 2,5 kg
Um décimo de quilograma = 0,1 kg

Todas as unidades de medida têm múltiplos e submúltiplos. Por exemplo:
1 tonelada = 1000 kg
1/1000 do quilograma = 1 grama = 1 g

O chamado *sistema decimal de medidas* opera com unidades que são as unidades básicas multiplicadas ou divididas por potências de 10. É diferente de sistemas não decimais, como o usado na medição de tempo. Uma hora não é igual a 100 minutos, e sim, 60 minutos. Um dia não é igual a 10 nem 100 horas, são 24 horas. Este é um típico exemplo de *sistema de medidas não decimal*.

As unidades para medida de massa são decimais. São elas:

1 grama = 1 g = 0,001 kg
1 decagrama = 1 dag = 0,01 kg = 10 g
1 hectograma = 1 hg = 0,1 kg = 100 g

OBS: O correto é "o grama", e não "a grama".

Capítulo 11 – SISTEMAS DE MEDIDAS   433

1 quilograma	1 hectograma (1 hg)	1 decagrama (1 dag)	1 grama (1 g)
= 1 kg	= 0,1 kg	= 0,01 kg	= 0,001 kg
= 1000 g	= 100 g	= 10 g	= 1 g

1 quilograma é abreviado 1 kg, e vale o mesmo que 1000 gramas
1 hectograma é abreviado 1 hg, e vale o mesmo que 100 gramas, ou 0,1 kg
1 decagrama é abreviado 1 dag, e vale o mesmo que 10 gramas, ou 0,01 kg
1 grama é abreviado 1 g, e vale o mesmo que 0,001 kg

Em conseqüência, temos
1 kg = 10 hg = 100 dag = 1000 g
1 hg = 10 dag = 100 g
1 dag = 10 g

Exemplo:
Expressar 1,6 kg em gramas, depois em decagramas, depois em hectogramas

1,6 kg = 1,6 . 1000 g = 1600 g
1,6 kg = 1,6 . 100 dag = 160 dag
1,6 kg = 1,6 . 10 hg = 16 hg

Normalmente usamos o quilograma ou o grama para medir massa, mas em questões de provas essas unidades podem aparecer misturadas. É preciso converter todas as medidas para a mesma unidade.

Exemplo:
(CM) Um dia antes do seu aniversário, LARISSA ganhou uma barra de chocolate cuja massa era: 600 g mais 1/4 de barra do mesmo chocolate. No dia seguinte, resolveu pedir ao seu pai dez barras do mesmo chocolate. A massa, em kg, das 10 barras de chocolate era:

(A) 6,5   (B) 7   (C) 8   (D) 8,5   (E) 9

Solução:
Primeiro temos que descobrir a massa da barra de chocolate. Esta parte é um belo problema sobre frações: a massa da barra vale 600 g mais 1/4 da barra do mesmo chocolate. Então os 600 gramas correspondem a 3/4 da barra. A barra tem então massa de 600 g/(3/4) = 800 g. De fato, 800 gramas é o mesmo que 600 gramas mais 1/4 de 800 gramas.

Agora sabemos que a barra tem massa de 800 gramas, que é o mesmo que 0,8 kg. O problema pede, em kg, a massa de 10 barras, que é 0,8 kg x 10 = 8 kg

Resposta (C) 8 kg

Exemplo:
(CM) Maria foi ao supermercado comprar café, encontrando apenas sacos de 250 g, cujo preço era de R$ 1,20 cada um. Maria resolveu comprar um quilo e meio de café e o valor pago foi:

(A) R$ 8,20   (B) R$ 7,20   (C) R$ 6,40   (D) R$ 6,00   (E) R$ 5,40

Solução:
Cada pacote tem 250 g, que é o mesmo que 0,25 kg. Queremos comprar 1 quilograma e meio de café (1,5 kg). O número de sacos necessários é obtido pela divisão da massa total pela massa de um saco:

$$\frac{1,5}{0,25} = 6$$

Será preciso comprar então 6 sacos de 250 gramas de café. Como cada um custa R$ 1,20, o preço total será R$ 1,20 x 6 = R$ 7,20

Resposta: (B) R$ 7,20

Os submúltiplos do grama

O grama é uma unidade de massa bem pequena. É a massa de um cubo de água com lado igual a 1 cm, na temperatura de 4 graus. Um peso de balança de precisão com 1 cm é bem pequeno, mas eventualmente é preciso trabalhar com medidas menores que 1 grama. Na figura abaixo, se o maior dos pesos é o de 1 grama, os seguintes são os dos submúltiplos do grama.

É difícil representar essas unidades em desenhos, por serem tão pequenas. As unidades são:

Miligrama (mg) = 0,001 g
Centigrama (cg) = 0,01 g
Decigrama (dg) = 0,1 g

A tonelada

Para medir massas muito grandes, é conveniente usar medidas maiores. Para isto foi criada a tonelada (t), que vale 1000 quilogramas.

Reunindo todas as medidas de massa

As várias unidades de massa foram cridas para medir massas grandes e pequenas. As de uso mais comum são o grama, o quilograma e a tonelada. A tabela abaixo resume todas essas unidades.

Capítulo 11 – SISTEMAS DE MEDIDAS

	Símbolo	Em gramas	Em quilogramas
Miligrama	mg	0,001 g	
Centigrama	cg	0,01 g	
Decigrama	dg	0,1 g	
Grama	g	1 g	0,001 kg
Decagrama	dag	10 g	0,01 kg
Hectograma	hg	100 g	0,1 kg
Quilograma	kg	1.000 g	1 kg
Tonelada	t		1.000 kg

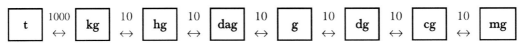

O roteiro acima facilita a conversão entre as unidades de massa. Para passar de uma unidade para a unidade da direita, basta multiplicar pelo fator indicado. Por exemplo, para passar de grama para decigrama, basta multiplicar por 10. Para passar de uma unidade para a unidade à esquerda, basta dividir pelo fator indicado.

Exercícios

E1) Exprimir as seguintes medidas em gramas
 a) 1,2 kg
 b) 2 t
 c) 0,5 kg
 d) 2 hg
 e) 3,5 dag
 f) 0,15 kg
 g) 7,5 hg
 h) 20 dag
 i) 20 cg
 j) 100 mg

E2) Exprimir as seguintes medidas em quilogramas
 a) 100 g
 b) 35 dag
 c) 2000 cg
 d) 0,26 t
 e) 50 mg
 f) 270 dg
 g) 105 hg
 h) 3,8 dg
 i) 1,7 t
 j) 4,2 hg

E3) Compra-se 5 kg de um certo produto por R$ 500,00. Por quanto deve ser vendido cada hg do produto para ser obtido um lucro de 50% por cada hg?

E4) O trigo, transformado em farinha, perde 1/4 do seu peso. Com 10 kg de farinha, obtém-se massa suficiente para fazer 125 hg de pão. Quantos kg de pão de pão posso obter com 200 kg de trigo?

Medidas de tempo

As medidas de tempo não usam o sistema decimal. Devido a motivos históricos, o dia foi dividido em 24 horas. Cada hora foi dividida em 60 minutos, e cada minuto foi dividido em segundos. A unidade básica de tempo é o segundo. Seus múltiplos não são baseados em potências de 10, como ocorre com o grama, o metro e outras unidades.

Unidade padrão de tempo: segundo (símbolo s)
Múltiplos do segundo:
1 minuto (min) = 60 segundos
1 hora (h) = 60 minutos = 3.600 segundos
1 dia = 24 horas = 1.440 minutos = 86.400 segundos

436 MATEMÁTICA PARA VENCER

Muitas vezes um período de tempo pode ser definido em horas, minutos e segundos.

Exemplos:
Duas horas e meia
Três horas e vinte minutos
Duas horas, quinze minutos e dez segundos

A notação para medidas de tempo nesse formato é **xx h yy min zz s**. Também é comum chamar isso de formato HH:MM:SS

Exemplo:
2 h 35 min 27 s
2:35:27

Existem ainda a semana, o mês e o ano, que são unidades de tempo derivadas do dia. Entretanto, essas unidades não são usadas em cálculos científicos, devido à variabilidade do mês (28, 29, 30 ou 31 dias) e do ano (365 ou 366 dias). Para períodos de tempo maior é comum usar o dia, mesmo que o período seja equivalente a vários meses.

Existem unidades múltiplas do ano, que são:
Década = 10 anos
Século = 100 anos
Milênio = 1000 anos

O segundo tem submúltiplos, baseados em potências de 10.

1 décimo de segundo = 0,1 s
1 centésimo de segundo = 0,01 s
1 milésimo de segundo milisegundo (ms) = 0,001 s

As unidades de tempo são resumidas na tabela abaixo:

	Símbolo	Em segundos
Milésimo de segundo	ms	0,001 s
Centésimo de segundo	-	0,01 s
Décimo de segundo	-	0,1 s
Segundo	s	1 s
Minuto	min	60 s
Hora	h	3600 s = 60 min
Dia	d	86.400 s = 24 h
Semana	-	
Mês	-	
Ano	-	
Década	-	
Século	-	
Milênio	-	

As conversões mais comuns em provas são as que lidam com horas, minutos e segundos. Eventualmente surgem questões que lidam com submúltiplos do segundo.

Somando medidas de tempo

Frequentemente medidas de tempo são apresentadas em horas, minutos e segundos. É preciso fazer conversões entre essas medidas, e também somá-las e subtraí-las.

Capítulo 11 – SISTEMAS DE MEDIDAS

Convertendo para segundos:
Para converter uma medida de tempo da forma HH:MM:SS para segundos, basta multiplicar o número de horas por 3600, multiplicar o número de minutos por 60 e somar os valores obtidos com o número de segundos.

Exemplo:
Converter 2 h 23 min 47 s para segundos.
2x3600 = 7200
23x60 = 1380

Somamos agora 7200 + 1380 + 47, que resulta em 8627 segundos.

Convertendo para o formato HH:MM:SS
Para converter uma medida de tempo dada em segundos, para o formato HH:MM:SS, basta fazer o seguinte:

1) Divida o valor por 60. O resto será o número de segundos. O quociente vai para a etapa 2
2) Divida o quociente por 60. O resto é o número de minutos. O quociente é o número de horas.

Exemplo:
Converter 4278 segundos para o formato HH:MM:SS
4278:60 = 71, resto 18
71:60 = 1, resto 11

Resposta: 1:11:18

Somando tempos no formato HH:MM:SS
Armamos a soma das duas medidas, colocando hora sobre hora, minuto sobre minuto e segundo sobre segundo. Somamos os segundos. Se o valor ultrapassar de 60, subtraímos 60 e adicionamos um "vai 1" para os minutos. Somamos os minutos, e se o valor ultrapassar 60, subtraímos 60 e aplicamos um "vai 1" para as horas. Se nos minutos ou nos segundos o valor ultrapassar 120, subtraímos 120 e aplicamos um "vai 2", e assim por diante.

Exemplo:
(CM) Numa prova de rali, dividida em três trechos, o piloto vencedor percorreu o 1º trecho em 2h 38m 46s, o 2º em 2h 32m 58s e o 3º em 2h 30m 52s. O tempo total gasto pelo vencedor da prova foi de:

(A) 7h 40m 36s
(B) 7h 41m 36s
(C) 7h 42m 36s
(D) 7h 43m 36s
(E) 7h 44m 36s

Solução:
A adição das três medidas de tempo é mostra abaixo, em 3 etapas:

		2						1	2	
02	38	46	02	38	46	02	38	46
02	32	58	02	32	58	02	32	58
02	30	52	02	30	52	02	30	52
		156		102	36	7	42	36

438   MATEMÁTICA PARA VENCER

O número total de segundos foi 156, isso ultrapassa 2 minutos (120 s), então ficamos com 36 segundos e aplicamos um "vai 2" para os minutos. Os minutos somaram 102, que é mais que um minuto mas é menos que 2 minutos. Subtraímos 60 e aplicamos um "vai 1" para as horas. O resultado final é 7h 42 min 36 s.

Resposta: (C)

Dividindo tempo no formato HH:MM:SS por um número inteiro

Digamos que o problema seja converter 9 minutos por 5. Dividimos normalmente a parte inteira e obtemos o quociente, que será o número de minutos. O resto deve ser multiplicado por 60, passando a representar o número de segundos.

9 min / 5 = 1 minuto, resto 4 minutos
4 minutos = 4x60 segundos = 240 segundos
240 segundos / 5 = 48 segundos.
Resultado: 1 min 48 s

Exercícios

E5) Converter em segundos:
  a) 10 horas
  b) 56 minutos
  c) 3 horas e meia
  d) 2 h 30 min 20 s
  e) 5:15:20

  f) 10 minutos
  g) 21:12:00
  h) meia hora
  i) 10:50:20
  j) 1 dia

E6) Operar as seguintes medidas de tempo:
a) 3:20:40 + 10 h 45 min 50 s
b) 1:30:00 + 3:20 + 4:50:40
c) 3 x (1:40:50)
d) 2:35:10 – 1:40:40
e) 3:40:30 + 2:15:30 + 12:40:20

Medidas de capacidade

A medida de capacidade mais conhecida popularmente é o litro. Este tipo de medida é muito usado para medir quantidades de líquidos, mas também podem medir quantidades de sólidos e gases. Uma lata com capacidade para 10 litros de água, também pode armazenar 10 litros de óleo, 10 litros areia, 10 litros de ferro derretido, 10 litros de ar, ou seja, até quando a lata está vazia, sua capacidade continua sendo 10 litros (é claro que se forem armazenados 10 litros de ferro derretido, a lata irá derreter).

A grandeza física capacidade também é chamada de *volume*. O valor do volume (ou a capacidade do recipiente) depende apenas das suas medidas e do seu formato. No capítulo 12 veremos como calcular o volume de vários sólidos geométricos, para saber sua capacidade. Neste capítulo apresentaremos apenas o litro, seus múltiplos e submúltiplos.

O litro é o volume ocupado por um cubo com 10 centímetros de lado. Quando está cheio de água destilada, à temperatura de 4 graus centígrados, o peso deste litro de água é exatamente igual a 1 kg. Ou seja, 1 kg é aproximadamente igual ao peso de 1 litro d'água.

O símbolo do litro é a letra l minúscula ou maiúscula. Usaremos neste livro "L" pois o l minúsculo é muito parecido com o número 1.

Capítulo 11 – SISTEMAS DE MEDIDAS

As unidades múltiplas do litro são:

Decalitro (dal) = 10 litros
Hectolitro (hl) = 100 litros
Quilolitro (kl) = 1000 litros

Existem ainda os submúltiplos do litro:

Mililitro (ml) = 0,001 L
Centilitro (cl) = 0,01 L
Decilitro (dl) = 0,1 L

O quilolitro também é chamado de *metro cúbico* (m³), pois seu volume é o mesmo de um cubo com 1 metro de lado. O mililitro também é chamado de *centímetro cúbico* (cm³ ou cc), pois seu volume é igual ao de um cubo com 1 centímetro de lado.

O roteiro acima facilita a conversão entre as unidades de capacidade. Para passar de uma unidade para a unidade da direita, basta multiplicar pelo fator indicado. Para passar de uma unidade para a unidade à esquerda, basta dividir pelo fator indicado.

Exemplo:
Uma torneira pode encher um tanque de 400 litros em 4 horas. Uma segunda torneira, independente, pode encher o mesmo tanque em 8 horas. Se forem abertas as duas torneiras, e se a vazão de cada uma não se altera quando a outra é aberta, em quanto tempo o tanque será cheio?

Solução:
Este é o clássico "problema das torneiras", relativamente comum em provas. Sua solução é simples, e o mais interessante é que o tempo total independe da capacidade do tanque. Vamos resolvê-lo inicialmente usando o fato do tanque ter 400 litros, depois repetiremos a resolução sem usar esta capacidade.

Se a primeira torneira enche o tanque de 400 litros em 4 horas, então ele fornece 100 litros a cada hora (400/4).

Se a segunda torneira enche o tanque de 400 litros em 8 horas, então ela fornece 50 litros por hora (400/8).

As duas torneiras juntas fornecerão 100 L + 50 L = 150 L

Se o tanque tem 400 litros e as torneiras juntas fornecem 150 litros por hora, então o tempo necessário para encher o tanque será 400 / 150 = 8/3 horas = 2 horas e 40 minutos.

Vejamos agora a solução que não necessita que saibamos a capacidade do tanque.

Se a primeira torneira enche o tanque em 4 horas, então em 1 hora fornece 1/4 da capacidade do tanque.

MATEMÁTICA PARA VENCER

Se a segunda torneira enche o tanque em 8 horas, então em 1 hora fornece 1/8 da capacidade do tanque.

As duas juntas fornecerão 1/4 + 1/8 = 3/8 da capacidade do tanque.

Para encher o tanque inteiro, demorarão 1 ÷ 3/8 = 8/3 de hora = 2 horas e 40 minutos.

Se você tiver dificuldades com este tipo de problema, então pode estipular uma capacidade fictícia e fazer as contas como mostramos na primeira solução acima. Escolha uma capacidade que possa ser dividida pelo número de horas de cada torneira, pois assim você evitará as frações.

Exemplo:
Uma torneira enche um tanque em duas horas. Entretanto, o tanque tem um furo que é capaz de esvaziá-lo em 6 horas. Ainda assim, o tanque ficará cheio, pois a torneira o enche mais rápido que o furo esvazia. Quantas horas o tanque precisará para ficar cheio?

Solução.
Em uma hora, a torneira enche 1/2 do tanque, já que é capaz de encher o tanque em 2 horas. O furo pode esvaziar o tanque em 6 horas, então em uma hora, esvazia 1/6 do tanque. Com a torneira enchendo e o furo esvaziando, o tanque acabará enchendo 1/2 – 1/6 de sua capacidade, ou seja, 1/2 – 1/6 = 2/6 = 1/3.

Portanto em uma hora, a combinação de torneira + furo farão com que o tanque seja cheio até 1/3 da sua capacidade. O tempo necessário para encher o tanque será 1 dividido por 1/3, ou seja, 3 horas.

Exercícios

E7) Converter as seguintes medidas para litros.
- a) 100 ml
- b) 2,5 dal
- c) 3 hl
- d) 2 m^3
- e) 1500 ml
- f) 300 dl
- g) 24 hl
- h) 5 kl
- i) 200 cc
- j) 0,35 m^3

E8) Converter as seguintes medidas para metros cúbicos
- a) 75 L
- b) 100 L
- c) 1500 L
- d) 500 L
- e) 10.000 L

Sistema monetário

O sistema monetário é relativamente simples em comparação com medidas da física. São usadas duas medidas para dinheiro:

1) A moeda oficial, que vale 1. Atualmente no Brasil esta moeda é o real.
2) O centavo, que vale 1/100 do valor da moeda oficial.

Escrevemos 1 real como R$ 1,00
Escrevemos 1 centavo como R$ 0,01

Capítulo 11 – SISTEMAS DE MEDIDAS 441

Exemplos:
R$ 1,50 = um real e cinquenta centavos
R$ 3,05 = três reais e cinco centavos

OBS: Sempre escrevemos a parte fracionária com duas casas decimais.

O real não tem múltiplos, e seu único submúltiplo é o centavo. O centavo não tem múltiplos nem submúltiplos, apesar de aparecerem frações de centavos em postos de gasolina e na bolsa de valores.

Exercícios

E9) Calcular os seguintes valores
a) R$ 10,25 + R$ 11,80
b) (R$ 1,35) x 5 + R$ 10,50
c) 2x(R$ 1,80) + 3x(R$ 1,60) + 4x(R$ 3,20)
d) R$ 10,00 – R$ 1,80 – R$ 3,80
e) R$ 1000,00 – 15% de R$ 100,00 – 3 x R$ 250,00
f) R$ 11,20 + R$ 3,20 + R$ 21,80 + R$ 30,15
g) 30 moedas de R$ 0,25 + 25 moedas de R$ 0,10 + 40 moedas de R$ 0,05
h) R$ 30,00 + R$ 11,50 – R$ 20,45
i) 100 x R$ 1,50 + 20 x R$ 2,20 + 30 x R$ 2,50
j) 50 x R$ 3,80 – 20 x R$ 4,80

Exercícios

E10) Converter as seguintes medidas para dg e dag
a) 1,2 kg
b) 100 g
c) 2 hg
d) 200 dg
e) 3000 mg
f) 200 cg

E11) Converter as seguintes medidas para cg e hg
a) 1 cg
b) 1 hg
c) 200 g
d) 0,4 kg
e) 5000 mg
f) 300 g

E12) Converter as seguintes medidas para kg
a) 2000 g
b) 300 g
c) 0,26 t
d) 250 dag
e) 2500 cg
f) 6000 dg

E13) Converter para segundos
a) 25 min
b) 1 h 20 min

442   MATEMÁTICA PARA VENCER

c) 2 dias
d) 3 horas

E14) Converter para o formato HH:MM:SS
a) 300 min
b) 10000 s
c) 550 min
d) 330 s

E15) Efetue as seguintes operações de tempo
a) 3:20:40 + 1:50:50
b) 2:10:30 + 3:44:56 + 1:50:50
c) 2:30:00 − 1:53:20
d) 1:00:00 − 0:32:20

E16) Converter as seguintes medidas de capacidade para mililitros
a) 2,5 L
b) 250 dl
c) 26 cl
d) 1,2 dal
e) 2 hl
f) 3 kl

E17) Converter as seguintes medidas para litros
a) 3,6 hl
b) 2 m³
c) 3,5 dal
d) 180 cl
e) 220 dl
f) 1350 ml

E18) Calcule quanto valem os seguintes conjuntos de moedas:
a) 20 x R$ 0,50 + 20 x R$ 0,25 + 20 x R$ 0,10
b) 20 x R$ 0,10 + 30 x R$ 0,05 + 20 x R$ 0,01

E19) Calcule os seguintes valores:
a) R$ 11,80 + R$ 12,30
b) R$ 100,00 − R$ 53,20
c) R$ 50,00 − 3 x R$ 11,30
d) R$ 20,00 − R$ 7,60 − 3 x R$ 3,20
e) R$ 5,60 + 2 x R$ 2,20 + 3 x R$ 0,50 + 4 x R$ 1,80

E20) João bebeu 2/3 dos 330 ml de um copo de suco. Quanto suco ainda resta no copo?

E21) Um barril tem capacidade de 280 litros e está 75% cheio com água. Quantos litros de água ainda podem ser adicionados ao barril?

E22) Durante um período de falta de água, por um problema na empresa fornecedora, uma caixa d'água com capacidade de 1000 litros estava cheia até a metade. Em um dia foi gasta a metade dessa água, mas à noite o fornecimento foi normalizado durante algum tempo, mas logo a água faltou novamente. O tempo foi suficiente para a caixa encher com mais 600 litros. Quantos litros faltam para a caixa ficar totalmente cheia?

Capítulo 11 – SISTEMAS DE MEDIDAS 443

E23) Um copo tem capacidade para 400 ml. Quantos copos são necessários para encher um balde de 6 litros?

E24) Uma colher de açúcar comporta aproximadamente 5 g. Para adoçar uma xícara de café são necessárias duas colheres. Quantas xícaras de café podem ser adoçadas com o açúcar que está em um açucareiro com capacidade para meio quilo de açúcar, porém está com apenas 90% da sua capacidade?

E25) Um caixa que pesa 1,2 kg vazia está transportando relógios. O peso da cada relógio é 180 g, o peso da caixa de cada relógio é 70 g. Quanto pesa a caixa maior, cheia com duas dúzias de relógios nas respectivas caixinhas?

E26) Um litro de um determinado líquido pesa 0,9 kg. Quanto pesa um barril com 200 litros, sabendo que o barril vazio pesa 25 kg?

E27) Um barril com 50 litros de um líquido pesa 70 kg. Com 20 litros pesa 34 kg. Quanto pesará o barril cheio com este líquido até sua capacidade máxima, que é de 200 litros?

E28) Em um restaurante é cobrado R$ 32,00 por um quilo de comida. Dois amigos consumiram, respectivamente, 500 g e 600 g. Cada um bebeu um refrigerante, ao custo de R$ 2,00 cada. O garçom recebeu ainda, 10% de gorjeta. Qual foi o valor total da conta?

E29) Uma piscina está vazia e tem capacidade para 72 m^3 de água. A água fornecida pela empresa de abastecimento enche a piscina com uma vazão de 0,2 L por segundo. Quantas horas serão necessárias para encher a piscina?

E30) Uma torneira pode encher um tanque em 4 horas. Uma segunda torneira, independente, pode encher o mesmo tanque em 6 horas. Se forem abertas as duas torneiras, e se a vazão de cada uma não se altera quando a outra é aberta, em quanto tempo o tanque será cheio?

Questões resolvidas

Q1) (CM) Obtém-se o latão fundindo-se 6 partes de cobre com 4 partes de zinco. Para produzir 150 kg de latão, a diferença entre as quantidades necessárias de cobre e zinco, em kg, será igual a:

(A) 60   (B) 50   (C) 45   (D) 40   (E) 30

Solução:
O problema dá que a cada 10 partes, 6 devem ser de cobre e 4 devem ser de zinco, ou seja, o cobre ocupa 60% do peso e o zinco ocupa 40%. Em 150 kg, o cobre ocupa 60% de 150 kg = 90 kg, e o zinco ocupa o resto, 60 kg. A diferença entre os dois é de 30 kg.

Resposta: (E)

Q2) (CM) Um recipiente cheio de leite tem 1,2 kg. Com 3/5 de leite tem 84 dag. Com 1/3 de leite tem:

(A) 60 dag   (B) 80 dag   (C) 0,3 kg   (D) 0,4 kg   (E) 0,9 kg

É preciso antes de mais nada, descobrir qual é o peso do recipiente vazio:
1) Peso do recipiente cheio = Peso do recipiente + peso do leite (total) = 1,2 kg
2) Peso do recipiente com 3/5 de leite = Peso do recipiente + peso de 3/5 de leite = 0,84 kg

A diferença entre os dois pesos acima é exatamente 2/5 do leite:

Peso de 2/5 do leite = 1,2 kg – 0,84 kg = 0,36 kg

Então o peso da quantidade total de leite que o recipiente armazena é:
0,36 kg ÷ 2/5 = 0,9 kg

O peso do recipiente vazio é:
1,2 kg – 0,9 kg = 0,3 kg.

O problema pede o peso do recipiente com 1/3 de leite:
0,3 kg (recipiente) + 0,9 kg x 1/3 = 0,6 kg = 60 dag

Resposta: (A)

Q3) (CM) Joana comprou sete pacotes de macarrão de 650 g cada. Se já consumiu 2,3 Kg desse total, a quantidade de kg restante é

(A) 2 1/6 kg   (B) 2 1/3 kg   (C) 2 1/5 kg   (D) 2 1/4 kg   (E) 2 1/10 kg

Solução:
7x0,65 = 4,55 kg
Restam 4,55 kg – 2,3 kg = 2,25 kg = 2 1/4 kg

Resposta: (D)

Q4) (CM) Tia Carla sugere a seguinte receita para o preparo de um café especial:

Ingredientes:
. *50 g de chocolate amargo;*
. *150 g de creme de leite fresco;*
. *30 g de pó de café solúvel;*
. *4 g de canela em pó;*
. *22 g de açúcar;*
. *600 ml de água quente, numa temperatura entre 60 e 80 graus.*

Modo de fazer:
Aqueça o creme de leite, sem deixar ferver; junte o chocolate e misture, até dissolver por completo. Retire do fogo, adicione o pó de café, a canela, o açúcar e a água quente. Misture vigorosamente, até ficar espumante e homogêneo. Sirva imediatamente.

Com base nas informações acima e considerando que 1 litro de água, nas condições indicadas, tenha massa de 1 quilograma, podemos afirmar que 25% da massa do café especial de Tia Carla corresponde a:

(A) 64 g   (B) 214 g   (C) 256 g   (D) 600 g   (E) 856 g

Solução:
Massa total, para 600 ml de água:
50+150+30+4+22+600 = 856 g
25% de 856 g = 214 g

Resposta: (B)

Capítulo 11 – SISTEMAS DE MEDIDAS   445

Q5) (CM) Passados dez anos, Morg que já era o Rei, preparava o reino para a formatura dos primeiros alunos da escola dos bruxomáticos e dos matemágicos. A festa de formatura seria na própria escola e, durante o baile, seria inaugurado um letreiro com o nome que o Rei escolhera para a escola: Babilônia. Esse letreiro, indicado na figura abaixo, era formado por cubos de ouro maciço, todos iguais entre si. Determine quantos quilos de ouro foram utilizados para a construção do letreiro, sabendo-se que 1 dm^3 de ouro pesa 19,2 gramas e que a aresta de cada cubo mede 3 metros.

(A) 19 608 kg   (B) 23 675 kg   (C) 38 624 kg   (D) 49 248 kg   (E) 52 178 kg

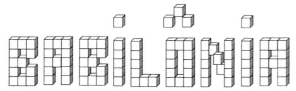

Solução:
São 95 cubos, basta contar.
Cada cubo tem 3 m x 3 m x 3 m = 27 m^3 = 27.000 dm^3.
A massa total de ouro será:
95 x 27000 x 19,2 g = 49.248.000 g = 49.248 kg

Resposta: (D)

Q6) (CM) Um caminhão vai ser carregado com 109 sacos de batata com 45 kg cada um. Se o peso do caminhão é 3 t, qual será o peso do caminhão com a carga?

(A) 79,05 t   (B) 790,5 kg   (C) 7,905 kg   (D) 7,905 t   (E) 79,05 kg

Solução:
109 x 45 + 3000 = 7905 kg ou 7,905 t

Resposta: (D)

Q7) (CM) Um tubo contendo 20 comprimidos pesa 50 gramas. Quando contém 8 comprimidos, pesa 38 gramas. Qual o peso do tubo e de um comprimido:

(A) 30 g; 1 g
(B) 20 g; 1 g
(C) 50 g; 0,5 g
(D) 10 g; 5 g
(E) 30 g; 2,5 g

Solução:
Tubo + 20 comprimidos = 50 g
Tubo + 8 comprimidos = 38 g

O peso a menos, de 12 gramas, é devido aos 12 comprimidos a menos. Então cada comprimido pesa 1 g. O tubo pesa 30 g.

Resposta: (A)

Q8) (CM) A balança da figura está em equilíbrio com bolas e saquinhos de areia em cada um de seus pratos. As bolas são todas iguais e os saquinhos também. Se cada bola pesa 30 gramas, então o peso total que está sobre cada um dos pratos é

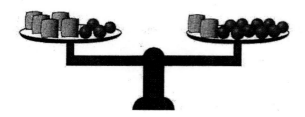

(A) 350g   (B) 420g   (C) 450g   (D) 500g   (E) 520g

Solução:
O lado direito tem 6 bolas a mais, e também tem 3 saquinhos a menos. Para que a balança fique em equilíbrio é preciso que o peso das 6 bolas (180 gramas) seja igual ao peso de 3 saquinhos. Então cada saquinho pesa 60 gramas. O peso sobre cada um dos pratos é:
10 x 30 g + 2 x 60 g = 420 g

Resposta: (B)

Q9) (CM) Considerando que um litro de petróleo pesa 0,8 kg e um tanque cúbico de 80 cm de aresta está com 3/4 de sua capacidade com petróleo, o peso do petróleo do tanque é:

(A) 307,2 kg   (B) 310,8 kg   (C) 384,0 kg   (D) 448,0 kg   (E) 512,0 kg

Solução:
Usaremos volume em litros e massa em kg.
Volume de petróleo no tanque:
8 dm x 8 dm x 8 dm x 3/4 = 384 dm^3 = 384 litros
Massa = 384 x 0,8 = 397,2 kg

Resposta: (A)

Q10) (CM) Para fazer 12 bolinhos, preciso exatamente de 100g de açúcar, 50g de manteiga, meio litro de leite e 400g de farinha. A maior quantidade desses bolinhos que serei capaz de fazer com 500g de açúcar, 300g de manteiga, 4 litros de leite e 5 quilogramas de farinha é:

(A) 48   (B) 60   (C) 72   (D) 54   (E) 42

Solução:
Preciso de   100 g de açúcar + 50 g de manteiga + 0,5 L de leite + 400 g de farinha
Tenho   500 g de açúcar + 300 g de manteiga + 4 L de leite + 5000 g de farinha +
Açúcar: quantidade para 5 porções
Manteiga: quantidade para 6 porções
Leite: quantidade para 8 porções
Farinha: quantidade para 8 porções
Não posso fazer 6 nem 8 porções, porque a quantidade deve ser suficiente para todos os ingredientes. Tenho que fazer apenas 5 porções, senão vai faltar açúcar.
5 x 12 = 60 bolinhos

Capítulo 11 – SISTEMAS DE MEDIDAS   447

Resposta: (B)

Q11) (OBM) Uma pêra tem cerca de 90% de água e 10% de matéria sólida. Um produtor coloca 100 quilogramas de pêra para desidratar até o ponto em que a água represente 60% da massa total. Quantos litros de água serão evaporados? (lembre-se: 1 litro de água tem massa de 1 quilograma).

A) 15 litros   B) 45 litros   C) 75 litros   D) 80 litros   E) 30 litros

Solução:
100 kg de pêra = 90 kg de água e 10 kg de matéria sólida.
Depois da evaporação, ficarão os mesmos 10 kg de matéria e o restante água (15 kg, equivalente a 60% do total). É preciso então que sejam evaporados 90 kg = 15 kg = 75 kg

Resposta: (C)

Q12) (OBM) Em Tumbólia, um quilograma de moedas de 50 centavos equivale em dinheiro a dois quilogramas de moedas de 20 centavos. Sendo 8 gramas o peso de uma moeda de 20 centavos, uma moeda de 50 centavos pesará:

A) 15 gramas   B) 10 gramas   C) 12 gramas   D) 20 gramas   E) 22 gramas

Solução:
Considere P o peso de uma moeda de 50 centavos, e Q o peso de uma moeda de 20 centavos.
Considere X o número de moedas de 50 centavos para completar 1 kg
Considere Y o número de moedas de 20 centavos para completar 2 kg
Temos então:
X.P = 1 kg
Y.Q = 2 kg
Então Y.Q = 2.X.P ➜ P = (Y/X).(Q/2)
Além disso,
X.0,50 = Yx0,20 ➜ Y/X = 5/2

Logo, P = (5/2).(Q/2) = 8 gramas x 5/2 = 20 gramas

Resposta: (D)

Q13) (CM) Dois relógios "A" e "B" foram acertados simultaneamente às 8 h 30 min de um certo dia. Sabe-se que o relógio "A" marca sempre a hora certa e o relógio "B" atrasa 1/3 do minuto por hora. Pode-se, então, afirmar que, na manhã seguinte, quando o relógio "A" marcar 10 h 45 min, o relógio "B" estará marcando:

(A) 10 h 36 min 15 seg.
(B) 10 h 35 min.
(C) 10 h 34 min 30 seg.
(D) 10 h 32 min 45 seg.
(E) 10 h 30 min.

Solução:
De 8:30 de um dia até 10:45 do dia seguinte (hora certa), terão passado 26 h 15 min = 26,25 horas.
O relógio B atrasa 1/3 do minuto a cada hora, então atrasará ao todo, em minutos:
26,25 x 1/3 = 8,75 minutos = 8 min 45 s

448 MATEMÁTICA PARA VENCER

Estará marcando então 10 h 45 min − 8 min 45 s = 10 h 36 min 15 s

Resposta: (A)

Q14) (CM) Dois sinais de trânsito, um na rua Augusta e outro na rua Amélia, ficaram verdes exatamente em um determinado instante. O primeiro leva 1 minuto e 40 segundos para ficar verde novamente e o segundo sinal leva 2 minutos e 20 segundos. A partir de quanto tempo depois os dois sinais voltaram a ficar verdes em um mesmo instante?

(A) 8 minutos e 40 segundos.
(B) 10 minutos e 20 segundos.
(C) 11 minutos e 40 segundos.
(D) 12 minutos e 20 segundos.
(E) 13 minutos e 40 segundos.

Solução:
Ciclo do primeiro sinal: 1 min 40 s = 100 s
Ciclo do segundo sinal: 2 min 20 s = 140 s
MMC(100, 140) = 700 s = 11 min 40 s

Resposta: (C)

Q15) (CM) Um reservatório tem uma torneira capaz de enchê-lo em 2 horas e outra, em 4 horas. Com as duas torneiras abertas, ao mesmo tempo, no fim de quanto tempo o reservatório estará cheio?

(A) 2/3 da hora   (B) 120 minutos   (C) 4/3 da hora   (D) 360 minutos   (E) 8/3 da hora

Solução:
O primeiro enche em cada hora, 1/2 do reservatório
O segundo enche em cada hora, 1/4 do reservatório
Juntas, as duas torneiras encherão por hora, 1/2 + 1/4 = 3/4 do reservatório
Para encher o reservatório inteiro, irão demorar 1 / (3/4) = 4/3 da hora

Resposta: (C)

Q16) (CM) Bruno perguntou ao pai quanto tempo faltava para irem ao parque. O pai respondeu que faltava, em segundos, a maior soma possível quando adicionamos um número natural de três algarismos a um número natural de dois algarismos, sendo todos os cinco algarismos distintos. O tempo que faltava para Bruno e seu pai irem ao parque era de

(A) 17 minutos e 32 segundos
(B) 17 minutos e 41 segundos
(C) 17 minutos e 52 segundos
(D) 18 minutos e 08 segundos
(E) 18 minutos e 18 segundos

Solução:
987 + 65 = 1052 s = 17 min 32 s

Resposta: (A)

Capítulo 11 – SISTEMAS DE MEDIDAS 449

Q17) (CM) Às 7 horas de certo dia, um tanque, cuja capacidade é de 3000 litros, estava cheio de água; entretanto, um furo na base desse tanque fez com que a água por ele escoasse a uma vazão constante. Se, às 13 horas desse mesmo dia, o tanque estava com apenas 2550 litros, então, a água em seu interior se reduziu à metade da capacidade às:

(A) 18 horas do mesmo dia.
(B) 23 horas do mesmo dia.
(C) 3 horas do dia seguinte.
(D) 7 horas do dia seguinte.
(E) 9 horas do dia seguinte.

Solução:
Em 6 horas, o tanque perdeu 450 litros, ou seja, 75 litros por hora. Para que a capacidade seja reduzida à metade, o tanque tem que perder 1500 litros. Seriam necessárias 20 horas. Isto ocorrerá às 3:00 da manhã do dia seguinte.

Resposta: (C)

Q18) (CM) Quando os navios estavam bem próximos, travaram uma intensa batalha. O navio de Barba Negra foi atingido por um tiro de canhão que abriu um buraco enorme no seu casco. O pirata Fix percebeu que, a cada 2 minutos, entravam no navio pirata 500 litros de água do mar. Para que não afundasse, Fix ordenou que um grupo de marujos retirasse a água, o que foi feito utilizando uma bomba manual que jogava de volta para o mar 150 litros de água a cada 30 segundos. Sabendo que o navio pirata já estava com 2100 litros de água do mar no seu interior quando os marujos começaram a bombear, o tempo total para retirar toda a água do mar de dentro do navio foi de:

(A) 12 minutos   (B) 15 minutos   (C) 18 minutos   (D) 21 minutos   (E) 42 minutos

Solução:
Entrada de água do mar: 500 litros a cada 2 minutos = 250 litros/minuto
Bomba retira 150 litros a cada 30 s = 300 litros/minuto
A cada minuto entram 250 litros de água do mar e são bombeados para fora, 300 litros. Então são reduzidos 50 litros por minuto.
Como o navio já estava com 2100 litros, serão necessários 2100/50 = 42 minutos para retirar toda a água.

Resposta: (E) 42 minutos

Q19) (CM) Babilônia tornara-se a escola mais afamada do mundo. Jovens de todas as partes tentavam se tornar alunos dessa fantástica escola e o teste para nela ingressar continuava sendo uma partida de xadrez. Um candidato, chamado William, ficou famoso, pois foi o que mais rapidamente venceu uma partida. Sabendo-se que a partida que ele disputou começou à zero hora do dia 15 e que 4/11 do tempo que restou para terminar o mesmo dia é igual ao tempo de duração da partida, determine quanto tempo durou essa partida.

(A) 4 h 48 min   (B) 6 h 24 min   (C) 8 h 12 min   (D) 8 h 40 min   (E) 9 h 20 min

Solução:
Tempo da partida: 4/11 do restante no dia
O dia inteiro = tempo da partida + tempo restante no dia =
4/7 do restante + restante = 1+4/11 do restante = 15/11 do restante
Então o dia, 24 horas, equivale a 15/11 do tempo restante.

450   MATEMÁTICA PARA VENCER

O tempo restante é 24 horas dividido por $15/11 = 88/5$ horas = 17 horas e 36 minutos.
Então a partida durou 24 horas – 17 horas e 36 minutos = 6 horas e 24 minutos

Resposta: (B)

Q20) (CM) Um operário trabalhando isoladamente faz um serviço em 6 h e um outro, também de forma isolada, cumpre o mesmo serviço na metade deste tempo. Se trabalharem juntos durante meia hora, farão a fração a/b do serviço. O produto ab é igual a:

(A) 1   (B) 2   (C) 3   (D) 4   (E) 5

Solução:
1° operário faz 1/6 do serviço por hora
2° operário faz 2/6 do serviço por hora.
Juntos fazem por hora, $3/6 = 1/2$ serviço por hora.
Durante meia hora, farão 1/4 do serviço.
Então a=1 e b=4, e a.b = 4

Resposta: (D)

Q21) (CM) Alexandre, consultando a programação de filmes, decidiu gravar Contato, cuja duração é de 150 minutos. Para gravar numa única fita, ele começou com velocidade menor (modo EP, que permite gravar 6 horas) e, num dado momento, mudou para a velocidade maior (modo SP, que permite gravar 2 horas), de forma que a fita acabou exatamente no fim do filme. Do início do filme até o momento da mudança do modo de gravação, quantos minutos se passaram?

A) 60   B) 30   C) 15   D) 45   E) 105

Solução:
No modo EP, a fita grava 6 horas. Então em cada hora consome 1/6 da fita.
No modo SP, a fita grava 2 horas. Então em cada hora, consome 1/2 da fita.
Se todo o filme fosse gravado em EP, consumiria $1/6 \times 5/2$ da fita = 5/12 da fita (o filme tem 150 minutos = 5/2 da hora).
O restante da fita ($1 – 5/12 = 7/12$) foi consumido porque na parte final da gravação usou a velocidade SP, que consome mais fita. A cada hora, a velocidade SP consome 1/2 da fita, enquanto a EP consome 1/6. A diferença entre esses dois consumos é $1/2 – 1/6 = 1/3$ é o adicional de consumo da fita pelo uso da velocidade SP ao invés de EP. Isso corresponde, em horas, a 7/12 (restante da fita) divididos por 1/3 (diferença de velocidade)

$(7/12) / (1/3) = 7/4$ hora. Este é o tempo em que foi usada a gravação SP, ou seja, 105 minutos. A parte inicial do filme, gravada em EP, foi 150 min – 105 min = 45 min = 3/4 da hora

Resposta: (D)

De fato, foram usados ao todo, $(3/4) \times (1/6) + (7/4) \times (1/2) = 1$ (a fita inteira)

Q22) (OBM) Num certo aeroporto, Nelly caminhava calmamente à razão de um metro por segundo; ao tomar uma esteira rolante de 210 metros, Nelly continuou andando no mesmo passo e notou ter levado um minuto para chegar ao fim da esteira. Se Gugu ficar parado nesta esteira, quanto tempo levará para ser transportado?

A) 1 min 20 s   B) 1 min 24 s   C) 1 min 30 s   D) 1 min 40 s   E) 2 min

Capítulo 11 – SISTEMAS DE MEDIDAS   451

Solução:

Nelly caminha a 1 metro por segundo, ou seja, em 60 segundos, anda 60 metros. A esteira tem 210 metros e demorou 60 segundos para transportar Nelly andando na mesma velocidade. Isto significa que dos 210 metros de extensão da esteira, 60 foram andados por Nelly, e os outros 150 foram devidos à velocidade da esteira. Então na verdade a esteira transportaria uma pessoa parada com a velocidade de 150 metros por 60 segundos, ou seja, 2,5 metros por minuto.

Se Gugu percorrer a mesma esteira parado, irá demorar 210 metros divididos por 2,5 metros por segundo, ou seja, 84 segundos = 1 minuto e 24 segundos.

Resposta: (B)

Q23) (OBM) Em um tanque há 4000 bolinhas de pingue-pongue. Um menino começou a retirar as bolinhas, uma por uma, com velocidade constante, quando eram 10h. Após 6 horas, havia no tanque 3520 bolinhas. Se o menino continuasse no mesmo ritmo, quando o tanque ficaria com 2000 bolinhas?

(A) às 11h do dia seguinte
(B) às 23h do mesmo dia
(C) às 4h do dia seguinte
(D) às 7h do dia seguinte
(E) às 9h do dia seguinte

Solução:

De 4000 para 3420 são 480 bolinhas, retiradas em 6 horas, ou seja, 80 bolinhas por hora.
Para ficar com 2000 bolinhas demoraria ao todo 2000 / 80 = 25 horas. Como começou às 10:00, terminaria às 11:00 do dia seguinte.

Resposta: (A)

Q24) (OBM) Sílvia pensou que seu relógio estava atrasado 10 min e o acertou, mas na verdade o relógio estava adiantado 5 min. Cristina pensou que seu relógio estava adiantado 10 min e o acertou, mas na verdade o relógio estava atrasado 5 min. Logo depois, as duas se encontraram, quando o relógio de Sílvia marcava 10 horas. Neste momento, que horas o relógio de Cristina indicava?

(A) 9h 30min   (B) 9h 50min   (C) 10h   (D) 10h 5min   (E) 10h 15min

Solução:

O relógio de Sílvia estava 5 minutos adiantado, e foi adiantado mais 10, já que Sílvia o acertou adiantando 10 minutos, pois ela pensava que estava atrasado 10 minutos. Como resultado, o relógio de Sílvia ficou 15 minutos adiantado.
O relógio de Cristina estava atrasado 5 minutos, e ficou mais 10 minutos atrasado pois ela o atrasou, pensando que estava adiantado 10 minutos. Como resultado, seu relógio ficou 15 minutos atrasado. Sendo assim, o relógio de Cristina ficou marcando 30 minutos a menos que o de Sílvia. Se o de Sílvia marcava 10 horas, o de Cristina marcava 9:30.

Resposta: (A)

Q25) (CM) Um reservatório tem um volume interno de 81 m^3 e está cheio de água. Uma válvula colocada nesse reservatório deixa passar 1.500 L de água a cada 15 minutos. Essa válvula ficou aberta durante um certo tempo e, depois de fechada, verificou-se que havia,

452 MATEMÁTICA PARA VENCER

ainda, 27 m³ de água no reservatório. Para a situação exposta, podemos afirmar que a válvula ficou aberta por:

(A) 8 h   (B) 9 h   (C) 12 h   (D) 36 h   (E) 10 h

Solução:
1500 litros a cada 15 minutos = 6000 litros por hora = 6 m³ por hora.
Para reduzir o volume da água no reservatório de 81 para 27 m³, é preciso esvaziar 54 m³. Como a vazão é 6 m³ por hora, é preciso que a válvula fique aberta por 54/6 = 9 horas.

Resposta: (B)

Q26) (CM) Tiago recebeu uma lista de 120 problemas de matemática para resolver. Seu avô prometeu que lhe daria R$ 0,70 por cada problema que viesse a acertar, mas, em contrapartida, Tiago devolveria R$ 0,30 por cada um que viesse a errar. No final, Tiago ficou com R$ 72,00. A quantidade de problemas que acertou menos a quantidade de problemas que errou expressa-se por um número:

(A) igual a 8 vezes o número de problemas que errou.
(B) par e maior que 100.
(C) maior que 10 e menor que 15.
(D) par e múltiplo de 9.
(E) maior que 80 e menor que 90.

Solução:
Ganha R$ 0,70 quando acerta e perde R$ 0,30 quando erra. Então, a diferença entre ganhar e perder é R$ 1,00.
Se acertasse todos os 120 problemas, ganharia R$ 0,70 x 120 = R$ 84,00. Como ganhou apenas R$ 72,00, ou seja, R$ 12,00 a menos, significa que errou 12 problemas (1 real de diferença para cada problema errado). Então acertou 108 e errou 12. A diferença entre os dois números é 96.

Resposta: (A)

Q27) (CM) Em uma indústria automobilística, três funcionários montam um veículo em 12 horas. O primeiro funcionário monta o mesmo veículo, sozinho, em 1 dia. O segundo funcionário realiza a mesma tarefa em 1 dia e meio. Se cada um deles recebe R$ 16,20 por dia de trabalho, o valor recebido pelo terceiro funcionário, se montar sozinho três carros, será igual a

(A) R$ 32,40   (B) R$ 48,60   (C) R$ 81,00   (D) R$ 145,80   (E) R$ 162,00

Solução:
1º funcionário: monta 1/24 do veículo em uma hora.
2º funcionário: monta 1/36 do veículo em uma hora
Os 3 juntos: montam 1/12 do veículo em uma hora
Logo o terceiro monta em uma hora, 1/12 – 1/24 – 1/36 do veículo = 1/72 do veículo
O terceiro funcionário demora 3 dias para montar um veículo. Para montar 3 carro sozinho levaria 9 dias, receberia R$ 145,80

Resposta: (D)

Q28) (CM) Vinte pacotes de papel são empilhados um sobre os outros. Cada pacote tem 500 folhas e cada folha tem 0,15mm de espessura. O papel utilizado para a embalagem de cada

Capítulo 11 – SISTEMAS DE MEDIDAS 453

pacote tem 0,5mm de espessura. Desta forma, a medida da altura da pilha desses vinte pacotes é

(A) 1m (B) 1,15m (C) 1,51m (D) 1,52m (E) 2,35m

Solução:
(500 x 0,15 + 0,5 x 2) x 20 = 1,52 m

Resposta: (D)

Q29) (CM) O estacionamento do shopping ITAGUAMI cobra R$ 1,00 pelas 2 primeiras horas de permanência (ou tempo inferior) e R$ 0,06 por minuto que passar dessas duas horas. Se ontem André estacionou o carro no shopping às 09h47min e saiu às 15h07min, o valor que ele pagou foi de:

(A) R$ 12,00 (B) R$ 12,80 (C) R$ 13,00 (D) R$ 13,40 (E) R$ 14,00

Resposta: (C)

Q30) (OBM) Um estacionamento para carros cobra 1 real pela primeira hora e 75 centavos a cada hora ou fração de hora seguinte. André estacionou seu carro às 11h 20min e saiu às 15h 40min. Quantos reais ele deve pagar pelo estacionamento?

(A) 2,50 (B) 4,00 (C) 5,00 (D) 4,75 (E) 3,75

Solução:
15h 40 min – 11h 20 min = 4h 20 min = 1 hora + 3 horas e 20 min
É pago R$ 1,00 pela primeira hora e mais 4 x R$ 0,75 pelas 3 horas e 20 minutos (o enunciado diz "por hora ou fração de hora") = R$ 1,00 + R$ 0,75 x 4 = R$ 1,00 + R$ 3,00 = R$ 4,00

Resposta: (B)

Q31) (OBM) 1 litro de álcool custa R$ 0,75. O carro de Henrique percorre 25 km com 3 litros de álcool. Quantos reais serão gastos em álcool para percorrer 600 km?

A) 54 B) 72 C) 50 D) 52 E) 45

Solução:
600 km / 25 km = 24
24 x 3 L = 72 L
72 L x R$ 0,75 = R$ 54,00

Resposta: (A)

Q32) (OBM) Diamantino colocou em um recipiente três litros de água e um litro de suco composto de 20% de polpa e 80% de água. Depois de misturar tudo, que porcentagem do volume final é polpa?

A) 5% B) 7% C) 8% D) 20% E) 60%

Solução:
3 L água = 75% de água
1 L suco com 20% polpa e 80% água = 25% x 20% de polpa (5%) e 25% x 80% de água (20%)

454   MATEMÁTICA PARA VENCER

Ficamos então com:
Água: 75%+20% = 95%
Polpa: 5%

Resposta: (A)

Q33) (OBM) O preço de uma corrida de táxi é igual a R$ 2,50 ("bandeirada"), mais R$ 0,10 por cada 100 metros rodados. Tenho apenas R$10,00 no bolso. Logo tenho dinheiro para uma corrida de até:

A) 2,5 km   B) 5,0 km   C) 7,5 km   D) 10,0 km   E) 12,5 km

Solução:
Bandeirada: R$ 2,50
Restam: R$ 7,50
Trechos de 100 metros: R$ 7,50 / R$ 0,10 = 75
75 x 100 metros = 7500 metros = 7,5 km

Resposta: (C)

Q34) (CM) Considerando-se o horário de Brasília, a transmissão da solenidade de abertura das Olimpíadas de 2004 iniciou-se às 14h 45min do dia 13 de agosto, e a transmissão da solenidade de encerramento iniciou-se às 14h 45min do dia 29 de agosto. Entre aqueles dois momentos, passaram-se n minutos. Portanto, n é um número natural tal que:

(A) é maior que 10^6 e menor que 10^7.
(B) é maior que 10^5 e menor que 10^6.
(C) é maior que 10^7 e menor que 10^8.
(D) é maior que 10^3 e menor que 10^4.
(E) é maior que 10^4 e menor que 10^5.

Solução:
Começo e fim exatamente no mesmo horário, porém com diferença de 16 dias:
16 x 24 x 60 minutos = 23040 minutos

Resposta: (E)

Questões propostas

Q35) (CM) Luíza foi a uma sorveteria onde o sorvete era vendido a peso. Pegou uma porção e verificou que seu peso era tal que lhe faltavam exatamente 140 gramas para completar meio quilograma. O quilograma (kg) do sorvete estava sendo vendido a R$ 12,50. O preço da porção pesada por Luíza foi:

(A) R$ 1,75   (B) R$ 4,50   (C) R$ 5,25   (D) R$ 3,50   (E) R$ 3,75

Q36) (CM) Um feirante comprou 15 quilos (kg) de alho para vender em pacotes de 150 gramas (g). Ao final do dia, ele tinha vendido a metade dos pacotes. Dentre as opções abaixo, a única que apresenta a sequência de operações que determina a quantidade de pacotes que restaram ao final do dia é

(A) [(15x100)÷150]÷2
(B) [(15 ÷1000)÷150]x2

Capítulo 11 – SISTEMAS DE MEDIDAS   455

(C) [15÷(1000x150)]÷2
(D) [(15 ÷100)÷150]2x2
(E) [(15x1000)÷150]÷2

Q37) (CM) Um navio chegou ao porto com um carregamento de seis estátuas. Cada estátua era esculpida em um único bloco de mármore. A guia de transporte trazia as informações abaixo, contendo rasuras na linha correspondente aos totais:

Produto	Quantidade	Valor (R$)	Peso (Kg)
ESTÁTUA DO CRISTO REDENTOR	01	10.000.000,00	5000
ESTÁTUA DE NOSSA SENHORA	01	12.000.000,00	3000
ESTÁTUA DE GOLIAS	01	11.000.000,00	3000
ESTÁTUA DE ZEUS	01	9.000.000,00	3000
ESTÁTUA DE TIRADENTES	01	10.000.000,00	4000
ESTÁTUA DE DAVI	01	8.000.000,00	2000
TOTAL	06	xxxxxxxxx	xxxxx

Se cada caminhão de uma transportadora credenciada pode transportar no máximo 5.000 kg em cada viagem, a quantidade mínima de caminhões para efetuar o transporte das seis estátuas em uma única viagem é:

(A) 3 caminhões   (B) 4 caminhões   (C) 5 caminhões   (D) 6 caminhões

Q38) (CM) Na cantina da Tia Nalva o quilo da comida é R$ 16,80. Se Marcus César comeu trezentos gramas de comida e tomou um suco de R$ 1,50 ele deverá pagar o total de:

(A) R$ 5,54   (B) R$ 5,75   (C) R$ 6,04   (D) R$ 6,44   (E) R$ 6,54

Q39) (CM) Yolanda, na noite de 21 de julho, embarcou em São Paulo, com destino a Santiago. No instante em que o avião decolou, verificou que seu relógio marcava 22 horas e 50 minutos. A viagem durou 2 horas e 53 minutos. No exato momento da chegada, Yolanda atrasou seu relógio, voltando precisamente 60 minutos. Em conseqüência, naquele instante, o relógio de Yolanda passou a assinalar:

(A) 2 horas e 43 minutos do dia 22 de julho.
(B) 23 horas e 53 minutos do dia 21 de julho.
(C) 0 hora e 43 minutos do dia 22 de julho.
(D) 23 horas e 43 minutos do dia 21 de julho.
(E) 1 hora e 53 minutos do dia 22 de julho.

Q40) (CM) José chegou ao aeroporto às 8 horas e 11 minutos. O avião, no qual embarcou, partiu às 11 horas e 53 minutos. O tempo em que José ficou no aeroporto foi de:

(A) 13320 segundos.
(B) 1332 segundos.
(C) 2220 segundos
(D) 222 segundos.
(E) 9000 segundos

Q41) (CM) Na embalagem de uma lâmpada, está escrito que a sua durabilidade média é de 2016 horas. Se essa lâmpada ficar acesa ininterruptamente e durar exatamente 2016 horas, considerando que um mês possui 30 dias, ela terá ficado acesa por

(A) 2 meses, 28 dias e 2 horas.

456   MATEMÁTICA PARA VENCER

(B) 2 meses, 23 dias e 12 horas.
(C) 2 meses, 23 dias e 24 horas.
(D) 85 dias.
(E) 3 meses.

Q42) (CM) Dois alunos do 6º Ano, que são ciclistas, partem juntos, no mesmo sentido, a fim de percorrerem uma pista circular. Um deles faz cada volta em 18 minutos e o outro, em 20 minutos. O tempo necessário para que os dois alunos se encontrem pela primeira vez é de

(A) 1 hora e 30 minutos.
(B) 2 horas e 59 minutos.
(C) 2 horas.
(D) 3 horas e 10 minutos.
(E) 3 horas.

Q43) (CM) Kacilda pensa que seu relógio está 5 minutos atrasado. Este, porém, está 15 minutos adiantado. Kacilda comparece ao trabalho julgando estar 10 minutos atrasada. Na realidade, Kacilda chegou

(A) 10 minutos adiantada.
(B) na hora certa.
(C) 10 minutos atrasada.
(D) 20 minutos adiantada.
(E) 15 minutos atrasada.

Q44) (CM) A escola "Estrela Azul", cumprindo uma das determinações do Ministério da Educação, ministra 800 horas/aulas para a 4a. Série do ensino Fundamental. Sabendo-se que o número máximo de faltas permitidas a um aluno é de 25% desse total, pergunta-se: quantas faltas ainda, no máximo, poderia ter o aluno que já tinha faltado 145 horas/aulas?

(A) 200   (B) 125   (C) 55   (D) 65   (E) 75

Q45) (CM) Na última eleição, três partidos políticos: A, B e C tiveram direito, por dia, respectivamente, a 120 segundos, 144 segundos e 168 segundos de tempo gratuito de propaganda na televisão, com diferentes números de aparições. O tempo de cada aparição, para todos os partidos, foi sempre o mesmo e o maior possível. A soma do número de aparições diárias dos partidos na TV foi :

(A) 15   (B) 16   (C) 18   (D) 19   (E) 20

Q46) (CM) Para se ter uma idéia, a Batalha de Mind ficou famosa. Foi nessa batalha que o Rei Kiroz derrotou o poderoso e temido exército do Rei Arroris num único ataque. Durante o combate, o Rei Kiroz percebeu que, a cada 5 minutos, os inimigos lançavam flechas; a cada 10 minutos, pedras enormes e, a cada 12 minutos, bolas de fogo. O Rei ordenou, então, que seu exército atacasse 1 minuto após os três lançamentos ocorrerem ao mesmo tempo. Sabendo-se que o Rei deu a ordem às 9 horas e que a última vez em que ocorreram os lançamentos ao mesmo tempo foi às 8 h 15 min, determine quando ocorreu o ataque do exército do Rei Kiroz.

(A) 9 h e 14 min
(B) 9 h e 15 min
(C) 9 h e 16 min
(D) 10 h e 15 min
(E) 10 h e 16 min

Capítulo 11 – SISTEMAS DE MEDIDAS 457

Q47) (CM) Um sistema de máquinas demora 37 segundos para produzir uma peça. O tempo necessário para produzir 250 peças é:

(A) 1h 53min e 30s
(B) 2h 43min e 20s
(C) 2h 34min e 10s
(D) 1h 37min e 37s
(E) 2h 55min e 40s

Q48) (CM) Um avião fez o percurso entre Belém-PA e Brasília-DF em 2 horas, 22 minutos e 35 segundos. Se ele chegou a Brasília às 10 horas da manhã, o seu horário de partida de Belém foi:

(A) 6 horas, 38 minutos e 35 segundos
(B) 6 horas, 37 minutos e 25 segundos
(C) 7 horas, 38 minutos e 35 segundos
(D) 7 horas, 22 minutos e 25 segundos
(E) 7 horas, 37 minutos e 25 segundos

Q49) (CM) No aniversário de João Pedro, suas amigas Gabriela, Juliana e Fabíola resolveram que passariam o dia enviando para ele torpedos pelo celular. Combinaram que Gabriela mandaria um torpedo a cada 30 minutos, Juliana a cada 45 minutos e Fabíola a cada 2 horas. Todas mandaram o primeiro torpedo, juntas, às 10 horas e 20 minutos. A que horas elas novamente enviarão, juntas um torpedo?

(A) 11 horas e 50 minutos
(B) 12 horas e 20 minutos
(C) 22 horas e 20 minutos
(D) 16 horas e 20 minutos
(E) 14 horas e 20 minutos

Q50) (CM) Marcos foi a uma "*Lan House*" e contratou 2 horas de acesso à Internet. Iniciou às 13h40min e terminou às 15h06min. O tempo que sobrou como crédito para Marcos utilizar da próxima vez em que retornar à "*Lan House*" foi de:

(A) 14 min (B) 34 min (C) 56 min (D) 1h 14min (E) 1h 26min

Q51) (CM) Em uma prova de triatlo, as modalidades disputadas são natação, ciclismo e corrida. Um atleta gastou 1h 35 min e 20 seg na natação; 1h 27min e 58 seg no ciclismo e 59 min e 34 seg na corrida. Considerando que há um intervalo de 2,5 minutos entre duas modalidades, o tempo total gasto pelo atleta foi:

(A) 3h 07 min e 52 seg
(B) 4h 02 min e 52 seg
(C) 4h 07 min e 22 seg
(D) 4h 07 min e 52 seg
(E) 4h 10 min e 22 seg

Q52) (CM) As cisternas de um conjunto habitacional comportam 210000 litros de água. Determine a quantidade de baldes, com 17500 cm^3 de capacidade para encher completamente tais cisternas.

(A) 12 (B) 120 (C) 1200 (D) 2100 (E) 12000

458   MATEMÁTICA PARA VENCER

Q53) (CM) O volume interno do tanque de gasolina de um jipe do Exército é de 0,06 m³. O número de litros que falta para encher o tanque, se o mesmo está preenchido com 3/4 de sua capacidade total, é de:

(A) 10   (B) 12   (C) 15   (D) 17   (E) 18

Q54) (CM) Num tanque temos 2000 litros de água e 600 litros de óleo. Cada litro de água pesa 1 kg, enquanto um litro de óleo pesa 0,8 kg. Assim, o peso total dos 2600 litros do tanque, em toneladas, é igual a

(A) 0,0248   (B) 0,248   (C) 2,48   (D) 24,8   (E) 248

Q55) (CM) Um depósito de combustível, com capacidade máxima de 8 metros cúbicos (m3), tem 75% dessa capacidade já preenchida. A quantidade de combustível, em litros (l), que falta para preenchê-lo totalmente é igual a

(A) 2×10^2 litros
(B) 6×10^2 litros
(C) 2×10^3 litros
(D) 6×10^3 litros
(E) 6×10^4 litros

Q56) (CM) Uma lanchonete repõe seu estoque com 700 latas de refrigerante de 350 ml, semanalmente. Desse total, já foram vendidos 60%. A quantidade de litros de refrigerantes que restaram para serem vendidos é:

(A) 147.000   (B) 420   (C) 42   (D) 98   (E) 245

Q57) (CM) Milena tem 12.000 ml de suco para colocar em garrafas de 1/2 litro. Se ela possui 40 garrafas, a quantidade de garrafas que não serão utilizadas é:

(A) 20   (B) 16   (C) 26   (D) 34   (E) 24

Q58) (CM) O Brasil detém 8% de toda a água doce na superfície da Terra. Desse total, 70% está na Região Norte. Isso quer dizer que, se o total de água doce na superfície da Terra fosse de 380.000 litros, a quantidade de litros existente apenas na Região Norte do Brasil seria:

(A) 30.400 litros
(B) 266.000 litros
(C) 21.280 litros
(D) 296.400 litros
(E)) 235.600 litros

Q59) (CM) Uma distribuidora de bebidas vendeu 15 caixas de suco de uva em garrafas de 1,5 dm³. Se cada caixa contém 20 garrafas de suco, a quantidade de litros de suco vendida foi de:

(A) 300   (B) 450   (C) 4500   (D) 3000   (E) 150

Q60) (CM) Uma mistura possui 25.819.000 cm³ de água e 3815,75 m³ de álcool. A quantidade de litros dessa mistura é:

(A) 29634,75   (B) 38415,69   (C) 296347,5   (D) 2963475   (E) 3841569

Capítulo 11 – SISTEMAS DE MEDIDAS   459

Q61) (CM) O número de troncos de árvores (de 3 m³ de volume cada) que foram necessários derrubar para fazer os palitos de fósforos (de 200 mm³ de volume cada), que estão em 1200 containeres, cada um com 12000 pacotes de 10 caixas com 40 palitos cada é:

(A) 1152   (B) 876   (C) 576   (D) 384   (E) 288

Q62) (OBM) Na tabela a seguir vemos o consumo mensal de água de uma família durante os 5 primeiros meses de 2003.

Meses	*Consumo (m³)*
Janeiro	12,5
Fevereiro	13,8
Março	13,7
Abril	11,4
Maio	12,1

O consumo mensal médio dessa família durante os 5 meses foi:

A) 11,3 m³   B) 11,7 m³   C) 12,7 m³   D) 63,5 m³   E) 317,5 m³

Q63) (CM) É possível abastecer certos automóveis modernos utilizando mistura da gasolina e álcool. Considere que o tanque de um desses automóveis foi abastecido com mistura daqueles combustíveis em duas ocasiões, recebendo, em cada vez, o total de 60 litros, em condições diferentes:

1) na primeira vez, colocou-se 65% de gasolina ao preço de R$ 2,00 o litro, e o restante de álcool ao preço de R$ 1,60 o litro;

2) na segunda vez, colocou-se 45% de gasolina ao preço de R$ 2,20 o litro, e o restante de álcool ao preço de R$ 1,30 o litro.

É possível afirmar que:

(A) o gasto foi o mesmo nas duas vezes.
(B) o gasto foi maior na segunda vez.
(C) a diferença entre os gastos foi inferior a R$ 9,00.
(D) a soma dos gastos foi superior a R$ 209,00.
(E) apenas um dos gastos foi inferior a R$ 100,00.

Q64) (CM, OBM) Uma empresa de telefonia celular oferece planos mensais de 50 minutos a um custo mensal de R$ 42,00, ou seja, você pode falar durante 50 minutos no seu telefone celular e paga por isso exatamente R$ 42,00. Para o excedente, é cobrada uma tarifa de R$ 1,10 a cada minuto ou fração de minuto. Essa mesma tarifa por minuto excedente é cobrada no plano de 90 minutos, oferecido a um custo mensal de R$ 75,00. Um usuário optou pelo plano de 50 minutos e no primeiro mês ele falou durante 120 minutos. Se ele tivesse optado pelo plano de 90 minutos, quantos reais ele teria economizado?

(A) R$ 9,00   (B) R$ 11,00   (C) R$ 12,00   (D) R$ 13,00   (E) R$ 18,00

Q65) (CM) No mês de agosto, foram consumidos 9.375 litros de suco na cantina do Colégio Militar de Manaus. O suco é vendido em copos de 300 ml. Levando em conta que cada aluno consumiu, em média, 25 copos durante o mês, então existem no colégio:

(A) 900 alunos   (B) 1.250 alunos   (C) 1.230 alunos   (D) 1.280 alunos   (E) 1.270 alunos

Respostas dos exercícios

E1) a) 1200 g   b) 2.000.000 g   c) 500 g   d) 200 g   e) 35 g
f) 150 g   g) 750 g   h) 20 g   i) 0,02 g   j) 0,1 g
E2) a) 0,1 kg   b) 0,035 kg   c) 0,02 kg   d) 260 kg   e) 0,00005 kg
f) 0,027 kg   g) 10,5 kg   h) 0,00038 kg   i) 1700 kg   j) 0,42 kg
E3) R$ 15,00
E4) 187,5 kg
E5) a) 36.000 s   b) 3.360 s   c) 12.600 s   d) 9.020 s   e) 18.920
f) 600 s   g) 76.320 s   h) 1.800 s   i) 39.020 s   j) 86.400 s
E6) a) 14:06:30   b) 06:24:00   c) 5:02:30   d) 0:54:30   e) 16:36:20
E7) a) 0,1 L   b) 25 L   c) 300 L   d) 2.000 L   e) 1,5 L
f) 30 L   g) 2400 L   h) 5.000 L   i) 0,2 L   j) 350 L
E8) a) 0,075 m^3 b) 0,1 m^3 c) 1,5 m^3 d) 0,5 m^3 e) 10 m^3
E9) a) R$ 22,05   b) R$ 17,25   c) R$ 21,20   d) R$ 4,40   e) R$ 235,00
f) R$ 66,35   g) R$ 12,00   h) R$ 21,05   i) R$ 269,00   j) R$ 94,00
E10) a) 12000 dg, 120 dag   b) 1000 dg, 10 dag   c) 2000 dg, 20 dag
d) 200 dg, 2 dag   e) 30 dg, 0,3 dag   f) 20 dg, 0,2 dag
E11) a) 1 cg, 0,0001 hg   b) 10000 cg, 1 hg   c) 20000 cg, 2 hg
d) 40000 cg, 4 hg   e) 500 cg, 0,05 hg   f) 30000 cg, 3 hg
E12) a) 2 kg   b) 0,3 kg   c) 260 kg   d) 2,5 kg   e) 0,025 kg   f) 0,6 kg
E13) a) 1.500 s   b) 4.800 s   c) 172.800 s   d) 10.800 s
E14) a) 00:05:00   b) 2:46:40   c) 9:10:00   d) 0:05:30
E15) a) 5:11:30   b) 7:46:16   c) 0:36:40   d) 0:27:40
E16) a) 2.500 ml   b) 2.500 ml   c) 260 ml   d) 12.000 ml   e) 200.000 ml   f) 3.000.000 ml
E17) a) 360 L   b) 2000 L   c) 35 L   d) 1,8 L   e) 22 L   f) 1,35 L
E18) a) R$ 17,00   b) R$ 3,70
E19) a) R$ 24,10   b) R$ 46,80   c) R$ 66,10   d) R$ 2,80   e) R$ 18,70
E20) 110 ml
E21) 70 L
E22) R: 150
E23) 15
E24) 45
E25) 7,2 kg
E26) 205 kg
E27) 250 kg
E28) R$ 43,12
E29) 50 horas
E30) 2 h 24 min

Respostas das questões propostas

Q35) Resposta: (B)
Q36) Resposta (E)
Q37) Resposta: (C)
Q38) Resposta: (E)
Q39) Resposta: (C)
Q40) Resposta: (A)
Q41) Resposta: (C)
Q42) Resposta: (E)
Q43) Resposta: (B)

Capítulo 11 – SISTEMAS DE MEDIDAS

461

Q44) Resposta: (C)
Q45) Resposta: (C)
Q46) Resposta: (C)
Q47) Resposta: (C)
Q48) Resposta: (E)
Q49) Resposta: (D)
Q50) Resposta: (E)
Q51) Resposta: (D)
Q52) Resposta: (E)
Q53) Resposta: (C)
Q54) Resposta: (C)
Q55) Resposta: (C)
Q56) Resposta: (D)
Q57) Resposta: (B)
Q58) Resposta: (C)
Q59) Resposta: (B)
Q60) Resposta: (E)
Q61) Resposta: (D)
Q62) Resposta: (C) (Basta somar os consumos e dividir o total por 5)
Q63) Resposta: (D)
Q64) Resposta: (B)
Q65) Resposta: (B)

462   MATEMÁTICA PARA VENCER

Prova simulada

Questão 1) Valor: 0,5 (CM)
Sabendo que 3 2/3 kg de uma substância custam R$ 33,00, podemos afirmar que o preço de 3 2/5 kg dessa mesma substância será:

(A) R$ 28,60   (B) R$ 30,60   (C) R$ 32,60   (D) R$ 34,60   (E) R$ 36,60

Questão 2) Valor: 0,5 (CM)
Em janeiro de 1909, Santos Dumont recebe do Aeroclube da França sua primeira licença aeronáutica, documento correspondente aos atuais brevês, foi o primeiro brevê conferido a alguém em todo o mundo. Se colocássemos a Demoiselle em um prato da balança e Santos Dumont no outro prato, precisaríamos colocar apenas 5 quilogramas de massa no prato do brasileiro para equilibrar a balança. Sabendo que juntos a massa total é de 105 quilogramas, identifique a massa de Santos Dumont em gramas.

(A) 50   (B) 55.000   (C) 50.000   (D) 55   (E) 110.000

Questão 3) Valor: 0,5 (CM)
Em uma prova de rali, dividida em três etapas, o piloto vencedor percorreu a primeira etapa em 2h 38 min 48 s, a segunda em 2h 32 min 58 s e a terceira em 2h 30 min 52 s. O tempo total gasto pelo vencedor para realizar a prova foi de:

(A) 7h 40 min 38 s
(B) 7h 41 min 38 s
(C) 7h 42 min 38 s
(D) 7h 43 min 38 s
(E) 7h 44 min 38 s

Questão 4) Valor: 0,5 (CM)
Cada episódio de um seriado de TV tem duração de 80 min. Maria está gravando o seriado em DVDs com capacidade de 4 horas de gravação. Quantos episódios ela poderá gravar em 32 DVDs?

(A) 128 episódios.
(B) Menos de 50 episódios.
(C) 96 episódios.
(D) 130 episódios.
(E) Mais de 150 episódios.

Questão 5) Valor: 0,5 (CM)
A aluna Viviane da Escola Parque quando está de férias, costuma bronzear-se uma hora doze minutos e vinte e cinco segundos, diariamente. Quantos segundos, ela ficará exposta aos raios solares, durante três dias?

(A) 12.105   (B) 13.135   (C) 12.035   (D) 13.035   (E) 12.125

Questão 6) Valor: 0,5 (CM)
Carlos construiu uma piscina em sua casa, deixando dois canos para enchê-la e um ralo para esvaziá-la. Estando a piscina vazia, um dos canos, sozinho, permite que ela seja completamente cheia em 15 horas, e o outro cano, em 10 horas, se funcionar sozinho. Por outro lado, estando a piscina cheia, o ralo permite esvaziá-la completamente em 24 horas. Quando a obra acabou, Carlos resolveu encher a piscina, que estava vazia: abriu os dois canos, mas esqueceu de

Capítulo 11 – SISTEMAS DE MEDIDAS   463

fechar o ralo. Quanto ao número de horas que a piscina demorou para ficar totalmente cheia, podemos afirmar que:

(A) é um número primo.
(B) é um múltiplo de 4.
(C) é um divisor de 15.
(D) é um divisor de 24 e de 10.
(E) é um múltiplo de 15.

Questão 7) Valor: 0,5 (CM)
Seu José sofre de insônia. Ele passa a noite em claro escutando os barulhos da noite. Certa vez, ele notou que a torneira pingava de 5 em 5 segundos; o cachorro latia a cada 30 segundos; o gato miava a cada 45 segundos e o ar condicionado disparava a cada 180 segundos. Em um determinado momento, os quatro eventos aconteceram no mesmo instante e seu José verificou no relógio que eram 2h e 45min da madrugada. Da próxima vez que esses eventos acontecerem simultaneamente, o relógio de seu José marcará:

(A) 5h e 48min   (B) 2h e 48min   (C) 5h e 45min   (D) 3h e 15min   (E) 3h e 03min

Questão 8) Valor: 0,5 (CM)
Em uma corrida de carros, um piloto gasta 1 minuto e 12 segundos para percorrer 2150 m. Considerando que o percurso total mede 90,3 km e que foi necessário gastar 12 minutos para trocar um pneu furado durante a corrida, o tempo gasto pelo piloto para completar a prova foi igual a:

(A) 50 min e 24 seg
(B) 50 min e 40 seg
(C) 56 min e 40 seg
(D) 62 min e 24 seg
(E) 62 min e 40 seg

Questão 9) Valor: 0,5 (OBM)
Um artesão começa a trabalhar às 8h e produz 6 braceletes a cada vinte minutos; seu auxiliar começa a trabalhar uma hora depois e produz 8 braceletes do mesmo tipo a cada meia hora. O artesão pára de trabalhar às 12h mas avisa ao seu auxiliar que este deverá continuar trabalhando até produzir o mesmo que ele. A que horas o auxiliar irá parar?

(A) 12 h   (B) 12 h 30 min   (C) 13 h   (D) 13h 30 min   (E)14h 30 min

Questão 10) Valor: 0,5 (CM)
Para encher de água de um tambor, foram utilizadas: uma medida de 0,3 hl, duas medidas de 1 dal, uma medida de 5 L e uma medida de 20 dl. A capacidade do tambor é igual a:

(A) 47 L   (B) 57 L   (C) 172,3 L   (D) 209 L   (E) 210 L.

Questão 11) Valor: 0,5 (CM)
Sabe-se que o óleo existente no interior de um tonel ocupa 5/12 de sua capacidade. Se, usando todo esse óleo, é possível encher 25 latas, cada qual com volume de 1000 cm^3, a capacidade do tonel, em litros, é igual a:

(A) 0,006   (B) 0,06   (C) 0,6   (D) 6,0   (E) 60,0

464 MATEMÁTICA PARA VENCER

Questão 12) Valor: 0,5 (CM)
O volume de sangue que circula permanentemente pelo organismo equivale a 8% do peso do corpo. O peso total de uma pessoa que possui 4 kg de sangue circulando em seu corpo é:

(A) 3,2 kg   (B) 32 kg   (C) 36,8 kg   (D) 50 kg   (E) 54 kg

Questão 13) Valor: 0,5 (CM)
O preço pago por uma corrida de táxi inclui uma parcela fixa, denominada bandeirada, e uma parcela que depende da distância percorrida. Em uma cidade mineira, a bandeirada custa R$ 3,00 e cada quilômetro rodado custa R$ 1,30. Se um passageiro pagou R$ 21,85 pela corrida, qual foi a distância percorrida, em quilômetros?

(A) 11,20   (B) 12,80   (C) 13,50   (D) 14,50   (E) 14,00

Questão 14) Valor: 0,5 (CM)
O prefeito de uma cidade planeja vacinar toda a população de 2.101.083 habitantes contra um vírus Z e para isso resolve adquirir 6 m^3 da vacina. Sabendo que cada habitante deve tomar duas doses de 1,5ml, a quantidade adquirida será suficiente para realizar a tarefa pretendida?

(A) não e ficarão 202.166 pessoas sem vacinar.
(B) sim e sobrarão 202.116 doses.
(C) sim e ficarão 202.116 pessoas sem vacinar.
(D) não e ficarão 101.083 pessoas sem vacinar.
(E) não e faltarão 300.000 doses.

Questão 15) Valor: 0,5 (CM)
Rodrigo e Júnior trabalham carregando caminhões. Para carregar um caminhão, Rodrigo leva 20 minutos. Juntos, conseguem fazê-lo em 15 minutos. Em quanto tempo Júnior, sozinho, é capaz de carregar um caminhão?

(A) 15 minutos   (B) 20 minutos   (C) 35 minutos   (D) 45 minutos   (E) 60 minutos

Questão 16) Valor: 0,5 (CM)
Cláudio comprou uma moto e efetuou o pagamento da seguinte maneira: deu R$ 2.400,00 de entrada e pagou o restante em 12 prestações iguais, cada uma delas correspondendo a 1/15 do preço total da moto. O valor total que Cláudio pagou pela moto foi:

(A) R$ 7.500,00   (B) R$ 8.000,00   (C) R$ 10.200,00   (D) R$ 12.000,00   (E) R$ 12.500,00

Questão 17) Valor: 0,5 (CM)
O número de troncos de árvore de 3 m^3 de volume cada, que foram necessários derrubar para fazer os palitos de fósforos, que estão em 1.200 containeres, cada um com 12.000 pacotes com 10 caixas de 40 palitos cada, é: Dado: Considerar cada palito com 200 mm^3 de volume.

(A) 1.152   (B) 876   (C) 576   (D) 498   (E) 384

Questão 18) Valor: 0,5 (OBM)
O tanque do carro de Esmeralda, com capacidade de 60 litros, contém uma mistura de 20% de álcool e 80% de gasolina ocupando metade de sua capacidade. Esmeralda pediu para colocar álcool no tanque até que a mistura ficasse com quantidades iguais de álcool e gasolina. Quantos litros de álcool devem ser colocados?

(A) 18   (B) 21   (C) 5   (D) 24   (E) 12

Capítulo 11 – SISTEMAS DE MEDIDAS 465

Questão 19) Valor: 0,5 (OBM)
Uma empresa de telefonia celular oferece planos mensais de 60 minutos a um custo mensal de R$ 52,00, ou seja, você pode falar durante 60 minutos no seu telefone celular e paga por isso exatamente R$ 52,00. Para o excedente, é cobrada uma tarifa de R$ 1,20 cada minuto. A mesma tarifa por minuto excedente é cobrada no plano de 100 minutos, oferecido a um custo mensal de R$ 87,00. Um usuário optou pelo plano de 60 minutos e no primeiro mês ele falou durante 140 minutos. Se ele tivesse optado pelo plano de 100 minutos, quantos reais ele teria economizado?

(A) 10   (B) 11   (C) 12   (D) 13   (E) 14

Questão 20) Valor: 0,5 (CN)
Uma pessoa comprou uma geladeira para pagamento à vista, obtendo um desconto de 10%. Como a balconista não aceitou o seu cheque, ele pagou com 119.565 moedas de um centavo. O preço da geladeira sem desconto é:

(A) R$1.284,20   (B) R$1.284,50   (C) R$1.328,25   (D) R$1.328,50   (E) R$1.385,25

Solução da prova simulada

Gabarito

1	B	6	B	11	E	16	D
2	C	7	B	12	D	17	E
3	C	8	D	13	D	18	A
4	C	9	D	14	D	19	D
5	D	10	B	15	E	20	D

Soluções

Questão 1)
$3\ 2/3$ kg = R\$ 33,00
1 kg = R\$ 33,00 / (3 2/3) = R\$ 9,00
$3\ 2/5$ kg = 17/5 kg x R\$ 9,00 = R\$ 30,60
Resposta: (B)

Questão 2)
105 + 5 = 110
110/2 = 55
Avião: 55 kg
S.D. = 50 kg = 50.000 g
Resposta: (C)

Questão 3)
2:38:48+2:32:58+2:30:52 = 7:42:38
Resposta: (C)

Questão 4)
4 x 60 min = 240 min
240 min / 80 min = 3 episódios por DVD
32 x 3 = 96
Resposta: (C)

Questão 5)
1:12:25 x 3 = (3600 s + 720 s + 25 s) x 3 = 4345 s x 3 = 13.035 s
Resposta: (D)

Questão 6)
Enche em 15 h ➔ 1 h = 1/15
Enche em 10 h ➔ 1 h = 1/10
Esvazia em 24 h ➔ 1 h = -1/24

1/15 + 1/10 – 1/24 = 1/8
Encherá em 8 horas
Resposta: (B)

Questão 7)
MMC(5, 30, 45, 180) = 180 s = 3 min
2 h 45 min + 3 min = 2h 48 min
Resposta: (B)

Capítulo 11 – SISTEMAS DE MEDIDAS 467

Questão 8)
2 min 12 s = 6/5 min = 2150 m
Nº de voltas: 90300 m / 2150 m = 42
42 x 6/5 = 50,4 min = 50 min 24 s
50 min 24 s + 12 min = 1 h 2 min 24 s
Resposta: (D)

Questão 9)
8-9:   18
9-10:   18   +16
10-11:   18   +16
11-12:   18   +16
          =72   =48
O assistente precisa produzir mais 24 peças, trabalhará durante 1 hora e meia
12:00:00 + 1:30:00 = 13:30:00
Resposta: (D)

Questão 10)
30 L + 2 x 10 L + 5L + 2 L = 57 L
Resposta: (B)

Questão 11)
5/12 do tonel = 25 L
Tonel = 60 L
Resposta: (E)

Questão 12)
4kg / 8% = 50 kg
Resposta: (D)

Questão 13)
R$ 3,00 + R$ 1,30 por km
21,85 – 3 = 18,85
18,85 / 1,30 = 14,5 km
Resposta: (D)

Questão 14)
6 m^3 = 6000 L = 6.000.000 ml
1 pessoa = 2 x 1,5 ml = 3 ml
6.000.000 ml / 3 ml = 2.000.000
Vai faltar vacina para 101.083 pessoas.
Resposta: (D)

Questão 15)
Rodrigo: 3 caminhões/hora
Juntos: 4 caminhões/hora
Júnior: 1 caminhão/hora
60 minutos
Resposta: (E)

Questão 16)
2.400 + 12 x 1/15 do preço = 2.400 + 4/5 do preço
Então 2.400 é 1/5 do preço

468 MATEMÁTICA PARA VENCER

Preço de R$ 12.000,00
Resposta: (D)

Questão 17)
$$\frac{200\times40\times10\times12000\times1200}{1.000.000.000} = 384$$
Resposta: (E)

Questão 18)
60 L ➜ 30 L ➜ 6 L de álcool e 24 L de gasolina; adicionar 18 L de álcool
Resposta: (A)

Questão 19)
R$ 52,00 + 80 x R$ 1,20
R$ 87,00 + 40 x R$ 1,20
Aumentou R$ 35,00 e reduziu R$ 48,00 = Reduziu R$ 13,00
Resposta: (D)

Questão 20)
119.565 x R$ 0,01 = R$ 1.195,65
R$ 1.195,65/0,9 = R$ 1328,50
Resposta: (D)

Capítulo 12

Medidas geométricas

Este capítulo trata exclusivamente das medidas geométricas, ou seja, que estão relacionadas com figuras geométricas. Para que possam ser empregadas, precisamos ter algumas noções de geometria.

Podemos dividir a geometria em duas partes:

a) Geometria plana
Trata de figuras geométricas localizadas em um plano: ponto, reta, semi-reta, segmento de reta, triângulos, quadriláteros, círculos, etc. Trata ainda de medidas sobre essas figuras, como perímetro e área.

b) Geometria espacial
Trata de figuras geométrica localizadas em múltiplos planos ou no espaço. Além de todos os elementos da geometria plana, a geometria espacial trata também de sólidos, como esfera, pirâmide, prisma, paralelepípedo, etc. Trata ainda dos volumes desses sólidos.

Vamos apresentar algumas noções básicas de geometria plana, e um pouco de geometria espacial, para que possamos atingir nossos objetivos para este capítulo, que é o cálculo de perímetros, áreas e volumes.

Elementos de geometria plana

As questões de geometria mais comuns são as que pedem áreas, volumes e perímetros de figuras geométricas. As figuras geométricas podem ser especiais ou planas. O perímetro de um polígono é a soma das medidas dos seus lados. Polígono é uma seqüência de segmentos de reta, segmento de reta é a parte de uma reta compreendida entre dois pontos. Mas o que é uma reta e o que é um plano?

Ponto, reta, plano

O ponto, a reta e o plano são chamados *conceitos primitivos* da geometria. Eles são o ponto de partida para toda a geometria, e não podem ser definidos com base em conceitos anteriores, simplesmente porque não existem conceitos anteriores. Devemos aceitar a noção de ponto, reta e plano de forma intuitiva. Ponto é ponto, reta é reta, plano é plano, é só isso.

A figura 1 mostra os pontos A, B e C. Usamos letras maiúsculas para representar os pontos. Já as retas são representadas por letras minúsculas. Quando três pontos podem ser colocados sobre uma mesma reta, dizemos que os pontos são *colineares*. Na figura 1, os pontos M, N e P são colineares. Já os pontos A, B e C são ditos *não colineares*.

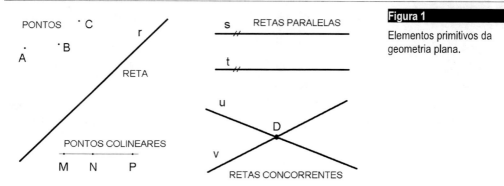

Figura 1
Elementos primitivos da geometria plana.

Duas retas localizadas em um plano podem ser *paralelas* ou *concorrentes*. Retas paralelas nunca se encontram, ou seja, não existe um ponto comum entre as duas (exceto se forem retas coincidentes, ou seja, uma sobre a outra, quando todos os pontos de uma reta pertencem também à outra reta). Quando duas retas são tais que existe um único ponto que pertence às duas, como o ponto D da figura 1, dizemos que essas retas são *concorrentes*. O ponto de encontro das duas retas é chamado *ponto de interseção*. Aqui podemos usar um pouco de teoria dos conjuntos para caracterizar essas retas. Na figura 1, temos:

a) s//t, ou seja, s∩t = Ø

b) se as retas s e t são concorrentes, então s∩t é um conjunto unitário, no caso, {D}.

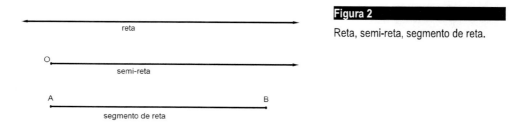

Figura 2
Reta, semi-reta, segmento de reta.

A figura 2 mostra a diferença entre reta, semi-reta e segmento de reta. A reta prolonga-se até o infinito, nos dois sentidos. A semi-reta tem um ponto inicial, chamado *origem*, e apenas um prolongamento até o infinito. Já o segmento de reta é duplamente limitado: tem duas extremidades. O segmento de reta é a parte de uma reta compreendida entre dois pontos. Os lados dos triângulos, quadriláteros e outros polígonos são segmentos de reta. A reta que passa pelas duas extremidades de um segmento de reta é chamada *reta suporte* do segmento.

Ângulos

Ângulo é uma das quatro partes nas quais um plano fica dividido quando é cortado por duas retas concorrentes (figura 3). Chamamos de *lados* do ângulo, as duas semi-retas que partem do ponto de interseção e delimitam a fronteira do ângulo. Este ponto origem dos lados é chamado *vértice* do ângulo.

Observe que na verdade, quando duas retas se encontram, elas dividem o plano em quatro ângulos.

Capítulo 12 – MEDIDAS GEOMÉTRICAS 471

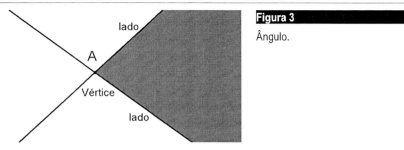

Figura 3
Ângulo.

Os ângulos ocupam uma área que vai até o infinito, mas também possuem medida. A medida de um ângulo não é a medida desta área, e sim, uma medida que diz que os seus lados estão mais juntos (*ângulo agudo*) ou mais separados (*ângulo obtuso*). O ângulo que não é nem agudo, nem obtuso, é chamado *ângulo reto*. O símbolo mostrado na figura 4 é usado para identificar um ângulo reto. Encontramos ângulos retos, por exemplo, no quadrado e no retângulo.

Quando um ângulo é reto, as duas retas que dividem o plano são ditas *perpendiculares*.

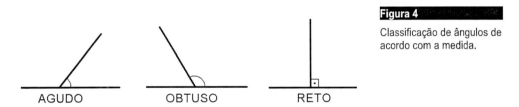

Figura 4
Classificação de ângulos de acordo com a medida.

Na maioria das vezes não estamos interessados em toda a região infinita que delimita o ângulo. Ao invés disso, queremos apenas ter uma idéia da sua medida, que representa o grau de afastamento dos seus lados. Um caso típico é a indicação dos ângulos de um triângulo, como mostra a figura 5.

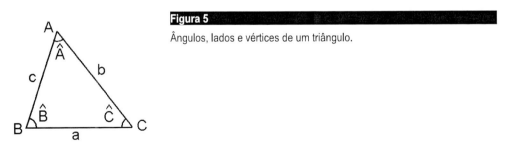

Figura 5
Ângulos, lados e vértices de um triângulo.

Na figura 5, temos:
A, B e C: Vértices do triângulo.

$\overline{AB}$, $\overline{BC}$ e $\overline{CA}$: Lados do triângulo. Muitas vezes indicamos as medidas dos lados, ao invés de indicar os segmentos de reta que os compõem. Na figura 5, os lados são a, b e c. Usamos letras minúsculas para indicar as medidas dos lados, e letras maiúsculas para indicar os vértices. As medidas dos ângulos podem ser indicadas de várias formas. Uma delas é indicar a letra do ser vértice com um símbolo "^" em cima, como mostra a figura 5. Também podemos indicar os nomes dos ângulos com base nos vértices contidos. Por exemplo, o ângulo A pode ser indicado como ângulo BÂC.

Posições relativas de retas

Já vimos que duas retas podem ser paralelas ou concorrentes (figura 6). Quando retas concorrentes formam ângulos retos, dizemos que são retas *perpendiculares*.

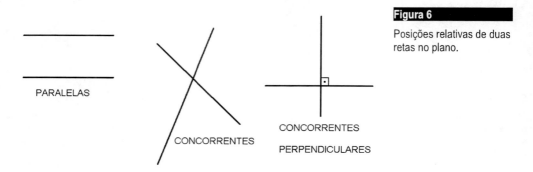

Figura 6
Posições relativas de duas retas no plano.

Polígono

No estudo da geometria existem vários conceitos que precisam ser apresentados. É muito importante o estudo dos triângulos e quadriláteros, mas primeiro precisamos apresentar o conceito de *polígono*. Acompanhe pela figura 6:

Linha poligonal: é uma seqüência de segmentos de reta, AB, BC, CD, DE, EF..., de tal forma que a segunda extremidade de cada um é a primeira extremidade do segmento seguinte.

Polígono: é uma *linha poligonal fechada* ou seja, o final do último segmento é o inicio do primeiro segmento.

Polígono convexo: é um polígono tal que, qualquer reta que o corte, sempre determinará um único segmento.

Polígono não convexo: é um polígono tal que seja possível cortá-lo por uma reta determinando mais de um segmento.

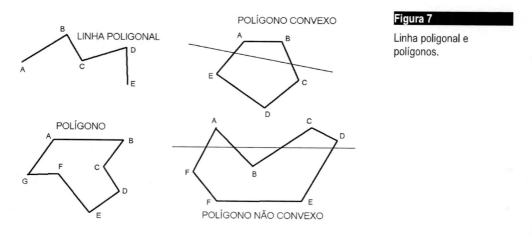

Figura 7
Linha poligonal e polígonos.

Capítulo 12 – MEDIDAS GEOMÉTRICAS

Os polígonos são classificados de acordo com o número de lados (figura 7):

3 lados: triângulo
4 lados: quadrilátero
5 lados: pentágono
6 lados: hexágono
7 lados: heptágono
8 lados: octógono
9 lados: eneágono
10 lados: decágono

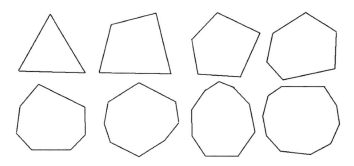

Figura 8
Polígonos de 3 a 10 lados.

Polígonos regulares: são polígonos convexos que têm todos os lados iguais e todos os ângulos iguais. A figura 9 mostra alguns polígonos regulares:

- Triângulo equilátero
- Quadrado
- Pentágono regular
- Hexágono regular
- Heptágono regular
- Octógono regular

Como vemos, um triângulo regular é chamado de triângulo equilátero. Um quadrilátero regular é chamado quadrado.

Figura 9
Polígonos regulares de 3, 4, 5, 6, 7 e 8 lados.

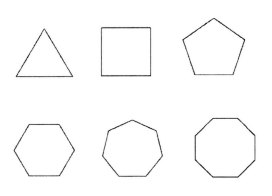

Alguns elementos dos polígonos

Para conhecer polígonos, é preciso dar nomes a alguns de seus elementos (nomes são importantes, lembra?). Vejamos os nomes dos principais elementos dos polígonos (figura 10).

Vértices: São os pontos extremos dos segmentos de reta que formam o polígono.

Lados: São os segmentos de reta que formam os polígonos. Na figura 10, os lados são AB, BC, CD, DE, EF e FA.

Ângulos internos: São ângulos entre dois lados consecutivos (ou adjacentes), voltados para a parte interior do polígono.

Diagonais: São segmentos de reta que ligam dois lados não adjacentes. Por exemplo, do vértice A partem 3 diagonais: AC, AD e AE. Os segmentos AB e AF não são diagonais, são lados. Se um polígono tem n lados, de cada vértice é possível traçar n-3 diagonais.

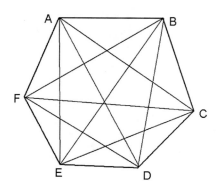

Figura 10
Polígono e seus elementos.

Triângulos

Um triângulo é um polígono de 3 lados. É sempre convexo e não tem diagonais. Pode ser classificado de várias formas, dependendo dos seus lados (figura 11).

Triângulo equilátero: tem 3 lados iguais. Seus ângulos também são iguais

Triângulos isósceles: tem 2 lados iguais. Dois dos seus ângulos também são iguais.

Triângulo retângulo: tem um ângulo reto, ou seja, dois dos seus lados são perpendiculares.

Triângulo escaleno: possui necessariamente os três lados diferentes, e em conseqüência, os três ângulos também são diferentes.

Triângulo acutângulo: seus três ângulos são agudos.

Triângulo obtusângulo: possui um ângulo obtuso, ou seja, maior que o ângulo reto.

Capítulo 12 – MEDIDAS GEOMÉTRICAS 475

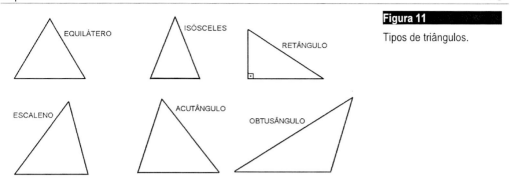

Figura 11
Tipos de triângulos.

Note que um triângulo eqüilátero também é isósceles. Um triângulo retângulo pode ser isósceles, nesse caso é chamado triângulo retângulo isósceles. Para obter um triângulo desse tipo, basta dividir um quadrado ao meio, através de uma diagonal.

Quadriláteros

Quadriláteros são polígonos de 4 lados. Possuem duas diagonais. Recebem várias classificações, de acordo com seus lados e ângulos (figura 12).

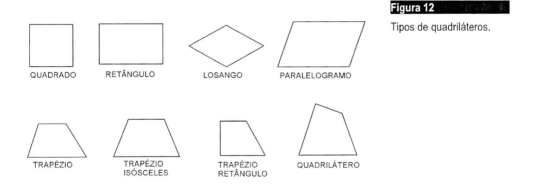

Figura 12
Tipos de quadriláteros.

Trapézio: tem dois lados paralelos. Um trapézio pode ser qualquer, isósceles ou retângulo.

Paralelogramo: é todo quadrilátero que tem lados opostos paralelos.

Losango: é um paralelogramo que tem os quatro lados iguais. Seus ângulos opostos também são iguais, dois a dois.

Retângulo: é um paralelogramo que tem os quatro ângulos iguais (ângulos retos). Seus lados adjacentes são perpendiculares.

Quadrado: é ao mesmo tempo um losango e um retângulo. Seus quatro lados são iguais, e seus quatro ângulos também são iguais (retos).

Círculo e circunferência

A circunferência é a linha curva, formadas por pontos localizados à mesma distância de um ponto dado. Esse ponto é o centro da circunferência. A distância entre os pontos da circunferência e o seu centro é chamada de *raio*. Qualquer segmento de reta que liga dois pontos da circunferência e passa pelo centro, como AB na figura 13, é chamado *diâmetro*. A medida do diâmetro é o dobro do raio.

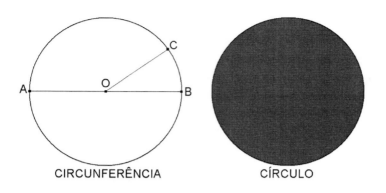

Figura 13
Circunferência e círculo.

CIRCUNFERÊNCIA   CÍRCULO

O círculo é a região do plano que fica no interior da circunferência.

Perímetro

O perímetro de uma figura plana é a soma das medidas dos seus lados. No caso de polígonos, basta somar as medidas. Na figura 14, o perímetro do triângulo é 10+11+12 = 33, e o perímetro do retângulo é 8+12+8+20 = 40.

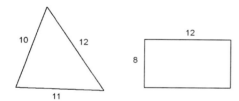

Figura 14
Perímetros do triângulo e do retângulo.

Os perímetros dos triângulos da figura 16 são:

6+6+6 = 18 (triângulo eqüilátero)
6+6+4 = 16
3+4+5 = 12
5+6+7 = 18
6+7+6,5 = 19,5
6+7+9 = 22

Capítulo 12 – MEDIDAS GEOMÉTRICAS   477

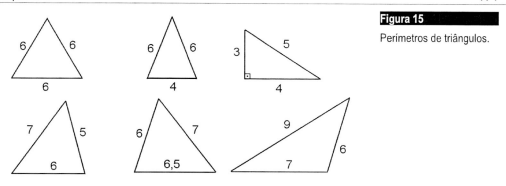

Figura 15
Perímetros de triângulos.

É fácil calcular perímetros de quadriláteros, basta somar as medidas dos seus lados.

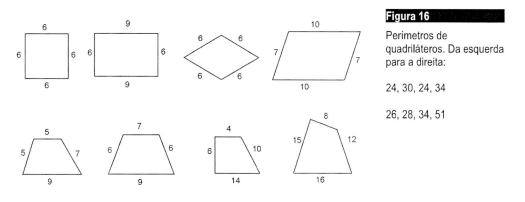

Figura 16
Perímetros de quadriláteros. Da esquerda para a direita:

24, 30, 24, 34

26, 28, 34, 51

Exercícios

E1) Calcule os perímetros dos seguintes polígonos:
a) Quadrado de lado 12
b) Retângulo com lados 3 e 4
c) Losango com lado 10
d) Triângulo com lados 5, 6 e 8
e) Paralelogramo com lados 5 e 7

E2) Num terreno retangular com medidas 30 metros x 40 metros, foi construída uma casa no centro do terreno, com distância de 5 metros de cada muro. Qual é o perímetro da casa?

Área

Área é a medida da região interior a um polígono. As áreas mais importantes, e mais comuns nas provas são as do quadrado e do retângulo. Para saber a área do quadrado, basta multiplicar dois de seus lados. Para calcular a área do retângulo, multiplicamos dois de seus lados diferentes:

Área do quadrado: a x a
Área do retângulo: a x b

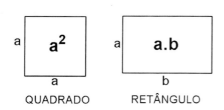

Figura 17
Áreas do quadrado e do retângulo.

Exemplo:
Calcule a área de um quadrado de lado 6 m e de um retângulo de lados 5 m e 8 m

Quadrado: A = 6x6 = 36; Retângulo: A=5x8 = 40

Resposta: O quadrado tem 36 m² e o retângulo tem 40 m²

Propriedade:
A diagonal de um quadrado divide sua área em duas partes iguais.
A diagonal de um retângulo divide sua área em duas partes iguais.

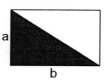

Figura 19
Áreas divididas ao meio.

Na figura 19, as áreas das partes escuras são:
Quadrado: A = a²/2
Retângulo: A = (a.b)/2

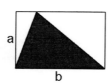

Figura 20
Áreas divididas ao meio.

É fácil ver na figura 19 que as áreas hachuradas valem respectivamente a metade da área do quadrado e a metade da área do retângulo, mas isso não é tão óbvio na situação da figura 20. Se tomarmos um ponto qualquer de um dos lados do quadrado e o ligarmos aos dois vértices no lado oposto, formaremos um triângulo cuja área é igual à metade da área do quadrado. Também no caso do retângulo (figura 20), a área do triângulo hachurado é a metade da área do retângulo. É fácil entender porquê se observarmos a figura 21.

Capítulo 12 – MEDIDAS GEOMÉTRICAS

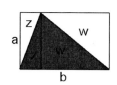

Figura 21
Áreas divididas ao meio.

Se traçarmos no quadrado uma perpendicular, ficaremos com dois retângulos. As áreas hachuradas em cada triângulo formado (x e y) são respectivamente as metades das áreas dos dois retângulos (2x e 2y). Então a área do triângulo formado é a metade da área do quadrado. A mesma análise serve para o retângulo da figura 21.

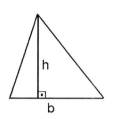
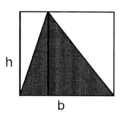

Figura 22
Área do triângulo.

Esta análise serve para encontrarmos a fórmula da área do triângulo: (base x altura)/2, como mostra a figura 22. A altura é um segmento que parte de um vértice e é perpendicular ao lado oposto. A área do triângulo é igual à metade da área de um retângulo de lados b e h, como mostra a figura 22. Como a área do retângulo é b.h, a área do triângulo é (b.h)/2.

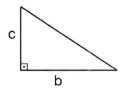
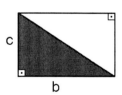

Figura 23
Área do triângulo retângulo.

Este princípio também serve para entendermos a fórmula da área do triângulo retângulo: (b.c)/2, ou seja, basta multiplicar os lados perpendiculares e dividir por 2. Como vemos na figura 23, a área do triângulo retângulo é a metade da área do retângulo mostrado, o seja, (b.c)/2.

Um outro resultado muito interessante sobre áreas é o que ocorre com o perímetro e com a área de um polígono quando aumentamos seus lados na mesma proporção. Na figura 24, temos um quadrado de lado 10. Seu perímetro é 40 e sua área é 10x10 = 100. A seguir, tomamos um outro quadrado com lado duas vezes maior. Vemos que o perímetro deste outro quadrado é 20+20+20+20=80, e a área é 20x20 = 400. Vemos que o perímetro ficou duas vezes maior, e a área ficou 4 vezes maior. Isso acontece sempre que multiplicamos os lados de uma figura geométrica por um fator: o perímetro fica multiplicado por este fator e a área fica multiplicada pelo quadrado deste fator. Em resumo:

Dobrando o lado do quadrado ➜ O perímetro fica 2 vezes maior e a área, 4 vezes maior

Triplicando o lado do quadrado ➔ O perímetro fica 3 vezes maior e a área, 9 vezes maior
Quadruplicando o lado do quadrado ➔ O perímetro fica 4x maior e a área, 16x maior
Quintuplicando o lado do quadrado ➔ O perímetro fica 5x maior e a área, 25x maior.

Podemos também ter a situação inversa, ou seja, se o lado do quadrado fica 2 vezes menor, então o perímetro fica 2 vezes menor e a área, 4 vezes menor.

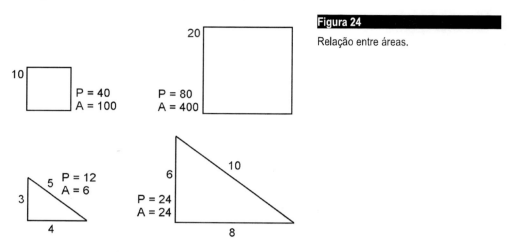

Figura 24
Relação entre áreas.

Resultados semelhantes ocorrem com triângulos e outros polígonos. Na figura 23, o primeiro triângulo tem lados 3, 4 e 5, com perímetro 12 e área 6. Construímos um triângulo com lados duas vezes maiores. O perímetro fica duas vezes maior e a área, 4 vezes maior.

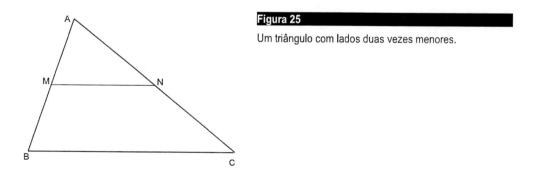

Figura 25
Um triângulo com lados duas vezes menores.

A mesma situação ocorre no triângulo da figura 25. Tomamos os pontos M e N, pontos médios dos lados AB e AC. A área do triângulo AMN é igual a 1/4 da área do triângulo ABC, como mostra a figura 26. Para isto, tomamos também o ponto médio do lado AB, e ficamos assim com 4 triângulos iguais. A área de cada um deles é então, 1/4 da área do triângulo ABC.

Capítulo 12 – MEDIDAS GEOMÉTRICAS

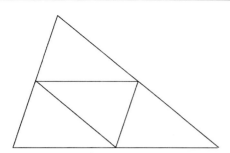

Figura 26
Formando quatro triângulos iguais.

Exemplo:
Calcule a área da figura abaixo

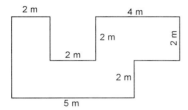

Solução:
É fácil perceber que a figura é composta de um quadrado mais dois retângulos. Basta então somar as áreas.

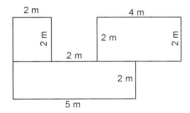

2x2 + 4x2 + 5x2 = 22 m²

Nem sempre a divisão em retângulos é tão fácil assim. Vejamos um outro exemplo que não pode ser feito por este processo:

Exemplo:
Calcule a área da figura abaixo:

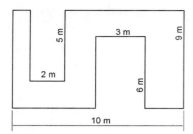

Solução:
Nesse caso, se tentarmos dividir a figura em retângulos, ficaremos sem saber vários dos seus lados e não conseguiremos calcular as áreas. No nosso exemplo não temos como calcular as medidas indicadas com "?".

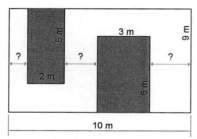

Ao invés disso faremos o seguinte: Calcularemos a área do retângulo grande (lados 9 m e 10 m) e subtrairemos as áreas dos dois retângulos menores, indicados em cinza na figura acima. A área pedida pelo problema será:

10x9 − 5x2 − 3x6 = 62 m².

Exercícios

E3) Calcule a área de um terreno retangular com 20 metros de largura e 40 metros de profundidade.

E4) Calcule a área de um triângulo retângulo no qual os dois lados menores valem 4 cm e 8 cm.

E5) Calcule a área de um triângulo com base 5 cm e altura 4 cm.

E6) Calcule a área do paralelogramo da figura.

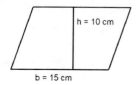

E7) Calcule a área de um losango cujas diagonais medem 6 cm e 10 cm

Capítulo 12 – MEDIDAS GEOMÉTRICAS   483

Elementos de geometria espacial

A geometria espacial é um assunto bem mais complexo, estudado no ensino médio. Por hora, é importante saber calcular o volume de sólidos como o cubo e o paralelepípedo retângulo.

Sólidos geométricos

Existem inúmeros sólidos geométricos estudados na geometria espacial. A figura 27 mostra alguns brinquedos com formatos desses sólidos:

- Cubo
- Paralelepípedo retângulo
- Pirâmide
- Prisma
- Cilindro
- Cone
- Esfera

Figura 27
Sólidos geométricos.

A figura 28 mostra um sólido bastante conhecido: a pirâmide de base triangular. Possui 4 vértices, 4 faces e 6 arestas.

Figura 28
Pirâmide de base triangular.

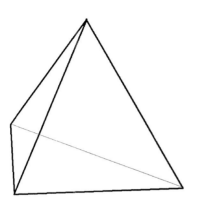

Vértices são os pontos de onde partem os segmentos de reta que, unidos, formarão o sólido. As faces são polígonos que têm seus lados unidos dois a dois. A junção de duas faces é chamada aresta do sólido.

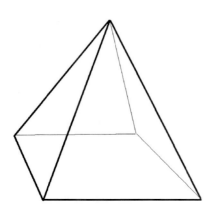

Figura 29
Pirâmide de base quadrada.

Vários tipos de pirâmides podem ser construídas da seguinte forma: tomamos um polígono qualquer, que será a base da pirâmide. De um ponto fora do plano da base, traçamos vários segmentos que ligam este ponto aos vértices da base. Na figura 29 construímos uma pirâmide partindo de uma base quadrada. As pirâmides do Egito possuem este formato.

O cubo é um sólido geométrico dos mais importantes. Possui 8 vértices, 6 faces e 12 arestas. Suas arestas são perpendiculares entre si, e todas as suas faces são quadrados de lados iguais.

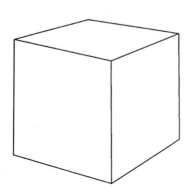

Figura 30
Cubo.

O paralelepípedo retângulo (figura 31) também aparece com freqüência na vida cotidiana. É o "formato da caixa". A maioria das construções possuem este formato. Seus lados são retângulos.

Capítulo 12 – MEDIDAS GEOMÉTRICAS

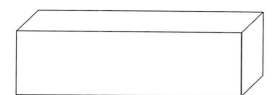

Figura 31
Paralelepípedo retângulo.

Um paralelepípedo retângulo 12 arestas com possui três medidas iguais, quatro a quatro. Significa que quatro arestas paralelas têm medidas iguais, outras quatro têm medidas iguais entre si, e as outras quatro têm medidas iguais entre si. Essas medidas podem ser chamadas de comprimento, altura, largura, profundidade, etc. Para a geometria, não é importante o nome que é dado a cada uma das medidas.

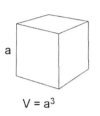
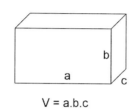

Figura 31
Volume do cubo
Volume do paralelepípedo retângulo.

Para calcular o volume do cubo, basta multiplicar sua aresta 3 vezes (a.a.a), ou seja a^3 (por isso é chamado de *a elevado ao cubo*.

Para calcular o volume do paralelepípedo retângulo, basta multiplicar 3 arestas perpendiculares (largura, comprimento, altura).

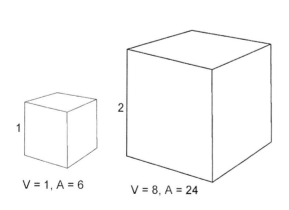

Figura 32
Relação entre volumes.

A figura 32 mostra outro resultado interessante que é muito explorado em provas. Quando dobramos as dimensões de um sólido geométrico, a soma das suas áreas fica 4 vezes maior e o seu volume fica 9 vezes maior. O aumento aplicado na dimensão é refletido elevado ao quadrado na área lateral, e elevado ao cubo no volume (também na massa).

Exercícios

E8) Calcule o volume de um cubo de aresta 10 cm

E9) Calcule a soma das áreas das faces de um cubo de aresta 4 cm

E10) Calcule o volume de um paralelepípedo retângulo de arestas 3, 5 e 8 cm

Medidas de comprimento

O metro é a medida básica de comprimento, e também é usado para medir áreas e volumes (m^2 e m^3 – metro quadrado e metro cúbico).

Antes do metro (símbolo m) ser criado, eram usadas outras medidas exóticas para definir comprimentos, como a polegada e o pé (baseado no tamanho do polegar e do pé de um certo rei). O metro foi definido com base nas dimensões do nosso planeta: vale 1/40.000 da distância entre um pólo e a linha do equador. Hoje o metro tem o mesmo valor, mas é definido por processos físicos mais complexos, que não vêm ao caso no momento.

Para medir distâncias menores, foram criados submúltiplos do metro:

Decímetro: 1/10 do metro   : 1 dm = 0,1 m
Centímetro: 1/100 do metro   : 1 cm = 0,01 m
Milímetro: 1/1000 do metro   : 1 mm = 0,001 m

Em conseqüência, temos:
1 dm = 10 cm
1 cm = 10 mm
1 dm = 100 mm
1 m = 10 dm = 100 cm = 1000 mm

Entre essas três unidades, são mais usadas o centímetro e o milímetro.

Existem ainda os múltiplos do metro, para medir distâncias maiores:

Decâmetro = 10 metros   : 1 dam = 10 m
Hectômetro = 100 metros   : 1 hm = 100 m
Quilômetro = 1000 metros   : 1 km = 1000 m

Em conseqüência, temos:
1 hm = 10 dam
1 km = 10 hm = 100 dam = 1000 m

Entre essas unidades, o quilômetro é a mais usada. Raramente usamos hm e dam na vida cotidiana (exceto em questões de provas).

Enquanto você ainda está aprendendo, use o diagrama abaixo para conversão das unidades de comprimento. As unidades maiores estão à esquerda, as menores estão à direita. Por exemplo, para passar de metros para milímetros é preciso multiplicar por 10 três vezes. 5,2 metros resultarão em 5200 milímetros. Basta andar com a vírgula para a direita três casas.

| km | 10 ↔ | hm | 10 ↔ | dam | 10 ↔ | m | 10 ↔ | dm | 10 ↔ | cm | 10 ↔ | mm |

Capítulo 12 – MEDIDAS GEOMÉTRICAS

Exercícios

E11) Converter para metros
a) 2,3 km
b) 6 hm
c) 25 dam
d) 35 dm
e) 120 cm
f) 1500 mm

E12) Converter para km
a) 32.000 m
b) 400 m
c) 40.000 cm
d) 5 hm

Medidas de área

Todas as medidas de comprimento, quando são elevadas ao quadrado, tornam-se medidas de área. Exemplos:

1 mm² = área de um quadrado com 1 mm de lado
1 cm² = área de um quadrado com 1 cm de lado
1 dm² = área de um quadrado com 1 dm de lado
1 m² = área de um quadrado com 1 m de lado
1 dam² = área de um quadrado com 1 dam de lado
1 hm² = área de um quadrado com 1 hm de lado
1 km² = área de um quadrado com 1 km de lado

À primeira vista, muitos pensam que 1 km² vale 1000 m², que 1 m² vale 1000 mm², e assim por diante, mas isso está ERRADO.

Lembra-se que ensinamos que quando dobramos o lado de um quadrado, sua área fica 4 vezes maior? Pois bem quando multiplicamos o lado de um quadrado por 10, sua área fica 100 vezes maior. E quando multiplicamos o lado de um quadrado por 1000, sua área fica 1.000.000 de vezes maior. Então, temos.

1 km² = 1.000.000 m²
1 m² = 1.000.000 mm²

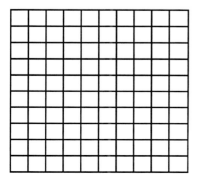

O quilômetro quadrado vale um milhão de metros quadrados, e não 1000, e o metro quadrado vale 1 milhão de mm², e não 1000.

488 MATEMÁTICA PARA VENCER

Fica fácil ver essa relação quando comparamos o dm^2 com o cm^2. O decímetro vale 10 centímetros, mas um quadrado com 1 dm de lado tem 100 quadrados com 1 cm de lado, ou seja, sua área é 100 vezes maior.

Exemplo:
Um retângulo mede 0,3 m por 2 dm. Qual é a sua área em centímetros quadrados?

Solução:
O ideal é passar todas as medidas para centímetros, pois queremos a área no final em centímetros quadrados. Então as dimensões do retângulo são:
0,3 m = 30 cm
2 dm = 20 cm
Área = 30 cm x 20 cm = 600 cm^2

Exemplo:
Um retângulo mede 50 cm por 60 cm. Qual é a sua área em metros quadrados?

Solução:
Nesse caso vamos passar todas as medidas para metros.
50 cm = 0,5 m
60 cm = 0,6 m
Área = 0,5 m x 0,6 m = 0,30 m^2, que é o mesmo que 0,3 m^2.

Exemplo:
Um terreno retangular mede 0,5 km por 0,4 km. Qual é a sua área em metros quadrados?

Solução:
Convertendo as medidas para metros, ficamos com:
0,5 km = 500 m
0,4 km = 400 m
Área = 500 m x 400 m = 200.000 m^2

Exercícios

E13) Calcule as áreas dos seguintes retângulos em m^2:
a) 200 cm x 4 dm
b) 300 mm x 0,5 dam
c) 0,2 km x 30 dam
d) 0,1 hm x 2 dam
e) 20 cm x 30 cm

Medidas de volume

Da mesma forma como as unidades de comprimento podem ser elevadas ao quadrado para medir áreas, podem ser elevadas ao cubo para medir volumes. Temos então as unidades como metro cúbico, centímetro cúbico, etc.

1 mm^3 = volume de um cubo com 1 mm de lado
1 cm^3 = volume de um cubo com 1 cm de lado = 1 mililitro = 0,001 L
1 dm^3 = volume de um cubo com 1 dm de lado = 1 litro
1 m^3 = volume de um cubo com 1 m de lado = 1000 litros
1 dam^3 = volume de um cubo com 1 dam de lado
1 hm^3 = volume de um cubo com 1 hm de lado

Capítulo 12 – MEDIDAS GEOMÉTRICAS   489

1 km³ = volume de um cubo com 1 km de lado

Apesar de existirem e serem usadas em alguns casos, as unidades dam³, hm³ e km³ não pouco usadas na prática. O metro cúbico é a unidade mais usada para expressar grandes volumes.

Como o metro vale 1000 milímetros, é um erro comum pensar que 1 m³ vale 1000 mm³, o que está ERRADO. Já comentamos que quando multiplicamos a aresta de um cubo por um valor, seu volume é multiplicado pelo cubo deste valor. Então, m³ vale 1 bilhão de mm³.

É importante entender então a relação entre m³, dm³ e cm³.

1 m = 10 dm   ➔ 1 m³ = 1000 dm³ = 1000 L
1 dm = 10 cm   ➔ 1 dm³ = 1000 cm³ = 1000 ml

É exatamente o que mostra a figura abaixo. O cubo representa o volume de 1 litro. Cada lado tem 1 dm = 10 cm. O lado tem 10 divisões, o volume do cubo grande tem 10000 cubos pequenos.

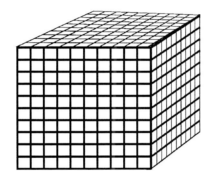

A melhor forma de resolver problemas de volume na unidade certa é passar todas as medidas para a mesma unidade. Se é pedido o volume em litros, então passe todas as unidades de comprimento para dm. O resultado será dado em litros. Se for pedido o volume em metros cúbicos, passe todas as unidades para litros. O resultado será dado em metros cúbicos.

| m³ | ↔ 1000 ↔ | dm³ (litro) | ↔ 1000 ↔ | cm³ (ml) |

Exemplo: (CM)
Uma caixa d'água possui formato cúbico. Sabendo que a sua altura é de 1,5 m, determine sua capacidade total.

(A) 3,375 litros   (B) 4,5 litros   (C) 3375 litros   (D) 3000 litros   (E) 4500 litros

Solução:
Queremos o resultado em litros, então devemos passar todas as unidades de comprimento para dm. A aresta do cubo vale 1,5 m = 15 dm. Então o volume será

(15 dm)³ = 15x15x15 dm³ = 3375 dm³ = 3375 L

Resposta: (C)

490 MATEMÁTICA PARA VENCER

Exemplo: (CM)

Um depósito de material para construção utiliza um caminhão basculante para transportar areia. As dimensões internas da carroceria do caminhão em forma de paralelepípedo retângulo são: 34 dm de comprimento, 2,10 m de largura e 8 dm de altura. A quantidade de areia que este caminhão pode carregar, em metros cúbicos, é:

(A) $0,5712 \text{ m}^3$ (B) $5,712 \text{ m}^3$ (C) $57,12 \text{ m}^3$ (D) $571,2 \text{ m}^3$ (E) 5712 m^3

Solução:
Se queremos o volume em m^3, devemos passar as medidas das arestas para metros.
34 dm = 3,4 m
8 dm = 0,8 m

$V = 3,4 \text{ m} \times 2,1 \text{ m} \times 0,8 \text{ m} = 5,712 \text{ m}^3$.

Resposta: (B)

Exercícios

E14) Calcule os volumes dos seguintes paralelepípedos retângulos em m^3:
a) 40 cm x 5 dm x 0,3 m
b) 5 dam x 0,5 hm x 300 cm
c) 50 cm x 0,2 m x 4 dm
d) 3 dam x 0,4 hm x 5000 mm
e) 7 dm x 500 cm x 3 m

E15) Um banheiro mede 2,4 m de comprimento por 2,10 m de largura e 3 m de altura. Suas paredes serão cobertas com azulejos de 15 cm de lado do chão até o teto. O banheiro tem ainda uma porta com 75 cm x 1,95 m e uma janela com 60 cm x 60 cm. É preciso comprar ainda, 10% a mais para compensar perdas. Quantas caixas de 100 azulejos devem ser compradas?

(A) 10   (B) 11   (C) 12   (D) 13   (E) 14

Questões resolvidas

Q1) O quintal de Fernanda tem a forma de um retângulo, com os lados medindo 2,1 dam e 3,05 dam. Fernanda construiu no quintal uma piscina que também tem forma de um retângulo, com seus lados medindo 10m e 4,5m. Então ela resolveu plantar grama em volta da piscina, em toda área restante do quintal. Se cada metro quadrado de grama custa R$0,60, Fernanda gastará para adquirir a grama necessária, a quantia de:

(A) R$ 23,15   (B) R$ 357,30   (C) R$ 595,50   (D) R$ 3.816,00

Solução:
Área do quintal: $21 \text{ m} \times 30,5 \text{ m} = 640,5 \text{ m}^2$.
Área da piscina: $10 \text{ m} \times 4,5 \text{ m} = 45 \text{ m}^2$.

Área a ser gramada: $640,4 \text{ m}^2 - 45 \text{ m}^2 = 595,5 \text{ m}^2$
Se cada de m^2 grama custa R$ 0,60, o custo total será $595,5 \times 0,60 = \text{R\$ } 357,30$

Resposta: (B)

Capítulo 12 – MEDIDAS GEOMÉTRICAS 491

Q2) (CM) A equipe ALFA de alunos do Colégio Signos, recebeu a tarefa de calcular a área do campo de futebol do colégio. Sabe-se que o comprimento é triplo de sua largura, e que para cercar este campo de formato retangular com 3 voltas de arame, foram gastos 720 m de arame. Daí, concluímos que o campo tem uma área de:

(A) 2.100 m^2 (B) 2.500 m^2 (C) 2.400 m^2 (D) 2.700 m^2 (E) 2.800 m^2

Solução:
Chamando o lado menor de x, o perímetro será 8x. Isto equivale a 240 metros, já que para cercar o campo com 3 voltas de arame são necessários 720 metros. Se 8x vale 240, x vale 30. Então as medidas são 30 m e 90 m. Logo, sua área vale 30 m x 90 m = 2.700 m^2.

3x

x

Resposta: (D)

Q3) (CM) A professora de Ciências levou seus alunos para o laboratório a fim de fazer experiências sobre mistura de água e sal. No primeiro recipiente, misturou 200 g de sal em 800 cm^3 de água. No segundo recipiente, misturou 0,6 kg de sal em 1,4 dm^3 de água. Colocou as duas misturas, em seguida, em um terceiro recipiente e pediu aos alunos que calculassem a quantidade de sal contida em 550 cm^3 de água após a última fase da experiência. O resultado CORRETO encontrado foi:

(A) 200 g   (B) 320 g   (C) 600 g   (D) 150 g   (E) 110 g

Solução:
Primeira mistura: 200 g de sal + 800 cm^3 de água
Segunda mistura: 600 g de sal + 1400 cm^3 de água.
Misturando as duas em uma só, resulta em:
800 g de sal + 2200 cm^3 de água
Se tomarmos uma porção desta mistura final, com 550 cm^3 de água, estaremos tomando 1/4 da quantidade de água da mistura total. Então, a quantidade de sal também será 1/4 da total, ou seja, 1/4 de 800 g = 200g

Resposta: (A) 200 g

Q4) (CM) Calcule o valor de 548 mm + 12,6dm - 36cm.

(A) 1,448 m   (B) 14,48 m   (C) 63,8 m   (D) 638 m   (E) 524,6 m

Solução:
0,548 m + 1,26 m – 0,36 m = 1,448 m

Resposta: (A)

Q5) (CM) A construtora Pardal está construindo uma casa num terreno retangular de 12 m por 25 m. Esta casa ocupa uma área quadrada, dentro do terreno, de 10 m de lado. A área do terreno não ocupada pela casa é de:

(A) 200 m²   (B) 250 m²   (C) 255 m²   (D) 260 m²   (E) 265 m²

Solução:

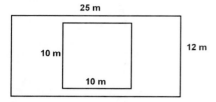

Área do terreno – área da casa = 25x12 – 10x10 = 300 m² – 100 m² = 200 m².

Resposta: (A)

Q6) (CM) Uma caixa d'água com formato cúbico tem capacidade de 3375 litros. A medida da altura dessa caixa d'água, em metros, é igual a:

(A) 0,15   (B) 1,5   (C) 15   (D) 1500   (E) 15000

Solução:
Devemos fatorar 3375 para poder extrair sua raiz cúbica
3375 = 3x3x3x5x5x5 = (3x5)³.
O volume é igual ao cubo da aresta. Se usarmos o volume em litros, a aresta será dada em dm. Portanto a aresta vale 15 dm. O problema pediu a medida em metros, então isto equivale a 1,5 m.

Resposta: (B) 1,5 m

Q7) (CM) Em uma fábrica de cosméticos existe um tanque com o formato de um paralelepípedo retângulo cujas dimensões são 0,005 hm, 30 dm e 0,004 km. Neste tanque está armazenado o perfume Encantador, ocupando 6,5% da capacidade total do recipiente. Se 1 decalitro do perfume custa R$ 125,00 então a quantidade de perfume existente no tanque vale:

(A) R$ 4875,00   (B) R$ 48750,00   (C) R$ 6500,00   (D) R$ 12500,00   (E) R$ 6000,00

Solução:
Volume do tanque: 5 dm x 30 dm x 40 dm = 6000 dm³ = 6000 L
6,5% da capacidade = 6000x0,065 = 390 L
Volume em decalitros: 390/10 = 39 dal
Valor: 39 x R$ 125,00 = R$ 4875,00

Resposta: (A)

Q8) (CM) Uma torneira aberta enche 4/5 de uma piscina em 4 horas. Existe um vazamento nesta piscina que esvazia 4/7 da mesma em 4 horas. Então, estando a piscina completamente vazia, se a torneira for aberta às 8 horas da manhã, a quantidade de água na piscina ao meio-dia será igual a:

Capítulo 12 – MEDIDAS GEOMÉTRICAS   493

(A) 10/35 de sua capacidade total.
(B) 9/35 de sua capacidade total.
(C) 8/35 de sua capacidade total.
(D) 27/35 de sua capacidade total.
(E) 26/35 de sua capacidade total.

Solução:
Em 4 horas a torneira enche 4/5 da piscina, então em 1 hora enche 1/5.
O vazamento esvazia 4/7 da piscina em 4 horas, então em 1 hora esvazia 1/7.
A torneira mais o vazamento, em 1 hora, encherão 1/5 − 1/7 = 2/35 da piscina.
De 8h da manhã até meio dia, são 4 horas. A piscina encherá 4 × 2/35 = 8/35 do total.

Resposta: (C)

Q9) (CM) Uma imobiliária possui dois terrenos retangulares: um em Taguatinga, medindo 18 m por 1 dam, e outro, em Águas Claras, de 1,2 dam por 15 m. Com referência a esses terrenos, analise os itens seguintes:

I – Para cercá-los com o mesmo tipo de cerca, a imobiliária gastará mais material no terreno de Águas Claras que no de Taguatinga.
II – Para cobrir completamente os dois terrenos com o mesmo tipo de grama, a quantidade maior será para cobrir o terreno de Taguatinga.
III – Se, em cada terreno, for edificada uma casa, deixando em cada lateral interna dos terrenos uma faixa livre de 1 m de largura, a casa de Águas Claras terá a maior área construída.

Está correto o que se afirma em:

(A) I
(B) II
(C) III
(D) I e II
(E) II e III

Solução:

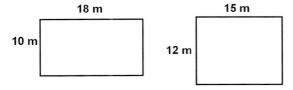

Perímetro do terreno de Taguatinga: 10+18+10+18 = 56 m
Perímetro do terreno de Águas Claras: 12+15+12+15 = 54 m
I é falsa

Área do terreno de Taguatinga: 180 m².
Área do terreno de Águas Claras: 180 m².
II é falsa

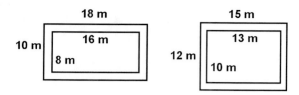

Área da casa em Taguatinga: 8 m x 16 m = 128 m².
Área da casa em Águas Claras: 13 m x 10 m = 130 m².
III é verdadeiro

Resposta: (C)

Q10) (CM) O depósito de materiais da seção de serviços gerais do CMB é uma sala retangular. Duplicando-se as dimensões dessa sala, pode-se afirmar que:

(A) Sua área e seu perímetro duplicam.
(B) Sua área e seu perímetro quadruplicam.
(C) Sua área e seu perímetro ficam multiplicados por 8.
(D) Sua área quadruplica e seu perímetro fica multiplicado por dois.
(E) Sua área duplica e seu perímetro fica multiplicado por quatro.

Solução:
Já vimos que quando dobram as dimensões, o perímetro dobra e a área quadruplica.

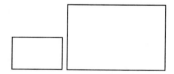

Resposta: (D)

Q11) (CM) A maratona é a mais cansativa prova das Olimpíadas. Em uma recente prova de maratona, observou-se um desfecho sensacional: o atleta Livioff, que corria em 2º lugar, perseguia o líder da prova, o atleta Mc Louis, que estava 600m a sua frente; nesse momento, faltando apenas 850 metros para o líder concluir a prova, Livioff acelerou e passou a percorrer 350 metros a cada 200 metros que Mc Louis avançava. Nestas condições, o desfecho da prova foi:

(A) Livioff por pouco não conseguiu ultrapassar Mc Louis.
(B) Livioff ultrapassou Mc Louis a 50 metros da linha de chegada.
(C) Livioff e Mc Louis chegaram empatados.
(D) Livioff ultrapassou Mc Louis a 2 metros da linha de chegada.
(E) Livioff ultrapassou Mc Louis a 150 metros da linha de chegada.

Solução:
Quando Livioff acelerou, passou a ganhar 150 metros a cada 200 metros que Mc Louis percorria. Quando Mc Louis percorreu os próximos 800 metros = 4x200 (ficaram faltando apenas 50 metros para a chegada), Livioff aproximou-se 4 x 150 = 600 metros, alcançando Mc Louis.

Resposta: (B)

Capítulo 12 – MEDIDAS GEOMÉTRICAS   495

Q12) (CM) Um reservatório tem forma de paralelepípedo: suas bases são retângulos de largura igual a 4 metros e comprimento igual a 8,5 metros; sua altura (profundidade) é 1,8 metro. Para aquecer a água contida nesse reservatório, através de energia solar, são necessárias placas de captação de calor. Cada 5.100 litros de água requer a instalação de uma daquelas placas de captação. A quantidade de placas a serem adquiridas para aquecimento de toda a água que o reservatório comporta é:

(A) maior que 9 e menor que 11.
(B) maior que 7 e menor que 10.
(C) maior que 10 e menor que 14.
(D) maior que 13 e menor que 17.
(E) maior que 16.

Solução:
Volume do reservatório, em litros: 40 dm x 85 dm x 18 dm = 61.200 L
Quantidade de placas necessárias: 61.200 ÷ 5.100 = 12

Resposta: (C)

Q13) (CM) Uma pessoa dispõe de três pedaços de arame do mesmo tipo, cujas medidas são: 2,40 metros, 3200 milímetros e 0,0056 quilômetros. Pretende-se cortá-los em pedaços de mesmo tamanho, desejando-se obter o maior comprimento possível, sem qualquer perda. Após a conversão das três medidas acima em números naturais de mesma unidade de comprimento, quantos pedaços poderão ser obtidos?

(A) 6720   (B) 800   (C) 80   (D) 28   (E) 14

Solução:
Primeiro pedaço: 24 dm
Segundo pedaço: 32 dm
Terceiro pedaço: 56 dm
Escolhemos o decímetro para ficar com números inteiros.
Maior tamanho possível = MDC(24, 32, 56) = 8
O primeiro será cortado então em 3 pedaços, o segundo em 4 e o terceiro em 7. No total são 14 pedaços de 8 dm.

Resposta: (E)

Q14) (CM) Um quadrado de 1 (um) metro de lado está dividido em quadradinhos de 1 (um) milímetro de lado, sem sobrar qualquer espaço no interior do quadrado maior. Se colocássemos todos os quadradinhos de 1 milímetro em fila única, um colado no outro, ou seja, sem invasão de espaço de um quadradinho por outro e nem sequer existindo sobras de espaços entre os mesmos, quantos decímetros teria essa fila?
Obs.: Desprezar a espessura da linha dos quadrados.

(A) 10^2 dm   (B) 10^3 dm   (C) 10^4 dm   (D) 10^5 dm   (E) 10^6 dm

Solução:
O quadrado terá 1000 x 1000 quadradinhos de 1 mm, ou seja, 1 milhão. Se todos os quadradinhos forem colocados em uma fila, o comprimento será 1.000.000 x 0,001 m = 1000 metros = 10.000 dm.

Resposta: (C)

Q15) (CM) Se o comprimento de um retângulo é o triplo de sua largura, então a relação entre o maior lado e o perímetro desse retângulo será representado pela fração:

(A) 3/8   (B) 1/2   (C) 1/3   (D) 1/8   (E) 1/5

Podemos representar o perímetro como mostra a figura abaixo.

Maior lado = 3x.
Perímetro = 8x
Razão = 3/8

Resposta: (A)

Q16) (CM) Ana Luiza deseja revestir a piscina de sua casa com azulejos. Sabe-se que a piscina tem o formato de um paralelepípedo retângulo, de 7,5 m de comprimento, 4,5 m de largura e 1,5 m de profundidade. Os azulejos escolhidos são quadrados de 15 cm de lado. A quantidade de azulejos necessária para revestir toda a área interna da piscina será igual a:

(A) 2300   (B) 2600   (C) 2800   (D) 3100   (E) 4600

Solução:
Comprimento: 7,5 m = 750 cm = 50 azulejos
Largura: 4,5 m = 450 cm = 30 azulejos
Altura: 1,5 m = 150 cm = 10 azulejos
Podemos agora multiplicar os números de azulejos nas paredes laterais e no fundo.

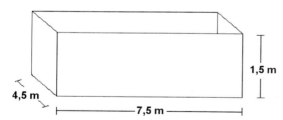

Laterais maiores: 50 x 10 x 2 = 1000 (são duas paredes)
Laterais menores: 30 x 10 x 2 = 600 (são duas paredes)
Fundo: 30 x 50 = 1500
Total: 1000 + 600 + 1500 = 3100 azulejos

Resposta: (D)

Q17) (CM) Um muro tem 5 m de comprimento, 20 dm de altura e 30 cm de largura. Na sua construção foram empregados tijolos de 20 cm de comprimento, 1,5 dm de altura e 10 cm de largura. A argamassa (massa usada para unir os tijolos) ocupa 3/20 do volume total do muro. O número de tijolos utilizados para construir o muro foi:

(A) 150   (B) 350   (C) 650   (D) 850   (E) 950

Capítulo 12 – MEDIDAS GEOMÉTRICAS 497

Solução:
Para calcular o número de tijolos devemos dividir o volume do muro pelo volume de um tijolo. Usaremos todas as medidas em dm, o resultado será dado em dm³.

Volume do muro: 50 x 20 x 3 = 3.000 dm³.
Volume de um tijolo: 2 x 1,5 x 1 = 3 dm³.
Número de tijolos: 3000 / 3 = 1000

Ocorre que 3/20 do volume do muro não será formado por tijolos, e sim, pela argamassa que une os tijolos. Portanto devemos descontar 3/20 do total, ou seja, multiplicar 1000 por 17/20
1000 x 17/20 = 850

Resposta: (D)

Q18) (CM) Um quadrado e um retângulo têm áreas iguais. Sabe-se ainda que:
* O quadrado tem lado medindo 4 dm;
* O retângulo tem lados com medidas expressas por números naturais maiores que 1;
* Esse retângulo não é um quadrado.

Com base nessas informações, podemos afirmar que a soma das medidas de todos os lados do retângulo em questão, em dam, é:

(A) 0,002   (B) 0,02   (C) 0,2   (D) 2   (E) 20

Solução:
Quadrado: 16 dm²
Retângulo: 16 dm² = 1x16, 2x8, 4x4 ➔ só pode ser 2x8, pois não é quadrado (4x4 não serve) e as medidas são números inteiros maiores que 1 (1x16 não serve). O retângulo mede então, 2 dm x 8 dm. Seu perímetro é 20 dm = 2 m = 0,2 dam

Resposta: (C)

Q19) (CM) No combate a um incêndio, foram utilizados 28 caminhões com capacidade de armazenar 3000 litros de água cada um. Se, para extinguir o mesmo incêndio, houvesse apenas caminhões com capacidade para 4 milhões de centímetros cúbicos de água cada, então teria a quantidade mínima de caminhões necessária para apagar o incêndio é igual a

(A) um número natural múltiplo de 7.
(B) o antecessor do número natural 18.
(C) um número par.
(D) o sucessor do número natural 22.
(E) o consecutivo do número natural 19.

Solução:
1 litro = 1000 cm³, então 4.000.000 cm³ é igual a 4.000 litros.
Para apagar o incêndio foram usados 28 caminhões com 3.000 litros = 84.000 litros.
Usando caminhões de 4.000 litros, serão necessários 84.000 / 4.000 = 21 caminhões.

Resposta: (A)

Q20) (CM) A rua onde Davi mora tem 24 metros de comprimento por 8 metros de largura. Essa rua vai ser toda calçada com cubos que possuem 4 cm de aresta. A quantidade de cubos usados é correspondente a um número

498   MATEMÁTICA PARA VENCER

(A) múltiplo de 100
(B) primo
(C) divisível por 7
(D) representado na forma fatorada por $2^2.3.10^2$
(E) divisor de 24.10^2

Solução:
Como o cubo é dado em centímetros, vamos calcular a área da rua em centímetros quadrados, portando devemos converter suas medidas para centímetros.
Área da rua: 2400 cm x 800 cm = 24 x 8 x 10.000 cm². (deixamos a multiplicação indicada para facilitar, pois a seguir temos que dividi-la pela área da face do cubo).
Área da face do cubo = 4 cm x 4 cm = 16 cm².

Número de cubos = área da rua / área da face do cubo =
$$\frac{24\times8\times10.000}{4\times4} = \frac{6\times2\times10.000}{1} = 120.000$$
Entre as opções, a única que atende é a letra A.

Resposta: (A)

Q21) (CM) As medidas oficiais de uma quadra de basquete são 20 m por 12 m. O pátio de uma escola tem a forma retangular e suas dimensões são 0,48 hm por 3600 cm. Nesse pátio, foi construída uma quadra de basquete seguindo os padrões oficiais. Qual a área livre que restou nesse pátio?

(A) 1488 m   (B) 1488 m²   (C) 1528 m²   (D) 1528 m   (E) 1400 m²

Solução:
A área livre é a área do pátio menos a área da quadra. Usaremos todas as medidas em metros:
48 m x 36 m – 20 m x 12 m = 1728 m² – 240 m² = 1488 m².

Resposta: (B)

Q22) (CM) O número de paralelepípedos, com dimensões de 2 centímetros (cm), 1 centímetro (cm) e 1 centímetro (cm) necessário para preencher totalmente uma caixa em forma de paralelepípedo, com dimensões de 6 decímetros (dm), 3 decímetros (dm) e 2 decímetros (dm) é

(A) 12000   (B) 18000   (C) 24000   (D) 30000   (E) 36000

Solução:
O ideal é usar todas as medidas em centímetros
Volume de um paralelepípedo = 2 cm x 1 cm x 1 cm = 2 cm³.
Volume da caixa = 60 cm x 30 cm x 20 cm = 36.000 cm³.
Para saber o número de paralelepípedos necessários para encher a caixa (arrumados, obviamente), basta dividir o volume da caixa pelo volume do paralelepípedo:
36.000 / 2 = 18.000

Resposta: (B)

Q23) (CM) As frases seguintes foram utilizadas em propagandas de alguns supermercados, para um mesmo tipo de iogurte:

Capítulo 12 – MEDIDAS GEOMÉTRICAS 499

I "Compre uma caixa de iogurte, por R$ 2,00, contendo quatro potes de 100 ml cada".
II "Leve dois potes de iogurte, de 200 ml cada, por R$ 4,00".
III "Aproveite: quatro potes de iogurte, de 250 ml cada, por R$ 3,00".
IV "Não perca: uma caixa de iogurte, por R$ 3,00, contendo cinco potes de 120 ml cada".
V "Compre seis potes de iogurte, de 50 ml cada, por R$ 2,40".

Dentre essas ofertas, a que apresenta a maior vantagem econômica para o consumidor está expressa em

(A) I   (B) II   (C) III   (D) IV   (E) V

Solução:
Para saber a oferta mais vantajosa economicamente, devemos encontrar qual delas cobra o menor preço por medidas iguais. Ou então, o que é a mesma coisa, encontrar a que permite comprar mais ml pelo mesmo real gasto. Faremos por este segundo caminho.

I) 4 x 100 ml por R$ 2,00 = 200 ml por R$ 1,00
II) 2 x 200 ml por R$ 4,00 = 100 ml por R$ 1,00
III) 4 x 250 ml por R$ 3,00 = 333 ml por R$ 1,00
IV) 5 x 120 ml por R$ 3,00 = 200 ml por R$ 1,00
V) 6 x 50 ml por R$ 2,40 = 300 ml por R$ 2,40 = 125 ml por R$ 1,00

A mais vantajosa é a oferta III

Resposta: (C)

Q24) (CM) Ana deseja decorar uma parede retangular, dividindo-a em quadrados pintados de diversas cores. A parede mede 4,40 metros (m) por 2,75 metros (m). O menor número de quadrados que ela pode pintar nessa parede, uma vez que todos os quadrados têm o mesmo tamanho é igual a

(A) 16   (B) 30   (C) 40   (D) 55   (E) 88

Solução:
A altura e a largura têm que ser múltiplos do quadrado, e o número de quadrados tem que ser o menor possível. O lado do quadrado tem então que ser o maior possível, seu Aldo tem que ser divisor das dimensões da parede. Então o lado do quadrado é o MDC entre 4,40 m e 2,75 m. Para operar com números inteiros, passaremos as medidas para centímetros: 440 e 275.

$440 = 2^3 \text{x} 5 \text{x} 11$
$275 = 5^2 \text{x} 11$
MDC (440, 275) = 5x11 = 55 cm
Usando quadrados com esta medida, a parede será preenchida na altura com 5 quadrados e no comprimento com 8 quadrados. Serão usados 8x5 = 40 quadrados.

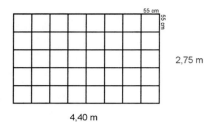

Resposta: (C)

Q25) (CM) Observe a figura representativa da moldura de um quadro retangular e suas respectivas medidas em centímetros (cm). A área da moldura desse quadro, em metros quadrados (m2) é de

(A) 400 m^2 (B) 40 m^2 (C) 4 m^2 (D) 0,04 m^2 (E) 0,004 m^2

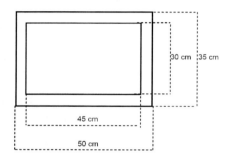

Solução:
A forma mais fácil para calcular a área da moldura, é calcular a área do retângulo maior menos a área do retângulo menor. O problema dá opções de resposta em m^2, então passaremos todas as medidas para metros.

Retângulo maior: 0,35 m x 0,5 m = 0,175 m^2.
Retângulo menor: 0,3 m x 0,45 m = 0,135 m^2.

Subtraindo as áreas, ficamos com: 0,175 m^2 – 0,135 m^2 = 0,04 m^2.

Resposta: (D)

Q26) (CM) O Tangram é um quebra-cabeça chinês antigo. O nome significa "7 tábuas da sabedoria". Ele é composto por sete peças, chamadas de "tans", que podem ser posicionadas de maneira a formar um quadrado. Nesse quebra-cabeça, deve-se sempre observar duas regras: todas as peças devem ser usadas e não é permitido sobrepor as peças. Considerando que o Tangram abaixo representa a unidade, a forma decimal da fração que representa a soma das áreas das peças 5, 6 e 7 é

Capítulo 12 – MEDIDAS GEOMÉTRICAS

(A) 0,0625
(B) 0,125
(C) 0,2
(D) 0,25
(E) 0,5

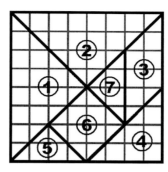

O problema pode ser resolvido facilmente por contagem. O conjunto inteiro tem 8x8 = 64 quadrados pequenos. Dentro das peças 5, 6 e 7 juntas, também encontramos esses quadrados, basta contá-los:

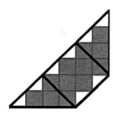 São 12 quadrados e mais 8 meios quadrados =
12 + 8x0,5 = 12 + 4 = 16 quadrados

Portanto, as áreas das figuras 5, 6, e 7 somam 16 quadrados, contra 64 do total. A fração é 16/64 = 0,25

Outra solução:
As peças 1 e 2 valem 1/2 cada uma.
A peça 4 vale 1/8.
As peças 5 e 7 são iguais, cada uma vale a metade da peça 4, ou seja, 1/16.
A peça 6 vale o dobro da peça 5, ou seja, 1/8.
A soma das peças 5, 6 e 7 são:
1/16 + 1/16 + 1/8 = 2/8 = 0,25.

Resposta: (D)

Q27) (CM) Um troféu formado por três cubos foi construído da seguinte maneira: sob o cubo de aresta 10 centímetros (cm) foi colado o cubo de aresta 20 cm; sob o cubo de aresta 20 cm foi colado o cubo de aresta 30 cm. Depois de colados, toda a superfície do troféu foi pintada. Sabe-se que, para pintar cada centímetro quadrado (cm^2) de troféu é necessário 0,2 mililitro (ml) de tinta; o volume de tinta, em litros (l), utilizado para pintar todo o troféu é de

(A) 1,30 l
(B) 1,48 l
(C) 1,68 l
(D) 1,70 l
(E) 1,86 l

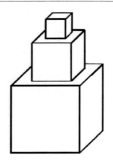

Solução:
Lado do cubo menor: 10 cm, área de cada face: 100 cm².
Lado do cubo médio: 20 cm, área de cada face: 400 cm².
Lado do cubo maior: 30 cm, área de cada face: 900 cm².

Cubo maior: 5 áreas de face + 1 área de face – uma área de face do cubo médio
= 5x900 + 900 – 400 = 5000 cm².
Cubo médio: 4 áreas de face + 1 área de face – uma área de face do cubo menor
= 4x400 +400 – 100 = 1900 cm².
Cubo menor: 5 áreas de face
= 5x100 = 500 cm².

Total: 5000 cm² + 1900 cm² + 500 cm² = 7.400 cm².

Se 1 cm² requer 0,2 ml de tinta, o consumo total de tinta será:

7400 x 0,2 = 1480 ml = 1,48 l

Resposta: (B)

Q28) (CM) Um assaltante está 90 metros à frente de um policial, que passa a persegui-lo. Enquanto o assaltante percorre 2 metros (m), o policial percorre 5 metros (m). É correto afirmar que

(A) a distância percorrida pelo assaltante até ser alcançado é superior à terça parte da distância percorrida pelo policial
(B) quando o policial alcança o assaltante, a diferença entre as distâncias percorridas pelo policial e pelo assaltante é inferior a 80 metros
(C) quando o policial alcança o assaltante, a soma das distâncias percorridas pelo policial e pelo assaltante é igual a 190 metros
(D) o assaltante percorre menos de 50 metros antes de ser alcançado pelo policial
(E) o policial percorre 60 metros até alcançar o assaltante

Solução:
Enquanto o assaltante anda 2 metros, o policial percorre 5 metros, reduzindo em 3 metros a distância que os separa, em um certo tempo T desconhecido (mas não necessário para a solução do problema). Se essa distância é inicialmente 90 metros, serão necessárias 30 etapas de tempo T para reduzir essa distância a zero, ou seja, para que o policial alcance o assaltante. Nesse período 30T, o assaltante andará 30 x2 m = 60 m, e o policial andará 30 x 5 m = 150 m.
A partir dessas informações, vemos que a única resposta correta é (A), ou seja 60 m é superior à terça parte de 150. Todas as outras estão erradas.

Capítulo 12 – MEDIDAS GEOMÉTRICAS   503

Resposta: (A)

Q29) (CM) O aluno Miguel é curioso no estudo dos sólidos simples. Durante sua caminhada de retorno para casa, ao termino da aula, ele encontrou um paralelepípedo conforme a figura abaixo e então, resolveu identificar o número de vértice (V), somando-o ao número de faces (F) e, finalmente, subtraiu o número de arestas (A). Assim, a expressão V + F − A é igual a:

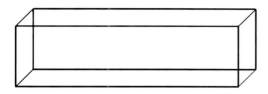

(A) 2   (B) 3   (C) 4   (D) 5   (E) 16

Solução: V=8, F=6, A=12. Então
V+F-A = 8+6-12 = 2

Resposta: (A)

Q30) (CM) A jovem aluna Aline sempre gostou de resolver problemas envolvendo sistema métrico decimal. Aline sabe que o perímetro de um determinado triângulo é 0,187m e dois de seus lados tem 0,51dm e 92mm, logo o terceiro mede, em centímetros:

(A) 3,4   (B) 4,4   (C) 3,6   (D) 4,3   (E) 5,4

Solução:
O terceiro lado é igual ao perímetro menos a soma dos outros dois lados. Devemos passar todas as medidas para centímetros:

18,7 cm − 5,1 cm − 9,2 cm = 4,4 cm

Resposta: (B)

Q31) (CM) Em frente ao colégio Educandos, passa uma rua plana que possui 150m de comprimento por 9m de largura. Para pavimentada é necessário um volume de asfalto de 162 m^3. A medida da camada de asfalto necessária, em centímetros é igual a:

(A) 18cm   (B) 14cm   (C) 16cm   (D) 12cm   (E) 20cm

Solução:
O asfalto ocupado pela rua é na verdade um grande paralelepípedo retângulo, do qual duas medidas são conhecidas: 150 m e 9 m. A terceira medida é o que o problema pede, e é dado o volume total deste paralelepípedo: 162 m^3. Usando todas as medidas em metros e metros cúbicos, ficamos com:

150 x 9 x camada = 162
camada = 162/(9x150) = 0,12 m, o equivalente a 12 cm.

Resposta: (D)

504 MATEMÁTICA PARA VENCER

Q32) (CM) O aluno Poti da Escola Dona Benta, destaque no programa de leitura, ganhou como premio de sua professora um livro de 210 páginas com formato de 22cm por 3,8dm. Fábio, colega de sala de aula do Poti e participante de olimpíada de matemática, curiosamente disse-lhe, após calcular corretamente, que ao final da leitura; Poti terá lido em metros quadrados de papel desse livro, o correspondente a:

(A) 175,56m   (B) 87,78 m   (C) 17,556 m   (D) 8,778 m   (E) 1,7556 m

Solução:
Esta questão tem uma "pegadinha" maliciosa.
Calculemos essa área em metros quadrados: $0,22 \times 0,38 = 0,0836$ m². Como uma folha de papel tem duas faces, quando lemos duas páginas, o papel lido não é equivalente a duas dessas áreas, e sim, a uma área. Isso é o equivalente a contar em folhas, e não em páginas. São portanto 105 folhas. Devemos multiplicar a área de papel em uma folha, por 105.
$105 \times 0,0836$ m² $= 8,778$ m².

Resposta: (D)

Q33) Uma sala tem 80 dm de comprimento; 0,7 dam de largura e 0,05 hm de altura. Os móveis ocupam um vinte avos do volume da sala e cada pessoa deve dispor de 7 m³ de ar para sua respiração. A quantidade de pessoas que, nessas condições, podem permanecer na sala é:

(A) 35   (B) 36   (C) 37   (D) 38

Solução:
Volume da sala, em metros cúbicos:
8 m x 7 m x 5 m = 280 m³.
Móveis: 280 m³/20 = 14 m³., sobram 280 m³ - 14 m³ = 266 m³ de ar.
Cada pessoa precisa de 7 m³ de ar, então o número de pessoas que podem permanecer na sala é: 266/7 = 38

Resposta: (D)

Q34) (CM) Duas estradas se encontram formando um T e tem 2.940 m e 1.680 m respectivamente, de extensão. O ponto de encontro divide a estrada menor em duas partes iguais. Pretende-se colocar postes de alta tensão ao longo das estradas de modo que exista um poste em cada extremidade do trecho considerado e um poste no encontro das duas estradas. Exige-se que a distância entre cada dois postes seja a mesma e a maior possível. A quantidade de postes a serem utilizados é:

(A) 10   (B) 11   (C) 12   (D) 13

Capítulo 12 – MEDIDAS GEOMÉTRICAS

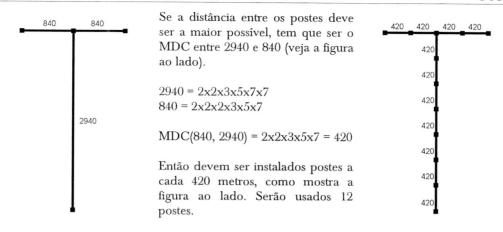

Se a distância entre os postes deve ser a maior possível, tem que ser o MDC entre 2940 e 840 (veja a figura ao lado).

2940 = 2x2x3x5x7x7
840 = 2x2x2x3x5x7

MDC(840, 2940) = 2x2x3x5x7 = 420

Então devem ser instalados postes a cada 420 metros, como mostra a figura ao lado. Serão usados 12 postes.

Resposta: (C)

Q35) (CM) João precisava cercar seu curral. Se fizesse um muro de tijolos cada metro de perímetro a ser construído custaria R$ 10,00. Se fizesse com arame farpado gastaria R$ 4,00 para cada metro de perímetro a ser construído. O perímetro do curral era de 60m. João decidiu gastar R$ 360,00 e cercar parte com muro e parte com arame farpado Sobre o comprimento do muro a ser construído, podemos afirmar que:

(A) Era maior que 18m e menor que 25m
(B) Era igual ao perímetro do curral
(C) Era menor que 18m
(D) Era maior que 25m

Solução:
Se construísse um muro de tijolos, gastaria R$ 10,00 x 60 = R$ 600,00
Se construísse uma cerca de arame, gastaria R$ 4,00 x 60 = R$ 240,00
O metro de tijolo custa R$ 6,00 mais caro que o metro de arame.

Se fizesse uma cerca de arame, com seus R$ 360,00, sobrariam R$ 120,00. Este valor permite comprar mais 120,00 / 6,00 = 20 metros de muro de tijolos.
Então pode construir 20 metros de muros com tijolos e o restante (40 metros) com cerca de arame.
Conferindo:
20 x R$ 10,00 = R$ 200,00
40 x R$ 4,00 = R$ 160,00
Total: R$ 360,00

Resposta: (A).

Q36) (CM) No caminho para cidade Pinóquio respondeu vinte perguntas. Para cada resposta em que ele mentiu seu nariz cresceu 5cm. Para cada resposta que ele não mentiu seu nariz diminuiu 3 cm. Medindo seu nariz após cada resposta, Pinóquio notou que em duas ocasiões seu nariz havia crescido exatamente 22 cm. As perguntas que Pinóquio acabara de responder nestas duas ocasiões foram as:

(A) 5^a e 15^a (B) 5^a e 14^a (C) 6^a e 15^a (D) 6^a e 14^a

Solução:
Uma seqüência de amento e reduções, desde o início, resultou em aumento de 22 cm. Digamos que nesta seqüência existem x mentiras e y verdades. O nariz teria crescido 5.x e diminuído 3.y. É preciso encontrar valores inteiros de x e y tais que

5.x − 3.y = 22, sendo que x+y é menor que 20.

Podemos escrever a equação como:
5.x = 22 + 3.y

Como 5.x é um número que termina com 0 ou 5, então é preciso que 3.y seja um número que termina com 2 ou com 8. Devemos então procurar múltiplos de 3 que terminem com 3 ou 8:

3, 18, 33, 48 (números acima destes não servem, pois y seria maior que 20)

3 → 3.y =3, y=1; 5.x=22+3, x=5
18 → 3.y = 18, y=6; 5.x = 22 + 18, x=8
33 → 3.y = 33, y=11; 5.x = 22+33, x=11 (não serve, pois x+y seria maior que 20)
48 → 3.y = 48, y=16; 5.x = 22+48, x=14 (não serve, pois x+y seria maior que 20)

Temos somente duas soluções possíveis:
x=5 e y=1 (depois da 6ª pergunta)
x=8 e y=6 (depois da 14ª pergunta)

Resposta: (E)

Q37) (CM) O retângulo da figura a seguir está dividido em 7 quadrados. Se a área do menor quadrado mede 1 cm², a área do retângulo é igual a:

(A) 42
(B) 44
(C) 45
(D) 48
(E) 49

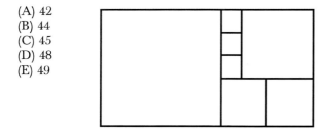

Solução:
Partindo do quadrado menor, determinamos os lados dos demais quadrados. A seqüência a, b, c, d, e da figura abaixo mostra a ordem na qual os valores são encontrados.

Capítulo 12 – MEDIDAS GEOMÉTRICAS   507

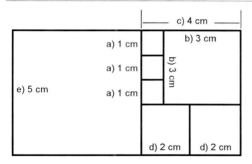

a) É dado o lado dos quadrados pequenos, 1 cm
b) O lado do quarado à direita dos três pequenos será 3 cm
c) a medida acima deste quadrado vale 1 cm + 3 cm = 4 cm
d) Esta medida de 4 cm é igual à soma dos lados dos dois quadrados iguais, então o lado de cada um vale 2 cm
e) O lado do quadrado maior vale o lado do quadrado de 2 cm + o lado do quadrado de 3 cm = 5 cm.

As medidas do retângulo grande são 5 cm e 9 cm. Sua área é 45 cm².

Resposta: (C) 45 cm².

Q38) (CM, OBM) A figura abaixo representa uma folha de papel retangular, onde estão destacados 6 quadrados. Com a parte destacada dessa folha, pode-se montar um cubo. Se a área da folha é 432 cm², o volume desse cubo, em cm³, é:

(A) 8
(B) 27
(C) 64
(D) 125
(E) 216

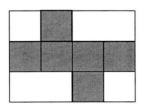

Solução:
A área da folha equivale a 12 quadrados. A área de cada um deles é 432 cm² divididos por 12 = 36 cm².
Então o lado do quadrado vale 6 cm.
O cubo formado terá aresta 6 cm, seu volume será 6 cm x 6 cm x 6 cm = 216 cm³.

Resposta: (E)

Q39) (CM) Os candidatos aprovados neste Concurso de Admissão participarão, no próximo ano, das solenidades de comemoração do 120º aniversário do CMRJ. Dentre os mais baixinhos, um aluno e uma aluna terão a honra de conduzir, nos desfiles dos alunos nas Formaturas festivas, o mascote do Colégio, o carneiro Nicodemus. Esses mais baixinhos também poderão ter um tratamento especial nas aulas de natação: já que a piscina olímpica é muito funda para eles, os fundamentos básicos dessa modalidade esportiva poderão ser desenvolvidos na piscina infantil, capacitando-os para uso da outra mais adiante. Essa piscina infantil tem a forma de um paralelepípedo retângulo, com 12 metros de comprimento e 6 metros de largura; quando totalmente cheia, sua capacidade é de 77.760 litros de água. Se, para uso durante as aulas, a superfície livre da água estiver a 1 dm da borda superior da piscina, qual será a altura, em metros, da camada de água existente na piscina?

(A) 0,98   (B) 1,05   (C) 1,07   (D) 1,1   (E) 1,7

Solução:

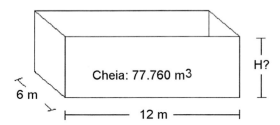

A primeira coisa a fazer é descobrir a altura (ou profundidade) da piscina. Como o volume é dado em litros (dm³), devemos converter as medidas para dm.

120 dm x 60 dm x H = 77.760
H = 77.760 /(120x60) = 10,8 dm
Subtraindo 1 dm da borda, ficamos com 10,8 dm – 1 dm = 9,8 dm, o mesmo que 0,98 m

Resposta: (A)

Q40) (CM) Uma fábrica de refrigerante compra xarope concentrado para produzir o seu produto. Esse xarope lhe é enviado em depósitos apropriados, em forma de cubo de 2 metros de aresta, sendo que o xarope deixa 10 cm da altura livres. Com cada litro de xarope, a fábrica produz 7 litros de refrigerante, o qual é vendido em vasilhames de 2 litros. Se, na última compra, chegaram à fábrica 8 depósitos de xarope, quantos vasilhames de refrigerante poderão ser produzidos com esse xarope?

(A) 7600   (B) 26600   (C) 212800   (D) 234080   (E) 235200

Solução:
O volume de xarope em um depósito é, em litros:
20 dm x 20 dm x 19 dm = 7.600 L (deixando 10 cm de altura livre)
O número de litros de refrigerante é 7 vezes este valor.
7 x 7.600 L = 53.200 L
Se os vasilhames têm 2 litros, são ao todo 53.200 / 2 = 26.600 vasilhames
A fábrica comprou 8 depósitos de xarope, então serão produzidos ao todo:

26.600 x 8 = 212.800 vasilhames

Resposta: (C)

Q41) (CM) Na cozinha de Joana, só existe um lugar para ela colocar um *freezer*, cuja altura não pode exceder a 1,33 m. Ela quer comprar um aparelho que tenha o maior volume interno. Pesquisando nas lojas, ela encontrou vários modelos, dos quais destacou as características de cinco deles no quadro abaixo. Identifique o modelo que você aconselharia Joana a comprar.

Capítulo 12 – MEDIDAS GEOMÉTRICAS

Modelo	Número de Gavetas	Medidas das Gavetas		
		Altura	Largura	Profundidade
A)	6	15 cm	45 cm	45 cm
B)	5	20 cm	43 cm	43 cm
C)	5	20 cm	40 cm	45 cm
D)	4	25 cm	45 cm	40 cm
E)	3	45 cm	45 cm	40 cm

Solução:

O freezer E não pode ser comprado, pois sua altura de 6 gavetas (1,35 cm) ultrapassa os 1,33 m permitidos. Os outros somam 0,90 m (A) e 1,00 m (B, C e D), podem ser usados. Devemos calcular o volume de cada gaveta e multiplicar pelo numero de gavetas:

A) 15 cm x 45 cm x 45 cm x 6 = 182.250
B) 20 cm x 43 cm x 43 cm x 5 = 184.900
C) 20 cm x 40 cm x 45 cm x 5 = 180.000
D) 25 cm x 45 cm x 40 cm x 4 = 180.000

A melhor opção é (B)

Resposta: (B)

Q42) (EPCAr) Três pedaços de arame têm comprimento 3,6 dam, 4800 cm e 0,72 hm. Deseja-se cortá-los em pedaços menores, cujos comprimentos sejam iguais e sem que haja perda de material. Com base nisso, é INCORRETO afirmar que

(A) o comprimento de cada pedaço de arame, após cortá-los, é 120 dm
(B) o menor número de pedaços de arame com a mesma medida é 12
(C) o arame de comprimento 3,6 dam será dividido em 3 partes iguais.
(D) os arames de comprimento 4800 cm e 0,72 hm, após serem cortados, formam um conjunto de 10 pedaços de arame.

Solução:

As medidas dos arames são 36 m, 48 m e 72 m. Para cortá-los em pedaços menores e iguais, com o maior tamanho possível, este tamanho é o MDC entre 36, 48 e 72 = 12 m.

Então o pedaço de 36 m será dividido em 3 pedaços de 12 m, o de 48 m em 4 pedaços de 12 m, e o de 72 m será dividido em 6 pedaços de 12 m. Testemos então a veracidade das respostas:

a) Verdadeira
b) Falsa
c) Verdadeira
d) Verdadeira

A única falsa é a letra (B)

Resposta: (B)

Q43) (CM, OBM) Na figura, temos um quadrado dividido em 4 retângulos (R1, R2, R3 e R4) e um quadrado R5, ao centro. Os 4 retângulos possuem suas dimensões respectivamente iguais e, se forem colocados lado a lado unidos pelo lado maior, formarão um quadrado cuja área mede 1 m². Pode-se, então, afirmar que a área do quadrado R5 mede:

(A) 2 m².
(B) 25/16 m².
(C) 1 m².
(D) 9/16 m².
(E) 1/2 m².

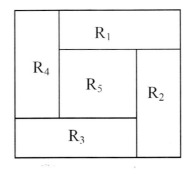

Solução:
Os quadrados R1, R2, R3 e R4 têm lados 0,25 m e 1,00 m, já que foram obtidos pela divisão de um quadrado com 1 m² de área, ou seja, 1 m de lado.

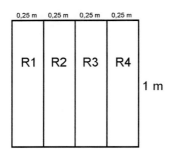

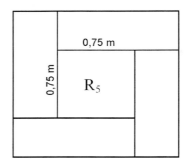

Sendo assim, o lado do quadrado R_5 vale 1,00 m = 0,25 m = 0,75 m (o mesmo que 3/4 do metro).

Sua área é $[(3/4) \text{ m}]^2 = (9/16) \text{ m}^2$.

Resposta: (D)

Q44) (CM) Para lavar seu carro, Marcelo retirou água de um reservatório, em forma de paralelepípedo, que estava completamente cheio, utilizando um balde cuja capacidade é de 10 litros, que sempre saía completamente cheio. A figura abaixo apresenta as dimensões do reservatório de onde Marcelo retirou a água. Após lavar o carro, Marcelo verificou que o nível da água no reservatório diminuiu o equivalente a 1,2 cm. O número de baldes que foram utilizados é:

(A) 18.
(B) 19.
(C) 20.
(D) 21.
(E) 22.

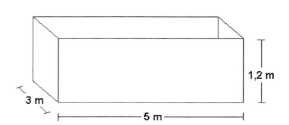

Capítulo 12 – MEDIDAS GEOMÉTRICAS

511

Solução:
O volume em litros da água gasta é o volume de um paralelepípedo que tem medidas 3 m, 5 m e 1,2 cm como altura. Passando tudo para decímetros, calculamos o volume de água gasta em litros:

50 dm x 30 dm x 0,12 dm = 180 litros.
Cada balde tem 10 litros, então foram usados 180/10 = 18 baldes.

Resposta: (A) 18

Q45) (CM) O Sr. Edvaldo é dono de uma loja de revelações fotográficas. Em sua loja, são reveladas fotos no formato 10x15 (10 cm de largura e 15 cm de comprimento). Em novembro, Sr. Edvaldo fará a promoção "50 % maior":

> *Revele suas fotos 10x15 em 1 hora e ganhe uma ampliação.*
> *Escolha uma foto para ser revelada em formato 13x18.*

Um aluno do CMRJ, ao ver tal anúncio, decidiu verificar se a ampliação, de fato, correspondia a um percentual de 50%, em relação à área do formato original. Ao terminar os cálculos, comparando as áreas das fotos, o aluno concluiu que:

(A) O aumento percentual é, na verdade, de 56%.
(B) A ampliação é, exatamente, 50% maior que o formato original.
(C) O aumento percentual é inferior a 50%.
(D) O aumento percentual é de 156%.
(E) A foto, em seu formato original, corresponde a 66% do seu formato ampliado.

Solução:
10 cm x 15 cm = 150 cm^2.
13 cm x 18 cm = 234 cm^2.

A razão entre as áreas é 234/150 = 1,56, o que indica um aumento de 56%

Resposta: (A)

Q46) (CM) Na Linha Vermelha, uma das principais rodovias de acesso à Ilha do Fundão, a velocidade máxima permitida é de 90 km/h. Trafegando nessa velocidade máxima, um motorista percebe que, pouco adiante, há algo errado na pista, e resolve diminuir a velocidade do seu veículo. Se decorreram 4 segundos entre o instante da percepção do perigo e o instante em que o motorista começou a pisar no pedal do freio, quantos metros o veículo percorreu nesse período de tempo?
Lembrete: Na velocidade de 90 km/h, o veículo percorre 90 km em 1 hora se mantiver, sempre, essa mesma velocidade.

(A) 120 metros.
(B) 100 metros.
(C) 60 metros.
(D) 36 metros.
(E) 22,5 metros.

Solução:
Em uma hora, o carro anda 90 km
Em um minuto, o carro anda 1,5 km (basta dividir por 60) = 1500 m

Em um segundo, o carro anda 1500 m / 60 = 25 metros.
Se em um segundo o carro anda 25 metros, em 4 segundos andará 25 m x 4 = 100 m

Resposta: (B)

Q47) (CM) Uma metalúrgica utiliza chapas de aço quadradas, de 1 m de lado, para recortar pedaços quadrados de 30 cm de lado. Ao sair da máquina, da chapa original sobra uma parte, considerada como sucata, conforme figura abaixo. Desprezando as aparas decorrentes dos cortes e sabendo que o cm^2 da referida chapa custa R$ 0,02, assinale a opção correta.

(A) Para cada chapa recordada, a metalúrgica tem uma sobra de 18 dm^2.

(B) Para a metalúrgica não ter prejuízo financeiro, deverá vender as sobras de cada chapa recortada, como sucata, por R$ 38,00.

(C) A cada 5 chapas recortadas, a metalúrgica perde o equivalente a 17/20 da chapa no tamanho original.

(D) A chapa no tamanho original custa R$ 20,00.

(E) Cada pedaço quadrado recortado custa R$ 1,80.

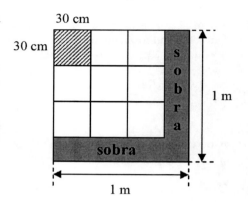

Solução:
A primeira coisa a fazer é passar todas as medidas para a mesma unidade. Escolheremos dm e dm^2. É preciso conferir cada uma das opções apresentadas:

A) A chapa tem 10 dm x 10 dm, área de 100 dm^2. A parte útil é um quadrado de 9 dm x 9 dm, área de 81 dm^2. Sobram então 100 dm^2 – 81 dm^2 = 19 dm^2. ➔ (A) é falsa

B) A chapa custa R$ 0,02 por cm^2. Multiplicando por 100, (1 dm^2 = 100 cm^2) temos que cada dm^2 custa R$ 2,00. Então as sobras de cada chapa (19 dm^2) devem ser vendidas por 19xR$ 2,00 = R$ 38,00. ➔ (B) é verdadeira.

(C) A cada chapa cortada, as aparas somam 19/100 de sua área. Com 5 chapas cortadas, é perdido 5 vezes isso, ou seja, 95/100 ou 19/20 de uma chapa. ➔ (C) é falsa.

(D) A chapa original inteira custa 100 x R$ 2,00 = R$ 200,00. ➔ (D) é falsa

(E) Um pedaço de quadrado recortado tem área de 9 dm^2, seu custo é 9 x R$ 2,00 = R$ 18,00. ➔ (E) é falsa.

Resposta: (B)

Q48) (CM) Assim que começou a abastecer seu navio, Barba Negra percebeu que ele necessitava de reparos, decidindo, então, que deveria pintar o casco dele por fora. Suponha que a figura abaixo represente cada lado do casco. Sabendo-se que um tonel de tinta pinta uma área de 2,5 m^2, determine a quantidade mínima de tonéis necessários para pintar os dois lados do casco do navio.

Capítulo 12 – MEDIDAS GEOMÉTRICAS 513

(A) 45
(B) 60
(C) 75
(D) 90
(E) 105

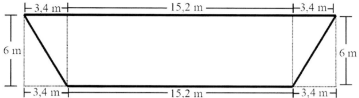

Solução:
Podemos calcular a área da figura de várias formas. A mais simples é observar que o triângulo da parte da frente (3,4 m x 6 m) pode ser colocado após o triângulo equivalente na sua parte traseira, ficando então com um retângulo, com lados 6 m e 18,6 m:

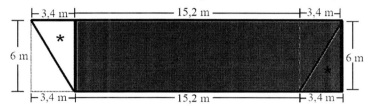

A área do retângulo formado é:
18,6 m x 6 m = 111,6 m².

Como o navio tem dois lados, são ao todo 111,6 m² x 2 = 223,2 m²
Cada lata de tinta pinta 2,5 m², então para saber quantas latas serão necessárias devemos dividir 223,2 por 2,5:
223,2 / 2,5 = 89,28

São portanto necessárias 90 latas de tinta.

Resposta: (D)

Q49) (CM) A segunda pista do mapa era: "Caminhe, no sentido norte, tantos metros quanto for a décima parte do número de barris de água, totalmente cheios, necessários para encher a Cova do Leão." Sabendo-se que a capacidade de um barril totalmente cheio é de 60 litros e que a Cova do Leão tem a forma de um paralelepípedo, conforme representado na figura abaixo, determine quantos metros caminhou o pirata.

(A) 30
(B) 31
(C) 32
(D) 33
(E) 34

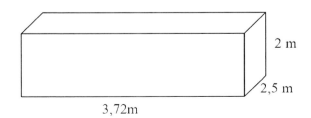

Solução:
Volume do paralelepípedo:
37,2 dm x 25 dm x 20 dm = 18.600 L
Número de barris: 18.600 / 60 = 310
A décima parte disso (instruções do mapa) é 31.

Resposta: (B) 31

Q50) (CM) Quando achou o esconderijo, Barba Negra resolveu desenterrar as barras de ouro e guardá-las em caixas. Tanto as barras de ouro quanto as caixas onde elas deveriam ser guardadas tinham a forma de paralelepípedos, com dimensões indicadas nas figuras abaixo. Sabendo-se que o número mínimo de caixas necessárias para guardar todas as barras de ouro é 15, determine qual dos números abaixo indicados pode corresponder à quantidade de barras de ouro.

(A) 3812
(B) 3917
(C) 4101
(D) 4190
(E) 4403

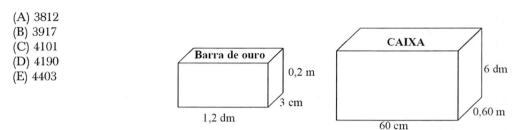

Solução:
Note que a caixa tem formato de cubo, com arestas iguais a 60 cm. A barra de ouro tem medidas que são divisores de 60 cm. A dimensão de 1,2 dm cabe 5 vezes, a de 3 cm cabe 20 vezes, e a de 20 cm cabe 3 vezes. Uma caixa pode armazenar 5 x 20 x 3 = 300 barras de ouro.

1 caixa = 300 barras.
Se são necessárias 15 caixas, então o número de barras de ouro é no máximo 15x300 = 4500 barras. De acordo com o problema, 15 é o número mínimo necessário de caixas, portanto 14 caixas não são suficientes, ou seja, existem mais de 300x14=4200 barras de ouro. O número de barras de ouro que estamos procurando está entre 4200 e 4500. A única opção que serve é a letra (E).

Resposta: (E)

Q51) (CM) Assim que acabou de roubar mais um navio do Rei, Barba Negra mandou pintar no mastro do seu navio o símbolo abaixo indicado, onde a soma das áreas de todos os possíveis quadrados existentes no símbolo corresponde ao número de navios já roubados. Sabendo-se que o símbolo é formado por nove quadrados de lado 1 cm, determine quantos navios do Rei já haviam sido roubados por Barba Negra?

(A) 13
(B) 18
(C) 25
(D) 30
(E) 34

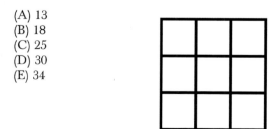

Solução:
É possível formar:
9 quadrados de área 1 cm² = 9 cm²
4 quadrados de área 4 cm² = 16 cm²
1 quadrado de área 9 cm² = 9 cm².

Capítulo 12 – MEDIDAS GEOMÉTRICAS											515

Área total: 34 cm².

Resposta: (E)

Q52) (CM) Depois de vários dias de competição, restara apenas o jovem Morg; ele era corajoso e inteligente. Além do mais, ficou apaixonado quando viu a princesa Stella, jurando que daria a própria vida pelo amor da linda moça. Era chegada a hora da última prova: entrar no Labirinto do Eco Eterno, achar a Pedra da Sabedoria e retornar. Após caminhar por muito tempo, o jovem Morg chegou em frente a uma porta na qual havia um número pintado. No chão, em frente à porta, havia um recipiente de vidro com água (figura A), cinco chaves de ferro e uma régua. Na parede e acima da porta estava escrito: "Se usares a chave certa, pela porta passarás; porém, se a chave errada usares, logo-logo morrerás". Com cada uma das chaves, Morg fez a mesma coisa: colocava a chave dentro do recipiente, fazia medições com a régua e, depois, retirava a chave; desse modo, foi possível calcular o peso de cada uma. Percebeu que apenas um desses pesos correspondia ao número escrito na porta. Pronto, Morg acabara de encontrar a chave certa! Sabendo-se que a figura B mostra a chave correta dentro do recipiente com água e que 1 cm³ de ferro pesa 7,2 gramas, determine o peso da chave.

(A) 110 gramas
(B) 208,8 gramas
(C) 273 gramas
(D) 280,8 gramas
(E) 390,7 gramas

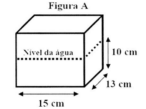
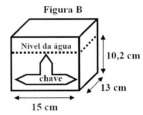

Solução:
O volume da chave, em cm³ é equivalente ao volume do paralelepípedo retângulo que tem como dimensões 15 cm, 13 cm e 0,2 cm (o aumento no nível da água depois que a chave foi mergulhada). Esse volume, em cm³, é:

15 x 13 x 0,2 = 39 cm³

Se 1 cm³ de ferro pesa 7,2 gramas, então a chave pesa:

39 x 7,2 g = 280,8 g

Resposta: (D)

Q53) (CM) Assim que abriu a porta, o jovem rapaz ficou encantado com o que viu: uma linda pedra feita com diamantes brancos e negros. Durante alguns minutos, ficou ali parado e quase hipnotizado. Aos poucos, foi lembrando das palavras do Rei: "Assim que encontrar a Pedra da Sabedoria, cubra-a com um pano; senão, ela hipnotizará você para sempre". Nesse instante, ele jogou sua capa sobre a Pedra, livrando-se totalmente do feitiço. Assim que levantou a Pedra, Morg desapareceu, reaparecendo dentro do castelo dos matemágicos, em um grande salão, onde todos estavam a sua espera: os Primos Entre Si, os Primos Gêmeos, os Abundantes, os Perfeitos, os Semiperfeitos e muitos outros. Morg ficou impressionado com um lindo e enorme painel localizado na parede, bem no fundo do grande salão. Quando recebeu a Pedra, o chefe dos matemágicos caminhou em direção ao painel e encaixou-a no símbolo nele pintado, indicado na figura abaixo. Determine a área desse símbolo, sabendo-se que o painel é formado por retângulos iguais

(A) 60,8 m²
(B) 61,2 m²
(C) 64,8 m²
(D) 68,4 m²
(E) 75,6 m²

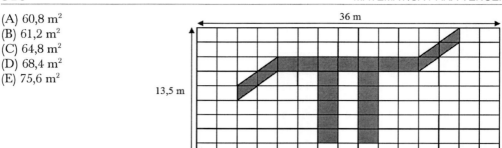

Solução:
É preciso descobrir as medidas desses retângulos, para depois calcular sua área.

Altura: 9 retângulos = 13,5 m ➜ altura de 1 retângulo = 13,5 m / 9 = 1,5 m
Largura: 15 retângulos de 36 m ➜ largura de 1 retângulo de 36 m / 15 = 2,4 m

Área de um retângulo = 1,5 m x 2,4 m = 3,6 m².

Agora devemos contar quantos retângulos e quantos meios retângulos formam a figura:

Retângulos: 17
Metades: 8
Isso equivale a 17+4 = 21 retângulos. Sua área é 21 x 3,6 m² = 75,6 m².

Resposta: (E)

Q54) (CM) Assim que ouviram as ordens de Merlim, um grupo de bruxomáticos começou a gritar que queria a guerra a qualquer preço. Imediatamente, uma bolha gigantesca e azul surgiu dos céus e capturou esse grupo, levando-o para dentro do Castelo das Sombras num piscar de olhos. O próprio Rei foi quem mandou construir esse castelo retangular formado apenas por quartos quadrados, conforme a figura abaixo. Somente o Rei sabia onde era a entrada secreta que levava ao interior desse castelo, a qual era guardada por Tálidor, o único dragão de duas cabeças ainda vivo, que passava todo o tempo deitado em cima da entrada e só levantava se ouvisse o número secreto, que só o Rei conhecia. Determine esse número secreto, sabendo que ele é igual à área do castelo, em metros quadrados, e que os dois quartos menores têm lados medindo 2 metros. (Desprezar a grossura das paredes, no cálculo da área).

(A) 2976
(B) 2856
(C) 1442
(D) 1344
(E) 1276

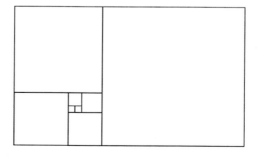

Solução:
É preciso determinar o lado de cada quadrado, em função dos anteriores já conhecidos, basta ir somando as medidas dos quadrados menores.

Capítulo 12 – MEDIDAS GEOMÉTRICAS   517

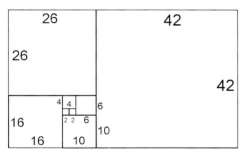

Os lados dos quadrados, do menor para o maior, medem:

2 m, 4 m, 6 m, 10 m, 16 m, 26 m, 42 m.
As medidas do castelo são 68 m e 42 m. A área vale 68 m x 42 m = 2856 m².

Resposta: (B)

Q55) (CM) Morg era tão fascinado pela escola Babilônia que decidiu nela morar; assim, ele teria tudo o que mais gostava num só lugar. Logo que se mudou para a escola, decidiu pintá-la externamente, de rosa, a cor que a rainha mais gostava. Sabendo-se que com um tonel de tinta cor de rosa conseguisse pintar 18 m² de parede e que as portas e janelas, que não seriam pintadas com essa tinta, têm forma retangular, determine a quantidade mínima de tonéis que serão necessários para pintar a nova casa do Rei, batizada de Palacete da Babilônia, considerando que as paredes que serão pintadas também têm a forma retangular e estão representadas abaixo.

(A) 68   (B) 74   (C) 75   (D) 87   (E) 89

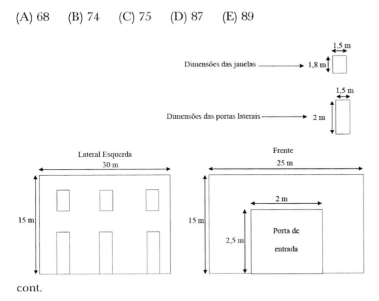

cont.

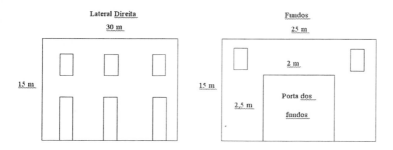

Paredes: $(15\times30+15\times25)\times2 = 1650$ m².
Porta grande: $2\times2,5 = 5$ m², como são duas: 10 m²
Porta pequena: $2 \times 1,5 = 3$ m², como são 6: 18 m²
Janela: $1,8 \times 1,5 = 2,7$ m², como são 8: 21,6 m²

Basta agora calcular a área das paredes e subtrair as áreas de portas e janelas:

1660 m² − 10 m² − 18 m² − 21,6 m² = 1600,4 m².

O número de latas de tinta é 1600,4 / 18 = 88,9
São necessárias 89 latas.

Resposta: (E)

Q56) (CM) Construindo seis quadrados, o primeiro com lado 10 cm e os seguintes com lado igual a metade do lado do anterior. Depois cole os quadrados como mostra a figura abaixo. Qual o perímetro da figura?

(A) 59,0375 cm
(B) 59,0625 cm
(C) 59,125 cm
(D) 59,375 cm
(E) 59,625 cm

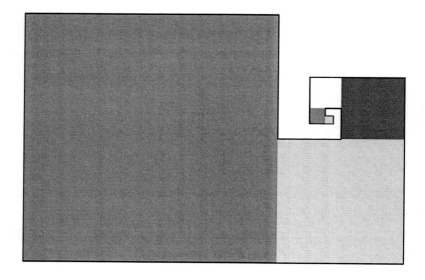

Solução:
Primeiro quadrado: somar 3 lados e meio
Segundo quadrado: somar 2 lados e meio
Terceiro quadrado: somar 3 lados e meio
Quarto quadrado: somar 3 lados e meio
Quinto quadrado: somar 3 lados e meio

Capítulo 12 – MEDIDAS GEOMÉTRICAS 519

Sexto quadrado: somar 3 lados

Falta agora calcular o lado de cada quadrado:

Primeiro quadrado: 10 cm
Segundo quadrado: 5 cm
Terceiro quadrado: 2,5 cm
Quarto quadrado: 1,25 cm
Quinto quadrado: 0,625 cm
Sexto quadrado: 0,3125 cm

O primeiro quadrado deverá ter o lado multiplicado por 3,5, o sexto deverá ter o lado multiplicado por 3, e os restantes deverão ter o lado multiplicado por 2,5. Ficamos então com:

10 x 3,5 + (5+2,5+1,25+0,625)x2,5 + 0,3125x3 = 35 + 23,4375 + 0,9375 = 59,375

Resposta: (D)

Q57) (CM) A casa de Daniel está em construção. Sua mãe contratou um pedreiro para assentar a lajota do piso e o rodapé na sua sala, que tem o formato da figura abaixo. Sabendo que o pedreiro cobra R$ 9,50 para assentar o metro quadrado do piso, R$ 2,50 por metro linear de rodapé colocado e que na sala existem duas portas, cada uma com 0,80 m de largura, quanto a mãe de Daniel irá gastar com o pedreiro?

(A) R$ 323,00
(B) R$ 388,00
(C) R$ 384,00
(D) R$ 418, 40
(E) R$ 363, 00

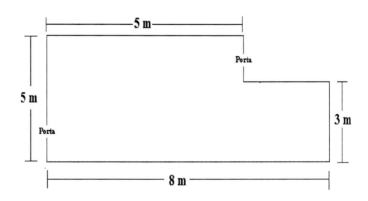

Solução:
Área da sala: 5x8 – 2x3 = 34 m².
Perímetro: 5+8+3+3+2+5 = 26 m. Descontando as duas portas de 0,8 m, restam 24,4 m de rodapé.

Custo:
34 m² de piso = 34 x R$ 9,50 = R$ 323,00
24,40 m de rodapé = 24,4 x R$ 2,50 = R$ 61,00
Total: R$ 323,00 + R$ 61,00 = R$ 384,00

Resposta: (C)

Q58) (CM) Uma fábrica de móveis produz suas peças a partir da utilização de móveis antigos, madeira de reflorestamento e peças de reciclagem. Para confeccionar uma nova mesa no formato retangular, foi reutilizada uma peça de madeira quadrada que tinha o perímetro de 40 dm e peças de reciclagem. A área da nova mesa corresponderá a uma vez e meia a área da peça de madeira. Então a área da nova mesa é de:

(A) 1,6 dm²   (B) 1,6 m²   (C) 1,5 m²   (D) 1,0 m²   (E) 100 cm²

Solução.

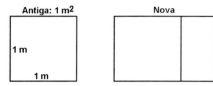

A peça antiga é um quadrado de 40 dm de perímetro (4 metros). Então cada lado mede 1 metro. Sua área é 1 m².
Se a mesa nova tem área 50% maior, então esta área é 1,5 x 1 m² = 1,5 m².

Resposta: (C)

Q59) (CM) Um reservatório, contendo 200 litros de água, está sendo esvaziado por meio de uma torneira cuja vazão é de 200 cm³ por minuto. O tempo necessário para esvaziar completamente o reservatório, em minutos, é:

(A) 1   (B) 10   (C) 100   (D) 1000   (E) 0,1

Solução:
1 litro vale 1000 cm³. Então o reservatório tem 200 x 1000 = 200.000 cm². Se é esvaziado à vazão de 200 cm³ por minuto, então o tempo necessário será:
200.000 / 200 = 1000 minutos.

Resposta: (D)

Q60) (CM) Sr Luís, comerciante de tecidos de Manaus-AM, tem quatro peças de tecido que medem respectivamente 180 m, 288 m, 300 m e 432 m. Deseja cortar os tecidos em pedaços iguais com o maior tamanho possível e sem inutilizar nenhum pedaço. Com qual comprimento ele deverá cortar os tecidos?

(A) 3600 cm   (B) 12 m   (C) 0,12 m   (D) 120 cm   (E) 36 m

Q61) (CM) Uma lata de tinta tem as medidas abaixo. Cada dm³ de tinta contida nessa lata é suficiente para pintar 1 m² de paredes de 2,5 m de comprimento por 3,2 m de altura. O número de paredes inteiras que podem ser pintadas com a quantidade de tinta contida na lata é

Capítulo 12 – MEDIDAS GEOMÉTRICAS

(A) 1 parede.
(B) 2 paredes.
(C) 3 paredes.
(D) 4 paredes.
(E) 5 paredes.

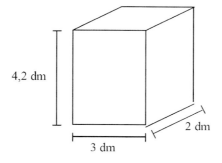

Solução:
Volume da lata, em dm³: 4,2 x 3 x 2 = 25,2 dm³.
Cada dm³ pinta 1 m². Então a lata tem tinta suficiente para pintar 25,2 m².
Cada parede tem 2,5 m por 3,2 m = 8 m².
Então a tinta de uma lata pode pintar 25,2 / 8 = 3,15 paredes

Resposta: (C)

Q62) (CM) Em 1879, Henrique Dumont, o pai de Alberto, comprou a Fazenda Arindeuva na cidade de Ribeirão Preto – SP por 300 contos de réis (dinheiro da época). Havia uma grande extensão de "terras roxas", próprias para a cultura cafeeira. Lá, plantou 5 milhões de pés da Rubiácea e pelo sucesso do investimento o engenheiro passou a ser conhecido por todos da região como o "Rei do Café". Se na fazenda havia 1.000 áreas retangulares idênticas para o plantio dos pés de café e cada pé de café era plantado em 1 metro quadrado, identifique a alternativa que aborda uma área insuficiente para o plantio.

(A) 50 m x 100 m.
(B) 25 m x 200 m.
(C) 40 m x 125 m.
(D) 20 m x 250 m.
(E) 60 m x 80 m.

Solução:
Se foram plantados 5.000.000 pés de café, são necessários 5.000.000 m². Como existiam 1000 áreas idênticas, cada área deve ter 5.000.000 / 1000 = 5.000 m². Entras as opções, a única que não tem esta área é (E), 60 m x 80 m, com apenas 4.800 m².

Resposta: (E)

Q63) (CM) No final de 1903, Santos Dumont construiu o dirigível "nº X". O aeróstato era enorme: 48 metros de comprimento e 8,5 metros de diâmetro. Ele usou um motor cuja potência era de 46 HP com capacidade para transportar 16 passageiros e foi por ele apelidado de L'Omnibus. Considerando que Santos Dumont utilizou 1.300 metros quadrados de seda pura e que era comprada em rolos cujo tecido media 1,20 metros de largura por 80 metros de comprimento, identifique a alternativa que represente a característica da quantidade mínima de rolos que Santos Dumont teria comprado.

(A) divisor de 29.
(B) sucessor de 11.
(C) antecessor de 16.
(D) maior número primo e menor que 18.
(E) múltiplo de 7.

Solução:
Um rolo de seda tinha 1,20 m x 80 m = 96 m².
Se precisava de 1.300 m² de seda, deveria comprar 1300/96 rolos, ou seja, 13,5. Arredondando para mais (não pode faltar, e sim, sobrar), seriam 14 rolos.

Resposta: (E)

Q64) (CM) O primeiro aeroplano construído por Santos Dumont voava inicialmente dependurado no balão nº XIV. Por essa razão, foi batizado de XIV-BIS. "Com esse conjunto híbrido, fiz várias experiências em *Bagatelle*, habituando-me, dia a dia, com o governo do aeroplano; e só quando me senti senhor das manobras é que me desfiz do balão." Santos Dumont. O XIV-BIS tinha 12 metros de uma ponta de asa à outra (largura) e 10 metros de fuselagem (comprimento), de proa à popa. Eram cabos e varetas de pinho e de bambu amarradas em junções feitas de alumínio, com 80 metros quadrados de seda japonesa, tudo bem leve, 160 quilogramas.
Considerando que a altura do XIV-BIS era de 3 metros, identifique a alternativa que represente o volume do menor paralelepípedo que pudesse guardá-lo sem ser desmontado.

(A) maior que 300 e menor que 330 metros cúbicos.
(B) maior que 330 e menor que 350 metros cúbicos.
(C) exatamente 300 metros cúbicos.
(D) maior que 350 e menor que 370 metros cúbicos.
(E) maior que 370 metros cúbicos.

Resposta: (D)

Q65) (CM) Vários quadrados com lado medindo 3 cm são dispostos colocando-se o vértice de um sobre o centro do anterior, conforme a figura abaixo.

Dispondo de 13 desses quadrados, formaremos uma figura com área, em cm², igual a

(A) 39   (B) 40   (C) 50   (D) 90   (E) 117

Solução
Cada vez que adicionamos mais um quadrado, a área adicionada é igual a 3/4 da área de um quadrado. Como são 13 ao todo, o primeiro tem a área inteira, e os outros 12 contribuem com 3/4 cada um. Ficamos então com:

1 + 12 x 3/4 = 1 + 9 = 10 áreas.
Cada quadrado tem área de 9 cm², então os 13 quadrados somarão 10 x 9 cm² = 90 cm².

Resposta: (D)

Q66) (OBM) O retângulo abaixo está dividido em 9 quadrados, A, B, C, D, E, F, G, H e I. O quadrado A tem lado 1 e o quadrado B tem lado 9. Qual é o lado do quadrado I?

Capítulo 12 – MEDIDAS GEOMÉTRICAS 523

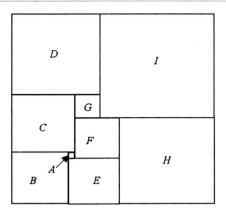

Solução:
É preciso encontrar o lado de cada quadrado, levando em conta os lados já conhecidos de outros quadrados. Podemos encontrar os lados facilmente seguindo a seqüência a-b-c-d-e-f-g-h na figura abaixo.

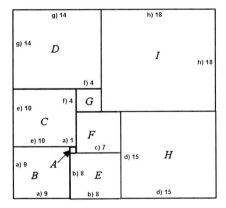

O lado do quadrado I pedido é 18 cm.

Q67) (OBM) Imagine uma pilha com cem milhões de folhas de papel sulfite, cada uma com 0,1 milímetro de espessura. Assinale a alternativa mais próxima da altura da pilha.

(A) a sua altura.
(B) o comprimento do maior animal do mundo, a baleia azul, que é cerca de 29 metros.
(C) a altura do edifício mais alto do mundo, o Petronas Tower, que tem 88 andares.
(D) a altura do pico mais alto do mundo, o Monte Everest, que é 8848 metros.
(E) a distância do planeta Terra à Lua, que é muito maior que todas as alternativas anteriores.

Solução:
100.000.000 x 0,1 mm = 10 km

Resposta: (E)

Q68) (OBM) Entre 1986 e 1989, época em que vocês ainda não tinham nascido, a moeda do país era o cruzado (Cz$). Com a imensa inflação que tivemos, a moeda foi mudada algumas vezes: tivemos o cruzado novo, o cruzeiro, o cruzeiro real e, finalmente, o real. A conversão entre o cruzado e o real é: 1 real = 2.750.000.000 cruzados. Imagine que a moeda não tivesse mudado e que João, que ganha hoje 640 reais por mês, tivesse que receber seu salário em notas novas de 1 cruzado. Se uma pilha de 100 notas novas tem 1,5 cm de altura, o salário em cruzados de João faria uma pilha de altura:

A) 26,4 km   B) 264 km   C) 26 400 km   D) 264 000 km   E) 2 640 000 km

Solução:
Salário em cruzados: 640 x 2.750.000.000 notas de 1 cruzado
Cada 100 notas tem 1,5 cm de altura. Então a pilha teria

640 x 27.500.000 x 1,5 cm = 26.400.000.000 cm = 264.000 km

Resposta: (D)

Q69) (OBM) Uma placa decorativa consiste num quadrado de 4 metros de lado, pintada de forma simétrica com algumas faixas, conforme indicações no desenho ao lado. Qual é a fração da área da placa que foi pintada?

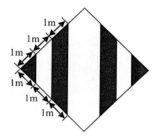

Solução:
Podemos calcular as áreas indicadas como (I) e (II) na figura abaixo, e multiplicar o resultado por 2.
A área (I) é a área do triângulo ADE. Como AD=AE= 1 m, esta área vale 1m x 1m / 2 = 0,5 m².
A área indicada como (II) é igual à área do triângulo ABC menos a área do triângulo AFG, ou seja, 3x3/2 – 2x2/2 = 4,5 m² – 2 m² = 2,5 m².

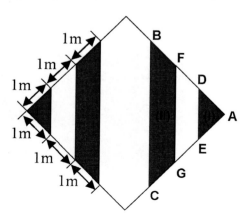

Então a soma das quatro áreas indicadas é 2 x (2,5 m² + 0,5 m²) = 6 m².
A área do quadrado é 16 m², então a fração pedida é 6/16 = 3/8.

Capítulo 12 – MEDIDAS GEOMÉTRICAS   525

Q70) (OBM) Um carpinteiro fabrica caixas de madeira abertas na parte de cima, pregando duas placas retangulares de 600 cm² cada uma, duas placas retangulares de 1200 cm² cada uma e uma placa retangular de 800 cm², conforme representado no desenho. Qual é o volume, em litros, da caixa? Note que 1 litro = 1000 cm³.

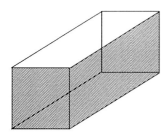

Solução
Chamemos as dimensões da caixa de x, y e h, como mostra a figura abaixo.

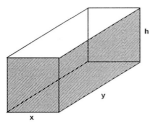

O volume pedido é x.y.h. O problema é que não sabemos os valores de x, y e h, mas foram dadas informações:

x.h = 600 cm²
y.h = 1200 cm²
x.y = 800 cm²

Então, se multiplicarmos as três igualdades acima, ficaremos com:

x.h.y.h.x.y = 600x1200x800, ou seja,
$(x.y.h)^2 = 2^{12}.3^2.5^6 = (2^6.3.5^3)^2$

Então x.y.h, que é o volume, vale $2^6.3.5^3$ = 24.000 cm³ = 24 L

Q71) (OBM) Quatro peças iguais, em forma de triângulo retângulo, foram dispostas de dois modos diferentes, como mostram as figuras. Os quadrados *ABCD* e *EFGH* têm lados respectivamente iguais a 3 cm e 9 cm. Calcule as áreas dos quadrados *IJKL* e *MNOP*.

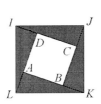
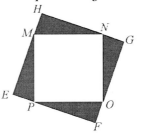

Solução:
Chamando os lados perpendiculares dos triângulos de x (o maior) e y (o menor), temos que:
O lado do quadrado ABCD vale x-y = 3 cm
O lado do quadrado EFGH vale x+y = 9 cm

Temos então que encontrar os números x e y tais que:
x-y = 3
x+y = 9
Esses números são x=6 e y=3

Então a área do quadrado IJKL vale a área do quadrado ABCD (9 cm^2) mais quatro vezes a área do triângulo (6x3/2=9), ou sejam 9 cm^2 + 36 cm^2 = 45 cm^2.

A área do quadrado MNOP é idêntica, pois seus lados são iguais aos lados do quadrado IJKL (o lado maior do triângulo).

Q72) (OBM) São dadas duas tiras retangulares de papel com 20 cm de comprimento, uma com 5 cm de largura e outra com 11 cm de largura. Uma delas foi colada sobre a outra, perpendicularmente, de modo a formar a figura ilustrada ao lado. Qual é o perímetro dessa figura, em centímetros?

A) 50   B) 60   C) 80   D) 100   E) 120

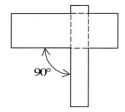

Solução:
Uma tira tem lados 20 cm e 11 cm, a outra tem lados 20 cm e 5 cm. Seus perímetros são, respectivamente, 62 cm e 50 cm. O perímetro da figura pedida é igual à soma desses dois perímetros, menos o perímetro do pequeno retângulo pontilhado mostrado na figura. Os lados desse pequeno retângulo são 11 cm e 5 cm (perímetro de 32 cm). Ficamos então com:

62 cm + 50 cm − 32 cm = 80 cm.

Q73) (OBM) Anita imaginou que levaria 12 minutos para terminar a sua viagem, enquanto dirigia à velocidade constante de 80 km/h, numa certa rodovia. Para sua surpresa, levou 15 minutos. Com qual velocidade constante essa previsão teria se realizado?

A) 90 km/h   B) 95 km/h   C) 100 km/h   D) 110 km/h   E) 120 km/h

Solução:
Se levou 15 minutos (1/4 de hora) à velocidade de 80 km/h, então o trajeto tinha 20 km. Para andar esses 20 km em 12 minutos (0,2 hora), deveria viajar a 20 km / 0,2 hora = 100 km/h.

Resposta: (C)

Q74) (OBM) Uma folha de papel tem 20 cm de comprimento por 15 cm de largura. Dobramos essa folha ao meio, paralelamente à sua largura. Em seguida, dobramos a folha

Capítulo 12 – MEDIDAS GEOMÉTRICAS 527

retangular dupla, de modo que dois vértices opostos coincidam. Ao desdobrar a folha, as marcas da segunda dobra dividem a folha em duas partes, conforme mostrado na figura ao lado. Qual é a área da parte escura, em cm²?

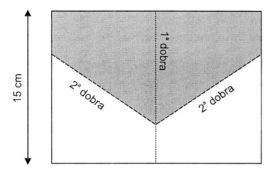

Solução
Depois de dobrada ao meio, a folha foi dobrada uma segunda vez formando a segunda dobra. Como desta segunda vez, as extremidades opostas coincidiram, então esta segunda dobra dividiu ao folha dobrada exatamente ao meio. Portanto, tomando cada metade da folha, a parte acima da dobra é igual à parte abaixo da dobra. Sendo assim, a área hachurada é exatamente igual à metade da área da folha, ou seja,

15 cm x 20 cm /2 = 150 cm².

Q75) (OBM) A área do quadrado $ABCD$ é 300 cm². Na figura, M é ponto médio de CD e o ponto F pertence à reta BC.
a) Qual é a área do triângulo ABF?
b) Qual é a área do triângulo ADF?

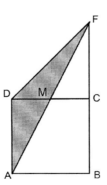

Solução:
A área do quadrado é 300 m², seu lado é a raiz quadrada de 300, que não é um número inteiro nem racional. Vamos chamar este valor de a, lembrando que $a^2 = 300$.

O triângulo ABF tem lados a e 2a. Então sua área é (a x 2a)/2, ou seja, a^2, que vale 300.

A área do triângulo ADF pode ser calculada como base (AD=a) x altura, que vale a, sobre 2. Isso resulta em $a^2/2$ = 300/2 = 150 cm².

Q76) (OBM) Na figura, C é um ponto do segmento BD tal que $ACDE$ é um retângulo e $ABCE$ é um paralelogramo de área 22 cm². Qual é a área de $ABDE$, em cm²?

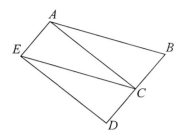

(A) 28 (B) 33 (C) 36 (D) 42 (E) 44

Solução:
Os três triângulos da figura, EDC, EAC e ABC têm a mesma área, pelos seguintes motivos:
a) ACDE é um retângulo, cuja área fica dividida ao meio pela diagonal EC.
b) ABCE é um paralelogramo, cuja área fica dividida ao meio pela diagonal AC.

Sendo assim, as três áreas citadas são iguais. Se a área do paralelogramo é 22 cm², cada metade tem 11 cm². Como os três triângulos citados têm áreas iguais, a área de EDC também é 11 cm², e a área do trapézio ABDE é 33 cm².

Resposta: (B)

Q77) (CN) O piso de uma cozinha tem 0,045 hm de comprimento e 0,5 dam de largura. Sabendo-se que para ladrilhar a cozinha foram usados ladrilhos quadrados de lado 15 cm, ao preço unitário de R$ 0,30 e que comprou-se 8% a mais do número de ladrilhos necessários para eventuais perdas, a despesa na compra de ladrilho foi de

(A) R$ 324,00 (B) R$ 234,00 (C) R$ 423,00 (D) R$ 243,00 (E) R$ 342,00

Solução:
Área da cozinha, em ladrilhos:
0,045 hm = 4,5 m = 30 ladrilhos
0,5 dam = 5 m = 5/0,15 = 500/15 = 100/3 ladrilhos.

Área = 30 ladrilhos x 100/3 ladrilhos = 1000 ladrilhos
Foram comprados mais 8% → total de 1080 ladrilhos, a R$ 0,30 cada um = R$ 324,00

Resposta: (A)

Q78) (CN) Se o lado de um quadrado aumentar de 30% de seu comprimento, a sua área aumentará de:

(A) 55% (B) 47% (C) 30% (D) 69% (E) 90%

Solução:
Se o lado aumentar 30% de comprimento, fica multiplicado por 1,3. A área ficará multiplicada por $(1,3)^2 = 1,69$, ou seja, aumentará 69%.

Resposta: (D)

Capítulo 12 – MEDIDAS GEOMÉTRICAS   529

Q79) (CN) Um pedaço de doce de leite tem a forma de um paralelepípedo, com seis faces retangulares, como indica a figura abaixo. O doce deve ser dividido totalmente em cubos iguais, cada um com x mm de aresta. O maior valor inteiro de x é:

(A) 16
(B) 18
(C) 24
(D) 30
(E) 32

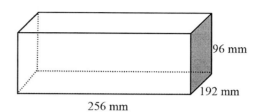

Solução:

O valor de x é o MDC entre 256, 96 e 192, que vale 32.

Resposta: (E)

Q80) (EPCAr) Um retângulo, cujo perímetro é igual a 4,80 m e tendo um dos lados medindo 15 dm, deve ser totalmente dividido em pedaços quadrados com a maior área possível. A quantidade de quadrados assim obtida é um número cuja soma dos algarismos é

a) 3   b) 6   c) 9   d) 12

Solução:
Se o perímetro é 4,8 m (48 dm) e um dos lados vale 15 dm, então o lado que está faltando é 9 dm.
O lado do quadrado, em dm, é o MDC entre 9 dm e 15 dm = 3 dm.
O número de quadrados obtidos é 9/3 = 3 por 15/3=5. São 3x5=15 quadrados.

Resposta: (B)

Questões propostas

Q81) (CM) O colégio Dona Maricota foi erguido numa área de 6.000 m². A terça parte desta área ficou livre para ser feita uma praça de esportes. No restante, foram construídas 50 salas de aula iguais no andar térreo. A área correspondente a cada uma destas salas de aula é de:

(A) 80 m²   (B) 78 m²   (C) 70 m²   (D) 60 m²   (E) 50 m²

Q82) (CM) Seu João quer cercar seu terreno de 1200 m de perímetro com arame farpado. Se o metro desse arame custa R$ 0,45 e serão dadas três voltas completas no terreno, seu João gastará:

(A) R$ 540,00   (B) R$ 820,00   (C) R$ 1200,00   (D) R$ 1620,00   (E) R$ 1820,00

Q83) (CM) Na figura abaixo, cada quadrado possui 9 cm² de área.

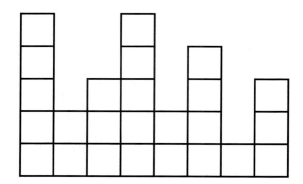

A soma das áreas de todos esses quadrados é igual a área de um outro quadrado, cujo lado mede:

(A) 225 cm   (B) 45 cm   (C) 25 cm   (D) 20 cm   (E) 15 cm

Q84) (CM) O retângulo ABCD está decomposto em quadrados, sendo que o menor deles possui lado igual a 2 centímetros, conforme a figura abaixo:

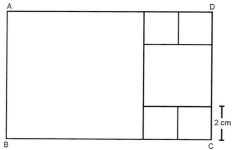

Qual a fração que representa o quociente entre as dimensões dos lados AD e AB, respectivamente?

(A) 96/1   (B) 3/2   (C) 6/2   (D) 4/2   (E) 2/3

Q85) (CM) Considere as afirmativas:

I – 11/4 – 13/8 = 1,125
II – 10% de 25 é maior que 5% de 50
III – 3/5 de 1500 cm^3 = 90 dl
IV – 650 dam^2 = 65.000 m^2
V – 2584 em algarismos romanos é MMDXXCIV

Pode-se concluir que apenas são falsas as afirmativas de números:

(A) II, III e V
(B) II e V
(C) I, IV e V
(D) I, II, III e V
(E) III e V

Capítulo 12 – MEDIDAS GEOMÉTRICAS

Q86) (CM) O Lago Corumbá IV, a cerca de 100 Km de Brasília, terá volume de 3,7 bilhões de metros cúbicos e capacidade para abastecer 35 milhões de pessoas. Para formá-lo está sendo construída uma barragem de 70 metros de altura, que já conta com mais de 85 por cento das obras prontas. As expressões sublinhadas no texto acima podem ser expressas, respectivamente, por:

(A) 37×10^{11} m^3 ; $3,5 \times 10^{10}$; 0,85%
(B) $3,7 \times 10^{9}$ m^3 ; 35×10^{6} ; 0,85
(C) $3,7 \times 10^{9}$ m^3 ; 35×10^{6} ; 0,85%
(D) $3,7 \times 10^{12}$ m^3 ; 35×10^{9} ; 0,85
(E) 37×10^{8} m^3 ; 35×10^{6} ; 0,85%

Q87) (CM) Uma cisterna, em formato de paralelepípedo, cujas dimensões são 2 metros, 3 metros e 4 metros contém água até 2/3 de sua capacidade total. Nessa cisterna há

(A) 24000 litros de água.
(B) 16000 litros de água.
(C) 12000 litros de água.
(D) 8000 litros de água.
(E) 1000 litros de água.

Q88) (CM) A quadra do ginásio do Colégio Militar tem 300 m^2 e foi utilizada para a realização da cerimônia de formatura da 3ª Série do Ensino Médio. O espaço foi preenchido por 500 cadeiras, cada uma ocupando 0,3 m^2 e pelo palco, com 54 m^2. Então, a área da quadra que não foi utilizada foi igual a:

(A) 204 m^2 (B) 196 m^2 (C) 131 m^2 (D) 96 m^2 (E) 90 m^2

Q89) (CM) Alfredo possui um terreno do qual utilizou 5/9 da área para fazer um campo de futebol, 1/27 para construir uma churrasqueira e 5/108 para construir uma piscina, sobrando ainda 195 m^2 de área livre. A área utilizada para a churrasqueira foi de:

(A) 35 m^2 (B) 30 m^2 (C) 40 m^2 (D) 20 m^2 (E) 25 m^2

Q90) (CM) Dois alunos do clube de matemática do Colégio Educar, fizeram uma experiência e colocaram um refrigerante até a metade de um copo (fig.01). Em seguida, acrescentaram mais refrigerante até atingir a metade do que restava de vazio no copo (fig. 02). Finalmente, colocaram mais um pouco de refrigerante até atingir a nova metade do que ainda havia de vazio no copo (fig.03).

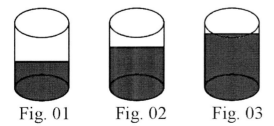

Fig. 01   Fig. 02   Fig. 03

Desta forma, a fração do copo que representa a quantidade total de refrigerante colocada é:

(A) 2/3   (B) 1/2   (C) 7/8   (D) 5/3   (E) 4/5

Q91) (CM) Duas retas que não possuem pontos comuns são denominadas:

(A) Paralelas (B) Oblíquas (C) Concorrentes (D) Perpendiculares

Q92) (CM) O perímetro de um quadrado cujo lado mede um metro é:

(A) 400 cm (B) 4 cm (C) 40 cm (D) 4000 cm

Q93) (CM) Um triângulo que possui os três lados com a mesma medida é chamado:

(A) Escaleno (B) Retângulo (C) Eqüilátero (D) Isósceles

Q94) (CM) Se as medidas dos lados de um quadrado forem multiplicadas por três sua área se tornará

(A) 2 vezes maior (B) 3 vezes maior (C) 8 vezes maior (D) 9 vezes maior

Q95) (CM) Oito cubos de gelo, todos perfeitos e com o mesmo volume, foram colocados dentro de um recipiente de vidro, em forma de paralelepípedo retângulo, que se encontrava vazio. Quando os cubos estavam totalmente derretidos, observou-se que a água contida no recipiente atingia 1/5 da sua altura interna. Sabendo-se que o recipiente tem capacidade para 2 litros d'água, podemos afirmar que o volume de cada cubo de gelo é:

(A) 50 cm^3.
(B) 40 cm^3.
(C) 25 cm^3.
(D) 20 cm^3.
(E) Não há como determinar o volume do cubo de gelo.

Q96) (CM) Na figura abaixo, cada quadradinho tem lado medindo 0,5 cm. A área de toda a parte sombreada nessa figura mede:

(A) 0,4200 dm^2.
(B) 0,3925 dm^2.
(C) 0,3825 dm^2.
(D) 0,3750 dm^2.
(E) 0,3525 dm^2.

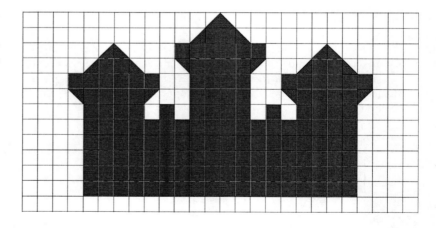

Q97) (CM) Depois de vários dias no mar, finalmente o capitão Strong avistou o navio de Barba Negra. Após alguns cálculos, percebeu que Barba Negra estava 60 km a sua frente e que, a cada hora, percorria 17 km, enquanto o seu navio percorria 20 km, ambos navegando na mesma direção e no mesmo sentido. Determine quantos quilômetros capitão Strong deveria navegar até alcançar Barba Negra.

Capítulo 12 – MEDIDAS GEOMÉTRICAS

(A) 400   (B) 360   (C) 300   (D) 260   (E) 200

Q98) (CM) Chegara à hora. Todos estavam frente a frente, no campo de batalha. Um silêncio terrível permanecia, até que todos olharam para o céu e viram os elfos se aproximando. Ninguém enfrentava ou desobedecia aos elfos, pois eles eram os soldados do mago Merlim, o maior de todos os mágicos. Eram tantos que, por alguns segundos, o dia se fez noite. Sabendo-se que os elfos, ao cercarem o campo de batalha, acabaram formando a linha poligonal que limita um retângulo, ou seja, seus lados, que mediam 15 km e 100 hm, que a distância entre os locais onde se encontravam dois elfos consecutivos era de 5 metros e que em cada vértice havia um elfo, determine quantos eram os elfos.

(A) 10004   (B) 10000   (C) 9996   (D) 9992   (E) 9988

Q99) (CM) Os elfos voltaram para a ilha invisível de Merlim, os bruxomáticos e os matemágicos construíram a escola e os primeiros alunos apareceram. Para poder se matricular, havia um teste: vencer uma partida de xadrez, o jogo que todos gostavam e aprendiam logo nos primeiros anos de vida. A partida deveria ser jogada no jardim, que tinha a forma de um tabuleiro de xadrez gigante, onde as peças eram enormes e se moviam através das ordens dadas pelos jogadores. Cada candidato a aluno enfrentaria um professor da escola e, caso vencesse, poderia estudar nesse fantástico local. Determine a soma das medidas dos lados do jardim, em metros, sabendo-se que o tabuleiro, que é quadrado, foi dividido em 64 quadrados iguais, cada um deles com perímetro de 5 dam.

(A) 125   (B) 400   (C) 600   (D) 750   (E) 1500

Q100) (CM) O Tangran é um quebra-cabeça, provavelmente de origem chinesa, que divide um quadrado, *figura 1*, em figuras menores, com o objetivo de montar-se inúmeros mosaicos, alternando as posições das suas partes, conforme a *figura 2*. Considerando que cada parte da *figura 2* é uma fração do quadrado (*figura 1*), qual o valor da diferença entre as frações que representam a maior e menor parte hachurada na *figura 2*?

(A) 1/16
(B) 1/8
(C) 3/16
(D) 1/4
(E) 3/8

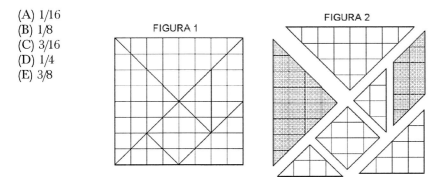

Q101) (CM) Em um clube, na cidade de Belo Horizonte, existe uma quadra de vôlei. Ao redor desta quadra, pretende-se construir uma quadra de futebol de salão, como mostra a figura. Com base na figura, que é o projeto da quadra, a área mínima que deve existir ao redor da quadra de vôlei, para que a quadra de futebol seja construída, é igual a

(A) 300 m²
(B) 280 m²
(C) 288 m²
(D) 304 m²
(E) 272 m²

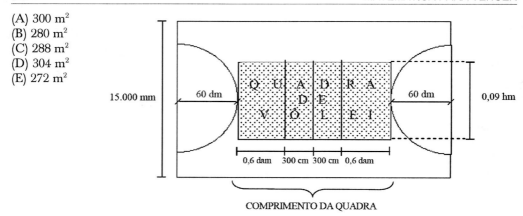

Q102) (CM) Em 1898, Santos Dumont constrói seu primeiro balão cheio de conceitos inovadores. Ele usou 3,5 quilogramas de seda pura que, envernizada, chegou a pesar 14 quilogramas, utilizou, também, 1.800 gramas de rede, quase 30 vezes menos que os habituais 50 quilogramas usados nos balões tradicionais da época. Identifique a alternativa que represente a massa, em quilogramas, que ficaria a seda envernizada se Santos Dumont tivesse utilizado 4,2 quilogramas de seda pura.

(A) 16,8   (B) 21   (C) 12,6   (D) 50   (E) 25,2

Q103) (CM) Em 23 de outubro de 1906, Santos Dumont liga o motor do XIV-BIS, percorre no solo os primeiros 200 metros, toma seu embalo e para alegria e espanto de todos os presentes, as duas rodas se desprendem do chão. A Terra sobrou! O aeroplano sobe e continua subindo, atinge três metros de altura e voa inacreditavelmente por meios exclusivamente próprios. Não vai muito longe, desce e pousa tranqüilo, percorre 60 metros aproximadamente! Naquela época diziam: "Viver não é preciso; voar é preciso...". As formas são precisas e podem ser equivalentes. Identifique a alternativa que indique a medida da aresta de um cubo que tenha o mesmo volume de um paralelepípedo cujas medidas são 12 metros de comprimento, 90 decímetros de largura e 0,2 decâmetros de altura.

(A) 60 decímetros.
(B) 5 metros.
(C) 0,7 decâmetros.
(D) 400 centímetros.
(E) 0,008 quilômetros.

Q104) (CM) Apesar da glória e da fama, Santos Dumont não descansou, construiu outras aeronaves mas a sua preferida era o modelo nº XIX, batizado de Demoiselle. O aparelho apoiava-se sobre três rodas e era todo feito de treliças de bambu, presas entre si por juntas metálicas de alumínio, usava um motor refrigerado a água, mais uma invenção de Santos Dumont. Considerando que o recipiente de água tinha capacidade para armazenar 2,4 litros de água e a cada hora de funcionamento do motor 300 mililitros de água evaporavam, identifique a alternativa com informação verdadeira.

(A) Santos Dumont não precisava colocar água no reservatório.
(B) em duas horas de funcionamento do motor, toda água irá evaporar.
(C) motor refrigerado a água não existe.
(D) em quatro horas o nível de água do reservatório chegará a metade.
(E) o nível de água do reservatório nunca se abaixa.

Capítulo 12 – MEDIDAS GEOMÉTRICAS   535

Q105) (CM) Santos Dumont não era ganancioso, sua generosidade era incomum e nunca se preocupou em patentear suas invenções. Não requereu patente do XIV-BIS, da Demoiselle ou qualquer outro aeroplano ou dirigível; também não registrou o invento do relógio de pulso, nem dos motores com refrigeração a água, nem da porta de correr, utilizada em seu hangar, ou do lançador de bóias. Considerando que o volume interno do recipiente de combustível da Demoiselle era de 13,5 decímetros cúbicos e que o consumo era de 0,75 litros por hora, identifique a alternativa que representa o total de horas que o motor funcionará se o tanque estiver cheio.

(A) 1,8   (B) 18   (C) 16   (D) 180   (E) 160

Q106) (CM) Aos 13 de setembro de 1909, Santos Dumont estabeleceria o primeiro recorde de velocidade. Ele percorreu 9 quilômetros em cinco minutos com sua Demoiselle, alcançando a expressiva marca de 108 quilômetros por uma hora. Cinco minutos parecem muito tempo quando estamos esperando por um colega ou pouco tempo quando estamos resolvendo uma prova. Identifique a alternativa verdadeira.

(A) 9 quilômetros corresponde a 900 metros.
(B) 1 hora corresponde a 3.300 segundos.
(C) 1 decímetro cúbico corresponde a 10 litros.
(D) 1 metro corresponde a 1.000 centímetros.
(E) Cinco minutos corresponde a 1/12 da hora.

Q107) (CM) Um peixe-boi nadou no primeiro dia 8,03 km; no segundo dia, nadou 7,05 hm e no terceiro dia, 112.800 cm. Portanto, o peixe-boi nadou nos três dias uma distância de:

(A) 2680 m   (B) 12353 m   (C) 9863 m   (D) 698,73 m   (E) 8985 m

Q108) (CM) Um aquário possui as dimensões abaixo. Rodrigo possui três desses aquários. Semanalmente ele troca a água. A quantidade de litros de água que Rodrigo necessita para encher completamente todos estes aquários é:

(A) 27 litros
(B) 9 litros
(C) 90 litros
(D) 9000 litros
(E) 27000 litros

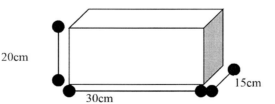

Q109) (CM) Uma mesa quadrada de 2 m de lado foi coberta com uma toalha também quadrada de 1,5 m de lado. O valor da área da mesa não coberta pela toalha é:

(A) 4 m²   (B) 2,25 m²   (C) 2,75 m²   (D) 6,25 m²   (E) 1,75 m²

Q110) (CM) Um quadrado de 81cm² de área foi dividido em nove quadrados menores, com áreas iguais, como mostra a figura abaixo. A área da figura que não está sombreada é:

(A) 9cm²
(B) 3cm²
(C) 27cm²
(D) 54cm²
(E) 81cm²

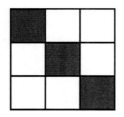

Q111) (CM) O tanque de um posto de combustível tem a forma de um paralelepípedo retângulo. As dimensões do tanque são 3 m, 4 m e 1 m. O dono do posto paga R$ 2,50 por litro que compra, e revende por R$ 2,63. O lucro obtido pelo dono na venda total de um tanque de gasolina, em reais, é:

(A) R$ 1.280,00
(B) R$ 1.560,00
(C) R$ 1.720,00
(D) R$ 1.470,00
(E) R$ 1.350,00

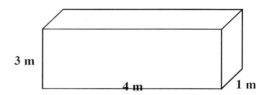

Q112) (CM) O Sr. L. A. Jota pretende trocar o piso da sala de sua casa de praia, que tem as dimensões da figura abaixo. Ele pretende cobrir toda a área da sala com placas quadradas de 20 cm de lado, que são vendidas ao preço de R$ 16,00 por metro quadrado. Quanto o Sr. L. A. Jota deverá gastar para comprar esse piso sem que haja sobra no final?

(A) R$ 576,00
(B) R$ 448,00
(C) R$ 384,00
(D) R$ 704,00
(E) R$ 1 248,00

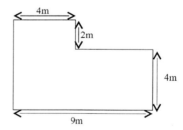

Q113) (CM) Tiago ganhou um aquário em forma de paralelepípedo, com 40 cm de comprimento, 20 cm de largura e 30 cm de altura e pretende completar com água até 3/4 da sua capacidade. Para isso conseguiu um copo com capacidade para 0,2 l. Quantos copos cheios Tiago deverá usar para colocar a água que pretende no aquário?

(A) 36   (B) 900   (C) 48   (D) 120   (E) 90

Q114) (CM) Uma piscina vai ser totalmente azulejada. Suas medidas são 1,7 m de profundidade, 15 m de comprimento e 12 m de largura. Qual a área a ser azulejada?

(A) 225,9 m²   (B) 271,8 m²   (C) 300,0 m²   (D) 306,0 m²   (E) 451,8 m²

Q115) (CM) Abaixo temos a planta dos cômodos de uma casa em que o quarto e o banheiro são quadrados. A área da cozinha desta casa é:

(A) 16 m²
(B) 24 m²
(C) 32 m²
(D) 36 m²
(E) 48 m²

Q116) (CM) Partindo de um ponto inicial (ponto X), Luiz caminha seguindo a seguinte orientação até atingir o ponto final (ponto F):

3 metros para Leste;
5 metros para o Sul;
4 metros para o Leste;
8 metros para o Norte;
9 metros para Oeste;
3 metros para o Sul.

Se Luiz fizesse um caminho diferente desse, a menor distância que percorreria é
(A) 2 metros
(B) 3 metros
(C) 4 metros
(D) 5 metros
(E) 6 metros

Q117) (CM) Teresa comprou 154 dam de fita do Senhor do Bomfim e deseja reparti-la em pedaços de 250 mm, logo ela obterá:

(A) 616 pedaços
(B) 6160 pedaços
(C) 6600 pedaços
(D) 60160 pedaços
(E) 60610 pedaços

Q118) (CM) O doutor Sabetudo receitou a um determinado paciente, que estava com dor de cabeça, 40 gotas do medicamento "SARALOGO", que é vendido em frascos de 250 ml. Considerando que uma gota equivale a 0,05 ml, comprando um frasco deste medicamento, o número máximo de vezes que ele poderá utilizá-lo, com essa mesma quantidade de gotas é:

(A) 75 vezes   (B) 100 vezes   (C) 125 vezes   (D) 150 vezes   (E) 175 vezes

Q119) (CM) Calcule a área total em m² da figura abaixo, sabendo que ela é composta de um quadrado com 2 cm de lado e um retângulo cujas medidas de dois lados são 2,5 cm e 3 cm.

(A) 4 m^2
(B) $7,5 \text{ m}^2$
(C) $11,5 \text{ m}^2$
(D) $0,0115 \text{ m}^2$
(E) $0,00115 \text{ m}^2$

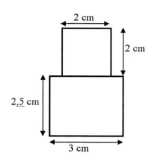

Q120) (CM) Um campo de futebol de areia, que tem formato retangular, possui 40 metros de comprimento por 15 metros de largura. Determine a área e o perímetro desse campo, respectivamente.

(A) 55 m^2 e 110 m
(B) 55 m^2 e 600 m
(C) 110 m^2 e 55 m
(D) 600 m^2 e 55 m
(E) 600 m^2 e 110 m

Q121) (CM) Uma caixa em forma de paralelepípedo, com dimensões da base 60 cm x 80 cm e altura 1m, está completamente cheia de água. Uma pedra em formato de cubo de 30 cm de aresta é colocada dentro desta caixa. A quantidade de água que fica na caixa é:

(A) 427 litros   (B) 441 litros   (C) 453 litros   (D) 480 litros   (E) 507 litros

Q122) (CM) A soma das áreas de todos os quadrados existentes na figura é:

(A) 30 cm^2
(B) 31 cm^2
(C) 32 cm^2
(D) 33 cm^2
(E) 34 cm^2

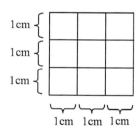

Q123) (CM, OBM) Seis retângulos idênticos são unidos para formar um retângulo maior conforme indicado na figura.

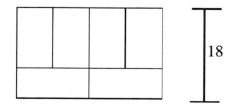

A área do retângulo maior, formado pelos seis retângulos, é:

(A) 192   (B) 210   (C) 240   (D) 350   (E) 432

Capítulo 12 – MEDIDAS GEOMÉTRICAS 539

Q124) (CM) Cinco quadrados cujos lados possuem mesma medida, são colocados alinhados lado a lado, de forma que não haja espaço entre eles e nem invasão interna de um pelo outro, conforme figura abaixo. Formou-se então um retângulo maior cujo perímetro é de 372 cm. Determine a área de um desses quadrados.

(A) 961 cm^2
(B) 1.024 cm^2
(C) 1.089 cm^2
(D) 1.225 cm^2
(E) 4.805 cm^2

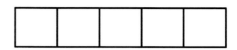

Q125) (OBM) Uma fazenda retangular que possui 10 km de largura por 20 km de comprimento foi desapropriada para reforma agrária. Se a fazenda deve ser dividida para 200 famílias de modo que todas as famílias recebam a mesma área, então cada família deve receber:

(A) 1.000.000 m^2
(B) 100.000 m^2
(C) 5.000 m^2
(D) 1.000 m^2
(E) 10.000 m^2

Q126) (OBM) Numa certa cidade, o metrô tem todas suas 12 estações em linha reta. A distância entre duas estações vizinhas é sempre a mesma. Sabe-se que a distância entre a terceira e a sexta estações é igual a 3 300 metros. Qual é o comprimento dessa linha?

A) 8,4 km   B) 12,1 km   C) 9,9 km   D) 13,2 km   E) 9,075 km

Q127) (OBM) No desenho estão representados quatro triângulos retângulos e um retângulo, bem como suas medidas. Juntando todas essas figuras, podemos construir um quadrado. O lado desse quadrado irá medir:

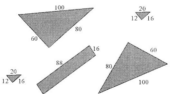

(A) 88 cm   (B) 100 cm   (C) 60 cm   (D) 96 cm   (E) 80 cm

Q128) (OBM) Se a área do retângulo dado é 12, qual é a área da figura sombreada?

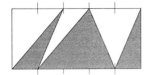

(A) 3   (B) 4   (C) 5   (D) 6   (E) 8

Q129) (OBM) Uma fábrica embala 8 latas de palmito em caixas de papelão cúbicas de 20 cm de lado. Para que possam ser melhor transportadas, essas caixas são colocadas, da melhor maneira possível, em caixotes de madeira de 80 cm de largura por 120 cm de comprimento por 60 cm de altura. O número de latas de palmito em cada caixote é

(A) 576   (B) 4.608   (C) 2.304   (D) 720   (E) 144

Q130) (OBM) A figura abaixo foi desenhada em cartolina e dobrada de modo a formar um cubo.

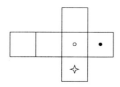

Qual das alternativas mostra o cubo assim formado?
A)   B)   C)

D)   E)

Q131) (OBM) As peças de um jogo chamado Tangram são construídas cortando-se um quadrado em sete partes, como mostra o desenho: dois triângulos retângulos grandes, um triângulo retângulo médio, dois triângulos retângulos pequenos, um quadrado e um paralelogramo. Se a área do quadrado grande é 1, qual é a área do paralelogramo?

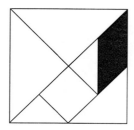

Q132) (OBM) Dezoito quadrados iguais são construídos e sombreados como mostra a figura. Qual fração da área total é sombreada?

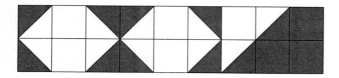

(A) $\dfrac{7}{18}$ (B) $\dfrac{4}{9}$ (C) $\dfrac{1}{3}$ (D) $\dfrac{5}{9}$ (E) $\dfrac{1}{2}$

Q133) (OBM) Dois quadrados, cada um com área 25 cm², são colocados lado a lado para formar um retângulo. Qual é o perímetro do retângulo?

(A) 30 cm   (B) 25 cm   (C) 50 cm   (D) 20 cm   (E) 15 cm

Q134) (OBM) No desenho, os quadriláteros ABCD, EFAG e IAJH são retângulos e H é ponto médio de AE. Calcule a razão entre a área do retângulo ABCD e o triângulo AHI.

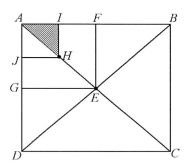

Q135) (OBM) Seis retângulos idênticos são reunidos para formar um retângulo maior conforme indicado na figura. Qual é a área deste retângulo maior?

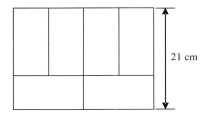

(A) 210 cm²   (B) 280 cm²   (C) 430 cm²   (D) 504 cm²   (E) 588 cm²

Q136) (OBM) A figura a seguir representa um Tangram, quebra-cabeças chinês formado por 5 triângulos, 1 paralelogramo e 1 quadrado. Sabendo que a área do Tangram a seguir é 64 cm², qual é a área, em cm², da região sombreada?

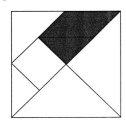

(A) 7,6   (B) 8   (C) 10,6   (D) 12   (E) 21,3

Q137) (OBM) Juntando dois retângulos iguais lado a lado, sem sobreposição, podemos formar dois tipos de figura: um quadrado de área igual a 144 cm² ou um retângulo de largura diferente do comprimento. Qual é o perímetro deste último retângulo, em cm?

(A) 12   (B) 24   (C) 48   (D) 60   (E) 72

Q138) (OBM) No quadriculado ao lado, cada quadradinho tem 1 cm². Os segmentos inclinados ligam pontos médios dos lados dos quadradinhos ou um vértice ao centro de um quadradinho. Qual é a área ocupada pela sigla OBM, em cm²?

(A) 28   (B) 32   (C) 33   (D) 34   (E) 35

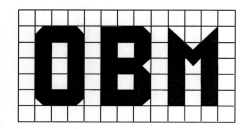

Q139) (OBM) Uma folha retangular de cartolina foi cortada ao longo de sua diagonal. Num dos pedaços restantes, na forma de um triângulo retângulo, foram feitos dois cortes, paralelos aos lados menores, pelos meios desses lados. Ao final sobrou um retângulo de perímetro 129 cm. O desenho abaixo indica a seqüência de cortes. Em centímetros, qual era o perímetro da folha antes do corte?

Q140) (OBM) Dois cartões iguais têm a forma de um triângulo retângulo de lados 5 cm, 12 cm e 13 cm. Esmeralda juntou os dois cartões sobre uma folha de papel e, contornando as beiradas com um lápis, obteve uma figura como a ao lado, que está fora de escala. Qual é o perímetro dessa figura?

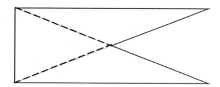

(A) 28 cm   (B) 35 cm   (C) 42 cm   (D) 43 cm   (E) 60 cm

Q141) (OBM) O desenho mostra dois quadrados de papel sobrepostos, um de lado 5 cm e outro de lado 6 cm. Qual é o perímetro da figura formada (linha grossa no contorno do desenho), em centímetros?

Capítulo 12 – MEDIDAS GEOMÉTRICAS   543

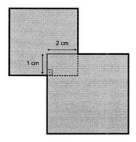

(A) 31   (B) 34   (C) 36   (D) 38   (E) 41

Q142) (CN) Considere um retângulo inscrito em um losango, conforme a figura abaixo. Se as diagonais do losango medem, respectivamente, 8 cm e 12 cm e a área do retângulo é 24 cm², então o perímetro deste retângulo, em cm, é igual a:

(A) 28
(B) 24
(C) 22
(D) 20
(E) 18

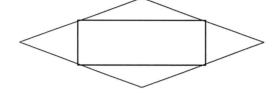

Respostas dos exercícios

E1) a) 48   b) 14   c) 40   d) 19   e) 24
E2) 100 metros
E3) 800 m²
E4) 16 cm²
E5) 10 cm²
E6) 150 cm²
E7) 30 cm²
E8) 1000 cm³
E9) 96 cm²
E10) 120 cm³
E11) a) 2300 m   b) 600 m   c) 250 m   d) 3,5 m   e) 1,20 m   f) 1,5 m
E12) a) 32 km   b) 0,4 km   c) 0,4 km   d) 0,5 km
E13) a) 0,8 m²   b) 1,5 m²   c) 60000 m²   d) 200 m²   e) 0,06 m²
E14) a) 0,06 m³   b) 7500 m³   c) 0,04 m³   d) 6000 m³   e) 10,5 m³
E15) (D)

Respostas das questões propostas

Q81) Resposta: (A) 80 m²
Q82) Resposta: (D)
Q83) Resposta: (E)
Q84) Resposta: (B)
Q85) Resposta: (B)
Q86) Resposta: (B)
Q87) Resposta: (B)

544 MATEMÁTICA PARA VENCER

Q88) Resposta: (D)
Q89) Resposta: (D)
Q90) Resposta: (C)
Q91) Resposta: (A)
Q92) Resposta: (A)
Q93) Resposta: (C)
Q94) Resposta: (D)
Q95) Resposta: (A)
Q96) Resposta: (B)
Q97) Resposta: (A) 400
Q98) Resposta: (B)
Q99) Resposta: (B)
Q100) Resposta: (B)
Q101) Resposta: (C)
Q102) Resposta: (A)
Q103) Resposta: (A)
Q104) Resposta: (D)
Q105) Resposta: (B)
Q106) Resposta: (E)
Q107) Resposta: (C)
Q108) Resposta: (A)
Q109) Resposta: (E)
Q110) Resposta: (C)
Q111) Resposta: (B)
Q112) Resposta: (D)
Q113) Resposta: (E)
Q114) Resposta: (B)
Q115) Resposta: (A)
Q116) Resposta: (A)
Q117) Resposta: (B)
Q118) Resposta: (C)
Q119) Resposta: (C)
Q120) Resposta: (E)
Q121) Resposta: (C)
Q122) Resposta: (E)
Q123) Resposta: (E)
Q124) Resposta: (A)
Q125) Resposta: (A)
Q126) Resposta: (B)
Q127) Resposta: (E)
Q128) Resposta: (D)
Q129) Resposta: (A)
Q130) Resposta: (B)
Q131) Resposta: 1/8
Q132) Resposta: (B)
Q133) Resposta: (A)
Q134) Resposta: 32
Q135) Resposta: (E)
Q136) Resposta: (D)
Q137) Resposta: (D)
Q138) Resposta: (D)
Q139) Resposta: 258 cm
Q140) Resposta: (C)

Capítulo 12 – MEDIDAS GEOMÉTRICAS   545

Q141) Resposta: (D)
Q142) Resposta: (D)

Prova simulada

Questão 1) Valor: 0,5 (CM)
Um campo de futebol tem formato retangular. O seu comprimento mede 1 dam e a sua largura mede 0,6 hm. Determine a área desse campo.

(A) 0,06 m²   (B) 0,6 m²   (C) 6 m²   (D) 60 m²   (E) 600 m²

Questão 2) Valor: 0,5 (CM)
Ao se triplicar tanto o comprimento, quanto a largura e a altura de um paralelepípedo retângulo, em quantas vezes o seu volume será aumentado?

(A) 3   (B) 6   (C) 9   (D) 18   (E) 27

Questão 3) Valor: 0,5 (CM)
Pedro viajou de Lagoa Santa para Belo Horizonte, passando por Vespasiano. Considere que estas três cidades estão alinhadas e que a distância entre as cidades de Vespasiano e Belo Horizonte é duas vezes maior do que a entre Lagoa Santa e Vespasiano. Sabendo que 42 km separam Lagoa Santa de Belo Horizonte, logo a distância entre Lagoa Santa e Vespasiano é:

(A) 35 km   (B) 28 km   (C) 21 km   (D) 14 km   (E) 7 km

Questão 4) Valor: 0,5 (CM)
Carlos deseja colocar azulejos nas paredes laterais e no fundo da piscina de sua casa que é no formato de um paralelepípedo retângulo de 7,50 m de comprimento, 4,50 m de largura e 1,50 m de profundidade. Os azulejos escolhidos são quadrados e de 15 cm de lado. A quantidade de azulejos necessários para forrar toda a piscina será de:

(A) 2300   (B) 2800   (C) 4600   (D) 3100   (E) 2600

Questão 5) Valor: 0,5 (CM)
O campo de futebol do Riachinho tem 75 m de comprimento por 36,5 m de largura. Para realizar um torneio de futebol, a federação dos clubes exigiu que ele tivesse 5,5 m a mais de comprimento e 2,5 m a mais de largura. A quantidade de metros quadrados a mais que este campo deverá ter, com estas novas medidas, é igual a:

(A) 4020 m²   (B) 402 m²   (C) 3139,5 m²   (D) 2737,5 m²   (E) 13,75 m²

Questão 6) Valor: 0,5 (CM)
Um salão de festas tem o formato representado pela figura dada:

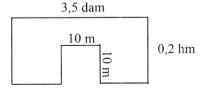

A área do salão, em m², mede:

(A) 600 m²   (B) 700 m²   (C) 7000 m²   (D) 34900 m²   (E) 35000 m²

Questão 7) Valor: 0,5 (CM)
Um pedreiro revestiu o chão de um salão retangular com pisos de cerâmica. No 1º dia de trabalho, ele conseguiu revestir 1/7 do salão e, no 2º dia, revestiu 3/8 do mesmo salão. Sabendo que 870 pisos foram utilizados nestes dois dias e que cada piso tem área igual a 0,4 m², então a área total do salão é igual a:

(A) 6720 m²   (B) 3480 m²   (C) 3240 m²   (D) 672 m²   (E) 348 m²

Questão 8) Valor: 0,5 (CM)
Um terreno retangular tem 140 m de comprimento e 1,2 hm de largura. Foram utilizados 5/8 do terreno para o plantio de árvores, 1/4 para o cultivo de milho e o restante para o cultivo de hortaliças. A área destinada ao cultivo de hortaliças é igual a:

(A) 63 dam²   (B) 21 dam²   (C) 105 dam²   (D) 2,1 dam²   (E) 6,3 dam²

Questão 9) Valor: 0,5 (CM)
O desenho abaixo representa o projeto inicial da construção de uma casa em um terreno retangular:

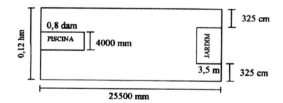

O jardim e a piscina também têm formato retangular. Portanto, a área disponível para a construção da casa é, em metros quadrados:

(A) 289   (B) 285,25   (C) 274   (D) 254,75   (E) 286,75

Questão 10) Valor: 0,5 (CM)
Numa certa cidade, o metrô tem todas as suas 12 estações em linha reta. A distância entre duas estações vizinhas é sempre a mesma. Sabe-se que a distância entre a terceira e a sexta estações é igual a 3300 metros. Sabendo que a linha inicia-se na 1ª e termina na 12ª estação, qual é o comprimento dessa linha?

(A) 8,4 km   (B) 12,1 km   (C) 9,9 km   (D) 13,2 km   (E) 9,075 km

Questão 11) Valor: 0,5 (CM)
Luciana, a cada 4 passos que dá, avança exatamente 285 cm. Um dos corredores do colégio onde estuda tem forma retangular com 3,5 m de largura. Luciana verificou que percorre esse corredor, ao longo da reta que define o seu comprimento, dando exatamente 72 passos. A área desse corredor é:

(A) superior a 718,2 m²
(B) exatamente 718,2 m²
(C) superior a 359,1 m² e inferior a 718,2 m²
(D) exatamente 359,1 m²
(E) inferior a 180,2 m²

Capítulo 12 – MEDIDAS GEOMÉTRICAS 547

Questão 12) Valor: 0,5 (CM)
Seja A um recipiente em forma de cubo, com comprimento da aresta, em centímetros, igual a a. Seja B um segundo recipiente, também em forma de cubo, com comprimento da aresta, em centímetros, igual a 2a, isto é, o dobro do comprimento da aresta daquele primeiro. Se a capacidade do recipiente A é 13,25 dl, então a capacidade do recipiente B é:

(A) 2,65 l   (B) 7,95 l   (C) 10,60 l   (D) 15,90 l   (E) 39,75 l

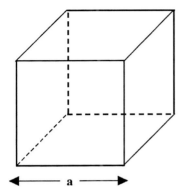

Recipiente **A**, em forma de cubo

Questão 13) Valor: 0,5 (CM)
Sabe-se que 10 folhas de papel ofício, empilhadas, formam um paralelepípedo de 1 mm de altura. Considerando que uma folha mede 30 cm de comprimento e 20 cm de largura e que 1 m^3 de folhas pesa 100 kg, então 500 folhas empilhadas pesam:

(A) 300 g   (B) 330 g   (C) 360g   (D) 400 g   (E) 500 g

Questão 14) Valor: 0,5 (CM)
O volume de um paralelepípedo de faces retangulares é 12000 dm^3. Suas dimensões (comprimento, largura e altura) são dadas, em metros, por três números naturais cuja soma é igual a um número primo. A soma das áreas de todas as faces do paralelepípedo é:

(A) 50 m^2 (B) 40 m^2 (C) 38 m^2 (D) 36 m^2 (E) 32 m^2

Questão 15) Valor: 0,5 (CM)
Utilizando cubos, todos com 1 dm de aresta, Gabriel montou seis sólidos geométricos sobre uma mesa, seguindo sempre a mesma lógica de acrescentar um cubo em cada extremidade, como mostram abaixo os três primeiros sólidos.

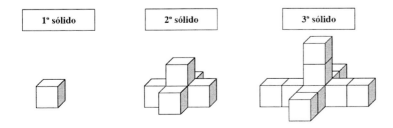

Dessa maneira, o volume do 6º sólido ficou em:

(A) 21 dm³ (B) 26 dm³ (C) 31 dm³ (D) 36 dm³ (E) 46 dm³

Questão 16) Valor: 0,5 (CM)
Feliciano deseja construir uma piscina no quintal de sua casa. Esta piscina terá o formato de um paralelepípedo cujas dimensões serão: 13,6 m de comprimento, 2 m de largura e 1 m de profundidade. Sabendo-se que 1 kg de terra ocupa 1,7 dm³ de volume e que um carrinho de mão carrega 40 kg de terra, o número mínimo de vezes que um carrinho deverá ser utilizado para retirar a terra correspondente ao volume da piscina é

(A) 400   (B) 450   (C) 370   (D) 410   (E) 350

Questão 17) Valor: 0,5 (OBM)
Se a área do retângulo dado é 12, qual é a área da figura sombreada?

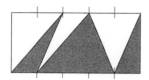

(A) 3   (B) 4   (C) 5   (D) 6   (E) 8

Questão 18) Valor: 0,5 (OBM)
Pelo menos quantos metros de barbante são necessários para amarrar 15 pacotes, conforme a figura, sabendo que cada pacote mede 10cm × 20cm × 40cm, sendo reservados 20cm para o laço?

(A) 39
(B) 36
(C) 48
(D) 56
(E) 42

Questão 19) Valor: 0,5 (OBM)
Num armazém foram empilhadas embalagens cúbicas conforme mostra a figura a seguir. Se cada caixa pesa 25 kg, quanto pesa toda a pilha?

(A) 300 kg   (B) 325 kg   (C) 350 kg   (D) 375 kg   (E) 400 kg

Capítulo 12 – MEDIDAS GEOMÉTRICAS 549

Questão 20) Valor: 0,5 (OBM)
Um troféu formado por cinco recipientes cúbicos foi construído da seguinte maneira: sob o cubo de lado 10 cm foi soldado o cubo de lado 20 cm, sob este foi soldado o cubo de lado 30 cm, e assim por diante. Toda a superfície externa desse troféu deverá ser coberta com um certo tipo de revestimento. Quantos metros quadrados desse revestimento serão necessários?

(A) 1,5   (B) 2,5   (C) 2,7   (D) 2,75   (E) 3

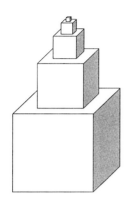

Solução da prova simulada
Gabarito

1	E		6	A		11	E		16	A
2	E		7	D		12	C		17	D
3	D		8	B		13	A		18	B
4	D		9	D		14	E		19	C
5	B		10	B		15	B		20	C

Soluções

Questão 1)
10 m x 60 m = 600 m²
Resposta: (E)

Questão 2)
3x3x3=27
Resposta: (E)

Questão 3)
L—1/3 —V—— 2/3——B
VB = 2. VL
LB = 42 km
LV = 14 km, VB = 28 km
Resposta: (D)

Questão 4)
1,5 m = 10 azulejos
4,5 m = 30 azulejos
7,5 m = 50 azulejos
Laterais: 50x10 + 50x10 + 30x10 + 30x10 = 1600
Fundo: 30x50 = 1500
Total: 3100 azulejos
Resposta: (D)

Questão 5)
Antiga área do campo: 75 m x 36,5 m = 2737,5 m².
Novas medidas: 80,5 m x 39 m
Nova área: 3139,5 m².
Aumento: 3138,5 m² − 2737 m² = 402 m²
Resposta: (B)

Questão 6)
35 m x 25 m − 10 m x 10 m = 700 m² − 100 m² = 600 m²
Resposta: (A)

Questão 7)
Revestiu 1/7 +3/8 = 29/56 = 870 pisos
Total = 870 ÷ 29/56 = 1680 pisos
1680 x 0,4 m² = 672 m²
Resposta: (D)

Capítulo 12 – MEDIDAS GEOMÉTRICAS

551

Questão 8)
5/8 + 1/4 = 7/8
Área do terreno = 140 x 120 m^2
Restante = 1/8 x 140x120 m^2 = 2100 m^2 = 21 dam^2
Resposta: (B)

Questão 9)
Área total = 12 m x 25,5 m = 306 m^2.
Piscina: 4 m x 8 m = 32 m^2.
Jardim: 3,5 m x 5,5 m = 19,25 m^2.
Restante = 306 m^2 – 32 m^2 – 19,25 m^2 = 254,75 m^2.
Resposta: (D)

Questão 10)
12 estações, 11 trechos
3ª a 6ª = 3300 m, então a distância entre as estações é 3300m / 3 = 1100 m
O comprimento da linha é 11 x 1100 m = 12,1 km
Resposta: (B)

Questão 11)
4 passos = 2,85 m
72 passos = 2,85 m x 18 = 51,3 m
Área = 51,3 m x 3,5 m = 179,55 m^2
Resposta: (E)

Questão 12)
13,25 dl x 8 = 10,6 L
Resposta: (C)

Questão 13)
1 m^3 = 100 kg de papel
0,3 m x 0,2 m x 0,0001 m x 500 = 0,003 m^3.
0,003 x 100 kg = 0,3 kg = 300 g
Resposta: (A)

Questão 14)
V = 12000 dm^3 = 12 m^3.
V = a.b.c = 12
Se a, b e c são números naturais, então podem ser
1, 1, 12
1, 2, 6
1, 3, 4
2, 2, 3
Se a soma é um número primo, então só podem ser 2, 2 e 3.
A soma das áreas é 2(2x2 + 2x3 + 2x3) = 32 m^2.
Resposta: (E)

Questão 15)
Cada sólido tem 5 cubos a mais que o anterior.
1º : 1 cubo
2º : 6 cubos
3º : 11 cubos
4º : 16 cubos

5º : 21 cubos
6º : 26 cubos
Se cada cubo mede 1 dm de lado, seu volume é 1 dm³. O volume do sólido é então 26 dm³.
Resposta: (B)

Questão 16)
Volume = 20 dm x 10 dm x 136 dm = 27200 dm³
1 kg = 1,7 dm³.
40 kg = 68 dm3 (volume da terra no carrinho).
Número de carrinhos = 27200/68 = 400
Resposta: (A)

Questão 17)

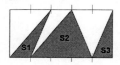

S1 = a.b/2
S2 = 3a.b/2
S3 = a.b/2
S1+S2+S3 = 5ab/2
A área do retângulo vale 5a.b = 12
Então a.b = 12/5
A soma das áreas dos triângulos é 5/2 x 12/5 = 6 m².
Resposta: (D)

Questão 18)
1 pacote = 100 + 60 + 60 + 10 = 240
15 pacotes = 15 x 240 cm = 3600 cm = 36 m.
Resposta: (B)

Questão 19)
1ª camada: 8 caixas
2ª camada: 5 caixas
3ª camada: 1 caixa
Total: 14 caixas
14 x 25 kg = 350 kg
Resposta: (C)

Questão 20)
6 x 2500 − 1600 + 5 x 1600 − 900 + 5 x 900 − 400 + 5 x 400 − 100 + 5 x 100 = 27000 cm²
= 2,7 m².
Resposta: (C)

Capítulo 13

Noções sobre equações

Equações do primeiro grau são estudadas a partir do 7° ano do ensino fundamental, mas conhecimentos básicos sobre o assunto podem ajudar bastante na solução de vários tipos de problemas.

Equações de primeiro grau

Para trabalhar plenamente com equações, é preciso saber operar com números negativos, que aparecerão com frequência nesse tipo de problema. O estudo dos números negativos é estudado somente no 6° ano, e requer muitos novos conhecimentos. Por isso o ensino das equações antes do conhecimento de números negativos é precário. Ainda assim, em muitos casos é possível resolvê-las.

Uma equação é uma sentença matemática composta de duas expressões separadas por um sinal "=". Por exemplo:

$2x + 5 = 13$

As duas expressões são chamadas de *primeiro membro* e *segundo membro*. Na equação acima, o primeiro membro é 2x+5, e o segundo membro é 13.

Os valores que são somados, multiplicados, subtraídos e divididos em uma equação são chamados de *termos*. No exemplo acima, 2x é um termo, 5 é um termo e 13 é um termo. Explicando de forma bem simples, os termos podem ser puramente numéricos (como 5 e 13 na equação acima) ou podem ter uma *parte literal*. O termo 2x tem uma parte literal, ou *variável*, que é x. 2x significa "duas vezes x", ou seja, 2.x. Da mesma forma, 3y significa "3 vezes y", e assim por diante.

No termo 2x, o x é chamado de *parte literal*, ou *variável*, e o 2, que está sendo multiplicado pela parte literal, é chamado de *coeficiente*.

Uma expressão algébrica é uma expressão que envolve letras, ou seja, termos com partes literais. Por exemplo, 2x+3y+4z é uma expressão algébrica com três variáveis, x, y e z.

Quando igualamos duas expressões algébricas, temos uma equação. Por exemplo:

2x+5 é uma expressão algébrica. A letra x representa um número qualquer. Dependendo do valor de x, a expressão terá um valor diferente. Por exemplo, se tivermos x=0, a expressão

554   MATEMÁTICA PARA VENCER

terá valor numérico 5. Se tivermos $x=1$, a expressão terá valor numérico 7. Se tivermos $x=10$, a expressão terá valor numérico 25, e assim por diante.

Na equação, as suas letras não podem assumir qualquer valor. Por exemplo, na expressão algébrica $2x+5$, x pode ter qualquer valor, mas quando fazemos $2x+5=13$, a expressão só é verdadeira se x tiver o valor 4.

Expressão algébrica: $2x+5$; x pode ter qualquer valor
Equação: $2x+5=13$; é uma sentença matemática que só é verdadeira se x for igual a 4.

Na equação $2x+5=13$, a letra x é chamada *incógnita* da equação. O objetivo da equação é descobrir o valor da incógnita, ou seja, descobrir o valor de x que torna a expressão verdadeira.

A maioria das questões que podem ser resolvidas por equações no nível de $6^{\underline{o}}$ ano, podem ser perfeitamente resolvidas por métodos puramente aritméticos. Entretanto, caso você não esteja conseguindo resolver um problema por métodos aritméticos, é válido que tente resolver o problema usando a equação, que é um método algébrico. Tome cuidado, pois existem problemas que não podem ser resolvidos por equações, somente usando processos aritméticos, como por exemplo, critérios de divisibilidade. Entre inúmeros problemas deste livro que não podem ser resolvidos por equações, citamos o problema Q1 do capítulo 1.

Exercícios

E1) Determine o valor numérico das expressões, para os valores dados das variáveis.
a) $3x+2y+10$, para $x=3$ e $y=2$
b) $10x+5+x^2$, para $x=2$
c) $(x+1)/(x+3)$, para $x=4$
d) $(x-2).(x-3)$, para $x=8$
e) $5x+2y+4z-7$, para $x=1$, $y=1$ e $z=2$
f) $4x-5$ para $x=13$
g) $5x-8$ para $x=4$
h) $2x+1$ para $x=1$
i) $2x+1$ para $x=3$
h) $2x+1$ para $x=5$

E2) Determine o valor de x para que as expressões abaixo sejam verdadeiras:
a) $x+3=5$
b) $2x=8$
c) $3x+1 = 10$
d) $5-x=3$
e) $3x+5=65$
f) $4x+7 = 27$
g) $5x+2=52$
h) $2x-3 = 7$
i) $7x-9 = 54$
j) $8x-3=45$

Método de resolução

Resolver uma equação é encontrar o valor de x que torna a expressão verdadeira. Por exemplo, resolver a equação $x+3=5$ é encontrar qual valor de x torna a expressão $x+3$ igual à expressão 5. Esta é uma equação muito simples, que pode ser resolvida de cabeça:

Capítulo 13 – NOÇÕES SOBRE EQUAÇÕES

555

x+3=5

Até mesmo nos primeiros anos do ensino fundamental surgem problemas do tipo "qual é o número que somado com 3 dá como resultado 5?". No caso, este número é 2. Dizemos que resolver a equação é encontrar x=2. Note que se x for igual a 2, as expressões do primeiro membro e do segundo membro são realmente iguais.

Por outro lado, a maioria das equações são mais complicadas e não podem ser resolvidas "de cabeça". Por exemplo:

27-3x = 4x+13

Devemos então usar algumas técnicas para sua solução:

a) Uma igualdade não se altera quando somamos o mesmo valor aos seus dois membros.

Por exemplo, na nossa equação, vamos somar 3x a ambos os membros, ficando com:

$27 - 3x + \mathbf{3x} = 4x + 13 + \mathbf{3x}$

Nosso objetivo em somar 3x nos dois membros foi eliminar o termo -3x que estava no primeiro membro, ficando com a incógnita x somente no segundo membro. Já que 3x – 3x vale 0, ficamos então com.

27 = 4x +13 + 3x

b) Uma igualdade não se altera quando invertemos as posições do primeiro e do segundo membro. É óbvio que se A=B, então B=A. Podemos então escrever nossa equação como:

4x +13 + 3x = 27

c) Uma igualdade não se altera quando subtraímos o mesmo valor dos dois membros. No nosso exemplo, vamos subtrair 13 dos dois membros, ficando com:

4x +13 + 3x – 13 = 27 – 13

Como 13 – 13 vale 0, e 27 – 13 vale 14, a equação fica:

4x + 3x = 14

d) Esta não é uma propriedade das equações, e sim, de qualquer termo algébrico. Quando temos dois termos com a mesma parte literal, podemos somar seus coeficientes e manter a sua parte literal. No nosso caso, 4x + 3x vale 7x. Isso é na verdade a propriedade distributiva da multiplicação em relação à adição. Nossa equação ficará então:

7x = 14

e) Uma igualdade não se altera quando dividimos os dois membros pelo mesmo valor. No nosso exemplo, vamos dividir os dois membros por 7. Se dividirmos 7x por 7, ficaremos com x, e se dividirmos 14 por 7, ficaremos com 2.

x = 2

556   MATEMÁTICA PARA VENCER

Está resolvida a equação.

Podemos então resumir essas propriedades no seguinte procedimento:

1) Devemos realizar as operações necessárias para que a incógnita x fique sozinha no primeiro membro. Quando conseguirmos isso, o valor do segundo membro será a solução da equação.

2) Um termo que está somado ou subtraído em um membro pode passar para o outro membro, trocando o seu sinal, ou seja, se estava somando, troca de termo subtraindo. Se estava subtraindo, passa para o outro lado somando.

Exemplo:
$x - 5 = 12$
$x = 12 + 5$ (o 5 estava subtraído, passou para o outro lado somando)

Exemplo:
$3x + 5 = 17$
$3x = 17 - 5$ (o 5 estava somando no primeiro membro, passou para o outro lado subtraindo)

3) Quando um número está multiplicando um termo inteiro, podemos passar para o outro lado, porém dividindo o segundo termo inteiro.

Exemplo:
$8x = 48$
$x = 48/8 = 6$ (o 8 estava multiplicando o primeiro membro, passou para o outro lado dividindo)

4) Quando um número está dividindo o primeiro membro inteiro, podemos passá-lo para o outro lado multiplicando o segundo membro

Exemplo:
$x/5 = 14$
$x = 14.5 = 70$

Vejamos a resolução de algumas equações simples usando essas propriedades:

Exemplo:
$7x - 9 = 54$
$7x = 54 + 9$ (o 9 estava subtraindo, passou para o outro lado somando)
$7x = 63$
$x = 63/7$ (o 7 estava multiplicando, passou para o outro lado dividindo)
$x = 9$

Exemplo:
$8x - 3 = 45$
$8x = 45 + 3$ (o 3 estava subtraindo, passou para o outro lado somando)
$8x = 48$
$x = 48/8$ (o 8 estava multiplicando, passou para o outro lado dividindo)
$x = 6$

Exemplo:
$3x + 5 = 47 - 4x$
$3x + 4x = 47 - 5$ (4x e 5 trocam de lado, o 4x vai somando e o 5 vai subtraindo)
$7x = 42$ (3x + 4x vale 7x)

Capítulo 13 – NOÇÕES SOBRE EQUAÇÕES

$x = 42/7 = 6$ (o 7 estava multiplicando, passa para o outro lado dividindo)

Exemplo: diga o que está errado na resolução abaixo
(1) $3x+3 = 15$
(2) $x +3 = 15/3$
(3) $x+3 = 5$
(4) $x = 5 - 3 = 2$

O erro está na passagem (2). O coeficiente 3 não pode passar para o segundo membro dividindo, pois a expressão $3x$ não está sozinha no primeiro membro, ainda existe o 3 que está somado com ele. O correto é passar o 3 para o segundo membro, ficando com:

$3x = 15 - 3 = 12$

Agora sim o 3 que está multiplicado pelo x pode passar para o segundo membro dividindo. Ficamos com:

$x = 12 / 3 = 4$

Exemplo:
A incógnita de uma equação não precisa ser necessariamente x. Qualquer outra letra pode ser usada.
$2b - 5 = 4 - 3b$
$5b = 9$
$b = 9/5$

Como vemos, a solução de uma equação não precisa ser um número inteiro. Muitas vezes o resultado é uma fração.

Exemplo:
$$\frac{x-3}{2} = \frac{4-x}{3} + 2$$

Esta é uma equação que envolve frações. A primeira coisa a fazer é reduzir todas elas ao mesmo denominador. Os denominadores são 2, 3 e 1 (2 é o mesmo que 2/1). O MMC entre os denominadores é 6. Devemos então multiplicar a primeira fração, numerador e denominador, por 3, a segunda por 2 e a terceira por 6. Ficamos com:

$$\frac{3(x-3)}{6} = \frac{2(4-x)}{6} + \frac{12}{6}$$

Agora vem uma novidade: podemos simplesmente eliminar todos os denominadores. Isso é o mesmo que multiplicar todos os temos da equação por 6. Isso é uma propriedade das igualdades: uma igualdade não se altera quando multiplicamos os dois membros pelo mesmo valor. É claro então que se A/6 = B/6, então A=B. Ficamos então com:

$3(x-3) = 2(4-x) + 12$

Atenção: a eliminação de denominadores só pode ser feita nas equações. Se estivermos simplesmente calculando o valor de uma expressão, os denominadores têm que ser mantidos.

$3x - 9 = 8 - 2x + 12$

558   MATEMÁTICA PARA VENCER

$5x = 8 + 12 + 9$
$5x = 29$
$x = 29/5$

Exemplo:
$1000x - 25000 = 4000x - 60000$

Vemos que todos os termos da equação podem ser divididos por 1000. A equação não se altera quando multiplicamos, ou dividimos todos os seus termos pelo mesmo valor. Ficamos então com:

$x - 25 = 4x - 60$
$60 - 25 = 4x - x$
$35 = 3x$
$x = 35/3$

Exemplo:
$0,01x + 1,3 = 0,02x - 0,9$

Para não ficar com decimais, podemos multiplicar a equação inteira por 100. Ficamos com:

$x + 130 = 2x - 90$
$130 + 90 = 2x - x$
$x = 220$

Exercícios

E3) Resolva as seguintes equações:
a) $2x+5 = 47 - 4x$
b) $3.(4 - 2x) = 45 - 17x$
c) $4y + 18 = 72 - 2y$
d) $30 - 4a = 2(a - 3)$
e) $2(x+3) + 4(x-2) = 5(x-7) + 2(x+3)$
f) $\dfrac{3-x}{5} + 1 = \dfrac{x-4}{2}$
g) $5(x+x/2) = 15$
h) $12-x = (7/5).x$
i) $x = 4(5-x)$
j) $x + 2x + 4x = 70$

Sistemas de equações do primeiro grau

Podemos ter equações com duas incógnitas, por exemplo, x e y. Nesse caso devemos ter duas equações, formando o que chamamos de *sistema de duas equações com duas incógnitas*.

Exemplo:
Um quintal tem patos e porcos, no total de 50 animais e 180 pés. Quantos são os patos e quantos são os porcos?

Solução:
Podemos resolver este problema sem usar equações. Se todos fossem patos, teríamos 100 pés. Como são 180, significa que existem 80 pés a mais por conta dos porcos. Como cada porco tem 2 pés a mais que os patos, o número de porcos é 80/2 = 40. O restante são 10 patos.

Capítulo 13 – NOÇÕES SOBRE EQUAÇÕES 559

Para resolver este problema usando um sistema de equações, usamos:

x = número de patos

y = número de porcos

São dados:

$$\begin{cases} x+y = 50 \\ 2x + 4y = 180 \end{cases}$$

Um sistema de equações pode ser resolvido de duas formas:

a) Substituição:

Encontramos o valor de uma variável na primeira equação e substituímos este valor na segunda.

(I) x+y = 50, então x = 50 – y

(II) 2(50 – y) + 4y = 180

Na equação (II) substituímos x pelo seu valor encontrado em (I). Ficamos então com uma equação somente com y, que resolvida fica:

100 – 2y + 4y = 180

2y = 180 – 100

2y = 80

y = 40

Agora substituímos y na fórmula de x. Ficamos com:

x = 50 – y = 10

Resposta: x=10 e y=40

b) Comparação

Calculamos o valor de x na primeira e na segunda e igualamos os resultados.

x+y = 50 → x = 50 – y

2x + 4y = 180 → x = 90 – 2y

50 – y = 90 – 2y

y = 40

Uma vez achado y, fica fácil determinar x

x = 50 – y = 50 – 40 = 10

c) Adição

Este método consiste em somar as equações de forma a eliminar uma das incógnitas. No nosso caso

2x+4y = 180

2x+2y = 100

A segunda equação acima é a equação x+y=50 multiplicada por 2. Se subtrairmos uma da outra, ficaremos com:

2y = 180 – 100

y=40

560   MATEMÁTICA PARA VENCER

O método da adição consiste em somar ou subtrair as equações. Antes disso, em geral é preciso multiplicar um das equações por um número, de tal forma que possamos eliminar uma das incógnitas. No nosso exemplo, multiplicamos uma equação por 2 para ficar com $2x - 2x$, eliminado a incógnita x na subtração.

Exemplo: Resolver o sistema:

$x+y+z = 3$
$2x+3y-z = 5$
$2x-y+z = 3$

Este é um sistema com 3 equações com 3 incógnitas. Em geral é mais fácil resolver por substituição. Calculamos o valor de x em uma equação, em função de y e z, e substituímos este valor nas duas outras. Ficaremos então com um novo sistema, com apenas duas equações e duas incógnitas, que resolvido, nos dará os valores de y e z. No nosso caso:

$x+y+z = 6$ ➔ $x = 6 - y - z$
$2x+3y-z = 5$ ➔ $2(6-y-z) + 3y - z = 5$
$2x-y+z = 3$ ➔ $2(6-y-z) - y + z = 3$

A segunda e a terceira equações darão origem a um novo sistema, com apenas as incógnitas y e z. Simplificando essas duas equações, ficamos com:

$2(6-y-z) + 3y - z = 5$
$y - 3z = 5 - 12$
Este é um tipo de problema que pode acontecer quando estudamos as equações sem ter estudado os números negativos. Não temos como fazer a conta 5-12 sem usar números negativos. Para "escapar" dos números negativos, vamos fazer de outra forma. Passaremos y e z para o segundo membro, e passaremos o 5 para o primeiro membro. Ficamos com:

$2(6-y-z) + 3y - z = 5$
$12 - 5 = 3z - y$
$7 = 3z - y$
$3z - y = 7$

A segunda equação fica:
$2(6-y-z) - y + z = 3$
$12 - 2y - 2z - y + z = 3$
$12 - 3 = 3y + z$

O novo sistema será:
$3z - y = 7$
$z + 3y = 9$

Podemos obter $y = 3z - 7$ na primeira equação e substituir na segunda. Ficamos com

$z + 3(3z - 7) = 9$
$z + 9z - 21 = 9$
$10z = 30$
$z=3$

Então y vale 3z-7, que resulta em $3.3 - 7 = 2$

Capítulo 13 – NOÇÕES SOBRE EQUAÇÕES

561

Finalmente calculamos x que vale $6 - y - z = 1$

Resposta:
$x=1$, $y=2$, $z=3$

Exercícios

E4) Resolva os seguintes sistemas:

a) $x+y = 20$
       $x-y = 10$

b) $3x- y = 5$
       $x+y = 15$

Questões resolvidas

Q1) (CM) O número 625 é o resultado da adição de cinco números ímpares consecutivos. Um desses números é:

(A) 123   (B) 133   (C) 139   (D) 143   (E) 113

Solução:
Dado um número ímpar n, os seus ímpares consecutivos são n+2, n+4, n+6 e n+8. Então:

$n + n+2 + n+4 + n+6 + n+8 = 625$

$5n + 20 = 625$
$5n = 605$
$n = 121$

Os números são 121, 123, 125, 127 e 129/
Resposta: (A)

Q2) (CM) Pedro e João fazem aniversário na data de hoje, sendo que a soma entre as suas idades é de 115 anos. Sabendo que a idade de Pedro equivale a quatro vezes a idade de João, determine a diferença entre a idade do mais velho e a idade do mais novo.

(A) 23 anos   (B) 69 anos   (C) 71 anos   (D) 75 anos   (E) 92 anos

Solução:
Chamaremos a idade de João de x e a de Pedro de 4x. Como a soma vale 115 anos, ficamos com:

$x + 4x = 115$
$5x = 115$
$x = 23$
Então $4x = 92$
O problema pede a diferença entre as idades do mais velho e do mais novo:

$92 - 23 = 69$ anos

Resposta: (B) 69 anos

562   MATEMÁTICA PARA VENCER

Q3) (CM) Qual a idade atual de Viviane se, daqui a 9 anos, ela terá exatamente o triplo da idade que tinha 9 anos atrás?

(A) 9 anos   (B) 21 anos   (C) 27 anos   (D) 18 anos   (E) 30 anos

Solução:
Digamos que a idade de Viviane há 9 anos atrás era V.
Hoje, 9 anos depois, sua idade é V+9
Daqui há 9 anos, sua idade será a de hoje mais 9 anos, ou seja, V+9+9 = V+18

O problema diz que sua idade dentro de 9 anos (V+18) é o triplo do que tinha há 9 anos atrás (V). Então:

V+18 = 3V
18 = 2V
V=9
A idade há 9 anos era 9
A idade hoje é 18

Resposta: (D) 18 anos.

Respostas dos exercícios

E1) a) 23   b) 29   c) 5/7   d) 30   e) 8   f) 47   g) 12   h) 3   i) 7   j) 11
E2) a) 2   b) 4   c) 3   d) 2   e) 20   f) 5   g) 10   h) 5   i) 9   j) 6\
E3) a) 7   b) 3   c) 9   d) 6   e) 27   f) 36/7   g) 2   h) 5   i) 4   j) 10
E4) a) x=15 e y=5   b) x=5 e y=5

Capítulo 14

Provas

Este capítulo tem 5 provas simuladas, no estilo do Colégio Militar. As provas estão ordenadas por dificuldade, da mais fácil (1) para a mais difícil (5).

Tente fazer as provas de 20 questões em duas horas, e as de 25 questões em duas horas e meia. É claro que quanto menor for o tempo de resolução, mais rápido você conseguirá fazer uma prova real. Procure saber qual é o tempo previsto para a prova do concurso que você vai realizar. Não faça a prova aos poucos, reserve um horário dedicado a ela, desligue o telefone e o computador, avise as pessoas que você não poderá atender ninguém durante a prova. Quanto mais parecido o procedimento com uma prova verdadeira, melhor.

Recomendamos ainda que você faça, antes das provas simuladas deste capítulo, as outras provas simuladas no final dos demais capítulos desse livro. Confira o gabarito a estude a resolução das questões que você errou.

Nessas provas, algumas questões são novas, outras já foram apresentadas anteriormente neste livro. Quase todas as questões foram retiradas de provas do Colégio Militar, mas fizemos questão de adicionar questões da Olimpíada Brasileira de Matemática, Colégio Naval e EPCAr. Eventualmente questões da Olimpíada podem ser propostas em concursos do CM, como tem ocorrido nos últimos anos. Em geral são escolhidas questões da OBM no mesmo nível do Colégio Militar, apesar de, em alguns casos, serem escolhidas questões dificílimas para quem está no nível do $6^{\underline{o}}$ ano. Não fique preocupado se errar essas questões mais difíceis da OBM, pois quando são propostas, em geral a maioria dos candidatos as erra também.

No final do capítulo apresentamos a prova do CMRJ 2010/2011, com gabarito, apesar de não termos incluído as resoluções detalhadas, já que o aluno preparado por este livro não encontrará dificuldades em realizá-la.

564   MATEMÁTICA PARA VENCER

PROVA 1

Questão 1) Valor: 0,5 (CM)
Pedro enumerou, em ordem crescente, a partir do número 1 (um), todas as 98 páginas do seu caderno. A quantidade de algarismos que ele escreveu é igual a X. A soma dos algarismos de X é igual a:

(A) 16   (B) 15   (C) 17   (D) 18   (E) 14

Questão 2) Valor: 0,5 (CM)
Um calígrafo cobra, para numerar as páginas do original de uma obra, a quantia de R$ 0,85 por cada algarismo que escreve. Para numerar uma obra, desde a página 115 até a página 1115, ele cobrará:

(A) R$ 850,85   (B) R$ 849,15   (C) R$ 2.645,20   (D) R$ 2.651,15   (E) R$ 850,00

Questão 3) Valor: 0,5 (CM)
Para que o número 5A38B seja divisível ao mesmo tempo por 5, 9 e 10 os valores que A e B devem respectivamente assumir são:

(A) 1 e 0   (B) 0 e 5   (C) 3 e 0   (D) 2 e 0   (E) 1 e 5

Questão 4) Valor: 0,5 (CM)
Um hotel necessita comprar mesas e cadeiras, cada mesa com 6 cadeiras, para transformar um salão em sala de convenções. Esse salão está dividido em 5 setores: A, B, C, D e E. Nos setores A e B cabem, em cada um, 7 fileiras de mesas e, em cada fileira, cabem 16 mesas. Nos setores C, D e E cabem, em cada um, 8 fileiras de mesas, e em cada fileira, cabem 19 mesas. Quantas mesas e cadeiras deverão ser compradas?

(A) 608 mesas e 2432 cadeiras.
(B) 528 mesas e 2112 cadeiras.
(C) 376 mesas e 1584 cadeiras.
(D) 568 mesas e 3408 cadeiras.
(E) 680 mesas e 4080 cadeiras.

Questão 5) Valor: 0,5 (CM)
Glória separou os selos de sua coleção, primeiramente, de 12 em 12; em seguida, de 24 em 24, por último, de 36 em 36. Nas três ocasiões, sobraram sempre 7 selos. Sabendo que o número de selos é maior que 300 e menor que 400, o número de selos da coleção de Glória é igual a:

(A) 377   (B) 367   (C) 357   (D) 347   (E) 337

Questão 6) Valor: 0,5 (CM)
Das afirmações abaixo sobre divisibilidade, é correto afirmar que:

(A) Todo número divisível por 5 é também divisível por 10.
(B) Todo número divisível por 3 é também divisível por 9.
(C) Todo número divisível por 2 e por 3 é também divisível por 12.
(D) Um é divisível por qualquer número.
(E) Ao dividir zero por qualquer número diferente de zero o quociente é igual a zero.

Questão 7) Valor: 0,5 (CM)
Considere A = 2430. O menor valor natural de n para que n.A seja divisível por 630 é

Capítulo 14 – PROVAS   565

(A) 7   (B) 21   (C) 35   (D) 4   (E) 28

Questão 8) Valor: 0,5 (CM)
Soninho gosta muito de dormir. Por dia, ele dorme 10 horas, estuda 6 horas e brinca 2 horas. Qual a fração mais simples que representa o tempo em que Soninho passa acordado diariamente?

(A) 1/4   (B) 18/24   (C) 6/24   (D) 7/12   (E) 14/24

Questão 9) Valor: 0,5 (CM)
Uma determinada fração não nula é equivalente a 2/3. Sabendo que a soma entre o numerador e o denominador é igual a 120, determine o valor do denominador.

(A) 48   (B) 54   (C) 60   (D) 66   (E) 72

Questão 10) Valor: 0,5 (CM)
A fração 204/595 é equivalente à fração irredutível X/Y. Logo, Y - X é igual a:

(A) 51   (B) 47   (C) 45   (D) 29   (E) 23

Questão 11) Valor: 0,5 (CM)
Vinicius pegou todo o dinheiro de sua mesada e foi ao cinema. Na volta, a fim de conferir o troco, fez a seguinte conta:

(mesada) – (gasto efetuado) = troco recebido

Se Vinícius somasse o valor da mesada com o valor do gasto efetuado e com o valor do troco recebido obteria R$ 120,00 como resultado. Sabe-se que o valor do troco recebido foi o triplo do valor gasto efetuado. Portanto, pode-se afirmar que:

(A) Vinícius gastou a terça parte da mesada.
(B) Vinícius gastou a metade da mesada.
(C) Vinícius recebe mesada superior a R$ 50,00
(D) A mesada e o troco recebido são expressos por dois múltiplos de 30.
(E) Vinícius recebe mesada inferior a R$ 40,00.

Questão 12) Valor: 0,5 (CM)
Analise as informações que se seguem:

I. Todo número primo é ímpar
II. $(2^3 \times 2^4)^2 \div 2^{11} = 8$
III. $2 \in N$ e $3 \in N$; então, $2 \div 3 \in N$
IV. O número natural 0 tem mais de 10 divisores
V. No número 72.093 o algarismo da ordem das unidades de milhar é sucessor par do algarismo de 1ª ordem.

Acerca das informações feitas, é correto afirmar que:

(A) a afirmação IV é verdadeira e a afirmação V é falsa
(B) a afirmação II é falsa e a afirmação III é verdadeira
(C) as afirmações I e II são verdadeiras
(D) somente a afirmação I é falsa
(E) há quatro afirmações falsas

566   MATEMÁTICA PARA VENCER

Questão 13) Valor: 0,5 (CN)
Seja P o produto de 3 números positivos. Se aumentarmos dois deles de 20% e diminuirmos o outro de 40%, teremos que P:

(A) não se altera
(B) aumenta de 13,6%
(C) aumenta de 10%
(D) diminui de 10%
(E) diminui de 13,6%

Questão 14) Valor: 0,5 (CN)
As vendas de uma empresa foram, em 1998, 60% superiores às vendas de 1997. Em relação a 1998, as vendas de1997 foram inferiores em :

(A) 62,5%   (B) 60%   (C) 57,5%   (D) 44,5%   (E) 37,5%

Questão 15) Valor: 0,5 (CM)
Numa festa de aniversário, estiveram presentes 100 crianças entre meninos e meninas. 25% do total de crianças eram meninos, 40% das meninas tinham mais que 13 anos e 60% dos meninos tinham mais que 13 anos. Desse modo, o número de crianças que estavam presentes, entre meninos e meninas, com idade igual ou inferior a 13 anos era de:

(A) 40   (B) 50   (C) 55   (D) 60   (E) 65

Questão 16) Valor: 0,5 (CM)
Oito cubos de gelo, todos perfeitos e com o mesmo volume, foram colocados dentro de um recipiente de vidro, em forma de paralelepípedo retângulo, que se encontrava vazio. Quando os cubos estavam totalmente derretidos, observou-se que a água contida no recipiente atingia 1/5 da sua altura interna. Sabendo-se que o recipiente tem capacidade para 2 litros d'água, podemos afirmar que o volume de cada cubo de gelo é:

(A) 50 cm^3 (B) 40 cm^3 (C) 25 cm^3 (D) 20 cm^3
(E) Não há como determinar o volume do cubo de gelo.

Questão 17) Valor: 0,5 (CM)
Numa pesquisa foi constatado que em uma classe 36 alunos estudam o idioma francês, 42 estudam o idioma espanhol, 9 estudam os dois idiomas e 15 não estudam nenhum dos dois idiomas. Pergunta-se: quantos alunos há na classe?

(A) 36   (B) 69   (C) 84   (D) 9   (E) 15

Questão 18) Valor: 0,5 (CM)
O tanque na casa de Josias tem a forma cúbica cuja aresta mede 1,4 m e está totalmente cheio. Supondo que nesta casa o consumo diário de água seja 343 litros, quantos dias serão gastos para esvaziar o tanque?

(A) 2744 dias
(B) 8 dias
(C) 245 dias
(D) 2450 dias
(E) 14 dias

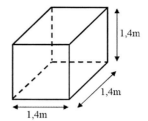

Questão 19) Valor: 0,5 (CM)
O dirigível "nº VI" tinha 33 metros de comprimento e 6 metros de altura, com o volume de 622 metros cúbicos, utilizava um motor Buchet com potência de 20 HP. A distância percorrida por Santos Dumont em 29 minutos e 30 segundos foi de 11 quilômetros (11000 metros). Identifique a alternativa que especifique a quantidade mínima de dirigíveis "nº VI" que precisariam ser colocados um na frente do outro para ultrapassar o comprimento do percurso.

(A) 33.   (B) 333.   (C) 334.   (D) 34.   (E) 32.

Questão 20) Valor: 0,5 (CM)
Deseja-se construir no Colégio Militar de Brasília um campo de futebol de 96 metros de comprimento e 60 metros de largura. Sabendo que a trena existente não possui divisões e a sua medida em metros é um número natural, determine a medida da maior trena possível que satisfaça exatamente tais condições.

(A) 3 metros   (B) 6 metros   (C) 12 metros   (D) 15 metros   (E) 24 metros

568 MATEMÁTICA PARA VENCER

Solução da PROVA 1
Gabarito

1	A		6	E		11	C		16	A
2	D		7	A		12	A		17	C
3	D		8	D		13	E		18	B
4	E		9	E		14	E		19	C
5	B		10	E		15	C		20	C

Soluções

Questão 1)
1 a 9: 9
10 a 98: 89 x 2 = 178
X = 178 + 9 = 187
1+8+7 = 16
Resposta: (A)

Questão 2)
115 a 999 = 885 x 3 = 2655
1000 a 1115 = 116 x 4 = 464
2655 + 464 = 3119
3119 x R$ 0,85 = R$ 2.651,15
Resposta: (D)

Questão 3)
5A38B divisível por 10, então B=0
5A380 divisível por 9, então 5+A+3+8 é divisível por 9, A é algarismo, então A=2.
Resposta: (D)

Questão 4)
A e B: 2 x 7 x 16 = 224 mesas
C, D e E: 3 x 8 x 19 = 456 mesas
Total de mesas: 224+456 = 680
Total de cadeiras: 680x6=4080
Resposta: (E)

Questão 5)
O número é múltiplo de 12 mais 7, múltiplo de 24 mais 7 e múltiplo de 36 mais 7. Então é múltiplo do MMC(12, 24, 36) mais 7.
MMC(12, 24, 36) = 72.
O número de selos é um múltiplo de 72 mais 7, compreendido entre 300 e 400.
Só pode ser 5x72 + 7 = 367, para que fique entre 300 e 400.
Resposta: (B)

Questão 6)
F, F, F, F, V
Resposta: (E)

Questão 7)
$2430 = 30 \times 81 = 2.5.3^5$
$630 = 2.5.7.3^2$

Capítulo 14 – PROVAS 569

n.A = n.2.3^5.5 tem que ser divisível por $2.5.7.3^2$
Então todos os fatores primos de 630 têm que estar presentes em n.A, com expoentes iguais ou superiores. O fator 2 está presente e com expoentes igual, o fator 5 também, o fator 3 está presente com expoente superior (5 contra 2), então falta apenas o fator 7. Então n=7.
Resposta: (A)

Questão 8)
14/24 = 7/12
Resposta: (D)

Questão 9)
Fração equivalente a 2/3, com soma dos termos igual a 120.
2+3 = 5, então para chegar a 120, ambos têm que ser multiplicados por 24, ficando com 47/72
Resposta: (E)

Questão 10)
204 = 51x4 = 3x4x17
595 = 17x35 = 5x7x17
204/595 = 12/35 = X/Y
Y-X = 23
Resposta: (E)

Questão 11)
M – G = T, então M = G + T
M + G + T = (G + T) + G + T = 120
G+T+G+T=120
G+T = 60 ➜ M = 60
Como T = 3xG
G + 3xG = 60
4xG = 60
G = 15, e T=45
Resposta: (C)

Questão 12)
F, V, F, V, F
Resposta: (A)

Questão 13)
Aumentar 20% é o mesmo que multiplicar por 6/5
Diminuir 40% é o mesmo que multiplicar por 3/5
O produto ficará multiplicado por
(6/5) x (6/5) x (3/5) = 108/125 = 864/1000 = 86,4/100
O número ficou multiplicado por 86,4/100, isso é o mesmo que reduzir (100-86,4)% = 13,6%
Resposta: (E)

Questão 14)
As vendas em 1998 foram iguais às vendas de 1997 multiplicadas por 1,6
Então as vendas de 1997 foram iguais às vendas de 1998 divididas por 1,6, ou seja, 0,625.
Isso equivale a uma redução de 37,5%
Resposta: (E)

Questão 15)
Meninos: 25
Meninas: 75
40% das meninas têm mais de 13 ➔ 30 meninas com mais de 13, 45 meninas com menos.
60% dos meninos têm mais de 13 ➔ 15 meninos com mais de 13, 10 meninos com menos.
Total com menos de 13 anos (ou exatamente 13) = 45+10 = 55
Resposta: (C)

Questão 16)
2 L = 2000 cm³.
Volume de 1 cubo = 2000 x (1/5) ÷ 8 = 50 cm³.
Resposta: (A)

Questão 17)

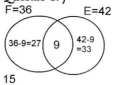

36+33+15 = 84
Resposta: (C)

Questão 18)
Volume em litros: 14 dm x14 dm x14 dm = 2744 dm³ = 2744 L
2744/343 = 8 dias
Resposta: (B)

Questão 19)
11000 / 33 = 333 1/3
Seriam necessários 334
Resposta: (C)

Questão 20)
MDC(96, 60) = 12
A trena deve ter 12 metros, assim as medidas do campo podem ser feitas com 8 trenas x 5 trenas.
Resposta: (C)

Capítulo 14 – PROVAS 571

PROVA 2

Questão 1) Valor: 0,5 (CN)
Num concurso, cada candidato fez uma prova de Português e uma de Matemática. Para ser aprovado, o aluno tem que passar nas duas provas. Sabe-se que o número de candidatos que passaram em Português é o quádruplo do número de aprovados no concurso; dos que passaram em Matemática é o triplo do número de candidatos aprovados no concurso; dos que não passaram nas duas provas é a metade do número de aprovados no concurso; e dos que fizeram o concurso é 260. Quantos candidatos foram reprovados no concurso?

(A) 140   (B) 160   (C) 180   (D) 200   (E) 220

Questão 2) Valor: 0,5 (CM)
Muitos povos destacaram-se ao longo da história, dentre eles os nunesianos, que sempre eram governados por Reis valentes e muito inteligentes. Um deles foi o Rei Kiroz, que ficou famoso por utilizar a Matemática durante os combates. Foi ele quem inventou a tática do quadrado mágico. Durante um combate, seu exército era arrumado de acordo com as armas dos soldados e aí formavam um quadrado mágico, no qual os arqueiros sempre ficavam na posição do número 7 (sete). Sabendo-se que, num quadrado mágico, a soma dos números de cada linha, de cada coluna e de cada diagonal é sempre a mesma, e utilizando-se, apenas, os números naturais de 1 a 9, sem repeti-los, determine em qual posição (A, B, C, D ou E) os arqueiros ficavam.

A	1	8
B	5	D
2	C	E

(A) A   (B) B   (C) C   (D) D   (E) E

Questão 3) Valor: 0,5 (CM)
O valor de 3/5 kg de um produto é R$ 39,00. Então, 1.600 g desse produto custará:

(A) R$ 39,00   (B) R$ 65,00   (C) R$ 81,00   (D) R$ 92,00   (E) R$ 104,00

Questão 4) Valor: 0,5 (CM)
A professora de João Lucas pediu que ele dividisse o resultado da soma 43 + 2649 + 369275 + 91234871 por 5. João Lucas encontrou, corretamente, como resto da divisão, o valor:

(A) 0   (B) 1   (C) 2   (D) 3   (E) 4

Questão 5) Valor: 0,5 (CM)
A figura abaixo é usada numa brincadeira infantil chamada "amarelinha circular". Vamos utilizar essa figura para fazer a seguinte brincadeira: a criança parte da casa "01", anda dez casas no sentido crescente da numeração e pára (estará na casa "11"); depois anda mais dez casas e pára; e assim, sucessivamente. Desse modo, a criança irá novamente parar na casa "01" após:

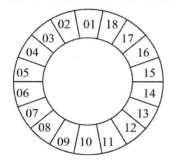

(A) 3 voltas (B) 4 voltas (C) 5 voltas (D) 6 voltas (E) 9 voltas

Questão 6) Valor: 0,5 (CM)
Um comerciante comprou 50 dúzias de laranjas e 15 dúzias de ovos. Essas quantidades correspondem, respectivamente, ao mmc e ao mdc entre os números A e B. Em conseqüência, pode-se afirmar que:

(A) A x B = 54.000
(B) A x B = 10.800
(C) A x B = 24.000
(D) A x B = 54.000
(E) A x B = 108.000

Questão 7) Valor: 0,5 (CN)
A soma de dois números inteiros positivos, em que o maior é menor que o dobro do menor, dá 136 e o máximo divisor comum entre eles é 17. A diferença entre esses números é:

(A) 102   (B) 65   (C) 34   (D) 23   (E) 51

Questão 8) Valor: 0,5 (CM)
Ali e Babá disputaram um torneio de duplas de dominó; dos jogos que disputaram, venceram 3/5 e empataram 1/4. Se perderam apenas 6 (seis) vezes, quantos jogos a dupla disputou?

(A) 34   (B) 17   (C) 40   (D) 20   (E) 80

Questão 9) Valor: 0,5 (CM)
Flávio deseja escrever seu próprio testamento, no qual pretende deixar seus bens a três herdeiros: A, B e C. Determinando a fração de 3/5 da fortuna para a pessoa "A" e 3/8 para a pessoa "B", qual percentual deve deixar para a pessoa "C" afim de que totalize o restante da fortuna?

(A) 0,25 %   (B) 0,5 %   (C) 1,25 %   (D) 2 %   (E) 2,5 %

Questão 10) Valor: 0,5 (CM)
Vilma leu 20 (vinte) páginas de um gibi, e Paulo Henrique leu 40 (quarenta) páginas de um livro. Dessa forma, Paulo Henrique leu 4/5 do livro e Vilma 2/5 do gibi. Qual a soma entre o total de páginas do gibi e o total de páginas do livro?

(A) 32   (B) 40   (C) 50   (D) 100   (E) 125

Capítulo 14 – PROVAS   573

Responda às questões 11 e 12 a partir do texto a seguir.

Renatinha parou num posto de gasolina para abastecer; olhou a tabela de preços e, a seguir, pediu ao frentista que completasse o tanque com gasolina aditivada. Pela gasolina colocada, ela pagou a quantia de R$ 109,95.

Tabela de preços

Gasolina comum	R$ 2,099
Gasolina aditivada	R$ 2,199
Gasolina *premium*	R$ 2,399

Questão 11) Valor: 0,5 (CM)
A quantidade de gasolina colocada no carro de Renatinha foi:

(A) 45,83 litros   (B) 46 litros   (C) 50 litros   (D) 50,2 litros   (E) 52,38 litros

Questão 12) Valor: 0,5 (CM)
Enunciado relativo ao problema 11
O nosso Sistema Monetário recomenda o uso de duas casas decimais para os centavos, e não três, como indicado na tabela dada. Se a terceira casa decimal fosse desprezada e se, nesta condição, Renatinha houvesse pedido ao frentista para colocar 40 litros de gasolina premium, ela teria economizado:

(A) R$ 1,00.   (B) R$ 0,50   (C) R$ 0,45.   (D) R$ 0,36.   (E) R$ 0,30.

Questão 13) Valor: 0,5 (CN)
Um minério A tem massa igual a 5 kg e contém 72% de ferro, e um minério B de massa m, contém 58% de ferro. A mistura dessas contém 62% de ferro. A massa m, em kg, é :

(A) 10   (B)   10,5   (C) 12,5   (D) 15,5   (E) 2

Questão 14) Valor: 0,5 (CN)
Um comerciante aumentou o preço de uma mercadoria em 25%. Contudo a procura por essa mercadoria continuou grande. Então ele fez um novo aumento de 10%. Como o preço ficou muito alto, a mercadoria encalhou e, além disso, o prazo de validade estava vencendo. Finalmente fez um desconto para que o preço voltasse no valor inicial. Esse último desconto:

(A) foi de 35%
(B) ficou entre 30%e 35%
(C) ficou entre 27%e 28%
(D) foi de 25%
(E) ficou entre 22%e 25%

Questão 15) Valor: 0,5 (OBM)
No triângulo retângulo ABC da figura abaixo está inscrito um quadrado. Se AB = 20 e AC = 5, que porcentagem a área do quadrado representa da área do triângulo ABC?

(A) 25%   (B) 30%   (C) 32%   (D) 36%   (E) 40%

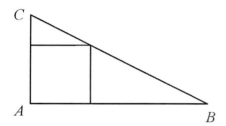

Questão 16) Valor: 0,5 (CM)
(CM) Numa escola, há 4 turmas de 5ª série, a saber:
- turma A, com 35 alunos;
- turma B, com 42 alunos;
- turma C, com 49 alunos;
- turma D, com 56 alunos.

O professor de matemática organizou uma olimpíada entre as 4 turmas e formou equipes com o maior número possível de alunos de cada turma, de maneira que cada equipe tivesse o mesmo número de alunos. Após a 1ª fase da olimpíada, 8 equipes foram eliminadas, a saber:

1 equipe da turma A; 2 equipes da turma B; 2 equipes da turma C; 3 equipes da turma D.

Com base nas informações, podemos afirmar que:

I - O total de alunos eliminados na 1ª fase ultrapassou os 30 % do total dos alunos da 5ª série.
II - A fração cujo numerador é o número de alunos eliminados na 1ª fase e cujo denominador é o número de alunos que passaram para a 2ª fase é equivalente a 28/63
III - 19 equipes participaram da 2ª fase.

Então, podemos afirmar que:

(A) Somente a afirmativa I está correta.
(B) Somente a afirmativa II está correta.
(C) Somente as afirmativas I e III estão corretas.
(D) Somente as afirmativas II e III estão corretas.
(E) Somente as afirmativas I e II estão corretas.

Questão 17) Valor: 0,5 (CM)
Para realizar uma visita ao parque botânico de Caucaia-CE, a escola "Viva Feliz" utilizou um ônibus escolar no qual viajaram cinqüenta e oito alunos, dos quais vinte e dois eram do sexo masculino e quarenta e oito estavam sentados. Sabe-se que três alunos do sexo masculino viajaram em pé. Então, o número de alunos do sexo feminino que viajaram em pé foi:

(A) 10   (B) 8   (C) 6   (D) 7   (E) 9

Questão 18) Valor: 0,5 (CM)
Um caminhão, sem a carga, pesa $2^3 \times 3^2 \times 5^3$ kg. Neste caminhão, serão transportadas 165 caixas de papelão e, dentro de cada caixa, 80 latas de extrato de tomate. Se o peso de cada lata é igual a 350 g e cada caixa pesa 1,5 kg, o caminhão e a carga pesam juntos, em toneladas (com aproximação de centésimos):

(A) 13,62   (B) 13,87   (C) 13,77   (D) 9,18   (E) 10,27

Capítulo 14 – PROVAS

Questão 19) Valor: 0,5 (CM)

Seu Joaquim pediu para seu filho preencher um cheque e entregar a Manoel pela compra de três vacas. A primeira vaca custava dez mil e onze reais. A Segunda vaca custava mil cento e um reais. A terceira vaca custava mil e dez reais. O valor do cheque é:

(A) Onze mil duzentos e três reais
(B) Doze mil cento e vinte e dois reais
(C) Treze mil e um reais
(D) Trinta mil trezentos e um reais

Questão 20) Valor: 0,5 (OBM)

Marcos quer pesar três maçãs numa balança de dois pratos, mas ele dispõe de apenas um bloco de 200 gramas. Observando o equilíbrio na balança, ele observa que a maçã maior tem o mesmo peso que as outras duas maçãs juntas; o bloco e a maçã menor pesam tanto quanto as outras duas maçãs juntas; a maçã maior junto com a menor pesam tanto quanto bloco. O peso total das três maçãs é:

(A) 250 g   (B) 300 g   (C) 350 g   (D) 400 g   (E) 450 g

Solução da PROVA 2
Gabarito

1	E
2	B
3	E
4	D
5	C

6	E
7	C
8	C
9	E
10	D

11	A
12	D
13	C
14	C
15	C

16	E
17	D
18	B
19	B
20	B

Soluções
Questão 1)

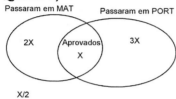

É um típico problema de conjuntos. Os aprovados são a interseção dos conjuntos de aprovados em matemática e dos aprovados em português. Como sempre, é mais fácil começar pela interseção, então chamamos o número de aprovados de X. Pelas informações dadas sobre as aprovações em matemática e português, determinamos os valores 2X e 3X no diagrama acima. Os reprovados nas duas provas são X/2. Então temos
X+2X+3X+X/2 = 260
6,5X = 260
X = 260 / 6,5 = 40 aprovados
Então foram reprovados 260 – 40 = 220
Resposta: (E)

Questão 2)
A soma é sempre 2+5+8 = 15, como na diagonal preenchida no enunciado. Podemos então determinar os demais valores:
A+1+8=15; A=6
A+B+2 = 6+B+2=15; B=7
1+5+C=15; C=9
2+C+E=15; 2+9+E=15; E=4
B+5+D=15; 7+5+D=15, D=3
Então o 7 está na letra B
Resposta: (B)

Questão 3)
1 kg custa R$ 39,00 / (3/5) = R$ 65,00
1600 gramas valem 1,6 x 65,00 = R$ 104,00
Resposta: (E)

Questão 4)
3 + 9 + 5 + 1 = 18, resto 3
Resposta: (D)

Capítulo 14 – PROVAS 577

Questão 5)
São 18 números, percorridos de 10 em 10, a coincidência (voltar à casa original) vai ocorrer novamente quando for andada uma quantidade de casas igual ao MMC entre 18 e 10 = 90. Isso portanto ocorrerá após 9 jogadas, o equivalente a 90 casas, equivalente a 5 voltas.
Resposta: (C)

Questão 6)
MMC(A, B) = 600
MDC(A, B) = 180
A x B = MMC(A,B) x MDC(A,B) = 108.000
Resposta: (E)
OBS: Apesar de estar de acordo com o gabarito, esta questão deveria ser anulada, pois O MMC é sempre múltiplo do MDC. Ocorre que 50 não é múltiplo de 15, então não existem números A e B que atendam a essas condições.

Questão 7)
Soma = 136, MDC = 17
136/17 = 8 = x+y
Os números são 17.x e 17.y, onde x e y são primos entre si e x é menor que o dobro de y. As possibilidades são:
1 e 7
3 e 5: só serve este, pois o maior tem que ser menor que o dobro do menor
Os números são então 3x17=51 e 5x17 = 85
A diferença entre eles é 34
Resposta: (C)

Questão 8)
Perderam 1 – 3/5 – 1/4 = 3/20 dos jogos.
Se 3/20 são 6 jogos, o número de jogos é 6/(3/20) = 40 jogos
Resposta: (C)

Questão 9)
1 – 3/5 – 3/8 = 1/40 = 2,5%
Resposta: (E)

Questão 10)
4/5 do livro = 40 páginas → o livro tem 50 páginas
2/5 do gibi = 20 páginas → o gibi tem 50 páginas
Total: 50+50 = 100 páginas
Resposta: (D)

Questão 11)
R$ 109,95 / R$ 2,399 = 45,83 L
Resposta: (A)

Questão 12)
40 x R$ 0,009 = R$ 0,36
Resposta: (D)

Questão 13)
A tem 5 kg, sendo 3,6 kg de ferro (72%)
B tem massa m, sendo 0,58m de ferro
A soma das massas dos dois minérios é 5+m

A quantidade total de ferro é 3,6 + 0,58m
A quantidade de ferro na mistura é 62%, então

$$0,62 = \frac{3,6 + 0,58m}{5 + m}$$
3,1 + 0,62m = 3,6+0,58m
0,04m = 0,5
m=0,5/0,04 = 12,5
Resposta: (C)

Questão 14)
Aumentos: 1,25 x 1,1 = 1,375
Para que volte ao preço normal, o valor tem que ser multiplicado por 1/(1,375) = 0,7272...
O desconto deve ser de 27,27%, aproximadamente
Resposta: (C)

Questão 15)

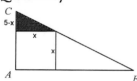

O triângulo hachurado tem seus lados nas mesmas proporções que os lados do triângulo ABC, ou seja, o lado maior é igual a 4 vezes o menor (5 para 20).
Então x = 4.(5-x)
x=4
A área do quadrado é 4x4 = 16
A área do triângulo ABC é 20x5/2 = 50
16/50 = 32%
Resposta: (C)

Questão 16)
O tamanho de cada equipe é o MDC entre 35, 42, 49 e 56 = 7.
- turma A, com 35 alunos = 5 equipes
- turma B, com 42 alunos = 6 equipes
- turma C, com 49 alunos = 7 equipes
- turma D, com 56 alunos = 8 equipes
TOTAL: 26 equipes

Depois das eliminações citadas (8 ao todo, sobraram 18 equipes), as turmas ficaram com:
A = 4 equipes; B = 4 equipes; C = 5 equipes; D = 5 equipes

I) Eliminados: 8/26 = 30,7 (V)
II) 8/18 = 4/9 = 28/63 (V)
III) 18 equipes participaram da 2ª fase, e não 19. (F)
Resposta: (E)

Questão 17)
22 meninos, 36 meninas
48 sentados, 10 em pé
3 meninos em pé, então foram 7 meninas em pé
Resposta: (D)

Capítulo 14 – PROVAS

Questão 18)
Caminhão: 8x9x125 = 9000 kg = 9 toneladas
165 caixas = 165x(80x0,35 + 1,5) = 4867,5 = 4,8675 t
9 t + 4,8675 t = 13,8675 t
Resposta: (B)

Questão 19)
R$ 10.011,00 + R$ 1.101,00 + 1.010,00 = R$ 12.122,00
Resposta: (B)

Questão 20)
Pesos das maçãs: a, b e c, considere que $\underline{a}$ é a maior e $\underline{c}$ é a menor.
a = b + c
c+200 = a+b ➔ c = a+b – 200 ➔ c = b + c + b – 200 ➔ b=100
a+c = 200
a + b + c = 200 + 100 = 300
Resposta: (B)

580   MATEMÁTICA PARA VENCER

PROVA 3

Questão 1) Valor: 0,5 (OBM)
Seis amigos planejam viajar e decidem fazê-lo em duplas, cada uma utilizando um meio de transporte diferente, dentre os seguintes: avião, trem e carro. Alexandre acompanha Bento. André viaja de avião. Carlos não acompanha Dário nem faz uso do avião. Tomás não anda de trem. Qual das afirmações a seguir é correta?

(A) Bento vai de carro e Carlos vai de avião.
(B) Dário vai de trem e André vai de carro.
(C) Tomás vai de trem e Bento vai de avião.
(D) Alexandre vai de trem e Tomás vai de carro.
(E) André vai de trem e Alexandre vai de carro.

Questão 2) Valor: 0,5 (CM)
Marília, Hugo, Pedro e Abel saíram vestindo camisas de seus times. Cada um torce por um time diferente: Flamengo, Botafogo, Vasco e Fluminense. Sabe-se que Pedro torce pelo Botafogo; Hugo não torce nem pelo Flamengo nem pelo Vasco; Abel torce pelo Vasco. Concluímos então que Marília e Hugo, respectivamente, são torcedores dos seguintes times:

(A) Fluminense e Vasco
(B) Vasco e Fluminense
(C) Flamengo e Fluminense
(D) Fluminense e Flamengo
(E) Vasco e Flamengo

Questão 3) Valor: 0,5 (OBM)
Os 61 aprovados em um concurso, cujas notas foram todas distintas, foram distribuídos em duas turmas, de acordo com a nota obtida no concurso: os 31 primeiros foram colocados na turma A e os 30 seguintes na turma B. As médias das duas turmas no concurso foram calculadas. Depois, no entanto, decidiu-se passar o último colocado da turma A para a turma B. Com isso:

(A) A média da turma A melhorou, mas a da B piorou.
(B) A média da turma A piorou, mas a da B melhorou.
(C) As médias de ambas as turmas melhoraram.
(D) As médias de ambas as turmas pioraram.
(E) As médias das turmas podem melhorar ou piorar, dependendo das notas dos candidatos.

Questão 4) Valor: 0,5 (OBM)
Um pequeno caminhão pode carregar 50 sacos de areia ou 400 tijolos. Se foram colocados no caminhão 32 sacos de areia, quantos tijolos pode ainda ele carregar?

A) 132   B) 144   C) 146   D) 148   E) 152

Questão 5) Valor: 0,5 (CM)
A Aluna Juliana dividiu um certo número por 17 e obteve o quociente 13 e o resto 4. Se ela adicionar 7 ao dividendo e mantiver o mesmo divisor, encontrará o, mesmo quociente, porém um novo resto. A soma do número inicial com o novo resto é igual a:

(A) 225   (B) 232   (C) 238   (D) 231   (E) 236

Capítulo 14 – PROVAS

Questão 6) Valor: 0,5 (OBM)
O número 1234a6 é divisível por 7. O algarismo a vale:

(A) 0   (B) 2   (C) 5   (D) 6   (E) 8

Questão 7) Valor: 0,5 (OBM)
Numa competição de ciclismo, Carlinhos dá uma volta completa na pista em 30 segundos, enquanto que Paulinho leva 32 segundos para completar uma volta. Quando Carlinhos completar a volta número 80, Paulinho estará completando a volta número:

(A) 79   (B) 78   (C) 76   (D) 77   (E) 75

Questão 8) Valor: 0,5 (OBM)
Em uma certa cidade, a razão entre o número de homens e mulheres é 2:3 e entre o número de mulheres e crianças é 8:1. A razão entre o número de adultos e crianças é:

(A) 5 : 1   (B) 16 : 1   (C) 12 : 1   (D) 40 : 3   (E) 13 : 1

Questão 9) Valor: 0,5 (CM)
Antônio perguntou a João: "Que horas são?". "João respondeu: As horas que passam do meio-dia são iguais à terça parte das horas que faltam para a meia noite". Perguntou que horas eram porque estava ansioso para receber os amigos que viriam à sua casa comemorar seu aniversário. Se a festa iria começar às 19h, até o início da festa, Antônio ainda teria que esperar:

(A) 3h   (B) 4h   (C) 5h   (D) 15h   (E) 19h

Questão 10) Valor: 0,5 (CM)
Simplificando ao máximo a fração 273/182, obteremos uma fração equivalente a/b. O valor de a + b é igual a:

(A) 5   (B) 10   (C) 15   (D) 20   (E) 25

Questão 11) Valor: 0,5 (CN)
Dados os números:

A=0,273849(51)
B=0,(27384951)
C=0,2738(4951)
D=0,27(384951)
E=0,27384(951)
F=0,2738495127989712888...

Podemos afirmar que:
(A) A>F>E>C>D>B
(B) A>F>D>C>E
(C) F>C>D>B>A>E
(D) B>C>A>F>E>D
(E) E>A>C>D>F>B

Questão 12) Valor: 0,5 (CN)
Considere as afirmativas abaixo:

(I) $2^{68} + 10^{68} = 2^{68} + (2x5)^{68} = 2^{68} + 2^{68}x5^{68} = 4^{68} \times 5^{68} = 20^{68}$
(II) $2^{68} + 10^{68} = 2^{68} + (2x5)^{68} = 2^{68} + 2^{68}x5^{68} = 2^{136} \times 5^{68}$
(III) $6^{17} + 10^{23} = (2x3)^{17} + (2x5)^{23} = 2^{17} \times 3^{17} + 2^{23}x5^{23} = (2^{17}x2^{23})+(3^{17}x5^{23})$

Pode-se afirmar que:
(A) apenas a afirmativa I é verdadeira
(B) apenas as afirmativas I e III são verdadeiras
(C) apenas a afirmativa II é verdadeira
(D) apenas as afirmativas II e III são verdadeiras
(E) as afirmativas I, II e III são falsas

Questão 13) Valor: 0,5 (OBM)
As medidas dos lados de um retângulo são números inteiros distintos. O perímetro e a área do retângulo se exprimem pelo mesmo número. Determine esse número.

(A) 18   (B) 12   (C) 24   (D) 9   (E) 36

Questão 14) Valor: 0,5 (OBM)
O retângulo da figura a seguir está dividido em 7 quadrados. Se a área do menor quadrado é igual a 1, a área do retângulo é igual a:

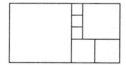

(A) 42   (B) 44   (C) 45   (D) 48   (E) 49

Questão 15) Valor: 0,5 (CM)
Qual das alternativas apresenta um cubo possível de ser obtido a partir da planificação apresentada abaixo:

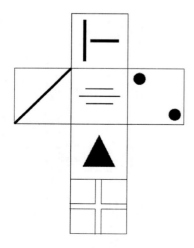

(A)

(B)

(C)

(D)

(E)

Capítulo 14 – PROVAS   583

Questão 16) Valor: 0,5 (CM)
Na sala de aula de Manuela há 35 alunos, sendo 16 meninas. O professor de matemática perguntou se preferiam assistir filmes no cinema ou na TV. Assim, 25 alunos, dos 12 meninos, responderam que preferiam no cinema. Com esses dados podemos corretamente concluir que o número de meninas que assistem TV é:

(A) 7   (B) 3   (C) 16   (D) 10   (E)13

Questão 17) Valor: 0,5 (CM)
Durante as comemorações pela captura do pirata Barba Negra, o Rei autorizou passeios no navio do capitão Strong, para que os habitantes da Cidade de Ouro pudessem sentir a emoção de navegar no melhor navio real. Como este ainda estava aparelhado para guerra, em cada passeio só poderia transportar 50 adultos ou então 60 crianças. Para o primeiro passeio foram relacionados 35 adultos e o número máximo de crianças possível. Quantas crianças foram no primeiro passeio?

(A) 10   (B) 15   (C) 18   (D) 20   (E) 24

Questão 18) Valor: 0,5 (OBM)
Patrícia mora em São Paulo e quer visitar o Rio de Janeiro num feriado prolongado. A viagem de ida e volta, de ônibus, custa 80 reais, mas Patrícia está querendo ir com seu carro, que faz, em média, 12 quilômetros com um litro de gasolina. O litro da gasolina custa, em média, R$1,60 e Patrícia calcula que terá de rodar cerca de 900 quilômetros com seu carro e pagar 48 reais de pedágio. Ela irá de carro e para reduzir suas despesas, chama duas amigas, que irão repartir com ela todos os gastos. Dessa forma, não levando em conta o desgaste do carro e outras despesas inesperadas, Patrícia irá:

(A) economizar R$ 20,00.
(B) gastar apenas R$2,00 a mais.
(C) economizar R$ 24,00.
(D) gastar o mesmo que se fosse de ônibus.
(E) gastar R$ 14,00 a mais.

Questão 19) Valor: 0,5 (OBM)
Uma escola vai organizar um passeio ao zoológico. Há duas opções de transporte. A primeira opção é alugar "vans": cada van pode levar até 6 crianças e seu aluguel custa R$ 60,00. A segunda opção é contratar uma empresa para fazer o serviço: a empresa usa ônibus com capacidade para 48 crianças e cobra R$ 237,00, mais R$ 120,00 por ônibus utilizado. A escola deve preferir a empresa de ônibus se forem ao passeio pelo menos N crianças. O valor de N é:

(A) 28   (B) 31   (C) 32   (D) 33   (E) 36

Questão 20) Valor: 0,5 (CM)
César é dono de um terreno retangular com 30 m de largura e 60 m de comprimento. Para demarcar os limites de seu terreno, pretende cercá-lo com 4 fiadas de arame farpado, fixadas em estacas de madeira, distantes umas das outras de 5 m, conforme figura abaixo. O número de estacas e a quantidade mínima de metros de arame necessários para cercar todo o terreno serão iguais a:

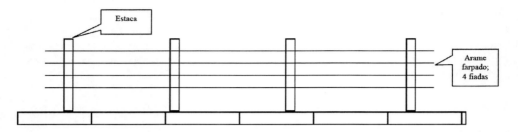

(A) 36 estacas e 720 m de arame.
(B) 35 estacas e 180 m de arame.
(C) 37 estacas e 360 m de arame.
(D) 36 estacas e 360 m de arame.
(E) 35 estacas e 720 m de arame.

Capítulo 14 – PROVAS 585

Solução da PROVA 3

Gabarito

1	D
2	C
3	C
4	B
5	E

6	D
7	E
8	D
9	B
10	A

11	E
12	E
13	A
14	C
15	A

16	B
17	C
18	C
19	B
20	A

Soluções

Questão 1)

Este tipo de problema deve ser sempre resolvido através de uma tabela. A partir das informações do problema, eliminamos as opções inválidas e assinalamos as que são verdadeiras.

Alexandre acompanha Bento.
André viaja de avião.
Carlos não acompanha Dário nem faz uso do avião.
Tomás não anda de trem

	Alexandre	Bento	André	Carlos	Dário	Tomás
Avião			SIM	X		
Trem			X			X
Carro			X			

O avião é usado por André. Tomás não anda de trem, então só pode usar avião ou carro. Se Tomás andasse de avião, então teria que ir junto com André. Sobrariam então Carlos e Dário para formar uma dupla, mas o problema informa que Carlos não acompanha Dário. Então Tomás não vai de avião, logo tem que ir de carro.

	Alexandre	Bento	André	Carlos	Dário	Tomás
Avião			SIM	X		X
Trem			X			X
Carro			X			SIM

Carlos não vai com Dário, nem pode ir com Alexandre ou Bento, pois já formam uma dupla, então Carlos só pode ir com André ou Tomás. Como Carlos não anda de avião, só pode formar dupla com Tomás.

	Alexandre	Bento	André	Carlos	Dário	Tomás
Avião			SIM	X		X
Trem			X	X		X
Carro			X	SIM		SIM

Então André forma dupla com Dário, ambos vão de avião. Para Alexandre e Bento sobra o trem.

	Alexandre	Bento	André	Carlos	Dário	Tomás
Avião	X	X	SIM	X	SIM	X
Trem	SIM	SIM	X	X	X	X
Carro	X	X	X	SIM	X	SIM

586 MATEMÁTICA PARA VENCER

Resposta: (D)

Questão 2)
Este é outro problema resolvido através de tabela.
Sabe-se que Pedro torce pelo Botafogo;
Hugo não torce nem pelo Flamengo nem pelo Vasco;
Abel torce pelo Vasco

	Marília	Hugo	Pedro	Abel
Flamengo	SIM		X	X
Botafogo			SIM	X
Vasco			X	SIM
Fluminense		SIM	X	X

O Botafogo e o Vasco já foram preenchidos. Para Hugo sobra apenas o Flamengo e Fluminense. O problema diz que Hugo não torce pelo Flamengo, então só lhe resta o Fluminense. Para Marília, sobra apenas o Flamengo.
Resposta: (C)

Questão 3)
31 maiores notas na turma A, 30 piores na turma B
O último colocado da turma A foi para a turma B
Como a nota deste aluno era a menor, todas as demais da turma A eram maiores, então a média da turma A aumentou. Como a nota deste aluno também era maior que a de todos os alunos da turma B, a média da turma B também aumentou.
Resposta: (C)

Questão 4)
50 sacos de areia pesam o mesmo que 400 tijolos
Então 1 saco de areia pesa o mesmo que 8 tijolos.
Se tem 32 sacos de areia, faltam 18 sacos para encher o caminhão, o que tem o mesmo peso que 18x8 = 144 tijolos.
Resposta: (B)

Questão 5)
O número é 17x13+4 = 225
232/17 = 13, resto 11
225 + 11 = 236
Resposta: (E)

Questão 6)
123400 / 7 = 17628, resto 4
Este resto 4 é somado ao número a6, resultando em b0, onde b = a+1. Para que b0 seja divisível por 7, então b=7. O algarismo a vale 6.
Resposta: (D)

Questão 7)
Carlinhos: 30 segundos por volta
Paulinho: 32 segundos por volta.
Carlinhos dá 80 voltas, tempo = 80 x 30 = 2400 s
Paulinho estará na volta:
2400 / 32 = 75

Capítulo 14 – PROVAS

Resposta: (E)

Questão 8)
Chamemos a quantidade de crianças de x.
Então o número de mulheres é 8x
O número de homens é $(2/3).8x = (16/3).x$
Então o número de adultos é $8.x + (16/3).x = (40/3).x$
Resposta: (D)

Questão 9)
12:00 – x – agora – 3x – 0:00
Entre meio dia e meia noite são 12 horas. Temos que dividir este tempo em duas partes, sendo que uma é o triplo da outra. Então as partes são 3 e 9. São 3 horas da tarde.
Se a festa vai começar às 19:00 (7 h da noite) então ainda faltam 4 horas.
Resposta: (B)

Questão 10)
273/182 = 3/2 = a/b.
a+b=5
Resposta: (A)

Questão 11)
```
A=0,2738495151515151515151515151...
B=0,2738495127384951273849511...
C=0,2738495149514951495149514951...
D=0,2738495138495138495138495138495...
E=0,2738495195195195195195195195...
F=0,27384951279897128888888...
```

Expandindo as dízimas vemos claramente que as diferenças aparecem a partir da $9^{\underline{a}}$ casa decimal. Colocando na ordem, do maior para o menor, temos: E, A, C, D. Os números B e F empatam, indo até a $11^{\underline{a}}$ casa decimal vemos que F é maior que B.
Resposta: (E)

Questão 12)
(I) Erro na passagem $2^{68} + 2^{68}x5^{68} = 4^{68} \times 5^{68}$
(II) Erro na passagem $2^{68} + 2^{68}x5^{68} = 2^{136} \times 5^{68}$
(III) Erro na passagem $2^{17} \times 3^{17} + 2^{23}x5^{23} = (2^{17}x2^{23})+(3^{17}x5^{23})$
Resposta: (E)

Questão 13)
Questão complexa, recairia em uma equação de segundo grau, que e matéria do 9° ano. Em âmbito de 5° ano, é válido testar as respostas. Se os lados são x e y, a área é o produto, e o perímetro é o dobro de x+y. Temos então que encontrar números naturais que multiplicados resultem o valor, e somados resultem na metade do valor.
A: 18 ➜ soma 9, produto 18, podem ser 3 e 6.
B: 12 ➜ soma 6, produto 12: não
C: 24 ➜ soma 12, produto 24: não
D: 9 ➜ soma 4,5 e produto 9: impossível
E: 36 ➜ soma 18, produto 36: não
Resposta: (A)

Questão 14)

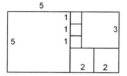

As medidas dos lados do retângulo são 5 e 9, a área é 45.
Resposta: (C)

Questão 15)
É preciso visualizar, espacialmente as posições relativas das três faces que se juntam, nas 5 opções de respostas apresentadas. Por exemplo, a opção (D) é inválida, pois o vértice do triângulo aponta para uma face que tem três linhas, e não a cruz. Fazendo todas as eliminações, concluímos que a opção (A) é a única correta.
Resposta: (A)

Questão 16)
A turma tem 16 meninas e 19 meninos. Dos meninos, 12 preferem cinema, e os outros 7 preferem TV. Dos 25 alunos que preferem cinema, 13 são meninas. Então são 3 as meninas que preferem TV.
Resposta: (B)

Questão 17)
Cada 5 adultos têm o mesmo peso que 6 crianças. Se foram 35 adultos, restaria espaço para 15 adultos, o equivale a 18 crianças.
Resposta: (C)

Questão 18)
Consumo de combustível: 900 km / 12 km/L = 75 L = R$ 120,00
Adicionando R$ 48,00 de pedágio ficamos com R$ 168,00
Dividindo com mais duas amigas, seu gasto será R$ 168,00 / 3 = R$ 56,00
Economizará R$ 24,00 em relação à viagem de ônibus.
Resposta: (C)

Questão 19)
Até 48 crianças, o ônibus resulta em gasto de R$ 237,00 + R$ 120,00 = R$ 357,00
Com R$ 360,00 é possível alugar 6 vans, para 36 crianças, mas supera o gasto do ônibus
Com R$ 300,00 é possível alugar 5 vans, para 30 crianças, gastando menos que o ônibus.
Para 31 crianças, seria usada mais uma van, o gasto de R$ 360,00 já seria maior que o do ônibus. Então vale a pena usar ônibus a partir de 31 crianças, inclusive.
Resposta: (B)

Questão 20)
Perímetro: 30+60+30+60 = 180 m
Estacas: 180 m / 5 m = 36
Arame: 180 m x 4 = 720 m
Resposta: (A)

PROVA 4

Questão 1) Valor: 0,4 (CM)
A quantidade de algarismos existentes na seqüência dos números naturais que se inicia por 1 (um) e termina em 2005 (dois mil e cinco), inclusive, é

(A) 6904. (B) 6905. (C) 6912. (D) 6913. (E) 6914.

Questão 2) Valor: 0,4 (OBM)
A figura abaixo é o tabuleiro de um jogo em que cada casa em branco deve ser preenchida com o número correspondente ao total de bombas das casas ligadas a ela. Perceba que um número já foi colocado. Após completar todo o quadro, a soma de todos os números é:

(A) 20   (B) 21   (C) 22   (D) 23   (E) 24

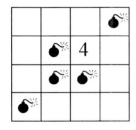

Questão 3) Valor: 0,4 (CM)
Leonardo escreveu um número natural em cada círculo e, depois, escreveu em cada quadrado o resultado da multiplicação dos números que estavam nos dois círculos vizinhos. Alguns dos números foram apagados e substituídos por letras. Então, o valor de x + y + z + w + t + u é:

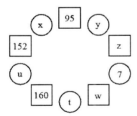

(A) 227   (B) 230   (C) 236   (D) 329   (E) 421

Questão 4) Valor: 0,4 (OBM)
Dizemos que um número natural é teimoso se, ao ser elevado a qualquer expoente inteiro positivo, termina com o mesmo algarismo. Por exemplo, 10 é teimoso, pois $10^2, 10^3, 10^4, ...$, são números que também terminam em zero. Quantos números naturais teimosos de três algarismos existem?

(A) 90   (B) 120   (C) 360   (D) 400   (E) 4

Questão 5) Valor: 0,4 (CM)
No século atual, dois anos serão representados por números múltiplos de 5 e 9 ao mesmo tempo. Logo os anos serão:

(A) 2025 e 2070   (B) 2035 e 2060   (C) 2045 e 2080   (D) 2055 e 2090   (E) 2015 e 2045

Questão 6) Valor: 0,4 (CM)
O número de vezes que o fator primo 3 aparece no produto dos números naturais ímpares compreendidos entre 70 e 90 é:

(A) 3 vezes. (B) 4 vezes. (C) 5 vezes. (D) 6 vezes. (E) 7 vezes.

Questão 7) Valor: 0,4 (CM)
O Tenente Caxias, o Sargento Cascadura e o Cabo Dureza estão escalados hoje para o serviço de patrulha. Daqui a quantos dias estarão de serviço juntos novamente, sabendo que o tenente é escalado de 12 em 12 dias; o sargento, de 8 em 8 dias e, o cabo, de 6 em 6 dias:

(A) 48 (B) 32 (C) 6 (D) 24 (E) 12

Questão 8) Valor: 0,4 (CM)
O Colégio Militar de Manaus aceita candidatos para o concurso de admissão ao 6º ano com idade mínima de 10 anos e máxima de 12 anos até 31 de dezembro do ano da realização do concurso. Dos candidatos que procuraram a instituição para inscrição, 1.700 estavam abaixo da idade máxima e 2.000 acima da idade mínima. Sabendo que 500 candidatos não foram aceitos por idade inferior à exigida, então o número de candidatos acima da idade máxima era:

(A) 1200 (B) 1700 (C) 800 (D) 700 (E) 2000

Questão 9) Valor: 0,4 (OBM)
Os resultados de uma pesquisa das cores de cabelo de 1200 pessoas são mostrados no gráfico abaixo. Quantas dessas pessoas possuem o cabelo loiro?

A) 60 B) 320 C) 360 D) 400 E) 840

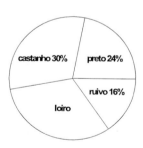

Questão 10) Valor: 0,4 (OBM)
Uma folha quadrada foi dobrada duas vezes ao longo de suas diagonais conforme ilustração abaixo, obtendo-se um triângulo isósceles. Foi feito um corte na folha dobrada, paralelo à base desse triângulo, pelos pontos médios dos outros lados. A área do buraco na folha corresponde a que fração da área da folha original ?

(A) $\dfrac{1}{2}$ (B) $\dfrac{1}{6}$ (C) $\dfrac{3}{8}$ (D) $\dfrac{3}{4}$ (E) $\dfrac{1}{4}$

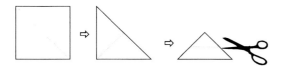

Questão 11) Valor: 0,4 (CN)
Um aluno, efetuando a divisão de 13 por 41, foi determinando o quociente até a soma de todos os algarismos por ele escritos, na parte decimal, foi imediatamente maior ou igual a 530. Quantas casas decimais escreveu?

(A) 144   (B) 145   (C) 146   (D) 147   (E) 148

Questão 12) Valor: 0,4 (CN)
O resultado da divisão de 7^{12} por 6, é um número

(A) inteiro.
(B) com parte decimal finita.
(C) com parte decimal infinita periódica simples.
(D) com parte decimal infinita periódica composta.
(E) com parte decimal infinita e não-periódica.

Questão 13) Valor: 0,4 (OBM)
Um comerciante comprou dois carros por um total de R$ 27.000,00. Vendeu o primeiro com lucro de 10% e o segundo com prejuízo de 5%. No total ganhou R$ 750,00. Os preços de compra foram, respectivamente,

(A) R$ 10.000,00 e R$ 17.000,00
(B) R$ 13.000,00 e R$ 14.000,00
(C) R$ 14.000,00 e R$ 13.000,00
(D) R$ 15.000,00 e R$ 12.000,00
(E) R$ 18.000,00 e R$ 9.000,00

Questão 14) Valor: 0,4 (CM)
Calcule o valor simplificado da expressão:

2x(1,2 hm + 6 000 cm − 2x0,4 dam) − 0, 002 km

(A) 34,2 dam   (B) 342 km   (C) 3,6 hm   (D) 342 m   (E) 3 580 dm.

Questão 15) Valor: 0,4 (CN)
(CN) Um certo líquido aumenta o seu volume em 15%, ao ser congelado. Quantos mililitros desse líquido deve-se colocar, no máximo, em um recipiente de 230 mililitros, sabendo-se que este não sofre qualquer alteração da sua capacidade nesse processo?

(A) 195,5   (B) 200   (C) 205   (D) 210   (E) 215

Questão 16) Valor: 0,4 (CM)
Um comerciante vendeu três objetos que custaram respectivamente quarenta reais, sessenta reais e oitenta reais. Ganhou com a venda do primeiro objeto oito reais, com a venda do

segundo nove reais e doze reais com a venda do terceiro. O objeto que rendeu maior percentual de lucro foi:

(A) O primeiro objeto
(B) O segundo objeto
(C) O terceiro objeto
(D) Os três objetos apresentaram o mesmo lucro

Questão 17) Valor: 0,4 (CM)
Numa das fases de seleção entre 450 candidatos, a um famoso programa de TV, constatou-se que 60%, dos participantes eram do sexo masculino e sabendo-se que 30% do total de cada sexo foram selecionados. Qual a diferença entre o número de candidatas não selecionadas e o número de candidatos selecionados?

(A) 45   (B) 72   (C) 90   (D) 108   (E) 135

Questão 18) Valor: 0,4 (EPCAr)
Em uma Escola, havia um percentual de 32% de alunos fumantes. Após uma campanha de conscientização sobre o risco que o cigarro traz à saúde, 3 em cada 11 dependentes do fumo deixaram o vício, ficando, assim, na Escola, 128 alunos fumantes. É correto afirmar que o número de alunos da Escola é igual a

(A) 176   (B) 374   (C) 400   (D) 550

Questão 19) Valor: 0,4 (CM)
Os alunos de um colégio organizaram uma feira livre com o objetivo de arrecadar dinheiro para ajudar as crianças carentes de uma creche. Sabendo-se que o preço de 3 jacas equivale ao de 21 cajus, o de 7 cajus equivale ao de 6 maçãs e que 10 maçãs custam R$ 10,00, determine o preço de uma jaca.

(A) R$ 6,00   (B) R$ 9,00   (C) R$ 12,00   (D) R$ 15,00   (E) R$ 18,00

Questão 20) Valor: 0,4 (CM)
Por meio de uma pesquisa realizada pela COPASA, empresa que controla a distribuição e abastecimento de água em Minas Gerais, foi concluído que uma torneira gotejando representa 46 litros de água desperdiçada por dia. Caso uma torneira permaneça gotejando por 90 dias, o número de litros de água desperdiçado será:

(A) inferior a 1300 litros
(B) inferior a 3000 litros
(C) superior a 4000 litros
(D) superior a 4200 litros
(E) superior a 5000 litros

Questão 21) Valor: 0,4 (OBM)
A figura ao lado mostra três dados iguais. O número da face que é a base inferior da coluna de dados:

(A) é 1.   (B) é 2.   (C) é 4.   (D) é 6.   (E) pode ser 1 ou 4.

Capítulo 14 – PROVAS   593

Questão 22) Valor: 0,4 (CN)
(CN) Sendo X e Y conjuntos em que: X – Y = {a, b} e X ∩ Y = {c}, o conjunto X pode ser:

(A) {∅}   (B) {a}   (C) {a, b}   (D) {a, c, d}   (E) {a, b, c, d}

Questão 23) Valor: 0,4 (OBM)
Um reservatório cúbico internamente tem 2 metros de lado e contém água até a sua metade. Foram colocados no reservatório 25 blocos retangulares de madeira, que não absorvem água, de dimensões 20×30×160 centímetros. Sabendo que 80% do volume de cada bloco permanece submerso na água, calcule, em centímetros, a altura atingida pela água, no reservatório.

(A) 50 cm   (B) 48 cm   (C) 64 cm   (D) 24 cm   (E) 60 cm

Questão 24) Valor: 0,4 (OBM)
Esmeraldinho tem alguns cubinhos de madeira de 2 cm de aresta. Ele quer construir um grande cubo de aresta 10 cm, mas como não tem cubinhos suficientes, ele cola os cubinhos de 2 cm de aresta de modo a formar apenas as faces do cubo, que fica oco. Qual é o número de cubinhos de que ele precisará?

(A) 150   (B) 120   (C) 100   (D) 98   (E) 125

Questão 25) Valor: 0,4 (OBM)
Um serralheiro tem 10 pedaços de 3 elos de ferro cada um, mostrados abaixo. Ele quer fazer uma única corrente de 30 elos. Para abrir e depois soldar um elo o serralheiro leva 5 minutos. Quantos minutos no mínimo ele levará para fazer a corrente?

(A) 30   (B) 35   (C) 40   (D) 45   (E) 50

Solução da PROVA 4
Gabarito

1	D	6	D	11	E	16	A	21	C
2	C	7	D	12	D	17	A	22	D
3	A	8	C	13	C	18	D	23	B
4	C	9	C	14	D	19	A	24	D
5	A	10	E	15	B	20	C	25	E

Soluções

Questão 1)
1 a 9 = 9
10 a 99 = 90 x 2 = 180
100 a 999 = 900 x 3 = 2700
1000 a 2005 = 1006 x 4 = 4024
Total: 6913
Resposta: (D)

Questão 2)

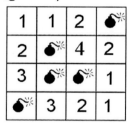

Total: 22
Resposta: (C)

Questão 3)
95 só pode ser decomposto como 5x19. Então os números x e y são 5 ou 19, não necessariamente nesta ordem. O número x não pode ser 19, pois se fosse, o quadrado com 152 deveria ter um número múltiplo de 5. Então x=19 e y=5. 152 é 8x19, então u=8.

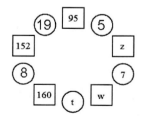

Concluímos também que z =35 e t=20. O número w vale 20x7 = 140
x + y + z + w + t + u = 19 + 5 + 35 + 140 + 20 + 8 = 227
Resposta: (A)

Questão 4)
É preciso determinar quais são as possibilidades para o último algarismo. Podem ser:
0, 1, 5 ou 6

Capítulo 14 – PROVAS

Temos então que identificar quantos são os números entre 100 e 999 que terminam com 0, 1, 5 ou 6. Como todos os algarismos possíveis são distribuídos em quantidades iguais (90 terminam com 0, 90, terminam com 1, etc), temos 4 x 90 = 360 números teimosos.
Resposta: (C)

Questão 5)
Múltiplos de 45 acima de 2000.
2000 / 45 = 44 resto 20
Então 2025 é divisível por 45, assim como 2070.
Resposta: (A)

Questão 6)
Contando somente com os números ímpares e múltiplos de 3:
75x81x87, o fator 3 aparece 1+4+1 = 6 vezes
Resposta: (D)

Questão 7)
MMC(12, 8, 6) = 24
Resposta: (D)

Questão 8)
Representamos no diagrama abaixo as idades mínima e máxima, e as informações dadas pelo problema. Podemos então determinar que o número de alunos acima da idade máxima é 800.

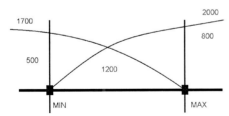

Resposta: (C)

Questão 9)
30% de 1200 = 360
Resposta: (C)

Questão 10)
A base do pequeno triângulo cortado na terceira parte da figura, vale a metade do lado do quadrado. Ao ser aberto, este triângulo resultará em um quadrado, cujo lado é metade do lado do quadrado original. Então sua área é 1/4 da área do quadrado original.
Resposta: (E)

Questão 11)
13/41 = 0,31707317073170731707317073170731707...
O período da dízima é 31707, tem 5 algarismos. Os algarismos de cada período têm soma 18. Para que a soma resulte em 530, é preciso somar:
530/18 = 29, resto 8
São 29 períodos completos (29x5 = 145 algarismos), e para ficar maior ou igual a 530, temos que somar mais alguns algarismos: 3, 1, 7, ou seja, mais 3. São portanto 148 casas decimais, ao todo.
Resposta: (E)

596   MATEMÁTICA PARA VENCER

Questão 12)
7 dá resto 1 ao ser dividido por 6. Então, se elevado a qualquer potência, dará sempre resto 1 na divisão por 6. Isso vai resultar na parte decimal igual a $1/6 = 0,16666...$, ou seja, sua parte decimal é infinita, periódica e composta.
Resposta: (D)

Questão 13)
Este é um problema de sistema de equações do primeiro grau mas pode ser resolvido usando processos aritméticos, da mesma forma como o velho problema da contagem de pés de patos e porcos em um quintal.
A soma dos preços é R$ 27.000, sendo que um deu lucro de 10% e outro deu prejuízo de 5%, ou seja, 15% abaixo.
Se fosse apenas um carro a R$ 27.000 com lucro de 10%, o comerciante teria lucrado R$ 2700,00. Na verdade lucrou R$ 750,00, ou seja, R$ 1950 a menos, por conta dos 15% representados pelo preço do segundo carro. Este preço é então R$ 1950,00 / 0,15 = R$ 13.000,00. O carro que deu lucro foi comprado então por R$ 14.000. Conferindo:
1° carro: R$ 14.000, lucro de 10% = R$ 1400,00
2° carro: R$ 13.000, prejuízo de 5: = R$ 650,00
Total: lucro de R$ 750,00
Resposta: (C)

Questão 14)
Passando tudo para metros
$2 \times (120 + 60 - 2 \times 4) - 2 \, m = 342 \, m$
Resposta: (D)

Questão 15)
$230 \, ml \, / \, 1,15 = 200 \, ml$
Resposta: (B)

Questão 16)
1° 48/40 = 1,2
2° 69/60 = 1,15
3° 92/80 = 1,15
O maior percentual de lucro foi o do primeiro objeto, 20%
Resposta: (A)

Questão 17)
450 candidatos, 60% homens e 40% mulheres: 270 homens e 180 mulheres.
Selecionados 30% de cada sexo, e não selecionados 70% de cada sexo.

	Homens	Mulheres
Selec	81	54
Não selec.	189	126
Total	270	180

$126 - 81 = 45$
Resposta: (A)

Questão 18)
3/11 deixaram de fumar, restaram 8/11 dos antigos fumantes que somam 128. O número dos fumantes antes da campanha era:
$128 \, / \, (8/11) = 176$
Isto corresponde a 32% do total de alunos. Este número é então:

Capítulo 14 – PROVAS   597

176 / 0,32 = 550
Resposta: (D)

Questão 19)
3 jacas = 21 cajus
1 jaca = 7 cajus = 6 maçãs
10 maçãs = R$ 10,00, então 1 maçã = R$ 1,00 e 6 maçãs = R$ 6,00 = 1 jaca
Resposta: (A)

Questão 20)
46 x 90 = 4140 litros
Resposta: (C)

Questão 21)
É preciso desenhar o dado aberto, como na figura abaixo.

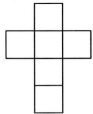

A seguir desenhamos os pontos em cada face, de acordo com a posição relativa entre eles, obtidas na pilha de 3 dados no enunciado. É preciso prestar atenção, pois as faces com 2 e com 3 pontos têm uma pista adicional, já que os pontos podem ser dispostos no sentido de uma diagonal ou de outra. Analisando a figura, concluímos que o número pedido só pode ser 4.
Resposta: (C)

Questão 22)

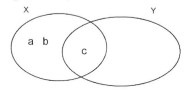

O conjunto X precisa ter 3 elementos, que são a, b e c. O único conjunto que tem 3 elementos é {a, c, d}, que pode ser X, desde que tenhamos b=d. O conjunto {a, b, c, d} não serve, mesmo que d seja igual a a, b ou c, pois não se representa elementos repetidos na enumeração. Os conjuntos das demais opções não servem porque não possuem 3 elementos.
Resposta: (D)

Questão 23)
Cada bloco tem volume de 20x30x160 cm = 96000 cm^3.
São 25 blocos, sendo que 80% permanece submerso, isto resulta em
25 x 0,8 x 64000 = 1.920.000 cm^3. Este é o volume dos blocos que ficará sob a linha d'água.
Antes dos blocos serem colocados, a água ia até a metade, ou seja, altura de 1 m. Agora, com os blocos boiando, a linha d'água subirá uma altura h adicional, tal que o paralelepípedo retângulo formado pela base do recipiente e a altura h é igual ao volume dos blocos submersos. Como estamos operando com centímetros, ficamos com:
200 x 200 x h = 1.920.000

h = 48 cm.
Resposta: (B)

Questão 24)
O cubo completo, sólido, teria 5 x 5 x 5 cubinhos = 125
A parte oca, se fosse ocupada, teria 3 x 3 x 3 = 27 cubinhos.
125 – 27 = 98
Resposta: (D)

Questão 25)
Não é preciso abrir todos os elos. Basta que, em cada grupo de 3 elos, uma extremidade seja aberta para ligar no grupo seguinte. São portanto 10 emendas, cada uma demora 5 minutos, totalizando 50 minutos.
Resposta: (E)

Capítulo 14 – PROVAS 599

PROVA 5

Questão 1) Valor: 0,4 (CM)
Nosso sistema de numeração é decimal pois existem dez símbolos: 0, 1, 2, 3, 4, 5, 6, 7, 8, 9. Os computadores utilizam um sistema de numeração binário, ou seja, só utilizam 2 símbolos: 0 e 1. Dessa forma, o primeiro número desse sistema é 1, o segundo é 10, o terceiro é 11, o quarto é 100, e assim por diante. O número 10.000 do sistema binário corresponde, no sistema decimal, ao número:

(A) 10   (B) 12   (C) 15   (D) 16   (E) 18

Questão 2) Valor: 0,4 (OBM)
Quantos quadrados têm como vértices os pontos do reticulado abaixo?

(A) 6   (B) 7   (C) 8   (D) 9   (E) 10

```
  •   •   •   •   •
    •   •   •   •
      •   •   •
        •   •
          •
```

Questão 3) Valor: 0,4 (CM)
Observe a seguinte operação:

```
        3   4   ?
    x       ?   2
===========
        ?   9   6
+   3   ?   3   2
===========
    3   2   ?   1   6
```

Um décimo da soma dos algarismos, que devem ser colocados nos quadrinhos, de modo que a multiplicação esteja correta, é:

(A) 1,4   (B) 1,9   (C) 2,0   (D) 2,4   (E) 3,3

Questão 4) Valor: 0,4 (OBM)
Considere a seqüência oscilante: 1, 2, 3, 4, 5, 4, 3, 2, 1, 2, 3, 4, 5, 4, 3, 2, 1, 2, 3, 4, ... O 2003° termo desta seqüência é:

(A) 1   (B) 2   (C) 3   (D) 4   (E) 5

Questão 5) Valor: 0,4 (OBM)
Qual é o último algarismo da soma de 70 números inteiros positivos consecutivos?

(A) 4   (B) 0   (C) 7   (D) 5   (E) Faltam dados

Questão 6) Valor: 0,4 (OBM)
Qual é o dígito das unidades do número 3^{1998}?

(A) 1   (B) 3   (C) 5   (D) 7   (E) 9

600 MATEMÁTICA PARA VENCER

Questão 7) Valor: 0,4 (OBM)
Sabendo-se que 9174532 x 13 = 119268916, pode-se concluir que é divisível por 13 o número:

(A) 119.268.903   (B) 119.268.907   (C) 119.268.911   (D) 119.268.913   (E) 119.268.923

Questão 8) Valor: 0,4 (CN)
Simplificando-se a expressão

$$\frac{\left(6\times12\times18\times...\times300\right)}{\left(2\times6\times10\times14\times...\times98\right)\times\left(4\times8\times12\times16\times...\times100\right)}$$

obtêm-se:

(A) 3^{50} (B) $\dfrac{3}{2}$ (C) $\left(\dfrac{3}{2}\right)^{25}$ (D) $\dfrac{3}{4}$ (E) 2^{25}

Questão 9) Valor: 0,4 (CN)
Um fazendeiro repartiu seu rebanho de 240 cabeças de boi entre seus três filhos da seguinte forma: o primeiro recebeu 2/3 do segundo, e o terceiro tanto quanto o primeiro mais o segundo. Qual o número de cabeças de boi que o primeiro recebeu?

(A) 12   (B) 30   (C) 36   (D) 48   (E) 54

Questão 10) Valor: 0,4 (CM)
Cinco irmãos receberão, de herança, um grande terreno, a ser dividido nas seguintes condições:

Alfredo: 1/6 da área total, mais 2 lotes na parte restante.
Bernardo: 1/8 da área total, mais 3 lotes na parte restante.
Carlos: 1/12 da área total, mais 7 lotes na parte restante.
Davi: 1/16 da área total, mais 5 lotes na parte restante.
Ernesto: 1/24 da área total, mais 8 lotes na parte restante.

Parte restante: sobra da área total, em relação às frações indicadas para os herdeiros.
Será dividida em 25 lotes, todos de mesma área.

Após tal divisão, a maior e a menor área do terreno caberão, respectivamente, aos irmãos:

(A) Alfredo e Ernesto
(B) Ernesto e Alfredo
(C) Ernesto e Bernardo
(D) Carlos e Davi
(E) Carlos e Bernardo

Questão 11) Valor: 0,4 (CM)
Calcula-se a média aritmética, somando-se os valores e dividindo o resultado da adição pela quantidade de valores somados.
Em uma equipe de futebol com 11 integrantes em campo, a média da altura dos jogadores era de 1,72 m. Durante a partida, foram feitas quatro substituições, conforme o quadro abaixo, que traz especificadas as alturas de cada jogador que saiu e entrou.

TEMPO DE JOGO	JOGADOR QUE SAIU	JOGADOR QUE ENTROU
13 min (1º tempo)	João (1,80 m)	Pedrinho (1,76 m)

Capítulo 14 – PROVAS 601

28 min (1º tempo)	Joel (1,56 m)	Neto (1,69 m)
20 min (2º tempo)	Alex (1,55 m)	Oscar (1,64 m)
31 min (2º tempo)	Paulinho (1,74 m)	Júlio (1,67 m)

Após todas essas substituições, que foram as únicas no jogo, a altura média desse time passou a ser de:

(A) 1,73 m (B) 1,74 m (C) 1,75 m (D) 1,76 m (E) 1,77 m

Questão 12) Valor: 0,4 (OBM)
Se a = 2^{40}, b = 3^{20} e c = 7^{10}, então

(A) c < b < a B) a < c < b C) b < a < c D) b < c < a E) c < a < b

Questão 13) Valor: 0,4 (OBM)
As quatro faces de um dado são triângulos equiláteros, numerados de 1 a 4, como no desenho. Colando-se dois dados iguais, fazemos coincidir duas faces, com o mesmo número ou não. Qual dos números a seguir não pode ser a soma dos números das faces visíveis?

(A) 12 (B) 14 (C) 17 (D) 18 (E) 19

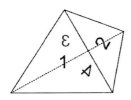

Questão 14) Valor: 0,4 (EPCAr)
Uma pessoa, dispondo de certo capital, fez as seguintes aplicações em um ano:

1º) aplicou 2/5 do capital em letras de câmbio, lucrando 30%;
2º) aplicou 1/5 do capital em fundos de investimento, perdendo 20%;
3º) aplicou o restante em caderneta de poupança e seu lucro nessa aplicação foi de 25%.

Relativamente ao total aplicado, pode-se dizer que houve

(A) lucro de 18% (B) prejuízo de 14% (C) lucro de 13% (D) prejuízo de 13%

Questão 15) Valor: 0,4 (CN)
Sejam U o conjunto das brasileiras, A o conjunto das cariocas, B o conjunto das morenas e C o conjunto das mulheres de olhos azuis. O diagrama que representa o conjunto de mulheres morenas ou de olhos azuis, e não cariocas; ou mulheres cariocas e não morenas e nem de olhos azuis é:

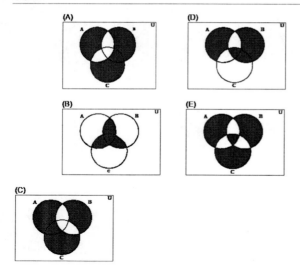

Questão 16) Valor: 0,4 (CM)
Os líderes dos matemágicos eram divididos em 3 classes de magia e somente eles conseguiriam derrotar os líderes dos bruxomáticos. Ao compararmos os poderes, temos que 3 matemágicos de classe 1 e 1 matemágico de classe 2 têm juntos o mesmo nível de poderes de 13 matemágicos de classe 3 e, também, que 5 matemágicos de classe 3 com 1 matemágico de classe 1 têm juntos o mesmo nível de poderes de 1 matemágico de classe 2. No último confronto entre os bruxomáticos e os matemágicos, ficou claro que: para capturar 1 bruxomático que lança feitiço, eram necessários 4 matemágicos de classe 3; para capturar 3 bruxomáticos que lutam com espadas, eram necessários 5 matemágicos de classe 1; e, para capturar 7 bruxomáticos que lançam bolas de fogo, eram necessários 6 matemágicos de classe 3. Caso só houvesse matemágicos de classe 1, determine quantos deles seriam necessários para capturar as quantidades de bruxomáticos usadas no relacionamento de poderes com os inimigos, ou seja, 1 que lança feitiço, mais 3 que lutam com espadas, mais 7 que lançam bolas de fogo.

(A) 12 (B) 10 (C) 8 (D) 7 (E) 6

Questão 17) Valor: 0,4 (OBM)
O famoso cientista E. M. Palhado inventou um relógio que funciona com quatro engrenagens, conforme a figura abaixo. A engrenagem A demora 15 segundos para completar uma volta; a engrenagem B demora 9 segundos; a engrenagem C, 18 segundos e a engrenagem D, 24 segundos. Quanto tempo, após o início do funcionamento, as engrenagens ocuparão novamente a posição inicial?

(A) 5 minutos
(B) 5 minutos e 30 segundos
(C) 6 minutos
(D) 6 minutos e 30 segundos
(E) 7 minutos

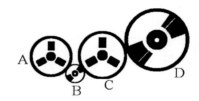

Questão 18) Valor: 0,4 (CM)
Raquel colocou nove cubos sobre uma mesa arrumados conforme a figura.

Capítulo 14 – PROVAS   603

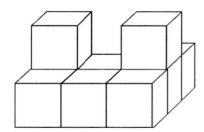

Em seguida, pintou apenas as faces visíveis dos cubos. Se cada cubo possui 10cm de aresta, a soma das áreas das faces de cada cubo que deixou de ser pintada foi:

(A) 0,24 m²   (B) 0,25 m²   (C) 0,26 m²   (D) 0,27 m²   (E) 0,28 m²

Questão 19) Valor: 0,4 (CM)
Uma caixa d'água tem a forma de um paralelepípedo retângulo cujas dimensões são: 1,27 m de altura, 2,40 m de largura e 3,40 m de comprimento. Verificou-se que o volume era insuficiente e aumentou-se sua altura em 50 cm. Sua capacidade aumentou em:

(A) 4,08 litros   (B) 40,8 litros   (C) 408 litros   (D) 4080 litros   (E) 40800 litros

Questão 20) Valor: 0,4 (OBM)
Figuras com mesma forma representam objetos de mesma massa. Quantos quadrados são necessários para que a última balança fique em equilíbrio?

A) 7   B) 8   C) 9   D) 10   E) 12

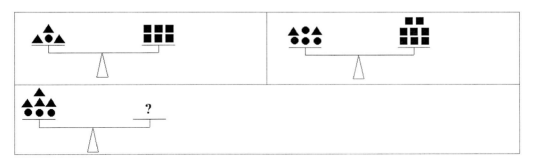

Questão 21) Valor: 0,4 (CM)
Uma caixa em forma de paralelepípedo, com dimensões da base 60 cm x 80 cm e altura 1m, está completamente cheia de água. Uma pedra em formato de cubo de 30 cm de aresta é colocada dentro desta caixa. A quantidade de água que fica na caixa é:

(A) 427 litros   (B) 441 litros   (C) 453 litros   (D) 480 litros   (E) 507 litros

Resposta: (C)

Questão 22) Valor: 0,4 (OBM)
No desenho estão representados quatro triângulos retângulos e um retângulo, bem como suas medidas. Juntando todas essas figuras, podemos construir um quadrado. O lado desse quadrado irá medir:

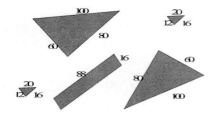

A) 88 cm   B) 100 cm   C) 60 cm   D) 96 cm   E) 80 cm

Resposta: (E)

Questão 23) Valor: 0,4 (OBM)
Um galão de mel fornece energia suficiente para uma abelha voar 7 milhões de quilômetros. Quantas abelhas iguais a ela conseguiriam voar mil quilômetros se houvesse 10 galões de mel para serem compartilhados entre elas?

A) 7.000   B) 70.000   C) 700.000   D) 7.000.000   E) 70.000.000

Questão 24) Valor: 0,4 (CM)
A quantidade de números divisíveis por 75, 100 e 180 entre 500 e 4.600 é:

(A) 4   (B) 5   (C) 6   (D) 7   (E) 8

Questão 25) Valor: 0,4 (CM)
João perguntou a Pedro qual a sua idade. Pedro, sabendo que João iria prestar concurso para a 5ª série do Colégio Militar de Brasília, respondeu da seguinte forma: "- Minha idade corresponde à quantidade de divisores naturais do número 223^{11}". Qual a idade de Pedro?

(A) 22   (B) 23   (C) 10   (D) 11   (E) 12

Solução da PROVA 5
Gabarito

1	D
2	C
3	D
4	C
5	D

6	E
7	A
8	A
9	D
10	D

11	A
12	A
13	E
14	A
15	A

16	B
17	C
18	D
19	D
20	D

21	C
22	E
23	B
24	C
25	E

Soluções
Questão 1)
1 = 1
2 = 10
3 = 11
4 = 100
5 = 101
6 = 110
7 = 111
8 = 1000
9 = 1001
10 = 1010
11 = 1011
12 = 1100
13 = 1101
14 = 1110
15 = 1111
16 = 10000
Resposta: (D)

Questão 2)

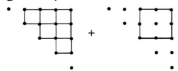

7 + 1 = 8
Resposta: (C)

Questão 3)
Chamaremos os algarismos de a, b, c, d e e.
```
        3 4 a
        x b 2
===========
        e 9 6
+     3 c 3 2
===========
      3 2 d 1 6
```

O algarismo a multiplicado por 2 resulta em um número que termina com 6, então a pode ser 3 ou 8. Tem que ser 8, pois no algarismo seguinte, 4x2, resulta em 9, então ocorreu "vai 1" da multiplicação de a por 2. Portanto, **a=8**. Como 348 x 2 = 696, concluímos que **e=6**.

606

MATEMÁTICA PARA VENCER

Ao multiplicarmos b por 348, ficamos com um número da forma 3c32. Então b tem que ser 4 ou 9. Se tivermos b=4, ficamos com 4 x 348 = 1392, que não confere com 3c32. Se tivermos b=9, ficamos com 9 x 348 = 3132. Então **b=9** e **c=1**. O resultado da multiplicação é 348 x 92 = 32016, então **d=0**.

$(a+b+c+d+e)/10 = (8+9+1+0+6)/10 = 24/10 = 2,4$

Resposta: (D)

Questão 4)

A sequência 12345432 se repete de 8 em 8. Até o 2000° termo, ocorrerão ciclos completos. Seguem-se o 2001°, 2002° e 2003°, que são 1, 2 e 3. O 2003° termo é 3.

Resposta: (C)

Questão 5)

Tomando 10 inteiros consecutivos, sempre termos os algarismos 0123456789, mesmo que em outra ordem (ex: 7890123456). Sua soma é 45, então o último algarismo desta soma é 5. Se tomarmos 7 dessas seqüências, a soma terminará com 5. Se fosse um número par de seqüências de 10, terminaria com 0.

Resposta: (D)

Questão 6)

3^1 termina com 3

3^2 termina com 9

3^3 termina com 7

3^4 termina com 1

3^5 termina com 3

O último algarismo sempre será repetido, de 4 em quatro, obedecendo a ordem 3, 9, 7, 1. O número 1998 deixa resto 2 ao ser dividido por 4, então o último algarismo pedido será o segundo da seqüência, ou seja, 9.

Resposta: (E)

Questão 7)

Como 119268916 é divisível por 13, se subtrairmos 13 deste valor, resultará em 119268903, que também será divisível por 13. Os demais números não diferem de 119268903 de um múltiplo de 13, portanto a única correta é a letra A.

Resposta: (A)

Questão 8)

$$\frac{(6\times12\times18\times...\times300)}{(2\times6\times10\times14\times...\times98)\times(4\times8\times12\times16\times...\times100)} =$$

$$\frac{(1\times2\times3\times4\times...\times50)\times6^{50}}{(1\times3\times5\times...\times49)\times2^{25}\times(2\times4\times6\times...\times50)\times2^{25}}$$

As duas seqüências de produtos do denominador, se multiplicadas (números ímpares entre 1 e 50 e números pares entre 1 e 50) resultarão na seqüência do numerador (todos os números naturais de 1 a 50). Ficarão apenas as potências:

$$\frac{6^{50}}{2^{25}\times2^{25}} = \frac{6^{50}}{2^{50}} = 3^{50}$$

Resposta: (A)

Capítulo 14 – PROVAS

Questão 9)
O segundo recebeu x
O primeiro recebeu (2/3).x
O terceiro recebeu x + (2/3).x
A soma dos três valores tem que ser 240
x.(1 + 2/3 + 1 + 2/3) = 240
x.(10/3) = 240
x = 72 (segundo)
O primeiro recebeu então 2/3 de 72 = 48
O terceiro recebeu 72 + 48 = 120
Conferindo: 72 + 48 + 120 = 240
Resposta: (D)

Questão 10)
Somando tudo o que receberam, ficamos com:
(1/6 + 1/8 + 1/12 + 1/16 + 1/24) + 25 lotes restantes
= (23/48) da área total + 25 lotes restantes
Os 25 lotes restantes são o que falta para completar a área total, ou seja, 25/48.
Então a área total tem 48 lotes. Os irmãos receberam portanto:
Alfredo: 8 + 2 = 10 lotes
Bernardo: 6 + 3 = 9 lotes
Carlos: 4 + 7 = 11 lotes (maior)
Davi: 3 + 5 = 8 lotes (menor)
Ernesto: 2 + 8 = 10 lotes.
Resposta: (D)

Questão 11)
As quatro substituições feitas resultaram nos seguintes aumentos / diminuições na soma das alturas dos jogadores:
1^a : redução de 0,04 m
2^a : aumento de 0,13 m
3^a : aumento de 0,09 m
4^a : redução de 0,07 m
Tomando as quatro em conjunto, a soma aumentou 0,22 m e diminuiu 0,11 m, portanto como resultado, aumentou 0,11 m. Dividindo por 11 este valor (11 jogadores), o resultado foi um aumento de 0,01 m na altura média do time. Se a média era 1,72 m, passou a ser 1,73 m.
Resposta: (A)

Questão 12)
$a = 2^{40} = (2^4)^{10} = 16^{10}$
$b = 3^{20} = 9^{10}$
$c = 7^{10}$
Como todas estão expressas com o mesmo expoente, basta comparar as bases. O maior valor é a, o menor é c, ou seja, c < b < a.
Resposta: (A)

Questão 13)
Os maiores valores possíveis são obtidos quando encostamos a face com o número 1 de uma pirâmide, com a face com o número 1 da outra. Os números que ficarão visíveis são 2, 3 e 4, duas vezes, resultando na soma 18. Não é possível obter um valor maior que este. Então a opção 19 é impossível.
Resposta: (E)

608 MATEMÁTICA PARA VENCER

Questão 14)
$1°$: $0,4 \times 1,3 = 0,52$
$2°$: $0,2 \times 0,8 = 0,16$
$3°$: $0,4 \times 1,25 = 0,5$
Total: 1,18, ou rendimento de 18%
Resposta: (A)

Questão 15)
$(B \cup C - A) \cup (A - (B \cup C)$
Resposta: (A)

Questão 16)
$3.c_1 + 1.c_2 = 13.c_3$ ➜ $c_2 = 13.c_3 - 3.c_1$
$5.c_3 + 1.c_1 = 1.c_2$ ➜ $c_2 = 5.c_3 + c_1$
Igualando os valores de c_2 nas duas relações acima, ficamos com:
$13.c_3 - 3.c_1 = 5.c_3 + c_1$
$8.c_3 = 4.c_1$
$c_1 = 2.c_3$
$c_2 = 5.c_3 + c_1 = 5.c_3 + 2.c_3$
$c_2 = 7.c_3$
Vamos exprimir agora os valores de c_2 e c_3, em função de c_1:
$c_3 = c_1/2$
$c_2 = 7.c_3 = 7.c_1/2$

O problema dá também que:
1 BF = $4.c_3 = 4.c_1/2$
3.BE = $5.c_1 = 5.c_1$
7.BG = $6.c_3 = 6.c_1/2$
Somando, ficamos com
$c_1(4/2 + 5 + 6/2) = 10.c_1$
Seriam necessários 10 matemágicos classe 1 para derrotar o grupo pedido de bruxomáticos.
Resposta: (B)

Questão 17)
MMC(15, 9, 18, 24) = 360 s = 6 minutos
Resposta: (C)

Questão 18)
Basta contar, são 10 contatos de face com face, total de 20 faces ocultas. Cada face tem 0,1 m x 0,1 m = 0,01 m^2. As 20 faces ocultas totalizariam 20 x 0,01 m^2 = 0,2 m^2. Como não existe esta opção, significa que o problema considera que as 7 faces inferiores dos cubos, que ficariam apoiadas no chão, também não serão pintadas. Somamos então 0,07 m^2, totalizando 0,27 m^2.
Resposta: (D)

Questão 19)
5 dm x 24 dm x 34 dm = 4080 dm^3 = 4080 L
Resposta: (D)

Questão 20)
(I) 3T+C = 6Q
(II) 2T+4C = 8Q
(III) 4T + 3C = ?
Dividindo a relação (II) por 2, ficamos com:

Capítulo 14 – PROVAS

(IV) T + 2C = 4Q
Somando agora com a relação (I), ficamos com:
(IV) T + 2C = 4Q
(I) 3T + C = 6Q
===============
4T + 3C = 10Q
Ora, 4T + 3C é exatamente o que o problema pede, e vemos que o resultado é 10Q.
Resposta: (D)

Questão 21)
A água existente na caixa é 6 x 8 x 10 = 480 L
A água que irá transbordar tem o mesmo volume do cubo = 3x3x3 = 27 L
A água que permanecerá na caixa será 480 L – 27 L = 453 L
Resposta: (C)

Questão 22)
Somando as áreas das figuras:
16 x 88 = 1408
80x60/2 = 2400
16x12/2 = 96
1408 + 2x2400 + 2x96 = 6400 = 80^2.
Resposta: (E)

Questão 23)
1 galão = 7.000.000 km, para 1 abelha
para voar 1000 km, poderiam ser 7.000.000 / 1000 = 7.000 abelhas
Como são 10 galões, poderiam voar 70.000 abelhas.
Resposta: (B)

Questão 24)
MMC(75, 100, 180) = 900
Múltiplos de 900 entre 500 e 4.600:
900, 1800, 2700, 3600, 4500
Resposta: (C)

Questão 25)
223 é primo (não é divisível por 2, 3, 5, 7, 11, 13)
Então o número de divisores de 223^{11} é 11+1=12
Resposta: (E)

| 6º ANO – 2010 | COLÉGIO MILITAR DO RIO DE JANEIRO |
| | PROVA DE MATEMÁTICA |

MINISTÉRIO DA DEFESA
EXÉRCITO BRASILEIRO
DECEx   -   DEPA
COLÉGIO MILITAR DO RIO DE JANEIRO
(Casa de Thomaz Coelho / 1889)
CONCURSO DE ADMISSÃO AO 6º ANO DO ENSINO FUNDAMENTAL 2010/2011
PROVA DE MATEMÁTICA
17 de outubro de 2010

APROVO

_____
DIRETOR DE ENSINO

_____
COMISSÃO DE ORGANIZAÇÃO

_____
PRESIDENTE

_____   _____
MEMBRO   MEMBRO

INSTRUÇÕES AOS CANDIDATOS

01. Duração da prova: 02 (duas) horas.
02. O candidato tem 10 (dez) minutos iniciais para tirar dúvidas, somente quanto à impressão.
03. Esta prova é constituída de 01 (um) Caderno de Questões e 01 (um) Cartão de Respostas.
04. No Cartão de Respostas, CONFIRA seu nome, número de inscrição e o ano escolar; em seguida, assine-o.
05. Esta prova contém 20 (vinte) itens, distribuídos em 12 (doze) folhas, incluindo a capa.
06. Marque cada resposta com atenção. Para o correto preenchimento do Cartão de Respostas, observe o exemplo abaixo.

   00. Qual o nome da capital do Brasil?
   (A) Porto Alegre
   (B) Fortaleza
   (C) Cuiabá
   (D) Brasília
   (E) Manaus

   Como você sabe, a opção correta é D. Marca-se a resposta da seguinte maneira:

   00   (A)   (B)   (C)   ●   (E)

07. As marcações deverão ser feitas, obrigatoriamente, com caneta esferográfica azul ou preta.
08. **Não serão consideradas marcações rasuradas.** Faça-as como no modelo acima, preenchendo todo o interior do círculo-opção sem ultrapassar os seus limites.
09. O candidato só poderá deixar o local de prova após o decurso de 80 (oitenta) minutos, o que será avisado pelo Fiscal.
10. Após o aviso acima e o término do preenchimento do Cartão de Respostas, retire-se do local de provas, entregando o Cartão de Respostas ao Fiscal.
11. **O candidato poderá levar o Caderno de Questões.**
12. Aguarde a ordem para iniciar a prova.

Boa prova!

| 6° ANO – 2010 | COLÉGIO MILITAR DO RIO DE JANEIRO
PROVA DE MATEMÁTICA |

01) Na cidade planejada de "Matemópolis", todos os quarteirões são quadrados idênticos de lado 500 m. No mapa abaixo, as linhas pontilhadas representam as ruas dessa cidade, todas de mão dupla, ou seja, podem ser percorridas em qualquer sentido.

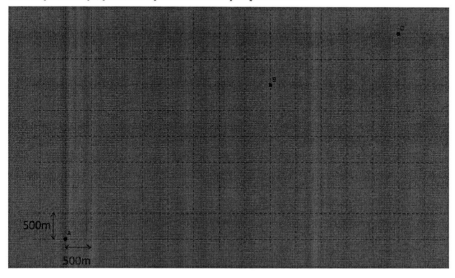

Mara toma um táxi na esquina A de "Matemópolis", passa pela esquina B para buscar sua amiga Patrícia e, em seguida, partem juntas, no mesmo táxi, para encontrar Ana Júlia que as aguarda na esquina C. Qual a menor distância que o táxi pode percorrer para sair de A e chegar a C passando por B?

a) 10,5 km
b) 10 km
c) 11 km
d) 21 km
e) 20,5 km

02) Quando escrevemos todos os números de 1 até 1000, quantas vezes escrevemos o algarismo 7?

a) 100
b) 180
c) 200
d) 280
e) 300

| 6º ANO – 2010 | COLÉGIO MILITAR DO RIO DE JANEIRO |
| | PROVA DE MATEMÁTICA |

03) Patrícia e Mara estavam curiosas sobre quanto iriam pagar pela corrida do táxi. O taxista explicou-lhes como funciona o taxímetro:

"A bandeirada custa R$3,20. Após a partida, o taxímetro registra R$1,80 por quilômetro rodado. Parado, o taxímetro registra 36 centavos por minuto."

Terminada a explicação do taxista, Mara disse à Patrícia: - Se ficarmos paradas por 15 minutos em um engarrafamento, com os 50 reais que possuímos podemos percorrer, no máximo,

a) 20 km
b) 21 km
c) 22 km
d) 23 km
e) 24 km

04) Enquanto aguarda suas amigas Mara e Patrícia, Ana Júlia brinca com seu joguinho eletrônico "Serpente Comilona", no qual uma serpente deve comer as maçãs que aparecem na tela.

No início do jogo, a serpente (representada na figura acima) é formada por três quadrados de 1 mm de lado e, a cada maçã comida, a serpente aumenta seu tamanho em um quadrado. Após comer 20 maçãs, a serpente totalmente esticada representa um retângulo de perímetro igual a,

a) 0,48 cm
b) 4,8 cm
c) 23 mm
d) 20 mm
e) 4,6 cm

| 6° ANO – 2010 | COLÉGIO MILITAR DO RIO DE JANEIRO PROVA DE MATEMÁTICA |

05) Patrícia é uma artesã renomada da cidade de Sucupira. Ela faz tapetes artesanais que são vendidos para todo o Brasil. Seu tapete mais belo é feito segundo um padrão matemático em três etapas:

Etapa 1 - partindo de uma peça quadrada de cetim de 27 decímetros de lado,

Patrícia a divide em nove quadrados iguais e recorta o quadrado do meio (veja a figura abaixo);

Etapa 2 – cada quadrado desenhado na etapa anterior é dividido em 9 partes, sendo recortado o quadrado do meio (conforme representado na figura abaixo);

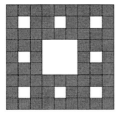

Etapa 3 – cada quadrado desenhado na etapa anterior é também dividido em 9 partes, recortando-se o quadrado do meio.

Assim, após essas três etapas, os quadrados retirados somam quantos metros quadrados de tecido?

a) $2,17 \ m^2$
b) $1,36 \ m^2$
c) $21,7 \ m^2$
d) $1,53 \ m^2$
e) $81 \ m^2$

6º ANO – 2010	COLÉGIO MILITAR DO RIO DE JANEIRO
	PROVA DE MATEMÁTICA

06) Para embalar os produtos de sua loja em Sucupira, Patrícia produz caixas de papelão decoradas. Para isso, ela recorta quatro quadrados idênticos de uma folha de papelão de largura 40 cm e de comprimento 20 cm.

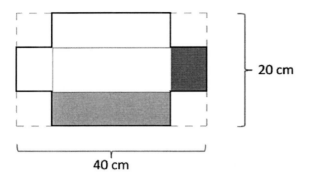

Em seguida, dobra as abas retangulares e as cola com fita adesiva, obtendo uma caixa em forma de paralelepípedo "sem tampa".

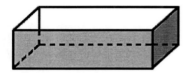

Patrícia faz 5 modelos de caixa que variam de tamanho de acordo com o comprimento do lado do quadrado recortado segundo a tabela abaixo:

Modelo 1	Recortar quadrados de 1 cm de lado
Modelo 2	Recortar quadrados de 3 cm de lado
Modelo 3	Recortar quadrados de 5 cm de lado
Modelo 4	Recortar quadrados de 7 cm de lado
Modelo 5	Recortar quadrados de 9 cm de lado

Qual o modelo de caixa que possui o maior volume dentre os cinco modelos produzidos?

a) o modelo 1.
b) o modelo 2.
c) o modelo 3.
d) o modelo 4.
e) o modelo 5.

| 6º ANO – 2010 | COLÉGIO MILITAR DO RIO DE JANEIRO PROVA DE MATEMÁTICA |

07) Nesse ano de eleição, o prefeito de Sucupira elaborou um projeto de urbanização para lotear uma área retangular de 16 hm². A quarta parte dessa área será utilizada para ruas internas no loteamento. A parte restante será dividida em 100 lotes iguais, retangulares, com comprimento igual ao triplo da largura. Qual o perímetro, em metros, de cada um dos lotes?

a) 1200 m
b) 80 m
c) 100 m
d) 160 m
e) 400 m

08) Uma folha de um livro corresponde a duas páginas deste livro. Para escrever as páginas de um livro que tem 42 linhas em cada página são necessárias 300 folhas. Neste caso, qual o número de páginas com 45 linhas, necessárias para se escrever o mesmo livro?

a) 140 páginas
b) 280 páginas
c) 420 páginas
d) 560 páginas
e) 600 páginas

09) Um artista de rua resolveu prestigiar o seu bairro e colocar sua arte num muro muito comprido de lá. Ele resolveu pintar sete símbolos que, para ele e algumas pessoas conhecidas do local, traziam boas lembranças. Ele pintou desde o início do muro até o seu final, sempre numa mesma altura e respeitando a ordem imposta na *figura* abaixo. Sabendo que cada símbolo ocupa uma ordem relativa à sua posição na seqüência, qual o símbolo que ocupa a posição de número 3.261?

a) ✝
b) ☾
c) ✹
d) ✡
e) 🌍

figura

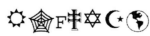

| 6º ANO – 2010 | COLÉGIO MILITAR DO RIO DE JANEIRO
PROVA DE MATEMÁTICA |

10) No País das Maravilhas, havia um caminho com 3 poços do desejo. Alice precisava passar por este caminho, mas isso só era possível se ela pudesse fazer, pelo menos, um pedido a cada poço. Para fazer um desejo era necessário pagar R$ 13,50, mas ela não possuía dinheiro suficiente. Como Alice era extremamente perspicaz, planejou uma estratégia para conseguir seu objetivo, Alice dirigiu-se ao primeiro poço e negociou:

– Poço dos desejos dobre meu dinheiro que eu te pago R$ 15,20.

Tendo seu pedido aceito, Alice pagou o valor prometido e seguiu adiante fazendo a mesma proposta ao segundo e terceiro poço, sendo também atendida e pagando também o mesmo valor prometido a cada um. Assim, Alice fez pedidos aos três poços, teve seus desejos atendidos e passou pelo caminho. Se quando saiu do último poço Alice não possuía mais dinheiro nenhum, qual o produto de todos os algarismos, diferentes de zero, da quantia que Alice possuía antes de fazer a proposta ao primeiro poço?

a) 8
b) 9
c) 10
d) 12
e) 15

11) Em um teste para uma nova modalidade de corrida tripla, uma equipe de três corredores deve se revezar da seguinte forma:

O **primeiro** percurso é feito de motocicleta, em um rali, por um membro da equipe;

O **segundo** percurso deve ser feito de bicicleta, numa corrida em estrada, por outro membro da equipe;

O **terceiro** percurso é feito a pé, em uma pista urbana, pelo último membro da equipe.

Considerando que

o **primeiro** atleta correu metade do percurso total mais 37 km;

o **segundo** atleta correu metade do que faltava mais 27 km;

o **terceiro** atleta correu metade do restante mais 17 km, pisou em falso, se machucou e saiu da corrida a 2 km do seu fim,

qual a distância total, em km, percorrida pela equipe que completar a prova?

a) 81
b) 167
c) 334
d) 166
e) 83

Capítulo 14 – PROVAS   617

6° ANO – 2010	COLÉGIO MILITAR DO RIO DE JANEIRO PROVA DE MATEMÁTICA

12) Um monitor do Colégio Militar tinha que conduzir um grupo de alunos de um pavilhão para outro, então ele deu ordem para que todos se reunissem em duas filas, mas como a quantidade de alunos não era par, sobrou um aluno sozinho.

O monitor ordenou então que eles se organizassem em três filas e sobraram dois alunos.

Imediatamente o monitor pediu que se arrumassem em quatro filas, mas sobraram três.

Mais uma vez ele comandou os alunos para que se arrumassem em cinco filas, mas, ainda assim, sobraram quatro alunos. Vendo que não havia obtido sucesso nas formas de organização, ordenou uma arrumação em seis filas, mas, sobraram cinco alunos. Finalmente, ele decidiu contar os alunos e verificou que se os arrumasse em sete filas, não sobraria nenhum.

Considerando que a quantidade de alunos envolvida no problema é o menor número natural em que isto acontece, qual o produto dos algarismos deste número?

a) 0

b) 8

c) 9

d) 16

e) 36

13) Em uma campanha de doação de alimentos, dois amigos decidiram contribuir com o mesmo valor em reais. O primeiro fez a sua doação em sacos de arroz de 5 kg, cada um, e o outro, em sacos de feijão contendo 3 kg, cada um. O preço do quilograma de arroz era R$ 2,30 e do feijão R$ 2,20.

Qual o valor mínimo de contribuição de cada um?

a) R$ 759,00

b) R$ 2.200,00

c) R$ 2.300,00

d) R$ 2.640,00

e) R$ 7.590,00

618   MATEMÁTICA PARA VENCER

6º ANO – 2010	COLÉGIO MILITAR DO RIO DE JANEIRO PROVA DE MATEMÁTICA

14) Qual o valor da expressão numérica $\left[\dfrac{9}{35}\cdot\left(\dfrac{\dfrac{3}{2}+\dfrac{2}{3}-\dfrac{5}{6}-0,1666...}{\dfrac{8}{5}\cdot0,375\div2+1+\dfrac{1}{2}}\right)+\dfrac{1}{3}\cdot0,5\right]$?

a) $\dfrac{1}{6}$

b) $\dfrac{1}{12}$

c) 0

d) $\dfrac{1}{3}$

e) 1

15) No concurso de admissão para o 6º ano do Ensino Fundamental do Colégio Militar do Rio de Janeiro, sabe-se sobre os candidatos inscritos, que metade dos meninos e a quarta parte das meninas têm menos de 11 anos. Dois quintos dos inscritos são meninos. Que fração dos candidatos inscritos com menos de 11 anos é de meninas?

a) $\dfrac{11}{20}$

b) $\dfrac{9}{20}$

c) $\dfrac{17}{20}$

d) $\dfrac{1}{4}$

e) $\dfrac{3}{20}$

OBS: A questão 15 foi anulada, pois a resposta correta não está entre as opções. Mas você pode tentar resolvê-la e conferir sua resposta com a que deveria estar no gabarito, mostrada no final dessa prova.

Capítulo 14 – PROVAS

619

6° ANO – 2010	COLÉGIO MILITAR DO RIO DE JANEIRO PROVA DE MATEMÁTICA

16) A dona de uma locadora, que vai se mudar, precisa embalar todos os filmes de forma segura. Ela deve começar a embalar pelas quatro categorias que possuem a maior quantidade os filmes:

Drama – 460

Terror – 391

Comédia – 345

Infantil – 299.

Para organizar o transporte, ela necessita de caixas que caibam a mesma quantidade de filmes de um só tipo por caixa. Qual a soma da quantidade mínima de caixas, que ela deve comprar, com a quantidade de filmes que deve caber em cada caixa?

a) 23

b) 46

c) 65

d) 88

e) 176

17) Observe a tabela abaixo:

NÚMERO	VALOR
5^4	625
5^5	3 125
5^6	15 625
5^7	78 125
5^8	390 625

Utilize-a para o valor da expressão numérica $\left(\dfrac{9}{49}\right)^4 \cdot \left(\dfrac{11}{13}\right)^6 \cdot \left(\dfrac{5}{3}\right)^8 \cdot \left(\dfrac{7}{121}\right)^3 \cdot \left(\dfrac{169}{10}\right)^3 \cdot \left(\dfrac{7}{10}\right)^5$.

a) 0,00390625

b) 0,0078125

c) 0,0015625

d) 0,003125

e) 0,00625

6º ANO – 2010	COLÉGIO MILITAR DO RIO DE JANEIRO PROVA DE MATEMÁTICA

18) Uma colcha retangular em branco e cinza é feita com quadrados e triângulos. A parte cinza representa qual porcentagem da colcha?

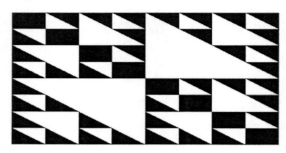

a) 42,1975%

b) 42,1875%

c) 42,1775%

d) 42,1675%

e) 42,1575%

19) Uma formiguinha atravessa o piso de uma sala coberto de lajotas retangulares, segundo um dos caminhos descritos na figura abaixo.

Sabendo que, para percorrer o CAMINHO 2, a formiga gasta 3 minutos, e gasta o mesmo tempo para percorrer 1 dm em qualquer caminho, quanto tempo ela gastará para atravessar a sala, se percorrer o CAMINHO 4?

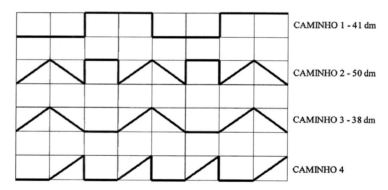

a) 2 minutos

b) 2 minutos e 12 segundos

c) 2 minutos e 22 segundos

d) 2 minutos e 32 segundos

e) 2 minutos e 42 segundos

| 6º ANO – 2010 | COLÉGIO MILITAR DO RIO DE JANEIRO PROVA DE MATEMÁTICA |

20) No Colégio Militar de Belo Horizonte foi colocado um letreiro luminoso na entrada do colégio, com a configuração abaixo:

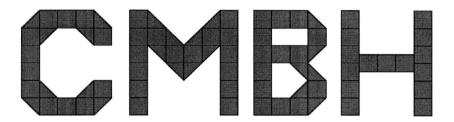

O custo deste letreiro foi de R$ 75,00 por peça em forma quadrangular e R$ 42,00 por peça em forma triangular.

Se o Colégio Militar do Rio de Janeiro colocar um letreiro com a configuração da figura exibida abaixo e utilizar o mesmo cálculo do custo do letreiro do Colégio Militar de Belo Horizonte, o que se pode afirmar sobre o custo do letreiro do CMRJ?

a) O custo do letreiro do CMRJ será o mesmo que o custo do letreiro CMBH.

b) O custo do letreiro do CMRJ será 27 reais mais barato que o custo do letreiro do CMBH.

c) O custo do letreiro do CMRJ será 27 reais mais caro que o custo do letreiro do CMBH.

d) O custo do letreiro do CMRJ será R$ 5100,00.

e) O custo do letreiro do CMBH será R$ 5475,00.

Gabarito da PROVA DO CMRJ/2010

1	A		6	C		11	C	
2	E		7	D		12	C	
3	D		8	D		13	A	
4	B		9	B		14	D	
5	A		10	B		15	X	

16	D
17	A
18	B
19	E
20	C

A questão 15 foi anulada, pois a resposta correta, 3/7, não está entre as opções.